유기천 교수 탄신 100주년 기념문집

다시 유기천을 생각한다

유기천교수기념사업출판재단 편

法 文 社

月松 劉基天[Paul K.(Kichyun) Ryu] 教授 尊影

화보로 본 유기천의 생애

유기천교수 기념사업

▲ 제3주기 추모식(2001)

▲ 제1회 월송기념심포지엄(2003)

▲ 유기천전기 출판기념회(2006)

▲ 유기천전기 출판기념회(2006)

▲ 월송기념 시카고 강연회(2008)

▲ 제4회 월송기념심포지엄(2008)

▲ 제5회 월송기념심포지엄(2009)

▲ 황적인 이사장 퇴임(2010)

▲ 유 훈 이사장 취임(2010)

▲ 유기천 총장 유품 전시회(2011)

▲ 사법대학원 창설 50주년 기념집담회(2012)

▲ 제8회 월송기념심포지엄(2012)

▲ 제15주기 추모식(2013)

▲ 제9회 월송기념심포지엄(2013)

▲ 제1회 유기천법률문화상 시상식(2013)

▲ 제2회 유기천법률문화상 시상식(2014)

▲ 제10회 월송기념심포지엄(2014)

▲ 유기천 교수 탄신 100주년 추모식(2015)

▲ 제11회 월송기념심포지엄(2015)

▲ 제3회 유기천법률문화상 시상식(2015)

발 간 사

유기천 교수의 탄신 100주년을 기념하여 본재단은『자유사회의 법과 정의』의 영인본과『영원한 스승 유기천』의 영인본과 함께 이번에『다시 유기천을 생각한다』를 발간하게 되었습니다.

앞서 말씀드린 두 권의 책은 2003년에 간행된 문집의 영인본입니다만, 본서는 이번에 처음으로 발간되는 문집입니다.

본서는 크게 두 부분으로 나누어집니다. 제1부 「유기천의 생애와 사상」은 1950년대부터 1990년대에 걸쳐 유기천 교수가 직접 각종 간행물에 발표한 글과 제자들이 유 교수님에 관하여 쓴 글입니다.

유기천 교수의 글은 「대학신문」에 기고한 글이 많습니다만, 일간지나 월간지(月刊誌) 등에 기고한 글도 있습니다. 유기천 교수가 자신의 생애, 형법, 교육, 언론과 민주주의에 관하여 발표한 글을 광범위하게 수집하였습니다.

제자들이 집필한 「유기천에 대한 이해와 평가」는 월송기념 심포지엄에 발표한 논문이나 토론문을 위시하여 교수님의 이모저모를 여러 사람이 각자 보는 시각에서 다룬 것입니다.

제2부 「유기천을 기리며」는 유기천 교수의 동료나 유족, 제자들이 이번에 새로 집필한 글이나 「월송회보」에 기고한 글들을 모은 것입니다. 제1장 「내가 본 유기천」은 유기천 교수의 동료, 유족, 제자들이 각자가 본 관점과 경험을 토대로 하여 집필한 추모의 글로서 일찍이 월송회보에 게재한 글 등을 모은 것입니다.

제2장 「월송 서거 10주기에 부쳐」는 2008년 서거 10주기(週忌)를 맞이하여 제자들과 유족들이 교수님을 추모하는 글을 월송회보 제3호에 기고했는데 그것을 전재한 것입니다.

제3장 「유기천 탄신 100주년을 맞이하여」는 2015년 교수님의 탄신 100주년을 맞아 본서를 위하여 새로 기고된 추모의 글들입니다.

본서가 나오기까지 많은 분들이 희생적으로 진력하셨습니다. 특히 본 재단의 상임이사인 음선필 교수는 많은 시간과 노력을 투입하여 대학신문을 위시하여 각종 간행물에 발표된 유기천 교수의 기고문을 광범위하게 수집하였습니다. 음선필 교수의 노고에 다시 한 번 감사의 뜻을 표하고자 합니다.

편집 등을 위하여 수고하신 법문사의 이재필 상무와 예상현 과장에게도 사의를 표하고자 합니다.

2015년 11월
유기천교수기념사업출판재단
이사장 俞 焄

차   례

제1부 유기천의 생애와 사상

제1장 유기천의 삶과 생각

제 2 장 유기천에 대한 이해와 평가

제 2 부　유기천을 기리며

제 1 장 내가 본 유기천

제 2 장 월송 서거 10주기에 부쳐

제 3 장 유기천 탄신 100주년을 맞이하여

제 **1** 부

유기천의 생애와 사상

유기천의 삶과 생각

Ⅰ. 생   애

1. 진인사이대천명(盡人事而待天命)의 심경*

지난 8월 6일자로 서울대학교 본부 교학국장에 취임한 유기천교수는 중책을
맡고 나서 어떻게 모든 당면문제를 해결할 것인가 생각할 때에 暴虎憑河의 感이
솟아오르나 問題의 解決보다는 우선 그 解決의 方向이라도 바로 정하도록 노력
하겠다는 내용의 新任所感을 披瀝하였다.

  "모든 것이 正常的이라기보다는 常規대로 되지 않고 있는 것이 韓國의 實態
같이 率直히 느끼는 차제에 韓國現實에서 떠날 수 없는 서울대학생 전체의 일
을 해본다는 것이 일종의 모험이라 아니할 수 없다. 教學局의 責任을 맡고 實態
를 조사하면서 보니 果然 나의 想像이 틀림없었다는 것을 더욱 느끼게 된다.
어느 모로 보든지 適任이라고 볼 수 없는 小生이 이런 어려운 일을 어떻게 할
수 있을까 생각할 때에 暴虎憑河의 感이 더욱 솟아오른다. 나는 이런 의미에서
어떤 問題의 解決이 可能하겠다고는 생각키 어렵고 오직 解決의 方向만이라도
바로 정하도록 힘쓰고 또한 그 實現을 위하여 努力해볼 결심뿐이다. 盡人事而
待天命이란 이런 때의 心境을 말하는 句節일 것이다.
  大學의 핵심은 어떻게 構成되어어할 것인가? 「大學教授」란 어떤 要素로 構
成되어어할 것인가? 大學新聞이란 어떤 사명을 가져야하는 것인가? 좀 더 크게
보아서 우리 서울대학교의 사명이 어떠한 것인가? 이런 모든 근본문제를 생각
할 때마다 너무도 현실과 이상의 差가 큼에 놀라지 않을 수 없으나 다른 한 편

---

* 「대학신문」, 1958.9.1.에 실린 글이다. 이 글은 유기천 교수가 교학국장의 신임소감을 피력한 것
  이다.

에 있어서 *絕望*은 「죽음에 이르는 *病*」일진대 우리의 삶이 계속되는 날까지는 희망을 버리지 않고 *尊敬*하는 여러 *先輩親友*들과 같이 싸울 수 있는 데까지 싸워보련다."

2. 世界的 學者로 進出*

법대 유교수하면 저학년 때는 별로 「名講義(刑法)구나」를 몰라도 학년이 높아질수록 에누리 없고 잔소리 없는 名講義로 학생들 간에 人氣가 대단하다. 「포이엘밧하」는 이렇게 말했지요...하고 講義에 熱이 오르면 강단에서의 -체구가 작은 탓이겠지만 - 變位(?)가 굉장하다. 어디서 나오는 포텐샬, 에너지인지!

한편 유교수는 서울대학교 內서 屈指의 獨立運動家이다. 當年 44세니까 37년 간 오로지 女性으로부터 독립운동을(?) 하여 왔다(算法＝男女七歲 不同席). 관상학적으로 보면 짙은 눈썹, 열기에 넘친 눈, 똑바로 선 코, 단정한 입하며 복스러운 턱바지가 貴相이며, 天才型이다. 「아마츄어」가 보더라도 예쁘장한 얼굴에서 부드러움을 느낀 것이며 웃는 얼굴에서는 다정함을 느낄 수 있을 것이다. 평양 숭실중학 시절엔 귀염둥이로서 아마도 崇義 正義 兩高女의 건장(?)한 아가씨들이 줄을 지어 따라 다니며 괴롭혔는지도 모른다. 이러한 것들로 미루어보면, 간혹 變이 있을 때 사나이 구실을 못할 것 같지만 천만에! 일본서 고등학교를 다녔을 때 유도를 하다 말았고, 부산 피난시절엔 당시의 서울대학교 배속장교 某氏와 言爭하다가 대뜸 그의 멱살을 잡아 흔들어 꼼짝 못하게 함으로써 勇猛을 과시(?)한 적이 있다.

유교수는 猛虎出林의 平安道(평양 태생) 氣質 그대로다. 자기가 옳다고 생각하는 일이면 물불을 가리지 않고 돌진한다. 妥協을 모르며 - 마치 「西部의 사나이」와도 같이 - 결코 굽히는 일이 없다. 또한 그는 자존심 강하기로 유명하다. 세계적으로 알려져 있는 동경제대를 우수한 성적으로 나왔으며 하버드, 예일대학에서 연구하였으며 더욱이 예일대학서 법학박사학위(최고학위인 S·J·D)를 탔음에랴! 그뿐인가 뉴욕대학 비교형법학연구소의 고문교수로 추대 받았고, 그의 수많은 미국에서의 논문 발표는 미국형법학계를 뒤흔들었으며 바야흐로 세계적인 학자로 알려지게 되었다.

오늘날 유교수가 학자로서 이러한 지위를 점한 것은 그의 학문에의 불타는 정열도 있지만 그보다도 더 강한 自制力에 있다. 세계적인 영웅 나폴레옹이 자제력이 강하였다는 것은 다 아는 사실이지만 유교수는 더 심하다. 우선 조반은 수

---

* 「대학신문」, 1958.10.27.에 실린 글이다. 대학신문은 교수프로필이라는 코너에서 서울대 교수들을 소개하였다.

십년래 － 旣患에도 원인이었지만－ 결하고 있으며 보통 사람이면 그 전에 있어야 할 배설작용마저 독서하기 위하여 저녁으로 돌린다. 이쯤 되면 지하의 나폴레옹씨도 아연실색(?)할 것이다. 수면시간은 想像에 맡긴다.

「가을이라 가을바람 솔솔 불어오는……」 유교수는 거나하게 약주에 아니 맥주에 취하면 18번으로 이 노래를 적당히 편곡(?)하여서 즐겨 부른다. 평상시 음악감상에는 클라식에 한하지만, 노래할 때는 동요에 限한다. 때로 기분이 최고조에 달하면 나가우마(일본의 긴소리) 로 목 빼고 기다리는(?) 다음 사람에게 좀처럼 차례를 주지 않는다.

가을바람 솔솔 불고 낙엽이 지는 데 유교수의 가슴도 평탄치 않으리라… 헤르만 헤세가 「사람은 원래 고독한 것」이라고 말하였지만 그의 영원한 애인이 「형법학」인지 총각성(總角城)을 무너뜨리는 미모의 여인인지는 본인 아니고는 모를 일이다.(Y)

－ 妄言多謝 －

3. 就任을 앞두고*

韓日協定推進반대를 에워싼 데모와 성토의 만성적인 熱風은 開學初日부터 대학을 마비시켰고 이에 대한 당국의 대책은 급기야 總長 경질로 새 局面을 조성하기에 이르렀다. 27일자로 제9대 서울대총장에 임명된 유기천 법대학장은 이러한 새 국면 속에서 앞으로 어떻게 현상을 수습하고 새 질서를 잡게 될는지 注目을 모으고 있다.

劉 새 總長은 28일 아침 9시 50분 청와대로 들어가 朴 大統領으로부터 辭令狀을 받고 이날 오후 3시 새 총장 주재 첫 학장회의를 本部 會議室에서 열었다. 이 회의에서는 임명인사와 함께 當面한 사태 수습에 관한 대책을 논의, 1주일간 休校를 결정하게 했다.

토요일 오후의 한적한 캠퍼스 안에 총장으로 첫 등청한 유 박사는 잠깐을 틈타 기자 질문에 답하여 "아직 정식취임을 못했기 때문에 뭐라고 말할 수 없다. 앞으로의 방침이나 소신은 취임식 때 밝히겠다."고 말하고 우선 서울대의 전반적인 현상을 파악해야 하겠다고 말했다.

그러나 현사태의 수습에 대하여는 "불이 붙어 오르고 있는 상태이니 어떤 방

유기천 신임 총장
(대학신문, 1965.8.30.)

법으로든지 불을 꺼야 할 것이다. 현 사태는 근본적으로 잘못되어 있다."고 잘라 말하면서 단호한 수습책을 마련할 것이라는 시사를 주었다. 「교권에 의한 학원질서유지」를 강력한 소신으로 밀고 나온 전례가 상기된다.

당년 50세의 형법학자인 유 총장은 61년 초부터 법대학장직을 맡아왔고 62년도엔 사법대학원을 창설, 그 원장직을 겸임해 왔다. 59년엔 본부 교학국장을 역임한 경력도 있어 대학행정엔 밝은 편이다. 동경제대 출신 美예일대 법학박사인 劉 총장의 行政力에 기대가 크다.

───────────

* 이 글은 유기천 신임 총장이 자신의 소감을 「대학신문」, 1965.8.30.에 밝힌 글이다.

4. 잠깐…한 마디만*

『인정도 없고 눈물도 없다구요? 천만에…』제자 사랑하는 데는 남에게 결코 못지않다고 힘준다. 「데모」-징계-위수령-휴교-성토 등등 걷잡을 수 없는 혼란의 소용돌이 속에서 한국 최대의 대학 「서울대학교」의 제9대 총장직을 맡은 유기천 박사는『이제 정상상태로 돌아갔다』고 긴 한숨을 내 뿜었다.

『나를 御用學者라구요? 말도 안 됩니다. 그런 말을 하고 다니는 사람 자신들이 바로 어용학자입니다. 학원을 떠나 논설위원이니 하여 정치활동을 하면서 순수한 학자라고 합니까…』5척 短軀의 유기천은 야무지게 쏘아붙인다.

불의에 굴하지 않고 진리와 정의에 입각하여 행동한 것이 어찌 잘못이냐는 것. 자기를 배척하는 운동을 벌이는 움직임도『일부 학생들이 불순한 교수와 짜고 하는 나쁜 作亂이라』고 대수롭지 않다는 그는『우리 대학의 목적은 세계적인 학자와 훌륭한 장래지도자를 배출해내는 데 있다. 학생은 공부하는 데만 전념해야 된다』고 몇 번이고 되풀이한다. 「학원의 자유」, 「대학의 자유」, 「대학의 자율성」, 「교권의 확립」, 「법치정신의 함양」 등등 … 상아탑 속에서만 쓰는 용어언지 널찍한 총장실에 메아리처럼 맴돈다. 미국에 있는 부인을 만나러 떠날 준비를 하는 중에『벼락감투가 씌워졌다』고 말하는 유총장은『표면상의 정상화는 참다운 내적인 정상화하고는 판이합니다. 나는 이 실질적인 학원정상화를 이루겠습니다.』아무리해도 알쏭달쏭한 말이 세계적인 명문 「예일」대학의 법학박사 입에서 술술 흘러나온다.

그러면서 문교부가 試案한 것으로 알려진 「학원정상화방안」에도 언급,『학생들에게 공부 많이 시키겠다는 「아이디어」자체는 좋지만 방법이 틀렸다』고 지적하면서『경찰관을 학원에 투입시켜요? 학원을 죄인으로 보느냐』고 따끔하게 일침을 놓기도 한다. 경찰관을 강의실에 불러들였다고 비난의 화살을 받던 그로서는 의외의 발언. 그러면서『나의 처신에 대해서 아는 사람은 다 안다』고 역설한다. 『학생들에게 「비전」을 갖게 하기 위해서는 私塾하는 인물을 찾아보라』고 권하는 유총장. 1만 5천의 준재들을 어떻게 이끌어나갈 것인지 주위의 차디찬 적대의 눈초리에는 아랑곳없다는 듯 내일의 설계를 꾸미는 포부로 가슴을 부푼다.

---

* 신아일보, 1965.9.24.에 실린 글이다. 이 글에서 유기천 총장은 문교부의 학원정상화방안에 일침을 놓는 발언을 하였다.

5. 퇴임의 변 – 평교수로 포부실현*

토요일 하오, 늦가을의 따사한 햇볕이 내려 비치는 서재에서 지난 11일 용퇴한 유기천 전 총장과 만났다. 기자를 반기며 "오늘 날씨 참 좋군요."유교수의 미소어린 표정은 여유를 머금고 있다. 강의준비 중이라기에 곧바로 「인터뷰」로 들어갔다.

○"총장직을 떠나시면서의 소감은?"

유교수는 잠시 숙연한 표정을 짓다가 또박또박 마디마디에 힘주어 답변하기 시작했다.

"개인으로서는 오히려 시간이 되는 대로 본업인 학문의 길로 돌아오려고 생각해왔다. 특별히 느끼는 점은 없으나 학자로서의 가치와 존엄성은 어디까지나 내적 가치이므로 어떠한 외부적 힘으로도 침해당할 수 없고 오히려 더욱 더 빛날 수 있는 것이므로 최근 일간지의 왜곡된 보도가 내 개인의 인격에 불미스런 영향을 준 것 같이 보이지만 이는 사실과 다르므로 문제가 아니라고 본다. 그러나 서울대 총장의 지위에서 볼 때 대학 및 대학의 대표자가 무책임하고 불성실한 외부세력에 의하여 침해당하고 있다는 사실은 우리나라 최고학부는 물론 대한민국 전체를 위하여도 비통한 일이라 하지 않을 수 없다."

○"재직중 가장 깊이 느껴지는 일은?"

"무엇보다도 가장 아끼고 사랑하는 교수, 학생 중에 학원을 떠나지 않을 수 없게 강요된 현실, 이념적으로는 대학이 그 본연의 사명을 다하지 못하고 추잡한 정치적 도구가 되어 있는 사실을 발견하였던 때이다. 반면 가장 흐뭇했던 일은 지난번 20주년 기념식 때 세계 60여 기관으로부터 직접 축하객이 오고 축사가 들어와 서울대의 국제적 위치가 뚜렷하게 됨을 인식하였던 순간이다."

○"이른바 「서울대파동」에 대한 소회는?"

"일부 극소수 학생들의 의사에 의하여 총장직을 내놓게 된 것이 아니고 어디까지나 학원 내에 더러운 외부세력이 침투해 들어오고 있음을 발견하였을 뿐 아니라 이와 항쟁하면 내 본업까지 포기해야하는 가능성이 보이므로 나는 내 본업

---

* 대학신문 1966.11.14.에 실린 글이다.

으로 돌아가는 것이 내 개인이나 이 나라 발전을 위하여 더 기여가 되리라고 판단하였다."

○ "앞으로의 구상은?"

"총장직 취임식 시에 가졌던 참된 대학의 자유를 확보함으로서 이 나라의 문화수준을 최고도로 올려 조국에 이바지하여 보겠다는 계획에는 아직도 추호의 변함이 없다. 어떤 의미에서는 평교수로 직접 제 일선에서 학생들을 지도할 시간을 더 많이 가지면서 이러한 숭고한 이념을 달성하는 일은 더 용이하고 더 의의 깊은 일이라고 믿는다."

○ "마지막으로 학생들에게 주고 싶은 말은?"

"앞으로 법대생들은 좀 더 빈번하게 대화를 계속하는 기회를 가질 것이므로 그 때 그 때 말하겠지만, 서울대 전체학생들에게 바라고 싶은 것은 어디까지나 대한민국의 중추·지도적 지위를 가지는 민족의 棟樑이란 자부심을 잊지 말고 어떤 외부세력이 휩쓸려 들어와도 스스로 독립하여 판단하고 자기 판단에 입각하여 행동할 수 있는 인격을 도야하도록 노력하여 주기 바란다."

6. 내가 겪은 66년 - 뉴스의 주인공을 찾아서 - *

『인간 유기천에게는 흔쾌한 해, 개교 20주년을 맞은 서울대학에는 획기적 발전의 계기, 「테제」에 대한 「안티·테제」의 「이벤트」를 마련한 해』라고 회고했다.

『나의 총장직퇴임(11월 9일)을 외부에서는 흔히들 「비극」이라 일컫지만 진실로 국가사회에 봉사할 수 있는 길이 이제부터 열린 셈이지』5척 단신에 깐깐한 성격의 소유자 유기천박사는 그의 은퇴가『정상적인 인생의 「루틴」이라』면서 추호도 후회 않는다고 했다.

한때는 「쌍권총의 대학총장」으로 입길에 오르내리던 법학박사-. 그러나 자신은『끝까지 강직한 신념대로 비뚤어진 한국풍토사적 정치와 타협 안 한 것이 총장생활 전부』라 했다.

한일협정비준반대학생 「데모」가 한창 일던 작년 9월 15일, 「데모」진압총장(?)으로 취임하여 학생「데모」로 물러나기까지 1년 2개월-.

그동안 유박사는 학생처벌 만능주의라고 많은 비난도 받았다.

『내가 어째서 처벌만능주의자인가? 언론기관이 그렇게 만들었지. 재작년 6·3데모 때(당시법대학장) 법대생은 한 명도 처벌하지 않았어…. 총장 재임중에도 내 손으로 처벌한 학생이 10명 미만인 걸…』점점 억양이 높아져갔다.

잠시 말을 멈추고 나서 유박사는 학생 「데모」에 관한 부드러운 註解도 一席.

『학생 「데모」가 무조건 나쁘다는 것이 아니라 부모의 입장에서 학생들의 탈선을 엄히 다스린 것뿐이라』고 했다.

○ **차제에 학생처벌에 대한 소신이 있으면 좀…**

『스승은 학생을 애호하는 입장이지만 대학의 본질은 초등학교와 달라 문화의 「레벨」을 높이는 곳이기 때문에 한 두 명의 공부 안 하려는 학생을 굳이 따라다니며 공부시킬 이유는 없어요. 미국 「하버드」 대학에도 성적이 불량한 학생에게는 강제퇴교제가 있거든요.』

○ **역시 강경한 말투.**

『대학교육에는 「페스탈로찌」의 박애정신이 크게 작용하지 않는다』는 것이

---

* 중앙일보, 1966.12.12.에 실린 글이다. 이 글은 유기천 교수가 총장직을 사임하고 나서 씌었다.

그의 함축성 있는 지론 같았다.

○ 충무발언(10월22일)으로 세상에 물의가 많았는데…

『이 역시 언론기관의 와전입니다. 「…학교도 해방 직후에는 공산당이 침투하여…」라고 말했는데 신문에는 「해방 직후」라는 말이 빠져 현재를 지적한 것처럼 보도되더군. 언론기관 고유의 사명이 어떤 「이벤트」를 정확·신속하게 보도함에 있을진댄 어찌 이럴 수가…말이 났으니 권총사건얘기까지 마저 밝히겠다.』

유박사의 항변은 한국 「매스콤」을 크게 책망(?)하면서 단숨에 이어갔다. 『이번만은 내가 말한 대로 써달라』는 다짐을 단단히 하면서…

『이 사건도 신문에 나기까지는 전혀 몰랐어요. 뒤에 진상을 알아본즉, 서울대학교에서는 역대 총장들이 권총을 대여 받아 수위에게 맡겨둔 모양인데 지난번 「존슨」 미국 대통령 방한시에 경찰이 회수해갔기 때문에 비서들이 내가 평소에 맡겨두는 도장을 가지고 다시 신청했다가 세상에 잘못 전해진 것이더군.

이것을 마치 내가 학생들이나 쏘려고 권총휴대를 신청한 것처럼 보도하고 또 세상이 다 그렇게만 아니 정말 어처구니가 없는 일이야…』

유박사는 이 순간 치솟는 분노를 가누지 못하는 양 얼굴을 붉히기까지 했다. 화제를 바꾸어 사표제출 동기를 물어봤다.

『음, 그거야 간단하지. 대학총장은 어디까지나 학자지 정치인이 아니야. 그런데도 현실은 정치를 해야 하니 더 머무를 이유가 없다고 직감할 수밖에…. 정치인이 될 수 없는 내가 자초지종 학자의 양심과 지조를 굽히지 않고 거취를 명확히 한 것은 지금 생각해도 흐뭇해…. 이런 의미에서 올해는 내 생애를 통해 매우 흔쾌한 해요, 내가 나아갈 길을 재발견한 해이기도 하지.』

○ 그렇다면 앞으로의 포부를 좀…

『총장자리에 있으면서도 강의를 했고, 총장을 그만둔 후에도 계속 법대와 사법대학원에서 지금까지 교수자격으로 강의하고 있지요. 이제는 무거운 짐을 벗었으니까 법조인교육과 법학계를 위해 저술활동도 하고 국제학술활동(법을 통한 세계평화회의 위원장)도 마음껏 해볼 테야….』

어느 젊은이에게도 못지않는 패기와 의욕을 보이면서 이렇게 매듭지었다.

7. 8년 만에 돌아오는 老敎授*

봄 맞은 대학 캠퍼스에 노교수가 돌아온다. 전 서울대 총장 劉基天 교수. 지난 72년 1월 31일 총총히 김포공항을 떠난 그가 만 8년간의 해외유랑 끝에 귀국한다. 유교수가 돌아오는 가장 큰 이유는 대학 강단에서 다시 강의(형법)를 하고 싶기 때문이다.

유교수가 반평생을 보낸 서울법대는 노교수의 희망대로 새 학기 시간표에 이미 주 6시간의 강의를 배정해 두었다.

유교수는 최근 서울법대 李漢基 학장 앞으로 사신을 보내왔다. 발신지는 푸에르토 리코. 의외의 편지였다. "곧 귀국할 테니 강의 시간을 비워두고 기다리라."는 게 그 내용이었다.

이학장을 이 편지를 높고 한동안 고심했다. 그를 어떻게 대접해야하는가는 숙제였다. 교수회의까지 연 끝에 이학장은 유교수의 뜻을 받아들이기로 했다. 강의시간표를 짜놓고 문교부에 승인요청을 하기에 이르렀다. 유교수는 출국하던 72년까지 서울대에 25년을 재직하면서 학자로 총장으로서 숱한 일화와 화제를 남겼다.

66년 3월 총장 재직시는 합격자발표를 미리 빼내려 몰려든 기자들을 내쫓으며 "서울대 수험생이라면 내일 와서 방을 보면 된다. 뭐가 바쁘다고 이 야단들이냐?"고 쫓아내기도 했다.

그의 강의는 법대에서는 소문난 명강의였다. "진리가 안 통하는 사회의 앞날은 뻔하지 않은가?" "대학교육에는 페스탈로치의 박애정신이 통하지 않는다. 공부 않는 학생은 추방해도 좋다."

70-71년을 전후한 유교수의 강경발언은 그가 해외에 나가면 「강제추방설」, 며칠 결근하면 「증발설」을 일으키곤 했다.

유교수는 형법학자로서도 조용하지 않았다. 형법에 「목적적 행위론」이란 새 이론을 도입하면서 학계에 신풍을 일으켰고, 그의 강의시간이면 강의실은 항상 만원이었다.

유교수는 지난 8년간 부인 실빙여사의 고향인 푸에르트 리코에서 살면서 그

---

* 한국일보, 1980.3.7.

곳을 중심으로 샌디에이고 등 남미 일대의 대학에서 강의와 연구를 해왔다는 게 제자들의 얘기다.

유교수가 귀국한다는 소식을 들은 많은 제자들은 교수를 곧 만날 수 있다는 기대에 부풀었다. "그분의 명강의를 다시 한 번 들을 수 있다니 반갑습니다." "그동안 학문적으로 얼마나 변했는지 기대되는군요." 지금은 모두 40대가 넘어 법조계에서 활약하고 있는 제자들은 모두들 유교수의 강의를 소년들처럼 기다린다.

8. 나는 긍정적으로 산다*

전 서울대 총장 유기천교수는 18일 상오 연구실에서 기자들과 만나 "해외에 체류하고 있는 동안 조국과 서울대를 짝사랑해왔다"고 말하고 8년 전 자신의 출국이 강제적인 것이었다고 알려져 있으나 그렇지 않다고 해명했다.

서울대 법대의 시간강사로 채용된 후 학교에서 마련해준 10동 305호실 개인 연구실에서 약 20분 동안 기자들과 만난 유교수는 먼저 "지난 11일 귀국 후 빨리 이런 자리를 갖지 못해 죄송하다"고 말하고 "그동안 민주주주의 실현을 위해 그야말로 형극의 길을 걸어온 언론에 감사한다"고 말했다. 유교수는 또 자신이 함께 고락을 하지 못하고 외국에서 체류해 내심으로 많은 고민을 해왔다고 털어놓았다.

○ 귀국을 작정한 것은 언제인가?

72년 12월 김포공항을 떠날 때부터 영원히 고국을 떠날 생각은 없었다. 외국에 있는 동안 조국과 서울대를 짝사랑해왔다. 조국과 서울대를 위해서 좋은 일을 하고 싶은 생각은 항상 갖고 있었다. 결심을 하게 된 것은 10·26사건 이후였다.

○ 출국하게 된 이유는 무엇이었나?

그 당시 법대교수회의에서 행한 발언이 문제가 돼 신변에 불안을 느껴 출국했다.

○ 강제출국설에 대해 어떻게 생각하나?

그 당시 독일DAAD장학재단 초청으로 프라이부르크에서 강연하기 위해 출국했다가 현지 대사로부터 기자들이 유교수의 강제출국 여부에 대해 취재하러 온다는 말을 전해 듣고 처음으로 알았다.

○ 앞으로의 계획은?

학문 연구에 몰두하겠다.

---

* 한국일보, 1980.3.19.

○ 가족관계에 대해.

집사람은 심장병을 앓아 당분간 미국에서 치료를 받아야 한다. 언젠가는 합류할 것이다.

○ 귀국하게 된 동기는?

미국에 있는 동안 동료들이 국내사정과 관련, 귀국을 만류하기도 했으나 조국을 위해 일해야겠다는 생각에서였다. 미국에 사는 교포지식인들은 우리나라가 민주주의를 조속히 진행시키는 것을 바라고 있다.

○ 지금 우리나라의 정치상황에 대해.

귀국한지 며칠 되지 않아 사실을 제대로 파악하지 못해 무어라 말할 수 없다. 지금으로는 긍정적으로 본다.

○ 어떻게 지냈는가?

72년 말부터 푸에르토 리코, 미시간, 샌디에이고 대학 등에서 형법학을 강의했다.

○ 8년 만에 강단에 서서 제자들에게 하고 싶은 말은?

학생들은 열심히 공부해야 한다. 영웅심리보다는 피나는 노력으로 학문을 깨우쳐 깊이 있는 학문을 해야 한다. 우리 민족은 굉장히 우수한 민족이다. 이점은 외국생활에서 절실히 느꼈다. 그러나 불행히도 탁월한 리더가 없어 비극이다.

○ 복직에 대해 언질을 받은 적 있는가?

복직될 것으로 안다. 복직이 되면 지금 고법에 계류중인 파면취소청구소송을 취하하겠다.

○ 파면취소청구소송내용은?

그 당시 신변에 불안을 느껴 한 달 동안 피신해 있으면서 휴강했는데 이를 이유로 파면됐었다. 숨어 다니는 동안에도 시험문제를 내고 채점도 해 수업에는 지장을 주지 않았다.

○ 지금 진행중인 헌법개정작업에 참여할 의도가 없는지?

우리나라에는 나 이외에도 훌륭한 헌법학자들이 많다. 헌법개정작업에 참여

해달라는 요청이 와도 맡지 않겠다.

○ **총장 재임시 후회스러웠던 일은 없는가?**

나는 긍정적으로 살기 때문에 별로 후회할 일이 없는 것 같다.

○ **일반적으로 말하기를 유교수를 우월주의자라고 하는데**

나는 엄격한 기독교가정에서 태어났고 시간을 아끼는 성격이다. 그래서 학생
들과의 교류가 많지 못했다.

9. 진실은 밝혀지고 정의는 구현되기 마련*

서울대 총장을 지낸 우리나라 형법학의 泰斗 유기천 박사가 8년 2개월간의 외국생활 끝에 돌아와 다시 강단에 섰다.

유박사는 강의에 앞서 학생들에게 "진실은 시간이 흐르면 밝혀지고 아무리 어려운 상황 아래서도 진리는 건재하게 마련이며 정의는 구현되는 법"이라고 말했다.

서울대 시간강사이면서 개인연구실(10동 305호)을 가진 유교수는 이날 기자들과 만나 "그동안 민주주의실현을 위해 형극의 길을 걸어온 언론에 감사한다"고 말했다.

○ 귀국을 작정한 것은 언제였나?

72년 12월 김포공항을 떠날 때부터 영원히 고국을 떠날 생각은 없었다. 외국에 있는 동안 조국과 서울대를 짝사랑해왔다. 귀국을 결심한 것은 10·26사건 이후였다.

○ 떠날 때의 상황은

71년 10월 15일 서울대 개교기념식날 학생들의 교련반대 데모와 관련, 법대생 13명이 퇴학을 당한일이 있었다. 11월 2일 교수회의에서 이들에 대한 부당한 퇴학처분을 따진 것이 도화선이 돼 자진 출국했다.

○ 항간의 강제출국설에 대해 어떻게 생각하나.

사실과 다르다. 스스로 떠났다.

○ 지금 우리나라의 정치상황에 대해

귀국한지 며칠 되지 않아 사실을 제대로 파악하지 못해 무어라 말할 수 없다.

○ 만일 신정부가 정책결정과정에서 협조를 구한다면

연구하고 학생을 지도하는 것이 나의 할 일이다. 정치와는 담을 쌓겠다.

---

* 중앙일보, 1980.3.19.

○ 총장 재임시 후회스러웠던 일은 없는가.

나는 긍정적으로 살기 때문에 별로 후회할 일이 없다.

○ 학생들에 하고 싶은 말은

학생들은 열심히 공부해야 한다. 영웅심리보다는 피나는 노력으로 학문을 깨우쳐 깊이 있는 학문을 해야 한다. 우리 민족은 굉장히 우수한 민족이다. 그러나 불행히도 탁월한 리더가 없어 비극이다.

○ 복직에 대한 언질을 받았는가?

복직될 것으로 안다. 복직되면 고법에 계류중인 파면취소청구소송을 취하하겠다.

○ 파면취소청구소송내용은?

그 당시 신변에 불안을 느껴 한 달 동안 피신해 있으면서 휴강했는데 이를 이유로 파면됐었다.

○ 가족관계는

집사람은 심장병을 앓아 당분간 미국에서 치료를 받아야한다. 언젠가는 합류할 것이다.

유박사는 "진퇴를 분명히 하겠다"는 말을 끝으로 회견을 끝냈다.

10. 마지막 강의를 못하고…*

그동안 미국에 계시다가 잠시 귀국하신 우리나라 형법학의 태두이신 전 서울대 총장 유기천 박사님을 동숭동 자택으로 찾아뵈었다 막 외출에서 돌아오신 정장 차림의 은사님을 뵈니 총장 재임시절 바쁘신 중에도 형법강의만을 한 번도 빠뜨리지 않고 열강하시던 당시의 기억이 되살아났다.

○ 선생님 안녕하십니까? 선생님께서 총장으로 계실 때 형법강의를 열강하시던 모습이 눈에 선한데 벌써 20년의 세월이 지난 것 같습니다. 지금 미국에 계신 것으로 압니다만, 어떻게 지내시는지요?

"L.A.의 남쪽에 있는 샌디에고에 있습니다. 무척 기후가 좋고 아름다운 곳이지요. 카톨릭계의 샌디에고 대학에서 Helen하고 나한테 비교형법 강의를 부탁해 와서 거기에 가게 되었지요. 캠퍼스가 매우 아름다운 학교지요. 하나 학교보다도 기후가 좋아요. 저는 몸이 튼튼한 편이 아니기 때문에 제게는 기후가 상당히 중요합니다. 그래서 우리 둘이 상의하여 거기에 정착하기로 하고 집을 마련했습니다."

차가 나왔다. 선생님 앞엔 야쿠르트가 놓였는데 찡크(亞鉛-필자 주)라고 하시면서 약과 함께 한 모금씩 입안에 품고 있다가 삼키시고는 하셨다.

○ 그러시면 지금도 강의는 계속합니까?

"연륜이 가다보니 앞으로 활동할 수 있는 날이 제한되어 있는 것 같아요. 그런 초조감이 생겨서… 살아있는 동안에 여러 가지 할 일이 많은데… 해서 뭐 가르치고 시간을 보내서 되겠느냐… 그래서 1978년부터는 강의는 안하고…."

○ 언젠가 오랜 전에 선생님 댁을 왔을 때 기억인데, 장서가 굉장히 많았던 것 같은데요. 아직도 여기에 있습니까?

"1972년 정월 말 서울을 떠난 이후 6년을 기다렸지만 별 도리가 없어 1978년 말에 와서 책을 모두 가져갔지요. 헤아려보지 않아 얼마나 되는지 모르겠습니다만, 방 4개에는 들어갈 수가 없어서 방들을 증축하고 또 아래층의 제 서재와 침

---

* 고시계, 1985.6에 실린 글이다. 이 글은 김상철 변호사가 1985.5.6. 오후 2시 유기천 박사 자택에서 가진 대담에 기초한 것으로서 유기천 스스로 자신의 삶을 회고하는 내용을 담고 있다.

실을 확장했습니다."

화제를 과거로 돌렸다.

○ 선생님께서는 1990년도 3월에 서울 대학에 복직하셨던 것으로 압니다만, 법률상으로 복직이셨습니까 아니면 신규임용이셨나요?

"따지면 복직이라기보다는…. 요지는 1979년에 박정희 대통령이 돌아가신 후에 법대학장으로부터 편지가 왔더군요. '선생님, 이제는 나오셔서 형법강의를 해주셔야 되겠다.'고. 그래서 다시 귀국하여 3월초부터 강의를 시작했지요. 허나 내 케이스는 좀 notorious합니다. 제 사건을 어느 정도 아시는지 모르겠는데, 요지만 잠깐 말씀드리면…."

이야기는 다시 훨씬 더 이전으로 거슬러 올라갔다.

"1961년도 5·16 이후부터 저와 정부의 관계는 항상 confrontation이 계속 되었습니다. 왜냐하면 난 민주주의를 기초로 해서 자란 사람이고 이 나라를 될 수 있으면 민주주의 기반 위에 세워야 되겠다는 확신을 가지고 있는 사람인데…. 이에 반해서 박대통령은 군인으로서 그런 데 대한 이해가 부족하시거든요. 그래서 그분 하시는 게 저에게는 맞지 않는 경우가 많았거든요. 제가 veto해 가지고 투쟁한 게 많았습니다. 외부에서는 모르지요.

○ 대학총장 때도 그와 관련 된 일이 있었습니까?

"있었지요. 딴 게 아니라 그 전 해 1964년 6·3데모란 게 있잖아요. 그게 굉장히 무서운 데모였습니다. 학생들의 데모 slogan도 달라지던데요. 처음에는 조건으로 배상 6억은 적다, 이런 것이었는데 데모가 격화되면서, 매국노가 한일 회담을 하지 누가 이걸 하느냐는 식으로…"

○ 6·3데모 때 계엄령이 실시되지 않았습니까?

"그렇지요. 1964년은 복잡했습니다. 그때 제가 법대학장하고 있을 땐데, 계엄사령관의 명령으로 법대 데모학생들을 퇴학 처분하라는 서신이 7월쯤에 왔더군요. 제 기억으로는 14명으로 기억하는데, 저는 학생이 좋지 않는 방향으로 나갔다 손치더라도, 학생은 학생이고 대학은 대학인데 우선 사령관이 명령해서 퇴학하라는 system이 돼먹지 않았고 또 내용적으로도 처벌하라는 학생들이 대부분 형무소에 들어가 있는데 그 학생들이 무슨 행위를 했는지 조사도 안 해 보고 일방적으로 제적해 버리는 것은 도저히 생각할 수 없는 일이거든요.

해서 교수회의를 열고 학장의 입장을 솔직히 얘기했지요. 교수들이 얼마나 좋겠어요. 아, 그거 대찬성이라고, 교수회의에서 만장일치로 가결해서 제가 계엄사령관한테 편지를 썼지요. 우리는 교수회의를 열어 진지하게 상의해 봤는데 귀하의 희망하시는 것은 due process를 경유 안 하고 일방적으로 어떤 행위를 했는지 조사도 안 해 보고 퇴학이란 말도 안 된다고.

한두 주일 후에 다시 공문이 왔어요. 부드러운 말은 썼지만 아주 강력하게 학생들의 정치활동과 불순분자들이 노는 것을 그대로 방임할 수는 없다. 그래서 심사숙고한 결과 左記 7명만은 용서할 수 없는 판단이 섰다, 저희들의 성의를 생각해서라도 이들만은 제적시켜 주기 바란다고.

그래서 다시 교수회의를 열었는데, 교수들도 저와 마찬가지로, 문제는 수가 아니다, principle이 맞지 않다는 결론이었지요. 그래서 만장일치로 해서 그 내용을 다시 repeat했지요. 대단히 죄송하다고, 제가 학장으로 있는 한 이건 안 된다고. 하루를 살다 죽어도 인간다운 생활을 해야지 하는 conviction이 있어서. 그랬더니 전국적으로 법대만 빼놓고, 그 때 신문 보시오, 180명 가량의 학생들이 제적당했습니다."

상식으로는 잘 이해가 안가는 대목이었다. 왜냐하면 얼마 후에 유박사님은 서울대학교 총장에 임명되었기 때문이다. 그래서 이 점에 대해 여쭈어 보았다.

○ 그런데 어떻게 그 다음해 1965년에 서울대학교 총장이 되셨습니까?

"이 일이 이상하게 발전되었지요. 다른 대학에서, 문리대도 아마 16명 정도는 희생되었을 겁니다. 법대생들은 우리 못지않게 데모했는데 우리만 희생됐느냐고 항의가 나오기 시작했지요. 그러자 계엄령도 해제되어 전국적으로 소급해서 풀어줬지요.

그 이듬해 일본형법학회에서, 아마 4월일 겁니다, 기조연설을 해달라고 해서 참석한 후 2~3일 후에 돌아왔는데 공항에 도착하자마자 법과대학생들이 단식

투쟁을 하고 있다는 거예요. 학교에 가서 나는 설명을 충분히 했지요. 이 한일
회담은 결국은 해야 될 거라고."

　○ 선생님 개인적인 생각으로는 한일회담의 조건에 대한 학생들의 주장에는 이
해할 수 있었으나 그 자체를 반대하는 것은 이해하실 수 없었다는 뜻이지요?

　"사실은 이승만 대통령이 독립을 위해 투쟁했다는 것은 대단히 훌륭한 일이
고 존경하는 바이지만, 왜놈을 우리 땅에 발붙이도록 할 수 없다, 운운한 것은
statesmanship을 보이신 것이라는 할 수 없지요. 해방 직후에 이걸 해결했어야
합니다. 그러나 어쨌든 학생들은 젊은 혈기에 자기들의 주장만이 옳다고 spoil되
어가는 과정을 볼 수 있었습니다. 그래서 처벌하기 시작했는데 대개 무기정학
정도의 규제였지요. 물론 교수들과 상의한 결과입니다만, 무기정학이라 사실은
형법상의 무기하고 다릅니다. 제일 flexible한 거거든요. 곧 풀어줄 수도 있고, 외
부에서 보기에는 아주 강한 벌이고.

　처벌하기 시작하니까 신문에서 때려잡는데 가관이었습니다. 뭐 못할 짓을 한
것처럼."

　○ 그러면 제적했다가 계엄명령 뒤에 소급하여 풀어준 후의 학생처벌로는 법대
가 처음이었습니까?

　"그건 잘 모르겠어요. 딴 데도 있었으니까. 아마 모르긴 해도 법대에서는 학
생들을 비호하더니 이게 변했다, 그런 의미에서 그렇고 이 언론기관이라는 게
무책임한 행동을 많이 하거든요."

　○ 총장발령을 받으신 것은 언제쯤입니까?

　"1965년 8월 말일 겁니다. 사실은 9월초에 Washington에서 열리는 어떤 국제
적인 모임에 참석할 계획 중이었는데, 이후락이라는 사람한테서 전화가 와 청와
대에 갔더니 학생메모에 관해 몇 마디하고는 문교부장관 만나보시지요, 그래서
문교부장관을 만났더니 한 30분 기다리게 한 뒤에 다시 청와대에 가서 대통령
각하를 만나자는 거예요.

　그랬더니 저 보고 총장직을 맡아주셔야 되겠는데 뜻이 잘 전달된 것 같지 않
아서 직접 뵙고 말씀드릴까 해서 오시라고 했다고 대통령께서 말씀하셨어요. 가
만히 생각했지요. 이 험한 때 맡는 게 어떨까 하고. 사실 개인적으로 맡는 거 원

치 않았어요. 그러나 꼭 해야 된다고 하시면 몇 가지 말씀드릴 게 있다고 했지요.

대학이란 것은 이른바 대학의 자유라고 하는 그 기본방침, 대학이 나가야 할 기본지침이 대학의 자유라고 하는 분위기 속에서만 이룩되므로 자유가 인정 안되고 행정처에서 이래라저래라 하는 지시를 받는다면 저는 할 수 없다고 말씀드렸지요. 그랬더니 "그럼 그렇게 하셔야지요."하시는 거에요.

그래서 저는 3가지 조건을 걸었지요.

첫째는 대학은 자유를 원칙으로 하니까 문교부에서 간섭하지 말라는 것이었습니다.

둘째로는 총장이 된다고 해도 제 강의는 내놓을 수 없다, 총장을 못할망정 강의는 계속하고 싶다는 것.

셋째는 비서실에서 노는 게 조금 high level의 politics를 하고 있는 거 같은데 제가 대통령을 뵈어야 할 필요가 있을 때 직접 곧 만날 수 있도록 guarantee해 주실 것 등이었지요.

그런데 대통령께서는 다 좋다는 거예요. 그러나 한 가지 더 문제가 되는 것은 지금 방금 문교장관을 해임케 하셨다고 말씀하셨는데 문교장관과 서울대총장은 아주 긴밀히 협력하여야 되는 관계이므로 먼저 문교장관부터 임명해 주십시오. 그 결과를 보고 꽤 협력할 수 있는 사람이면 좋으나 그렇지 않으면 총장직을 맡지 않는 것이 좋을 것 같습니다 하고 마지막 조건을 하나 더 첨가하였지요.

대통령께서는 비서실장을 불러 "유총장하고 속히 상의해서 문교장관을 선정하라"고 말씀하셨어요. 그래서 李실장하고 다른 방에 갔더니 "어느 분이 좋겠느냐?"고 물어요. 그래서 "아니, 제가 그걸 어떻게 압니까? 그건 대통령이 하실 일이지요."하고 대답했지요. 그랬더니 그 분께서 한 사람씩 추천하였는데 처음 분은 제가 도저히 응할 수 없었고 그래서 권오병씨로 의견이 모아졌습니다. 그리고 나서 청와대를 나오니 벌써 뉴스가 방송되고 있더군요.

총장으로서 가장 시급할 일은 학장회의를, 그때는 11개 단과대학의 학장님, 대학원장님 6분, 두 처장님, 그리고 총장을 포함하여 20명이었는데, 소집하여 데모 사태에 대해 상의하는 일이었지요. 대학회의에서 오랫동안 진지하게 상의한 결과 더 이상 용납할 수 없다는 결론을 내리고 구체적 방법으로 총장이 각 대학을 한 주일에 두 대학씩 문리대부터, 그리고 법대는 맨 나중으로 순방하는 것이었습니다. 이거 이야기가 너무 길어지는데… 간단히 말하면 약 5주일 동안 시간을 보내는 동안에 상당한 fiction이 있었고 또 이 자리에서 이야기하기 곤란한 상당히 어렵고 위험한 고비도 있었지만, 결과적으로는 서울대학의 자율정신은 관철되고 대통령이 "군대를 서울대에 보내겠다"고 하시던 이야기는 취소되고 서울대의 데모문제는 해결되었지요."

○ 그러면 총장재임기간은 어떻게 되십니까?

"11월 중순 경에 그만둔 것 같은데 약 1년 4개월이었지요. 임기를 못 마치고 사표를 내었지요. 사표를 낸 이유가 뭔고 하면 문리대 학생 극소수가 총장배척운동의 잡음을 냈습니다. 배후에 조작이 있었던 것으로 압니다. 아니, 이야기를 시작하면 길어지니까 이만하지요."

4시까지라는 제한된 인터뷰 시간에 은사님께 여쭈어보고 싶은 이야기들, 법학교육, 사법시험제도, 형법개정문제, 형법학의 문제 등 아직 많이 남아있는데 화제가 자꾸 좀 개인적인 방향으로 흘러감을 느끼면서도 은사님의 1960년대에서 1980년까지의 이력을 개인적 차원에서만 볼 수는 없다는 생각에서 다시 화제를 파면과 복직으로 돌렸다.

○ 선생님께서는 1972년인가쯤 해서 행정소송을 내셨던 것으로 기억하는데요?

"그렇지요. 1972년 2월입니다. 정월달 7~8쯤에 교수직에서 파면되어 행정소송을 제기했는데 약 10년 가까운 장시간을 법원에서 깔아뭉개고 박대통령이 돌아가신 1980년에야 승소판결을 내렸습니다. 우리나라의 사법권의 독립은 존재하지 않았던 게지요."

○ 그래서 1980년 복직하셨군요. 그럼 다시 출국하신 것은 언제입니까?

"내가 그게 참 운이 나쁜데… 사실 34년 동안 일생을 학문을 위해 살아온 사람인데, 이게 마지막 강의도 없이 그만뒀습니다. 5월 17일 전후인데, 7월까지 기다리다가 결국 시간이 안 되어 미국으로 갔지요. 나의 법적인 정년퇴임은 80년 8월 31일이었으니까요. 생각하면 서글퍼요."

○ 다음으로 여쭈어 보고 싶은 것은 우리나라의 법학교육의 문제점과 앞으로의 방향에 대해 어떻게 생각하시는지 듣고 싶습니다.

"거기에 들어가기 전에 먼저 이야기하고 싶은 것은 우리나라의 법치국가로서의 구조의 문제입니다. 사법권의 독립 없이 법학교육을 云謂한다는 것은 무의미합니다. 그리고 가장 먼저 제정해야 할 것은 democratic system을 세우는 일입니다. 그러지 않고는 사법권의 독립이란 건 안 됩니다. 만약 political한 문제, 인권문제 등이 행정권의 영향 때문에 해결이 안 되면 사법권이 뭐 하러 존재하는 겁니까? 이런 근본문제를 해결하기 위하여 좀 더 깊은 검토가 필요합니다.

몽테스키외는 『법의 정신』에서 3권분립을 주장하여 세계에 상당한 영향을 미치고 있지 않습니까? 그런데 이분이 사법권의 독립을 강조하면서도 사법권도 일종의 행정권의 하나로 해서 장은 행정처의 장이 임명해도 괜찮을 것이라고 본 것이 문제이지요.

1776년에 미국독립이 되면서 the Founding Fathers들은 헌법을 기초할 때 3권분립된 새로운 시스템을 채택했지요. 이때 Madison이 쓴 논문이 있는데, 행정처의 장이 사법처의 장을 임명한다는 몽테스키외의 idea에는 물론 문제점이 있다, 그러나 두 가지 이유에서…,

첫째는 법률가라고 하는 것은 아주 특수한 field의 철저한 technician들이니까 보통 사람들하고 다르다, 그러므로 이 사람들은 다 비슷하고 우열의 차가 없는 게고, 그런 사람 중에서 한 사람 골라 장으로 임명한다는 것이 큰 잘못은 아니라는 것이지요,

둘째로 중요한 것은 이것은 lifetime job으로 되는 것이니까 lifetime job이 되면 그 때는 정말 자유가 아니냐, 그 사람들을 파면할 사람도 없고, 행정처의 장이 간섭할 수도 없고 하니 걱정할 것 없지 않느냐는 것이지요.

이 두 가지 이유가 미국식 삼권분립의 이론적 근거인데 우리도 그 시스템의 영향을 받았지요. 그러나 우리나라에서는 먼저 시스템이 시정되어야 됩니다. 사법의 독립이 없어 가지고는 법률이 제구실을 못하게 되니 법이 법의 정신을 나타낼 수 있는 새로운 creativity가 있는 시스템을 창안해내야 합니다. 길게 말할 필요는 없지만, 요는 법조인들이 사법처의 장인 最高審판사를 뽑아서 국민의 confirmation을 받는 새로운 사법구조가 제정되는 것을 전제로 한 후에 법조인들의 교육문제를 다루는 것이 순서일 것입니다."

○ 법조계 안에서 말씀입니까?

"그러지요. 법률가들이 법조인, 대학교수를 포함해서 모여서 그들 가운데서."

○ 세계적으로 대법원판사에 대한 국민투표가 있는 나라가 있는지요?

"일본 같은 데는 이와 비슷합니다."

다시 법학교육 일반에 대해서 여쭤어 봤더니 "명년이든지 私談으로 이야기하자"고 하셔서 형법개정문제로 넘어갔다.

○ 형법개정을 위한 준비작업을 지금 법무부에서 하고 있는데 선생님 생각은 어떠신지요? 개정의 필요성이라든가 방향에 대해서 말씀 들려주시지요.

"저는 개정의 필요성은 절대 있다고 봅니다. 개정해야 됩니다. 아시다시피 늦어졌어요. 현행법이 日本刑法假案을 베끼다시피 해놨는데 이것 가지고는 양심 갖고 낯 들고 다닐 수가 없지요.

그러나 문제는 일본 것 대신 독일 것을 또 베껴놓아서는 안 된다는 것입니다. 어느 나라의 법이든지 모두 그 나라의 문화의 뒷받침을 받고 있는 이상, 우리의 새로운 법도 우리 문화의 분석과 당위 없이 있을 수 없는 것입니다.

1975년의 독일신형법에 대한 심포지움이 The Annual Meeting of Association of American Law Schools에 있었고 그 다음해의 *The American Journal of Comparative Law*에 실려 있습니다. Washington에서 열렸던 이 심포지움에는 모두 12명이 참석했는데 나와 Helen도 참석했지요. 나는 Structure를 담당했고 Helen은 Sanction에 관해서 발표했지만, 독일에서는 아마 70년에 가까이 걸렸습니다.

요컨대 새로운 독일형법은 별로 새로운 것은 없고 대개 학자들이 주창하던 것이 새로운 조문하에 기록되어 있는 것뿐이지요. 一言以蔽之하면, 아주 이념적인 산물이지요. 이와는 정반대의 현상이 미국에서 나타나고 있지요. California주 형법은 수천의 articles이 나열되어 있고 매년 필요한 대로 개정해버리곤 합니다. 그런 type의 국민성, 거기서는 무슨 시스템이니 기본원칙이니 총론 각론 이런 거 문제시 않거든요."

○ 현재 형법이 보는 인간관, 가치관은 어떤 것인지 그리고 앞으로 형법이 지향해야 할 인간관, 가치관에 대해서 듣고 싶습니다.

"인간관이란 내 책에 있는 그대로지요. 인간상 자체가 사실은 여지껏 인간이 그 활동을 하는데 어떻게 해서 그 활동을 하게 됐느냐 하는 현대심리학의 입장이라는 것을 사람들이 잘 이해를 못하는 것 같아요. 그 어떤 unconscious한 drive 에 의해서 움직여지는 conscious한 action의 의미를 이해하여야 합니다."

시계를 보니 벌써 약속된 4시가 넘어섰다. 그래서 시간이 없으니까 형법개정 에 관한 문제점만 간단히 말씀해 달라고 부탁드렸다.

"네, 먼저 형법을 조금 더 풀어주자, 조금 더 liberal한 형법을 가져보자는 것 이 일반적인 경향 같은데, 말을 바꾸면 이른바 decriminalization의 문제는 외국 에서나 또 한국에서 일반적으로 문제되고 있는데, 먼저 밝히고 지나가야할 점은 형법 자체가 morality의 뒷받침을 받고 있다는 점입니다. 형법의 3대 기능의 하 나가 규범적 기능이라는 사실 자체가 이를 밝히고 있습니다.

그러나 실제적으로 좀 더 구체적인 논점에 들어가, 예컨대 간통죄(형법 241 조)를 형법규정에서 추방할 것인가의 여부를 판단함에 있어서는, 형법의 보호적 기능과 보장적 기능을 두고 서로의 평가가 필요합니다. liberalism의 입장에서는 아예 sex moral에 관한 규정은 형법에서 추방함이 可하다고 보겠지만, 또한 장차 한국사회의 윤리가 최고도로 발전한 어떤 단계에 있어서는 간통행위 같은 것은 decriminalize함이 좋겠지만, 적어도 가족제도가 존재하고 특히 어린애가 출산되 어 있는 경우에는 sex moral을 보호해 줌으로써 피해자인 처와 자녀의 법익을 보호하여 주어야 할 필요는 존재한다고 보아야 할 것입니다. 또 보호의 능력도 있지요.

오직 문제는 보호의 가치가 私法的인 보호의 가치가 있다고 보고 형법적인 보호의 가치까지 가중함이 과연 타당하겠는가에 있습니다. 사실 추상적으로 생 각하면, 나는 영국식으로 이런 일은 私法的 제재로서 족하지 않겠는가 생각도 되 지만, 한국의 현실은 사법적 제재만 가지고는 실효가 없을 것 같다는 점입니다. 행위자가 도피할 가능성 등등을 감안할 때 적어도 우리의 현금의 현실의 입장에 서 보면 역시 형사적 제재가 필요할 뿐만 아니라 도리어 이를 조금 더 약자를 도 와주는 방법, 즉 刑訴의 229조 등을 삭제함으로써 처가 이혼소송을 제기하지 않 고도 고소할 수 있게 하여줌이 가장 우리 현실에 맞은 형법개정이라 생각합니 다. 단 그 형기는 6개월 이상 1년 이하로 박아둠이 타당하다고 생각합니다."

여기서 은사님께서 시계를 보시고 나서 약속이 있으니 나머지 이야기는 내일 아침에 다시 하자고 하셔서 그렇게 약속하고 물러나왔다. 다음 날 아침 10시에 다시 찾아뵈었다.

○ **어제 하시다가 중단된 형법 개정건에 대해 다시 들려주시면 감사하겠습니다.**

"형법개정에 관한 사견은 이미 발표된 여러 안을 상세히 검토한 뒤에 고시계나 아니면 앞으로 나올 제 형법학개론의 부록으로 출판하든지….

몇 가지만 간단히 이야기하겠습니다. 첫째로 가장 시급한 것은 형법 104조의 2 국가모독죄를 제거해 버리는 문제입니다. 아직도 이런 비민주적인 규정을 적용한다면 이는 정부 자체가 국가를 모독하는 행위라고 밖에 생각하지 않을 수 없습니다. 이런 시급한 문제를 제쳐놓고 형법개정안 운운한다는 것은 non-sense입니다.

마지막으로 가장 중요한 문제는 형벌과 보안처분에 관한 입법론입니다. 이 점에 관하여 제일 먼저 명확히 하여야 할 것은 형벌과 보안처분의 근거를 명확히 이해함으로써 자기모순부터 clear up하는 문제입니다 이른바 형법 10조 2항의 심신미약자란 개념을 그냥 두고 보안처분규정 또한 그냥 둘 수 있느냐는 이론적인 문제가 있습니다.

이는 형법 10조 2항과 보안처분에 관한 역사적 의의를 몰이해하는 데에서 오는 과오입니다. 10조 2항은 신고전주의학파의 영향 하에 서있는 규정입니다. 원래 독일 舊法 51조의 책임무능력자의 해석에 있어서는 책임의 근거를 철학적 자유의사(Willensfreiheit)의 유무에 둔 데서 출발하였던 것이나, 제1차 대전을 전후하여 이른바 신고전학파의 영향을 받아 選擇의 자유의사가 아니라 저항의 자유(Widerstandsfreiheit)를 의미하게 되었고 따라서 한정책임능력자(die verminderte Zurechnungsfähigkeit)란 개념이 1933년 11월 24일 독일형법에 도입되었고, 이것이 바로 우리 형법 10조 2항의 모법이었습니다.

이런 신고전학파들의 사고방법에 의하면, 인간의 위법행위에 대하여 형벌을 가하는 근거는 철학의 한 가설(hypothesis)인 선택의 자유가 아니라 실질적으로 측정할 수 있는 앞의 저항의 자유 즉 범죄를 범할 유혹에 대하여 어느 정도 저항할 수 있는 자유스러운 힘을 의미하는 것이라고 본다, 따라서 저항의 자유가 조금 감경된 사람이라고 하면 조금 잘못하면 범죄를 범하게 될 것이다, 보통 사람 같으면 '내가 그런 짓을 해서 되나, 안 된다'하고 딱 잡아뗄 것이나 저항의 자유를 행사할 능력이 조금 모자라는 사람, 이른바 限定責任能力者는 심리적으로 악의 temptation을 뿌리칠 저항의 자유를 향유할 능력이 부족한 사람이다. 이런 입장을 거꾸로 보아 사회방위를 위한 관점에서 보면 이런 사람들은 범죄를 범할 위험성이 농후하므로 사회를 보호하고 보안처분이 강화되어야 한다고 본다는 거꾸로의 입장이 나오게 되고, 앞의 책임이 감경된다는 입장과 서로 모순되게 됩니다.

형벌과 보안처분의 관계를 보면, 보안처분도 강제적으로 국가가 규제 (sanction)한다는 의미에서 넓은 의미의 sanction의 하나요, 이런 의미에서 양자는 모두 국가적인 어떤 통제, sanction을 받게 되는 것이나 형벌적 입장에서는 그 책임이 감경되어야 한다는 결론이 나오는데 반하여, 보안처분의 입장에서는 그 규제 sanction이 가중되어야 한다는 서로 모순된 결론이 나오게 되니 이런 sanction 주체의 자기모순들은 止揚(aufheben)하지 않을 수 없습니다.

결국 우리는 형사책임무능력자, 만약 앞에 말한 한정책임능력자를 생각해볼 필요가 있다고 가정한다면 그것까지 포함하여, 형사책임무능력자의 문제를 다루는 데 있어서는 정신병의사(psychiatrist)와의 협력이 절대 필요한데, 정신병의학 중에 가장 진보된 것이 Freud가 발전시킨 立體심리학(depath-psychology)입니다. 일본에서는 深層심리학이라고 하고 나는 입체심리학이라고 부릅니다. 왜냐하면 surface psychology는 주로 consciousness의 문제만 다루지만 Freud 이후에는 항상 입체적, multidimensional approach인 psychic phenomenon을 다루기 때문입니다. 의식이란 氷山의 一角으로, 그 보이지 않는 부분에 방대한 원동력이 항상 움직이고 있는 것입니다. 그러니까 그 system과 연결되는 책임의 근거를 찾아야 되겠고, 그러면 그 시스템에서는 ego, super ego, id의 3면이 있고, Freud가 말한바와 같이 가련한 ego는 id, super ego, reality란 세 주인을 섬기게 되어 있습니다.

형법상 책임능력을 따질 때에는 ego의 능력을 따지는 것이 되고, 이는 결국 ego의 impairment의 정도를 따지는 것이 되나, 앞에서 말한 바와 같이 ego impairment 정도가 全的이 아니고 부분적인 impairment라고 보는 것은 형법의 입장에서는 무의미하고 사실상 ego impairment가 있는 이상 모두 형사책임무능력자라고 보아야 합니다. 시간이 없으므로 금번은 이 정도로 하고, 형법개정에 관한 私見을 후에 다시 발표하겠습니다."

　　짧은 체류기간이라 무척 바쁘신 듯 서둘러 일어서시더니 현관까지 나오셔서 작별인사를 해주셨다. 5·16후 5·17까지 우리 대학사의 증인이시며, 그리고 역시 우리 형법학에서는 크나큰 발자취를 남기신 분이시라고 생각하면서 다시 한번 선생님의 건강을 빌면서 아쉬운 인터뷰를 끝냈다.

II. 형   법

1. 소위 「실행의 착수」의 문제*

본지의 독자제위는 대부분이 국가고시에 관심을 가지고 있는 분으로 사료가 되므로 우선 금년도 국가고시에 관련하여 몇 가지 참고가 될 점을 지적하고 나아가 여백이 있는 대로 형법학상의 제 근본문제에 언급코자 한다.

원래 이 「실행의 착수」란 문제는 일본 고등고시에서 四, 五次 출제되었을 뿐만 아니라 牧野교수는 동경제대 법학부 시험문제에도 역시 四, 五次 출제하였던 것이다. 왜 하필 이 문제만을 특별히 거듭 출제하였는가 하면 거기에는 충분한 이유가 있었다. 「실행의 착수」란 「실행행위의 개시」, 즉 행위론의 일면이요 행위론은 형법학의 가장 기본적인 문제임에도 불구하고 거의 전부의 수험생이 미수론의 문제인 줄만 알고 형법전반에 걸친 근본문제를 도외시하였기 때문에 다소라도 만족할 만한 답안이 나을 때까지 출제를 해왔던 것이다. 금년도 우리나라의 국가고시에 있어서도 동일한 현상이 엿보였고 또한 유사한 출제의 이유가 있었다고 사료한다. 우리는 먼저 우리나라 국가고시 사법과의 출제와 채점의 표준을 먼저 검토하여야 한다. 이 국가고시제도가 그 옛날의 과거제도라면 모르겠거니와 적어도 현대 민주국가의 사법관의 자격을 주는 자격시험일진대 현행법에 대한 충분한 이해를 떠나서 어떤 종류의 맹목적인 암기든지 모두 百害無益함을 먼저 확실히 이해하여야 한다. 사실인 즉 좀 더 근본적으로 검토하여 우리는 왜

---

* 고시계, 제6권 제3호, 1961.3., 61-67면.

민주국가에 있어서 사법관이 필요한가에서부터 성찰을 시작하여야 할 것이다. 그러나 이런 점은 별개의 문제에 속하므로 略하고 오직 국가고시 사법과를 응시하는 수험생이나 출제자가 모두 명심하지 않으면 안 될 注意點만을 환기코자 할 뿐이다. 설사 형법의 한 부분적인 문제가 출제되었다고 하여도 형법전체와의 관련 하에서 이해하도록 노력하고 이런 입장에서 답안도 구성하여야 하거늘 況且「실행의 착수」란 전반적인 문제가 출제되었음에도 불구하고 눈을 꼭 감고 一少部分만을 보려고 하는 수험생의 태도를 이해할 수가 없다. 외국의 사법관 시험이 歐洲나 美洲를 막론하고 모두 케이스(case 즉 가상적으로 만들어낸 사건에 대한 법률적 견해를 묻는 것)를 중심으로 하여 출제하는 이유도 여기에 있다. 환언하면 어떤 지극히 적은 문제일지라도 항상 법률 전체와의 관계 하에서만 정확한 해결을 가져올 수 있는 법률의 본질에 입각한 법률적 지식의 검사는 이러한 「케이스」문제를 통하여서 가장 정확히 알 수 있다고 보기 때문이다.

　그러면 본론에 돌아와서 여기에 실행의 착수란 어떻게 이해할 것인가? 전술한 바와 같이, 대부분의 수험생은 미수론에 있어서의 실행의 착수에만 착안하여 객관주의 범죄론 또는 주관주의 범죄론의 입장에서 「법익침해의 밀접한 행위」또는 「犯意의 飛躍的 表動」운운함에 모든 에너지를 소모하고 있다. 그러나 솔직히 보아 실행의 착수란 문제를 이런 정도로 밖에 이해 못하는 사람은 형법학에 대한 이해를 가진 사람이라고 할 수 없다. 왜냐하면 실행의 착수란 행위론에 관한 문제이요, 행위에는 여러 특수형태의 存否가 문제될 뿐만 아니라 동일한 미수론에 있어서도 형식적인 고찰과 실질적인 고찰이 필요하고, 전자는 순전히 형식적으로 어떤 범죄행위가 어떤 구성요건에 해당한 행위라고 어떠한 기준에서 論定되어야 하느냐 하는 문제이요, 후자는 아무리 어떤 범죄행위가 형식상 어떤 구성요건에 해당하는 것 같이 보이더라도 실질적으로 그 구성요건적 결과를 재래(齎來)할 불가능성이 전혀 없는 때에 이를 역시 실행의 착수가 있다 하여 미수범으로 취급할 수 있겠는가 하는 문제로서 동일하게 중요한 문제이다. 전자는 因果的 고찰을 떠난 판단이요, 후자는 인과관계에 관련된 판단이다. 그럼에도 불구하고 금번 고시에 있어서 후자의 문제, 즉 불능범의 문제에 언급한 수험생은 불과 二三人 정도밖에 없었음은 극히 유감된 일이라 하지 않을 수 없다. 또한 전자의 경우, 즉 순형식적으로 고찰하여 어떤 범죄행위를 어느 때에 구성요건에 해당한 실행의 착수가 있다고 볼 것인가란 문제에 있어서도 현행 형법상 도저히 간과할 수 없는 행위형태로서는 간접정범, 격리범, 원인에 있어서 자유스러운 행위, 공범의 행위, 부작위범, 결합범 등의 경우가 있고 심지어는 과실범, 결과적 가중범의 경우까지 논할 수가 있을 것이다. 물론 국가고시는 심오한 학리의 발전을 기대하는 바 아니오, 또한 시간도 극히 제한되어 있으니 만큼 이런 광범위한 문제에 궁(亘)하여 일일이 만족할 만한 견해를 진술함을 바라고 있는 바도 아니다. 오직 문제의 소재만을 바로 파악하고 문제해결의 방향만 지적하면 극히 만족할 수 있다고 생각한다.

먼저 근본적으로 성찰하여야 할 문제는 왜 형법은 이른바 「실행의 착수」를 문제하지 않으면 안 되는가? 이는 일방에 있어서 형법이 외부적인 행위를 문제시하고 행위 이전 단계나 예비나 음모는 원칙적으로 형법의 영역에서부터 구축해 버리겠다는 「이데올로기」적 요청과, 타방에 있어서 법이 보호하려는 법익의 침해를 행위자가 재래한 경우와 이런 해악을 가져오지 않은 경우를 구별하여 한다는 동일한 「이데올로기」가 미수란 개념을 형법에 도입하게 됨으로 인하여 미수는 일방에 있어서 예비 음모와 구별되고 타방에 있어서 기수와 또한 구별되므로, 여기에 비로소 이러한 구별의 표준을 세우기 위하여 이른바 「실행의 착수」의 문제가 일어난다. 주지하는 바와 같이, 이런 미수의 개념이 형법학에 도입되게 됨은 불란서 혁명 이후의 일이요, 소위 앙시앙 레짐(ancien régime)에 있어서는 예비나 음모가 미수와 구별되지 못함으로 인하여 중대한 시민의 자유권의 침해를 받았음에 鑑하여, 나폴레옹형법 제2조는 「실행의 개시」(um Commencement d'exécution)를 예비에서부터 峻別한 이래 독일형법은 이를 본받아 同 43조[1]가 실행의 착수(Anfang der Ausführung)를 문제하기 시작하였던 것이다. 그러므로 실행의 착수를 논정함에 있어서도 18세기 내지 前세기를 통하여 지배적이었던 자유주의적 이데올로기를 배경으로 하는 소위 범죄론에 있어서의 객관주의는 객관적인 표준으로서 예를 들면 「법익침해에 밀접한 행위」가 있은 때[2] 혹은 「구성요건의 일부분을 실현할 때」[3]가 즉 실행의 착수가 있는 때라고 보았고, 여기에 반하여 19세기 말엽에서부터 대두하기 시작한 범죄론에 있어서의 주관주의는 「범의의 비약적 표동」이 있는 때 혹은 「범죄적 목적 설정이 확정적으로 있는

---

1) Hans Wezel, *Das Deutsche Strafrecht*(1958, 6 Aufl.), S.165 ff.
2) 日本判例의 입장. 拙著, 『刑法學』(1960년), 278면 및 주 515번 참조.
3) Schönke-Schröder, *Strafgesetzbuch Kommentar*(1957, 8. Aufl.), S.192.

때」[4] 등이 실행의 착수가 있다고 서로 이론상의 항쟁을 하였던 것이다. 그러나 엄밀히 관찰하면 전술한 양 입장은 모두 문제의 해결을 가져오지 못함을 쉽게 알 수가 있다. 즉 일방 소위 객관주의의 입장은 실행의 특수형태가 있는 경우 즉 간접정범, 격리범, 원인에 있어서 자유스러운 행위, 부작위범, 결합범의 실행의 착수를 도저히 설명할 수 없을 뿐만 아니라 좀 더 근본적으로 행위의 개념을 고의란 주관적 불법요소를 떠나서 논정하자는 형법상의 行爲觀 주체가 부당하고, 그럼에도 불구하고 이 입장을 고집한다면 논자는 왜 갑이 을을 저격하는 경우에는 갑의 저격행위 자체에 범죄행위의 착수가 있다고 보면서 갑이 독물을 병에게 우송하는 경우는 갑의 우송행위 자체에 실행의 착수를 인정치 않는 것인지의 自家撞着을 구제할 길이 없을 것이다. 타방에 있어서 소위 주관주의의 입장은 후술과 같이 실행의 착수란 각 범죄구성요건에 착수함을 의미함으로써 각 범죄유형이란 객관적 요소를 떠나서는 논정할 수 없음에도 불구하고 범죄의사라는 주관적 요건에만 의존하여 예비와 미수의 구별의 표준을 세우자고 하는 데에 무리가 있음을 알 수 있다. 이 입장에서 예를 들면 영국의 유명한 로빈손사건[5]이다. 혹은 화재보험금을 얻기 위하여 보험의 목적이 된 자기 부동산을 방화하는 행위[6] 등을 설명할 수가 없고, 좀 더 근본적으로는 애당초 실행행위란 개념을 형법에 도입함으로써 예비에서부터 미수를 구별하겠다는 형법의 입장을 무시한 태도라고 보지 않을 수 없다. 만약 이 입장을 그냥 고수한다면 돈네디우 드 바아블(Donnedieu de Vabres)[7]이 일찍이 지적한 바와 같이 실행의 착수의 문제는 단순히 犯意의 확정이란 사실판단의 문제에 불과하고 따라서 上告의 이해가 되지 않을 것이다.[8]

---

4) Hans Welzel, *op.cit,* S.167 및 전게 졸저, 279면 참조.
5) R. v. Robinson(1915) 2K.B.342 또한 졸저, 주 519번 참조.
6) 昭和 7년 6월 15일 일본대심원 판결판례집 11권 859면은 「피보험물에 방화하여 독립 연소작용을 계속할 상태에 이르게 한 사실이 있지만 아직 보험회사에 대하여 보험료지불의 청구를 한 事跡이 없음으로 본건 방화 행위는 사기죄에 있어서는 단순히 준비행위인 관계가 있음에 불과하고 사기의 착수가 있다 할 수 없다」고 판시하였다. 자기의 집을 방화하는 것 이상의 확정적인 騙取의 의사표시의 예는 없을 것이다. 어느 누가 편취란 불법영득의 목적 없이 자기 집을 파괴할 사람은 없기 때문이다.
7) 1913년 1월 3일 佛 Cour de Casstion에 대한 드 바아블의 비판. 상세는 Dalloze, *Jurisprudence Generale Recueil Periodique et Critique*(1914) I 43.
8) 한국형사소송법은 예외적으로 사실에 관한 문제를 상고이유로 할 수 있게 되었으니 〈刑訴 제383조 15호 16호 참조〉, 이는 이례에 속하고 상고심은 법률심이어야 한다.

이런 의미에서 금일의 형법학은 이른바 「실행의 착수」를 취급함에 있어서 먼저 在來의 객관주의 주관주의의 논쟁의 무의미함을 깨닫고 실행의 착수는 각 개별적 구성요건 즉 盜取, 침입 또는 살인행위의 해당성에 관한 문제라고 보고,[9] 환원하면 이는 결국 원칙적으로 각론의 문제라고 본다.[10] 이런 의미에서 독일의 판례가 단순절도에 있어서는 盜取 행위자체의 착수가 있어야 단순절도죄[11]의 실행의 착수를 인정하면서 한국형법 330조와 같은 야간주거침입절도죄에 있어서는 절도의 목적으로 주택침입하기 위하여 番犬에게 독약을 먹이거나[12] 혹은 창문 여는데 소리 나지 않게 하기 위하여 비눗물을 바르는 행위를 할 때에 벌써 침입의 착수가 있다고[13] 보는 것은 이런 의미에서 이해할 수가 있다.[14] 또한 독일뿐만 아니라 외국의 판례가 모두 성범죄에 있어서는 실행의 착수시기를 一步前 단계까지 포함하여 추행의 목적으로 소년을 삼림 속으로 유인하는 행위를 추행의 착수라고 보고,[15] 의사능력 없는 소녀에게 성교를 종용하는 행위를 벌써 착수가 있다고 인정함[16]도 역시 이런 견지에서 이해된다. 이상을 요약하면 실행의 착수의 논정은 어떤 구체적인 사실이 특별구성요건이란 법률규범체계에 해당하느냐 않느냐의 법률판단의 문제이요, 주관주의론자가 云謂하는 바와 같은 「범의의 비약적 표동」 등이라는 사실판단의 문제가 아니다. 다시 환언하면, 이는 일방에 있어서 객관적 주위 상황에 따라 착수의 개념이 달라질 수 있을 뿐만 아니라[17] 타방에 있어서 행위자의 전체적 계획(Gesamtplan des Täters)에 비추어서 또한 이를 논하여야 한다. 이런 견지에서 보아[18] 첫째로 독일의 다수설이 결합범에 있어서 결합범의 일부에 착수가 있으면 결합범 전체의 착수가 있다고 봄은[19] 재검토가 요청된다. 물론 예를 들면, 상술한 바대로, 야간주거침입절도 등

---

9) Hans Welzel, *op.cit.* S.166.
10) 전게 졸저, 281면 참조.
11) 獨刑 242조.
12) RGst 53,218.
13) RGst 54,36.
14) Welzel은 이러한 이론을 개별적 객관설(individuell-objektive Theorie)이라고 부른다. Hans Welzel, *op.cit.* S.167.
15) RGst 52,184; E. Mezger, *Strafrecht*(Studien Buch) I, S.196.
16) New Zeal L.R.(1924) 865 (C.A).
17) 상세는 Paul K.Ryu, Contemporary Problems of Criminal Attempts, 32 *N.Y.U.L.Rev* 1170-1201.
18) Schŏnke-Schrŏder, *op.cit.* S.192; Hans Welzel, *op.cit.* S.116.
19) Schŏnke-Schrŏder, *op.cit.* S.192.

의 경우와 같이 비교적 단순한 결합범인 경우에는 주거침입의 착수가 있는 때에
곧 동 범죄 전체의 착수가 있다고 볼 수 있고[20] 강도의 목적으로 폭행 또는 협박
이 시작된 때에 강도행위 자체의 착수가 있다고 볼 것이지마는, 한국 형법 제334
조(특수강도)나 동 제338조(강도살인) 등에서 보는 바와 같이 광범위한 결합이
되어 있는 구성요건에 있어서는 그 일부의 착수를 가지고 전체의 착수가 있다고
는 할 수가 없다.

둘째로 각종의 행위의 특수형태에 있어서는 행위자의 전체적 계획(Ge-
samtplan)이 다르니 만치 그 착수의 개념 역시 동일할 수가 없다. 간접정범에 있
어서 일본의 판례는 객관주의에 환혹되어 被利用의 행위를 기준으로 착수의 개
념을 논하려 하고[21] 혹은 이용자의 행위를 표준으로 함에 대하여 다소의 의심을
품는 입장도 있으나,[22] 독일의 판례 다수설은 이용자의 행위를 표준으로 하여
착수의 개념을 논정할 것이라고 본다.[23] 교육받은 개를 시켜서 범행을 하는 것
이나 책임능력 없는 사람을 이용하여 범행을 하는 것이나 양자 간에 본질적인
차이가 없으므로 물론 후설이 타당하다.[24] 소위 격리범에 있어서는 간접정범의
경우와 오직 시간적 또는 장소적인 차이가 있을 뿐이요 대체로 일치하는 경우가
많음으로 간접정범에 관한 이론은 그대로 격리범의 경우에 타당하다. 원인에 있
어서 자유스러운 행위에 있어서는 추상적으로 막연히 생각할 때에는 일종의 자
기 자신을 이용한 간접정법과 같이 생각도 되지만 또한 사실상 이와 동일한 해
석을 내려야 할 때도 있지만(예를 들면 기차의 전철수가 고의로 飮酒大醉한 경
우),[25] 그러나 좀 더 정밀히 관찰할 때에는 의식의 세계와 무의식의 세계가 결코
동일한 원리에서 지배되지 않는 이상, 의식의 세계에서 목적한 바가 무의식의
세계에도 연결될 때에는 이는 ¥무의식적 상태에서 범행된 경우에만 이론상 가
능하므로 일반적인 실행의 착수를 인정할 수가 있다. 또한 공범론에 있어서는
현행법이 일종의 절충주의를 채택하였기 때문에 교사자의 교사행위는 예비, 음모
에 준한 취급을 받지 않은(형 31조) 방조행위는 완전히 독립성을 가지지 못한다.

---

20) Welzel, *op.cit.* S.167.
21) 전게졸저, 279면 이하 참조.
22) 정창운, "간접정범의 실행의 착수", 『법정』 16권 1호, 26면 이하 참조.
23) RGst 63,141; BGHst 4,276; Welzel, *op.cit.* S.167; Schönke-Schröder, *op.cit.* S.195.
24) 상세는 拙논문 "실행의 착수와 간접정범", 『법정』 16권 3호 참조.
25) 상세는 전게졸저, 140면 이하 참조.

　마지막으로 부작위범에 있어서는 이론상 진정부작위범의 미수를 생각할 수 있고 현행법[26] 역시 이런 규정을 두고 있으나 객관화할 수 없는 심리의 면만을 형법의 대상으로 함은 죄형법정주의의 원리상 문제가 있을 수 있다. 부진정부작위범에 있어서는 이는 엄격히 말하면 부작위범의 일종이 아니라 작위범의 일종임으로 원칙적으로 미수를 생각할 수 있다. 그러나 진정부작위범에 있어서는 입법으로 작위의무를 부과하고 따라서 착수의 시기를 법으로 정할 수 있으나, 부진정부작위범의 경우에 있어서는 입법으로 정하지 않으므로 실제로 곤란한 때가 있을 것이나 위험발생이 있고 작위의무가 있다고 판단되는 때에 동 범죄의 착수가 있다고 본다.[27]

　다음 인과적 고찰을 요하는 불능범의 착수에 관하여는 지면의 여유가 없으므로 他 기회로 미루고 이만 略한다.

---

26) 형법 제319조 2항 참조.
27) Paul K. Ryu, *op.cit.* pp.1196-7 참조.

2. Causal Relationship*

The following is the four installments of an article by Dr. Paul K. Ryu, president of Seoul National University and a noted criminal law professor. The article is a summary of his thesis which will appear this spring in "*Zeitschrift für die Gesamte Strafrechtswissenschaft*," published in West Germany. -ED.

Concept Clarified

The purposes of this article are to clarify the concept of "causal relationship" in criminal law and to suggest the criteria which may enable us to judge whether there is causal relationship between criminal conduct and result.

Traditional theories about "causation" in criminal law are lacking in conscious conceptual differentiation of the elements of policy-making and those of scientific and philosophical findings. Such a flaw in traditional theories resulted in the confused notions of legal causation and in nebulous standard to judge whether there is a causal relationship between a particular criminal conduct and the resultant effect.

In other words, some miss the point that "causation" is ultimately a problem of responsibility and naively hold that it is reducible to logical or "objective imputation" determined by causation in the world of facts; and others, being unconscious of the proper function of policy-making in law, have failed in seeing the true nature of evaluative process in which the existence of causal relationship in the administration of criminal justice can be ascertained.

The concept of "causation" in philosophy has been uncritically imported into criminal law. But to cite a few examples: Schlick's view of causation that is conceived as obtaining between events that are in spatial and temporal immediate vicinity or each other into the legal theory of "last condition," as well as Robert Mayer's conception of quantitative connection of cause and effect into

---

* 이 글은 *The Korean Times*, 1966.2.25.-27., 3.1일자에 실린 것이다.

Kohler's view that cause in law is that which in kind and intensity determines the result. Among other philosophical theories of causation reflected in law, perhaps the neo-Hegelian deserves special notice.

One of the most prominent German writers on criminal law, Max Ernst Mayer, a neo-Hegelian of Baden School of Philosophy, denied the need for an independent theory of causation in criminal law. This position in implied in the Hegelian view that the distinction between reality and value, causation and evaluation, while conceptually essential, is ultimately overcome in a synthesis and merger of these opposites.

Context Stressed

According to Mayer, there can be no separation at law between norm and fact and the relation between them is at best one of the general to the particular. It follows that in law as in philosophy there can be no distinction between "cause" and "condition," for all "condition" which must be present in order that a result be produced are equally "causal" in producing it.

Similar flaw of intellectual task in clarifying the concept of "causation" in criminal law is found in the connection between the scientific notion of causation and the legal concept of it. Here we find the indiscriminate use of the term "scientific."

Citing Ayer's Foundation of Empirical Knowledge, Granville Williams says that "modern philosophers and scientists refuse to differentiate between causes and between a "cause," and he continues stating that "liability in tort thus presupposes causation in the scientific sense… The question whether the act was a cause of the death is a question in the scientific sense, i.e., a question of fact."

Apparently Williams refers to causation in the natural sciences. He slip off the truism that not question of fact alone can be conceived in the scientific sense but a question of policy can also be dealt with in science, i.e., the policy-oriented science of law.

All the foregoing notions of causation are in disregard of the fact that the meaning of causation is not the same in different context of various disciplines of sciences and that the problem of causation raises different issues in different contexts of various fields of law.

The context in which the concept and the problem of causation are to be dealt with should be ascertained. Hart and Honore's interpretation of "cause" in law may be classified within the category of "legal science," but since it suggest a criterion for establishing legal cause not as a matter of "common sense," based on their failure to realize that no evaluation is possible unless its purpose is known, their approach to legal causation cannot proceed any further than the outmoded method of seeking a logical cause.

Ideological Study

Without taking account of the purpose of the legislative policy of a particular criminal statute, no true notion of causation in criminal law can be conceived as a factor determining whether an accused is to be subject to criminal sanctions for certain conduct. For "causation" is ultimately a problem of responsibility imputed in a choice of policy under the particular criminal statue.

The evaluating process must be oriented to the basic ideological policies followed by the given society. The inquiry the present writer pursued is based on the ideology of a "free society" in which human dignity is the ultimate goal.

Furthermore, the basic ideology must also be verified in the context of the given community process. Hence, empirical and philosophical data are not irrelevant in clarifying the concept of "causation" in criminal law in reference to the community process.

In formulating the criteria by which the causal relationship between criminal conduct and result, the traditional theories are either in utter disregard of legal evaluational process or lacking in proper focus of attention on the true nature of evaluational process.

There are a group of theories that can be classified as a meta-juristic approach: The so-called "theory of condition" conceives of the "cause-effect" relationship as but successions of events and of "cause" as the totality of positive and negative conditions preceding an event.

Under this theory, however, the function of "causation" in criminal law as imputation of responsibility cannot be grasped at all. Some try to qualify the theory of condition by asserting that all conditions are necessary, but only that which has the greatest influence upon the result is the "cause." Yet, this theory is also based on the naive assumption that a "cause" can be determined by a process of logical selection.

There is also the so-called "theory of proximate cause." It declares as cause the condition which is most directly and immediately related to the result.

Thus, for example, Kohler asserted that the semen is the sole cause of birth of a plant, whereas humidity, heat, etc., and but conditions, though without them the plant would not have been born.

But distinction of this nature have no operational meaning for a lawyer as decision maker. The contents of "theory of proximate cause" are quite flexible.

By the breakdown of the meta-juristic approach as exemplified in the above theories, emerges the legal evaluational approach. There are "theory of adequacy" and that of "relevancy" in this category of approach. These deserve credit for postulating that causation in law is essentially a matter of imputation.

The "theory of adequacy" asserts that whether a condition may be regarded as a cause of an event depends on whether conditions of that type do, generally, in the light of experience, produce effects of that nature.

There are three varieties of this theory, depending on who passes the necessary probability or possibility judgment and at what stage the judgment is passed on whether conditions of a certain type do, in the light of experience, produce effects of a certain nature.

But all three do not provide any resolution of the essential problem of the proper standpoint from which foreseeability is to be judge, and no justification is afforded on the basis of either version of this theory why foreseeability should be objective, subjective, or mixed.

Unconsciousness Revealing

On the other hand, the theory of relevance claims that the penal laws themselves, in defining the various crimes, give a clue to what conditions should be deemed "relevant" as "causes." This does not give us any new standard. It is merely saying that its standard may be that of condition or that of adequacy, depending on the statute that governs the situation.

And experience also shows that statues do not solve the problem of causation, as may best be seen in those instances in which causation is specifically defined by a penal code.

The criteria the traditional legal evaluational approach introduces appear meaningless for the purpose of introducing the causal problem into criminal law. That purpose plays a decisive role in the teleological theory causation, submitted in this article as the correct view.

According to this theory, the issue must be formulated in therms of the question of why we require a causal relationship between criminal conduct and result. The purpose can be ascertained in the context of a particular ideology, namely, the ideology of "free society" whose purpose is accomplishment of comprehensive goals of human dignity, which in turn require that no person should be subject to criminal punishment beyond the necessary minimum.

The accused ought not to be punished for the result brought about by accident, independent of his conduct. That is, in the realm of causation, a defendant should not be held responsible for a result produced by "chance".

In all cases involving a so-called "intervening independent agent" or "interruption of the chain of causation," the criterion should be whether the intervention was produced by "chance" or was rather imputable to the criminal act in issue.

The problem arises what "chance" means at law. There is no element of chance whatever in the type of injury that a man inflicts upon another. As shown by Freud, there are unconscious reasons and motivation even for misfiring, and unconscious motivation lies in the realm of causation.

The actor controls the immediate result of his conduct consciously or unconsciously, and unless the intervening condition is entirely unrelated to the act of the accused, all conditions which are connected with the act in terms of the "but for" test.

A proper understanding of causal problem in criminal law is predicated upon three further points. First, no problem of causation can arise unless there is a criminal "act." What constitutes a criminal act depends on specific legal provisions which are the crystallization of cultural value judgment. Second, the scope of knowledge concerning the causal process is required in intentional crime. It it submitted that such knowledge must comprise the possibility of a causal relationship between the act and the intended result. In a crime without intention, causation merges with culpability. Third, in some types of crime such as "formal crime" or "crime of abstract risk" the problem of causation does not arise.

It must also be reminded that the tests of causation vary with the purpose of particular criminal provisions. In crimes aggravated by result or in negligent crimes, the "but for" test should apply, while in an intentional normal crime the actor's contribution to the immediate result should be evaluated. No criterion of causal relationship can be valid unless it is connected with the more basic purpose which, indeed, give rise to problems of causation.

Ⅲ. 교 육

1. 미국학계의 최근 동향*

　친애하는 학생 제군! 작년 9월 7일 제군에 힘찬 환송을 받아가며 水營을 떠난
지 어언간 1년이란 세월을 보내고 또다시 그리운 제군의 홍안을 보게 되니 어쩐
지 한편 미안도 하고 또 한편 일종 幻滅을 느끼는 듯한 마음에서 이 붓을 들게
된 것입니다. 미안하다는 것은 체미중 제일 나에게 원기를 주고 즐거움을 가져
다주는 글이 친애하는 학생제군에게서 오는 글월이었음에도 불구하고 일일이
회답조차 못하여 드리고 대학신문을 통하여서라도 통신을 보내드리려는 것이
이것조차 실행치 못하고 그냥 귀국하고 보니 미안하지 않을 수 없는 것이고, 일
종의 환멸이란 우리의 현실사회가 우리의 志向하려는 것과는 정반대의 방향으로
향하고 있는 것이 다시금 확인된 때 일어나는 서글픈 감정을 말하는 것입니다.
이는 내가 오직 굳게 믿고 있는 제군에게 하소하는 이외에 별 方途가 없는 것을
믿기 때문입니다. 외국에서 조국을 客觀에 놓고 볼 때에 한국같이 무거운 힘을
지니고 있는 국가가 다시 없으며, 한국민같이 高價의 피와 땀의 강요를 받고 있
는 민족이 또다시 없다는 엄연한 사실을 깊이 느끼게 되는 것입니다. 그럼에도
불구하고 우리의 현실사회는 점차 정신이상의 상태로 들어가 價値의 표준이 轉
倒되어 오늘의 친우가 明日의 적이 됨을 조금도 개의치 않고 보다 더 큰 悲劇인
것을 마치 정신이상자가 자기의 이상상태를 인식 못하는 것과 같이 무엇이 참

---

* 이 글은 「대학신문」, 1953.11.16. 및 11.23.에 실린 글이다. 이 때 법대 부교수였던 유기천은 미국
　학계의 공동관심이 「자유사회」의 연구임을 언급하였다.

부끄러워야 할 것인지 알려고도 하지 않고 또한 이것이 나아가서는 자기 자신을 포함한 한국 전체의 멸망으로 귀결된다는 그 무서운 결과를 꿈도 꾸지 않고 그냥 뻔뻔스럽게 자칭 「지도자」, 자칭 「高名한 사람」, 자칭 「권위자」로써 통행시키려고 애쓰고 있으니, 이에서 더 큰 悲劇이 또 어디 있을 것입니까? 사랑하는 학생 제군이여! 나는 무궁대한 發育과 성장이 약속되는 제군밖에 한국의 재건을 의탁할 자 없는 듯합니다. 나는 지금 이 글이 다소라도 제군의 학문연구에 他山의 石이 되기를 기원하는 마음에서 몇 줄기 붓대 돌아가는 대로 이미 渡美 중에 전해드리지 못한 消息에 대하여 나의 본 미국학계와 刑法界의 동향을 이제나마 전하고자 합니다.

한 나라의 학계를 전망할 때에는 그 보는 각도와 때에 따라서도 觀測이 달라질 수 있는 것이지만, 나는 먼저 집약적으로 인문학계의 대표적 예일과 하버드 兩大學의 학파의 대립을 본 다음, 그러나 그 지향하는 목표는 결국 차이가 없다는 점을 지적하고 싶습니다. 하버드라면 누구나 미국이 낳은 五大 사상가 중의 雙璧인 〈윌리암 제임스〉와 〈죤 듀이〉의 〈프라그마티즘〉을 상기하게 되고 이를 법학에 援用한 〈로스코 파운드〉를 연상하게 됩니다. 他方의 일이라면 〈화이트헤드〉의 제자인 〈파울 바이스〉와 〈F・S・C・노우스로푸〉을 잊지 않을 것이나 제2차 대전 이후의 예일의 학풍은 도리어 그 Law School에 있어서의 Harold Lasswell과 M. S. McDougal로 대표되는 소위 Decision-making approach일 것입니다. 이는 법학계에 一波紋을 던지고 登壇하는 새로운 학파이니만치 吾人의 주목을 끄는 바이고, 이에 의하면 법률교육의 사명은 〈폴리시・메이커〉의 양성에 있고 〈폴리시・메이커〉는 궁극의 가치를 적절히 배분하는 중대한 결정을 행하는 자이요 이렇게 하여 Power, respect, knowledge 등의 8개의 〈베이직 벨류〉가 가장 광범하게 분배되는 사회야말로 소위 자유사회이고 이 자유사회의 실현이 법학 교육의 이념이어야 한다고 봅니다. 이 학파의 철학적 기초는 Utilitarianism에 불과하고 이런 점에서 하버드의 〈프라그마티즘〉과 대립되지만, 또한 他方에 있어서 이 학파가 자유사회를 지향하는 점에서는 근본적으로 〈죤 듀이〉의 목표와 동일하고 오직 방법과 기초가 서로 다를 뿐입니다. 前述의 양학파가 서로 대립되지만 결국은 동일한 목표를 지향하고 있다고 말한 것은 이런 의미에 있어서이며, 동시에 이 Free Society의 연구야말로 우리 한국에도 있어야할 共히 Aufgabe가 아닐 수 없습니다.

　형사법계에 있어서는 〈하버드〉의 Sheldon Glueck과 〈인디아나〉의 Jerome Hall의 대립을 들지 않을 수 없습니다. 歐羅巴식 표현을 빌린다면 Glueck은 소위 目的刑論者이고 Hall은 Paul Weiss의 Reconstructive Punishment이론과 동일한 입장의 형벌이론가이고, 전자가 Possibility인데 반하여 후자는 Free Will을 根據로 하는 도의적 책임론에 입각한 형벌론자라고 할 수 있습니다. 나는 Glueck과 간담한 후 그의 입장이 일본의 牧師나 木村 이상의 목적형론자임에 놀랐으며, 他方 홀에 있어서는 그의 명작인 *General Principle of Criminal Law*가 있음에도 불구하고 너무나 이론적 기초가 박약함에 또한 놀라지 않을 수 없었습니다.

　마지막으로 나는 다음 두 가지를 附記하고 싶습니다. 그 하나는 미국법학교육의 실태입니다. 주지하는 바와 같이, 미국의 법과대학은 의대와 同樣으로 문리대를 졸업하고 B·A학위를 가진 자가 들어가는 대학원 〈레벨〉이고, 지방의 작은 법과대학이 문리대 2년 끝나면 입학시켜 주는 弊를 막기 위하여 지난해 연말에 〈시카고〉에서 열린 法學校大會에서 전국을 통하여 최소한 칼레이쥐 〈코스〉를 3년 이상으로 하자고 결의하는 것을 볼 때에 우리나라 법학교육에 교양〈코스〉가 너무도 짧음을 다시 한 번 더 뉘우쳤습니다. 현재 우리나라에서 의대가 귀중한 인간의 생명을 취급한다고 해서 6년 코스를 要하거든 황차(況且) 인간사회의 生理와 病理를 연구 해결하여야할 법학의 교육이 불과 4년으로 족하다는 이론은 아무리 짜보아도 나오지 않습니다. 나는 소위 三百代言式 법률가가 얼마나 큰 사회의 해충이 되고 있다는 것을 잘 알고 있습니다.

　다음 하나는 Yale Law school Honour System을 제군에게 復言하고 싶습니다. 나는 제군들의 인격을 충분히 높이 평가하고 싶고 不名譽스러운 말을 하기 원치 않지만 불행히도 나는 우리나라 대학생들의 실태를 잘 알고 있기 때문에 이 점 부끄럽지마는 披露하지 않을 수 없음을 슬퍼마지 않습니다. 나는 지금 이 글을 읽고 있는 학생 중에서 "대학생에게 마치 소학교 訓導 같은 修身 강좌를 하고 있다."고 반박하며 비웃을 者의 그 찌푸린 얼굴까지 눈에 보이는 듯합니다. 마치 將來의 자칭 「指導者」, 自稱 「고명한 인사」로써 뽐내는 포-즈와 같이 나는 총명하고 感受性이 예민한 학도들의 그 白紙같은 흰 마음에 조금이라도 이런 불미한 말이 상흔(傷痕)으로 남지나 않을까 두려워마지 않습니다. 백인의 부정행위자들의 교정(矯正)을 바라서보다도 一人 순진한 학도의 자부심에 상흔 끼칠 것을 도리어 두려워합니다. 그러나 나는 또한 一人이라도 鐵面皮한 학도가 있다면 이는 그와 같이 한강물에 맷돌 매고 빠져야 할 만큼 重大事라는 것도 믿습니다. 약 20년 전에 예일 법과대학의 학생들은 試驗場에서 교수들에게 감독 받는 불명예를 통한히 여겨 자진하여 학생회를 열고 교수들의 시험 감독이란 불명예를 없이하고 그 대신 一人이라도 낙오자가 날 경우에는 그들 학생측에서 교외 추방할 것을 결의하고 금일까지 一人의 낙오자도 없이 이 명예스러운 제도를 실시하여 온 사실을 압니다. 이것이야말로 금일의 미국의 부강을 가져오게 한 動力이며 동시에 우리 재건의 基礎가 될 것을 믿습니다.

2. 최근 미국법학계의 동향 – 특히 예일(Yale)대학을 중심으로 – *

지난 18일 무사히 귀국하였습니다. 대학신문사에서 귀국감상과 최근 미국 형법학계의 동향에 관하여 각각 말씀해달라는 촉탁을 받고 현재 일주일 22시간씩 강의를 담당하고 있는 필자로서는 도저히 따로 붓을 들 시간이 없으므로 부득이 제목을 고치어 최근 「미국법학계의 동향」이라는 명목 하에 小生의 渡美 중에 느낀 점과 학계의 일반 동향 특히 법학계 또는 주로 형법학계의 동향을 간단히 소개하면서 인사의 말씀에 대신하고자 합니다. 등잔 밑이 어둡다는 격으로 한국 내에서는 한국의 사정을 잘 모르고 있는 필자로서 외국에 가서 보니 한국의 과거와 미래가 뚜렷이 나타날 뿐만 아니라 이것을 알아야 하겠다는 충동이 더욱 강하여짐을 느꼈습니다. 특히 하바드나 예일은 국제적인 대학이라고도 할 수 있으리 만치, 세계 40여 개 국에서 온 인사들이 모여 있는 관계로 자연히 국제적 경쟁리에 한 몫 참가치 않을 수 없는 탓으로 아마 이런 충동이 더욱 심하였는지 모르겠습니다. 日人들의 국제적 지위가 향상됨에 따라 한국의 입장이 다소 약화되어 가는 듯한 감을 가지게 됨에 이르러 더욱 더하였습니다.

필자가 하바드에 2년간 Visiting Scholar의 一人으로 있다가 예일로 옮긴 중요한 이유도(물론 다른 이유도 있겠지만) 주로 우리 문화 연구의 필요성에서였습니다. 예일 법과대학은 필자가 아는 한 문화(Culture)의 강좌가 법과대학의 코스 속에 있는 미국 유일(아마 세계 유일)의 대학입니다. 얼핏 생각하면, 문화는 文理科 대학의 속하는 학문이고, 법과대학과는 하등의 인연이 없는 듯한 감이 있으나 다시 생각하면, 법률은 문화의 결정물이고, 문화의 Background 없이 법률 연구만 한다는 것은 마치 砂上의 누각을 짓는 것과 다름이 없습니다. 필자는 약 반년의 시일을 한국 문화 연구에 허비하는 동안에 무엇보다도 계몽된 것으로부터 흘러내려갔다는 사실, 더욱 더 일본의 神道사상(shintoism)이 한국의 sha-manism에서부터 남상(濫觴)되었다는 사실을 알게 될 때에(이것에 대한 실증 자료는 필자의 저서 *Korean Culture and Criminal Responsibility* 참조) 일본은 동일한 샤머니즘이란 원시신앙을 가지고 문명국의 수준까지 향상시키는 일본의 윤리를 산출하였다. 이 천황 중심의 윤리를 기초로 하여 法治國으로서 발전케 되었

---

* 대학신문, 1958.5.5.에 실린 글이다.

음에 반하여, 과거에 있어서 선진국이었던 한국은 왜 후진국이었던 일본에 속박되었으며, 현재에 왜 일본보다 뒤서고 있는지 한국의 핏줄기가 들어있는 인간이라면 적어도 한 번만이라도 생각은 해보아야 할 것입니다. 현재에 전개되는 모든 현상은 우리의 뿌리 깊이 박힌 亡國의 투쟁사를 되풀이 하는 점이 없지 않고, 포람(泡濫)하는 영웅주의는 애매한 대중 앞에서 「작두칼」 타고 춤추는 무당들과 다름이 없으며, 이 모든 것이 우리의 문화의 되풀이일 뿐입니다. 「政治面」이 한국 문화의 전체(경제, 법률, 문학 등)에 침투해 있을 뿐만 아니라 個人生活面에까지 「가택침입」한 것도 모두가 우리의 과거의 연속입니다. 이러고도 민주주의를 운운한다면, 민주주의의 정의를 다시 물어보아야 하겠습니다.

너무 탈선이 길어지기 전에 미국에 학계 동향부터 간단히 보고 드리옵고, 여백이 있으면 필자의 의견을 한두 줄 添加코자 합니다. 미국의 학계 동향에 관하여는 여러 인사들이 벌써 미국서 돌아와서 보고한 일이 많으므로 가능한 대로 중복은 피하고 골자만 쓰려고 합니다. 미국은 제2차 대전 이전까지는 많은 선진 중의 일개 국가에 불과했으나 현재에는 그 나라가 願커나 不願커나 간에 일종의 소위 「자유국」을 대변하는 지위를 차지하게 된 것이 사실입니다. 특히 히틀러 旋風에 불려 미국으로 온 유태인계의 학자들이 중심으로 미국 고유한 문화를 대변하는 학문이라기보다도 이데올로기를 대변하는 학문이 학계 전반을 통하여 육성되고 있다고 해도 과언이 아닐 줄을 압니다.

물론 자연과학에 있어서는 인간의 가치관을 떠나서 독자적인 발달을 함은 사실이지만 이런 자연과학일지라도 왜 발달하게 되는 그 이유를 따지게 되면 결국은 그 Community의 가치관과 불가분의 관계에 있음을 알 수 있습니다. 서양문명이 자연과학의 면에 있어서 동양문명보다 앞서게 된 사실이 서양 사회의 眞을 존중하는 가치관과 동양사회의 眞가치를 다른 윤리적 가치보다 헐하게 보는 가치관과의 차이점에 나온다고 볼 수 있으며, 왜 심리학과 사회학이 특히 미국서 발달하며 이런 법률학의 인접 과학이 법률학의 입장에서 흡수하려고 하는 사실도 그들의 가치관과 불가분의 필연성을 가지고 있다고 볼 수 있습니다. 더욱이 법률학에 있어서는 최근 비교법학의 연구가 우심(尤甚)하여 가지만, 그 동기도 역시 미국 국민이 제2차 대전 이후에 물밀 듯 들어오는 외국인으로부터 자극을 받은 점에도 있지만, 전술한 미국의 지위가 미국 국민 또는 새로 국적을 얻은 구라파계 미국민으로 하여금 이데올로기를 대변하는 법률학의 수립을 강요케 하는 실정에서 오는 것은 사실입니다. 환언하면, 모든 과학 일반이 새로운 가치관 위에 수립되고 있다고 하여도 과언이 아닐 듯합니다.

철학계에 있어서는 在來의 사고방식에 대한 근본적인 재검토가 시작되어 과학, 가치 등 근본적인 개념의 재검토, 즉 P. Frank를 회장으로 하는 Unified Science Movement 혹은 Oxford의 새로운 가치파악운동(이는 물론 영국에서 일어나고 있으나 영국은 미국 문화권 중에 넣어도 될 듯합니다) 등은 모두 동일한 현상이며 일반으로 볼 때에 마치 현 20세기의 미국은 새로운 가치 창조의 道場이 될 가능성이 있는 듯한 감을 줍니다. 특히 법학계에 있어서는 전자에도 언급한 바와 같이 「자유사회」란 이데올로기 위에 법률 체계를 세우려고 적지 않은 노력을 하고 있습니다. Freud 자신은 원치도 않았던 그 미국에서 그의 학설이 가장 발전을 보고 있는 것은 한 가지 아이러니(Irony)이겠지만, 프로이드의 Depth psychology(입체심리학)이 재래의 Surface psychology(평면심리학)을 제쳐놓고 전 법률학에 침투해 들어오고 있으며, 필자도 여기에 영향을 받아 형법에 제 문제에 있어서 프로이드의 입장에서 형법의 「인과관계의 문제」에 관하여 논문을 발표하였으며(이는 *Pa. Law Rev.* 1958년 4월호 Causation in Criminal Law 참조) 전술한 *Korean Culture and Criminal Responsibility*에서는 형사적 책임의 근본 문제를 Freudian Standpoint에서 Symbolic Theory of responsibility라는 학설을 제창한 일이 있습니다.

요컨대 현재 미국 형법계에 있어서는 Law와 Psychology 혹은 Sociology를 통합하여 공동 연구를 하고 있는 것이 일반 진보적인 경향이며 Law and Psychiatry라는 독립한 연구기관이 Yale대학을 위시하여 Pennsylvania대학, Stanford대학 등 저명한 대학에는 부속기관으로 설치되어있고, G. A. P(The Committee on Psychiatry and Law of the Group for Advancement of Psychiatry)가 칸사스주에 설치되는 등 활발한 활동을 보이고 있습니다. 특히 예일에 있어서는 벌써 약 30년 전부터 Law and psychiatry의 공동연구를 시작하였고 특히 제2차 대전 이후에 저명한 정치학 교수 Lasswell 박사를 시카고로부터 법과대학에 초빙하여 동교수는 McDougal 교수와 공동하여 Free Society 연구에 전력을 하고 있습니다. 이 모든 현상은, 前者에도 말한 바와 같이, 첫째로는 미국민의 전통적으로 Pragmatistic한 근본적인 가치의 경향이 학문상에 나타난 것이라 볼 수 있으며 현실에 대한 과학적 파악 없이 가치체계의 수립은 불가능하다

는 입장이고, 둘째로는 어느 문화적 기반 위에서든지 가능할 수 있는 자유사회
를 定義해보자는 것입니다. 우리는 현실에 있는 우리의 전통적 문화를 무시할 수
없으며, 도리어 문제는 무엇이 우리의 고유한 문화였던가 하는 참된 인식을 가
지는 것이 무엇보다도 긴요한 일입니다. 재래의 법률학의 근본적 과오는 그 문
화적 배경을 전혀 무시하고 추상적인 개념적 유희에만 沒中한 점이 있으며, 심지
어는 오늘날 성행하는 Marxism 혹은 공산주의도 한 나라의 경제조직이 그 나라
의 문화권의 일부분에 불과하다는 것을 망각한 점에 그 근본과오가 있습니다.
마르크스가 예언하였던 영국의 자본주의는 붕괴되지 않은 반면에 그가 꿈도 꾸
지 못하였던 가장 後進者였던 露國民에게서 맑시즘의 실현을 보게 된 것도 또한
동일한 이유에서 오는 바이고, 만약에 우리가 露國民의 전통 속에 깊이 흐르고
있는 人命을 경시하는 그들의 전통적인 문화적 태도(살인자를 8년 이하의 징역
에 처하는 등)을 미리 알았던들 불과 15년 밖에 保障的인 헌법이 실시된 일이 없
는 露國民에서 맑시즘의 실현이 있었을 것이라는 예언을 할 수 있었을 것입니다.
他方에 있어서는 소위 자유국가의 공동된 연구대상이지만, 우리가 공산주의와
대항한다면 무엇 때문에 항쟁하는지, 우리의 추구하는 根本價値의 Criterion을 재
검토하여야 할 것입니다. 이 자유사회의 연구는 예일이란 한 대학이나 미국이란
한 나라의 관심사가 아니라 우리 한국에 있어서도 관심사여야 할 것입니다.

마지막으로 여백을 이용하여 독자 제위께 필자의 귀국 소감을 첨가할 수 있
다면, 우리는 무엇보다도 時急히 하여야 할 일이 하나 있다는 것입니다. 즉, 우리
의 과거를 돌아볼 때에 누구나 느끼는 바와 같이 Factionalism이 정치에 들어갔
고, 이런 Factionalism에 입각한 정치가 한국의 전 생활을 지배하여 왔다는 가장
비민주적인 국가형태가 과거에 망국을 가져왔던 근본이유이며, 이 전통적인 암
조직을 절단하는 길은, 오로지 각자가 각각 맡은 분야에서 행하는 길 밖에 없다
는 것입니다. 우리 대학에 있어서는 대학 내에 정치세력이 침입하는 것을 막아
야 할 것이고, 대학의 자치에 있어서도 Factionalism을 청산하고, 이성에 입각한
대학을 건설하여야 할 것입니다. 지금으로부터 12년 전 國大案 문제가 대두되었
을 시에, 필자는 좌익 정치인들에게 이용당하는 사랑하는 학생들에게 학문의 자
유를 지키고 묵묵히 젊은 학도는 학문 탐구하는 것이 누구보다도 크게 조국에
이바지하는 것이라고 설명하여 前途가 洋洋한 젊은 학도들이 야욕을 가진 정치
인들에게 희생됨으로부터 구출하여 보려고 노력을 하여 보았으나 성과를 얻었

는지 알 수 없습니다마는, 오늘날에 있어서도 젊은 학도들에게 먼저 시급한 것이 각자의 가치를 세우고 이에 따른 이성적 행동을 함으로써 한국적이고 민주적인 가치를 생산하는 聖스러운 과업에 이바지하는 것이 학계에 있는 자(교수나 학생이나 간에)로서는 지켜야할 至上命令인 줄 믿습니다. 알기만 하고 행하지 않는 것은 참 아는 것이 아닙니다. 너무도 두서없는 잡담이었습니다마는, 慧光紙背에 徹한다는 諸位께서는 필자의 拙文을 보충 이해하실 줄 믿사오며, 일일이 찾아뵙지 못하는 귀국 인사를 이걸로 대신하고자 합니다.

3. 미국 학생들의 독서열*

미국 대학생들의 독서열을 소개하려면 자연히 미국 대학생활의 일부분과 독서의 목적을 언급하지 않을 수 없다. 미국 대학생들의 독서의 실정이 우리 한국 학생들의 그것과 판이할 뿐만 아니라 그 독서의 목적에 따라 그 방법과 실태가 또한 서로 다르기 때문이다. 대저 독서란 결코 학생 생활하는 자들만의 독점적 所爲는 아니다.

인간은 그 옛날 〈판도라〉의 상자를 연 이래 지혜를 갖겠다는 열망을 가진 유일의 동물로써 그 生이 廷長되는 한 누구나 독서를 계속하지 않을 수 없기 때문이다. 그러나 학생 생활 특히 대학 생활의 가장 중요한 일면이 독서에 있다고 함에는 일반인의 독서와 그 목적이 다소 不同하기 때문이다. 도대체 독서의 목적을 몇 가지로 편의상 분별할 수 있다면 우선 우리가 성경이나 논어·맹자 등을 읽는 경우, 〈다이시〉의 헌법론이나 혹은 〈아담 스미스〉의 국부론 등을 읽는 경우, 또는 〈로망 로랑〉의 〈쟌 크리스토프〉나 혹은 〈밋첼〉의 〈바람과 같이 사라지다〉 등을 읽는 경우, 이상 세 가지로 구별할 수 있다. 즉, 논어 맹자를 읽는 경우는 修身과 사회생활의 모랄을 찾으려는 목적에서이고, 국부론 등을 읽는 경우는 학문적인 지식을 습득하겠다는 목적에 있고, 마지막으로 〈쟌 크리스토프〉를 읽는 경우는 예술을 즐기겠다는 쾌락의 목적에서 이다.

(물론 이런 논단은 한 일반론에 불과한 것이고, 경제학자가 국부론을 쾌락을 추구하겠다는 목적에서 읽을 수도 있고 그 반면에 어떤 文士가 예술적 표현을 배우겠다는 지적 목적에서 〈쟌 크리스트프〉를 주밀히 읽는 경우도 있을 것이지만 또한 例하면 〈단테〉의 神曲을 읽는 경우와 같이 한 冊을 읽음으로서 세 가지 목적을 다 만족시킬 수 있는 敎養的 讀書인 경우도 있는 것이지만) 요컨대 이상 도덕적·지적 혹은 情緖的 목적에서 인간이 독서함에 있어서 대학생, 특히 미국의 대학생들의 독서의 실정을 본다면 우선, 그 대학생활 자체부터 檢討하여야 한다. 물론 필자가 본 범위는 〈하버드〉와 〈예일〉이란 二大대학의 학생들의 경우이므로 이것이 미국 전체 대학생들에게도 該當하겠는지는 모르겠으나, 要는 우리는 외국학생들의 모습을 他山의 石으로 삼아 우리 대학생들의 독서의 방법과 方

---

* 이 글은 「대학신문」, 1958.9.8.에 실린 글이다.

便을 돕겠다는 동기에서 이 글을 쓰는 것이니 讀者는 이런 點을 양해하실 줄 믿
는다.

미국의 소위 대학생활이란 〈칼레지 라이프(College Life)〉를 말한다. 〈하버드〉
나 〈예일〉 같이 英國의 〈옥스포드〉나 〈켐브릿지〉 등을 모방한 대학에서는 〈카레
지〉와 寄宿舍는 거의 同一한 것을 의미한다. 대학에는 반드시 9개 정도의 〈칼레
지〉가 있어 이것이 바로 寄宿舍요, 여기에는 문과, 이과 할 것 없이 全 학생을 서
로 섞어서 수용하고 이 한 〈카레지〉 속에 들어온 학생들은 한 가족과 같이 지도
교수 한 분을 家長格으로 모시고 단란한 일종의 가정생활을 하고 있다. 각 〈카레
지〉에는 個別的으로 圖書館이 있고 여기의 圖書는 주로 교양에 관한 서적, 특히
文藝와 인간의 인격도야에 관한 서적이 많다. 대학 중앙 도서관에는 여러 가지
종류의 도서실로 구분되어 교양도서 기타 대학생의 必需도서들은 소위 〈리저브
드·룸〉(reserved room)에 적어도 4~5권씩 具備하여 두고 학생들이 貸出수속이
란 복잡한 프로세스를 밟지 않고 언제든지 직접 서가에서 자기 원하는 책을 선
택하여 그 열람실에서 읽다가 나갈 때에는 다시 그곳에 꽂고 나가거나 혹 정말
그 책이 자기 집에까지 가지고 가야할 경우는 時間을 제한하여 (대개는 밤10시
이후부터 翌朝까지) 실외대출까지 받을 수 있다.

대학 일반열람실보다도 이런 〈리저브·룸〉 기타 이와 유사한 열람실이 항상
초만원을 이루고 있는 것은 이런 편의가 있기 때문이다. 보통 미국 대학생들은
책을 사지 않는다고 말하는 것은 일반적으로 사실이나, 그 실은 대학의 도서제
도가 대단히 발달하였기 때문에 자기 개인의 서적을 가질 필요를 느끼지 않기
때문이다.

어떤 입장에서 생각하면 국민 각자가 자기의 라이브러리를 소장하고 있음은
무리한 소유욕의 발로라고 볼 수 있으며 문화재는 어떤 개인이 독점할 성질이
아니매 공공적 도서관 제도가 극도로 발달하여 개인의 장서가 특별한 학자의 경
우를 제외하고는 필요 없이 하는 것도 한 좋은 진보적인 제도일지도 모른다.

필자가 일본서 경험한 바이지만은 舊制 高等學校의 학생이 되면 누가 무슨 約
束을 한 일도 없지만 高校生이면 반드시 누구나 다 읽고 있는 클래식한 서적들이
있다.

마찬가지로 미국의 대학생들은 우선 〈칼레지·라이프〉(寄宿舍생활을 의미)
를 통하여 동일한 필수도서를 다 읽고 있으며 다음은 〈리저브드·룸〉을 통하여

학생으로서 읽지 않으면 안 될 책이 무엇인지를 알 수 있다. 보통 미국 대학생들은 독서를 그다지 않고 일주일이면 5일 밖에 공부하지 않고 토요일과 일요일은 걸 프렌드(girl friend)와 댄스하기가 바쁘다고 말하는 일이 있으나, 이는 피상적 또는 局部的인 견해요, 어디까지나 본질적 또는 일반적인 견해는 아니다. 얼핏 보면 미국 대학생들은 토요일, 일요일을 엔죠이 하는 날로 보내는 것은 사실이나, 이는 도리어 기계가 아닌 인간으로서 5일간을 能率적으로 일하게 함에는 불가피한 제도라고 생각되며 특수한 학자나 학생들은 이런 일요일까지도 없고 마치 기계같이 일하고 있는 인간이 있는 것도 사실이다.

요컨대 위크데이의 미국 대학생들의 독서의 분량이란 우리 한국 학생들이 상상할 수 없을 정도로 尨大하고 소위 Reading assignment만 감당하려도 하루에 百面 정도씩 읽어야 하는 판이니, 한국 학생들같이 평소에는 놀고 있다가 시험 때가 되어야 머리 싸매고 암기하는 것과는 天壤의 差가 있다. 독서의 範圍도 자연히 광범위하게 되며 문과계 학생들이라도 자연과학의 공부를 많이 하여야 하며, 우리 한국같이 심지어는 법과대학 학생인데 논리학이나 심리학이 무엇인지 알지도 못하고 법률공부를 하겠다는 괴상한 기현상과 비교할 때에는 어안이 멍멍하여 벌린 입을 담을 수가 없다. 한국에는 독지가들이 많아 제도의 결함이 있음에도 불구하고 넓은 工夫를 하고 있는 것은 사실이다.

그러나 제도와 방편을 강구하는 것이 대학행정의 중요한 면일진대, 대학의 과정이나 제도가 어떤 근본 목적 하에 통일성 있고 일관성 있는 有意味한 것이어야 할 줄 확신한다.

우리 한국의 실정을 보면 대학의 수업료를 引上하거니, 인하하거니, 분납제를 채택하라는 명령 등등 근시안적 주장은 많되, 앞으로의 한국 문화를 건설할 인재들을 육성할 수 있는가의 근본문제에는 腐心할 겨를이 없는 것 같다. 제한된 교수 수에다가 각 교수는 자기 연구에 바쁜 형편이니 대학생을 육성하는 보편적인 방법은 독서 이외에 없다. 독서는 또한 마치 거지가 깡통에 이 집의 밥, 저 집의 찬을 막 두루 섞어 넣는 모양으로 이 책 저 책을 막 읽어 머릿속에 Cramming 하는 것을 의미하여서는 안 되고, 대학생들(Professional School은 잠깐 제외한다)의 독서에 있어서는 인격도야가 근본 교양의 중심이매 우리 先人들이 걸어간 인간의 경험을 독서를 통하여 우리가 배우고 존경하는 先人들과 같이 瞑想할 때에 거기에 자연히 새로운 가치의 창조가 솟아오른 법이다.

필자는 현재 우리나라 대학에서 제일 時急한 것은 대학의 커리큘럼을 재편하고 또 그 제도를 쇄신함으로써 대학생들이 참된 독서를 할 수 있는 有機的인 방편을 講究하는 것 이외에 더 큰, 더 시급한 문제는 없다고 附言하고 싶다.

4. 人間 對 人間의 心理的 接觸*

도대체 독서는 왜 하며 독서의 의의(意義)와 가치는 나변(那邊)에 있는가를 고찰(考察)한다면, 그 목적에 따라 여러 가지를 생각할 수 있으나 본지면(本紙面)이 「고교생과 교양」 특집호(特輯號)로 배정되었으니만큼 독서는 참된 교양을 쌓기 위하여서라는 대전제(大前提) 밑에서 몇 가지 독서의 의의(意義)와 방법을 고찰하여보기로 하자. 우선 우리가 〈교양〉이란 말에 접할 때에는 어쩐지 모르게 일어나는 일종의 반발을 느낄 때가 있다.

이는 교양이란 말이 어떤 주형적(鑄型的) 교육을 내포하는 듯한 감(感)을 주거나 혹은 유한(有閑)계급이 다방이나 싸롱에 앉아서 시가를 피우며 피카쏘의 써레아리즘(Surréalisme)을 운위(云謂) 하는 등 소위 교양 있는 인사(人士)들의 포-즈 속에 왜 그런지 모르게 우리와 거리가 멀고 한갓 허위까지 엿보이는 때가 있기 때문이다—물론 우리는 예술의 교양적 의의(意義)를 무시함이 아니다. 이런 종류의 허위는 어느 분야(分野)에도 있으나 — 그러나 필자는 동시에 용광로(鎔鑛爐) 같이 불타오르는 사회정의감(社會正義感)을 가진 고교생 제군의 마음속에 누구보다도 참된 교양을 쌓겠다는 진실하고 강열(强烈)한 열망이 있음을 안다. 이는 교양이란 그 원어(原語), 즉 Bildung(形成)이라는 말이 자변(自辯)하는 바와 같이 자아(自我)의 존재를 최고 가치(價値) 자체로 만들겠다는 강열한 창조에의 의욕이 있기 때문이다.

제군의 전도에는 2대(大)의 광막무한한 세계가 전개되고 있으니 그 일(一)은 하늘에 반짝이는 성진(星辰)으로 이루어진 창공에서부터 원자핵(核)에 이르는 무궁무대한 외적 세계이요, 또 하나는 제군의 마음속에서 전개되는 광대무변(無邊)의 판타지(Fantasic)의 내적 세계이다. 제군의 선인들이 그러하였던 것같이 제군도 또한 이 양세계를 정복하여 보겠다는 의미 있는 의욕이 불타오르고 있을 줄 안다. 교양에는 이런 의미에서 두 가지의 요소가 있으니 그 일(一)은 소재(素材-Anlage)이요, 그 밖의 것은 목표(Zweck)이다. 우리들은 이 두 요소를 소박(素朴)하나마 이미 소지(所持)하였던 제군의 전 생애를 설계하기 시작한 날부터

---

* 이 글은 「대학신문」, 1958.12.8.에 게재된 글이다. 특히 이 글은 대학신문이 전국의 고교생을 독자로 상정한 고교판에 실린 것으로 고교생에게 독서의 중요성을 강조한 글이다. 이 글에서 유기천 교수는 書名보다도 신뢰할 수 있는 저자를 만날 것을 강조하였다.

무궁한 발전의 포텐시아리티를 가진 소재(素材) 위에다가 제군이 원하는 각자의 목표에 따라 안전(眼前)에 전개되는 양세계를 마음대로 경작(耕作)하고 형성하려고 한다.

그러나 인간은 동물과 달라서 고립된 벌거숭이 힘(naked power)을 구사함이 아니라 타인과 협력하여 이성적(理性的)인 힘을 발휘하기 마련이고 이런 협력이 유기적으로 감행되면 될수록 그 사회는 보다 더 나은 발전을 가져오고 그 추구하는 목표의 경작(耕作)도 만족할 만한 결과를 갖는다. 이런 의미에서 독서는 선인(先人)의 걸어간 정신적 행로를 따라 감으로써 그 선인의 정신생활의 체험과 물질적 연구의 보고를 얻어 선배와의 의사소통(意思疏通)을 해보자는 데에 그 안목이 있다. 인간 공생(共生)의 호흡을 같이하여 선인의 유산과 동시대인의 기여(寄與)에 대한 경의와 감사의 정이 일어날 때에 독서는 그 효력을 발생한다. 그러므로 독서는 인간 대(對) 인간의 심령적 접촉이요, 공명자로서의 호소가 서로 합치할 때에 인간의 힘은 배가(倍加)된다.

이러고 보면 독서는 적어도 콩알만큼 한 정열이라도 가지고 있는 청춘이라면 없지 못할 인류의 성스러운 운동이다. 이런 의미의 교양을 쌓으려는 젊은이면 반드시 잊어서는 안 될 두 가지 점이 있다. 즉 하나는 독서의 대상이 되는 양서를 어떻게 선택할 수 있는가 하는 실제적인 문제요, 다른 하나는 아무리 양서(良書)일지라도 서적을 읽을 때에 대한 태도적인 문제이다. 양서(良書)의 선택은 오늘날 같이 상당수의 논문 서적 등이 표절(剽竊)이거나 혹은 중상적이고 자아(自我)분열증적인 감정문이 항간에 범람하는 시대에 있어서는 더욱 주의가 필요하다.

혹시 제군이 장차 정신병환자가 되고자 한다면 이런 중상적인 모략으로만 대중을 현혹하려는 소위 필객(筆客)들의 정신감정을 그런 전문서적 등을 통하여 해보는 것도 일리 있겠지만, 전술(前述)한 의미의 교양을 위한 독서를 원한다면 객관적 가치를 생각하는 글을 읽지 않으면 안 된다. 우선 제군과 호흡을 같이 할 수 있는 신뢰할 수 있는 저자를 먼저 바로 찾아야 한다. 서명(書名)에 의하여 독서의 대상물을 선택하는 것이 아니라 저자(著者)에 의하여 선택하여야 한다. 〈단테〉가 가장 신뢰하고 사랑할 수 있었던 그 애인 〈베아드릿체〉의 인도를 통하여서만 비로소 천국을 순시할 수 있었던 것과 같이 선인들의 거룩한 노력(努力)의 결정인 문화재를 섭렵(涉獵)하려면 신뢰할 수 있는 스승[이는 자기의 뎅켄(Denken)보다 앞섰다는 점에서 누구나 스승이라 할 수 있다]을 바로 선택하여야 한다.

한편 스승을 잘못 택하는 데에 따르는 해독이란 형언할 수 없으리만큼 크다. 이런 의미에서 현재 한국에 소위 필객(筆客)들 중에 파렴치하게 진술하는 인사들의 죄과는 기천원 기만원 절취하였다는 송사리 범죄인에 미칠 수 없는 파렴치 죄인임을 알아야 한다.

또한 제군이 한국인일진대 한국의 과거와 현재가 왜 이런 모양이 되었는가 하는 근본 문제의 연구를 게을리 할 수 없으며 독서를 통하여 제군의 스승과 동료(同僚)가 과연 누구인가를 먼저 찾아야 한다. 다음은 독서를 많이 함은 좋으나 여기에 지치어서는 안 된다. 아무리 성인(聖人) 군자(君子)의 기록일지라도 제군의 각자의 경우에 백퍼센트 적중할 수는 없는 법이니 제군이 본래 가지고 있는 그 소재(素材)와 제군 자신의 판타지를 무시하여서는 안 된다. 극단의 경우에는 제군이 독서한 후에 이를 반영할 때에 세계적인 모모 대학자의 이름을 나열하지 않으면 권위가 안 서는 것 같아서 의미를 똑똑히 알지도 못하면서 타인의 구절 인용만을 일삼는 것은 독서에 지친 해독의 일 현상이라 아니할 수 없다. 각자의 소재(素材)를 뽑아내지 못하는 독서는 유해무익할 뿐이다.

무궁대한 가치의 〈포텐시아리티〉를 누구나 가지고 있기 때문에 우리는 인간을 가리켜 존엄성을 가진 동물이라고 본다. 제군이 어떤 목적 가치를 설정하고 이를 추궁하는 한, 제군은 세계 삼십(三十)억 인구를 모두 묶어놓은 것보다도 더 존중한 존재가 될 수 있다. 제군이 만약 인생을 사랑하고 인류의 운명을 생각하는 청년일진대 스스로 인생 문제에 대한 의문이 없을 수 없으며, 진지하게 현실을 직시할진대 많은 불가사의를 느끼지 않을 수 없으며, 이런 의문과 불가해(不可解)를 느끼면 느낄수록 제군의 선인들의 태도를 찾아보고자 독서를 하지 않을 수 없다. 독서는 그러므로 제군에게 큰 자신감을 준다. 독서를 통하여 존경하는 선배, 친지를 얻을 수 있고 제군 개인의 고민이 혼자의 고전(孤戰)이 아니라 함을 느낄 수 있기 때문이다.

그러나 인간 교양의 최후는 서적에 있는 것이 아니고, 결국은 제군의 아름다운 판타지 속에서 용출한다. 타인의 생의 노력을 오직 수동적으로 독서를 통하여 수입만 하려는 태도는 비겁하고 태만한 자의 태도이다. 비겁하고 태만한 태도에서 어찌 무궁대한 자아(自我)의 발전을 기대할 수 있겠으며 제군의 가치가 세계 삼십억 전 인류의 가치보다도 무겁다고 어찌 말할 수 있겠는가.

5. 대학 4년간을 어떻게 보낼 것인가 ─ 신입생 여러분께 드리는 말 ─ *

신입생 여러분! 여러분은 그 어려운 입시를 돌파하고 승자로서 최고학부에 등단하고 보니 그 얼마나 즐겁고, 여러분의 작은 가슴 속에는 태산이라도 떠 옮길 만한 큰 설계를 가지고 있을 줄 믿습니다. 만발한 개나리꽃으로 아름답게 장식된 교문을 삼삼오오 짝지어 활보하는 신입생 여러분의 용자(勇姿)가 눈에 띌 때마다 저는 확실히 여러분이 큰 꿈을 가졌고, 대망(大望)을 품고 있음을 느끼는 바입니다. 저는 여러분의 웅대한 꿈과 설계에 대하여 일일이 개입코자 하지도 않고 또한 개입할 수도 없는 일일줄 믿습니다. 그러나 선배로서 ─ 엄격히 말하면 법과대학에 들어온 분들에게만 선배가 될 지도 모르지만 ─ 제 경험에 비추어 몇 가지 추상적인 말씀인지 모르나 한두 가지의 조언을 드려두는 것이 여러분의 사년간의 대학생활 설계에 다소라도 도움이 될 성 싶어 지금 펜을 든 것입니다.

흔히 누구나 말하는 바입니다마는, 「청년은 꿈이 있어야 한다」는 것을 우선 다시 한 번 더 강조하고 싶습니다. 왜냐하면 꿈을 가질 수 없는 가혹한 현실이 여러분을 사로잡고 있음을 저는 잘 알고 있기 때문에 차제(此際)에 있어서는 한층 더 여러분이 참된 꿈을 가지고 명확한 목표를 세우는 것이 무엇보다도 중요한 일이라고 느껴지기 때문입니다. 여러분이 이런 꿈을 가지고 목표를 세움에 있어서는 먼저 한 번 더 인생의 존재의 의미를 생각해보는 것이 필요합니다. 인간은 존재의 의미를 물을 수 있는 유일의 존재자이기 때문에 여러분이 만약 동물적인 본능에만 예속되지 않고 인생의 존재의 의미를 찾아보고 여기에 비추어서 여러분 자신의 의미를 찾고 그 목표를 세운다면 이것이야말로 깊이 뿌리를 밖은 대목(大木)과 같이 바람이 불어도 흔들리지 않을 것입니다. 곰곰이 생각해보면 생(生)은 살기 위하여 탄생되고 죽기 위하여 살고 있는 것이 사실입니다. 다시 말하면 우리는 죽음의 골을 향하여 돌진하고 있는 일종의 동물임에 틀림없습니다. 「高貴한 人生」을 동물에다 비긴다면 여러분은 대노(大怒)하실런지 모르나, 제가 보기는 우리들의 행동은 본질적으로 동물과 동일한 때가 많고 어떤 때에는 동물만도 못한 때가 있습니다. 하여튼 간에 우리는 우리의 존재의 의미를

---

* 이 글은 「대학신문」, 1959.4.13.에 실린 글이다. 이 글에서 유기천은 신입생들에게 「所求」와 「能求」를 일치시키면서 人生의 價値觀을 확립할 것을 주문하고 있다.

발견하고 의미 있는 목표를 세우고 의미 있는 투쟁을 할 때에만이 동물과 다른 소위 「高貴한 人生」이란 말을 할 수 있다고 믿습니다.

여기에 관련하여, 이런 일은 다소 공개할 성질의 것이 아닐는지 모르지만, 제가 경험한 한 토막의 이야기를 드리겠습니다. 제가 왜정시대(倭政時代)에 일본서 고등학교를 마치고 동경대학 법학부 일학년생이 되어 얼마 안 될 때에 제가 투숙하고 있던 동대 YMCA에서는 우리들의 선배를 모시고 좌담회ー소위 「선배를 모시는 회」라고 하여 매월 일회씩 고명한 선배들을 모시는 회ー가 있었습니다.

하루는 矢內原忠雄 교수(전 동대총장)가 오셔서 內村鑑三 선생의 「후세에 남기는 최대유물」이란 팜프렛(Pamphlet)를 중심으로 경험담을 말씀하던 중에 자기가 경제학부 교수가 되게 된 동기를 설명하면서, 자기는 고등학교시대에 흔히 자기친구들에게 말하기를 자기의 일생은 불상스러운 한국인을 위하여 바치고 싶다고 말하였던 일이 있었다고 합니다. 알 수 없는 것은 사람의 일이라 同 교수는 동대 경제학부를 졸업한 후 회사에 취직하고 있었으나, 그 후에 新渡戶稻란 유명한 동대 경제학교수(식민정책 과목담당)가 돌연히 사망하자 동대 경제학부에서는 그 후임을 물색하였으나 적당한 인물이 없어서 고민하든 차에, 경제학부 교수 중 矢內原 선생의 고교시대의 친구가 문득 자기 친구 矢內原 군의 평생의 소원이 식민지인 한국의 발전을 위하여 자기 일생을 바치고 싶다고 말하던 것을 기억하고 있었으므로 矢內原 군을 불러서 교수생활을 권유하였던바, 同人도 이에 호응하여 비로소 학계에 투신하기 시작하였고 同 교수가 학계에 발을 붙이게 된 이후부터는, 물론 여러 서적을 통하여 선진국가인 일본은 후진 식민지인 한국을 육성하여 장차는 독립의 방향으로 이끄는 것이 일본의 사명이라는 것을 역설하였고, 나중에는 동교수의 충언에도 불구하고 강도행위를 하려던 군벌들의 毒牙의 희생의 祭物이 되어 大學에서 追放되지 않으면 안 되게 되었던 것입니다. 이런 비장한 이야기를 듣고 있던 筆者는 붉어진 얼굴을 감출 道理 없었고 이마에서는 홍수같이 흐르는 땀을 금할 수가 없었습니다. 나 자신을 곰곰이 검토할 때에 뜻도 모르고 일본의 한 法科大學으로 進學하였고 나의 굳은 目標도 없이 大勢의 潮流에 휩쓸리어 法이란 무엇인지 알지도 못하면서 법을 공부하겠다고 찾아온 이십이 넘은 寒心한 靑年을 생각할 때에 부끄럽기 한이 없었습니다.

더욱이 우리의 적이라고 볼 수 있는 日人(물론 日人 中에도 同 敎授같은 우리의 友人도 있지만)의 입속에서 韓國의 獨立을 위하여 일하겠다고 말하고 이를 實

踐한 것을 볼 때에 韓國人의 하나인 나 自身의 부끄러움이란 어디 비길 수가 없었습니다.

紙面의 制限이 있기 때문에 자세한 말씀을 드릴 수가 없고 要旨만을 적는다면, 여러분은 꿈만 가지고는 아무리 좋은 꿈일지라도 그것을 實現할 道理가 없고 진짜 꿈으로 끝나고 말 것입니다. 그러므로 둘째로 여러분에게 부탁드리고 싶은 것은 여러분의 조국에 쌓여있는 현실의 의미를 깨달아야 합니다. 理想을 꿈꾸는 머리와 같이 현실을 직시하는 눈이 있어야 합니다. 머리는 있어도 눈이 없으면 역시 소경입니다. 소경이 어찌 한국을 領導할 수가 있겠습니까? 좀 더 철학적으로 말한다면 인간의 모든 비극은 能求와 所求의 관계에서 온다고 하여도 과언이 아닐 것입니다. 즉, 자기가 구하려는 것과 자기의 구할 수 있는 可能性이 一致될 때는 원하는바 대로의 結實을 보게 되고 幸福이 따르는 것이지마는, 만약에 所求가 能求와 矛盾될 때에는 이것은 徒勞요, 비극입니다. 저는 여러분과 같이 韓國의 현실을 냉철히 직시하고 싶습니다. 여러분이 만약 대학만은 한국의 일반 사회와 달라 그 지닌 사명을 다하고 있다고 생각하신다면, 실례이지만 妄想입니다. 우리 대학 안에도 暴力의 野性이 支配하는 때가 있음을 알아야 합니다. 여러분이 만약 여러분의 敎授를 마치 幼稚園兒童이 그 선생을 따르는 樣으로 따르신다면 이는 큰 과오이오, 부끄러운 일입니다. 여러분은 각자가 무궁한 가치를 가진 인격자이십니다. 심지어는 교수님들의 말씀에 대하여서도 여러분은 그 所定한 가치체계에 입각하여 스크린(Screen) 하신 후에 행동을 취하시는 각각의 권위자가 되셔야 합니다. 오직 중요한 것은 먼저 여러분은 여러분의 행동을 취하시기 전에 먼저 여러분 자신을 정확히 측정하셔야 합니다. 얼마나 많은 비극이 자기 자신을 정확히 측정 못 한 데에서부터 오는 것인지는 여러분이 많은 경험을 하셨을 줄 믿습니다. 물론 인간의 발전은 「다이나믹」(Dynamic)한 것이기 때문에 자기의 所求가 진실한 것이라면 그 能力을 믿고 노력하여야 할 것입니다.

그리고 보면 우리는 여러분의 사 년 간의 대학생활에 대하여 하등의 구체적인 계획은 하지 못 하였습니다마는 그런 구체적인 계획은 상술한 근본입장에서 자연이 풀리어 나올 줄 믿습니다. 오직 한 가지 사족일지 모르나 첨가하여야 할 것은 우리 대학의 조직이 이상야릇하게 되어있는 관계상, 여러분의 앞으로의 사 년 간이란 여러분의 근본적인 꿈을 바로 찾아 세우는 기간이어야 하면서 동시에 또한 여러분의 직장의 기술을 연마하는 기간으로 되어있다는 현실입니다. 즉 우리 대한민국의 대학은 College와 Professional School이 「믹쓰 업」(Mix Up) 되어 있습니다. 그러나 여러분 자신이 현존 대학제도를 뜯어 고치시지 못할진대, 이 제도 하에서는 여러분의 꿈을 바로 찾아 세우는 기간이 불과 일 년 밖에 못 됩니다. 어떤 학생들은 흔히 법대학생들이 그렇지만 자기의 일생 출세와 취직을 염려하여 이 일 년마저 헌신짝 같이 버리고 직업적인 공부로 돌입하는 일이 많으나, 이런 이들의 일생은 마치 指針을 안 가지고 大海를 항해하는 선박과 같으니 대해의 폭풍이 일어날 때에 여지없이 죽음의 길을 택하지 아니치 못하게 됩니다. 차라리 직업적인 공부가 늦어질 지라도 여러분은 여러분의 꿈을 먼저 가져야겠습니다. 이러한 꿈은 감정적인 요소에서 오는 것이 되어서는 안 되고 근본적인 인생의 가치관 여하를 먼저 상대한 후에 여러분의 能求와 결부시켜서 결정지어야 할 문제입니다.

나는 여러분의 생활설계에서 감정적인 요소를 빼라는 것이 아닙니다. 폼人은 도리어 후란씨스와 크라라의 플라토닉한 사랑 중에도 섹슈얼 드라이브가 있었던 것을 잘 알고 있습니다. 더욱이 20대의 여러분의 경우에 있어서는 더욱 그러합니다. 그러나 이러한 여러분의 정서생활이 여러분의 깊은 가치관과 결부되지 않을 때에는 위험합니다. 여러분은 먼저 이런 의미에서 여러분의 최고가치가 무엇인지를 밝히십시오. 1년에 안 되면 2년도 좋고 3년도 좋습니다.

6. 서울대가 나아갈 방향*

우리 서울대학교의 창립 제13주년 기념일을 맞이하면서 묵묵히 쓰라린 과거를 회상하고 미지의 장래를 전망할 때에 한갓 孤獨의 외로움을 느끼는 동시에 또한 그러나 한줄기의 希望을 가지지 않을 수 없다. 왜 과거의 회상은 슬픔을 가져 오는가 하고 추리해보니 「반만 년의 역사」는 고사하고 짧은 왜정 36년만 생각해도 異民族의 학정 하에 우리의 겨레가 신음하였고 소위 「解放」을 가져왔다고 하여도 아직도 문화적으로 日式文化에 예속되어 있을 뿐 아니라 해방 이래 15년에 가까운 星霜을 보낸 오늘날까지도 우리 대학의 사명과 진로가 무엇인지를 잘 알 바 없으며, 알아도 규명할 길이 막연하기 때문이다. 독자 제위께서 잘 회상하시는 바와 같이, 우리는 해방 직후에 거룩하여야 할 학문의 전당이 정당인들의 「판테온」화 할 위기를 벗어나려고 우선 학부의 정치로부터의 독립을 위하여 노력하였다. 다 같은 한민족의 겨레이건만 외국을 조국으로 믿고 소위 제4계급을 위한 투쟁이란 미명 하에 엄연한 독립을 가져야 할 대학까지도 赤色魔手 밑에 두려고 하였으니, 우리는 敢然 학문의 자유의 수호를 위하여 싸우지 않을 수 없었다. 우리의 정부가 수립한 이후에도 서울대학 앞에 놓인 길은 평탄하지 않았고 소위 형극의 길이었다고 말할 수 있다.

제13주년 탄생일을 맞이한 오늘 우리는 과거의 쓰라린 경험을 회상하여 보는 것도 의의는 있겠지만, 우리 대학의 진로를 전망해보는 것이 좀 더 의의 깊은 줄 믿는 마음에서 몇 가지 우리의 희망과 포부를 추려보기로 하자.

앞서 말한 바와 같이, 우리는 한줄기의 희망을 가지고 있다. 크게 보아서 남한 전체에 긍(亘)하여 文盲退治의 업적은 타국에 그 유례를 볼 수 없을 만큼 급속도의 좋은 결과를 가져왔고 우리 민족의 놀랄 만한 向學熱과 이에 따른 高等教育施設의 增大는 역시 우리 민족의 자랑꺼리요, 모름지기 앞으로는 잠자던 호랑이 격으로 세계 인류문화계에 힘찬 巨步를 던질 수도 있을 줄로 믿는다. 그러나 冷徹히 우리 대학의 現實을 檢討할 때에는 낙관과 비관이 각각 얽힌 새끼줄 모양으로 엇바뀌어 일어남을 느낀다. 어떤 계획이 없이 대학의 건설이란 생각할 수

---

* 이 글은 「대학신문」, 1959.10.12.에 실린 글이다. 당시 유기천 교수는 교무처장을 맡고 있었다. 이 글에서 유기천은 풍랑 속에서 헤쳐 온 서울대가 자연과학 및 사회과학 연구소를 설치함으로써 학문적 발전을 이뤄야 하고 世界學海에서 孤島가 될 수 없음을 강조한다.

없음에도 불구하고 우리는 아직까지 뚜렷한 계획을 보지 못하고 있다. 필자는 해방 후 처음으로 미국 대륙을 비행기로 橫斷하면서 美洲의 땅들이 마치 바둑판 모양으로 큰 길 작은 길이 동서로 疾走하고 있는 것을 보고, 그 후 한국 疆土 우리의 길들은 마치 무계획 無思慮하였던 백성들이었다는 것을 말하여 주는 듯이 시냇물이 고불고불 흘러내리는 것과 好對照로서 조그마한 길들이 또한 굽이쳐 흘러, 산간벽지에 분명히 미국의 필그림 파더스들은 계획을 가졌던 인간들이었으나 우리의 조상들은 별로 계획이 없이 대자연의 지배 밑에서 바람에 불리는 대로 살아왔다는 것을 새삼스러이 느끼고 붉어지는 얼굴을 감출 도리가 없었다.

우리는 이 조그마한 이 땅 위에서 부귀의 호화을 누린다면 얼마나 누릴는지는 모르되 모름지기 한국의 인간치고 그 基底가 되는 우리 대학의 계획을 진지하게 생각하지 않는 이가 없을 줄 믿고 그런 사람의 하나로서 몇 가지 근본 문제를 토의하고자 한다.

물론 대학의 사명은 교육함에도 있지만 敎授하기 전에 연구함이 없이는 빈 병에서 물을 쏟으려는 자와 마찬가지다. 연구란 한 개인만이 학계와 유리되어 할 수 있는 것이 아니라 학계와 緊密한 連繫 하에서 가능함은 여기에 췌언(贅言)을 要치 않는다. 오늘날 동서양 간에 큰 문명의 차이가 벌어진 근본적인 이유도 동양인이 서양인보다 頭腦가 떨어진 탓이 결단코 아니고, 오직 연계성 있는 학문의 「팀웍」이 동양에는 없었음에 반하여 서양에는 있었다는 사실에 기인한다. 荀子 王制편에도 일찍이 기록되어 있는 일이지만, 「사람은 힘이 소와 같을 수가 없고 빠르기가 말에 비길 수 없으나, 소와 말을 사람이 지배하고 있는 것은 오직 人能群 而彼不能群함에 있다.」 이런 의미에서 가장 緊要하고 急速히 하여야 할 일은 우리 서울대학에 연구소를 설치하여야 한다는 엄연한 사실이다. 학문연구소란 한때 한국에서 성행하던 바와 같이 某某 「센터」, 某某연구소 云云하여 이름만 내걸고 간판을 크게 붙인다고 되는 줄 알아서는 안 된다. 우리는 종합대학으로서 완전한 기능을 發揮하여 綜合的 연구를 할 수 있는 기구를 만들 뿐만 아니라 횡적 종적의 관계를 짓고 또 세계학계에서 유리된 집단이 되지 않고 세계 온 학도들의 一環이 되어 인류문화에 寄與할 수 있는 태세를 갖춤으로써 비로소 연구의 실적을 올릴 수 있을 줄 믿는다. 이미 본 대학에서는 미네소타 계약에 의하여 자연과학 분야에 있어서 적지 않은 援助가 있고 이것을 종합만 하면 자연과학연구소를 세울 수 있는 기반이 형성되는 途上에 있다고 볼 수 있으나, 사회과학(넓

은 의미에서는 文科도 여기에 포함한다)의 분야에 있어서는 아직도 아무런 기운
이 움트지 못하고 있고, 사회과학은 인간의 가치의 문제를 취급하니 만치 서로
가치관의 대립으로 항쟁하고 있는 오늘날에 있어서는 이 사회과학의 연구가 자
연과학의 그것보다 더 중요하면 중요할망정 못지 않음에도 불구하고 아직까
지 사회과학연구소의 발족이 없다는 것은 기이한 감이 없지 않다. 그러나 다행
히 先進 友邦國民들의 호혜를 얻어 우리 대학에 있어서 머지 않아 사회과학연구
소가 설립하게 된 점에 대하여는 그 큰 즐거움은 필자 개인에만 限함이 아니라
고 믿는다. 사회과학연구소의 좀 더 구체적인 발전은 12명으로 구성된 同 연구소
추진위원회 제위의 노력 여하에 달려있지만, 오직 사족을 가하고 싶은 것은 이
러한 종합연구소의 설치는 어떤 개인이나 어떤 단과대학의 편의를 위하여서만
구상되지 말고 국가 百年之大計의 입장에서 종합적인 검토가 있는 후에 推進하
여야 할 것임을 밝혀두고 싶다.

다음, 그러나 제도와 기구만이면 그것만으로써 지식과 사상의 진보가 있고
연구의 업적이 나는 것은 아니다. 우리 대학 학칙 제1조에도 있는 바와 마찬가지
로「協同精神이 풍부한 지도자적 인격」을 陶冶함이 없이는 우리 대학의 사명을
다할 수 없다. 지식과 인격의 관계는 표리관계를 가진 兩 가치로서 지식이 없는
인격체란 생각할 수 없고 인격이 없이 참된 지식을 소지할 수 없음은 물론이다.
權利와 義務가 언제나 伯仲되는 바와 같이 자유와 責任은 언제나 상응되는 槪念
이요, 또한 학문의 자유가 없이 지식의 습득이 있을 수 없는 바와 마찬가지로 책
임의 개념이 없이 인격의 소지는 불가능하다. 이런 의미에서 우리 서울대학이
당면 문제로 가지고 있는 중요한 문제의 하나는 우리가 어떻게 하여 인격도야를
기할 수 있느냐 하는 문제이다.

여기에는 물론 대학으로 하여금 학생들의 정신과 영혼을 陶冶 醇化하게 하는
장소로 만드는 길이 여러 가지 있을 수 있다. 각자가 대학생활의 의의를 깊게 깨
닫고 인격의 공동체로서의 대학생활을 엔조이 할 수 있게 영도하는 길이 많은
가운데에 가장 중요한 것은 우선 학제의 개편이다. 倭政時에는 구라파의 敎育制
度가 시행되어 旧制高校라는 일종의 대학이 이런 사명을 지니고 진리를 탐구하
려는 젊은이들이 서로 한 곳에 모여 眞과 純潔을 추구하며 同志가 서로 격려하여
정진努力하는 좋은 時期가 있었으나, 해방 후 新敎育制度에 의하면 어떤 일인지
인격도야의 Basic sciences를 공부하는 학문이 없어지고 高敎(旧制中學)를 졸업

하면 이런 인간의 근본 가치관의 세련이 없이 당장 직업적인 공부를 하게 되니 (일 년 간의 교양학과 과정이란 유명무실하다) 이러한 제도 하에서 어찌 장래 국가의 棟樑之材를 구할 수 있을 것인가? 미국제도라고 하여 교양을 쌓는 기간 이 없는 것이 아니라 도리어 더 긴 4년이란 칼레지 라이프를 보내는 것인데, 아 무리 韓國民이 우수하다손치더라도 남이 3·4년 보내는 것을 1년에 할 수 있다 고는 생각되지 않는다. 물론 교양 코스와 직업적 연구 코스의 이질물이 습합되 어 있는 현제도는 하루 속히 개편하여야 할 줄 믿는다.

紙面 관계로 여러 가지 仔細한 것을 쓰지 못하나 서울대학의 장차 하지 않으 면 안 될 끽긴사(喫緊事)는 위에 말한 자연·사회과학 양 연구소의 설치와 학제 를 개편함으로써 대학생들이 인격의 공동체로서의 대학생활을 엔조이 할 수 있 는 그 기구와 시설을 하루 속히 수립하는데 있다. 성서에 밝혀져 있는 바와 같이 「환상이 없는 민족은 망한다」. 과연 인류 역사를 살피면 환상이 없을 때 그 민족 은 망하였던 것을 우리는 잘 알고 있다. 우리 겨레에 누가 망하는 것을 원하는 사람이 어디 있겠는가? 그러나 우리가 만약 우리의 환상을 가지려고 노력 안 하 고 또 가진 환상을 실천에 옮기도록 힘을 가하지 않는다면 결과에 있어서 환상 이 없는 민족과 무엇이 다를 것인가?

7. 문화연구에 「장」의 개념이 필요: 東—西洋의 文化交流*

지면이 국한되어있으니 만치 먼저 간단히 금번 회의와 필자의 강연개요만을 소개한 후, 이에 수반되는 몇 가지 감상을 적어보기로 한다.

6주일에 궁(亘)한 본 회의 중 제1주는 「철학이론과 실제의 관계」란 명목 하에 시드니 혹 박사 이하 6명의 강연이 있었고, 여기에서 얻은 결론은 서양사회에 있어서는 철인의 사상과 해(該) 실제사회와의 관련이 박약함에 반하여, 동양 사회에 있어서는 양자가 불가분의 관계에 놓여있다는 점이다. 즉, 예하면 우리가 플라톤의 이데아론을 모르더라도 희랍사회를 이해할 수 있으나, 유교사상을 체득하지 않고는 도저히 중국 사회는 물론 한국, 일본 사회까지라도 이해할 수 없다는 것이다.

제2주는 「자연과학과 문화의 관계」란 제목 하에 벨크마이어 박사, 湯川 박사 등 5인의 보고가 있은 후 특히 과학과 가치의 관계에 總論戰이 집중되었고, 벨크마이어 박사는 과학의 가치, 과학을 위한 가치 및 과학 내의 가치 이외에 다른 관계를 양자 간에 인정치 않으려고 하였으나 여기에는 현대 철학의 입장에서 맹렬한 반발이 있었다.

제3주는 「종교와 정신적 가치」란 제목 하에 胡適 박사, 라다크리쉬난 박사(인도 부통령) 등 9인의 보고가 있었고, 그중 異彩를 끈 강연은 호적 박사의 「중국 철학에 있어서의 과학적 정신」으로서 그는 놀트럽 박사의 저명한 동서양 문화 구별의 표준으로서의 直覺개념과 假說개념을 인정함은 중국철학사상 과학적 정신이 얼마나 풍부히 내재되어 있음을 보지 못한데서 오는 과오라고 지적한 후 본질적으로 역사학과 자연과학간의 학문 본질상의 차이가 없다고 논증하였다.

제4주는 「윤리와 사회 실천」이라는 제목 하에 독일의 틴테룬 박사 이하 9인의 보고가 있은 후, 현대철학에 있어서의 새로운 가치의 개념에 관한 논쟁이 있었다.

제5주는 「법률, 정치철학」의 주간으로서 놀트럽 박사 이하 8명의 보고가 있었고, 필자는 「문화연구에 있어서의 場의 이론-그의 한국 문화의 적용」이란 보고를 하였다.

所論의 요지는 원래 장(Field)이란 개념은 현대 물리학이 창안한 개념으로서,

---

* 「대학신문」, 1959.10.26.에 실린 글이다. 유기천 교수는 제3회 동서양철학가회의에 참가한 소감을 발표하였다.

아인슈타인에 의하면, 물리학상의 힘, 즉 引力 또는 電磁力 등의 힘은 물론이오, 核力까지도 統一場의 이론을 적용함으로써 비로소 모든 물리학상의 힘의 설명이 가능하였던 것이다. 지금 우리는 문화연구에 있어서도 역시 장의 개념이 절대 필요함을 알아야 한다. 두 가지 근본적인 논점이 여기에 일어난다. 그 하나는 이 질문화 간에 介在하는 문화적 의미를 정확히 파악함에 있어서는 문화영역 간에 생기는 개념화 과정을 각기 場에 따라 정밀히 이해하여야 한다. 우리 인류역사를 살펴볼 때에 그 얼마나 이런 예가 부족함으로 인하여 인류를 암흑의 세계로 이끌었던가. 일례만 든다 해도 갈릴레오가 왜 지구가 태양을 돈다는 과학상의 진리를 철회하지 않으면 안 되었던가. 이는 물론 구약 여호수아 10장 12절에 근거해서 오는 것으로서 성경의 잘못에서가 아니라 당대 성경해석자들의 과오에서 유래한다. 즉 여호수아 10장 12절에 의하면, "여호수아가 여호와께 고하되, 이스라엘 목전에서 가로되 태양아 너는 기브온 위에 머무르라" 云云의 구절이 있고, 여호와께서 태양을 기브온 위에 머무르게 했다는 기록은 즉 태양이 움직이는 것을 성경이 인정한 것이니 태양이 움직이지 않고 지구가 動한다는 것은, 즉 하나님의 말씀에 거역하는 妄言이라고 단정하였던 탓이다. 그러나 하나님과 여호수아 간의 회화는 물론 한국어도 아니오, 영어도 아니오, 오직 히브리어였을 것인바, 同語에 Shemesh b Gibon dom 중 dom이란 말은 침묵을 지키라는 뜻이지 동작을 멈춘다는 뜻은 全無하다. 그럼에도 불구하고 성경 번역자들은 도대체 언어란 장으로서의 당해사회에서 생성한 의사전달의 심볼임을 망각하고, dom이란 이국어를 번역하면서 자기의 아이디어를 넣어서 "태양아 너는 기브온 위에 머무르라"고 써놓았고 여기에서부터 모든 과오는 유래하였던 것이다. 물론 금일에 있어서는 자연과학에 있어서도 언어가 중요한 핵심이 되는 것은 물론이다. 그러나 문화 연구에 있어서 언어는 이중적 의미를 가지기 때문에 즉, 과학적 관찰자로서 과학적 연구로서의 도구로써 뿐만 아니라 문화연구의 대상이 되는 所與 문화권 내의 의사전달의 도구로서(이는 연구자의 언어와 다르다)의 심볼로 정확한 의미의 파악이 우선 선결조건이 된다. 이런 의미에서 우리는 먼저 우리가 사용하는 동서양이란 언어의 뜻부터 명백히 하지 않으면 안 된다. 엄격히 따지면 동서양의 구별은 불가능하며, 지리적으로 보면 기독교는 동양의 종교(소아시아에서 시작되었기 때문에)이며, 인종적으로 따지면 인도의 종교들은 모두 서양의 종교(아리안족이기 때문에)라는 결론이 된다. 그러므로 여기에 중요한 것은 심볼로서의 언어는 컨텍스트를 떠나 의미를 가질 수 없으며, 정확한 컨텍스트를 발견할 때에 정확한 의미는 살아난다. 胡適, 놀트롭 간의 논쟁도 컨텍스트를 정확히 발견할 때에 놀트롭 박사의 가설도 의미가 있는 것을 발견케 된다.

장의 이론에 둘째의 중요한 논점은 막두갈 교수가 일찍이 지적한 바와 같이, 만약에 영국 부부간에 출생한 어린이를 불란서 부부에게 주고, 불란서 부부에게 태어난 애를 곧 영국부부에게 주어 양육시킨다면, 전자는 불란서인이 될 것이고, 후자는 영국인이 될 것이라고 간파한 바와 같이, 인간은 본질적으로 서로 다른 것이 없이 절대 동일한 조건 밑에서는 동일한 발전을 가지는 動的 可變物로서의 존재이다. 고로 甲문화권과 乙문화권 간의 차이점만 기술함은 일종의 피상적인 예로서 문화의 의미의 완전한 이해는 제 價値型 간의 인과관계의 파악에 이름으로써 비로소 완성되는 바이다. 인간이 추구하는 제 가치간의 원인 결과의 관계를 이해함에 있어서는 장의 관점이 필요하다. 즉, 어떤 문화적 사상의 인과적 지식을 정확히 所持하려면 소여시간에 있어서의 소여장소란 면을 언제든지 전제해 놓고서 그런 사상과 타 가치관의 관계를 따져야 할 것임에도 불구하고 보통은 이를 고려하지 않는 때가 많다. 특히, 법률의 관점에서 어떤 문화적 사상과 그 사회통치의 수단으로서의 법률과의 관계를 이해하려면 그 시대와 그 장소란 일정한 전제를 놓고서 그 문화적 의미와 법적 기능을 물어야 할 것이다. 동일한 문화적 의미는 다른 환경과 다른 조건하에서는 서로 다른 기능을 발휘하고, 반대로 이질적 문화적 의미이지만은 어떤 조건과 환경 하에서는 동일한 작용을 하는 수가 많다. 보통 상식으로 이해하면 유교 사상은 동양 어느 사회에 있어서든지 동일한 역할을 한 것 같이 생각하는 경향이 있으나, 일정한 장의 관점에서 보면 중국에 있어서의 유교와 일본, 또는 한국에 있어서의 유교는 결코 법적 기능을 수행함에 동일한 역할을 하는 것이 아니다. 또 얼핏 보면 동양의 聖人 공자는 覇道와 王道를 구별함으로써 왕도를 세우고 仁을 실천하는 군자만을 일반 시민은 天子로서 섬길 것이오, 폭군은 이를 제거하여야 한다는 민주혁명적 사상을 선포하였음에 반하여, 서양의 성인 소크라테스는 악법이라도 이를 지키지 않으면 그 사회질서는 유지할 수 없으니 법적 안정성의 수호를 위하여 毒盃까지 마시고 그 자신을 희생의 제물로 삼은 것을 보면, 동양의 성인과 서양의 성인 간에는 법의 사회적 기능에 대한 정반대의 사상을 가지고 있었던 것같이 생각된다. 또 사실에 있어서 이 태도의 差가 후세에 미친 影響이 큰 것도 사실이다. 그러나 좀 더 깊이 洞察하여 兩聖人이 서로 다른 견해를 가진 배경(즉, 場의 관점)을 보면, 양인은 결국 동일한 사회질서 확립의 목표를 위하여 동일한 투쟁을 하였다고 할수 있다. 오직 그 채택한 수단이 서로 다르지 아니치 못하였던 것이다. 공자는 춘추시대에 태어나 후에 곧 전국시대가 따른 만큼 왕도에 입각한 국가를 세워야 비로소 사회의 질서는 유지될 것이라는 것을 깊이 느꼈고, 소크라테스는 희랍 폴리스 국가에서 태어나 시민들이 국가를 가짐으로써 사회질서를 향유하고 있음을 보았기 때문에, 법에 법적 안정성의 가치가 있음을 강조하였던 것이다. 동일한 유교사상이지만 이것이 한국에 와서는 주자학만이 유교의 정통이라는 정통주의의 사상으로 발전되어 심지어는 이조 당쟁에까지 적지 않은 역할을 하게 되었고, 동일한 사상체계가 일본으로 건너가서는 기이하게도 北畠親房의 神皇正統記를 냈고, 그 후 명치유신에 이르러서는 忠孝一本이란 사상으로 발전하여 신도사상 육성에 一役을 담당한 것이 사실이다. 동일한 샤머니즘이 한국에 있어서는 압도적인 유교의 영향 밑에 하류 계급에나 부녀의 미신으로 타락되었음에 반하여 同一物이 일본으로 건너가서는 신도사상으로 발전되었고, 또 무사도 확립(일어의 무사를 의미하는 사무라이는 한국어의 쌈무리에서 왔다)에까지 기여하였다. 특히 신도 사상이 일본에 있어서 서구 문명 즉 법치사상을 육성함에 행한 역할은 마치 독일의 프로테스탄티즘이 봉건적 「길드」 조직을 타파하고 신흥 자본주의적 법치국을 확립하는 데에 감행한 역할과 동일함은 특히 吾人의 주목을 끄는 바이다.

이상 달음박질하는 격으로 간단한 소개는 끝났다. 필자는 이 붓을 놓기 전에 금번 회의에 다녀와서 사랑하는 동포 제위에게 一를 진언치 않아서는 안 되겠다는 것을 느낀다.

우리는 소위 「해방」을 이룩하였다고 하지마는 솔직히 이것이 참 해방이 아니고, 좀 더 근본적으로는 우리의 문화를 예속된 문화에서부터 해방하기 전까지는 우리는 노예와 다름이 없다는 것을 알아야 한다. 우리의 참된 문화를 건설함에는 학문계에 籍을 둔 학자들과 이들을 따르는 학생들의 진지한 노력이 절대로 필요하다. 어떤 때에 보면 소위 문화연구를 전문으로 하고 있다는 모모 「교수」란 사람이 외국 문헌조차 읽을 능력이 없기 때문에 외국문헌에 소개된 글을 자기 멋대로 해석하고 마치 정신병자같이 타인을 무서워 할 줄 모르고 이 사회를 활보하고 있는 것을 볼 때에 이 사회가 이 모양으로 생성한다면 어찌 될 것인가

한갓 공포의 마음이 일어남을 금할 수 없다. 어느 사회에 있어서든지 그 사회의 Social Heredity를 무시하고는 그 사회의 前途를 예측할 수가 없다.

이런 의미에서 우리는 먼저 우리 사회의 Social Heredity를 정확히 이해하는 데에서부터 한국재건의 기초를 삼아야 한다. 우리 사회의 Social Heredity는 아직도 제1차원적 사회에서 배회하고 있다고 말할 수 있다. 즉, 서양 사회에 있어서 옛날은 다 같이 법이란 어떤 군주의 명령으로서 환언하면 군주 개인의 好不好가 사회통치의 규범으로 되었고, 이는 즉 개인의 호불호와 공공한 사회의 규범이 아직도 분립되지 못한 제1차원의 사회였으나, 일찍이 1215년에 영국에 있어서 군주가 마음대로 병사를 뽑아 전쟁을 개시하거나 세금을 마음대로 징수할 수 없다는 마그나 카르타의 憲章이 서게 되면서부터 제2차원의 사회로 전진하고, 그 후에 서구에 있어서는 수세기에 긍(亘)하여 진지하고 고귀한 피를 흘림으로써 국가권력과 교회세력에 대한 일반 시민의 저항이 성공하여 군주는 특정한 계급에 대해서 뿐만 아니라 일반 시민에 대해서까지 그 자유를 보장하는 제3차원의 法治國이 서게 되었고, 마지막으로는 현 세기 전반기까지의 서구 각국이 인권 본위의 국가를 수립하였던 것이 제2차 세계대전을 계기로 하여 現今에 있어서는 흑인이거나 백인이거나 간에 동일한 자유가 보장되는 제4차원의 세계를 향하여 지향하고 있다고 볼 수 있다. 그러나 한국에 있어서는 물론 4차원적 면이 없는 바 아니나 아직까지도 公私의 구별이 혼탁 되는 때가 많을 뿐만 아니라 세금을 어떤 공무원이 마음대로 認定賦課 할 수 있다는 것 등등은 여실히 1차원의 사회에 머물고 있다고 말할 수가 있다. 또한 우리의 과거를 볼 때에 거기에는 외래 사상의 압도적인 영향 하에 있었을 뿐만 아니라 그 사상을 받아들이는 방법이 소로킨의 이른바 ideational한 바가 있다. 즉 전술과 같이 유교면 유교대로의 그 발생할 충분한 이유와 가치에 있어서 발생한 문화재이었지마는 우리가 받아들인 태도는 이를 절대치로 놓고 무비판적인 장려로 기도하였기 때문에 그 근본 정신은 도리어 誤傳되었던 것이다. 진리는 언제든지 creative하다. 우리는 외국 문화를 수입할 때에 수박 겉핥는 격으로 모방할 것이 아니고, 우리의 창조적 정신 밑에 이들을 소화하여야 한다. 우리 사회의 제일 긴요한 것은 이런 creativity를 가진 두뇌를 양성함에 있다. 이런 두뇌의 육성을 위력으로나 혹은 양적 다수란 미명 아래 방해하는 자가 있다면 이는 한국민의 영원한 적이요, 우리 민족의 반역자이다.

8. 사회과학연구위원회 발족에 즈음하여*

우리 민족은 운동장에서 갑자기 쏟아지는 소나기를 피하겠다고 67명이나 잡아 죽이는 세계인류(동물?)사상 그 類例를 볼 수 없는 참극을 연출하였고 이제 또 다시 1년을 경과하지 못한 오늘날 이번에는 기차를 제 먼저 타겠다고 31명을 또 밟아 죽였으니 그래도 대한의 「얼」을 가진 인간 치고야 이 어찌 간과할 수 있는 일이겠는가? 동물은 아무리 흉악하다는 이리떼일지라도 배가 고프면 다른 짐승을 잡아먹건만 소위 萬物之靈長이라는 인간의 탈을 쓴 「배달族」들이 소나기를 피하기 위하여 또는 기차를 타기 위하여 자기의 동족들을 밟아 죽였으니 이래 가지고도 우리는 삶의 가치를 의식하고 있는가, 혹은 이 원인이 定員의 4배 이상이나 승차권을 발매하고 8개 口에서 한꺼번에 改札함에 있다고 司直當局은 大怒하여도 보고, 또 혹은 이는 改札이 늦고 승객이 예상 이외로 많은 데에서부터 오는 불안과 초조에서부터 대중은 타인에 대한 예의, 공중도덕을 지키는 良心을 喪失하게 되고 자기의 욕구만 채우려는 충동의 지배를 받게 됨으로 군중심리에 의한 무책임한 개인행동의 所致라고 학리적인 說明을 한다. 그러나 이러한 忿怒나 피상적인 설명만 가지고 이런 破廉恥한 사건의 설명이 끝나는 게 아니다. 우리는 좀 더 궁극적인 원인을 찾아내어야 한다.

국립사회과학연구소 설치의 문제는 물론 이러한 대압살사건이 발생함과 아무 연관이 없으며 또 이런 사건이 일어나기 벌써 전부터 논의된 바이고, 필자가 아는 것만도 재작년 4월 필자가 외국으로부터 돌아온 직후 이어서 연구소 설치의 운동이 구체적으로 태동되어 왔고 모름지기 그 전부터도 이 문제는 논의되어 왔던 것으로 믿는다. 그러면 왜 필자는 연구소 설치에 관련하여 글을 쓰면서 이다지 입에 담기도 싫은 大慘死 사건을 언급하는가? 이는 연구소 특히 사회과학연구소의 사명과 현실의 의미의 把握과는 불가분의 연관성을 가지고 있기 때문이다. 사회과학연구소의 사명은 再言할 필요도 없이 인간사회의 가치추구현상을 혹은 관찰자로서 또 혹은 가치판단자로서 가치관계의 설정 혹은 가치체계의 수

---

* 「대학신문」, 1960.2.8.에 실린 글이다. 당시 서울대는 한국 최초로 사회과학연구소 설치를 목표로 하는 추진위원회가 구성되어 활동하고 있었다. 이때 유기천 교수는 사회과학연구위원회의 위원장으로 참여하였다. 이 글에서 유기천 교수는 사회 발전에 종합적 지식을 활용하여야 하며, 가치 의미를 파악하는 것에 목표를 설정해야 함을 강조하고 있다.

립이라는 학문적 활동에 있음이 명백하고, 타면에 있어서 일상 일어나는 이 더럽고 부끄러운 현실은 그저 웃고나 혹은 울고만 지낼 것이 아니라 그러한 의미를 正確히 把握하고 우리 사회의 지향할 목표를 명확히 수립하는 것이 바로 이 연구소의 연구 대상이 되기 때문이다.

인간이 동물과 다른 점이 있다면 우선 가치추구자라는 점에 있을 것이다. 가치가 철학상 主觀性을 가지느냐 객관성을 가지느냐 하는 문제는 여기서 언급할 바가 아니고, 오직 우리의 主眼点은 서양사회에 있어서는 객관적인 眞價値에 중점을 두고 가치간의 의미의 파악을 명백히 함으로써 다른 사회보다 速한 발전을 가져 왔음에 반하여, 우리 동양 사회 특히 한국에 있어서는 이러한 가치간의 의미의 파악을 명백히 하여야 하는 사회 발전의 생리현상을 무시하기가 일쑤이었기 때문에 결과적으로는 사회의 생리현상보다는 병리현상이 발호하여 심지어는 일단 亡國에까지 이르렀던 것이다. 과거에 있어서 뿐만 아니라 현재에 있어서도 그 얼마나 많은 암조직이 우리 사회 내에 퍼지고 있는 것인가. 만약에 우리가 이미 늦었지만 이제라도 이 사회를 정상적인 생리적 사회로 돌려놓지 않는다면 다시는 걷잡을 수 없는 영원한 사망밖에 아무것도 없을 것이다. 얼마 전 신문이 보도하는 바에 의하면, 이리의 박모씨는 전남대학교 정치과를 중퇴, 학창을 박차고 걸인갱생운동에 투신하였다고 하니, 이는 응당 한국의 「얼」을 가진 젊은 청춘들의 하여야 할 믿음직한 所致라 하지 않을 수 없다. 피상적이고 단편적인 지식이나 대학에서 흡수하여 가지고 동물적인 욕망이나 채우려고 급급하고 있는 대학생(수에 있어서 많지 않기를 희망하지마는)에 비하면 그 얼마나 고귀한 진가치를 이 사회에 생산해 놓는 것인지 헤아릴 수 없을 정도이다. 그러나 이러한 실천적 가치는 우리 사회에 필요하지만 보다 더 필요한 것은 정확한 가치의 의미의 파악과 至高한 가치체계의 선정 이외에 아무것도 없을 것이다. 왜냐하면 언제든지 행동은 지혜의 근거를 가져야 하며 무지가 지배하기 쉬운 우리 사회에 있어서는 더욱 더 명철한 지혜의 所傳이 요청되기 때문이다. 이런 의미에서 吾人은 금번 서울대학교에서 발족을 보게 된 사회과학연구소의 산파역을 할 사회과학위원회의 사명과 그 기능의 전모를 그려봄이 有意한 일일 줄 믿는다.

흔히 말하기를 대학은 교육함과 동시에 연구하는 기관이어야 한다고 하지만 그 實은 본질적으로 연구기관이어야 한다. 왜냐하면 대학교육 자체가 중학교나 고등학교의 교육과는 달리 대학생 자신들이 연구적 태도로서 교육을 받아야 하기 때문이다. 그러므로 연구기관이 없는 대학교란 마치 소리 내지 못하는 종과도 같다. 얼핏 생각하면 각 교수는 각자의 「필드」가 다르니 만치 각자가 연구에 종사하면 되지 무슨 기관이 따로 있지 않아도 되지 않느냐, 심지어는 이러한 종합적인 기관은 각자의 연구를 방해할 가능성까지 있으니 차라리 연구기관 없이 각자가 단독 연구하도록 하는 것이 더 첩경일 것이다 라고 말하는 사람도 있다. 그러나 이는 연구와 연구소의 본질을 이해하지 못하는 데에서 오는 「나이브」한 생각이다. 첫째로 연구란 물론 개인이 하는 것이고, 개인의 연구의 단위 없이 아무 종합적 연구도 있을 수 없다. 그러나 여기의 연구의 참된 暢達은 연구의 종적 횡적인 연관 하에서만 가능함은 인류문화사의 일면만 읽어보아도 곧 짐작할 수가 있을 것이다. 심지어는 자연과학의 新發見까지도(例하면 뽀카치오, 마키아벨리, 에라스무스 등 인문과학의 先驅들이 현대 자연과학적 신발명에 얼마나 큰 공헌을 하였는가를 前 하버드 대학 총장 코난트 박사가 이미 지적한다) 인문과학에서 영향을 받았고 또는 횡적으로 적성국가 간인 영국과 소련 사이에서라도 과학 上의 인포메이션 교환을 기도하고 있는 것 등은 여실히 연구의 본질이 연결에 있음을 말해주는 바이다. 동양사회의 후진성도 이러한 학문을 종교적인 이디에이션알한 태도로 받아들이고 따라서 학자간의 封鎖性이 수반되었기 때문에 재래(齎來)되었던 것은 우리가 여기서 또 再言할 필요조차 없다. 그럼으로써 여기에 종합연구가 필요하다고 하는 뜻은 우선 첫째로 한국의 연구의 전당인 대학이 국제적 사회에서부터 유리된 孤島가 되어서는 안 되고 국제간의 人的, 物的의 교류를 가져와 우리도 국제적 競爭裡에서 타국인들을 압도하여 인류 문화에 寄與함이 있어야 하겠다는 것이고, 이 동일한 필요성은 한국 학자들 간에도 적용이 있어야 할 것이다. 둘째로는 종합적 연구란 반드시 동일한 「필드」에서만이 아니라 서로 다른 「필드」 간에 있어서도 역시 필요하다. 換言하면 과학의 본질 자체가 전 세기적인 봉쇄적 카테고리를 떠나 서로 Integrate되어가는 途上에 있음을 알아야 한다. 이는 학문의 본질상 그럴 뿐만 아니라 실제 필요에 있어서도 서로 각 분야를 결합하여 종합적인 지식을 가져야 비로소 자기가 전공하는 분야에 대하여 건실한 獨創을 끄집어낼 수가 있다.

각 학자가 개별적으로 자기의 비전문 과목을 연구하려 함은 나무신 신고 서울 가겠다는 地方농부의 어리석음과 같다. 전공이 다른 학자들이 一席에 모여 토론할 때에 비로소 유효하게 학문의 전체를 파악할 수가 있게 된다.

또한 他方에 있어서 종합연구소의 설치를 다른 의미에서 해석하고 있는 또 하나 例는 지금 잠깐 눈을 들어 서울 장안을 들여다 보면 곧 알 수 있는 바와 같이, 도처에 某某 「연구소」니 某某 「센터」니 등이 즐비하게 간판을 걸고 있으나 그 내용을 보면 거의 공허한 기능밖에 없고 심지어는 他대학교수들에게 의존하여 근근히 그 이름만을 유지하고 있는 곳도 많다. 지금 우리들이 하려는 사회과학의 종합적 연구가 이러한 종류의 일종의 장식이 되어서는 안 된다. 우리는 상술한 연구소의 본래의 기능을 100% 發揮하여야 한다.

이런 의미의 사회과학연구소의 과업은 「레아리티」의 분석에서부터 시작하여야 한다. 上述한 대참사사건도 피상적인 심리해석으로서만 그 뜻이 파악되는 것이 아니라 입체적으로 즉 행위자들의 뿌리깊이 박혀 있는 無意識의 세계 또 이는 적어도 수 백년의 역사와 문화에까지 소급함으로서야 비로소 그런 행위의 의미를 이해할 수가 있을 것이다. 지면 관계로 이 이상 더 쓸 수가 없음으로 마지막으로 이러한 거대한 研究사업의 사명을 이해하고 과거와 현재 또는 장래를 통하여 적극 후원하여주는 아세아재단에게 감사의 뜻을 표하고 동일한 협조가 우리 정부에게서부터도 있기를 갈망하면서 拙筆을 놓는다.

9. 교양과정의 필요성*

대학신문사에서 「한국 대학제도에 있어서의 교양과정의 필요성」에 관하여 글을 쓰라는 청탁이지마는 이러한 극히 제한된 지면 내에서는 거의 불가능에 가까운 일이라고 사료된다. 왜냐하면 우리가 만족한 답을 얻으려면 우선 대학의 본질론 및 그 제도론에서부터 출발하여 외국에 있어서의 선례와 그 한국의 특수성에 언급하고 나아가서는 개인, 국가, 대학의 삼각관계까지 검토하지 않고서는 도저히 그 참된 뜻을 이해하기 곤란하기 때문이다. 그러나 외국의 제도론 등은 따로 취급된다고 하니, 吾人은 不滿하나마 우선 한국의 특수성에 鑑하여 몇 가지 골자만 여기에 추려보기로 한다.

復言할 여지도 없이 대학의 사명이 교육과 연구에 있다면 도대체 여기에 「교양과정」이란 이런 대학의 사명과 어떤 연관을 가지는 것인가에서부터 우리의 검토는 시작하여야 한다. 이미 본질을 통하여 수차 강조된 바와 마찬가지로 대학의 본질이 차라리 교육보다도 연구함에 있고, 교육도 대학에 있어서는 연구를 통한 교육을 함에 대학 교육의 근본이 있다고 한다면, 소위 교양과정은 대학 본질과 어떻게 관련지어지는 것인가? 특히 우리 서울대학교와 같이 국립대학인 경우에 있어서는 우리 한국 사회가 그 필요성을 느껴 위로는 대통령에서부터 아래는 細民層에 이르기까지 각자의 부과된 세금을 납부함으로써 설립되었으니 만치 국가의 요구와 대학의 본질적 설명과는 불가분의 관계가 있고, 여기에 비추어서만 비로소 우리는 대학에 있어서 교양과정의 의미가 있다면 그 의미를 파악할 수 있을 것이다. 근본적으로 우리 사회는 왜 대학의 존재를 필요로 하는가? 빈한한 우리 사회에서 우리는 왜 국립대학이 필요하다고 하여 상당한 예산을 여기에 지출하고 있는가? 이것은 물론 자연과학이나 인문과학을 막론하고 우리의 뒤떨어진 문화를 향상함으로써 세계 문화수준을 따라가 우리 사회 발전의 기초를 세울 필요성에 기인한 것이라고 간단하게 답할 수 있을런지 모른다. 그러나 吾人은 좀 더 깊이 파고 분석해볼 필요가 있다고 믿는다. 국립대학이란 교육과 연구를 사명으로 하는 국가기관이라고만 정의해 버릴 바가 아니다. 그러면 이런 국가기관은 다른 국가기관 예하면, 煙草 생산에 종사하는 전매청이란 국가기관과 무엇

---

* 이 글은 「대학신문」, 1960.4.4.에 실린 글이다. 이 때 대학신문은 대학의 교양과정을 특집으로 다뤘는데, 유기천 교수는 교무처장으로서 교양과정의 필요성을 피력하였다.

이 다른 바가 있는가 하는 근본 문제부터 검토해보아야 한다. 전매청은 재화를 생산하는 국가기관임에 반하여 국립대학은 재화나 인간, 생산의 근본 원리를 연구·교육하는 국가기관이라고도 할 수 있으나, 그러나 좀 더 중요한 것은 이러한 각 국가기관으로 하여금 그 기관의 존재의 의의와 그 능률을 부여함은 결국 그 인간과 인격에 있으매 가장 근본적으로 중요한 것은 이러한 인간과 인격의 양성에 있다고 보지 않을 수 없으며, 이런 인격의 양성이 또한 대학 교육의 근본이 되지 않을 수 없다. 여기에 인격이란 반드시 도의적 주체로서의 인격만을 의미함이 아니라 모든 지성의 우월을 가진 知慧人을 의미함은 물론이다. 세계 어느 선진국에 있어서든지 전문적 연구기관으로서의 대학 과정을 밟기 전에 일반 교양과정으로서의 소위 General Education을 위하여 3년 내지 4년의 기간을 두어 젊은이들로 하여금 이런 근본 교양을 쌓도록 요구하고 있음은 이런 의미에서 당연한 의미라 하지 않을 수 없다.

그러나 오인은 지금 일반 대학 교육론으로서의 교양과정의 문제라기보다도 좀 더 한국의 특수성에 비추어 우리는 왜 또는 어느 정도로 교양과정을 중요시하여야 할 것인가를 생각해보고자 한다.

여기에는 세 가지 특수한 이유가 있음을 부인할 수 없다. 첫째는 이는 한국에서만이라고 국한하기가 어려울지 모르나 그러나 한국과 같이 소위 후진국에 있어서는 소위 선진국의 문화를 일단 흡수하는 스테이지가 필요하니만큼 더욱더 이 첫째점이 중요시 되게 된다. 영국에 한 정치학 교수는 "한 나라의 문화의 척도는 그 시민들의 사회 정의가 법을 통하여 구현되는 실현도수에 의존한다"고 단언하였지만, 이를 표현을 바꾸어 말하자면, 한 사회는 그 감각적인 현실보다 일층 높고 엄숙한 意味的인 實在의 세계가 커지면 커질수록 그 사회는 문화가 앞선 사회라 하지 않을 수 없다.

다시 환언하면, 야만인의 사회는 의미와 가치의 생산은 적고 오직 감각적이고 본능적인 욕구 생활 밖에 없지만, 인류의 문화가 진보하면 진보할수록 거기에는 정의라든가 이념 등등의 가치 추구 현상이 뚜렷하게 나타나고, 이러한 찬란한 가치체계를 윤택하게 가지면 가질수록 그 사회는 타 사회를 정복, 지배하고야 말게 된다. 그럼으로써 인간 사회에 있어서는 단순한 법칙의 발견이란 지식의 체계뿐만이 아니라 고차적인 實在에 대한 의미의 감각을 所持한 지혜인의 생산이 많으면 많을수록 그 사회는 보다 더 깊은 기초를 가지게 되고, 또 의미의

解得을 깊이 하는 자가 많으면 많을수록 그 사회는 생리적인 발전을 하게 된다.

가장 비근한 예를 들면, 우리는 초등학교 시대부터 아니, 초등학교에 가기 전 부모의 슬하에 있을 시부터 거짓을 말해서는 안 된다는 것을 배워서 알고 있다. 그러나 이런 도덕적 교훈의 의미의 해득은 사람에 따라서 다르다. 일반으로 알려져 있는 바와 같이, 석가모니는 수도하러 입산하는 도중 어느 여인이 따라와 말하기를 자기 뒤에 살인강도가 자기를 죽이겠다고 추격해오니 좀 숨겨달라고 애원하니, 석가모니는 물론 그 여인을 감추어주었다. 곧 이어서 살인강도가 따라와 그 여인이 어디 숨었냐고 물을 때에 석가모니는 여기에 딜레마에 빠졌다. 거짓을 말하지 않고 사실대로 말함으로써 그 여인을 살인강도의 손에 죽게 할 수는 없는 것이다. 그렇다고 또한 근본적 도덕률이 거짓말을 할 수는 없고, 석가모니는 생각다 못해 여기서 비로소 緘口無言하고 도를 닦기 시작하였다고 한다. 물론 석가모니는 거짓 소리 해서는 안 된다는 도덕률의 의미의 해석을 Nirvana적 의미에서 해득하였음은 좋으나, 현대 사회에 있어서는 이러한 도덕률의 좀 더 다른 뜻을 발견하고 따라서 그 적용도 달리 할 수 있는 것이다. 요컨대 도덕률이나 기타의 인간의 가치체계는 그 의미의 해석을 깊이하면 깊이 할수록 그 가치의 내용은 풍부하여지고, 이런 깊은 가치를 생산하는 자가 많으면 많을수록 該 사회의 기초는 깊어진다. 우리는 단순한 지식층보다도 좀 더 깊은 지혜층을 가지고 싶다고 말하는 뜻도 이러한 의미에 있어서이다. 이런 지혜층의 생산이야말로 교양과정을 부여하는 근본 목적이 아닐 수 없다. 한국과 같이 외국의 문화를 흡수하는 입장에 있는 사회에 있어서는 만약에 피상적으로 어떤 도덕률이나 가치체계를 무비판하게 받아들인다면, 이에서 더 위험한 일은 없으며 따라서 우리는 장차 이 나라의 동량이 될 젊은이들에게 그들이 자연과학의 「필드」에 있거나 인문과학의 「필드」에 있거나를 막론하고 좀 더 근본적인 사회구조의 의미체계를 이해시킴으로써 참된 지혜인으로서의 기초를 닦는 교양과정을 부과하지 않을 수 없다.

둘째로는 한국 대학의 실정을 냉철히 관찰할 때에 우리는 전술한 바와 같이 한국의 지혜인을 많이 생산하여야 할 요망이 있음에도 불구하고 상당 다수의 학도들이 唾棄하여야 할 소위 출세주의에 급급하고 있는 현실을 부인할 수 없다. 독일인들은 이런 출세주의배들을 Streber라고 하여 경멸의 대상을 삼고 있건만, 불행히도 우리 사회에 있어서는 아직도 이런 社稷을 좀먹는 벌레들이 은연히 자라나고 있다. 그들은 공명심과 질투심 이외에 아무것도 가진 것이 없으며 허영심과 소유욕의 노예 이외에 아무것도 아니다.

그들은 친구를 갖는다면, 어떤 외설담이라도 꺼림 없이 할 수 있는 소위 「아미 코쇼(ami cochon)」들을 作黨해놓고 이들을 참된 친구인 양으로 착각하고 있으니, 이는 마치 고양이 떼가 春期 교미기를 당하여 야옹야옹하며 떼를 지어 다니는 것과 질적으로 추호도 다른 점이 없다. 이러한 가련한 인사들에게 아무리 좋은 전문지식을 학습시킨다 손치더라도 이는 砂上의 樓閣이 되지 않을 수 없으며 더욱이 한국과 같이 앞으로 남한을 재건하고 나아가서 남북통일을 하여야 할 중차대한 사명을 지니고 있는 한국의 젊은이들에게는 이러한 인생의 낙오자들을 一人이더라도 배출해서는 안 되고, 이런 방부제는 두말할 것도 없이 높은 교양을 쌓는 課程 이외에 도저히 기대할 수가 없다.

마지막으로 현존하는 한국의 대학 교육 제도를 一觀할 때에 얼핏 눈에 띠는 것은 한국 대학교육제도에는 전자에 언급한 이질적인 두 개의 교육 이념, 즉 교양적인 일반교육과 직업적인 전문교육이 동일한 4년의 대학제 속에 융합되어 있음을 알 수가 있다. 속담에 두 토끼를 따라가는 사냥꾼은 하나도 잡지 못한다는 말과 같이 이러한 방법으로서는 하나의 목적도 달성하지 못함을 우리는 잘 알고 있다. 일반교육과 전문교육은 그 정신에 있어서나 그 방편에 있어서 서로 동일하지가 않다. 한국이 필요로 하는 것은 물론 상술한 두 가지 교육이 다 긴요하지만, 우리가 이미 본 한국의 현실로 보아서는 교양적 교육 이외에 더 긴요한 것은 없을 성싶다. 한국이 요구하는 인재들은 그 옛날 희랍의 시라쿠스가 함락되었을 시에 자기를 죽이겠다고 달려드는 적병들에게 "나의 원을 깨뜨리지 말라(Noli turbare circulos meos)" 고함쳐서 물리친 아르키메데스의 기백이 필요하다. 제아무리 험한 사회의 폭풍이 불지라도 한국의 젊은이들은 자기 각자의 원을 구축해놓고 어느 누구든지 이를 침범함을 容許하여서는 안 된다. 그들이 그리는 원이 정확하면 정확할수록 한국사회의 기초는 견고하여지기 때문이다.

10. 大學의 自由를 行政府가 蹂躪*

대학 본래의 사명인 심오한 학문의 탐구는 아랑곳없이 학원을 기업화하여 가여운 주머니를 채워보겠다고 대학을 설립하고 무질서하게 내뱉는 일부 자격 없는 學士가 사회에 배출되어 사회문제로 대두된 바 있다. 또한 入學時期면 의례히 부정입학이니 정원 외 초과입학이니 하여 듣는 이의 귀를 어지럽혀 왔다. 이에 혁명정부에서는 자질향상을 위한 대학정비와 입학고시를 획일적으로 시행함으로써 모든 부정을 一掃하겠다고 학사고시와 입학자격고시를 실시한 바 있다. 그러나 학사고시는 선다형 방식을 채택함으로써 전문 분야의 깊이를 다루지 못했고 상식문제화 되었으며, 입학자격고시 역시 각 대학의 특수성이 고려되지 않은 채 입학시험으로 대행되었다. 이에 국가시험의 장단점을 들고 각 대학에 미치는 영향과 앞으로 개선할 점을 종합하여 특집을 엮어본다.

[설 문]
1. 학사고시의 장단점과 그 이유
2. 대학입학자격고시가 각 대학에 미치는 영향
3. 1·2항에 대한 제언

1. 대학에 있어서의 학문연구는 대학의 자유의 보장 없이 이룩할 수 없다. 우리 헌법 제14조가 바로 이를 규정하였음은 여기에 새삼스러이 논할 필요가 없다. 또 이른바 「대학의 자유」란 습득의 자유(Lernfreiheit)뿐만 아니라 교수의 자유(Lehrfreiheit)를 포함하고 학자는 교수내용의 자유와 그 평가의 자유를 포함함도 췌언(贅言)을 요치 않는다. 이런 견지에서 보면 금번 시행된 행정부에 의한 학사고시는 물론 대학교육에 있어서의 정상적인 방법이 아니다. 그러나 이러한 예외가 존재할 수 있는 유일한 근거는 불행히도 한국의 대학 중에는 존엄성을 가져야 할 이런 대학의 자유를 향유치 못하고 「學士」라는 문화적 가치를 생산할 능력이 없는 대학들이 있기 때문에 부득이 이를 시정하는 객관적인 표준을 세우겠다는 데에 그 이유가 있고, 또 이런 한도 내에서만 타당성을 가진다. 요행히도

---

* 이 글은 「대학신문」, 1962.2.26.에 게재된 글이다. 「대학신문」은 학사고시와 대학입학자격고시에 관한 앙케이트를 실시하였는데, 이에 대하여 유기천 법대학장이 답한 글이다.

금번 실행된 학사고시는 상술한 「대학의 자유」란 大原則을 유지하고 오직 참된 자유가 아닌 사이비의 자유를 除法하는 정도로 그쳤다는 점에서 그 정신은 한국 현실에 타당하였다고 본다.

2. 그러나 入試에 있어서는 행정부는 큰 과오를 범하였다고 본다. 즉 上述한 「대학의 자유」를 전면적으로 침해하였고 헌법이 보장한 자유를 행정부가 유린하였음은 言語道斷이다. 그러므로 결과에 있어서도 많은 惡影響을 끼쳤음을 否認할 수 없다. 요행 법대에 있어서는 비교적 폐단이 적은 편이고 예년 시행하여 오던 제2외국어를 입시에 부과치 못하였기 때문에 어학에 있어서의 엉터리 학생이 앞으로 어떻게 하여 법대 교과목 중 원서강독을 따라가게 되겠는지 의문시되며 또한 (體質이 아닌) 體力은 학문연구와 아무 연관성이 없음에도 불구하고 이러한 이질적인 요소가 중대한 입시를 좌우하였음은 다소 遺憾事이다.

3. 지면 여유가 없으므로 一言以蔽之하면 앞으로는 上述한 基本原則 하에서 좀 더 효과적인 國家考試를 실행하여 주기 바란다.

11. 나의 은사: 잊을 수 없는 눈물, 학문의 눈 싹트게*

맹자는 천하의 영재를 얻어 이를 교육함이 君子의 三樂의 하나라고 하였지만 거꾸로 제자된 자가 才德을 兼備한 훌륭한 스승을 가짐은 인간을 행복케 하는 가장 큰 조건의 하나라고 믿는다. 나는 이런 의미에서 가장 행복한 사람의 하나라고 자부하고 싶다. 왜냐하면 나는 소학, 중학, 고교, 대학을 통하여 남이 가질 수 없는 좋은 스승을 가졌기 때문이다.

지면관계로 내가 감히 자랑하고 싶은 스승을 모두 구체적으로 쓸 수 없으므로 이는 언제 기회 있는 대로 따로 쓰기로 하고, 가장 나에게 싶은 영향을 준 恩師 한두 분 소개하고 싶다.

나의 소학, 중학은 숭덕학교, 숭실학교라는 倭政시절에 천시(?)받던 학교이니만큼 더욱 더 큰 영향을 이 두 학교의 은사로부터 받았다.

나의 존경하는 은사 중 현재 남한에 생존해 계신 분은 金聖讚, 姜鳳羽, 禹浩익 諸선생님으로 기억하나 어쩐지 나의 어린 마음을 더욱 힘차게 흔들어 깨우쳐주신 은사로는 幽明界를 달리하는 姜永煥, 李斗海 두 선생님같이 보인다. 姜선생님은 수학시험을 매주일 일차씩 시행함으로써 놀기에만 열중하여 있던 이 拙夫로 하여금 학문에 대한 흥미를 싹트게 하여 주었고, 李선생님은 내가 가장 싫어하던 한문을 담당하였으니 만큼 선생님과 나와는 거리가 먼 관계에 있었던 것은 사실이다.

그러나 내가 숭실학교 일학년에 갓 입학하였을 때 광주학생사건이 터지고 全한국을 통하여 가장 강력한 쟁투를 전개한 중학은 역시 숭실학교였다고 믿어진다. 독립만세를 부르는 학생들을 제지하려는 警官隊와 石戰 혹은 육탄전이 벌어져 상당히 다수의 용감한 학생들은 체포되면서 몰리고 몰리어 나중에는 우리 졸부들은 학교강당에 감금되어 그 안에서 애국가만 부르고 있었다.

나는 그때에 우리 강당 풍금 뒤에 숨어있는 한 교사를 발견하였으니 그가 곧 李선생님이었고, 숨어서 落淚하고 계시던 그 성스러운 모습은 나의 일생을 통하여 잊을 수 없는 인상 깊은 「신」이었다. 제자를 사랑하는 마음, 나라를 사랑하는 마음에서 흘리신 그 고귀한 눈물로서 이 졸부를 가르쳐주신 선생님의 영원한 명복을 빌어마지 않고 또한 그 귀하신 눈물이 헛되지 않기를 懇願한다.

---

* 이 글은 동아일보, 1963.12.21.에 게재된 글이다.

12. 서울대학생 諸君에게 告함 - 총장 취임에 즈음하여 - *

친애하는 학생제군!

금번 이 나라의 최고학부인 우리 서울대학교의 중책을 맡게 됨에 즈음하여 본인은 우선 학생생활에 관한 가장 기본적이고 중요한 문제점만 사랑하는 학생 제군에게 명백히 하여두고 싶다. 주지하는 바와 같이 우리 대학은 이 나라의 재 건과 발전의 참된 방향을 제시하여 주어야할 성스러운 사명을 지니고 있음에도 불구하고, 불행하게도 去年 3월 24일 이래 거듭하는 학생 「데모」의 첨예적 역할 을 하여왔고 현재에도 수개 대학에 있어서는 아직도 문제를 남기고 있다. 이는 물론 그 동기에 있어서 이해할 수 있는 점도 있다고 본다.

「데모」에 참가한 대부분의 학생은 조국의 장래를 염려하는 나머지 한일회담 을 하여서는 아니 된다는 등등의 소위 「애국적」인 행동의 하나라고까지 볼 수 있을런지 모른다. 이런 의미에서 본대학에 있어서는 학생을 처벌하는 것을 극히 꺼리고 최대한의 정열을 기울여 이를 선도하여보려고 一年有餘의 세월을 허송하 여 왔던 것이다. 그러나 근자에 이르러서는 한일조약의 비준이 종료되었음에도 불구하고 「일당국회」니 「결사투쟁」이니 운위하는가 하면 심지어는 우리 대학의 법질서를 파괴하고 자기들을 아껴주는 스승에 대하여서까지 갖은 범죄를 감행 코 있으니 이는 유감이라기보다도 큰 비극이라 하지 않을수 없다.

곰곰이 다시 이성을 돌이켜 생각해보라. 만약 우리나라 어떤 농민들이 지난 봄 이앙기에 모심기를 아니하고 데모만 하고 있다면 우리 국민들이 그들을 방임 해둘 줄 아는가. 미곡생산은 결국 물질적이니 만큼 대체성이 있어 흉작일 때에 는 타국에서 차입 기타의 구제책이 있을 수 있으나 이 나라의 가장 긴요한 인재 생산은 대체할 수 없을 뿐만 아니라 「인간은 동일한 강을 두 번 다시 건널 수 없다」는 「헤라쿠레데스」의 사상을 빌릴 필요도 없이 학생이 학문을 습득하고 인 격을 도야하는 시기는 오직 이 한 기회 밖에 없음은 자명한 바인데도 지고지대 한 사명을 지닌 이 대학을 추잡한 범죄의 소굴로 만들고 있는 학생 아닌 「학생」 을 이 이상 방임하여둔다면 이 대학의 주인인 우리 국민들이 이를 옳다고 두어 둘 줄 아는가. 또한 참된 가치판단을 내릴 능력도 없고 이를 힘쓰지 않으며 오직

---

* 대학신문 1965.9.13.에 게재된 글이다.

수만 따라다니려는 부화뇌동형은 이러한 근성이 남아있는 한 가치판단을 연구하는 사회과학을 학습할 자격을 포기하겠다는 의사표시가 되는 줄 바로 알고 행하고 있는 것인가.

물론 이 나라에는 허다한 일종의 병리현상이 미만(彌漫)되어가고 있는 것도 사실이다.

이 나라는, 이른바 「민주주의」의 기치를 내걸고 있지만 참된 민주주의국가라면 법과 여론은 일치하여야함에도 불구하고 이 나라에 있어서의 이른바 「여론」의 형성과정을 君等은 분석해본 일이 있는가. 「다이시」는 『법과 여론』이란 유명한 책자에서 영국만이 Laissez faire를 기본으로 하던 19세기의 영국자본주의사회에서부터 「맑스」의 예언(?)을 뒤집고 혁명 없이 사회주의로 지향하는 20세기의 영국을 만들 수 있었던 것이요 이는 바로 법과 여론이 일치하였던 때문이라고 단정하고, 이 세상에는 불행히도 영국같은 여론의 나라로 지향하지 못하고 첫째로는 사색보다도 습관에만 지배를 받는 나라, 둘째로는 「피터」 대제하의 露國, 영통치하의 인도 등에 있어서 보는 바와 같이 소수 지배자에 의하여 이른바 「여론」이 형성되는 나라, 셋째로, 국회가 여론을 대변하지 못하고 입법기능을 상실하는 나라 등등을 열거하고 있는바, 우리 한국이 과연 영국과 같은 여론을 대변하고 있는 나라인 줄 아는가. 이 나라의 모든 병리현상이나 사회악은 一言以蔽之하면 지성의 빈곤에 기인한다.

君等은 이 나라의 모든 사회악 또는 병리현상이 「돈키호테」적인 만용을 가지고 폭력으로 시정이 될 줄 믿고 있는가. 폭력을 쓰는 자는 언제든지 폭력에 의하여 망한다는 만고불변의 진리는 이미 초등학교 시절에 배워 알고 있었어야 하지 않겠는가. 아무리 주관적으로는 선을 위한 폭력행위였다 손치더라도, 폭력으로 해본다면 폭력지배를 이념으로 하는 공산주의의 강력한 조직에 과연 꽤 대항할 수 있다고 믿는가. 君等이 만약 이 나라에 대하여 민주주의국가로 남아있기를 희망한다면 법치정신을 실천하는 데에서부터 비로소 가능하다는 사실을 알고 있는가. 君等이 데모하면 할수록 한국의 산업이 마비되어 실업가로부터 들어오던 장학금이 감소됨으로 웅지를 품고 배를 졸려가며 향학에 불타고 있는 苦學生들에게 적지 않은 타격이 되고 있는 사실을 알고도 이를 감행하고 있는가. 약 백년 전만 하여도 우리 한국과 일본을 비교하여 볼 때에 그 실력의 차이가 대수롭지 않았건만 금일의 양국을 대조할 때에 그 실력의 차이가 현저하게 생긴 그 근본이유가 나변(奈邊)에 있는지 연구해본 일이 있는가.

일본에 있어서 법은 즉 천황의 명령이라는 지상명령이 있었기 때문에 준법정신이 함양되었음에 반하여 한국에 있어서는 소론, 노론, 四色黨爭으로 하여 서구적인 준법정신을 받아들이지 못하였던 사실을 알고 있는가. 오늘의 한국에 있어서의 정치활동은 전통적인 사색당쟁과 아무 관련이 없는 줄 알고 있는가.

이 나라의 모든 혼란이 결국 지성의 빈곤에 기인하는 이상 現今 이 나라에 있어서 끽긴사(喫緊事)는 지성인 산출 이외에 아무 것도 없다. 우리 서울대학이 바로 한국의 참된 지성인 산출의 사명을 지고 있음은 물론이다. 이런 지성의 산출의 근본전제는 이른바 대학의 자유에 있다. 지성과 자유는 표리일체를 형성하기 때문이다. 심지어 요즈음 데모를 일삼고 있는 학생까지도 소위 「대학의 자유를 수호」한다고 외치고 있음은 일종의 비극적 「아이로니」라 하지 않을 수 없다. 그들의 이른바 「자유」란 학습의 자유를 의미하여야 함에도 불구하고 「데모의 자유」를 자유라고 한다면 고차적인 질서에 속하는 숭고한 자유의 개념을 저급한 동물적인 자유와 바꿈으로써 만물의 영장인 인간을 동물적 존재로 낙하시키기 때문이다.

학생들의 학습의 자유는 교수들의 교수의 자유개념 속에 포섭됨은 물론이다. 이런 의미에서 대학의 자유의 개념은 교수들의 연구 및 교수의 자유에서부터 유출된다. 동일한 의미에서 「대학자유의 수호」를 외치며 자기 스승을 비난하는 학생들은 「자유」를 내걸고 있지만 그 실은 참된 「학문의 자유」를 침범하는 침략자이다. 이 대학에 있어서 가장 끽긴사는 이렇게 「학생」들에 의하여 유린된 교권(敎權)을 만회하는 것 이상 더 바쁜 일은 없다. 어떤 희생을 감수하면서라도 대학이 존재하는 이상 교권은 확립되어야 한다. 현금 이 대학의 근본규범은 與거나 野거나 간에 정치에서부터 유리된 참된 자율정신에 입각한 학문의 大殿堂이어야 한다는 명제에 있다. 교수의 직에 있으면서 학생들을 정치적으로 선동하는 「데마곡」형 교수이거나 혹은 권력층에 아부하며 다니는 Running dog형의 교수이거나 모두 허용할 수 없다. 그들은 모두 진리에 대한 배반자이다. 진리를 등진 자가 진리의 전당에 있을 수 없기 때문이다. 이 진리의 전당인 대학에는 가장 높은 고유한 사명이 있다. 이런 사명을 다하는 것은 어디까지나 公的으로 집행되어야 할 성스러운 책무이니만치 수인 내지 수십인 심지어는 수백 명의 학생일지라도 이 사명을 다하기 위하여는 가차 없이 학생 아닌 「학생」을 배제함으로써 참된 학생의 학문의 길을 열어주어야 한다.

세계 어느 대학에서든지 입학자중 약 2, 3할은 졸업을 하지 못하는 것이 상례이다. 과거에 서울대학이 한번 입학만 하면 데모만 일삼다가도 일인의 낙오자 없이 졸업할 수 있었다는 사실은 우리 대학의 불명예이요 이는 시정되어야 한다. 소수 낙오자 때문에 대학의 향상이 秋毫라도 저지되어서는 아니 되기 때문이다.

사랑하는 학생제군! 지면이 허용되지 않으므로 君等에게 부탁하고 싶은 것은 많으나 모두 생략할 수 밖에 없고, 오직 한 가지 다시금 부탁하고 싶은 것은 우리 서울대학은 작년 3월 24일 이래 일년 반이란 긴 세월을 허송하였고 최근에 와서는 이 대학의 명예가 땅에 떨어졌고 우리 대학은 우리 조국에 대하여 큰 죄과를 범하였다. 이 이상 이런 비극적인 죄악을 지속시킬 수는없다. 그러므로 금일로부터의 우리 대학의 당면한 문제는 선량한 학도로부터 학생 아닌 「학생」을 적출하여 추방함으로써 본 대학의 본연의 업무를 務實力行하는 길밖에 없다. 낙오자가 극소수에 그치기를 심히 바란다.

사랑하는 데모학생제군! 금일 이후에는 기회가 허용되지 않으니 후에 후회하지 말고 自重自愛하여 君等을 지극히 아껴주신 君等의 스승의 품으로 돌아오라.

서울대학교총장 유기천

13. 학생에의 규범 규제는 좋은 일*

중요한 문제이니 결론만 내리기는 곤란하다. 소위 「정치교수」와 「정치학생」을 학원에서 제거한다는 원칙은 타당하나 무엇이 「정치활동」이냐하는 문제는 간단치 않다. 정치적 색채가 농후한 신문, 잡지에 겸직하는 교수는 여기에 해당한다고 본다. 또한 대학행정에 대하여 정부가 감사하는 것은 당연한 일이나 법에 근거 없는 일을 하게 되면 이는 불가능할 뿐만 아니라 정부의 위신을 상하게 될 것이다.

마지막으로 학생에 대하여 여러 가지의 규범적 규제를 고려하는 것은 좋은 일이며 여기에는 세 가지 점을 특히 주의할 필요가 있다. 첫째는 「대학의 자유」의 테두리 안에서 행할 것과, 둘째로는 「프레임 웍」 안에서 항상 생각하여야 할 것, 셋째로는 교육의 목표의 그 실효를 거두기 위하여는 충분한 준비가 필요하다는 점이다.

---

* 경향신문 1965.9.20.에 실린 글이다.

14. 서울대 동창에게 보내는 글*

존경하는 국립서울대학교 동창회원 여러분!

본인은 이 대학신문 紙上을 통해서 여러분께 인사말씀드릴 기회를 갖게 된 것을 무한의 기쁨으로 생각합니다. 먼저 사회의 각 분야에서 주야로 국가를 위해서 활동을 하고 계시는 諸位의 건투에 대하여 심심한 축복을 드리고자 합니다. 우리 국립서울대학교는 여러분이 잘 아시다시피 해방되던 이듬해인 1946년에 일정 때부터 서울에 존재하고 있던 대학과 주요 전문학교가 단일체로 통합되어서 이루어진 종합대학교이며 그 전통으로 보나 규모로 보나 또는 그 수준으로 보나 어느 면에서나 名實共히 우리나라에 있어 최고 최대의 교육기관인 것입니다. 현재 국립서울대학교의 동창생 오만여명의 활동영역은 정치, 행정, 법조, 경제, 학예, 의료, 기술 등 우리나라 사회의 모든 분야를 총망라하고 있으며 각계각층에서 지도적 중견적 위치에 있는 인사의 태반은 우리 동창생이라고 해도 과언이 아닌 것 같습니다. 이러한 사실에 想到할 때 훌륭한 동창과 선배를 가진 우리 대학교의 책임과 영광은 더욱더 가중된다고 하지 않을 수 없습니다. 어느 나라 할 것 없이 대학의 명예는 그 대학이 배출해낸 인생들이 창조해내는 관습이 되고 있는 것같이 생각됩니다.

물론 대학은 한 나라의 최고 교육기관인 만큼 그 나라에서 인격 면에서나 학식 면에서나 추앙받을만한 인사가 교수로 취임하고 있어야 한다는 것은 말할 것도 없습니다. 그러나 그것은 어디까지나 대학이 갖추어야할 하나의 조건에 그치며 그것이 곧 대학의 명예를 형성한다고는 할 수 없을 것같이 생각합니다. 그 이유는 대학의 이념은 어디까지나 보다 나은 인격 또는 예지의 창조 내지 형성에 있다고 믿어지기 때문입니다. 그러므로 아무리 우수한 교수가 대학에 취임하고 있어도 자신보다도 탁월한 인재를 양성해내지 못할 때는 그 학자로서의 가치는 且置하고 적어도 교육자로서의 가치는 밑바닥이 드러났다고 할 수밖에 없고, 또 대학의 이념도 구현시키지 못했다는 비난을 들어 마땅하다고 생각합니다. 이러한 관점에서 볼 때 켐브릿지 대학의 영예는 뉴톤을 그 대학의 교수로서 취직시켰다는 데 있지 않고 인류사상 열 사람의 천재 가운데 한 사람으로 손꼽힐 뉴톤

---

* 대학신문 1965.12.6.에 실린 글이다.

의 재능을 발굴·발전시켰다는 바로 그 점에 연유한다는 것을 강조해야 되겠습니다. 요컨대 지금까지의 우리 국립서울대학교의 영예는 동창생 여러분이 사회 각 분야에서 쌓아올린 영예를 그대로 반사 받은 것에 지나지 않는다고 할 수 있는데, 앞으로의 우리 대학교의 영예도 여러분의 활동실적의 반영 이상으로 커질 수 없다는 것을 이 자리에서 다짐해두고자 합니다.

이 기회에 또 한 가지 동창회 회원 여러분께 본인이 총장 취임 이래 품고 있던 소회의 一端을 피력코자 합니다. 그것은 다름이 아니라 학창을 떠나신 동문 여러분은 직장과 맡은 바 임무에 충실하면 충실할수록 또 모교와의 공간적 거리가 멀어지면 멀어질수록 그리고 시간이 경과하면 경과할수록 모교에 대한 관심과 배려도 희박해져가는 하나의 공통된 경향이 있는데, 이러한 좋지 못한 경향은 반드시 시정되어야 하겠다는 것입니다. 모교에 대해서 느끼는 관심도가 점차 희미해져간다는 현상은 어떻게 보면 불가피한 현상이라고도 할 수 있을지 모르나 결코 소망스러운 현상이라고는 할 수 없을 것 같이 여겨집니다. 동창생 여러분은 사회에서 분투하시어 戰取해낸 그 영예를 모교에 돌리는 것을 잊지 말아야 하는 동시에, 또 한편에 있어서는 모교에 대해서 마치 고향에 대해서 느끼는 향수와 배려 그리고 관심을 잊지 말아야 된다는 것을 동창회 회원 여러분께 말씀드리고자 합니다. 본인은 외람된 말씀 같습니다만, 학창을 떠나 사회에서 활동하고 계시는 동창여러분이 모교에 대해서 품는 관심과 배려는 다음과 같은 세 가지 점에 있어 의의가 있는 것이라고 생각합니다. 첫째는 아직 사회에 나가지 않고 학창에서 학습에 여념이 없는 동창 즉 재학생들에 대해서 하나의 목표가 되고 자극이 되고 편달이 될 수 있다는 점이고, 둘째는 모교에 대한 관심을 통해 또는 모교를 연락장소로 삼아서 점점 疏遠해가는 동창들의 유대를 굳게 할 수 있다는 것입니다. 그리고 셋째는 모교에 대한 관심과 배려를 높이고 깊게 함으로써 모교의 발전을 더 한층 효과적으로 촉진시킬 수 있다는 점입니다. 지금 사회에서 활동하고 계시는 동창의 상당 다수의 인사들은 모교에 대해서 어느 정도의 관심을 갖고 있으며 또 후배들의 지도에도 적지 않게 부심하고 있는 것이 사실이지만, 그러나 箇中에는 모교에 대해서 전혀 관심을 갖고 있지 않은 분도 계시는데, 이것은 참으로 유감된 일이라고 아니할 수 없습니다. 이러한 유감된 현상을 시정하는 방도로서 본인은 국립서울대학교 단과대학 중심의 동창회를 우선 강화하고 다음에 제2단계조치로서 그 단과대학단위의 동창회를 그냥 분산상태에 방임해두지 않기 위해서 각단과대학 동창회를 통합한 국립서울대학교 종합동창회의 설립을 구상하고 있다는 사실을 동창회회원 여러분께 알려드리고자 합니다. 그 구체적인 방안은 현재 연구검토 중에 있으나 不日 어떠한 결론을 얻게 될 것이므로 그 결론만 얻어지면 곧 착수 실시할 작정입니다. 그리고 또 동창회 회원 여러분과 모교 재학생들과의 「담화의 광장」을 마련코자 하는데 그 매개체로서 이 대학신문을 이용해볼 心算입니다.

이러한 조치가 효과적으로 실시되기만 한다면 모교·재학생과 동창회 회원 여러분 사이 그리고 동창회 회원 상호간의 유기적 관련이 맺어질 수 있을 것이라고 생각합니다. 끝으로 동창회회원 여러분께 한 말씀 드리고자 하는 것은 이러한 사업은 학교측 단독으로는 절대로 이루어질 수 없는 성질의 것이며 회원 여러분의 적극적 주동적 협조 없이는 넌센스에 가까운 일이 되고 만다는 사실입니다. 그런 의미에서 본인은 이 뜻있는 일을 무의미하게 하지 않기 위해서 그 사업이 착수 추진될 때에 회원 여러분의 절대적인 협조와 후원이 있기를 간절히 바라마지 않습니다.

15. 조국을 위하는 길 – 4·19에 즈음하여 – *

「4·19」를 맞이할 때마다 나는 이 나라의 젊은 학도들이 이 나라의 민주주의의 초석이 되기 위하여 그 고귀한 생명을 희생한 사실에 대하여 흐뭇하여지는 마음을 가지게 됨에 앞서 먼저 도대체 인생이란 무엇이며 인생의 가치가 동물의 그것과 비교가 안 될 정도로 고귀한 근거가 나변(奈邊)에 있는지 또다시 검토해 보지 아니치 못하게 된다. 더구나 근조선 말엽에 추잡한 정객들이 그들의 육욕 또는 물욕 때문에 그 깨끗하지 못한 진흙 싸움으로 국가를 망치고 민족을 노예화하였던 구한말과 일제식민지 아래에서의 역사와, 8·15 뒤에 계속된 李정권 말기의 헌정침해의 과정을 우리의 젊은이들이 그들의 생명을 조국에 바침으로써 구출해 낸 그 아름다운 우리의 4·19역사와 서로 비교 검토하여 볼 때에 더욱 더 인생의 참된 가치를 다시금 생각하여 보지 않을 수 없고, 적어도 오늘날에 있어서는 우리 겨레의 참된 가치는 우리의 조국과 직결되어있는 것을 직감하게 됨을 먼저 여기에 말하여 두고 싶다. 왜냐하면 우리의 온 겨레는 일부 조상들이 저지른 과오로 인하여 세계 어느 민족보다도 가장 불우한 처지에 있는 현시점에서는 限 국가와 민족을 위하여 생명을 혹은 그 생애를 바치는 것은 전인류를 위하여 바치는 것과 본질적으로 동일한 결과가 되기 때문이다.

나는 여기에 「조국」이라는 말을 쓰지만, 그 實 이 말은 과거에 흔히 「징고이스트」(Gingoists)들에 의하여 사용되었으므로 이것을 피하고 싶은 마음 간절하나, 이 나라의 경우에 있어서는 소위 민족의식은 강하나 국가의식이 약함으로 말미암아 민족과 결부된 국가를 표현할 수 있다는 의미에서 우선 이 말을 사용하게 되는 뜻을 여기에 밝혀두고, 그러면 우리는 우리의 조국을 위하는 길이 과연 무엇인가를 잠시 생각하여 보기로 한다.

요즈음 世間에서는 「4·19혁명」이니 「5·16혁명」이니 하는 말이 예사로 사용되고 있다. 물론 우리는 그 뜻을 짐작할 수 있기는 하다. 왜냐하면 참된 민주국가를 수립하려면 일종의 「혁명」적 방법이 요구되고 있기 때문이다. 그러나 혁명이란 말로 외친다고 이룩되는 것이 아니다. 우리는 먼저 세계 각 민족의 민주국가 성립과정부터 상기하여 보면서 우리의 이른바 「혁명」과업이 무엇인가를 검

---

* 대학신문 1966.4.19.에 실린 글이다. 이 글에서 유기천 총장은 "우리 겨레를 구출하는 유일한 길은 대학의 사명을 완수하는 데 있다."고 강조하였다.

토하여야 한다.

인류역사가 증명하고 있는 바와 같이, 봉쇄적인 봉건체제를 극복하고 오늘의 민주국가를 이룩함에는 반드시 민족국가라는 과정을 경과하였고 동시에 혁명의 쓰라린 경험을 쌓았던 것이다. 우리의 경우에는 불과 수 10년 동안에 봉건체제에서부터 비약하여 민주국가를 수립하지 아니치 못하게 운명지어 있으니 「혁명」을 운위하지 않을 수 없을 것이지마는 이른바 「혁명」이란 그리 安價한 소산이 아님은 물론이다.

영국의 혁명, 미국의 혁명, 불란서의 혁명, 쏘련의 혁명 등등에서 명확히 보는 바와 같이 혁명에는 반드시 그 여건이 있고 또 세대적 뒷받침이 있어야 한다.

우리에게는 시간의 여유도 없었거니와 일부 급진주의자들이 꿈꾸고 있는 바와 같은 폭력에 의한 혁명이란 시대착오적인 외국 노예화의 결과 밖에 아니 될 한낱 망상에 불과하다.

오로지 우리 온 겨레를 구출하는 유일한 길은 이 나라 헌정주의의 大旗幟를 들고 대학의 사명을 완수하는 데에서만 비로소 가능함을 알아야 한다.

이 나라의 혁명 혹은 대혁명이 요망된다면 그것은 민주주의적 절차를 통하여서만 가능하고 여기에는 지식의 보급을 전제로 하는 바, 대학은 국민의 나아갈 방향을 제시할 성스러운 사명을 지니고 있을 뿐만 아니라 국가에 필요한 경제개발과 근대화작업의 기초를 제시하여주어야 할 책무를 지니고 있기 때문이다.

국가의 힘을 속히 강화하는 것만이 이 민족의 번영을 期할 수 있고 또 국가의 힘이란 그 국가의 법의 힘을 말하는 것이며 그리고 대학의 발전을 기초로 하여서만 가능한 이상, 대학이 그 고유의 사명을 완수하는 것만이 이 나라 겨레를 위하는 지름길이라고 나는 확신한다. 종종 학계에서 정치인이나 경제인 혹은 공무원이 모두 부패하였다고 一喝하는 일이 있는데 그것은 어떤 의미에서는 타당성이 있을는지 모르나 솔직히 말하여 학계는 과연 남의 부패를 운위할 만한 지위에 있는지 의심스럽다.

가령 이웃나라에서는 고도한 기능을 가진 정밀기계를 생산하여 내고 있는데 우리나라에서는 이것이 안 되고 있다면 학계는 여기에 대한 책임을 느끼지 않아도 되겠는지?

또 학생들이 만일 무지각하게 정치인에 사주되어 폭력을 가지고 부패를 시정해보겠다고 덤벼든다면 그것에 대하여 대학교수들은 외면할 수 있을는지? 심지어는 우리 국민이 세계정세를 잘 모르거나 혹은 국사에 관한 올바른 판단을 내리지 못할 때에 과연 학자들은 자기책임이 아니라고 확신할 수 있을는지? 모두가 의심스럽다.

학자의 사명은 그만큼 고귀하고 無限定하기 때문이다. 물론 현금 우리 대학의 교수들은 그 고유한 사명을 다하리 만큼 국가적 뒷받침을 받지 못하면서도 눈물겨운 생활을 하고 있는 것도 사실이다.

국가는 대학이 그 고유한 사명을 다할 수 있도록 뒷받침해 주어야 하며 대학이 정상적 지위에 놓일 수 있도록 투쟁하여야 하겠지만, 우리는 먼저 상술한 이나라의 참된 혁명이 완수되는 중추적 지위를 점하고 있는 것이 바로 이 대학이라는 사명감에서부터 이 대학의 재건사업이 시작되어야 한다고 믿고 있다.

4·19는 젊은 생명을 조국에 바침으로써 이 나라 민주국가의 터전을 마련하였지만 『慷慨赴死易요, 從容就義難』이라는 〈近思錄〉의 교훈과 같이 종용히 이 나라 발전의 큰 기초를 세우는 길은 더 어려운 일일런지 모른다. 어려우면 어려울수록 이것을 완수할 수 있는 것은 오로지 대학에서만 가능하고 대학이 먼저 스스로 그 정상적 위치에 서게 될 때에 비로소 이 나라의 민주국가로서의 진로가 豫期될 수 있다고 나는 확신한다.

- 4·19 聖靈의 英福을 빌면서

16. 유총장 귀국보고강연 요지*

교수 여러분께 귀국인사겸 지난 6월 이래 약 2개월에 걸쳐 순방한 각국의 대학현황을 말씀 드리고자 합니다.

먼저 들린 이스라엘에서는 물론 텔아비브대학과 예루살렘대학을 방문하였지만, 사회학이나 경제학적 견지에서 이스라엘을 시찰하고 싶었던 것이다.

이곳에 4, 5일간 머무는 동안 갈릴리 연안의 기브스·모샤브 등 집단農業 시스템은 사회발전에의 길을 모색하는 이스라엘 민족의 집념을 깊이 이해할 수 있었다.

다음 영국에서는 8일간에 걸쳐 옥스퍼드, 케임브리지, 버밍함, 런던대학 등 4개 대학을 방문하였다. 출발 전의 기존관념으로는 유럽 제국 중 영국만이, 사립대학체제를 갖추고 있는 것으로 인식하였으나, 현실은 영국의 경우도 모든 대학이 사실상의 국립대학임을 인식하게 되었다. 즉 대학은 재정면으로나 교수처우 등에 있어서 거의 전적으로 국가에 의존하고 있으며 설립 초부터 국가적 규제를 받아오고 있다.

영국의 경우와 독일 등 歐洲 각국의 경우를 비교해보면 이처럼 형식으로는 다른 제도를 가지고 있다고 하나 대학의 본질면에서는 서로 다르지 않다는 사실을 확인할 수 있었다. 이번 기회에 하버드 특히 예일대학의 경우 케임브리지 대학을 모방한 사실은 놀랄 만하였다. 심지어 건물구조나 벽돌모양마저 똑같은 것을 눈여겨 볼 수 있었다.

영국의 대학교육이 교수가 학생들의 학문지도뿐만 아니라 인격적 지도에 크게 역점을 둠은 물론이다. 각 칼레지는 학과별이 아닌 전통적인 由緒에 따라 기숙사로 구분되어 있으며 졸업식도 6월중에 여러 차례 있었다.

우리의 경우는 졸업식을 위하여 여러 날 소비하는 것이 무척 번거롭다고 생각하여왔으나 참된 인간교육을 위하여는 이런 절차도 감수해야 하리라고 생각하였다. 우리가 과연 학생들에게 그들이 세상의 빛과 소금이 되도록 그리고 서울대의 프라이드를 잊지 않도록 인간교육에 심혈을 쏟아왔는지 반성하여 볼 때 부끄러움을 금할 길이 없었다.

---

* 대학신문 1966.9.12.에 실린 글이다.

그렇다고 그들에게 장점만 있는 것은 아니고 역사에 자신을 가진 나머지 무조건 외국 것을 배척하고 자기 전통만에 지나치게 집착하는 듯한 폐단도 있었다.

영국 대학에서는 느낀 또 한 가지는 고등교육에 가장 높은 율의 돈을 사용하고 있다는 점이다. 대부분의 대학생이 장학혜택을 받고 있었다.

다음으로 약 5주간 독일의 16개 대학 중 11개 대학을 歷訪하였는데 대학의 위치가 거의 절대적으로 높은 지위를 점하고 있었다. 교수의 사회적 지위는 최고의 대우를 받고 있었으며 그들은 각기 왕처럼 군림하여 대학은 하나의 왕국을 형성하고 있었다. 대학의 학생수는 평균 만 명 내외로서 우리 대학의 경우와 비슷하였으며 대학마다 정교수는 3백명 정도이지만 그 밑에 10명 가까운 조교수, 조교들이 있다.

교수의 봉급은 여타 사회계급에 비기면 엄청나게 우대하는 것은 아니나, 교수직은 영구히 보장받고 있으며 퇴직해도 죽기까지 풀 샐러리로 받으며 사망 후에도 미망인은 봉급의 반액을 받게 되어있다.

국가의 가장 중요한 「브레인」을 보존한다는 의식이 전통화하여 교수의 권익은 크게 보장을 받고 있었으며 그들은 보통 4·5명의 닥터급 조교를 거느리고 각종 연구소장을 겸하고 있었다. 이처럼 근 백년 내의 독일의 부흥은 대학의 부흥에 기초를 두고 있는 것이다.

그러나 학문의 자유란 개념을 지나치게 강조하는 나머지 학문하는 자유와 학문 안 하는 자유가 공존하고 있어 가르치지 않는 자유, 공부 안 하는 자유가 뒤섞여 있음을 엿볼 수 있었다. 자유란 것도 일정한 한계 내의 것이어야 하는데 일종의 방종이 혼합되고 있는 듯한 인상마저 받았으며 아무리 학문의 자유를 보장받은 교수라고 하여도 역시 그것을 학생들의 배움의 자유에 연결시켜주어야 하리라고 느꼈다.

따라서 그들 스스로도 교육의 재건에 검토를 가하고 있었는데, 말하자면 교수들이 서로 뿔뿔이 왕처럼 군림하는 까닭에 인접분야의 연구의 협조가 되지 못함을 깨닫고 있기 때문이다. 독일고등교육 재건안은 독일대학이 영·미의 그것에 뒤지는 이유를 대학제도의 비합리성에서 찾고 있다.

노벨수상자인 뮨헨 공과대학의 어느 교수는 미국에서 귀국을 거부하고 있었는데, 이유는 독일에서 연구를 제대로 할 수 없기 때문이란 것이다. 이러한 폐단을 시정하기 위해 대체로 영·미식 대학제도를 본받고 있는데 학생들의 최대연수기한을 정하고 각과별 「데칸」(Dekan)이 총장을 보필토록 하는 등의 제도가 새로운 대학에서 이미 실시되고 있다.

입시는 全無하고 학생 自意로 학교 선정을 하게 되어도 큰 혼란이 없음은 독문화의 백그라운드 내지 사회적 구조에서 연유되고 있는 것 같다.

장학생은 약 20~30% 되며 결국 두뇌 좋고 돈 있는 자만이 대학에 진학하도록 인식되고 있으며 직업학교에 가는 경우도 보수 기타 사회적 지위가 고루 보장되어 하나의 정연한 「하이어라키」를 이루고 있는 것이다.

독일 민족의 애국심은 지나칠 정도여서 지난 7월에 있었던 세계축구시합에서 전민족이 혼연일체로 응원에 열을 뿜고 그들이 패했을 때 누구나가 눈물을 머금은 모습 등은 깊은 인상을 아로새겨주었다. 선진국의 국수주의는 일종의 죄악이라고 볼 수 있지만 후진국의 그것은 국가발전을 위하여 필요하다고 본다.

끝으로 丁末・瑞西의 것은 略하고, 미국에서는 11개 대학을 방문하였는데 미국의 사립대학들도 본질은 국립과 마찬가지로 하바드, 예일 등의 경우도 국가 보조를 받고 있어 단지 정치와 분리시키는 면에서 사립대의 형식을 취하는 것뿐이었다. 사립대학이 이른바 대학산업일 수는 없으며 국가가 보조하여 경영해야 한다.

확실히 코리아의 이미지는 근자에서 달라지고 있었으며 미네소타대학만 해도 수십 명의 서울대 출신이 각 분야에서 매우 우수한 「레코드」를 끊고 있어 서울대학교는 이미 상당한 국제적 수준에 올라있음을 확인할 수 있었다.

우리 대학은 이미 기초는 서있다고 보나 대학의 근본구조 확립이 요망되며 대외적으로는 권리면을 주창하는 일방, 대내적으로는 의무를 지키는 양면에서 출발해야 하리라고 생각한다. 일본의 경우도 모방만 앞선 껍데기 제도에 불과하며, 우리 교수들은 각국 제도를 비교검토하여 우리에게 알맞게 적용시키도록 학생들을 가르쳤으면 한다.

서울대학은 곧 한국의 고민을 떠맡은 대학이며 조국통일을 못하는 책임을 떠메어야 할 대학이라고 생각하며 국가의 난제를 극복하고자 하는 정신을 학생에게 전파해야겠다.

이런 점에서 서울대교수는 비단 학문의 연구뿐이 아니고 모든 국가의 난제를 스스로 해결해야하는 임무도 떠맡고 있다고 본다. 개인보다 전체를 생각하는 마음의 결여가 후진국의 통폐이며, 영・미・독 등 모든 선진국이 어떻게 하면 국가에 봉사할 수 있느냐의 국가본위로 생각하고 있으며, 우선 서울대만이라도 이처럼 개인이 전면에 나타나기에 앞서 국가적인 난제극복에 전념하는 것이 우리 교수들의 사명이라고 생각된다.

17. 휴업령은 해제됐으나…학원자유의 앞날은? – 각 대학총장들의 의견*

18일 연·고대 휴업령해제와 더불어 오랫동안 타율에 휘청되던 대학의 분규에 하나의 매듭을 지을 계기를 마련했다. 정부는 대학의 자율성보장에 언질을 주었고 대학은 데모를 막아내겠다고 정부에게 언질을 주었었다. 이 계기에 난관타개의 키를 쥔 각 대학교 총장들의 의견을 들어보았다.

[설 문]
① 학원의 자율성 확립과 학생데모 방지를 위한 자신 있는 방안은 무엇입니까?
② 학원정상화를 위해 교수와 학생들이 반성해야 할 점이 있다면, 무엇이라고 생각하십니까?
③ 격동기를 통해 정부당국이 범했다고 생각하는 과오 또는 시정할 점이 뭣이며, 이 기회에 꼭 하고 싶은 말은 무엇입니까?

① 학원의 자유는 대한민국 헌법 제19조가 이를 보장하였으니 현행법 체계를 이에 맞도록 개선함으로써 가능하고, 학생데모도 학생들이 학원자유의 진의를 이해하게 되면 자연히 해결될 것이다.

② 학원이 정상화하지 못한 원인은, 학원 외에도 있으나 교수와 학생들은 학원의 자유란 개념의 진의를 명확히 이해해주기 바란다. 특히 자유란 감각적인 그것이 아니라, 좀 더 고차적인 질서에 속하는 책임개념이 수반됨을 반성해주기 바란다.

③ 정부의 근본태도는 원칙적으로 어긋남이 없으나 학원의 자율성을 좀 더 이해해주기 바란다. 이 기회에 하고 싶은 말은 언론기관이 좀 더 정확한 보도를 해주기 바란다.

---

* 조선일보, 1966.9.19.에 실린 유기천 서울대 총장의 의견이다.

18. 歐美 각 대학 歷訪을 마치고*

지난 6월 이래 80일간의 세계 상아탑 순방을 마치고 귀국한 유기천 총장은 그의 역방을 담은 글을 본지에 특별기고하였다. 이 글은 앞으로 3회 더 연재될 예정인데 유총장의 본교 운영면에 대한 구상도 간간히 펼쳐질 것이다.

필자는 지난 여름방학을 이용하여 약 2개월간에 걸쳐 구미 각 저명대학을 역방하였다. 여행목적은 대략 세 가지로 구분된다. 첫째는 각 대학의 행정면을 직접 눈으로 보아야 하겠다는 것, 둘째는 저명한 학자들과 만나 학문상의 의견교환을 해 보자는 것, 셋째는 한국인으로서 외국서 공부하고 그냥 그곳의 교편을 잡고 있는 분이 미국 한 나라에만 예를 들어도 약 6백 명이 추산되는바 왜 그분들은 한국에 오지 않고 외국인 학생들을 가르치고 있는 것인지 그분들을 만나볼 필요가 있다는 것으로 대별할 수 있다.

전부 계산해 보니 모두 34개 대학을 역방한 셈이고 거리로 따지면 약 지구주위 2배에 해당한 먼 거리를 2개월 동안에 달음박질식 여행을 하노라니 육체적으로는 대단히 피곤하였으나 정신적으로는 얻는 바가 많고, 또 후술과 같이 우리 한국의 장래는 혁혁(爀爀)한 바 있다고 자신을 얻게 되었으므로 피곤한 줄도 모르고 기분상쾌하여 지난 8월 21일 김포에 도착하였다.

그러나 솔직히 고백하면 일본 羽田에서 마지막 비행기를 타고 1시간 40분 동안 서울로 향하면서 곰곰이 외국서 본 것과 우리 한국의 현실을 직시하여 비교 검토하여 볼 때에는 일종의 악몽 속에 자아를 발견하지 않을 수 없었다.

왜냐하면 세계 어느 나라든지 발전되어있는 나라는 그 나라의 머리(대학)를 키울 줄 알고 대학 역시 국가적 사명감을 지니고 그 나라의 발전과 부흥을 위하여 노력을 경주하고 있건만, 우리 한국의 경우는, 개개인은 우수함에 틀림없으나 국가 전체로서의 총력을 발휘할 줄 모르고 옥신각신, 불필요한 잡음만 내고 있으니 一旦 심려가 되지 않을 수 없기 때문이다. 나는 구미 어느 대학을 가든지 서울대학 출신이 없는 곳이 없었고 또한 외국 어느 학생에 비하여 가장 우수한 성적을 내고 있음을 볼 때마다 참말 마음이 유쾌하였다. 그러나 이런 우수한 학

---

* 대학신문 1966.9.19., 9.26., 10.3., 10.10.에 실린 글이다.

생들을 갖고 있는 우리 대학 전체의 실태를 직시할 때에는 반드시 낙관만 하고 있을 수는 없는 성싶다.

먼저 영국 가는 도중 이스라엘서 수일간 체류하였다. 원래 이 나라에서는 대학보다도 그 유명한 기브츠와 모샤브 제도를 연구해보자는 데 주안목이 있었던 것이다. 물론 쏘련공산혁명이 일어나기까지 10여년 전부터 이런 일종의 集産主義的 사회제도가 발전하여 금일에 이른 점에 대하여는 경탄하여 마지않았다. 쏘련은 외국사상(독일의 사상)을 잘못 모방한데 불과하지만 이스라엘은 참말 창의적으로 공산주의가 아니면서 어디까지나 민주주의적 기반 위에 이런 집산주의적 사회제도를 발전시키고 있는 점이나 또는 연료를 쓰지 않고 태양열을 이용하여 각 가정의 난방시설을 하고 있거나, 연중 비라고는 보기 드문 이 황무지 위에 관개를 통하여 푸른 강을 이룩해 가고 있는 점 등등 이스라엘 국민의 놀랄 만한 노력은 사회학적 견지에서 배울 만한 일이 허다하였지만 의외에도 필자는, 그 대학제도에 경탄하지 않을 수 없었고 또한 여기에 언급하지 않을 수 없다. 지면관계로 상세히 쓰지 못함을 유감으로 생각하나, 우선 한 가지만이라도 여기서 언급하지 않을 수 없다. 전술과 같이 구주의 대학들이 모두 국립인데 이스라엘의 대학도 국립이다. 종합대학으로서는, 이스라엘 전국을 통하여 헤부류대학과 텔아비브대학 둘 뿐이지만 특히 헤부류 대학은 그 방대한 재산을 가지고 있음에 놀라지 않을 수 없고, 더 크게 놀라지 않을 수 없는 사실은 국가가 대학의 재원을 만들어주는 그 방법의 묘미에 있다.

물론 헤부류대학의 주체가 理事團에 있음은 세계 각 저명대학과 規一하지만 이사진이 백 명이 넘는다는 사실이 폼人의 흥미를 끈다. 이는 특유한 제도일 뿐만 아니라 그 이유를 검토하여 보면 백 명이 넘는 이사들은 이름뿐이고 그 실은 세계 각국에 있는 재벌들에게 이사란 명칭만 주고 그 내용은 그 대학에 기부를 받는 데 있다. 이런 식으로 하여 헤부류대학이 세계적으로 망라하여 거대한 擧國的 대학재단을 형성할 뿐만 아니라 세계의 머리가 되겠다고 자부하고 있음은 또다시 경하하지 않을 수 없고, 소위 재벌이란 인사들이 그 재원의 근거가 국가에 있음에도 불구하고 국가적인 대학을 무리하고 私事에 골몰하고 있는 이 나라의 경우와 好對照가 되지 않을 수 없다.

다음 영국에 있어서의 소감은 一言以蔽之하면 영국이 세계 어느 나라에 앞서 교육을 위하여 막대한 투자를 하고 있다는 사실이다.

먼저 각 대학에 대하여는 대학 성립 과정에 있어서 국가가 막대한 토지를 주었을 뿐만 아니라, 아무리 큰 대학재단을 가지고 있는 대학에 대하여서도 매년 그 경상비의 대부분을 국비로 보조하고 있다. 또한 교수들의 봉급까지도 국가재정법으로 이를 규제하고 있다. 이런 의미에서 영국대학은 사립이라는 피상적인 견해를 뒤집고 실질적으로 국립이라고 말할 수 있다. 옥스퍼드의 예를 들면 20여의 칼레지(여기서의 College란 물론 기숙사를 중심으로 한 각 역사적 발전의 유물을 말한다)중 어느 칼레지 하나만도 우리 서울대학교 전체보다도 큰 토지를 점유하고 있으나 역시 상당 다액의 국가보조를 받고 있다.

타방에 있어 학생에 대하여는 국가는 원칙적으로 장학금을 주어 돈이 없어서 공부 못 한다는 비극은 찾아볼 수가 없다. 대학생의 8, 9할이 국가에서 오는 장학금을 받고 있는 것이다. 그러나 영국대학에 있어서 무엇보다도 특색을 이루고 자랑할 만한 것은 어느 다른 점보다 이른바 tutorial system에 있음은 물론이다. 국가의 두뇌란 기계두뇌여서는 아니 되고 「인간의 두뇌」여야 함은 췌언(贅言)을 요치 않는다. 가장 전통 있는 옥스퍼드나 캠브릿지의 예를 들면 양 대학이 합하여 입학시험을 시행하고 있으나 수험생들은 대학별로 지망하는 것이 아니라 칼레지 별로 지망한다.

칼레지 별로 선발된 학생들은 반드시 4년간 기숙사 생활을 하여야 하며, 그 기숙사 즉 칼레지마다 수십 명의 전임 교수들이 각 전문과학을 대표하여 그 칼레지에 소속되어 있고, 총각교수들은 학생들과 그 기숙사에서 침식을 같이하고 있고 같이 살지 않는 교수라도 Don이라고 하는 관사에 있으면서 한 학생에게 두 교수 이상의 지도교관이 배치되고 동시에 적어도 1주에 1차 이상은 각 전문과학 교수 중심으로 회식 혹은 다과를 같이 하면서 과학, 정치담에서 시작하여 소설 심지어는 연애담에 이르기까지 각종의 의견을 교환하면서 4년간 교수들과 같이 동고동락한 후에 학문연마가 끝나면 졸업식에는 반드시 각 개인별로 총장의 祝禱을 통하여 감명을 받은 후에 그 대학을 떠나 사회로 진출하게 되는 것이다.

독일대학을 중심으로: 독일의 재건은 학문부흥에서

다음 독일에 있어서는 필자가 가장 많은 시일(1개월)을 체류하였다는 이유 때문만이 아니라, 독일은 다른 어느 나라에 비하여 가장 논리적이요, 합리적인 사회이기 때문에 한국같이 급속도의 발전이 요망되는 나라에 있어서 가장 많이 배울 점이 있다는 의미에서 지면이 허용되는 한 많은 언급이 필요하다고 본다. 주지하는 바와 같이, 독일은 구주 제국 중 가장 뒤늦게 발전하였음에도 불구하고 금세기 초에 이르러 세계 각국에게 큰 위화(威嚇)을 주게끔 놀랄만한 국가육성을 초래케 된 것이 학문부흥에 모든 국가재건의 기초를 둔 때문이었음은 萬人周知의 사실이다.

또한 동시에 후술과 같이 독일이 그 거대한 국가총력을 가지고도 패배의 고배를 마시지 아니치 못하게 된 그 근본이유 역시 학문의 가치를 무시한 데 있다고 본다. 먼저, 독일은 19세기 나폴레옹군에 의하여 패배한 후 독일 부흥의 기초가 경찰력이나 군사력을 기르는 데 있음이 아니라 학문을 재건함에 있다고 판단한 이후 약 1세기를 경과하는 동안 독일국가는 학문의 면에 있어서 어떠한 결과를 가져왔는가?

첫째로 놀랄 만한 사실은 독일의 각 대학은 모두 국립이요 따라서 각 대학생들이 한 대학에서 타대학으로 자유스럽게 전학함이 허용될 뿐만 아니라 입학시험조차 존재하지 않는다는 점이다.

만약 우리 대학에서 입시를 시행치 않는다면 몇 만 명의 학생이 쓸어들어 대학생사태가 날 판인데 어찌하여 입시가 없으면서도 대학의 수요와 공급이 자연적으로 조절이 되어 가는지 얼핏 이해가 안 간다.

독일의 각 대학 총장에게 그 이유를 물어보아도 명확한 대답을 주지 않고 그 이유를 이해하지 못함을 오히려 의아스럽게 여기면서 사실상 독일에서는 고등학교를 졸업하고 아삐틀(Abitur)이라는 자격시험에 합격한 학생은 자동적으로 각 대학에 没收될 뿐이라고 간단하게 설명할 뿐이다. 독일사회를 분석하여 보면 이런 현상은 한국같이 아직 질서가 잡히지 않은 사회에서는 이해가 잘 안 갈지 모르나 그 사회는 가장 합리적으로 구성되었으므로 이는 오히려 당연한 현상이다.

독일의 초등학교는 소위 Volksschule라고 하여 9년 간의 의무교육을 하지만 초등학교 4년간 소위 Grandschule를 다니는 동안에 일방 학교 측에서 아동의 지능검사(IQ)를 함으로 대학으로 진학할 지능을 가진 아동을 약 1할만 선정할 뿐만 아니라 타방 독일의 문화적 전통이 貧寒한 농민의 자녀들은 대학으로 진학할 생각조차 못해보는 일종의 계급사회이기 때문에, 당연히 초등학교에 4년간 다니는 동안에 Gymnasium을 통하여 대학으로 진학하는 아동은 전체의 불과 1할밖에 안 되고 그 나머지 9할의 대다수 아동은 Realschule라는 실업중학교로 진학하거나 혹은 Berufsschule라는 직업학교를 선택하게 되고 특히 후자의 경우에는 수도 많을 뿐 아니라 거기서는 하루 학교에서 학과를 습득하고 다음날은 공장 또는 실습장에서 실기를 연마함으로 실험공장에서 필요한 기술을 마스터하는 것이 그 교육의 목표로 되어있다.

사실상 대학으로 진학하지 않고 이런 직업학교를 통하여 사회에 진출하는 대다수의 독일의 젊은이들은 이런 속성교육을 받고 사회에 나와서는 당분간 Junge, Juenere, Geselle 등의 도제관계의 직업으로 복무한 후 우수한 자이면 Meister란 명인의 지위에 도달하게 된다. 명인이면 어느 대학교수보다도 더 많은 봉급을 받을 뿐만 아니라 사회적 지위도 대단하다. 독일 젊은이의 대부분이 대학진학을 희망 안 하고 사실상 이런 속성교육의 길로 나아가게 되는 이유를 충분히 알 수 있다.

그러나 반면 기술면에 있어서 Meister가 최고의 지위를 찾지 못함은 물론이다. 대학의 정규과정을 받지 못하고 기초가 없기 때문에 그 위에는 소위 Ingenieur라는 대학출신의 박사학위 소지자들이 있어 마이스터들을 지배하고 이런 「인제닐」 위에는 최고봉으로 대학교수가 있어 그 제자인 「인제닐」등을 통하여 각 공장을 지도감독하고 있는 것이다.

즉 독일의 사회를 분석하면 각 국민을 적재적소에 배치하여 머리가 좋은 사람이 학문과 기술의 면에서 다른 사람을 지도하도록 되어있지만 인격적인 면에 있어서의 대우는 평등하게 되어 있음으로 우리나라 같이 대학출신이 아니면 일생을 통하여 불우하게 지내지 않을 수 없는 제도와는 판이하다.

또한 상술과 같이 독일에는 대학이 16~7개나 되지만 이들은 한 대학이라고 볼 수 있을 뿐만 아니라 국민학교에서부터 각 대학까지가 한 큰 大學園을 형성하고 있다고 말할 수 있다. 모두 낙제하지 않고 급제만 하면 순조롭게 대학으로 진학할 수 있기 때문이다. 물론 여기에 「급제」란 국가시험을 말하고 엄격한 규제 하에 있음은 체언(替言)을 요치 않는다.

다음 독일대학의 특색을 한마디로 말하면 독일은 세계 어느 나라보다도 교권이 확립된 나라이다. 어떤 면에서 보면 다소 지나칠 정도로 확립되어 있다. 권리와 의무는 항시 병행되는 개념이므로 교권확립에 앞서 그 의무가 선행함은 물론이다.

대학의 교직을 가지려면 먼저 박사학위를 우수한 성적으로 획득하여야 할 뿐만 아니라 적어도 5, 6년 이상 연구하여 이른바 Habilitationsschrift(대학에 거주할 수 있는 논문)를 써서 노장교수들을 물리칠 정도의 학력이 실증되어야 한다. 이런 자격을 얻은 자여야 비로소 강사부터 시작하여 조교수 혹은 정교수로 승진할 수 있다. 일단 교수가 되면 마치 봉건시대의 제후 모양으로 상당 다수의 조교 혹은 조교수를 거느린 왕국의 王格으로 각 분야별로 군림하게 된다. 대개가 분야별 연구소소장을 겸하고 이는 65세 내지 68세에 이르러 은퇴할 때까지 계속될 뿐만 아니라 은퇴한 이후에도 사망할 때까지 봉급전액이 지급되고 심지어는 교수 사망자에도 그 배우자에게 5할 내지 8할의 봉급이 계속 지급된다.

교수들은 이같이 국가로부터 봉급 및 연구비를 충분히 받고 있음으로 자연히 총력을 기울여 연구에 몰입하게 되니 대학의 학장이나 총장은 누가 하려 하지도 않는다. 그러므로 학장을 대개 1년, 총장을 2년 내지 4년간 선거에 의하여 선출하고 총장을 특히 존칭하여 Magnifizenz 혹은 Rector magnificus(문서로 쓸 때)라고 부른다. 이는 계하(階下)란 말에 해당하고 閣下보다도 상위의 존칭어임은 물론이다. 이리하여 교수의 권익이 최대한 보장되어있음은 독일이 세계에 자랑할 만한 점임에 틀림이 없으나 그 정도가 지나칠 정도임을 지적하지 않을 수 없다.

첫째로, 교수가 群雄割據式으로 군림하고 있으니 현대과학은 종합적 연구 없이 성취할 수 없는 실정에서 볼 때 이는 시정되어야 하며 뮨헨공대의 노벨상 수상자 Mossbauer교수는 수년전 미국으로 건너가 독일대학제도가 고쳐지지 않는 한 귀국하지 않겠다고 하여 큰 물의를 일으킨 사실이 바로 이런 실례를 보여주는 바이고, 둘째로, 대학총장은 명예는 큰 명예를 가지고 있으나 실권이 거의 없으며 기간도 최대한 4년 이상 안 되니 이도 역시 영미식으로 할 필요가 있다고 보아 예하면 새로 생기는 Konstanz대학 등에서는 벌써 총장을 종신직으로 하고 있고, 셋째로, 교수는 이른바 Lehrfreiheit을 가진다고 하여 예하면 학생이 학위논문을 제출한지 수년이 경과하여도 이론상 교수가 이를 지연시킬 수 있는 극단의 자유를 누리고 있는 점이요, 넷째로는 학생은 소위 Lernfreiheit이라고 하여 대학생으로 무한정 머물 수 있는 자유를 향유하고 있음은 물론 모두 자유와 방종의 혼동이라 하지 않을 수 없다. 그러므로 최근 소위 Hochschulgesetz제정과 Studiereform을 통하여 대체로 영미식의 대학제도가 도입되고 있음을 본다.

마지막으로 독일대학생들의 학생생활을 살피면, 전술과 같이, 영국의 저명한 대학에서는 학생생활이 교수들의 엄격한 지도 밑에 있으므로 우리나라에서 흔히 보는 학생들의 사회참여문제는 이론상 무제한하나 사실상 전혀 문제가 되지 않는데 비하여, 독일에서는 자유란 개념 밑에 방임해 둠으로 문제가 있을 수 있다. 그러나 사실상 독일의 대학생들은 대단히 분망(奔忙)한 생활을 함으로 거의 이런 문제는 문제로서 제기되지 않고 오직 伯林(Berlin)자유대학만이 소위 학생데모문제가 있었으나 여기에서 좋은 교훈을 吾人은 별견(瞥見)할 수 있다고 본다.

즉 동대학에서는 학생회는 정치적 이유로 데모함을 불허한다고 규제하고 있다. 이는 학생간부는 학생활동의 목적으로 피선되었지 정치활동의 목적으로 위임(mandat)된 바가 아니기 때문이라는 근거에 서있다.

이는 다른 학교에 비하여 학생활동을 제한하는 경우이며 모든 규범은 그 사회환경에 따라 수립되는 법이라는 평범한 진리의 한 실례가 된다고 본다.

미국대학을 중심으로: 자율적 규제에서 창의력 살려

미국에 있어서는 항공회사들의 파업사건과 속히 귀국하여야 할 사정 등 때문에 부득이 시카고·와싱톤 대학 등 방문을 포기치 않을 수 없었고 미국의 방대(尨大)함에 비하여 시일이 너무도 짧았으므로 불충분함을 不免하나 대략 그 요지만을 간략히 적어보기로 한다.

원래 대학제도 역시 그 나라 문화의 일면이요 문화는 그 나라의 역사 없이 이해할 수 없으니 만치 어떤 나라의 대학의 본질을 정확히 이해하려면 그 나라의 문화의 역사성에 대한 시찰이 선행되어야 함은 미국의 경우에 있어서도 그 예외가 될 수 없다.

미국의 이른바 Pilgrim Fathers들이 영국민의 후예이니 만큼 미국의 대학이 영국의 전통을 계승함을 부인할 수 없으나, 역시 그 고유한 역사성을 또한 부인할 수 없다. 전술한 바와 같이, 영국의 대학이 형식상 사립대학인 것 같이 보이나 본질상 모두 국립대학인 모양으로, 미국이 각 대학도 역시 중요한 대학은 사립의 형식을 취하고 있다. 그러나 여기에 「사립」이란 마치 한국의 사립대학 모양으로 착각하여서는 아니 된다. 미국의 사립대학은 소위 자격인정제도(Accrediting System)를 통하여 엄격한 통제 밑에 있기 때문이다. 대학교육이 그 나라의 발전을 위한 공익사업이지 결코 사익사업일 수 없기 때문이다.

그러면 왜 미국은 얼핏 이해하기 어려운 이런 복잡한 대학제도를 채택하고 있는 것인가? 여기에는 여러 가지 이유가 있고 미국의 대학의 발전상황을 자세히 설명하여야 그 답이 나오겠지만, 지면이 제한되어 있는 관계로 중요한 이유만 열거한다면, 대략 두 가지로 집약할 수 있다고 본다. 그 하나는, 미국은 고등교육이 그 국가발전과 불가불의 관계를 가진 공익사항임을 숙지하고 있고 따라서 대학교육을 통제하면서 대대적인 보조를 하고 있지만, 정부가 대학통제를 직접 하지 않고 간접적인 방법으로 이를 실행하고 있다. 이는 자율정신을 키움이 그 나라 발전의 가장 깊은 기초가 될 것이라고 보았기 때문이다.

이 진리는 그 실은 미국민이 발견한 것이 아니라 그 선조들인 영국민들이 오랜 역사를 통하여 체험하게 되었고, 특히 1355년의 옥스퍼드 대학사건 이후부터는 영미대학의 자율정신은 각 대학의 초석이 되어있을 뿐만 아니라 그 건국이념의 기초를 형성하고 있다. 금일에 있어서는 이 대학의 자율정신은 영미에 있어서 뿐만 아니라 독·불 어느 나라에 있어서도 모두 타당하다. 이런 의미에서 세계 어느 대학에서든지 자율정신에 기초를 두지 않은 대학은 없다고 하여도 과언이 아닐 것이요, 이리하여 자율정신은 대학의 본질을 형성하게 되었던 것이다. 이런 견지에서 미국은 대학에 대하여 국가적인 관심을 가지고 이를 육성 발전시키되 각 대학으로 하여금 자율적으로 서로 통제하는 上述한 제도를 산출하게 이르렀던 것이다.

둘째의 이유는 미국 고유한 역사와 관련된다. 미국민의 선조들이 자유를 흠모하여 대륙에 이민하였으니 만치 이른바 대학의 자유와 정치적 자유는 독일에 있어서와 같이 분리되지 않고 어디까지나 혼연일체를 형성하고 있다.

독일에 있어서와 같이 국가가 국민으로 하여금 적재적소에 쓸 수 있도록 강력한 사회조직을 형성함을 단행하지 않고, 각자의 자유를 최대한 방임해 두면서 간접적으로 통제를 하고 있는 것이다. 그러므로 대학의 발전은 각자의 창의적 활동을 통하여 하기 마련이고 따라서 미국의 각 대학은 세계 어느 나라에 비하여 가장 그 질과 양의 면에 있어서 Variety가 크다.

영국의 대학이 제 아무리 역사성을 지니고 있어 캠브릿지나 옥스퍼드가 그 오랜 전통을 자랑한다손 치더라도 최근 백여 년의 역사 밖에 갖지 못한 런던이나 버밍햄과 대비할 때에 그다지 큰 차이점이 없음에 반하여, 미국에 있어서는 각 대학의 차이가 너무도 거대함은 이러한 근본이유에서임을 알아야 한다.

 그러면 미국의 대학은 그 특색을 어디서 구할 수 있을 것인가? 이는 두 가지로 요약할 수 있다고 본다. 그 하나는, 미국의 대학은 Creativity와 Originality가 행정의 면에 있어서나 연구의 면에 있어서 극단으로 강조되고, 이것이 잘 표현되면 될수록 우수한 대학이 되도록 마련되어 있다. 그 대표적인 예가 하버드 대학이라 할 수 있고, 하버드 대학은 필자의 관견(管見)에 의하면 적어도 행정면에 있어서는 세계 최고의 제도를 갖고 있다고 말할 수 있다.

 이 대학의 행정면을 보면 자유와 책임이 최대한 보장을 받고 있다. 하버드의 주체는 이른바 Fellows라고 불리우는 5~6인의 역사적 인물로서 구성하고 그들이 여러 각도에서 신중한 검토를 거쳐 총장을 선정한 이후에는 총장은 전권을 가지고 畢生의 사업으로 하버드 대학발전을 위하여 혼신노력한다. 지식덕망이 최고로 높은 분이 총장에 被任될 뿐만 아니라 총장은 一週 一回式 Fellows들과 상의하는 이외에는 모든 권한을 1인의 수중에 관장하고 각 대학원장을 인선할 뿐 아니라, 각 대학교수회의 의장이 되고 각 대학 정교수임명을 직접 관장한다.

 각 대학학장 및 대학원장도 그 대학 및 대학원에 관한 한 임기의 제한도 없고 전권을 행사하되, 상술과 같이 교수회의 의장직과 정교수 임명만은 총장의 직접적인 지휘 밑에서 이를 행한다.

 총장과 학장이 이런 모양으로 최대한의 권한을 가지고 있는 듯하나 그 실은 학장에 대하여는 총장이 이를 항상 감시하고 있어 만의 일이라도 학장의 비행이 있다고 인정될 때에는 즉각 해임을 할 수 있게 되어 있음과 동시에, 또한 총장에 대하여는 약 30명으로 구성되는 Board of Overseers라는 감독기관이 있어 만약 총장의 비행이 인정되는 때에는 즉시 이를 해임할 수 있는 권한뿐만 아니라 총장이 행하는 중요한 사항에 대하여 거부권을 가지고 있다. 그러나 이는 법적인 감독관계를 말하는 것뿐이고, 사실상 어느 학장이나 더욱이 총장이 해임당하거나 혹은 거부당하는 일은 거의 없다. 왜냐하면 그 인선자체를 대단히 신중히 정하지 않을 수 없을 뿐 아니라 또한 전권한을 가지게 되니 자연히 무거운 책임감을 느끼게 되기 때문이다.

 교수 역시 신분이 보장되는 정교수의 지위에 도달하려면 각자의 능력이 객관적으로 증명되어야 한다.

 만약 학장이 派黨的 또는 情實的인 관계로 무능한 자를 교수에 추천한 때에는 그 학장의 책임문제가 되기 때문이다. 「시카고」대학도 이와 유사한 제도를 가지고 있으나 時日관계로 자세한 검토를 하지 못한 것을 유감으로 생각한다.

둘째로는, 미국의 대학은 실용주의의 입장이 강조됨으로 구주 어느 대학에 비하여 가장 이른바 educational extension service가 이룩되고 있는 점이다.

예하면 한국의 과학기술연구소와 평행되는 Battelle Institute의 경우만 보아도 오하이오 주립대학과 불가분의 협력태세를 갖추고 있다.

빠텔은 업자와 직결하여 돈벌이하는 연구소이지마는, 1) 빠텔 총직원 2,680명 중 그 절반이 과학자이고, 이런 과학자의 보급을 매년 300명씩 오하이오 공대생에게 장학금을 줌으로써 졸업 후 그 연구소로 채용되는 길을 열고 있는 점, 2) 대학으로부터 consultants 100명씩 초빙하고 있고, 3) 대학과의 Cooperative Projects를 실시하거나, 4) 기타 도서관 이용 및 교수회관 이용 등은 대학과 동연구소가 긴밀한 공동작업을 하고 있는 증좌(證左)이다.

다음, 이른바 Continuation program(성인교육)을 들지 않을 수 없다. 즉 대학은 시민 특히 지도계급의 대학출신자에게 대학에 등록하고 새로운 지식을 습득케 함으로써, 의사, 변호사, 기업가 등 어떤 분야에 있어서든지 항상 실무가와 학계는 혼연일체가 되어 그 사회발전에 대학이 중추적 역할을 담당하고 있다는 점이다.

마지막으로 여기에 언급하지 않을 수 없는 것은 금번 여행의 다른 두 가지 목적에 관계된 일이다. 세계적으로 저명한 한스 켈젠박사를 십년 만에 다시 만나본 것 또는 뉴욕대학 비교형법연구소에서 독일의 뽈라이 교수를 위시하여 많은 학자들을 만날 수 있었다는 것과 미국대학서 교편을 잡고 있는 한국인 교수들과 많이 회담할 수 있는 기회를 가졌다는 점이다. 특히 후자에 관하여 한 가지 지적하고 싶다. 즉 필자가 역방한 십여 개 대학마다 적어도 7, 8인 이상의 한국인 교수(그 대부분이 자연과학)가 봉직하고 있음으로 미루어 보아 모름지기 미국서 한국인으로서 교수(전임강사 이상) 하고 있는 분이 무려 500명이 초과되리라는 사실에 놀라지 않을 수 없었고, 더욱 감명을 주는 점은 그분들 중 대부분이 한국에 올 수만 있다면 와서 그 조국을 위하여 봉사하고 싶다는 사실이다. 그럼에도 불구하고 해가 거듭할수록 한국으로 귀국하여 우리 사회에서 교직을 가지시는 분보다도 미국에 머무시는 분의 수가 더 증가되어가고 있는 사실은 과연 무엇을 의미하는 것일까? 반성해 보아야 할 재료라 하지 않을 수 없다.

결 론: 우리 문화 분석하는 炯眼 필요

우리는 그간 수차례에 걸쳐 총총하게 구미 각 일류대학의 모습을 섭렵하였다. 이를 통하여 우리는 각 나라의 대학이 그 양상을 달리하면서도 결국은 그 국가와 不可의 일체를 형성하고 그 나라의 두뇌적 역할을 하기 위하여는 교권이 최고도로 확립되어 있음을 본 것이다. 그런데 우리나라에 있어서는 어느 대학 하나만이라도 제대로 체제를 갖추고 있는 대학이란 보기 드물고, 예하면 서울대학 졸업생들은 세계 각국에서 우수한 성적을 올리고 있고 우리 대학 출신으로서 미국에만도 수백 명의 교수가 있는데, 서울대학 전체로서 볼 때에는 아직도 이 대학의 오늘을 살리고 그 사명을 다하기에는 너무도 한심스러운 실태에 놓여 있음은 그 무슨 이유 때문인가? 우리는 이 점을 검토해 보지 않을 수 없다.

먼저 명백한 것은 우리는 영국이나 독일이나 미국이나 혹은 기타 어느 나라의 아무리 우월한 제도라고 하여도 이를 단순히 모방만 하여서는 안 된다는 것은 확실하다.

왜냐하면 그 나라의 모든 문물은 그 문화적 배경 하에서 자란 것이니 만치 문화가 다른 한국에 있어서는 역시 전체적인 우리 문화 향상의 문제로서 다뤄져야 하기 때문이다. 각 국민의 特長을 살려 적재적소에 배치되도록 함으로써 전체로서의 한국의 발전을 기하려 함에도 불구하고 수에 있어서나 또는 양상에 있어서 마치 봉건체제하에 군웅이 국토를 할거하고 있는 듯한 기괴한 현상을 바로 이런 피상적인 모방의 해독이라 단언하지 않을 수 없다. 차라리 영·미나 독·불의 문물을 그대로 모양한 것도 아니고 모방문화인 일본문화를 또다시 무비판적으로 모방하였으니 참말 조국의 장래를 생각한다면 한국의 대학을 다시 재검토함이 타당하다고 본다.

물론 일본은 아시아 제국 중 가장 앞서서 서구문화를 흡수하는데 성공한 나라임에 틀림이 없고 일본이 제2차 대전에서 여지없이 패배, 파괴되었음에도 불구하고 20년이 경과되기도 전에 적어도 국력의 견지에서 또다시 세계 열강의 하나로 굴지(屈指)케 되고 생활수준이 종전 이전을 훨씬 능가하게 되는 근본이유가 일본이 재빨리 서구문화를 흡수하여 그 학문수준이 아시아 전역 중 최고의 레벨에 달하고 있었던 때문임은 췌언(贅言)을 요치 않는다. 월남전에까지 일본 군수품이 진출한다는 사실은 학문기술을 키우는 것이 바로 그 나라의 국력을 함양하는 것이라는 뼈저린 현실을 말하여 주는 바이다. 그러나 정확히 판단하면 일본은 서구 특히 독일의 학제를 모방함에 있어서 적어도 두 가지 점에 있어서 실수를 하였다고 본다.

그 하나는, 대학은, 전술한 바와 같이, 국가공익에 관한 그 나라의 국력을 좌우하는 중추기관이니만치 사익이 관여할 여지가 없음에도 불구하고 영미계, 특히 미국의 그것을 착각하고 대학의 이름 하에서 부패할 수 있는 여지를 남겨 놓았다는 사실이다. 후진국의 입장에서 가장 이해하고 모방하기 쉬운 나라가 독일이고 일본이 이런 견지에서 독일을 모방의 모형으로 삼은 것은 이해할 수 있으나, 정확히 독일을 이해하지 못하였다는 데에 문제가 있다. 독일은 Realschule까지는 사립도 허락하나 대학은 사인(私人) 경영의 대상이 되지 않는다. 동시에 국립 혹은 공립의 Realschule 혹은 Berufschule에서는 수업료도 받지 않을 뿐만 아니라 이런 속성교육을 졸업하더라도 본인만 열심히 노력하면 취직 후 개인수입이 대학교수보다도 못하지 않고 사회적 대우도 지대한 것이다. 대학을 나오거나 대학교수가 된다는 것은 확실히 명예이지마는 일본이나 한국같이 지력(知力)이나 부력(富力)의 여하를 막론하고 모두 대학으로 쏠리는 국가낭비는 엿볼 수가 없다.

둘째의 과오는 법조인을 약화시킨 데 있다. 독일은 영미계보다도 법조인의 힘이 강하여 국가의 부패를 방지할 능력이 있음에 반하여 일본은 불행히도 이것이 없다. 이 근본원인이 독일의 법조교육내용을 파악 못한 데서 옴은 물론이다. 전(前)세기말까지의 독일에 있어서의 각 Land의 법은 관습법에 불과하고 기본법은 로마법이었으므로, 대학에서는 각 Land법은 없으므로 로마법만 강의한 후에 각 Land법은 제2차 국가시험 전에 그 주에서 배울 수밖에 없었던 특수사정으로 인하여 독일의 법학교육이 이분되었던 근본이유를 이해하지 못하고, 독일에서는 적어도 십년 가까운 세월을 보내면서 판·검사, 변호사는 대개가 법학박사의 학위를 소지케 되는 가장 어려운 교육과정임에도 불구하고 日前半만 통과하면 법률가가 다 된 양 법학교육을 무시하였던 탓으로 입법기관인 국회에 법률가가 희소한 기현상이 나타나게 되었던 것이다. 민주주의 국가에 있어서 정보의 부패를 시정하는 유일의 길이 우수한 법률가를 배출함에 있음은 상식에 속한다.

불행히도 지면이 제한되어 있으므로 모두 다른 기회로 미루고 생략하지 않을 수 없으나, 상술한 바와 같은 여건 하에 놓여있는 우리는 무엇을 할 것인가 하는 기본적이고 원칙적인 문제만 간단히 고찰해 보기로 하자.

우리는 먼저 指導者意識이 재확인되어야 한다고 본다. 왜냐하면, 제 아무리 좋은 제도 하에서라도 운영자가 불량하면 모든 제도가 휴지화될 뿐만 아니라 근본적으로 제도 자체가 인간에서 나오는 것이기 때문이다. 학생제군도 이 대학에 籍을 둔 이상 지도자의식이 있어야 한다.

지도자란 타인을 영도할 능력을 구비한 인사를 말하므로 사리사욕에 어두운 자가 지도자가 아님은 물론이다. 사회구성의 기본윤리가 정직이고 또한 지식인이란 眞을 연구한 자인 이상 허위가 추호라도 섞인 자가 지도자가 될 수 없음도 명백하다. 정직하게 국가공익을 생각하는 자라면 이 나라의 대학교육을 어떻게 설계할 것인가는 그리 어려운 일이 아니다. 우선 우리는 대학제도 기타의 개혁을 운운하기에 앞서 이 나라의 문화를 분석할 능력이 있어야 한다. 이 나라의 문화의 장단점을 이해도 못하는 자가 어찌 문화변천(Culture Change)을 논할 수 있을 것인가?

한국인 개개인이 국제 수준에서 추호도 손색이 없다면 국가 전체로서도 1등국에 병열하고 있는 것인가, 우리는 왜 우리 국가의 敵을 미워할 줄 모르면서 우리의 피가 통하는 동포를 더 미워하는 경향은 없었는가 모두 지도자로서는 생각해 보아야 할 과제이다.

오랜 쇄국정책은 외국과의 경쟁 대신에 도당성(徒黨性)을 조장한 결과를 재래(齋來)한 일은 없는지, 우리 선조들의 이런 관행이 무의식의 「레벨」에서 우리를 지배하고 있는 경향은 없는지 모두 학문하는 자의 연구의 대상이 되지 않을 수 없다. 필자는 여행 중 「합하면 이기고 분열하면 패한다」(united stand, divided fall)는 성서의 평범한 진리를 영·독 蹴球戰에서 보았다. 선수가 각자의 「포지션」을 잘 지키면 패스가 잘 되고 패스가 잘 되는 팀은 승리를 거두지만, 아무리 개인은 우수하여도 혼자 몰고 다니는 팀은 어떤 개인의 기술을 과시하는 자유는 있을지 모르나 전체로서는 패배되지 않을 수 없다.

한국 전체 발전에 다소라도 흥미가 있다면 각자가 자기의 일을 충실히 함으로써 전체를 위하여 협력하는 길 밖에 없다.

한 사람의 방종적 자유는 다른 사람의 부자유를 의미하는 바이므로 민주주의 국가에 있어서의 자유는 민주적 방법에 의한 규제(법) 밑에서만 가능하다. 민주주의에 있어서의 「기업의 자유」가 「탈법의 자유」와 혼동된다면 민주주의의 기초를 다시 反問하게 된다.

공산주의가 미개지역에서만 번식함은 빈곤 혹은 無知만에 기인함이 아니라 이런 참된 「기업의 자유」를 향유할 능력이 없는 데에 기인함을 깊이 반성하여야 한다. 국민이 이런 참된 자유를 향유케 하는 제도가 바로 이른바 민주주의요, 민주주의국가에 있어서의 기본이 법치정신에 있음을 지도자는 알아야 한다.

19. 대학 교수 자화상*

대학교수의 「자화상」이란 다의적으로 해석할 수 있으나, 나는 나의 머리에 크로스 업 되는 「교수에 대한 이미지(影像)」란 뜻으로 보고 몇 자 여기에 적어 보려고 한다. 우선 나의 대학생 시절에 있어서의 대학교수에 대한 이미지와 그 후 나 자신이 대학교수의 하나가 된 이후의 그것과 반드시 동일하지가 않았다는 사실부터 말하고 싶다. 전자의 경우 즉, 시간적으로는 이른바 아프레 겔 시대, 장소적으로는 일본에 있어서이지만 이 단계에 있어서의 대학교수는 나에게는 한낱 신적 존재요 권위의 最高者 같이 보였다.

젊은 某 조교수가 강의하게 되자 나의 질문을 환영하고 친절히 그 연구실에서 학문상의 지도를 해줄 때에 나는 마치 천하를 차지한 모양으로 즐거웠던 것을 지금도 상기하고 있다. 이 시절에 있어서의 교수의 이미지는 나에게는 이 세상의 모든 진리를 가르쳐주는 神이오, 진리 자체같이 보였던 것이다.

그러나 그 후 나 자신이 대학교수의 末席을 더럽힌 이래 나의 머리에 반영되는 교수의 이미지는 어쩐지 변질되어가고 있는 느낌을 솔직히 시인하지 않을 수 없다. 물론 지금도 예하면 獨逸에 있어서의 교수의 이미지는 옛과 다름없고 교수 각자가 권위의 왕국을 형성하고 있음은 사실이지만, 한국에 있어서는 솔직히 말하여 그 권위가 격하되어가고 있는 것 같이만 보인다.

외부에서 이를 격하시키고 있는 면보다도 교수 자신이 이 격하현상에 가담하고 있는 일은 없는지 이 점이 더 큰 문제 같이 보인다. 교수가 그 본업에보다도 어떤 다른 데(?)에 더 은근한 애착을 느끼고 있는지 않는지? 혹은 우리들은 과연 학문의 존엄과 독립을 위하여 희생할 각오를 가지고 있는지?

이런 근심이 나 개인만의 杞憂라면 다행이겠지만 萬의 一이라도 사실이라면 격하된 교수의 이미지를 끌어올릴 책무는 없겠는지? 물론 局外者들의 책임이 없다는 말은 아니지만, 神格化까지는 못하여도 이렇게까지 격하되어서야 이 나라의 장래가 있을 수 있겠는가? 이 이미지를 올리는 길은 고층건물을 구축한다든가 PR을 잘 한다든가에 의하여서가 아니라 교수 자신이 노력하는 데에서부터 비로소 가능하다고 보고 싶다. 秋毫라도 虛價의 要素가 섞인 곳에 眞理가 깃들

---

* 이 글은 「대학신문」, 1968.3.25.에 실린 글이다. 이 글에서 유기천은 권위와 긍지로 진리와 학문의 존엄을 수호해야 할 것을 강조하고 있다.

수 없고 眞理의 大殿堂을 建立하는 作業은 權威와 긍지를 가진 교수 자신에 의하였음이 正路이기 때문이다.

20. 한국사회에서의 대학의 위치와 역할*

해방 후 수년이 경과된 이후의 일로 기억되지만, 저자가 생각하기에는 이 나라 재건에 害蟲的 존재라고 밖에 생각되지 않는 어떤 「인사」가 歐洲여행을 하고 돌아와서 모 신문에 「각자가 애국심만 가지면 우리도 잘 살 수 있다.」고 대서특필한 글을 보고 도대체 「애국심」이란 무엇을 의미하는지 따져보고 싶은 마음을 금할 수 없었다. 왜냐하면 그분 자신도 모름지기 「애국심」을 가졌다고 자처하는 모양인데, 그 실제행동을 보면 「애국」이 아니라 망국에 열중하고 있었으니 말이다. 모름지기 이 나라의 「대학의 위치와 역할」을 알고 싶어 하는 梨大生치고 애국심 없는 분은 없다고 보이는 이상, 대학인으로서 애국하는 길이 과연 무엇이냐는 각도에서 이 문제를 살펴보는 것이 좀 더 구체적 의미를 가져올 듯 싶다. 아마 한국의 젊은 대학생 치고 이 나라의 역사를 읽으면서 비분개탄하지 않은 학생이 없을진대, 국가의 존립과 불가분의 관계를 가지고 있는 대학의 위치를 살펴보는 것은 국가 존부에 직결되는 가장 근본적이요 긴급한 관심사이기 때문이다.

인생에 동물과 다른 어떤 가치가 있었다면 이는 오로지, 인생은 「아는 동물」이라는 데에 있고 따라서 인류가 좀 더 알겠다는 노력은 인류창조 신화에서부터 시작되지만 역사상에 나타난 사실에서 보면, 「앎」에 대한 인간노력, 즉 학문연구는 반드시 국가의 존립과 불가분한 관계에서 발전되어 왔다. 수천 년 전에 荀子가 이미 간파한 바와 같이, 「인간의 힘은 소만 같지 못하고 달음박질은 능히 말만큼 잘하지 못하지만은 인간이 牛馬를 지배하게 되는 이유는 인간은 그 힘을 합할 줄 알지마는, 우마는 이런 일을 할 줄 모르기 때문」이라는 평범한 진리는 인류, 인류간의 경쟁에도 양의 동서를 막론하고 국가 간의 항쟁에 있어서, 학문을 존중하고 좋은 두뇌를 규합할 줄 아는 국가와 민족은 발전하였고 또한 학문역시 국가적 보호 밑에서 거대한 발전을 이룩하여온 역사적 사실은 상식에 속하는 일이다.

책을 태워버리고 만리장성만 쌓아 놓으면 다 되는 줄 착각하였던 진시황이

---

* 이화학보, 1968.5.6.에 실린 글이다. 이 글에서 유기천 교수는 대학이 성실성·독창성의 상실로 권위를 잃는 것을 지적하고, 「인격」을 갖춘 지도자 배출이 대학의 기능이며 그 과제는 정치로부터의 「학문」의 자유를 확보하는 것임을 역설하였다.

결국 중국을 통일 못하고 「역발산 기개세(力拔山 氣蓋世)」 한다는 항우에 비하여 소아같이 약한 유방이 群智를 모음으로 인하여 중국을 통일한 동양사에 있어서나, 또는 서양사에 있어서도 마찬가지로 그 같이 뒤떨어졌던 독일민족의 흥망사를 일일이 열거할 필요도 없이, 학문과 국가 간의 상호 의존관계는 吾人이 너무도 잘 알고 있는 바이다. 또한 근세에 이르러 동양사회가 서양사회에 뒤서게 된 근본이유 역시 여기에 있다. 철학적으로 따져보아도 당연히 알 수 있는 바와 같이, 원래 지식과 자유란 표리일체를 형성하고 있으므로 자유스러운 연구 없이 인간의 지식은 설 수 없음에도 불구하고, 동양사회에 있어서는 처음 유방이 중국을 통일하고 유교를 인륜의 기본적 규범으로서 수립한 것은 좋았으나, 再言하면 학문숭상의 태도는 높이 평가되나 학문이 정치와 야합되어 학문 독자의 발전이 저해된 점 즉 학문육성의 방법이 졸렬하였음으로 인하여 국가발전에 지대한 영향을 주었음은 무엇보다도 우리나라의 경우에 우심하다.

한국의 지성인들 더욱이 젊은이들이 한국역사를 읽으면서 가장 뼈저리게 통분하는 사실은 聖將 이순신 장군을 모함하여 투옥시키는 悲史일 것이다. 그러나 이보다도 더 깊이 마음을 아프게 하는 일은 원균의 역도들이 그들의 사욕을 채우기 위하여 일본의 스파이 「요시라」와 협력함으로, 국운을 일신에 걸머지고 쇄골분신하고 있는 聖將을 때려눕히는 일련의 비사보다도, 도리어 대학의 총장·교수에 해당하는 당시 성균관의 대사성·사성들의 취한 매국행동이야말로 한국의 지성인이 깊이 반성하여야 할 점이라고 본다. 『적장 가등청정(加藤淸正)이 상륙하는 날까지 가르쳐 주었건만 이순신은 겁이 나서 꼼짝달싹 못하고 있다가 千載一遇의 좋은 기회를 잃었으니 이런 분한 일이 없소이다. 빨리 이런 자는 사살하십시오.』하고 허다한 무고가 임금 선조께 빗발치듯 들어오니, 선조는 정확한 사실판단을 할 수가 없으므로 그래도 성균관의 사성들이야 바른 판단을 해줄 것이라고 믿고 그들로 하여금 최종적인 사실조사를 시켜보았던바, 당쟁에 골몰한 그들은 정직한 판단을 하지 않고 『이순신을 잡아다가 엄벌하는 것이 가합니다.』고 보고하니 임금도 별도리 없이 우리의 성장 이장군을 구속하게 되었던 것이다.

학문이 스스로 서지를 못하고 더러운 정치(?)에 예속되어 있었던 결과는 무엇인가? 전세기말엽 서구의 힘이 怒濤처럼 아시아 전역을 휩쓸 때에 재빨리 서구문화 특히 학문의 자유 수립에 성공한 隣國 일본에 의하여 망국의 굴욕까지 당해보지 않았던가?

이런 수치의 역사를 잘 알고 있는 우리로서는 학문이 정치로부터 독립하는 것 이상 중요한 문제는 없다고 본다. 그러나 해방 이후 이 나라 건국의 기초가 되는 학문의 자유를 우리는 구축하였다고 볼 것인가? 요즈음 가끔 정치인이 부패했다, 상인·기업가들이 부패했다, 언론인도 글렀다, 심지어는 법조인까지도 그렇다고 말하는 일이 많으나, 나는 지성인들은 다른 사람의 이른바 「부패」를 운위하기 이전에 자기 자신의 부패를 먼저 생각해보아야 한다고 본다. 「부패」란 금전부패만이 아니다. 지성인, 특히 교육계의 「부패」는 없는가? 이것이 무엇보다도 가장 기본적이고 중추적인 문제라고 생각한다.

이 겨레의 태양 이순신 장군을 때려눕히던 원균, 서인, 북인 등등의 매국역도들이 오늘날은 없어졌다고 볼 것인가? 아니 누구보다도 사성 남이흥 같은 대학의 교수, 총장은 금일에는 찾아볼 수 없다고 볼 것인가? 교수나 학교의 長이 학문의 자유를 위하여 진력하지 아니하고 만의 일이라도 與든 野든 간에 정치에 깊이 관여하고 있다면, 이는 과연 남이흥과 어떤 차이가 있단 말인가?

물론 대학의 자유를 수립한다고 하는 일은 그리 간단한 일이 아니다. 우선, 현금 한국과 같이 정치비대증 환자가 되어있는 이 사회에 있어서는 아무리 학문을 위하여서도 정치에서부터 중립을 지킨다는 것은 가장 인기 없는 일이다.

야당적인 선전이나 하면 與에서는 싫겠지마는 야당인사들이 좋아할 뿐만 아니라 한때는 언론계는 야당의 기관지 행세하지 않고서는 서지 못하던 때도 있었으니 가장 인기 얻는 일이오, 또 반대로 與의 입장에 서면 野에서는 싫겠지만 은근한 정부의 지지를 받으니 하여튼 지지자를 가지게 됨으로 든든할 것이나, 국가적인 책무와 정치적인 책무를 峻別하는 대학의 자유를 세워보겠다는 입장은 사면초가 속에서 孤戰하여야할 운명을 가지고 있기 때문이다.

둘째로 이른바 「대학의 자유」란 가끔 그 뜻을 착각하는 듯하다. 이는 어디까지나 고차적인 가치질서에 속하는 개념임에도 불구하고 가끔 동물적인 자유와 혼동한다. 여기저기 뛰어다니는 개의 자유(?)와 동일한 의미에서 「대학의 자유」를 생각한다면 이는 愚者의 환상밖에 안 된다.

시간도 없고 지면도 제한되어 있으니 모두 略하고, 결론으로 그러면 대학은 이 사회에 어떤 사명을 다하여야 할 것인가? 물론 무엇보다도 이른바 「지도자적 인격」을 구비한 인재를 배출해내는 것이 가장 본질적 사명임은 췌언을 요치 않는다. 그러나 인재생산이란 그리 용이한 일이 아니다. 인재 결핍된 이 사회에서 인재를 생산한다는 것은 공장시설 없이 상품생산하려는 일과 같다. 황차(況且) 인재생산이란 상품생산에 비할 수 없으리만큼 종합적인 지식연마를 통하여서만 가능함에 있어서 볼 때에 이는 참 문자 그대로 형극의 길이 아닐 수 없다. 진리를 찾는 수도자들의 모음이 즉 대학사회이니만큼, 여기에는 어디까지나 성실성 (Integrity)과 독창성(Creativity)을 가진 자들의 모임이어야 하겠는데, 사실인즉 허위와 모방이 범람해있는 사회이니 만치 이 또한 준험한 길임을 각오하여야 한다고 본다.

이런 의미에서 대학의 住民權을 가진 대학교수나 대학생 제위는 학내에 추호의 허위가 깃듦을 용납하여서는 아니 되고 또한 후진성을 탈피 못한 현 단계에 있어서는 일단 타국의 선례를 고려할 필요는 있으나 형식적인 모방 속에서는 절대로 진리가 자랄 수 없음을 알아야 한다. 동시에 이런 대학의 적과 싸울 용기를 가져야한다. 정치인이나 기업인들은 현실적인 눈에 보이는 재화에 중점이 있을런지 모르나 대학인은 눈에 보이지 않는 가치추구를 통하여 진리체득이 이 세상모든 가치를 생산하는 母體임을 자각하고, 이런 견지에서 정치인·경제인·언론계·사법계 등등 다른 부문의 부패를 운위하기에 앞서 학문의 자립과 존엄성을 세우는 일이 어느 다른 일보다도 가장 궁극적이고 기초적인 작업임을 재인식하여야 한다고 본다.

필자는 불행하게도 여대생들의 세계에 대하여는 무지하다. 남학생이라면 세대는 다르지만 필자 자신이 경험한 바도 있고 하여 어느 정도 짐작도 할 수도 있으나, 여자대학의 세계란 상상도 안 된다. 모름지기 여대생들의 대부분의 목표가 좋은 분과 결혼해서 훌륭한 가정주부가 되는 것이 우선 현실적인 목표일는지 모른다. 그러나 필자가 강조하고 싶은 것은 「가정」, 「재산」 등등의 이 세상적인 모든 인간 노력은 결국 「인생」이란 가치주체자의 노력인바, 우리는 불행하게도 오랜 기간 동안 우리의 조국을 상실하였고 현재도 국토가 양단되어 참된 통일국가를 되찾지 않는 한 세계는 冷戰하며 각 민족 간의 투쟁의 틈바구니에서 우리의 생명 재산이 큰 위협을 받고 있다는 이 엄숙한 현실을 외면할 수 없다는 사실이다. 재언하면 조국통일의 참된 광복 없이는 아무리 훌륭한 가정설계를 하여보아도 무의미하다는 것과 조국건립에는 참된 대학건립이 선행되어야 한다는 중차대한 사명감의 인식이 있어야 한다는 점이다.

황차(況且) 대학교육은 가정교육을 전제로 함에 있어서랴! 가끔 허위를 가지고 진리를 분쇄할 수 있다는 환상 하에 진리를 박해하려는 愚者가 있으나, 언제나 진리는 힘차게 자라고 道義는 그 빛을 뻗치는 법이다. 로망 로랑은 그 작품 중에서 젊은 청년들이 대지에 엎드러져 땅에 키스하는 장면을 그린 일이 있다. 그러나 이런 넘쳐흐르는 정열은 이른바 「리-베」(Liebe)를 찾는 데에만 그칠 것인가? 감각적인 사랑의 참된 뜻이야말로 차라리 조국이 없었다고 해서 아직까지도 신음하고 있는 헐벗은 우리 겨레 우리 조국을 위하는 길, 즉 「아가페」(Agape)적 사랑의 근거 위에서만 꽃이 필 수 있을 것으로 확신한다.

21. 기독교 법조인의 길*

약 30년 전의 일이지만 필자는 구제 고등학교 시절에 「버트란드 러셀」(B. Russel)의 『나는 왜 기독교도가 아니냐』(Why am I not a Christian?)이란 작은 논문을 우연히 읽은 후 한편 놀라면서 또 다른 한편 분개했던 일이 있다. 놀란 것은 가장 진보적이요 또한 가장 용감한 진리를 위한 투사인줄 알고 있던 「럿셀」의 입에서 기독교에 대한 지독한 험담이 나오는 것을 볼 때에 과연 놀라지 않을 수 없었든 것이고, 다른 한편 분개한 것은 진리 중에서도 가장 궁극적인 진리인 기독교가 그다지도 비참하게 유린당함을 볼 때에 「基督徒」의 한 사람으로 자처하고 있던 필자로서는 일종의 공분을 금할 수 없었기 때문이다.

전쟁이 끝날 때까지 주로 일본에 있던 필자는 전쟁 중의 한국교회의 실태를 정확히는 모르지만, 최근 우연한 기회에 박용규 저 『피를 바치련다』(은성문화사 발행)란 작은 책자를 읽고 또 다시 놀라지 않을 수 없었다.

놀란 것은 전쟁 중 대다수의 한국교회가 일본 태양신에게 절을 하였다는 사실에 대하여서가 아니라 당시 교회의 「지도자」들이 주님을 끝까지 섬기려던 주 목사님을 감옥에 보내놓고 그 가족의 집까지 빼앗으려고 덤벼들던 동기가 바로 물질욕에 있음이 분명하고 이는 태양신이 아니라 금송아지를 섬겼다는 증좌요, 여기에 요즈음 우후죽순격으로 교회가 4분5열하게 되는 깊은 이유를 깨닫게 되었기 때문이다.

기독교의 길은 문자 그대로 형극의 길이 아닐 수 없다. 왜냐하면 기독교는 가장 높고 거룩한 교훈임에 비하여 인간의 육신은 이를 실천하기에는 너무도 미약하기 때문이다. 그러므로 기독신자에게는 각별한 결의가 없는 한 위선에 빠질 위험성이 많다. 「럿셀」이 기독교를 저주하였던 것도 실은 기독교과 기독교인을 혼동하였던 때문이었음은 물론이고, 그는 위선된 기독교인을 미워한 나머지 기독교 자체에 대한 성실성 있는 태도마저 결여하게 되는 결과가 되어 결국은 가장 「도그마」를 배격한다면서 새로운 「도그마」를 받아드리는 「아이로니」가 된 것

---

* 크리스챤신문 1968.11.9.에 실린 글이다. 당시 크리스챤신문은 「圈外者의 辯」이라는 제목으로 특수 사회 봉사직을 통하여 그리스도의 정신을 심으며 실천하고 있는 이들의 「교회」와 「사회」로 향하는 외침을 소개하곤 하였다. 크리스챤신문은 이 글의 필자를 「법조계 기독인들의 친목단체인 애중회(愛重會)회 회장인 유기천 박사(전 서울대 총장)」로 밝히고 있다. 이 글에서 유기천은 "법률의 극치는 사랑, 위선자 축출이 사명"임을 강조한다.

이요, 신사에 참배한 자들은 악마이므로 자리를 같이 할 수 없다는 이른바 「깨끗한」 신자들도 역시 동일한 의미에서 일종의 위선을 범한다 하지 않을 수 없다.

기독도는 진리를 따르는 자이니 만치, 진리에는 추호의 허위가 용납되지 않음을 먼저 알아야 한다. 예수 믿는다는 아나니아와 삽비라보다 도리어 믿지 않는 사울을 축복하셨던 하나님의 그 깊은 뜻을 기독도는 먼저 성찰한 후에 신앙생활을 시작하여야 할 것이라고 본다.

이런 시점에서 기독도의 길은 참 준험하다. 더구나 한국의 법조인의 경우에 있어서는 이중의 준험성이 있다고 본다. 첫째로는 우리의 온 겨레는 잃었던 조국을 되찾기 위한 암흑과 광명이 엇갈리는 투쟁 속에서 생을 타고났다는 이 특수한 현실에서 오는 준험한 길이오, 다음은 법조인의 입장에서 오는 그것이다. 개인의 경우 혈액순환이 원만히 되어야 그 신체의 생명이 유지되는 바와 같이, 국가의 경우에는 법이 그 본래의 기능을 발휘하지 않는 한 국가의 존립은 위험하다.

자체 기능에 이상이 있으면 의사가 이를 치료하듯이, 국가의 기능이 비정상적일 때에는 법조인이 이를 시정하여야 한다. 이런 견지에서 한국의 기독도인 법조인에게는 또 한 번 준험한 길을 각오하여야 한다. 도대체 「법」이란 무엇인가?

한국에서는 가끔 법이라면 마치 행정권력을 의미하는 것 같이 착각하는 때가 많으나, 아득한 옛날에 원시시대의 법은 모르지만 적어도 금일에 있어서의 법은 국민 각자의 가치와 의의를 최대한 보장해주는 국민체제를 의미하고, 이는 좀 더 궁극적으로는 하나님께서 예레미야 선지자를 통하여 「공중의 학은 그 정한 시기를 알고 반구와 제비는 그 올 때를 지키거늘 내 백성은 여호와의 율법을 알지 못한다.」고 무지각하였든 당시의 인간들을 책망하신 구약성서에 이미 표현되어 있고 신약에 와서는 사도 바울을 통하여 법률의 극치는 사랑이란 말씀(로마서13：8, 갈라디아서5：14)을 하심으로써 더욱 명확하게 가르쳐주었던 것이다.

이런 의미에서 우리 기독교법조인의 단체를 애중회라고 이름 지은 데에는 의미가 있다고 본다. 즉 기독도로서 또는 법조인으로서 이중의 사랑을 실천하겠다고 결의한 사람들의 집단인 것이다.

그러면 여기에 「사랑」이란 무슨 뜻인가? 누구나가 잘 아는 기독교의 근본진리이지만 동시에 반드시 자명한 정도로 간단한 진리는 아니다. 좀 잘못하면 비굴과 위선을 가장하는 장식에 불과하게 된다. 차라리 예수께서 「내가 세상에 화평을 주려온 줄로 생각지 말라 화평이 아니요 검을 주러 왔노라」라고 경고하신 그 말씀이 바로 오늘 이 나라 기독도에게 말씀하신 것으로 알고 자기 개인을 위해서가 아니라 이 나라 겨레들을 위하여 섬기겠다는 결의 하에 이를 방해하는 간사한 위선자들을 예수께서 주신 검으로 물리치는 일이 바로 이 나라의 기독도 법학도들의 사명이라고 하고 싶다.

22. 우려되는 분산화*

작년 9월 이래 약 1년간 외국에 나가있다 돌아온 지 얼마 되지 않아 그동안 서울대 새 캠퍼스 건립안이 어느 정도 진척되고 있는지 상세히 알고 있지는 못하고 있다. 대학의 캠퍼스가 거창한 것이 물론 나쁠 리는 없다. 하지만 특히 대학은 건물보다는 내실이 돋보여야한다. 일본의 젊은이들이 一高라든지 동경제대에 입학하기 위해 몇 년이고 낙방의 고배를 마시면서도 찌그러진 목조건물도 마다하고 기어코 이들 학교에 입학코자 머리를 싸매고 전념한 것은 오로지 다년간 쌓여진 고매한 학풍에 젖어들기 위한 일념에서였다.

관악산 메인캠퍼스 건설안은 오히려 그 취지를 벗어나 캠퍼스 종합화가 아닌 분산화가 되지 않을지 우려된다. 지금의 서울대 캠퍼스는 工大와 농대만이 떨어져있고 음대, 치대 등이 본부에 들어온 것을 계기로 메디컬 캠퍼스나 기타 인문사회계가 모두 한 자리에 모여 있지 않는가? 장기계획대로라면 캠퍼스 자체가 시내와 동떨어져 연주회, 학술강연 등 시민생활에의 기여 참여라는 현대적 의미의 대학사명을 발휘하기 어렵게 되는데 이런 점도 앞으로의 건립진행절차에서 충분히 고려되어야 할 줄 안다.

다만 경제개발계획에 긴요한 내용조달 등 재원이 시급한데 근 2백억 원의 건설비를 어떻게 염출해나갈 것인지(물론 총비용 중 절반은 기존시설매각으로 자체 충원이 가능하다지만) 걱정된다. 서울대 건설은 여야 정치인의 차원을 넘어 국가적 사업으로 추진되어야 할 것이며 또 대학은 정치세력이나 그 밖의 불순한 외부세력으로부터 철저히 독립하여 창조적 학풍을 가꿔가야 하리라고 생각한다.

---

* 조선일보, 1970.10.15.에 실린 글이다.

23. 학자는 탈랜트가 아니다*

學界가 學界다운 品位를 잃어가고 있다고 주위에서 개탄한다. 요정에서는 가장 옹색한 부류들이라고 뒷손가락질을 하는 모양이고, 이른바 行政에 지식을 주는 참여지성들도 현실을 모르는 쓸모없는 존재들이라고 행정실무자들로부터 뒤돌림을 받는 모양이다. 게다가 텔레비전 스크린에 뻔질나게 나타나는 탤런트 교수들이 보기 싫다고 어느 여자대학에서는 受講 거부를 했다던가?

뭐 學界라고 유별난 사회는 아니며 교수라고 이상한 생활을 해야 하는 것도 아닐 것이다. 失樂園을 저술한 밀턴의 생활 信條처럼 교수도 남처럼 먹고 자고 마시고 그 위에 무엇인가 가치로운 영역을 추구해 가는 것이 살아가는 순서일 것이다.

좀 원칙적인 문제부터 파고들어 오늘의 학계가 처한 상황과 연결시켜보고자 한다. 애초 인간과 동물의 다른 점은 인간이 지식을 추구하는 존재인 데서 비롯되는 것이고, 오늘의 교육열이 들끓는 것도 올바른 방향에서 바라본다면 결국 바람직스런 문화생활을 충족할 수 있도록 자라나는 새 世代에 기대하는 성취욕구의 표현일 것이다. 그런데 오늘의 학계가 이처럼 팽배한 교육열을 제대로 이끌어 주지도 못하고 또 그들 자신의 안으로 밀려드는 그래샴 법칙에 허둥거리는 것은 日帝植民통치에서 그 根因이 유래하고 있다. 일제의 對朝 교육정책은 지극히 옹졸하고도 인색한 것이어서 뒤늦게 생색을 내어 이 땅에 세운 京城帝國大學의 입학생을 결정짓는데 시험에만 의하지 않고 그들의 식민통치에 결정적 저항을 하지 못할 만한 '品行방정'을 그 전제조건으로 강요한 것이었다. 따라서 그나마 발탁된 몇몇 城大生은 얌전한 지성으로 한정되거나 혹은 공산주의사상에 젖지 않을 수 없었다. 이리하여 광복을 맞으면서 이 나라가 겪은 가장 큰 困惑은 엘리트의 결핍이었다. 당시 진정한 의미의 判事(부장판사급)로서는 趙鎭萬(前대법원장)씨와 다른 한 사람 등 단 두 분이었고, 大學조수로 남아있었던 사람도 극소수여서 말하자면 교수 資質을 제대로 갖춘 識者의 빈곤에 허덕이면서도, 반면 짓눌렸던 일반 국민의 교육열이 강요하는 大勢에 따라 교수란 이름을 가진

---

* 조선일보, 1971.1.12.에 실린 글이다. 유기천 교수는 조선일보 「오늘의 흐름-고발적 비평-」이라는 칼럼에서 일부 학자들의 행태를 비판하고 있다. 심지어 官에서도 요정에서도 눈총 받는 신세가 되고 있으니 이는 「두뇌 없는 국가」를 만들 셈인가라는 비판이 합당하다고 역설한다.

많은 인사들이 실질적 요건을 갖추지 못했던 것이다.

사회가 점차 틀이 잡히면서 똑똑한 제자들이 玉石구분을 하게 되어 萬年 노트교수란 닉네임도 얻게 되었으며 또 양심 있는 교수들은 스스로 自己卑下를 하거나 아니면 차라리 타락의 길을 택해 참신한 교수의 이미지를 정치활동의 간판으로 삼는 돌연변이 知性도 생겨나게 된 것이다.

옛날과는 달리 사회기능이 분화, 복잡다기화 해가면서 전문적 지식을 필요로 하는 현대에서 지식인의 현실참여를 반드시 부정적으로 볼 필요는 없겠다.

하지만 학자의 本域은 어디까지나 학자이다. 참여의 자세도 학자답게 의연해야할 뿐더러 자신의 학문체계가 자신 있게 틀이 잡혀 力量이 흘러넘칠 때 그를 현실 속에 쏟아 부을 때에라야만 참된 기여를 기대하게 될 것이다. 매스컴을 자주 활용한다고 경박한 지성들이라고 원색적으로 몰아붙일 생각은 추호도 없다. 사회가 지식을 필요로 한다고 정중하게 요구해올 때 力量껏 應하는 것은 오히려 학자적 良識이라고 할 수 있겠다. 그러나 지식을 너무 값싸게 뿌리지는 않는지? 아니 하루 한나절에 이 방송국 저 방송국으로 뛰어다니면서 이 문제 저 문제에 끼어들어 지껄인다면 그것은 만담은 필지언정 이미 체계 잡힌 지식의 전파랄 수가 없는 것이다.

역대정권은 집권연장에만 몰두했지 참된 국가의 棟樑之材를 키우는 대학을 제대로 가꾸는 데 소홀했다는 점에 깊은 반성이 있어야 할 줄 안다. 서울대학 종합캠퍼스案도 해답보다도 문제의 소재와 성격을 되찾아 대학의 본연의 상태를 키울 뿐 아니라 교수와 학생이 실질적으로 대우받고 연구에 몰두할 수 있는 핵심에서 출발하기 바란다. 司法府가 견실치 못하다는 말이 들려올수록 法官양성은 良心的 지성훈련에 더 바탕을 둬야할 것인데 어찌하여 司法大學院은 없애버리는지?

과학기술처, 科學院 등 당장 物量발전을 위한 자연과학계에만 치중하는 정책방향에 대해서도 한마디 해야겠다.

자연, 사회과학의 균형발전 없이는 자연과학조차 설 수 없다는 것은 아인슈타인의 相對性원리가 실험실 안에서 생겨난 것이 아니라 심오한 철학체계 위에 바탕을 둔 점을 상기한다면 쉽사리 이해할 수 있을 것이다.

작년 5월 필자는 외국에 머물면서 외신보도를 통해 소위 五賊사건에 접했던 일이 있는데, 지금 우리 현실은 五賊이라기보다는 五卒이 문제일 것이다. 왜냐하면 나라를 좀먹으려는 메피스토펠레스의 卒兵들이 더 큰 禍根인 때문이다.

두뇌 없는 인간이 살 수 없듯이 두뇌 없는 국가도 살 수 없다. 이제라도 두뇌 있는 사회를 건설하도록 정치인이나 학자들이 합심하여 노력해야할 것이다.

24. 기구확대는 개혁과 다르다*

서울대학교 종합화계획에 대한 소견을 밝혀야 할지, 간과해야 할지를 놓고 솔직히 말해 두 가지 이유에서 고민했다.

첫째 과거 이 대학의 행정책임자로서 직접 서울대플랜을 입안했던 일이 있어 자기 계획과 다르다고 꼬집는다는 인상을 받기 싫은 것과, 둘째 현 풍토에서 감투가 떨어지면 무조건 정부가 하는 일에 반대하고 나선다는 일반적인 통념에 섞이고 싶지 않은 것이었다. 그러나 실은 서울대의 위치를 확정 짓는 문제는 학계의 장래 더 나아가 국가의 장래와 직결된다는 명약관화한 사실 앞에 좌시할 수만 없다는 판단이 앞섰다.

더구나 10개년 계획의 두 시안 가운데 최종단일안이 11일부터 서울에서 열리는 대학전문가 국제학술회의의 자문을 거쳐 확정되는 것이므로 「침묵은 역사 앞에 죄」라는 숙연한 심경에 이르게 됐다.

우선 우리 여건에서 하나의 대학재건에 1백억 원의 재화를 투입할 수 있는지 의문이다. 1백만 평의 캠퍼스는 도대체 어느 나라의 것이냐? 필자가 동경제국대학에 유학하면서 目測했던 캠퍼스가 현재의 서울대(동숭동)보다 작으리라 짐작해 오다가, 지난 9월 귀국길에 현 법대학장에게 물었더니 8만 평 정도라는 대답이었다. 그 안의 농·공학부 등 모든 건물이 아직 이전할 염두를 못 내고 있어도 동경대의 고색창연한 전통이 그 때문에 지장 받는다는 얘기는 아직 듣지 못했다.

우리 경제력이 일본을 따라가려면 아직도 까마득한데다, 좀 지나친 말이지만 서울대를 동경대같은 수준으로 만들려면 외관상 기구나 확장하는 식의 안이한 사고로는 불가능하다는 것을 지적해둔다. 현재 서울대본부 캠퍼스만 해도 16만 평에 공대캠퍼스가 10만평, 수원에는 별도의 방대한 농대캠퍼스와 시내 한복판에 사대, 상대들 시설이 있는데 어쨌다는 것인가?

서울대 마스터 플랜은 1956-58년 필자가 교무처장으로 있을 때 구상으로 그쳤던 일이 있다. 공대캠퍼스 중심으로 서울대 이전 계획을 냈던 것이나 그 때 유솜(USOM) 측이 우리 경제력으로는 벅차다는 어드바이스를 제시해 양심상 포기했다. 이렇게 보면 서울대 10개년 플랜은 출발에서부터 중대한 오해를 보여준다.

---

* 조선일보, 1971.10.5.에 실린 글이다.

세계의 대학추세라고 해도 필자가 둘러본 세계의 어느 대학치고 그처럼 허황된 플랜을 내세운 실태를 확인할 수 없었다. 대학의 표본처럼 내세우는 옥스브리지나 미국의 하버드, 예일대학은 애초 시골 벽촌에다 캠퍼스를 설치한 것이다.

광복 26년이 지났지만 우리 교육이 제대로 실시되고 있는지, 학문연구의 풍토가 제대로 조성되었는지 역대정권은 답변해보라. 오늘의 세계는 선진제국에서까지 심각한 세대 간의 갭으로 뒤흔들리는 「가치관」에 겨워하고 있다. 얼마 전 서독에선 10대 아들이 머리를 늘어뜨리고 말을 안 듣는다고 아버지가 권총으로 쏘아죽여 커다란 사회적 충격을 불러일으키기도 했다.

우리 교육현실은 이보다 더욱 심각한 여러 가지의 문제점을 안고 있다. 자식을 지도하는 가정교육조차 이처럼 힘든 세태에 도대체 남의 귀한 아들을 지도하는 학교요구에 내맡겨서 된다고 한다면 얼마나 나이브한 생각인가? 우수한 기계시설 없이는 우수 생산품의 생산이 불가능한 것처럼 인격, 덕망, 재능을 겸비한 교수를 양성하지 않고서는 유능한 인재배출도 불가능하다.

대학 인구는 지금 추세로 늘어나면 늘어났지 줄어들 수는 없다. 그렇다고 유별난 대학의 존재를 강조할 수도 없다. 그렇다면 가령 서울대학의 차원을 바꿔서 대학원체제로 고쳐 다른 일반 대학졸업자에게 순수한 전문학술 연구의 「장」으로 평등히 개방할 수 있을 것이다. 그런데 시안에는 오히려 문리대를 없앤다고 되어 있다. 語不成說이다. 현 대학체제로는 그대로 문리대가 일반교양을 이수할 수 있는 가장 적격의 교과과정인데 이것을 없앨 수 있는가.

현 교육제도는 상급학교 입시나 취직시험준비만 급급하도록 되어 있지 참된 인격도야의 시간은 거의 없는 실정이다. 따라서 현 학제의 고교 3년과 대학 2년까지를 따로 떼어내어 인격도야와 학문연구를 준비하는 초급대 체제로 개편하고 그 후 전문적으로 학술을 연구하는 자를 위해 서울대학을 개방하는 방안도 제시할 수 있을 것이다.

화려한 외국대학을 그대로 모방하려는 사고방식은 지양되어야 한다. 외국의 유명대학도 한결같이 자국 실정에 맞는 체제로 발전하고 있다.

한 예로 프린스턴대는 「커다란 문리대」에 비유할 수 있다. 또 우리의 경우 대학발전, 교육문제에 대해 문교부의 관여가 너무 컸다는 사실도 지적하지 않을 수 없다.

화려한 가시적 청사진만 펼치려들고 관료주의에 영합하는 기구확대안은 대학개혁안과 다르다.

문교부는 입시관리 등 최소한의 감독에 그치고 모든 대학이 원칙으로 자유경쟁 하도록 방임해야한다. 시설기준령에 의해 일정한 장서를 갖추라고 강조해도 휴지만 갖다 놓으면 뭐하는가? 실력 있는 교수가 있는 대학에 똑똑한 학생이 자연히 모여들게 되면 그들이 좋은 책도 골라 사들일 것이고 외국대학과 바꿔볼 수도 있다.

대학의 개혁은 원칙적으로 20-30년 걸려 추진해야하는 속성을 지니고 있다. 정치적 간섭을 받지 않는 異質的 이념 침투에 흔들리지 않는 독립된 대학사회로서 보장받을 수 있는 기본구조 형성이 없이는 서울대학 종합화플랜도 「모래 위의 집」에 불과할 것이다.

25. 혜안을 가지고, 교육을 시키는 리더십*

보통 인류역사는 문명화되어가는 방향으로 흐르고 있다지만, 전세기에 비하여 그 얼마나 많은 인간살육이 금세기 중 감행되었는가.

두 차례 세계대전, 한국전쟁, 월남전쟁과 스탈린이 구소련 내에서 비밀리에 자행한 그 어마어마한 살육행위 등등을 합산하면 모름지기 인류역사상 그 유례를 찾아볼 수 없는 전무후무한 비문명 세기(uncivilized century)였음을 눈물을 머금고 다짐하면서 넘어 가야겠다.

이러한 금세기의 비극은 사상의 혼돈에 그 요인이 있었다. 74년이란 기나긴 세월 동안 세계를 풍미했던 마르크스 · 레닌주의는 狂風一遇식으로 끝난 것같이 보이나 문제 자체가 해결된 것은 아니다.

세계는 아직도 불안요소를 내포하고 있다. 특히 한국은 스탈린이 심어 놓은 반동세력이 공산통일이란 백주몽(白晝夢)에 환각되어 있는 상태이다. 한국 지성의 리더십 발휘가 지금보다 강력히 요청되는 때는 없었을 것이다. 우리 한미우호협회는 로타리클럽이나 라이온스클럽 등과 같이 국제친목을 위주로 한 단체와는 그 역할모델(role model)이 다르다고 본다. 바로 지성인에게 요구되는 시대적 사명을 다하는 데 있다.

한국과 미국은 따지고 보면 세계사와 깊은 연관성을 가지고 있는 나라들이다. 한국전쟁이라는 과거역사에서뿐만 아니라 태평양시대라는 21세기 미래역사의 장에서도 미국과 한국이 지니고 있는 역할은 특별하면서도 서로 밀접히 연결되어 있다고 필자는 믿고 있다.

이 자리를 빌어 한국이 최악의 상태에 처해있을 때 한국을 사랑하며 참된 리더십을 보여 주었던 두 분의 미국 지성인의 행적을 소개함으로써 이 시대 한국 지성에게 요구되는 리더십 내용을 음미해 보고자 한다.

Homer B. Hulbert의 'The Passing of Korea'(1996)는 당시의 한국 지성인들에게 너무도 잘 알려진 책이다. 그는 구한말 1905년 이른바 '을사보호조약이'이 체결됨을 보고 벌써 예언자적인 혜안으로 일본의 야욕을 간파하여 상기 명저를 저술했던 것이다.

---

* 미래의 세계, 제22호, 1993.6.에 실린 글이다.

당시 미국과 서구의 일반적 분위기는 도리어 부패한 중국과 침략적인 러시아를 군사력으로 격파하고 욱일승천의 기세로 아시아의 강자로 등장한 일본의 힘을 대환영하는 기분에 싸여 있었다. 따라서 그들은 이 책의 진가를 바로 평가하지 못하였다. 당시 일본제국주의자들의 지휘 아래 있었던 대한제국정부는 예측했던 대로 Hulbert씨에게 추방명령을 내렸다.

그는 일본이 패망한 후인 1949년 한국 초대 대통령 리승만 박사의 초대로 정들었던 한국 땅을 다시 밟게 되었으나, 고령(86세)으로 그해 8월 5일 그가 한국에 도착한지 일주일 만에 작고하고 말았다. 그의 비문에는 유언 따라 이렇게 쓰여 있다.

"I would rather be buried in Korea than in Westminster Abbey."

한 가지 명백히 하고 싶은 것은 그의 저서에서 'passing'이란 뜻은 'the passing of old Korea'를 말하고 있는 것으로서, 유구한 문화와 새 이념(idea)을 배경으로 한 New Korea의 탄생을 바라는 의미였다는 점이다.

한국을 사랑했고 또한 큰 리더십을 발휘하였던 또 다른 한 분은 Samuel Maffett 박사이다. 그는 갑오경장 직후에 미북장로교회의 선교사로 파견되어 한국에 와서 전국을 답사한 후 평양을 선교중심지로 정하고 비범한 교화열과 교육열을 가지고 숭실학원(중학 및 전문학교)을 설립하였다.

그러나 그 후 총독부가 고등보통학교령을 공포하여 숭실중학을 잡종학교로 몰아 그 학교 출신은 상급학교에 진학할 수 없게 되었다.

Maffett 박사는 'Steinkopf(돌대가리)'와 같은 총독부관리들과는 언쟁을 해보아야 별 효과가 없음을 알고 일본 문부성에 들어가 다짜고짜 일본 헌법전을 가지고 오라고 하였다.

그가 일본 헌법 중에 '종교의 자유를 가진다' 라는 항목을 지목하면서, "귀국은 종교의 자유를 인정하는 국가가 아닌가?"고 묻자 그렇다는 답변이었다. "한국에는 일본헌법이 적용되지 않는가?"라는 질문에 그 곳에도 적용된다는 대답이 나오자, Maffett 박사는 "우리 학교(숭실중학)에서는 교과목 중에 성경시간이 많이 들어 있는데 이것 때문에 정규중학교로 인정함을 거부하는 것은 헌법에 위배되는 일이 아닌가?"고 추궁하였다.

일본 문무성에서는 심사숙고한 후에 총독부의 부당성을 부인하지 못하고,"아마도 실력이 없기 때문일 것"이라는 애매한 대답을 하였다. 결국 학생들이 실력

고사 시험을 실시하기로 하였고, 그 결과 실력이 있다는 결론이 나오게 됨으로써 평양숭실학교는 문무성이 직접 승인한 '지정숭실학교'라는 명예를 지닌 중학교로 승격되었다. 그리하여 이 학교출신은 한국은 물론 일본 어디든지 진학할 수 있는 문이 열리게 되었다.

　이 두 분은 옛 시대의 인물이지만 바람직한 역할모델의 대표적 존재로 우리에게 시사해 주는 바 크다. 참 리더십이란 역경을 거슬러 올라가면서 발휘될 때 가장 광채가 나는 것이다.

Ⅳ. 언론과 민주주의

1. 언론규제 입법화: 나는 이렇게 본다.*

[설 문]
① 언론의 자율규제문제에 대해 입법화가 필요하다고 보는가?
② 그 이유는?
③ 필요하다고 할 때, 입법내용은?
④ 불필요하다고 할 때, 어떻게 자율규제를 하면 좋은가?

① 입법화할 필요가 없다.

② 헌법 등 현행 법 테두리에서 얼마든지 벌할 수 있는 규정이 있다. 법의 미비로 지난번 같은 사태가 있었다고는 보지 않는다.

④ 언론인의 도덕심에 맡겨야 한다. 국회의원들도 잘못이 있다면 그 사람들끼리 자율로 벌하도록 국회법에 있지 않은가. 마찬가지로 언론도 윤리위를 강화해서 폐단이 있다면 자율적으로 시정토록 하는 것이 正道라고 믿는다.

---

* 조선일보 1964. 8. 1.에 실린 글이다. 당시 조선일보는 언론규제 입법화에 관하여 각계 인사들의 의견을 구하였다. 이 설문에 대하여 당시 서울대 법대 학장이던 유기천은 "현행법만으로 넉넉히 다스려"야 함을 강조하였다.

2. 나는 신문을 성토한다 - 신문에 가장 곤욕을 당한 한 사람으로서 - *

自古로 민주주의의 발전과 언론기관이 불가분 일체를 형성하고 있음은 그 유례를 얼마든지 들 수 있다. 예하면 자본주의가 최고도로 발전되었던 19세기의 영국에 공산혁명이 일어날 것이라는 「마르크스」의 예언(?)을 무색케 하고 민주주의적인 국가적 개혁이 가능하였던 것은 저명한 학자 「다이시」가 지적하는 바와 같이 오로지 여론의 힘이었고, 여론은 또다시 법으로 입법화되어 19세기, 20세기를 통하여 영국의 융성은 세계 어느 나라보다도 극치에 달하게 되었고 이런 국가융성의 과업을 도운 것이 바로 언론기관이었음을 췌언(贅言)을 요치 않는다.

더구나 한국의 경우에 있어서는 이조말엽과 일제시를 통하여 국운이 기울어져서 우리 온 겨레들은 형언키 어려운 도탄의 고난 중에 있을 때에 존경하는 선각자, 지도자들과 같이 항일투쟁을 전개하고 이 나라의 독립정신을 연면하게 전달계승하여 온 것은 바로 우리 언론기관이었던 것이다. 이런 의미에서 어느 나라에 있어서든지 민주주의국가에서는 언론의 자유를 헌법으로 보장해주고 있지만 더욱이 이 나라 대한민국헌법이 이를 더욱 강력히 보장해주고 있음은 의의 있는 일이다. 민주주의가 이 나라의 국시(國是)라면 여론을 존중하여야 하며 여론의 매개자는 바로 언론기관이기 때문이다.

더욱이 오는 4월 7일은 이 나라에서 「독립신문」이 창간된 지 70주년을 맞이하게 되니 이 나라 온 겨레를 위하여 의의 깊은 일이라 慶賀치 않을 수 없으며, 차제의 한국 신문의 사명과 그 활동의 의의를 검토해봄도 無爲한 일은 아닐 것이라고 사료된다.

이 나라 헌법이 언론의 자유를 보장하여준 것은 외국의 법이 대개 그렇기 때문에 맹목적으로 이를 모방한 때문만은 아니다. 전술한 바와 같이, 민주주의의 기초는 언론의 자유를 전제로 하므로 언론의 자유야말로 민주주의 국가형태의 생명이기 때문이다.

그러나 현금 이 나라에있어서 이른바 「언론의 자유」는 향유되고 있다고 볼

---

* 한국일보, 1966. 4. 7.에 실린 글이다. 이 글에서 서울대 총장 유기천은 '공익침해의 책임은 누가 질 것인가' 질문하면서 능력이 있어야 언론자유도 보장됨을 지적하는 동시에 「비판의 정신」과 「보도의 정확성」은 결코 다른 것임을 강조하였다.

것인가. 솔직히 직언한다면 「언론의 자유」 이전의 문제가 있는 듯함을 시인하지 않을 수 없다. 왜냐하면 「언론의 자유」란 자유를 향유할 능력이 있는 자에게만 해당되고 우리의 언론계는 물론 일반적으로 말하기는 어려우나 가끔 그 능력을 상실하는 때가 엿보이기 때문이다. 여기에 「능력」이란 다름이 아니라 언론은 어디까지나 정확·신속한 보도를 사명으로 한다는 공익성을 그 사명으로 하니 만큼 만약에 어떤 언론기관이 신문사의 社益이나 어떤 자연인의 私利 때문에 보도의 정확성을 잃는다면 그 「자유」향유의 전제가 상실되기 때문이다.

신문사의 수입을 위하여 다소 과장된 기사를 쓰거나 어떤 기자가 개인의 사리 때문에 다소 보도의 내용을 변경하는 보도의 불상사는 신문사도 언론인이란 인간이 경영하는 기업체인 이상 어느 정도 이해할 수 있다손 치더라도, 법인이나 자연인의 사익을 위하여 허무한 허위보도가 된다면 이는 중대한 일이라 하지 않을 수 없다. 솔직히 말하여 필자는 작년 6월 이래 금일에 이르기까지 다른 기사는 모르나 서울대학교에 관한 한 그 신문보도가 7~8할이나 사실에 맞지 않는 보도임을 잘 알고 있으므로 이런 직언을 하지 않을 수 없음을 언론인제위께 대하여 미안하게 생각한다.

물론 거기에는 여러 가지 이유가 있을 줄 믿는다. 실정을 정확하게 알아볼 시간의 여유가 없어서 한두 학생의 말만 듣고 그대로 취재한다든지 혹은 다른 어떤 심리 때문에 허위가 그대로 보도되는 경우가 많을 줄로 안다. 그러나 언론기관이 참된 자유를 향유할 근거를 가지려면 그 이유 여하를 막론하고 허위보도만은 근절되어야 하며, 가능하면 社나 개인의 사익 때문에 너무나 정치성을 띰으로 인하여 신문의 대사명인 공익성을 침해함이 없기를 희망하여 마지않는다.

일제시대에는 다소 법을 어기면서라도 독립을 쟁취하기 위하여 「레지스탕스」의 정신을 발휘함은 충분히 이해할 수 있고 또한 장려하여야 할 일이지만, 독립국가를 이룩한 금일에 있어서는 질서유지 이상 더 중요한 국가발전의 요소는 없으므로 비판정신은 어디까지나 법과 사실의 테두리 안에서만 가능하다는 언론 고유의 사명을 항시 상기하여 과거의 赫赫한 전통을 지닌 이 나라의 언론기관은 더욱 自重自愛하여 새로운 세대의 木鐸이 됨으로써 이 나라 민주발전의 대반석이 되어주기를 바라마지 않는다.

3. 언론에 항의한다 – 제10회 「신문의 날」에 붙임 – *

이 나라에서 「독립신문」을 창간하게 된 지 어언간 70주년을 맞이하게 됨은 이 나라 온 겨레를 위하여 의의 깊은 일이라 하지 않을 수 없다. 왜냐하면 이 나라의 독립이 흔들리고 또는 침해되었던 한말 또는 일제하에 있어서 신문은 항상 이 나라 독립정신의 상징적 구실을 하여 왔을 뿐만 아니라 人間七十古來稀란 속담에서도 알 수 있는 바와 같이 우리나라 신문이 70년간 연면하게 성장되어 왔다는 사실은 또 하나의 새로운 세대적 의의를 가져오기 때문이다. 이런 견지에서 지금 이 나라 신문의 사명과 이에 종사하는 신문인이 가져야할 긍지를 생각해보는 것도 의의 있는 일이라 사료된다.

외국에서도 보는 바와 같이 자고로 민주주의의 발전과 언론기관은 불가분일체를 형성하고 있었던 것이다. 자본주의가 최고도로 발전되었던 19세기의 영국이 공산혁명이 일어날 것이라는 「마르크스」의 예언(?)을 뒤집고 민주주의적인 국가적 개혁이 가능하였던 것은 저명한 학자 「다이시」가 지적한 바와 같이 오로지 여론의 힘이었고 여론은 또다시 법으로써 입법화하여 19세기 내지 20세기를 통하여 영국의 융성은 세계 어느 나라보다도 극치에 달하였던 것이다.

이런 국가융성의 과정을 도운 것이 바로 언론기관이었음은 췌언(贅言)을 요치 않는다. 더구나 한국의 경우에 있어서는 이조말엽과 일제시대를 통하여 국운이 기울어져서 우리 온 겨레는 형언키 어려운 도탄의 고난 중에 있을 때 존경하는 이 나라의 선각자, 지도자들과 같이 항일투쟁을 하고 이 나라의 독립정신을 연면하게 전달계승하여온 것은 언론기관이었던 것이다.

일제시 손기정선수가 백림 「올림피크」대회에서 「마라톤」 제1착의 영예를 가졌을 시, 동아일보에서는 일장기 대신에 태극기를 단 선수복을 입은 사진을 신문에 게재하였다는 이유로 관권에 의하여 동아일보가 정간조치를 받았을 때 우리 온 겨레의 독립정신은 더욱 강력하게 북돋워 올랐던 것이다.

이런 의미에서 대한민국헌법은 언론기관의 자유를 보장하였던 것이요, 모름지기 그 직업의 자유를 헌법을 보장받는 예는 그리 많지 않고 이것이 바로 우리 국가가 언론기관에 얼마나 중요한 지위를 부여하고 있는 것인가를 吾人은 잘 알

---

* 경향신문, 1966. 4. 9.에 실린 글이다. 이 글에서 유기천은 언론의 自重自愛하는 태도가 아쉽다고 하면서 공익대변에 성실해야 할 것을 역설한다.

고 있는 바이다.

이런 견지에서 한국의 언론계를 담당하고 있는 신문인의 긍지와 명예는 충분히 保持되어야 한다고 본다.

그러나 그 받아야할 긍지와 명예에는 반드시 그 근거가 있어야 한다. 근거 없는 긍지와 명예는 砂上樓閣과 같이 곧 붕괴되어 버리는 비운을 면치 못하기 때문이다.

이 나라의 독립을 찾고 애국적인 투쟁을 함은 어디까지나 개인의 사욕보다도 국가와 민족을 위하는 공익성을 띤 善價値에 그 근거를 두고 있음은 물론이다. 따라서 참된 긍지와 명예를 가져야할 언론인은 반드시 이런 근거 위에 서 있어야 하며 이는 성실성이라는 善價値와 지혜라는 덕성의 지원를 받아야 한다.

만약 성실성이 없으면 공익의 추구도 불가능할 것이요, 지혜가 없다면 공익을 대변할 능력이 문제되기 때문이다.

지금 솔직히 직언한다면 해방 이후 이 나라의 신문인들은 과연 上述한 긍지와 명예를 차지할 만한 근거 위에 서 있다고 말할 수 있는가.

신문사의 수입을 위하여 다소 과장된 기사를 쓰거나 어떤 기자가 개인의 사리 때문에 다소 보도의 각도를 변경하는 보도의 불상사는 신문인도 인간인 이상 어느 정도 이해할 수 있다손 치더라도, 社라는 법인이나 개인의 사리를 위하여 허무맹랑한 허위보도가 될 때에는 이는 지극히 중대한 일이라 하지 않을 수 없다. 왜냐하면 공정하고 정확한 보도를 전제로 하고서만 민주주의는 가능한 것인데 이렇게 되면 민주주의의 基底가 흔들리고 상실되기 때문이다.

솔직히 말하여 필자는 작년 5월 이래 금일에 이르기까지 서울대학교에 관한 신문보도가 7, 8할이 사실에 맞지 않는 보도임을 잘 알고 있음으로 인하여 이런 근심을 하지 않을 수 없음을 여기에 말하여두고 싶다. 물론 거기에는 모두가 다 고의로 이루어진 것이라고는 보지 않는다. 도리어 실정을 정확히 알아볼 여유가 없어서 한두 학생의 말만 듣고 그대로 취재한다든지 혹은 다른 어떤 심리 때문에 허위가 보도되는 경우가 많을 줄 안다.

그러나 신문인이 그의 긍지와 명예를 참말로 향유하려면 이유 여하를 막론하고 허위보도만은 근절되어야 하며 가능하면 社나 개인의 사익 때문에 너무나 정치적으로 보도함으로 인하여 신문의 대사명인 공익성을 훼방함이 없기를 希求하여 마지않는다.

일제시대에는 다소 법을 어기면서라도 독립정신을 함양하기 위하여 「레지스탕스」정신으로 돌진함은 충분히 이해할 수 있고 또한 장려하여야할 일이지만, 독립국가를 이룩한 현금의 우리나라에 있어서는 비판정신은 어디까지나 법과 사실의 테두리 안에서만 가능하다는 대전제를 항시 생각해 주어야 한다.

질서가 한번 무너지면 그 얼마나 큰 해독이 이 나라에 재래(齋來)하게 되는가를 상기할 때 과거의 혁혁한 전통을 가진 이 나라의 언론인은 더욱 自重自愛하여 새로운 세대적인 전환점을 만들어 이 나라 민주발전에 대반석이 되어주기를 바라마지 않는다.

4. 알권리를 위한 제언 − 내가 기자라면 − *

언론의 자유와 민주주의는 불가분의 관계를 갖고 있다. 민주주의 국가인 우리나라에서는 언론의 자유가 최대한도로 보장돼야 한다. 그러나 자유는 아무나 향유할 수 있는 것은 아니다.

내가 신문기자라면 언론의 자유라는 권리를 주장하기에 앞서 기자가 갖춰야 할 필수조건 두 가지를 구비하고 싶다. 첫째, 신문은 독자와 사건 사이에서 매개체의 역할을 하는 것이므로 사건의 정확한 파악, 판단이 무엇보다 중요하다. 정지되어 있는 사물을 그리는 정물화도 숙달되려면 힘든 것인데 하물며 끊임없이 움직이는 다이내믹한 사건처리에 있어서는 더 말해 무엇할 것인가.

사건 자체가 복잡하게 얽혀있는 것을 피상적으로 훑어보고서는 사건을 올바르게 파악했다고 할 수 없다. 여기에 기자의 지성이 문제된다. 또 기술면에 있어서는 정확히 파악된 사건을 자신의 가치판단이나 이해관계 없이 객관적으로 기사화하는 것이 중요하다. 사건을 정확히 꿰뚫는 지성과 객관적으로 기사를 쓰는 기술, 이 두 가지를 갖춘 다음에 내 기사는 독자가 믿을 수 있는 가장 정확한 것이 될 수 있을 것이다.

지금의 기자들은 너무 무책임하게 기사를 쓴다. 나와 얽힌 서울대학교의 문제에 대해선 말하고 싶지도 않다. 내가 법과대학장으로 있을 때 법대생들에게 해방 후 10여 년 동안 일어난 10대 범죄를 다룬 신문기사를 연구 분석시켜 본 적이 있다.

그 결과는 대부분의 신문이 독자의 천박한 호기심을 자극시킬 과장보도를 하고 있는 것으로 나타났다. 광나루에서 피살체로 발견된 여인이 난행당한 흔적이 있다는 등이 그런 좋은 예다(사실은 그렇지 않았다). 내가 신문기사를 쓴다면 나는 단연코 이런 센세이셔널리즘을 배제하고 있는 그대로의 사실만 쓸 것이다. 비록 그렇게 해서 기사가 재미 없어지는 한이 있더라도 그건 신문에 대한 독자층의 거대한 불신에 비하면 아무것도 아닐 것이니까.

---

* 조선일보, 1967. 4. 6.에 실린 글이다. 당시 조선일보는 알권리를 위한 제언을 각계 인사를 대상으로 구하여 "내가 기자라면…"이라는 제목으로 편집하였다. 이 글에서 유기천은 기사가 재미있건 없건 오직 「진실」만을 추구해야 하며, 보도와 관련된 「불신」을 씻으려면 두 가지 필수조건이 있음을 지적하고 있다.

5. 지성과 권력*

지성과 권력의 「이미지」: 「진리」와 「수단」의 관계

지식인사회와 정치세계는 반드시 서로 대립하고 충돌해야만 할 관계에 있는 것은 아니다. 「모겐소」(H.J.Morgenthau)에 의하면 지식인이 추구하는 궁극적인 목표 내지 가치는 진리이며 정치의 그것은 권력이다. 물론 지식인이라고 해서 권력에 대하여 전연 무관심한 것은 아니다. 경우에 따라서는 곧잘 權座를 탐내기도 하고 권력에 접근도 한다. 그러나 이러한 경우 그는 지식인이라는 탈을 쓰고 있을 뿐이지 사실에 있어서는 지식인사회를 떠나서 정치세계로 자리를 옮긴 것이다. 지식인이 지식인의 자격을 유지하려면 끝까지 진리를 추구하고 이에 충실해야 할 것이다. 진리를 저버렸을 때 그는 그 前歷이 어떻든 간에, 그리고 풍부한 지식을 몸에 지니고 있다 하더라도 본질에 있어 지식인의 자격을 포기한 것이다.

한편 정치인도 곧잘 진리의 소리에 귀를 기울이고 지식을 이용한다. 그러나 그에 있어 궁극적인 목적은 진리나, 지식이 아니라 권력이다. 진리의 소리에 귀를 기울이고 지식을 이용하는 것도 따지고 보면 결국 권력을 유지하고 그 기반을 보다 더 튼튼하게 만들기 위함이다. 말하자면 진리나 지식은 수단에 지나지 않는다. 뿐만 아니라 그것은 정치인이 이용하는 수단과 방법의 일부분에, 그것도 작은 일부분에 지나지 않는다. 그러므로 정치인에게는 權謀術數라는 말이 붙어 다니기 마련이고 정치를 가리켜 「더러운 경기」라고도 하는 것이다.

이리하여 우리는 세속에 어두운 고고한 학자와 권모술수에 능한 정치가라는 「이미지」를 그려낼 수가 있고, 그 「이미지」를 통하여 지식인사회와 정치세계의 본질적인 차이를 찾아볼 수도 있을 것이다.

---

* 중앙일보, 1967. 5. 11.에 실린 글이다. 중앙일보는 『한국-오늘과 내일의 사이 : 우리의 미래상을 탐구하는 67년의 「캠페인」』이라는 제목으로 사상문제 심포지엄을 연중기획으로 개최하였다. 「지성과 권력」은 19회 심포지엄의 주제였는데, 이 심포지엄은 1967.4.29. 중앙일보 본사 회의실에서 유기천의 사회 하에 손우성(성균관대 불문학과 교수), 신상초(정치평론가), 민석홍(서울대 문리대 서양사학과 교수), 송건호(조선일보 논설위원)의 토론으로 진행되었다. 이 토론의 대표집필은 민석홍 교수가 맡았다.

지성과 권력의 역학적 관계: 지성의 속성은 「비판」

兩者는 서로 상대방의 영역이나 활동을 침범하지 않고 평화로운 공존관계를 유지할 수도 있으나 현실은 그렇지도 않다. 경우에 따라 심각한 대립이 생기고 격렬한 충돌이 일어난다.

이러한 양자의 역학적인 긴장관계는 아마 지성과 권력의 본질에 속하고 있을 지도 모른다. 진리를 추구하는 지성의 가장 중요한 속성은 비판이며 이 비판은 경우에 따라 권력도 그 대상으로 삼는다. 한편 권력추구에 있어 권모술수를 사양하지 않는 정치세계는 이 비판의 소리처럼 듣기 싫고 귀찮은 것이 없다. 뿐만 아니라 권력의 속성인 지배욕은 지성이나 진리라고 해서 그의 대상 밖에 내버려 두지는 않는다. 이리하여 양자 사이에는 대립이 생기고 충돌이 일어나고 불꽃이 튀게 된다.

고대·중세, 그리고 근세초까지만 해도 지성과 권력의 역학적인 긴장관계는 권력에 유리하였다. 진리와 비판의 소리가 없었던 것은 아니지마는, 매우 뜨막하였고 그나마 죽음을 각오하지 않으면 안 되었다. 그러므로 정치권력은 이를 별로 두려워 할 필요가 없었고 지식인이나 문화를 권력의 장식물로 애용하고 보호하였으며, 지식 또한 권력의 侍女구실을 하였다. 그러나 근대사회의 확립과 더불어 사태는 달라지기 시작하였다. 「유럽」의 경우 18세기에 일어난 미국의 독립혁명이나 「프랑스」혁명에 있어서의 지식인의 역할은 말할 것도 없거니와, 오늘의 산업사회를 형성케 하는 원동력이 된 산업혁명 또한 지성의 소산이었다.

시민혁명과 산업혁명으로 근대사회가 확립되고 자유와 민주주의가 발전함에 따라 지성은 그 본래의 모습을 찾고 현대사회에서 어엿하게 한 자리를 차지하게 되고 권력에 도전할 잠재적인 힘을 갖추게 되었다.

서구의 지식인: 미래와 갈 길을 제시

사실 19세기로부터 20세기에 걸친 「유럽」사회의 발전의 선봉에 선 것은 지식인이었다. 그들 뒤에 시민계급이나 노동자계급이 있었고 산업의 급속한 발달이라는 경제적 요인이 있었던 것은 사실이다. 그러나 「프랑스」혁명과 산업혁명으로 성립을 본 근대사회의 미래와 갈 길을 제시하고, 혁명과 사회개혁의 「이데올로기」를 마련하고 나아가서 구체적인 실현 방법과 수단까지 제시한 것이 지식인이었다. 이리하여 「유럽」에서는 지식인이 현실 사회와 정치에 적극참여를 하게 되고 지식과 권력의 관계도 깊어졌다.

이와 같이 지식인과 권력의 관계가 밀접해지고 얽히는 반면에 지식인사회에는 또 다른 방향으로의 발전이 있었다. 그것은 산업사회의 발달과 학문의 분화에서 유래하는 것이었다. 즉 산업사회가 발전하고 사회가 이에 따라 복잡해지자 사회는 보다 많은 전문적 지식과 기술을 필요로 하게 되고, 학문의 分化現象과 더불어 이러한 사회의 수요를 충족시키기 위하여 직업적이고 전문적인 지식인 집단이 생겨나오게 되었다. 이들의 정치권력과의 관계는 앞서 말한 혁명가나 사회개혁가, 또는 그 이론가들의 정치권력과의 관계에 비한다면 비교적 평화롭고 중립적인 것이다. 그러한 탓도 있어서이지마는, 오늘날 발달한 사회에서는 산업의 발전에 관해서는 물론이지마는, 정책수립과 그 실천에 있어서조차 전문가는 거의 없어서는 안 될 존재가 되어가고 있다.

「이데오로기」의 종말: 직업적 지식인의 집단

20세기에 이르러 이러한 전문적 직업적 지식인 집단이 보다 커지고 또 그 중요성이 증가하는 반면에 사회개혁가나 혁명가, 그리고 그 이론가는 적어도 서구에서는 점점 줄어들고 힘도 약해지고 있다. 그 원인은 19세기에 사람들의 가슴을 설레게 하고 혁명적인 정열과 세계 개조의 열정을 불러 일으켰던 여러 「이데오로기」—이를 테면 자유주의 · 민주주의 · 민족주의 · 사회주의 등등이 실현되었거나 또는 실현될 가능성이 현실적으로 생겼기 때문이다. 다시 말하면 자유와 민주주의가 제도로서 깊이 뿌리를 받고 산업의 발달로 생긴 경제적 여유와 복지국가는 사회평등과 사회정의를 점진적으로 달성할 가능성을 보장하고 있기 때문이다.

이러한 사태는 권력을 추구하는 정치세계와 진리를 추구하는 지식인사회와의 평화로운 공존과 양자의 발전적인 상호협력을 가능케 하는 것이지마는, 그렇다고 지식인과 정치와의 역학적인 긴장관계나 대립이 완전히 없어진 것은 아니다. 권력에 대한 비판이나 사회발전의 방향내지 이념의 제시는 그것이 19세기에서처럼 곧 혁명과 같은 큰 움직임을 불러일으키지는 않지마는 그래도 여전히 지식인의 임무로 남아 있다.

민족주의자로서의 지식인: 지배에 민족적 저항

「에드워드 · 실즈」(Edward Shils)라는 미국의 사회학자에 의하면 얼마 전까지 서구열강의 식민지였다가 근자에 독립을 성취한 「아시아」·「아프리카」의 신생국가 내지 후발국가의 지식인은 처음부터 정치와 밀접불가분한 관계를 맺고 있으며, 이러한 지역에서의 근대적인 정치는 지식인의 창조라고까지 할 수 있다는 것이다. 그는 후진국에서의 근대적 지식인을 발달한 근대교육을 받고 이와 관련 있는 지적 관심과 기능을 가진 사람이라고 규정하고 그 전형적인 직업으로서는 행정사무,「저널리즘」, 법률, 교육(특히 고등교육) 및 의술을 들고, 경우에 따라 대학생도 여기에 포함시킬 수 있다는 것이다.

이들 후진국의 지식인은 외국지배의 굴욕을 가장 빨리 민감하게 感取하고 독립과 해방을 위한 민족주의운동을 전개시킴으로써 근대적인 정치활동에 발을 내디디게 되었다.

이와 같이 민족해방운동을 조직하고 그 선두에선 지식인들의 정치활동은 그것이 처음부터 외국지배를 전적으로 거부하는 반항과 저항이었기 때문에 이들 지식인들의 골수에는 반항과 저항의 정신이 사무치게 되었으며 이로 인하여 對立主義는 그들의 정치적 특징이 되었다.

또한 그들은 외국지배로부터 받는 굴욕감을 벗어던지기 위하여 설혹 진심으로 자국의 전통문화에 애착을 가지지 않는 경우라도 그것을 내세우고 자국의 고유한 것을 들추어내고 이에 집착을 한다. 그리고 지배자에 비하여 너무나 뒤떨어진 경제상태와 가난한 살림살이에 다시 한 번 굴욕과 분노를 느낀 민족주의자의 일부는 이론적으로 제국주의를 반대하는 사회주의를 받아들이고 근대적인 사회계급으로의 분화가 발달하지 않고 있기 때문에 민중과 농민을 추켜들고 그들에게 민족적인 정열과 민족의 미래를 기대하게도 된다.

신생독립국가의 지식인: 政治人化와 野黨化

이러한 경향은 독립의 성취와 더불어 새로운 양상을 띠게 된다. 독립과 더불어 근대적인 정치체제와 행정조직이 도입되고 이와 더불어 독립운동의 열매를 딴 그래서 정권에 참여하게 된 지식인은 지식사회로 분리하여 직업적인 정치인이 된다. 그러는 동시에 그들은 권력을 나누어 가지지 않은 지식인을 자기들과는 별대의 사람으로 볼뿐만 아니라 불평과 얼토당토않은 비판만 뇌까리고 위대한 국민적 견지에서 탈락한 자라고 비난을 하게 된다. 즉 독립투쟁의 시기에 그들은 민족을 대표하고 있으며 그들에게 동의하지 않는 자는 모조리 민족공동체 밖에 있으며 그 넋을 외국지배자에게 팔아먹은 자라고 느끼고 있었지마는 이제 독립의 달성과 더불어 권력을 쥐게 되자 그들은 스스로를 국가와 동일한 것으로 느끼고 그들에게 반대하거나 비판을 가하는 자를 국가의 적이라고 보게 된다.

독립 후의 이러한 권력자의 태도변화는 권력에 참여하지 않고 그대로 지적인 직업에 머무르고 있는 지식인으로 하여금 야당의 진영으로 가게 한다.

그리하여 관료적 행정은 비인간적일 뿐 아니라 무능하며 정부는 부패하고 민중을 고려하지 않으며 민족의 주체성을 배반하고 있다는 비난과 공격을 가하게 된다. 이리하여 사상이나 性向 또는 연구에 있어서 본래의 지식인으로 머무르고 있는 사람들은 새로운 정치체제의 존립과 더불어 생긴 야당과 가까워지며, 다방에서의 私談과 또는 그것이 허용되고 있는 범위 내에서 언론을 통하여 권력자를 비판하고 공격하게 된다. 뿐만 아니라, 독립을 위한 투쟁을 하고 있을 때는 독립과 해방이 모든 것을 해결해줄 것이라는 희망과 기대에 가득 차 있었으나 이제 野의 입장에 서게 된 신생국가의 지식인들은 그러한 희망과 기대를 가질 수 없고 환멸 속에 방황하게 된다.

우리나라의 지식인: 否定과 御用의 兩脈

이상과 같은 「실즈」의 분석이 어느 정도 우리나라의 지식인과 정치와의 관계에 해당되는지는 독자의 판단에 맡기겠다. 그러나 한 가지 뚜렷한 사실은 해방 후 오늘에 이르기까지 지식인은 대체로 정부나 집권자에 대하여 好意的이 아니었다는 것이다. 더 정확하게 말한다면 비판적이고 부정적이었다. 그 원인의 하나는 일제지배에서의 민족해방운동으로 양육된 反抗과 抵抗의 전통이다. 그러나 보다 더 중요한 것은 해방 후의 역대 정부와 집권자의 자세이다. 다시 말하면 지식인들은 진심으로 지지하고 적극적으로 참여할 만한 정부나 집권자를 발견하지 못한 것 같다.

그러나 그것뿐이 아니다. 역대 정부와 집권자는 지식인과 학문의 세계에 너무나 무관심하고 냉대를 하였다.

극히 소수의 아부자를 제외하고 대다수의 지식인과 학자들은 무관심과 버림 속에서 정부가 부패하고 사회에 빈곤이 만연하며 정치체제마저 독재화하여 사상과 언론의 자유가 박탈되는 것을 보지 않으면 안되었다.

이리하여 권력과 지식인은 완전히 별개의 세계로 갈라지고 양자 간의 불화와 대립이 격화되었다. 뿐만 아니라 이러한 사태는 기묘한 지적 분위기를 조성하였다. 즉 비판과 반항이 거의 氣質化한 탓도 있겠으나 단순히 否定을 위한 부정이나 비판이 아니라 건설적이고 발전적인 의견이나 견해의 발표를 無言中에 억압하는 知的 風土가 조성되었다는 사실이다.

다시 말하면 조금이라도 친정부적인 냄새를 풍기는 글을 썼다가는 곧장 「御用」이라는 지식인으로서는 가장 달갑지 않은 「레테르」가 붙는 그러한 지적 풍토가 조성된 것이다.

미래를 위하여: 發展的 비판의 풍토

이러한 지적 풍토가 그대로 존속되고 따라서 부정을 위한 부정, 비판을 위한 비판만이 가능하고, 건설적이고 발전을 위한 비판이 자라나지 못한다면 이 나라의 앞날을 위하여 불행한 일이라고 하지 않을 수 없다.

그러나 건설적이고 발전적인 비판이 가능하려면 지식인과 권력의 양편에서의 반성과 노력이 필요하다. 무엇보다 먼저 바라고 싶은 것은 지식인과 학문의 세계에 대한 정부나 집권자의 태도나 인식이 달라져야 한다는 것이다.

냉대와 무관심을 지양하고, 적극적인 후원과 원조가, 그것도 어떤 정치적인 의도에서가 아닌 지원이 요청된다. 그리고 보다 많은 비판의 자유가 보장되고, 無言中에 느껴지는 일종의 억압적인 분위기가 해소되어야 한다. 결국, 한마디로 요약한다면 정부는 적극적인 지원과 귀에 거슬리는 苦言을 받아들일 雅量을 가져야 한다는 것이다.

둘째로, 지식인은 반대를 위한 반대, 비판을 위한 비판을 지양하고, 급격하게 변화하고 있는 우리의 현실 즉 정치와 사회와 경제의 실태를 정확히 파악하고, 그러한 변화가 올바른 방향으로 나가게끔 건설적이고 발전적인 견지에서 의견을 제시해야만 할 것이다. 앞서도 지적한 바와 같이 이러한 건설적인 자세를 취하는 것이 어떠한 의미에서는 비판을 위한 비판보다 더 큰 용기가 필요할는지도 모른다.

끝으로 말하고 싶은 것은 현재 진행중에 있는 근대화 작업에 관해서이다. 근대화작업은 이제 우리 사회의 발전을 위하여 필수불가결한 것이 되었다. 그러나 이로 인한 경제성장이 지식인이나 국민대중의 경제생활과 직결되어야 한다. 그러자면 경제성장의 혜택이 구체적으로 지식인이나 대중에게까지 미쳐야만 한다.

그것이 어느 정도 가능한지, 다시 말하여 경제성장의 혜택의 범위를 확대시키면서 계속해서 경제성장을 도모할 실질적인 가능성이 얼마나 되는지 정확하게 알 수 없으나, 설혹 점진적이고 미세한 출발이라도 경제성장의 혜택의 범위는 확대되어야 하며 그럼으로써 근대화 작업이 지식인이나 대중의 가슴에 자기와는 관계없는 일이 아니라 자기의 생활과 직접 관련을 가지고 있다는 실감으로 느껴져야 하는 것이다. 그렇게 되었을 때 비로소 지식인은 근대화 작업을 자기의 것으로 알고 그 발전을 염려하고 건설적이며 발전적인 견지에서 의견도 제출하고 비판도 할 것이다.

6. 사회복지의 증진*

이른바 「사회복지를 증진」시키는 公器로서의 언론이란 구체적으로 과연 무엇을 의미하는지 명확치 않다. 모름지기 「사회복지」란 「소시얼·웰페어」(Social Welfare) 혹은 서독헌법 제20조의 이른바 「소치알렌·슈타트」(Sozialer Staat)의 개념과 일맥상통하는 모양이지만, 여기에 있어서는 긴 정의가 필요치 않고 오직 언론의 사명과의 관련 하에서만, 또한 언론육성을 위한 비판적인 견지에서만 언급해보고자 한다.

원래 언론의 사명은 첫째, 신속·정확한 보도와 둘째, 사회정의실현을 위한 목탁으로서의 역할을 하는 데 있음은 췌언(贅言)할 필요가 없다. 그러므로 우리는 항상 이 두 가지 사명을 중심으로 이 문제를 검토해보지 않을 수 없다.

첫째로 지금 이 나라의 언론은 어떤 인간상 혹은 사회상을 묘사함에 있어서 어느 정도의 정확도를 가지고 있는지 반성해볼 필요가 있다고 본다.

사실상의 인간상과, 신문에 반영된 그것 사이에는 가끔 상당한 거리가 있지나 않은가?

또는 어떤 「이벤트」가 일어나면, 그 보도된 「이벤트」와 사실상의 그것 사이에도 거리는 없는지? 물론 정확성을 결하는 이유에는 여러 가지가 있을 수 있고, 특히 사실묘사란 그 어려운 기술을 20년간에 극복한다는 것은 거의 불가능에 속할지 모르지만 언론의 지대한 사명감에서 볼 때에 일층 이 점에 대한 아쉬운 감이 없지 않다.

갑이 을에게 『당신은 하마같이 생긴 사람』이라고 야유할 때에 을은 그 뜻을 모르고 묵과하였으나 몇 달 지난 뒤에 을이 우연히 동물원에서 하마를 본 뒤에야 비로소 대노하여 갑에게 달려들며 갑의 따귀를 쳤다는 속담과 마찬가지로 국민이 모신문사의 보도가 사실과 맞지 않음을 모를 때까지는 묵묵히 있을 수 있으나 언제든지 사실은 진실 그대로 나타나고야 마는 것이 이 세상의 鐵則이다.

둘째로 「사회의 목탁」이란 「목탁」의 염불만 외고 있다고 되는 것이 아님은 물론이다. 여기에는 정당한 가치판단을 전제로 하느니 만큼 판단의 능력이 있어야 할 뿐만 아니라 참된 판단을 실천에 옮기는 용기가 수반되어야 한다. 가끔 사

* 중앙일보, 1967.9.22.에 실린 글이다. 이는 중앙일보 창간 2주년을 맞이하여 유기천 교수가 기고한 글이다. 「사회복지의 증진」은 중앙일보 社是의 핵심어에 해당하는 문구이다.

회의 어려운 일이 당면할 때에 『적당히』 슬쩍 넘기면 되는 줄 착각하기 쉬우나 이 세상에 진리는 결코 죽는 일이 없다.

대중은 우매한 것 같이 보일지 모르나 진리는 항상 대중 속에서 소생하고 再燃된다. 신문과 사회와의 관계는 마치 혈액과 인체와의 관계를 방불케 한다. 신체에 있어서의 혈액은 흡수된 영양가를 신체 각 부문에 전달하는 역할을 할 뿐만 아니라 어떤 균이 인체에 침입할 때에는 이를 죽여 버리는 중대한 작용을 한다.

사회에 있어서의 신문 역시 「뉴스」보도를 정확히 할 책임뿐만이 아니라 사회의 참된 正論을 세울 중대한 책임을 지니고 있다. 혈액이 그 작용을 못하면 그 혈액을 바꾸어 버려야 하는 바와 같이 신문이 그 작용을 못하면 그 사회는 그 生理를 도로 찾을 권리가 생기고 사회는 그 생명을 되찾고야 마는 것이다.

한 나라의 사회복지를 증진시키는 길은 여러 가지가 있으나 그중 가장 중요한 것의 하나가 상술한 2대 사명을 다하는 언론기관을 가지는 데 있고 언론이 민주주의국가의 가장 큰 들보의 하나가 되는 所以도 바로 여기에 있다.

물론 언론은 혼자서 있는 것이 아니요, 사회 전체 특히 지성인과 함께 공존하고 있는 만큼 설사 언론이 그 본래의 역할을 다하지 못한다 치더라도 그 대부분의 책임이 지성인에 있음은 더 말할 필요가 없겠다. 그러나 사익이 아닌 公益을 추구하고 私利를 버리는, 私器가 아닌 公論을 위한 公器로서의 언론의 건재가 하도 아쉬워 하는 말이다.

7. 군사기밀 그 한계는*

검찰 당국의 「국가기밀」에 관한 견해는 독일형법 제99조(연방과 주의 이익을 위해 다른 나라로부터 비밀이 보존되어야 할 어떤 대상, 관찰, 문서, 도화, 조각, 도식, 보고서 등을 국가기밀로 본다)의 그것과 방불하다고 본다.

그러나 문제는 형식적인 「국가기밀의 정의」에 있는 것이 아니라 모든 개념이 상대적으로만 그 의미를 가지게 되는 것이므로 구체적인 상황을 좀 더 명백히 하지 않는 한 무어라 할 수 없다. 특히 「정당한 민주주의적 비판」의 가능성을 봉쇄하는 식의 해석을 하여서는 안 된다고 생각한다.

---

* 조선일보, 1968. 8. 4.에 실린 글이다. 당시 조선일보는 「동양통신」사건을 계기로 본 정부와 언론의 불씨에 관한 각계 인사의 의견을 다룬 특집에서 유기천 교수의 견해를 실었다. 이 글에서 유기천 은 「민주적 비판이 봉쇄되지 않아야 할 것」을 강조한다.

8. 민주적 기본질서*

서독헌법 제21조는 「민주적 기본질서」를 침해할 우려가 있는 정당은 위헌이라고 규정하여 실질적으로 공산당을 불법화하였다. 그 후 공산당에 의하여 그것은 독일통일을 방해하는 「위헌」적인 「헌법」이라고 헌법재판소에서까지 크게 문제되었던 것은 주지의 일이다. 또한 대한민국헌법 제7조 역시 동일한 규정을 갖고 있으며 이런 의미에서 이른바 「민주적 기본질서」란 어떤 개개인의 생명보다도 더 귀중한 이 나라의 國是인 것도 우리들이 다 잘 알고 있는 터이다. 우리의 그 많은 사랑하는 혈육의 생명·재산을 희생하면서까지 6·25의 혼란을 극복한 것도 바로 이 「민주적 기본질서」를 이 나라에 세워보겠다는 데에 기인한다고 할 수 있다. 그러나 지금 나는 여기서 「민주적 기본질서」가 무엇을 의미하느냐를 논할 계제도 아니요, 지면도 없음을 안다. 오직 최근 우연한 기회에 「배부전」저 『회오리바람에 떨어진 낙엽들』이란 소책자를 읽고 이 근본문제를 다시 상기해 본 것뿐이다.

이 책의 내용은, 자유당 시절에 경남 삼천포에서 백화점을 경영하던 배모씨가 당시 국회의원 정모씨에게 그 재산을 완전히 빼앗기고 수년간 법정투쟁을 하여 보았으나 결국 허사임을 알게 되자 그 분함에 못 이겨 자기 스스로의 생명을 끊으면서 유언하기를 『나의 원한을 풀어주는 유일의 길은 내 눈을 팔아서 부전(그의 아들의 이름)이 법과공부를 하여 이 더러운 세상에서 정의를 되찾게 해주기 바란다.』는 최후의 부탁을 남기고 숨진 그 사실을 사회에 호소하는 글이다. 물론 법을 모르는 사람의 글이요, 또는 너무도 감정에 격한 글이므로 몇 가지 문제점이 없는 바 아니나 어느 사회에서도 가끔 볼 수 있는 불우한 경우의 하나라고 그저 넘기기에는 너무나 비통한 일이다.

인용된 「러니드·한드」의 말같이 『죽는 것과 중병을 앓는 일 이외에는 재판에 관여하는 것처럼 더 무서운 일이 없다』는 정도로 재판을 통하여 정의가 실현되게 하는 일은 쉬운 일이 아니다. 그러나 조국건립의 기초요, 국토통일의 지도이념인 「민주적 기본질서」가 서있는 사회란 결국 인권이 보장되는 사회와 표리관계를 형성하는 이상, 나는 이 책의 저자에게 안이한 감상에만 빠져서 누구를

---

* 정확한 일시를 확인할 수 없으나 1969년 경으로 추정되는 모 일간지의 〈사회춘추〉란에 기고한 글이다.

비난하기보다 우리가 다 같이 이 나라의 한겨레이니 차라리 그 비통한 경험을 통하여 「민주적 기본질서」가 무엇을 의미하느냐를 정확히 이해하는 데서부터 시작하여 이 땅에 정의를 세우는 역군이 되어주기를 바라마지 않는다는 것을 말해두고 싶다.

9. 한국분단 심층분석*

처소가 어디든 간에 오늘을 사는 한민족에게 있어 지상최대의 과제는 역시 「통일」 바로 그것이다. 특히 지난해 11월의 베를린장벽 붕괴 이후 사실상의 통일을 이룬 독일 이후로 지구촌에 남은 유일한 분단국으로 지목되고 있는 우리로서는 「통일」이 한층 더 절실한 현안으로 대두되고 있는 것이다. 근자에 들어 남북총리회담의 성사를 비롯한 남북화해무드 고조가 일견 통일가능성을 희망적인 방향으로 유도하고는 있지만, 그러나 아직도 지배적인 시각은 통일로 가는 길이 멀고 험하다는 점이다. 본보는 창간 16주년을 맞아 전 서울대총장 유기천 박사의 특별기고 「한국분단 심층분석」을 게재한다. 〈편집자 주〉

얼마 전에 어느 미국 학자가 「한국이 통일되려면 앞으로도 20년쯤 더 있어야 한다.」고 한 적이 있다. 그런가 하면 작금의 국내외에서 부풀어 있는 상황으로는 마치 1, 2년에 통일이 이루어질 것 같은 낙관적인 기대를 갖는 사람들도 적지 않다.

그러나 필자는 이 두 가지 전망에 대해 모두 성급한 결론이라고 지적하지 않을 수 없다. 왜냐하면 이 같은 전망의 근거가 명확하지 않기 때문이다.

우리는 통일전망을 하기에 앞서 우리 국토의 분단이 왜, 어떻게 해서 이루어지게 되었는가하는 「분단의 본질」부터 밝혀야 한다.

요즘 본국의 운동권 학생들은 「미국이 한국분단의 원흉이므로 몰아내야 한다.」고는 자주 외치는데 필자는 이것이 무지의 소치라고 생각한다.

미국, 영국, 중국 등 3개국은 일찍이 1943년 11월 카이로선언에서 「적절한 시기에(in due course) 한국이 독립국가가 될 것을 인정한다」고 천명해 분단에 대한 어떠한 언급이나 징후도 없었던 것이다.

다만 제2차 세계대전의 끝 무렵인 1945년 2월 미국, 영국, 소련이 패전이 확실시되어가던 이른바 추축국(the Axis Powers) 처리에 관한 얄타협정(Yalta

---

* 이는 미주중앙일보, 1990.9.22.에 실린 글이다. 이 글에서 유기천은 남북 분단이 미·영·중·소의 「얄타협정」에서 비롯된 것이며 현재 한국은 지구촌 유일의 분단국가로 남아 세계 이목의 집중을 받고 있는바, 통일이 앞당겨질 전망이나 근거가 불투명하므로 "조국통일 낙관은 시기상조이며 아직도 멀고 험하다."고 얘기한다.

Conference)을 맺는 과정에서 소련 측이 독일격퇴 이후 2, 3개월 내에 대일본전투에 참여할 경우(독일에 관하여는 이미 미, 영, 불, 소 4개국이 분할통치하기로 원칙 결정), 노일전쟁 시 소련이 빼앗겼던 여순, 대련, 사할린 등의 반환을 인정하는 동시에 한국에 대해서도 독립정부수립 때까지 미, 영, 중, 소 등 4개국 관리 하에 신탁통치를 실시하겠다고 제안한 것이 분단의 근본요인이라면 요인이라 하겠다.

그러나 그 후 약속한 기간이 경과되어 감에도 불구하고 스탈린이 대일본 전투에 참여하지 않자 미, 영, 소 3개국 정상은 동독의 포츠담에서 회동, 상기 카이로선언을 재확인하면서 소련의 참여를 촉구하였던 것이다.

그런데 그때까지도 전투개입의지를 보이지 않고 있던 스탈린은 일본 측이 천황제 존속만을 조건으로 항복을 은밀히 제의해오자 내락을 해놓고는 한편으로 가장 유효적절한 참전시기를 물색하다가 1945년 8월 6일, 루즈벨트를 계승한 트루맨이 히로시마에 원폭을 투하하자 8월 8일 만주에서부터 전투를 개시, 나흘 후인 8월 10일 한반도에 소련군이 진주를 하게 된 것이다.

이 같은 스탈린의 책략은 루즈벨트가 병약하고, 아울러 자신을 능력 있는 지도자로 인식하고 있음에 착안한 변증법전술의 일환으로, 단지 5일간의 가벼운 전투만으로 얄타회담시에 제안됐던 이권을 챙겼을 뿐 아니라 이후 1949년에도 예의 변증법전술을 써서 공산당정권을 수립함으로써 유럽은 물론, 아시아에서의 패권을 확보하게 된 것이다.

변증법전술, 즉 Hegelian Marxism은 스탈린이 이미 히틀러의 정권획득 시에도 사용할 정도로 그의 전유물인 동시에 전가의 보도였다.

그는 1930년대 히틀러가 단지 37%의 국민적 지지를 받고 있었을 때, 비밀국책으로 히틀러 지원을 결정, 본인도 모르게 이미 철저한 반공주의자를 은밀히 돕기 시작했다.

그 결과 히틀러는 제3제국의 최고집권자가 됐고 결국 세계대전의 원흉이 된 것이다.

그보다 앞서서 스탈린은 손문의 혁명에도 예의 변증법전술을 적용시켜 신생 중국을 파시스트정권으로 유도해 부패를 유발한 다음, 종국적으로 파국을 맞도록 용의주도하게 밀어 붙인 것이다.

대전 후 국민당 정부의 부패로 공산당 정권이 들어선 것은 결코 우연이 아니며 그 배후에 스탈린의 조종이 있었음을 간과해서는 아니 된다.

특히 애석한 것은 해방 직전인 1945년 8월 11일, 미군 당국이 내린 군령의 내용이다.

이날 미군이 일본을 향해 선포한 군령 제1호는 「일본 점령지인 한반도 38선 이남에 미국이, 38선 이북에는 소련군이 각각 진주하니 일군은 항복하라」는 것이었다.

이로써 한반도의 분단은 이미 시작되고 있었다.

제2장

유기천에 대한 이해와 평가

1. 월송 유기천(1915~1998)의 생애

최 종 고

(서울대 명예교수, 한국인물전기학회장)

I. 인사말

월송 유기천(Paul K. Ryu, 1915~1998)의 탄생 100주년을 맞아 그의 생애를 발표해 달라는 부탁을 받고 제한된 시간 안에 어떤 방법으로 그 광범하고 풍부한 83년의 생애를 적절히 최선으로 서술할 수 있을까 많이 생각하였다. 9년 전인 2006년에 『자유와 정의의 지성 유기천』(한들, 총 500쪽)을 낸 전기가로서 그것을 단순히 요약하는 것도 적절치 않고, 그렇다고 어떤 사항이나 측면 하나만 각론적으로 추구하기도 그렇고, 생각하다 월송의 전 생애를 중요한 14개의 단면으로 조명해보기로 작정하였다. 이름을 붙인다면 성찰적 전기(reflexive biography)의 방법이라고 할 것이고, 위 전기 집필 이후에 발견한 새로운 사실과 근년의 생각들을 반영하려고 한다. 이런 방법을 택하는 것은 월송의 생애가 그분만의 생애가 아니라 우리 시대를 산 우리 자신의 이야기로 함께 생각해보자는 생각에서이다. 논문이 아니라 일종의 단계식 이야기로 풀어보고자 한다. 전기(biography)는 어차피 삶이야기(life story)이고, 역사(history)는 '그의 이야기'(his story)이다.

1. 출생과 가정적 배경

1915년 7월 5일 평양에서 태어난 유기천의 생애에 가정적 배경은 매우 중요한 사항이다. 그것은 법대 제자 김덕형이 쓴 『한국의 명가(名家)』(일지사)에도 들어있는 명가의 하나여서라기보다도 월송의 뇌리에는 평생 부모와 가계에 대한 생각이 강하게 작용하였기 때문이다. 그의 『형법학』 총론을 부인 실빙(Helen Silving)에게 바친 것은 유명한 에피소드이지만 각론은 부모님께 바쳤던 것도 잊어서는 안 된다. "이 소저를 씀에 있어 다소나마 어떤 정열이 있었다면 그 정열의 태반은 양친의 영향에서 나온 것이다"고 적었고, "오늘날 이 나라에서 가장 요구되고 또한 저자가 가장 강력히 사모하는 성실성, 용기, 근면의 3가치의 Urbild도 양친에게 발견된다"고 적었다. "나는 건강이 약한 편이어서 일년에도 수차 감기로 신음하는 일이 있으나 모친은 평생 감기라고는 앓아본 일이 없고 부지런만 하면 감기 드는 법이 없다고 말씀 하신다"고도 적었다. 사실 모친은 미국 간 아들에게 카셋트로 안부를 전하면서 "나는 기천이를 보기 위해 눈을 뜨고 죽을란다"고 하였다. 또한 부친과 함께 산정현교회 장로이던 조만식을 존경하며 자랐다. 모두 의사가 되었지만 6형재 중 월송만 법학자가 되었다.

무엇보다 공산주의자들에게 대동강변에서 총살당한 순교자의 아들이라는 자의식이 평생 작용하였고, 지금도 고양의 후암동교회 묘지에 월송-실빙 묘지 위에 부모님의 묘소를 모시고 있다.

2. 경성제대와 동경제대

월송에게 주목되는 궁금한 사항의 또 하나는 학력과 신앙에 관한 것이다. 그는 알다시피 평양에서 나서 평양고보가 아닌 미션계 숭실고보를 1933년 3월에 졸업하고 경성제대 예과에 응시하였다. 필기시험을 끝내고 구술시험에서 교수가 성경이 무엇이냐고 농담조로 묻는 데에 분개하여 성경도 모르는 교수의 대학에서 공부할 수 없다고 그 길로 돌아서 나왔다. 일본으로 가서 히메지(姬路)고등학교에 입학하여 3년간 더 배우고 동경제대에 합격하였다. 이래서 결국 경성제대파가 아닌 동경제대파가 된 것이다. 이런 다소 미묘한 계기가 후일 서울법대사에서 이른바 동대파 대 성대파라는 인맥관계를 만들었고, 월송은 동대파에 속하여 숱한 인간사와 화제를 만들게 된 것이다.

동경제대에서의 자신의 모습에 대해 이렇게 적었다. "나는 교수를 가히 외경의 눈으로 바라보면서 혹시나 내가 교수가 될 수 있지 않을까 하는 막연한 꿈을 키워보기도 했다. 그러나 엄연한 현실의 벽은 너무나 높았고, 그 벽은 반도 출신의 작은 청년에게는 실제의 높이보다 더욱 높게 느껴졌다. 조선인이 제국대학의 교수가 된다는 것 자체가 불령선인(不逞鮮人)으로 간주되기 십상이었다."

그의 스승인 단도 시게미츠(團藤重光) 교수와 단도의 장인이자 도호쿠(東北)대학 민법교수 가츠모토 마사아키라(勝本正晃, 1895~1993)와의 관계가 주목된다. 그래서 도호쿠대학에 가서 이 주변을 한번 정리한다고 벼르었는데, 비로소 시간이 허락된 것은 2012년에 와서였다. 그 체험을 『월송회보』에 간단히 적었지만, 후일 가츠모토의 수상집 『궤변산어(机邊散語)』(1975)를 읽고 얼마나 해박하고 예술적 조예가 깊은 학자인 줄 알게 되었다. 가츠모토의 맏딸, 그러니까 단도 교수의 처형과의 애틋한 연민도 있었겠지만, 월송은 후일에도 일본에 갈 때마다 가츠모토, 단도 교수 가족을 만났고, 월송의 풍부한 인문학적 교양과 사상이 여기에 힘입은 바 크다고 추측된다. 서울법대 도서관에 소장된 가츠모토의 『궤변산어』는 월송에게 저자가 직접 서명해준 책인데, 유려한 만년필체로 To Dr. Paul K. Ryu, my old & Junior friend with recollections of hard old days, your M. Katsumoto라고 적혀있다. 이 책은 서울에서 샌디에고에 갔다가 다시 서울로 돌아와 서울법대 도서관에 기증 보관되어있다.

단도 교수는 월송 고희기념논집에도 기고하였고, 추모문집에 월송에 관한 회상기를 쓰기도 했다. 단도의 회고록 『내 마음의 여로』(1986)에는 유기천에 대한 언급이 나오고, 이 책을 손수 싸인 하여 선사하였다. To My Dear Friends Prof. Dr. Paul K. Ryu and Prof. Dr. Helen Silving, with High Esteem and Affection, S. Dando Tokyo, December 20, 1986으로 적혀있다. 이 책은 월송이 자신의 언급 부분에 손수 밑줄을 치고 간직하다 작고 후 서울대 중앙도서관에 기증되었다. 법학서로 분류되어 현재 법학도서관에 소장되어있다.

3. 해방과 6 · 25전쟁

센다이에 사는 200명 가량의 조선인이 해방을 맞아 모였는데, 애국가를 자신 있게 아는 사람이 없어 월송이 스코틀랜드 민요 "올드 랭 사인"의 곡에 애국가 가사를 붙여 선창하였다. 영어를 잘 하는 월송이 조선인연맹의 위원장이 되어

진로를 논의를 하였으나 귀국여부를 두고 의견이 분분하였다. 1946년 2월, 10년 간의 일본생활을 마감하고 귀환선으로 고국에 돌아왔다. 그해 4월부터 경성법학 전문학교 교수가 되었으나 미군정에 의해 서울대학교 법과대학으로 편입되었다.

새 서울법대 조교수로 부임하였는데, 초대 학장은 동경제대 선배 고병국이었다. 경성제대 출신 유진오도 강의를 하였으나 이미 보성전문학교에 소속되어있었고, 성대파 대 동대파의 신경전 속에서 고려대로 갔다. 월송은 평양선배인 오천석 문교차장과 가까워 대학개혁과 법대건설에 박차를 가하였고, 김치선, 진재영, 오성식, 조성윤 같은 제자들의 협력을 받았다. 한편 좌우익 학생대립 속에서 좌익들의 방해에 대하여는 단호히 대처하였다. 1949년에는 노용희, 김용래 등 제자들과 이리스(Iris)회라는 형사법연구회를 만들기도 하였다.

이렇게 기초를 놓아가던 1950년 6월 25일 불의의 전쟁이 터졌다. 진승록 학장은 학교를 지키다 좌익학생들의 유인으로 평양에까지 납치되어 4개월 후에야 돌아올 수 있었다. 월송은 학장서리로 부산으로 내려가 전시연합대학에서 궁핍한 법대행정을 운영해갔다. 이 당시의 처절한 모습은 김성칠교수의 일기 『역사 앞에서』(창작과 비평사)에 잘 기록되어 있다. 당시 학생이던 이태영(변호사)도 회고록에서 자상히 적어 두고 있다. 법대 교문에 "*Fiat Justitia Ruat Caelum*"(하늘이 무너져도 정의를 세우라)이라는 라틴어 아취를 세우는 배포와 여유를 보여주기도 했다. 이 문구는 오늘날까지 법대생의 가장 사랑받는 모토가 되어있다. 교수충원도 필요해 신태환, 이한기, 황산덕, 김기두가 모두 이때 임용되었다. 이때 학생회 간부들을 시켜 정중히 교수로 모시는 절차를 밟게 했다고 오성식은 기억하고 있다.

4. 미국유학과 법학박사학위

월송은 위기를 기회로 활용하는 능력의 소유자였다. 그는 전쟁이 장기화되는 가운데 1952년 1년간 스미스 문트(Smith-Mundt) 장학금을 받아 예일대학에 연구교수로 유학할 수 있었다. 돌아와 얼마 후 다시 1954년에 교수로 승진하고 다시 하버드 로스쿨로 연구하러 떠났다. 교수들 중에는 이를 질투하고 비판하는 소리도 있었다. 그러나 간 김에 박사과정까지 밟아 1958년에 〈한국문화와 형사책임(Korean Culture and Criminal Responsibility)〉이란 논문으로 한국인 최초로 법학박사(JSD) 학위를 받았다. 여기에는 동향인이자 학문적 동지인 정대위(후일 건국대 총장)가 있어 인류학과 종교학의 영향을 받기도 하였다. 월송의 학문이 돋보이는 것은 이렇게 학제적 연구를 하고 그것을 법학교육에 응용하였다는 점이다. 1962년에 세운 사법대학원에서 월송은 정대위와 함께 〈법과 문화〉라는 공동강의를 하였다. 월송은 예일의 맥두걸(Myres MacDougal)과 노스롭(Filmer Northrop), 라스웰(Harold Lasswell) 같은 스승들과 평생 교우를 유지했고, '뉴헤이븐 법철학파'(New Haven School of Jurisprudence)를 서울법대에서 접목 계승한 것이라 볼 수 있다. 이것은 한국법학사에서 중요한 의미를 지닌다고 본다.

이 무렵에 한국에서는 한국법학원(Korean Legal Center)의 설립이 추진되고 있었는데, 월송은 근본적으로 이런 기관은 정부쪽보다 법학계에 있어야한다고 생각하여 예일대와 제휴하려는 노력을 하였다. 그러나 한국법학원이 대학 밖에 설립되자 월송은 1962년 서울법대 산하에 사법대학원을 세웠다. 그러나 사법대학원도 오래 가지 못하고 사법부 산하 사법연수원으로 변모되고 말았다.

어쨌든 월송은 우수한 서울법대 제자들을 눈여겨 주목하여 유학의 길을 열어주면서 후일 법학계의 중량으로 삼으려고 원대한 설계를 하였다. 그렇지만 이들이 눈앞의 고등고시 사법시험을 보고 합격하면 실무계의 길로 가게 되어 학자양성의 꿈은 순탄치 않았다.

이렇게 1950~60년대의 월송의 꿈은 한국법학의 견인차이자 또한 좌절의 씨앗을 안고 있었다.

5. 실빙과의 결혼

월송의 학문과 활동을 세계적으로 확대시킨 것은 그의 능력과 함께 학문적 동료 헬렌 실빙(1906~1993) 박사와의 결혼을 통해서였다. 9세 연상이요 정통 유대인(Orthodox Jew)인 실빙과의 결합은 결코 쉬운 일이 아니었다. 켈젠(Hans Kelsen)은 미모의 지식인 여성을 차지한 월송을 "럭키 가이(lucky guy)"라 축하해주었다. 비엔나대학의 제자 겸 조수요 '애인'이라고까지 불린 실빙을 통해 이 3인의 평생에 걸친 교류는 세계 법학사의 에피소드다. 유대인의 운명으로 유럽에서 미국으로 건너온 망명학자(immigrant scholar)인 켈젠과 실빙은 모두 하버드에서 생존하지 못하고 켈젠은 캘리포니아의 버클리대학 정치학교수로 갔고, 대신 실빙을 푸에르토 리코대학으로 가게 했던 것이다. 하버드에서 실빙과 월송이 처음 만난 러브 스토리는『형법학』총론 교과서 서문에 쓰인 대로 하버드 법대 케이버스(David Cavers) 학장댁의 점심초대석에서 시작되었는데, 이 한국인-유대인의 결합은 이 두 학자에게 법학연구와 발표에서 세계적으로 류-실빙 공저자(Ryu-Silving Co-authorship)의 필명을 드높였다. 그리고 한국인과 유대인의 관계에 대한 학문적 연구과제를 한국학계에 제시해주었다. 월송 자신은 인류학적 관점에서 유대인과 한국인의 공통점을 29가지로 연구하여 발표하였다.

필자는 2009년 1월에 이스라엘의 텔아비브대학에서 〈동아시아법철학(East Asian Jurisprudence)〉을 강의하였는데, 그 때 이스라엘의 법조계와 법학계에 실빙의 명성이 얼마나 높은지 실감하였다. 그것은 무엇보다 실빙이 신생 이스라엘국의 법적 기초를 놓은 이른바 '하버드-이스라엘 프로젝트(Harvard-Israel Project)'의 3인의 연구원 가운데 홍일점이었다는 사실과, 실빙의 여동생이 이스라엘 수스만(Susmannn) 대법원장의 부인이었기 때문이었다. 현대 이스라엘의 최대 법학자요 대법원 판사이면서 『예수의 재판과 죽음(*Trial and Death of Jesus*)』의 저자인 하임 코온(Chaim Cohn)의 미망인 미칼(Michal Cohn)여사(피아니스트요 이스라엘 예술원장)는 필자에게 실빙이 한국으로 시집가면 시부모님이 돌아가실 때까지 여행도 못하고 함께 지내야한다고 매우 걱정하더라는 얘기까지 들려주었다.

6. 하와이 동서철학자대회

1959년 호놀룰루에 있는 하와이대학 철학부에서 주최하는 동서철학자대회(East-West Philosophers Conference)에서 월송은 "'Field Theory' in the Study of Culture: Its Application to Korean Culture"라는 제목의 주제 강연을 하였다. 철학이 전공이 아니지만 세계의 철학자와 저명학자들이 10년마다 한 번씩 모이는 이 세계적 학회에서 한국을 대표하여 이런 발표를 한 것은 탁월한 능력을 말해주는 것이었다. 이때 찍은 단체기념사진을 보면 맨 앞줄 중앙에 월송이 서있다. 여기에는 20세기를 대표하는 시드니 훅크, 찰스 무어 등의 서양학자와 일본의 스즈키 다이가츠(鈴木大拙), 중국의 후시(胡適)과 우칭슝(吳經熊) 같은 학자들이 서있다. 이 사진은 매우 뜻있는 사진이어서 서울법대 역사관에서 〈유기천의 법학세계〉 전시회를 마치고 판넬로 만들어 4층의 〈유기천세미나실〉 벽에 붙박이로 걸어놓았다. 위 발표문은 *Philosophy and Culture East and West*(1960)에 실렸고, 현재 국내에서 2013년 법문사에서 낸 영문논문집 *Law in the Free Society: Legal Theories and Thoughts of Paul K. Ryu*(2013)에도 실려 있다(동서, 455~476쪽)

7. 서울법대 학장과 서울대 총장

1960년대 이전의 월송은 법대에서 한국법학의 기초를 놓는 아카데미즘에 충실해 정치와 무관한 전형적 학자였다. 4·19학생혁명에 의한 대학의 정치화와 함께 그는 본의 아니게 정치화되었다.

그가 5·16군사쿠데타와 군사정치에 대하여 어떤 견해를 가졌는지는 선명하지 않다. 당시 서울대 교수들도 5·16을 지지하였고, 재건본부와 위원회에 참여하는 이도 적지 않았다. 월송은 그런 활동은 하지 않고 있다가 1961~65년 서울법대 학장을 지냈다. '대학의 자유'를 강조하고, 1962년 4월 사법대학원을 개원하였다.

1965년 5월 22일 유학장은 데모를 주동한 법대생 33명 처벌은 교육적 행위라고 주장하였다. 이것 때문에 그는 학생들로부터 비판되었으나 1965년 8월 23일에 박정희 대통령에 의해 총장으로 임명되었는데, 그의 마음속에는 사법대학원을 발전시키려는 '계산'이 깃들여 있었다. 그러나 1년 3개월 후 총장직 사퇴와 함께 사법대학원이 1970년에 폐지되자, 박 대통령에 대한 그의 불신은 확고해졌다. 대신 1962년 6월 10일 설립된 중앙정보부가 전횡하는 것을 목도하였다.

총장 취임은 1965년 9월 15일이었는데, 당시의 상황이 얼마나 절박한지는 그의 취임사의 첫 마디가 눈물로 시작되고 있는 데서 볼 수 있다.

"본인은 금일 본대학교의 제9대 총장으로서의 중차대한 임무를 맡으려함
에 있어서 먼저 눈시울이 뜨거워짐을 고백하지 않을 수 없습니다. 본 대학이

창설된 지 금일로써 불과 18년 11월밖에 되지 않았건만 벌써 9인의 책임자가 경질되지 않으면 안 되었다는 이 엄연한 사실만 상기하여 보더라도, 이 대학에는 어떤 불상사가 있었고 현재도 존재하는 것을 볼 수 있는 듯합니다. 어떠한 의미에서도 정상적이 아닌 본 대학의 이러한 현실은 우리들이 먼저 성찰해보아야 할 과제일 줄 믿습니다. 물론 문제는 좀 더 심각한 면에 개재하고 있는 것 같습니다. 좀 더 심각한 문제는 우리 대학의 존립을 위태하게 하는 혼란의 일부가 우리들의 쟁취된 자유권 밑에서 육성되고, 언젠가는 우리 교수들을 계승하여야할 사랑하는 우리의 학생들의 탈선이 있다는 웃지 못할 이 현실은 생각하면 생각할수록 落淚함이 없이 관망하기 어려울듯합니다." (전문은 『자유사회의 법과 정의』, 법문사, 2015, 138~145쪽).

총장으로서의 공식적 축사는 취임사 외에 19회 후기졸업식사(1965.9.30), 신년사(1965.1.6), 20회 졸업식사(1966.2.26), 1966학년도 입학식사(1966.3.2), 개교 20주년 기념사(1966.10.15), 이임사(1966.11.30)가 있다(모두 위 책, 138-170쪽 수록). 총장 축사에서는 본인의 생각을 담는 것은 물론 세계 석학과 현자의 명언을 언급하는 예가 많은데, 유총장도 뽀앙까레(Poincare), 쾨베르(Koeber), 야스퍼스(K. Jaspers) 등을 언급한다. 개교 20주년 식사에서는 야스퍼스의 "한 나라의 젊은이들이 능히 자율적인 사고를 할 수 있는 고상한 동기를 가지고 노력할 수 있는 한 그 국가는 희망이 있다"는 표현을 인용하고 있다. 이 자리에는 아시아재단을 대표하여 윌리엄스(Haydn Williams)박사가 참석하였는데, 특별히 감사를 표하였다. 월송은 법대에서 아시아재단의 지원을 받아 최초로 한국법원의 판례를 복사하여 교재를 만드는 사업을 수행하는 등 아시아재단의 도움을 받아왔다. 성서의 People without vision will perish(비젼 없는 국민은 망한다)라는 표현도 인용하고, 알키메데스가 시라큐스 함락시에 한 *Noli turbar circulos meos*(내가 그린 圓을 침범치 말라)던 동일한 기백으로 서울대학교를 지키고 이 대학의 사명을 다할 수 있다면 본인의 소원은 그 이상 없을 것이라고도 하였다. 그러면서도 대학의 자유를 강조하면서 아직도 후진국으로서의 한국의 대학으로서의 서울대학교의 국제적 수준은 낮다고 현실적으로 지적하면서 비상한 각오를 가져야한다고 지적하기를 잊지 않았다. 개교 20주년을 기해 처음으로 『서울대학교 20년사』를 발간하고, 서울대 발전 6개년 계획을 발표하고, 특히 종합화를 위해 낙산 일대를 구입하여 캠퍼스를 확대하는 '유기천안'을 내었다. 그러나 이 안은 청와대에서 보류되고 후일 1970년대에 들어서 관악산으로 이전하였다.

또 한 가지 인상적인 것은, 총장 식사나 교과서, 기고문 같은 데에 라틴어나 독일어 Urbild(원형상), philosophieren(철학하기), Sackgasse(막다른 골목) 같은 원어표현을 현학적으로(?) 그대로 쓰고 있다는 점이다. 법대의 *Fides*지 창간호 (1963)의 제호를 직접 지어주면서 혹자는 왜 라틴어로 쓰느냐고 하겠지만 그런 쇼비니즘적 불만은 외국에도 없는 바 아니나 주관적 애국주의는 극복되어야한 것이 학문의 세계라 하였다. 실로 세계적 지성의 면모를 느끼게 한다.

한편 유총장은 박정희 대통령에 의해 임명되는 것 자체가 어용총장이란 렛텔을 달고 학생과 교수들로부터 배척되는 면도 있었다. 그는 미국식 자유민주주의를 배웠지만 민족적 민족주의를 이해하였고, 경제성장을 위한 일본자본 차관, 한일회담과 국교정상화, '반공'국시에 공감하였다.

1965년 10월 개교 20주년 기념이 지나도 학생데모는 계속되었고, 한 달도 안되어 11월 5일 동아일보에 '쌍권총 총장'이란 고바우영감 만화가 나갔고, 11월 10일 1년 총장직을 사임하였다. 재직 1년 3개월 만의 사임이었고, 11월 30일 이임식을 가졌고 후임총장은 상대의 최문환 교수였다.

8. 유신획책 발설과 은신

1967년 이후 박정희 정권은 강화되고, 월송에게는 가장 어려운 시기였다. 박대통령은 1970월 3월 16일 관악산 골프장을 서울대 캠퍼스로 한다고 친서를 발표했다. 이로써 그렇게 분분하던 서울대 이전논의는 말끔히 가라앉았다. 누구도 이의를 제기할 수 없었다. 월송은 10월 15일 〈조선일보〉에 '우려되는 분산화'라는 글을 썼다. 이 단문은 월송문집 『자유사회의 법과 정의』(2003)에 누락되었기 때문에 여기 싣는다.

작년 9월 이래 약 1년간 외국에 나가있다 돌아온 지 얼마 되지 않아 그동안 서울대 새 캠퍼스건립안이 어느 정도 진척되고 있는지 상세히 알고 있지는 못하고 있다. 대학의 캠퍼스가 거창한 것이 물론 나쁠 리는 없다. 하지만 특히 대학은 건물보다는 내실이 돋보여야 한다. 일본의 젊은이들이 一高라든지 동경제대에 입학하기 위해 몇 년이고 낙방의 고배를 마시면서도 찌그러진 목조건물도 마다하고 기어코 이들 학교에 입학코자 머리를 싸매고 전념한 것은 오로지 다년간 쌓여진 고매한 학풍에 젖어들기 위한 일념에서였다.

관악산 메인캠퍼스 건설안은 오히려 그 취지를 벗어나 캠퍼스 종합화가 아닌 분산화가 되지 않을지 우려된다. 지금의 서울대 캠퍼스는 工大와 농대만이 떨어져있고 음대 치대 등이 본부에 들어온 것을 계기로 메디컬 캠퍼스나 기타 인문 사회계가 모두 한 자리에 모여 있지 않는가? 장기계획대로라면 캠퍼스 자체가 시내와 동떨어져 연주회, 학술강연 등 시민생활에의 기여 참여라는 현대적 의미의 대학사명을 발휘하기 어렵게 되는데 이런 점도 앞으로의 건립진행절차에서 충분히 고려되어야 할 줄 안다.

다만 경제개발계획에 긴요한 내용조달 등 재원이 시급한데 근 2백억 원의 건설비를 어떻게 염출해나갈 것인지(물론 총비용 중 절반은 기존시설매각으로 자체 충원이 가능하다지만) 걱정된다. 서울대 건설은 여야 정치인의 차원을 넘어 국가적 사업으로 추진되어야할 것이며 또 대학은 정치세력이나 그 밖의 불순한 외부세력으로부터 철저히 독립하여 창조적 학풍을 가꿔가야 하리라고 생각한다.

시간강사 신세이던 월송은 1971년 4월 12일 형법강의시간에 박대통령의 유신음모를 최초로 폭로하였다. 법대생들이 내던 〈자유의 종〉지에 요약문이 실렸다. 유교수는 독일 프라이부르크의 막스 플랑크 형법연구소로 떠났다가 그해 가을에 귀국하였다. 학생들은 강제출국이라고 떠들고 있었다. 11월 11일 교수회의에서 월송은 학생들의 구속경위를 따졌다. 회의를 마치고 나오면서 황적인 교수에게 "박정희는 임기가 끝나면 잡아가둘 수 있다"고 귓속말을 했다고 황교수는 적고 있다. 다음날 기관원이 체포하러 왔지만 제자 박종연 검사의 귀띔 전화를 받고 피신하여 1972년 1월까지 두 달 12일간 이곳저곳에 은신하였다. 잡히면 주사 맞고 정신병자가 된다고 하였다. 물론 가족들 외에도 숨어서 돕는 사람들도 있었다.

정부는 이 기간 중 1972년 1월 7일자로 교수직에서 파면하였다. 박세경 변호사에게 의뢰하여 행정처분 취소를 제소하였다. 8년간 잠자다 1980년에야 승소하였다.

9. 망명, 반정부와 민주화운동

1972년 1월 20일 출국통지를 받고 부랴부랴 출국하여 푸에르토 리코로 갔다. 우선 자신을 걱정해준 분들에게 장문의 영문으로 감사편지를 썼다(원문과 번역문은 전기, 301~309쪽) 그 다음 한 일은 유신헌법을 영어로 번역하여 얼마나 악법인가를 전 세계에 알리는 일이었다. 최근 김대중도서관에 있는 핸더슨(Gregory Henderson) 서신을 열람해보니 핸더슨이 김대중에게 이 사실을 알리며 유기천과 접촉하도록 권한 사실이 밝혀진다. 그래서인지 김대중은 1973년 월송에게 전화를 걸어 중간지점인 마이애미에서 두 번 월송을 만났는데, 더 이상 어떤 일을 함께 했는지는 아직 밝혀지지 않았다. 일본으로 가지 말라고 했는데 굳이 가더니 납치되었다고 회고하였다. 버클리에 있는 서울대 정치학과 주임교수 출신의 최봉윤과도 접촉하였는데, 필자가 1987년 가을 방문했을 때 월송이 쓴 동아일보 광고금지사태에 도움을 주자는 격려문을 본 일이 있다. 아무튼 월송의 26년간의 재미시절의 활동에 대하여는 보다 본격적인 연구를 할 여지를 남겨두고 있다.

최대권교수의 증언에 따르면, 푸에르토 리코에서 버클리를 방문한 월송은 스칼라피노(R. Scalapino)교수를 만나 공산주의 연구를 할 테니 연구비를 지원해달라는 요청을 하기도 했다. 그것이 이루어지지는 않았지만, 월송은 필자에게도 한국의 현대사를 파악하려면 스탈린을 잘 알아야한다고 몇 번 말씀하신 기억이 난다.

10. 샌디에고에서의 만년

푸에르토리코에서의 생활은 유쾌하지 못하였고, 샌디에고로 옮긴 후에도 강의는 잠시 하고 만년에 독서와 저술에 집중하였다. 실빙의 회고록(*Helen Silving Memoirs*)에도 한 챕터를 빌려 월송이 직접 쓰기도 하였다. 마지막 저술은 『세계혁명(*The World Revolution*)』이었다.

1979년 10월 박정희 저격 이후 이른바 '서울의 봄'이 찾아왔다. 이한기 학장의 요청으로 1980년 3월 강의를 위해 귀국하였다. 13년 만에 강단에 다시 선 월송을 보기 위해 학생보다 많은 신문기자와 일반인이 강의실을 메웠다. 그러나 그것도 잠깐, 두 달이 지나 5.17 전두환 쿠데타가 있자 급히 미국으로 다시 돌아갔다. 그 후부터는 민주화과정에서 일 년에 한 두 번씩 서울에 다녀갔다. 한국의 정치상황이 어떻게 전개되는지 항상 예민한 관심을 기울였다. 1987년 김영삼과 김대중의 야당 단일화가 초미의 이슈로 등장하자 월송은 직접 편지를 써 단일화를 촉구하였다.

1990년대에도 매년 4월과 9월에는 서울에 나와 한 보름씩 머물다 가셨다. 지인과 제자들을 불러 식사를 하면서 광범한 대화를 나누었다. 필자도 배재식 학장과 한번 코리아나호텔 양식당으로 나갔는데, 정권이 바뀌어도 나아진 것이 없다면서 질책을 하시는데 한일포럼 대표를 지내는 배학장도 아무 대꾸도 못하고 듣기만 했다. 1993년 무렵 김상철 변호사가 주도하는 한미우호협회에 참여하시기도 하였다.

1993년 2월 26일 실빙의 서거 소식이 들리자, 필자는 서울법대에서 추모회를 주선하여 5월 7일 개최되었다. 월송은 장장 3시간 가까이 회고담을 하였고, 이태영, 이항녕, 남흥우, 문상익, 김찬진 등 많은 가까운 인사들과 환담하였다. 여기서 한국인과 유대인의 유사점 29가지를 설명하기도 하였다.

1997년 김대중이 대통령으로 입후보할 무렵 월송은 지인들에게 대통령출마의 뜻을 비쳐 모두를 놀라게 하였다. 여럿이 만류하여 이루어지지 않았다. 드디어 김대중이 대통령으로 당선되는 것을 보면서 적십자병원에 입원하였다. 빨리 샌디에고로 옮겨 대학병원에서 심장수술을 받았다. 병상에서 보크(Robert H. Bork)판사의 책 『고모라에의 질주』(*Slouching Towards Gomorrah: Modern Liberalism and American Decline, 1996*)를 밑줄 쳐가며 읽었다. 퇴원하고 요양원에서 일 주일간 쉬고 집에 와 일주일 정양하였다. 1998년 6월 25일 아침 8시, 식탁에서 일어나다 현기증으로 쓰러졌다. "Party, logic, foundation"이란 말을 하였는데, 무슨 뜻인지 모른다. 또 동생 유기묵 박사에게 "Ask Joe to bring me back to the original place!"라고 했다.

11. 고양의 안식처

월송의 부음이 한국에 알려진 것은 1998년 6월 27일이었다. 언론은 향년 83세의 죽음을 "장서와 전 재산의 서울법대 기증"이라 특필하였다. 동생 유기진 박사가 유해를 모셔와 7월 15일에 서울대학교 병원교회에서 고별예배와 영결식이 거행되었다.

월송의 안식처는 경기도 고양의 후암동교회 묘지 가장자리에 있는데, 부모님의 묘지 아래 부인 실빙과 합장하여 서양식 묘비석을 크게 세운 것이다. 이것은 실빙이 1960년대에 예루살렘에서 동생이 원하면 성 앞에 묘를 장만하겠다고 제의할 때 단호히 "No, I am married with a Korean Christian."이라고 답할 때부터 이미 작정되어있었다. 1993년에 실빙이 먼저 작고했을 때 월송은 오래 동안 유골을 간직하다 한국에 나와 이곳에 매장하였고, 5년 후에 자신도 따라간 것이다.

12. 한국 지성사와의 연결

마지막으로 필자는 월송이 한 법학자로서만 자리매김 되기에는 한국문화와 지성사에 연결되는 인물임을 지적하고 싶다. 그의 박사논문과 한국문화론에 대하여는 많은 연구가 기울여지고 있는데, 여기서는 다른 두 측면을 얘기하고자 한다.

(1) 월송과 괴테

월송은 동경제대에서 공부할 당시의 지적 분위기도 그랬듯이 독일어와 괴테에 대한 관심이 높았다. 일본에서만 그런 것이 아니고, 경성제대를 다닌 유진오, 이항녕 같은 법학도들도 한국의 괴테가 되기를 꿈꾸었다고 기록하고, 월송도 저술들 속에서 괴테를 가끔 인용하고 있다. 그중 가장 인상적인 인용은 이러하다. "법률가의 사명은 다른 직업인들의 그것과 다르다. '좀치기 지식은 도리어 위험하다'는 속담처럼, 법조인 중에는 '인간은 지극히 적은, 비천한 지능을 향유하고, 마치 스스로가 신(神)인 것 같이 착각하고 있다'(Mit dem bischen dreckigen Verstand, den der Mensch hat, wähnt er sich ein Gott zu sein.)의 괴테의 말이

들어맞는 듯한 경우가 있다". 월송은 여기서 더 나아가 참된 사명을 다하지 못하는 법률가는 그리스도가 말씀한 바와 같이 이 세상에 태어나지 않았음이 좋았을 것이다고까지 한다. 법률가는 참된 사명이 무엇인지를 깨닫는 데서 직업이 시작된다고 하고, 부스러기 지식을 가졌다고 그 사회적 지도력을 가졌다고 자처한다면 가소로운 일이라 하였다. 파우스트적 통섭적 지성을 요구하고 있다.

그런데 월송은 최후 저서『세계혁명』(*The World Revolution*)에서 인간의 오만한 지성을 말하면서『파우스트』에서 "태초에 말씀(logos)이 있었던 것이 아니라 행동(Tat)이 있었다고 고쳐 써야 한다"는 구절을 지적한다. 이 부분에 대한 학자들의 많은 토론이 있지만, 월송이 괴테를 러셀(B. Russel)과 함께 오만한 혹은 피상적 지성인으로 본 것 같은 인상을 준다. 물론 월송이『세계혁명』을 쓸 때는 8순이 넘은 노년기이고, 신앙심이 더욱 고조된 때였다. 어쩜 인간의 지성이 신앙의 관점에서 너무 허약하고 왜소한 것으로 보일 때였다고 하겠다. 아무튼 월송의 장서 가운데 괴테의 책이 많고, 서울대 도서관에 기증한 월송장서 가운데 괴테에 관한 것들은 괴테코너에 꽂혀있다.

러시아의 파스테르나크(Boris Pasternak)는『의사 지바고』를 쓴 소설가로 알려져 있지만 실은 시인, 번역가이기도 했다. 그는 괴테의『파우스트』의 러시아어 번역자이다. 그런데 지바고의 연인 라라의 모델이 된 여성은 파스테르나크의 연인 올가 이빈스카야(Olga Ivinskaya)라는 여류문필가였다. 그녀는 파스테르나크의 유품을 정리하여 회고록 *A Captive of Time*(1978)을 출간하였는데, 서울대도서관에 소장되어있다. 그런데 이 책에는 "전 서울대 총장 법과대학 유기천 교수 기증"이라 표시되어 있다. 월송의 장서는 서울에서 샌디에고로 가져간 것을 서거 후 다시 서울로 가져와 전 유기천재단 이사장 황적인 교수의 노력으로 서울대 도서관에 1천여 권 기증되었다. 이 속에 이런 풍부한 서적이 포함되어있는 것이 인상적이며, 월송의 지성적 폭을 다시 말해준다.

(2) 월송과 영운 모윤숙

월송의 인간적인 면을 이해하는 데에 여류시인 모윤숙(1909~90)여사와의 교제를 빠뜨릴 수 없다. 영운이란 호는 춘원 이광수가 지어주었고, 월송이란 호는 영운이 지어주었다. 월송이 중앙정보부의 체포를 피해 2개월 12일간 서울 등지를 피신해있을 때 영운은 비밀리 도움을 주면서 끝내 월송의 도미를 만류하였

다. 그러나 끝내 도미하자 그 심정을 쓴 시편을 보내기도 하고, 전집 속에 실려
있다. 월송이 보낸 한 편지를 보면, 월송의 정서와 민족적 사명감을 볼 수 있다.

"(전략) 저는 그러나 정신없이 헤매이던 지나간 반년 동안에도 쉴 곳을 찾
아 앉게 되면 반드시 내 나름대로의 노래를 불러왔습니다. 그 노래란 〈청평호
의 노래〉입니다. 80년 여름 청평호수가에서 Marian과 같이 부르던 노래는 "기
러기 울어대는...." 등 딴 사람이 지은 노래였지만 제가 제일 흥이 나서 부르는
노래는 역시 拙作의 노래(대동강의 노래, 추억의 노래 등등)입니다. 그때 그곳
에서 곧 작사는 못했지만, 한 fantasy를 얻었고 근년에는 청평호 상의 그날을
추억하면서 이 노래를 부르고 있습니다. 이 노래는 꼭 그 장소에서 꼭 Marian
과 나만이 같이 불러야만 그 뜻이 나타나게 될 것이고 딴 사람들은 읽어보아
도 그 의미를 모를 것입니다. 불행히도 나는 음악은 좋아하면서도 음악가가 못
되어서 작곡은 못하고 딴사람의 작곡(이 경우 Ivanovich의 Danube강; 이는 그
후 윤심덕의 情死의 노래가 되어 유명해졌지만)에다 맞추어 부르고 있습니다.

청평호의 노래(일명 "북한해방의 노래")
1. 홍진만장(紅塵萬丈)의 소음(騷音)을 떠나니
시원한 바람 여기가 청평호(淸平湖)
첩첩(疊疊) 싸인 산 설악(雪嶽)의 봉오리
기름 같은 이 강물 쪼개며 나간다.
(후렴) 출렁출렁 물 베면서
북진(北進)하는 소정(小艇)소리
지저귀는 저 새들도
우리를 반긴다.

2. 허위부패(虛僞腐敗)로 구성된 그 사회
소박(素朴)한 겨레들 신음(呻吟)소리 듣는
그대와 나는 해방군(解放軍)의 아방가드
진리(眞理)와 밀어(密語)를 속삭이는 이 한밤.

사실 그때에 타고 가던 motorboat는 설악산을 우편에 끼고 북진하던 것으
로 알며, 이 노래를 부를 때마다 6년 전의 그때를 상상하면서 혼자서 부르고

있습니다. 모든 다른 일들을 모두 접어놓고 오직 이 노래를 같이 그곳에서 불러야겠다는 이유만 가지고라도 Marian이 속히 완쾌되어야 할 것은 두말 다시할 필요 없다고 봅니다. 그곳에서 이 노래를 부를 뿐만이 아니라 사실상 소박한 우리 북한 사람들을 해방시키는 그날이 우리 생전에 속히 도래되게 하기위하여는 먼저 튼튼하게 육신상의 건강을 몸소 회복하서야 하지 않겠습니까? Dear Marian! 용기를 내시고 완전한 건강을 속히 회복하세요!!

너무 벅찬 일이 많아 지금 寸暇를 이용, 이상 간략히 지금의 제 심정을 그려놓고 이만 실례의 붓을 놓습니다. 하루 속히 완쾌되시옵기를 上帝께 伏禱하면서.

1986.8.13 Paul 拜上

필자는 이런 두 지성인의 교제는 폭넓은 교양과 지식, 그리고 조국애의 공감에서 가능하였다고 생각한다. 또한 이것은 월송이 한국지성사에서도 의미 있게 연결되는 측면이라고 생각한다.

Ⅱ. 맺음말

월송의 생애는 한 법학자의 라이프 스토리로서는 예외적으로 스케일 크고 드라마틱한 면모를 보여준다. 어찌 보면 이것이 월송 연구의 특징이자 매력이라 하겠다. 아쉽고 이해하기 힘든 대목도 있다.

박정희시대의 경제성장의 개발독재와 법치주의, 인권의 대립이 불가피했던 시대에 정치와 학문의 길항관계를 극명하게 보여주는 삶이다. 이 시대를 어떻게 이해해야 할 것인가는 딸이 대통령인 지금도 보는 시각이 간단치 않다. '박정희와 유기천'의 시각으로 적어도 1960년대 이후의 50년 현대사를 심도 깊게 조명할 수 있을 것이다. 그것은 물론 정치사와 지성사를 해부하는 역사서술이 될 것이다. 한 가지 지적하고 싶은 것은 1960년대 혁명정부와 1970년대 유신체제와의 구별문제이다. 유기천은 혁명은 지지하였지만 독재와 유신은 반대했다.

아무튼 월송은 그런 박정희시대의 종말을 예언하였고, 그 후 전개되는 한국정치의 지리멸렬에 실망하여 몸소 대통령출마까지 결심하였다. 한국의 모세가되어야한다고 확인했다. 그러나 이러한 정치논리는 괴테가 얘기한대로 "2류노래

'이고, 월송은 처음부터 차원이 다른 인품이었다. 지성인으로 문화사에 가까이 연결되는 인격이었다. 한 인물은 어떻게 해석하고 자리매김하는가는 후배들의 몫이다. 다행히 기념재단이 있으니 탄생100주년을 넘기면서 더욱 철저히 이런 작업이 이루어지기를 기대한다.

마지막으로 아래의 두 자료를 부록 삼아 싣는다.
〈월송 유기천의 법학세계〉 전시회가 2011년 4월부터 한 학기동안 서울법대 역사관에서 열렸다. 한 학생(법학부 2008-12661 이유진)은 이렇게 관람소감을 적었다.

　　유기천 교수님의 일생과 업적을 보면서 가장 흥미로웠던 것은, 우리나라에 2009년에야 도입된 미국식 로스쿨 제도를 그분은 벌써 1960년대에 구상하셨다는 점이다. 1962년 4월 사법대학원을 설립하였다는 사실을(물론 그전까지 법학의 역사에 대해서 심도 있게 공부했던 적은 없었지만) 나는 오늘에서야 새롭게 알게 되었다. 학문 분야가 다양화되고 그만큼 각 분야에서의 전문인력이 필요한 이 시점에서, 40년이나 앞이나 앞서 미래를 내다보았던 유교수님의 선견지명에 그저 감탄할 뿐이다. 지금은 이 시대에도 자신의 밥그릇을 지키기 위해 분투하기보다는 미래를 내다보며 법학 관련 정책을 시도하는 학자·법조인들이 절실히 필요한 것 같다. 아무래도 로맨스를 꿈꾸는 젊은 여학생이다 보니, 유기천 교수와 헬렌 실빙 교수의 국제결혼도 무척 인상 깊이 다가왔다. 당대 최고 수준의 학문적 성과를 이루셨던, 미국의 두 학자가 사랑을 느껴 결혼까지 하게 되다니! 함께 자택에서 차를 마시며 법학에 대해 연구하고 의견을 교환하셨을 두 교수님의 모습이 눈앞에 그려지는 것 같았다. 그와 더불어 아직 국제적으로 그다지 개방되지 않았던 시대였음에도 불구하고, 여성학자 헬렌 실빙의 교수로 채용했던 서울법대 역시 최고의 법과대학으로 불릴 만한 자격이 있는 것 같다. 전시실에서 보았던, 법관양성소 시절부터 지금의 법학전문대학원 시대까지 깊은 역사와 많은 훌륭한 교수님들을 거쳐 간 이 훌륭한 학교에서 자랑스러운 나의 전공을 좀 더 열심히 공부해야겠다는 생각이 들었다.

지난 6월 27일 100주기에 월송묘소로 참배로 갔을 때의 필자는 이런 시를 낭송하였다.

"100년의 월송- 유기천 총장 묘소에서"

총의 권력에 펜의 힘으로 맞서다
서울대 총장의 저항은 무참히 꺾였지만

카랑카랑 금속성의 마지막 강의
옮긴 캠퍼스에도 메아리로 잦아있고

한국문화에 기초한 형법학자
세계지성의 입상으로 우뚝 서있는데

한국 현대사여, 너는 언제까지
진전과 후퇴의 제자리 파도이더냐
어린애들 장난치는 정치판의 연속으로
조국통일은 여전히 혼미한 꿈

이곳에 누워 계신 월송과 혜련(실빙)
Ryu-Silving 아카데미즘은 청청 하늘인데

외로운 무덤 지키는 소나무 한 그루
밤마다 달빛으로 평양 고향 바라보시겠지

이렇게 탄생 100년을 지낸 다음 세기
제자들은 또 어떤 역사를 살아야하나요

법대니 로스쿨이니 제도는 바뀌어도
법치주의, 민주주의는 아직도 허허롭기는

한국문화의 체질이 미묘해서인가요?
한국인이 도대체 문제인가요?

100년의 월송
우리의 심상도(心象圖)를 어찌 간직해야하나요

(2015.6.27.)

2. 유기천의 법사상

오 병 선
(서강대 명예교수)

I. 머리말

'한국형법학계의 거성', '개혁·개방의 세계인', '미국법학 전수의 선구자', '자유와 정의의 지성' 등으로 불리는 월송 유기천(月松 劉基天)을 기념하는 제11회 학술심포지엄에서 '유기천의 법사상'이란 주제로 발표할 기회가 주어진 것을 영광으로 생각한다. 다만 주어진 짧은 발표시간에 그의 법사상의 진면목을 제대로 전달하지 못하지 않을까 하는 두려움을 금할 수 없다.

유기천은 국제적으로 저명한 한국의 대표적인 형법학자이며 대학행정가로 알려져 있지만 그의 예일로스쿨에서의 법학박사 학위논문을 비롯하여 다수의 논문들이 법사상 내지 법철학적 논문의 성격을 띠고 있어 그의 학문적 업적 중에 법사상의 측면을 별도로 조명하는 것도 의의가 크다고 생각한다.

'유기천의 법사상'이란 주제에 대하여 이미 최종고 교수[1]와 음선필 교수[2] 등의 망라적이고 깊이 있는 논문이 발표되어 있는 터에 새로이 추가할 사항이 많이 있을 것 같지 않다. 그러나 최종고 교수와 음선필 교수가 파헤친 월송의 법사상과 법철학에 관한 부분 중 세밀히 다루지 않았던 자유사회론의 형성의 원천에

---

[1] 최종고, "유기천의 법사상," 유기천 교수기념사업회 편, 자유사회의 법과 정의, 법문사, 2015, 384~422쪽: 최종고, 자유와 정의의 지성 유기천, 한들출판사, 2006, 제2편 "유기천의 사상"에서 한국문화론, 자유민주주의론, 형법학, 법철학, 법학교육론, 종교관, 역사관이란 항목으로 서술하고 있다.
[2] 음선필, "유기천의 법사상: 기독교법사상을 중심으로," 이시윤, 최공웅, 최종고, 이영란, 구상진, 음선필 (공저), 유기천과 한국법학, 법문사, 2014, 217~256쪽.

180 제1부 유기천의 생애와 사상

관한 내용을 보완하고자 한다. 기왕에 유기천의 법사상에서 예일법학의 영향이 무엇인지를 묻는 질문이 제기되기도 하였다. 유기천의 법사상의 핵심인 자유사회론의 형성 배경과 과정을 탐색하여 필자 나름대로 유기천의 자유사회론이 갖는 특징과 의미를 밝히려 한다.

이 글은 유기천의 법사상을 크게 자유주의, 민주주의, 그리고 법치주의에 대한 고찰로 구성하려고 한다. 먼저 유기천의 자유주의, 민주주의 및 법치주의에 대한 사상의 개요와 특징을 살펴보고, 이어 그의 법사상의 형성배경으로서 특히 예일로스쿨에서의 학문적 영향을 살펴본 후 오늘날 유기천의 법사상이 한국사회에서 갖는 의의를 검토하고자 한다.

II. 유기천의 법사상의 개요와 특징

일반적으로 '사상'이라 함은 어느 사람의 숙성된 사고의 틀을 거쳐 체계적으로 정립되고 그것이 언행과 생활에 반영되어 표현되는 사념이라고 말할 수 있다. 그리하여 유기천의 법사상의 형성 요소를 고찰하려면 그의 성장배경, 법학교육의 이력, 법학분야 교직경력, 그리고 그의 저술 속에 나타난 법에 대한 근본적 사념들을 이해하는 것이 요구된다 하겠다.

유기천은 가족 내 기독교교육과 정신의 훈육에 따라 보편주의, 박애사상, 낙관적 역사발전관 등을 체득하였다. 일본에서의 고등학교와 대학교 교육, 특히 동경대학교 법학부에서의 교육과정을 통하여 선진된 법학지식과 법률문화를 습득하였다. 식민지출신 학생으로서의 정서로부터 나왔을 수월성 추구의식, 한국의 문화전통에 대한 자부심으로부터 한국의 독자적 문화적 유형론을 구상하였을 것이다. 해방 및 건국 이후 법학교육 재건 시의 시대정신을 반영하여 시급히 형사책임과 처벌의 체계를 형성하고자 하는 열망을 품었을 것이다. 이 열망을 완성시키고자 도미하여 미국 예일로스쿨에서 박사과정을 이수하였던 것으로 보인다. 예일대에서의 학업과정을 통하여 자유사회의 우위성, 정책학적 접근의 필요성, 법현실주의의 영향을 받았을 것이다.

1958년에 제출된 예일로스쿨 박사학위 논문인 "한국문화와 형사책임 - 법률학의 과학적 방법의 한 적용"[3]은 방법론이나 주제가 법사상 내지 법철학으로 분류되는 법률문화의 근본적인 주제에 관한 논문이었다. 한국문화유형, 형사책임의 문화적 맥락, 책임과 형벌 정립의 목적가치로서의 자유사회, 인간존엄성의 상위가치성, 과학적 연구방법 등이 논의의 핵심용어이었다. 1950년대에 들어서 유기천은 이미 형법과 그 철학적 배경문제에 관하여 천착하는 논문을 발표하고 있었다.

1. 자유주의

1957년 미국 형사법저널에 게재된 논문에서 "형법의 해석은 형법의 두 구성요소인 범죄와 형벌의 정확한 이해로부터 발전하며, 이것은 건전한 민주주의 철학으로부터 도출된다. '자유사회'(free society)의 기본적 요건인 인간의 존엄성이라는 상위가치의 실현을 위한 법제의 건설에 과학적이고 윤리적인 지식이 적용되어야 할 시기이다. 형법은 과학과 윤리를 통합한 세계관의 산물이어야 한다."[4]고 말했다.

유기천에게 이토록 중요한 핵심어인 '자유사회'의 개념은 어디서 비롯한 것일까? 유기천은 1958년에 '자유사회'에 관하여 쓴 글에서 "미국 유학시절 많은 미국학자들이 사용하며 연구하는 까닭에 관심을 갖게 되었고, 나아가 이 개념이 미국뿐 아니라 인간이 존재하는 그 어떤 사회에서도 필요한 보편적 가치가 되리라고 여겨 많은 흥미를 느꼈으나 정작 그 개념규명이 쉽지 않다"라고 말한 바 있다.[5]

---

3) Paul K. Ryu, *Korean Culture and Criminal Responsibility - An Application of a Scientific Approach to Law*, J.S.D. dissertation at Yale Law School in 1958, 법문사, 2011. 유기천의 박사학위논문의 우리말 요약이 "한국문화와 형사책임 - 법률학의 과학적 적용의 한 적용"으로 사상계, 1958년 9월호, 172~191에 게재되었다. 유기천교수기념사업회 편, 자유사회의 법과 정의, 법문사, 2015, 97~123쪽에 수록: 최종고 해설, "유기천의 예일대학 박사학위논문(1958), 한국문화와 형사책임 - 법률학의 과학적 방법의 한 적용," Paul K. Ryu, *Korean Culture and Criminal Responsibility - An Application of a Scientific Approach to Law*, J.S.D. dissertation at Yale Law School in 1958, 법문사, 2011, 327~341쪽.

4) Paul Kichyun Ryu, "The New Korean Criminal Code of October 3, 1953: An Analysis of Ideologies Embedded in It," 48 *Journal of Criminal Law, Criminology and Police Science*, 275 (1957), reprinted in The Paul K. Ryu Foundation (ed.), *Law in the Free Society - Legal Theories and Thoughts of Paul K. Ryu*, Paju Bookcity: Bobmunsa, 2013, pp.29-49, at.49.

5) 유기천, "자유사회," 사상계 1958년 8월호, 162~169면, 유기천교수기념사업회 편, 자유사회의 법

유기천은 그의 박사학위 논문 제2부에서 '자유사회'에서의 형사책임이란 제목 하에 형사책임의 의미를 '자유사회'를 추구하는 자의 입장에서 가치판단 자체의 논리를 전개하였다. 즉 "본서 제2부가 가치판단의 기준을 세움에 있어서 궁극적 제도상 목적가치(an ultimate institutional goal)로서 '자유사회'란 가설을 세운다"[6]고 말했다.

여기서 유기천이 논구하는 자유사회의 의미를 구체적으로 탐색하기 전에 먼저 이런 질문을 제기할 수 있다. '자유사회'가 가설이 될 수 있는가? 아니 '자유사회'가 가설로서만 머무를 수 있는가? '자유사회'란 자유주의를 신봉하고 자유를 실천하는 사회를 뜻하는 것이 아닌가? 정치적 가치와 이념으로서 통용되는 것이 자유와 자유주의란 용어가 아닌가? 왜 자유사회 정립의 필요성을 처음부터 근본적 명제로 전제하고 이를 귀납적으로 논증하려 하지 않았을까?

유기천은 자유와 자유주의에 대하여 다음과 같이 언급한다: "인류의 역사가 자유를 찾으려는 투쟁사였다는 사실은 그 실증을 가지고 주장할 수가 있다. 이런 의미에서의 자유란 정치적 의미인 소위 '리버티'(liberty)를 말하는 것으로 그 역사적 의미는 각각 그 발전단계에 의하여 그 내용을 달리한다… 오직 근대국가는 이런 의미의 자유의 제약에 관하여는 국민의 대표기관인 의회를 통해서만 가능하다는 소위 실질적 의미의 법률은 형식적 의미의 법률의 형식을 밟아야 한다는 입법국가의 원리를 해명하였고, 이 동일한 자유주의의 요청은 미국으로 건너가서 독특한 발전을 보았고 헌법이 미국시민의 자유를 보장하는 최고규범이요, 이 최고규범의 해석은 사법권에만 속한다는 소위 사법국가의 원리로 변질되었다. 요컨대 인류역사상 주로 자유를 운위할 때에는 이런 의미의 자유를 지칭하여 왔고 이것을 획득하기 위하여 허다한 인명을 희생의 제물로 바친 것은 의심할 바 없는 사실이다."[7]

그러나 유기천은 자유주의보다 자유사회란 용어를 선호한다. 그 이유는 후술

과 정의, 법문사, 2015, 2~11쪽에 재수록, 4쪽 참조.

6) Paul K. Ryu, *Korean Culture and Criminal Responsibility – An Application of a Scientific Approach to Law*, J.S.D. dissertation at Yale Law School in 1958, 법문사, 2011. 유기천의 박사학위논문의 우리말 요약이 "한국문화와 형사책임 – 법률학의 과학적 적용의 한 적용"으로 사상계, 1958년 9월호, 172-191면에 게재되었다. 유기천교수기념사업회 편, 자유사회의 법과 정의, 법문사, 2015, 97~123쪽에 수록, 101쪽 참조.

7) 유기천, "자유사회," 사상계 1958년 8월호, 162~169면, 유기천교수기념사업회 편, 자유사회의 법과 정의, 법문사, 2015, 2~11쪽에 재수록, 5~6쪽 참조.

하듯이 예일대학교에서의 지도교수인 맥두걸의 가르침과 저술로부터 받은 영향
이 아닌가 한다. 그의 자유사회론의 요지는 근본규범성(basic norm), 인간존엄성
(human dignity)의 실현, 개인가치(individual value)의 존중, 만인평등과 신분적
차별성 철폐, 형사책임과 형벌체제 정립의 목적가치(goal value)와 운영상 가설
(operational hypothesis)로 나누어 살펴볼 수 있다.

(1) 자유사회 이념의 근본규범성

유기천은 현존 법질서의 최고의 규범을 켈젠의 근본규범과 같은 최상위규범
의 의미로 '자유사회'라고 부르고 이로부터 헌법해석 및 그 하위법인 형법해석의
원리가 나온다고 하였다.[8] 그리하여 '자유사회'는 법해석의 기초가 될 뿐 아니라
입법론의 방향이라고 주장한다.[9] 이 입장은 나아가 통일한국 사회의 목적가치로
까지 발전한다. 1958년 '자유사회'란 글에서 "먼저 '자유사회'라는 가치를 찾아보
겠다는 의욕과 이를 통하여 남한을 재건하고 나아가서는 우리의 숙제인 남북의
통일까지 이룩하겠다는 정열 밑에 규합된 동지를 찾아보겠다는 희망을⋯ 명백
히 선언함으로써 본 집필의 동기를 밝히고자 한다."[10]고 하여 통일 후의 한국사
회가 운영될 목적가치를 '자유사회'로 설정하고 있다.

(2) 인간존엄성의 실현

유기천은 인간 존엄성의 실현이라는 보다 고차적인 가치를 실현하기 위하여
과학적 지식과 윤리적 지식이 법제의 구성에 적용되어야 한다고 하면서, 그러한
인간 존엄성의 실현은 '자유사회'의 기본요소라고 하였다.[11] 여기서 '인간존
엄'(human dignity, Menschenwürde, dignite humaine)이란 개념은 성경에 근거
를 두고 있으나, 일반 철학계에서는 임마누엘 칸트에 의하여, 다른 한편 정치계
에서는 국제연합헌장에 의하여 개발된 후 제2차 대전 이후에 세계 각국이 그 헌

---

8) 이에 대하여 유기천 교수와 김종원 교수와의 대담, 1968.1. 참조, 자유사회의 법과 정의, 200~241
   쪽에 재수록.
9) 유기천, 형법학 각론 상 18쪽 참조.
10) 유기천, "자유사회"(이 글은 사상계, 1958년 8월호, 162~169면에 실린 것이다.), 유기천 전집 I 자
    유사회의 법과 정의, 법문사, 2~11쪽에 재수록, 3쪽 참조.
11) Paul Kichun Ryu, "The New Korean Criminal Code of October 3, 1953: An Analysis of
    Ideologies Embedded in It," *The Journal of Criminal Law, Criminology, and Police Science*, Vol.
    48, No. 3 (Sep.-Oct., 1957), pp.275-295.

법에 규정하게 되었고 우리 헌법 제9조 역시 이러한 계통에 기초를 두고 있다고 말한다.[12] 인간의 존엄성에 관한 칸트의 철학에 영향을 미친 마르틴 루터의 존재를 강조하기도 한다.[13]

(3) 개인가치의 존중

유기천은 '법적 안정성', '구체적 타당성' 등의 법률상의 '이데(idée)'나 기타 문화재 등과 같이 사회생활에서 인정되게 되는 여러 사회적 제도상의 가치(institutional values)가 있지만, 이러한 것들은 모두 수단상의 가치(instrumental values)에 불과하고 지상가치인 개인가치에서 연유한다고 본다.[14] 이러한 제도상의 가치는 결코 궁극적인 가치가 될 수 없으며 오히려 개인의 목적적 가치를 실현하는 수단이 되어야 한다는 것이다. 이러한 입장에서 유기천은 단추가 의복에 붙어 있어야 그 직능을 다하고 그 존재의 의미가 명료해지는 것과 같이 개인도 한 사회의 수족으로서 사회의 존재 밑에서만 그 존재의 이유가 나타난다는 주장에는 두 가지의 큰 과오가 있다고 말한다. 그 하나는 개인의 가치가 수량적으로 표현할 수 없는 지상가치로서의 단위가 된다는 실존주의적 성찰을 결한 것이고, 다른 하나는 가치의 문제와 사회적 제약의 문제를 혼동한 것이라고 한다.[15]

(4) 만인평등과 신분적 차별성 철폐

유기천은 '자유사회'는 신분사회의 법(law of status society)에 대비되는 개념으로서, 인간의 존엄성이 인정되는 사회이다. 그래서 '자유사회'는 최고의 목적적 가치(the ultimate goal values)를 개인의 가치에 두는 사회라고 말한다.[16] 그는 이를 다음과 같은 말로 표현하였다: "아인슈타인이나 뉴턴 같은 인간만이 지성의 우월이 있는 것이 아니라 어느 인간에게든지 평등하게 가능성이 있고 이런 의미에서 인간은 누구나 권위자로서의 근거를 가지고 있습니다. 권위를 가진 각자의 인격자들이 서로 모여 서로의 권위를 존중하고 각자의 가치창조를 분담하

---

12) 유기천, 형법학 각론 상, 36쪽 참조.
13) 유기천, 위의 책, 36면 주 936 참조.
14) 유기천, *Korean Culture and Criminal Responsiblity*, 91쪽 참조.
15) 유기천, "자유사회", 10쪽 참조.
16) 유기천, *Korean Culture and Criminal Responsibility*, 89쪽 참조.

는 사회를 우리는 자유사회라고 칭하고, 이런 자유사회에서는 그러므로 다섯 사람의 생명은 세 사람이나 네 사람의 생명보다 더 중하다는 수학적 결론은 여기에 타당치 않습니다. 각 권위자는 이를 서로 비교할 수 없기 때문입니다."[17] 나아가 그는 "한 사람의 무고함을 벌하기보다는 차라리 10명의 죄인을 석방함이 가하다"는 영미의 법언은 이런 의미에서 자유사회의 원리에 접근한다고 말한다.[18]

(5) 형사책임과 형벌체제 정립의 목적가치이며 운영상 가설

유기천은 '자유사회'를 사회의 목적가치(goal value) 개념으로 보며, 이를 일종의 운영상 가설(operational hypothesis)로 사용하고 있다. 구체적으로 이 개념은 크게 형법학의 이론적 전제로, 그리고 보다 바람직한 이상사회를 위한 열망 및 행동의 기초로 사용되고 있다.[19] 근본가설로서의 '자유사회'는 형사책임과 형벌이라는 개념의 '합리적'인 의미를 밝히는 데 사용된다. 여기서 '합리적'이라는 용어는 철학적 의미나 혹은 심리학적 의미가 아니라, 오직 채택된 어떤 목적가치를 달성함에 가장 과학적으로 적용한다는 기능상의 의미(in the functional sense of meanings)로 사용되고 있다. 즉 형사책임이나 형벌이 합리적으로 달성하고자 하는 어떤 목적가치가 다름 아닌 '자유사회'라는 이상사회를 의미한다. 이와 같이 자유사회는 유기천 형법학의 종적 구조를 보여준다.

이 종적 구조에 관하여 유기천은 다음과 같이 설명한다: "법률이란 어떤 특정조문만으로는 그 의미를 파악할 수 없고, 언제든지 전체로서의 법정신(law as a totality)에 의하여 그 의미가 결정된다. 한국형법 제250조 2항(존속살해)이 위헌의 규정으로서 무효인 것으로 되는 것이나, 제269조 이하의 규정(낙태죄)의 위헌적 한계가 논의되는 것은 모두 법률규정의 입체적 구조 때문이다.... 법률은 종적인 입체구조 때문에 개념의 내용이 결정되고, 또한 그 의미의 상대성이 문제가 된다."[20] 그는 나아가 종적 구조의 관점에서 이해할 때 보통 헌법과 형법의

---

17) 유기천, "자유사회와 권위 - T군에게 보내는 편지", 대학신문, 1959년 2월 9일: 유기천 전집 I, 자유사회의 법과 정의, 15~16쪽 참조.
18) 유기천, "자유사회와 권위 - T군에게 보내는 편지", 대학신문, 1959년 2월 9일: 위의 책, 16쪽 참조.
19) 유기천, *Korean Culture and Criminal Responsibility*, 96쪽 이하 참조.
20) 유기천, 형법학총론, 66~67쪽 참조.

입체적 관계를 따지면 되겠지만, 때로는 헌법자체가 위헌적인 규정을 가질 수 있기 때문에 헌법보다 고차의 규범인 '자유사회'라는 근본규범을 고려하여야 함을 강조한다. 그래서 유기천은 자유사회라는 이념 하에서 형법을 연구해야 함을 항상 강조한다. 왜냐하면 형법학에서 관심을 갖는 인간행위에 대한 가치판단의 근본표준은 자유사회라고 보기 때문이다.[21]

2. 민주주의

유기천은 자유사회론의 연장선상에서 민주주의를 논한다. 그는 먼저 '자유사회'는 '우민정치'(ochlocracy)와 구별하여야 한다고 말한다. 그래서 다수결이 유일한 작동원리라고 한다면 그 사회는 전체주의에 근접하게 되어 있어 사실상 다수의 독재(tyranny of majority)를 의미한다고 본다. 민주주의의 핵심은 사회 안에서의 개인의 지위, 국가를 상대로 하는 개인의 권리인 반면에 다수의 지배는 필요에 따른 타협식의 해결이라는 가정이다. 통치자와 피치자의 계약, 성경에서 유래하는 이 국가계약 관념은 루소의 사회계약 개념으로 발전하여 민주주의 정치철학의 핵심을 구성하는 것으로 파악하고 있다.[22]

유기천은 '자유사회'에 '민주주의' 그리고 '성경'이 연결된다는 논술을 1974년 학술원논문집에 발표한 '위헌성 일고'라는 논문에서 다음과 같이 주장한다: "민주주의는 그 기원이 성경에 있고 이 민주사상이 마르틴 루터의 종교개혁을 경유하여 영국에 건너가 크롬웰의 청교도주의로 발전하고 후에 미국혁명을 통하여 이른바 근대헌정민주주의를 산출하였고 이것이 바로 금일의 민주주의의 본질을 형성함을 명확히 이해하여야 한다. 그 본질을 독일헌법같이 명문화하지 않고 있는 미국과 같은 예도 있으나, 이것은 어디까지나 '인간존엄'(human dignity)을 최고가치로 한 '자유사회'임을 의미한다. 공산사회의 이른바 '민주주의'는 레닌에서부터 특수한 의미로 사용하기 시작하였고, '자유는 평등을 전제로 하여서만 의

---

21) 유기천, 위의 책, 45쪽 참조.
22) 유기천의 민주주의에 관한 논술은 유기천, "민주주의의 기초," 유기천교수기념사업회 편, 자유사회의 법과 정의, 법문사, 2015, 48~78쪽 (이 논문의 영어원문인 Paul K. Ryu and Helen Silving, "The Foundation of 'Democracy': Its Origins and Essential Ingredients,"는 서울대 법학, 제33권 1호, 1992에 게재)

미를 가진다'는 명제는 한낱 P.R.로서의 의미 이외에는 아무 의미가 없고, 현대 '민주주의'와는 사실상 정반대의 이념이 된다. 여기에 '평등'이란 본래 불평등한 인간을 어떤 마술에 의하여 평등하게 만든다는 의미일 수 없고, 이는 오직 '기회의 평등'(equal social opportunity)을 뜻할 뿐만 아니라 참된 '자유와 평등'이 보장된 사회는 자유사회 이념 하에서만 가능하다."[23]

유기천은 민주주의의 역사에 관한 연구를 하면서 영국의 올리버 크롬웰의 혁명과 그의 이상을 이해하게 되면서 급기야 세계사 발전에서 대혁명의 의의를 고찰하였다. 즉 최근 몇 세기 동안에 진행된 세계사의 발전의 의미를 자신의 이념적 세계관을 거울로 하여 분석해보려고 노력하였다. 지난 350년 동안 근대에 이루어진 네 개의 혁명인 크롬웰혁명, 미국혁명, 프랑스혁명, 러시아혁명이 갖는 의의를 분석하려고 하였다. 그는 이들을 중심으로 한 세계역사의 발전에 미친 여타의 많은 영향력 가운데 과연 원동력(prime mover)이 무엇인가를 발견하기 위하여 가치지향적 판단(value-oriented judgment)을 활용하면서 이들을 해석하고 있다. 이러한 검토를 통하여 그는 통상적으로 서로 관계없는 장소에서 상이한 시대에 일어난 별개의 격렬한 사회변화라고 여겨지는 이 네 가지 혁명이 상호간에 밀접히 관련되어 있을 뿐만 아니라 사실은 민주주의를 위한 세계혁명에 이르는 일련의 단계라고 본다.[24]

크롬웰혁명으로 말미암아 형성된 민주주의 체제는 정치적, 경제적, 사회적, 종교적, 과학적, 철학적 요인들에 의하여 이식되어 정착되거나, 다른 모습으로 변형 또는 왜곡되기도 하였으며 심지어 때로는 혼동과 부정의 대상이 되기도 하였다. "세계민주주의의 발전은 서로 다른 나라와 시대에서 동일한 목적, 즉 크롬웰혁명으로부터 비롯된 민주적인 통치체제의 발전을 위하여 이루어졌다."[25]고 말한다.

이러한 주장을 뒷받침하기 위하여 그는 각 혁명의 배경과 혁명주체세력의 사상을 살펴보고 혁명의 구체적인 전개과정을 추적하고 있다. 크롬웰혁명(1645년)은 영국으로 하여금 대의체에 의하여 통치되는 국가로 탄생하게 하였으며, 그

---

23) 유기천, "위헌성 일고", 자유사회의 법과 정의, 317~345쪽에 재수록, 321~323쪽 참조.
24) 유기천, '세계혁명'(The World Revolution)은 이와 같은 관심의 표현이다. Paul K. Ryu, *The World Revolution*, 1997: 음선필 역, 세계혁명, 벽호, 1999, 25쪽 참조.
25) 유기천, 위의 책, 64쪽.

영향은 오늘날까지도 아주 평화로운 정치적 변동에서 발견된다. 한편 미국혁명은 그 선구에 해당한 크롬웰혁명의 완성에 해당한다고 본다. "미국혁명은 사실 상이한 시간과 장소에서 특별한 목표 즉 미국의 독립이라는 목표를 가지고 일어난 크롬웰혁명이었다."26)고 말한다.

프랑스혁명(1789년)은 크롬웰혁명 및 미국혁명 과정의 또 다른 발전의 장이지만, 프랑스문화의 다각적 양상에 따른 반응을 나타내었다. 그의 평가에 따르면, 계몽주의 지식인의 무신론에 따라 전개된 프랑스혁명은 그 과정에서 길을 잃어버린 혁명이었다. 다음 러시아혁명(1917년)은 그 기초가 되는 마르크시즘이 가지고 있는 가치, 특히 잉여가치 개념에 대한 이해 및 적용상의 오류로 말미암아 그 자체가 혼돈스러운 것이었다. 변증법의 용어례에 따르면, 러시아혁명은 장차 다가올 미래 세계사의 합을 위한 반의 역할을 수행한 것으로 설명된다. 그는 민주주의가 세계적으로 크롬웰혁명, 미국혁명, 프랑스혁명이 발생한 계몽의 시대(age of enlightenment)와, 그 뒤를 이은 혼동의 시대(age of confusion)를 거쳐 오늘날에는 완성(consummation)의 단계에 들어섰다고 본다.27)

3. 법치주의

유기천은 한국사회의 혼란의 원인이 사상의 빈곤과 지식층의 빈약에서 오고, 좀 더 근본적이고 구체적인 이유로는 우리가 지향하려는 자유사회의 근본요청인 '법의 지배'(rule of law)의 정신이 흐려져 있기 때문이라고 지적한다. 그리하여 법치주의의 정립 필요성을 다음과 같이 강조한다: "인류사회를 통치하는 방법은 '법에 지배'에 의한 통치방법과 '힘의 지배'에 의한 통치방법으로 대분할 수 있는데 독재자가 국가원수의 명령이라는 힘으로 법을 실천하는 '힘의 지배' 하에 있는 사회는 문명한 인간사회에서는 생각할 수 없다. 국내적으로 질서 있는 복지국가를 수립하고 국제적으로 세계평화를 이룩하기 위해서는 '법의 지배'에 의한 사회의 건설이 당면 관심사이다."28)

---

26) 유기천, 위의 책, 156쪽.
27) 유기천, 위의 책, 320쪽.
28) 유기천, "법과 평화"(이글은 법제월보 1965년 5월호에 실린 것이다), 유기천교수기념사업회 편, 자유사회의 법과 정의, 법문사, 2015, 79~96쪽, 특히 91쪽 참조.

유기천은 '법의 지배'의 핵심사상을 영국의 브랙턴(Bracton)의 말인 "국왕은 어떠한 사람 하에도 있지 않는다. 그러나 신과 법 밑에는 있어야 한다. 왜냐하면 법이 국왕을 만들어 내기 때문이다"라는 구절에서 발견하며 현대법이념에 이르는 민주주의적 법이념의 맹아를 찾을 수 있다고 한다.[29]

그리고 '법의 지배'의 핵심은 '법 앞에서의 평등'(equality before the law)이고 이 원리에 의거하여 입법부, 행정부, 사법부가 법에 의하여 입법, 행정 및 재판을 할 때에 '법을 통한 정의'가 가능하다고 다음과 같이 설명한다: "우리는 영미를 그 대표적인 예로 보아 '법의 지배'의 사회는 가장 강력한 국가가 되는 첩경임을 보았다. 여기서 '법'이란 어떠한 통치자란 개인이 자의적인 명령을 발함이 아니다. 전 국민이 호응하여 그 대표기관을 뽑고 또 그 대표기관인 국회는 각자 개인의 이득을 추구하는 장소가 아니므로 국가를 개발시킴에 있어 어떤 정당이 가장 타당한 정책을 가졌는가를 보고 각자가 속한 정당의 정책에 의하여 국민의 권리의무에 대한 제약을 요하는 사항은 이를 법률로 제정한다. 행정부는 국회와의 일정한 관계 하에 헌법 이하 각종 국법이 제정한 법정신 밑에서 국민의 복리를 위한 구체적 정책을 역행하며, 사법부는 일반국민이 법을 지키도록 통제할 뿐만 아니라 행정부나 입법부에 대해서도 법의 준수를 통제하게 된다. 그러므로 재판관은 항상 구체적인 사건에서 법이 추구하는 근본이념이 무엇인가를 따짐으로써 서로 충돌하는 구체적 타당성과 법적 안정성의 대립을 조화시키고 나아가 무엇이 정의를 실현하는가를 따지지 않을 수 없게 된다. 여기에 비로소 로스코 파운드가 말하는 이른바 '법을 통한 정의'(Justice according to law)가 가능하게 된다."[30]

유기천은 우리나라도 헌법을 위시하여 훌륭한 법질서가 정비되어 있기 때문에 '법의 지배'가 가능하지 않은가를 묻고 있다. 그러나 우리의 현실을 직시할 경우 정치지도자들이나 정부고관들이 정당의 이익이나 정권지속을 위해 노력한다고 비관적인 진단을 한다. 더 나아가 한국사회에서 '법의 지배'가 어려운 문화적 요인이 있다며 서양사회가 법의 준수를 통하여 정의사회를 지향하는 태도와 달리 우리는 유교적 전통에 의한 도의사회의 지향이 한 가지 이유가 된다고 말한다. 즉 "동양사회에서는 유교가 법치문제보다도 도의에 의한 국가를 강조한 나

---

29) 위의 논문, 91쪽 참조.
30) 위의 논문, 94쪽 참조.

머지 도의국가는 결국 '사람에 의한 국가'로 전락하고, '사람에 의한 국가'는 결과적으로 '힘에 의한 국가'로 또다시 전락하지 않을 수 없었다"[31]고 우려를 표명한다.

유기천은 한국사회의 법치주의 정립의 과제로 다음과 같이 우리 사회에 특유한 봉건적 문화유형의 '법의 지배'의 문제점을 지적한다: "수천 년의 역사를 가지고 육성된 유교를 기반으로 하는 한국문화는 그 전통이 길면 길수록 새로운 창조적인 우리 문화의 수립이 더욱 지난함을 쉬이 알 수 있다. 우리가 만약 '법의 지배'의 사회가 가장 정의를 실현시킬 수 있고 평화와 정의를 유지할 수 있는 가장 적절한 사회통치수단이라고 생각한다면, 우리는 먼저 한국문화의 봉건성에서부터 탈피하여야 한다. 제 아무리 외국의 법을 모방하여 좋은 입법을 한다손 치더라도 이식된 법이 뿌리를 내려 살아있는 법이 되려면 그 토양자체가 현대적인 가치관에 입각하여야 한다. 우리나라의 법률, 정치, 경제 모든 면을 따져 보면, 그 당사자들의 의식여부를 떠나 문화라고 하는 강력한 무의식의 지배하에 있음을 먼저 알아야 한다. 우리나라는 솔직히 보아 '법의 지배'하에 있는 나라이기보다는 '문화'라는 '무의식의 지배'하에 있는 나라인 것이다. 여당, 야당이 서로 투쟁하고 있는 양상은 이조시대의 동인서인의 투쟁과 본질에서 차이가 없음을 알아야 한다."[32]

그는 나아가 우리 사회가 당면한 '법의 지배'의 과제의 엄중함을 다음과 같이 토로한다: "한 가지 시급한 문제는 현금 우리나라에도 각국이 '법의 지배'를 수립함으로써 서로 국가 사이의 분쟁까지도 법을 통하여 해결하여 평화를 이룩해 보자는 강력한 요청이 자유진영으로부터 오는가 하면, 타방 우리 한반도 이북에는 '힘의 지배'를 꿈꾸고 있는 강력한 세력이 침투하여 들어오고 있음으로 인하여 마치 저기압과 고기압이 마주칠 때에 폭풍이 우리 겨레들을 방임해 둘 여유가 없다는 사실이다. 이런 조건하에서 우리 겨레는 과연 이 땅에 한국적 정의를 세우기 위하여 법이 지배하는 사회를 이룩할 수 있을 것인가?"[33]

---

31) 위의 논문, 95쪽 참조.
32) 위의 논문, 96쪽 참조.
33) 위의 논문, 96쪽 참조.

Ⅲ. 예일로스쿨에서의 학문적 영향

최종고 교수는 유기천이 1958년 예일로스쿨에서 취득한 법학박사학위 논문을 해설하면서, 학위청구논문은 지도교수와 심사위원이 당시 '예일학파' 혹은 '뉴헤이븐 법학파'(New Haven School of Jurisprudence)를 대표하는 저명한 맥두걸(Myres S. McDougal)과 노스롭(Filmer S.C. Northrop) 교수였다고 말한다.[34] 나아가 최종고 교수는 위 논문의 특징은 예일학파를 대표하는 맥두걸, 노스롭, 라스웰(Harold Lasswell)의 직접 지도를 받은 것이 문헌상으로 잘 반영되고 있다는 사실이다… 예일학풍을 고스란히 받아 반영한 연구성과라고 할 수 있다고 말한다. 예일학파란 법학을 한편으로 문화인류학과 깊이 관련지어 연구하는 학풍이요, 다른 한편으로 법을 철저히 민주주의를 위한 정책과학으로 뿌리내리려 하는 방향이다. 법학을 폐쇄적인 도그마로서가 아니라 사회과학과 인문과학, 나아가 자연과학까지도 포괄적으로 대화하는 방법론을 사용한 것이라고 지적하고 있다.[35]

그렇다면 유기천의 법사상의 형성의 배경이며 원천을 이루었을 것으로 여겨지는 예일로스쿨에서의 학문적 영향은 어떠했을까?

1. 예일로스쿨에서의 법현실주의와 법학교육

유기천은 그의 저서 형법학 각론강의 상의 머리말에서 "법학을 이해함에 있어서는 다른 규범과학과는 달리, '사실'이란 팩터(factor)를 무시할 수 없다. 이러한 의미에서 미국법현실주의자(American legal realists)의 입장이 더욱 공고한 지반 위에 서 있다고 본다. 사실이란 팩터를 떠난 가치판단은 법학의 일면만을 보려는 것으로, Januskoph와 같은 쌍두를 가진 법의 전반만을 보는 결과가 된다. 이러한 의미에서 본서에서는 가능한 한 판례를 정확히 소개하려고 하였다."[36]고

---

34) 최종고 해설, "유기천의 예일대학 박사학위논문(1958), 한국문화와 형사책임 - 법률학의 과학적 방법의 한 적용," Paul K. Ryu, Korean Culture and Criminal Responsibility - An Application of a Scientific Approach to Law, J.S.D. dissertation at Yale Law School in 1958, 법문사, 2011, 327~341쪽, 특히 327쪽 참조.
35) 최종고, 위의 논문, 330쪽 참조.

사실과 판례연구의 중요성을 강조하며 미국의 법현실주의라는 철학적 사조의 영향을 밝히고 있다.

법현실주의는 1920년대 후반부터 약 30년간 예일로스쿨을 포함하여 미국의 전 로스쿨의 법학교육과 법률가들의 법학연구를 지배해 온 철학적 사조이다. 예일로스쿨의 홈페이지에는 1928년부터 1954년까지가 예일로스쿨에서 법현실주의의 전성기라고 기록하고 있다.[37]

올리버 웬델 홈스 대법관이 1881년 '커먼로'(The Common Law)란 저서에서 "법의 생명은 논리가 아니라 경험이었다"고 말한 것에 촉발되어 법현실주의 운동이 서서히 전파되기 시작했다. 사건에 법규를 적용하여 판결을 구하는 삼단논법의 자동적 재판절차를 향유하던 형식주의를 비판하며 사건과 법규의 해석에 심리적, 정책적 요소의 분석필요성을 강조하는 법현실주의가 미국의 재판과정과 법학교육에 도입되기 시작했다.

유기천이 예일로스쿨에서 학업을 이수중일 때 법현실주의의 전성기는 퇴조하고 새로운 법학방법론인 정책학적 연구가 대체하고 있는 중이었다. 그러나 법현실주의의 영향력이 완전히 사라진 것은 아니었다. 법현실주의라는 사조에서 학설과 법규는 가치의 배분을 효과적으로 처리하고 이들을 정당화하는 공동체 과정에서 어떻게 사용되는가하는 전체적인 맥락을 보아야만 정확히 이해될 수 있다는 입장에 서있었다.[38] 이때에 맥두걸이 세계공동체에서 공동체의 정책적 문제를 해결할 과학적 지식을 적용하는 정책학이 법현실주의를 대체할 시기가 왔다며 1947년 간행된 "미래의 로스쿨: 법현실주의에서 세계공동체에서의 정책학으로"이란 논문에서 법학교육의 재정립방향과 예일에서의 법학교육의 목적과 로스쿨 커리큘럼의 재정립을 제안하고 있다.

맥두걸은 법현실주의는 판결이 어떻게 이루어지는가를 예측함을 주안점으로 함으로써 여전히 법실증주의의 수동성에 매어있다고 그 결함을 지적하며 정책학에 입각한 새로운 로스쿨 커리큘럼을 다음과 같이 역설한다: "법에 대한 태도

---

36) 유기천, 형법학 각론강의 상, 머리말(자유사회의 법과 정의, 361~365쪽에 재수록), 363쪽 참조.
37) Yale Law School Homepage, "the Heyday of Legal Realism, 1928-1954"; Laura Kalman, *Legal Realism at Yale 1927-1960* (originally JSD dissertation), University of North Carolina Press, 1986 참조.
38) Myres S. McDougal, "The Law School of the Future: From Legal Realism to Policy Science in the World Community," 56 *Yale L. J.* 1345, 1947 참조.

가 변하고 있다. 특정한 기술적 상징으로서의 학설, 질서유지의 기능에 주력했던 법규, 법적 통제의 도구로서 작용했던 법원 등의 의미가 변하고 있다. 공동체의 가치를 확보하고 추진하는 적극적 도구로서, 정책자문과 정책결정의 역할을 하는 법률가의 역할이 강조되고 있다. 국가와 인류에 큰 위험을 안고 있는 원자(력)시대에 대응하는 적절한 법의 역할이 요구되고 있다."[39] 나아가 맥두걸은 새로운 시대의 문제를 해결할 의무를 예일로스쿨은 인식해야 하고, 그러한 열망과 이해관계를 반영하는 커리큘럼 개편을 1947년부터 시행할 것을 제안했다. 최근의 과학적 발전과 법, 세계공동체와 법, 형법과 공공질서, 법이론, 법·과학 및 정책(Law, Science, and Policy) 등의 과목들이 개발된다. 특히 법·과학 및 정책 과목은 현대의 법적 문제에 정책학적 지식을 최선으로 활용하기 위한 질문들을 다룬다. 형법과 공공정책(Criminal Law and Public Order)과목에서는 정책학 및 사회과학적 지식, 인류학적 지식과의 협력을 통하여 비교법적 연구를 진행하고 이를 통하여 기본적 가치의 증진에 효과적으로 기여하게 한다. 공동체의 가치를 극대화할 수 있는 이상의 행동지침과 제안들이 법현실주의로부터 세계공동체에서의 정책학으로 이동할 시기가 다가왔다는 의미를 띠고 있다.[40]

2. 정책학적 방법과 가치판단: 라스웰과 맥두걸

예일로스쿨에서 1950년대 법철학, 사회과학과 정책학, 문화인류학 등 기초법학을 가르친 3거두는 맥두걸(Myres McDougal, 1906~1998), 라스웰(Harold Lasswell, 1902~1978), 노스롭(Filmer Northrop, 1893~1992)이다. 맥두걸은 자유사회를 위한 법리학의 건설자, 인간존엄성의 옹호자, 가치의 위계질서의 주창자로 저명하고, 라스웰은 정책학 연구의 선구자, 법·과학·정책 과목의 개발자로 유명하고, 노스롭은 동서양 가치의 통합, 과학적 방법과 문화인류학적 방법의 주창자로 명성이 높았다.

법의 정책학(policy-science) 개발에 함께 노력을 기울인 라스웰과 맥두걸은 형이상학적 사변에서 벗어난 경험주의 법이론의 수립을 그 목표로 하면서 그들

---

39) *Ibid*, p.1348.
40) *Ibid.*, pp.1355-1358.

의 법학연구 접근법이 사회적 사실의 단순한 묘사라기보다는 가치이론을 표명하는 것이라고 공언한다. 여기에서 정책학이란 작업상의 정의로 공적이고 시민적 질서를 수립하기 위한 의사결정과정의 지식에 관한 것이다.[41)

라스웰과 맥두걸의 가치체계는 가치란 '소망스러운 것'(desired event)이라는 전제에서 시작된다. 사람들은 '중요한 결정에의 참여'로 정의되는 힘(power)을 원하기 때문에, 이러한 힘은 "그것이 소망되고 소망될 것이라는 점에서 명백히 가치이다." 인간의 욕구를 충족시켜 주는 기타 가치범주, 즉 '선호하는 것' (preferred event)은 경제재나 서비스에 대한 지배인 부(wealth), 신체적, 심리적 보전(integrity)으로서의 복지(well-being), 지식의 발견과 전달로서의 계몽 (enlightening), 재능개발과 습득으로서의 기술(skill), 돈독한 우정과 친밀관계로서의 애정(affection), 도덕적 책임이나 성실로서의 정직(rectitude), 능력과 무관한 이유로 차별함이 없이 장점(merit)을 인정하는 것으로서의 존경(respect) 등이다.[42)

맥두걸은 법을 힘가치(power value)의 한 형태로 보며, "공동체에서의 힘결정(power decisions)의 총체"로 기술한다.[43) 한편 공동체의 구성원들이 가치의 분배나 향유에 참가해야 하는 것, 달리 표현해서 법적 규제와 판결의 목표는 사람들이 가치를 가능한 한 광범위하게 공유하도록 촉진하는 것이어야 한다는 것이 라스웰과 맥두걸의 기본적인 가정들 중의 하나이다. 두 학자들이 생각하는 법적 통제의 궁극적인 목표는 가치의 민주적 배분이 촉진되고, 활용할 수 있는 모든 자원이 최대한도로 이용되며, 인간존엄의 보호가 사회정책의 최우선적 목표로 되는 세계공동체(world community)를 건설하는 것이다.[44)

맥두걸은 적절한 법관념과 법학에 관한 주된 탐구는 첫째, 법이란 공동체의 기대에 부합하는 결정과정으로 본다는 것. 둘째, 의사결정의 합리적 연구를 수행

---

41) Harold D. Lasswell, *A Pre-View of Policy Sciences*, American Elsevier Publishing, 1971, p.1 Chapter 1. The Evolution of the Policy Sciences, "A Working Definition" 참조.

42) Myres McDougal, "International Law, Power, and Policy," 82 *Recueil des Cours* 137 at 168. Hague Academy of International Law, 1953.

43) McDougal, "The Law School of the Future: From Legal Realism to Policy Science in the World Community," 56 *Yale L. J.* 1345, at p.1348, 1947.

44) Lasswell & McDougal, "Legal Education and Public Policy," 52 *Yale L. J.* 1942-1943, pp.203-295, at 212, reprinted in Appendix 1 of *Jurisprudence for a Free Society, Studies in Law, Science and Policy*, Harold D. Lasswell and Myres S. McDougal, New Haven Press, 1992.

하는 지적 업무에서 전통적 법이론은 제한적 역할을 하는데 그치고 새로이 대두되는 정책지향적 법학 방법이 주요 역할을 수행한다고 주장한다.[45] 맥두걸은 "관습에 의하거나, 관행에 의하거나 또는 여타의 요인에 의하거나 간에 특정 사건에서의 모든 법규의 적용은 사실상 정책선택을 할 것을 요구한다"고 말한다. 판결기관은 과거의 법적 경험으로부터 지침을 구할 수도 있지만, 항상 자신의 판결이 공동체의 미래에 미칠 영향에 초점을 맞춰야 한다고 주장한다.[46]

법철학자 보덴하이머는 이 두 학자들이 그들의 법적인 '정책학'(policy-science)이 자연법이론으로 분류되어서는 안 된다고 주장하지만, 그와 같이 특징짓는다고 하여 전적으로 부적절한 것으로 보지는 않는다고 평가한다. 그들이 주장한 8가지 목적가치(goal values)들은 대체로 사람들의 실제 욕구와 부합되므로 성질상 경험적이며, 최상의 가치로서의 인간의 존엄에 대한 존중에 입각해서 이러한 가치들이 세계질서 속에서 민주적으로 공유되어야 한다고 주장하는 것은 어느 정도 자연법적인 사고의 색채를 띠고 있다고 지적한다.[47]

3. 자유사회를 위한 법리학: 맥두걸

맥두걸은 "자유사회(free society)를 위해 적절한 법이론의 탐구는 법학자들의 오랜 관심사였다. 공동체에서의 법과 공공질서 사이의 밀접한 관계를 규명하고, 법에 관한 정책지향적 접근법을 적용하며, 자유와 인간 존엄성의 공적 질서를 증진하는 조건들을 탐색하는 것들이 중요하다"[48]고 말한다.

라스웰과 맥두걸이 공저로 1992년 출간한 "자유사회를 위한 법리학: 법, 과학 및 정책연구"(Jurisprudence for a Free Society: Studies in Law, Science and Policy)라는 저서는 원래 1950년대 두 학자가 예일로스쿨의 "법·과학 및 정책"(Law, Science and Policy)이라는 과목의 강의안을 모태로 한 것이다.

---

45) Myres S. McDougal, "Law as a Process of Decision: A Policy-Oriented Approach to Legal Study," 1 *Nat. L. F.* 53-72, 1956, p.54 참조.
46) McDougal, "Law and Power," 46 *Am. J. Int'l L.* 102, 1952, at 110.
47) Edgar Bodenheimer, *Jurisprudence: The Philsophy and Method of the Law*, Revised Edition, Harvard University Press, 1974, Chapter IX, The Revival of Natural Law and Vaue-Oriented Jurisprudence, pp.148-151, Section 37, The Policy-Science of Lasswell and McDougal.
48) Myres S. McDougal, "Jurisprudence for a Free Society," 1 *Georgia L. Rev.* 1-, 1966, p.1.

맥두걸이 법학연구의 코페르니쿠스적인 혁명을 추진하며 모든 인간이 정도의 차이는 있지만 의사결정에 참여한다는 것을 지적하며 가장 유용한 법관념은 유권적이고 통제적인 의사결정과정이라고 주장한다. 이러한 방법론은 자유지상주의(libertarianism)나 자유방임주의(laissez-faire approach)의 접근법은 아니었다. 맥두걸은 자유사회를 정립하고 유지하려는 법이론을 발전시키기 위해서 노력했기 때문에 개인이 욕심충족에 탐닉하는 수단으로서의 소위 합리적 선택이론에는 만족할 수 없었다. 맥두걸 법리학의 핵심 논점은 법의 목적과 특정한 결정의 평가기준은 인간존엄성의 공적 질서 수립에 기여하는 정도라고 주장하는 것이다.[49]

4. 과학적 및 문화인류학적 법리학: 노스롭

노스롭은 적절한 법학은 세 가지 부분으로 구성되어야 한다고 말한다. 즉 1) 법실증주의의 실정법과 선험적 윤리적 법리학(a priori ethical jurisprudence), 2) 철학적 사회학적 법리학(philosophical sociological jurisprudence)에 의하여 구체화된 세계의 살아있는 법, 그리고 3) 자연주의 법리학(naturalistic jurisprudence)의 자연법과 그 자연주의적 만민법이 그것이다.[50]

그의 주장은 다음과 같이 설명된다: "실정법이 없이는 사회학적 또는 자연주의적 법학자는 구체적 분쟁과 추상적 교설이 초래하는 사건들에 관하여 작용적 정의와 결과를 알지 못한다. 사회학적 법리학이 없이는 실정법은 윤리적으로 공허하거나 자의적이다. 철학이 없이는 사회학적 법리학은 어느 사회의 살아있는 규범적 내적 질서가 무엇인지 간결하고 실천적인 방식으로 구체화할 수 없다. 철학적 사회학적 법리학과 그것이 현현하는 세계의 살아있는 법의 다양성이 없이는 원자시대의 필요성에 적합한 즉각적으로 유효한 국제법이 가능하지 않다. 그리고 자연주의적 법리학이 없이는 좋고 나쁜 살아있는 법의 평가기준이 없거나 또는 살아있는 법이 어떤 개혁을 취해야 할지에 대한 구체적 방향이 없게 된

---

49) W. Michael Reisman, "Theory About Law: Jurisprudence for a Free Society," 108 *Yale L. J.* 935-939, 1998-1999, pp.937-939 참조.
50) F.S.C. Northrop, "Contemporary Jurisprudence and International Law," 61 *Yale L. J.* 623-654 1952, p.653 참조.

다. 실정법의 근본규범의 구체적 내용이 오직 살아있는 법에 호소해서만 좋거나 나쁘거나 판단될 수 있는 것처럼 살아있는 법에 표현된 근본규범도 자연법에 의거해야만 좋거나 나쁘거나 판단될 수 있을 뿐이다. 철학적 사회학적 법리학의 살아있는 법에 기초한 법도 즉각적으로 실천적이고 효과적인 국제법이 되는데, 왜냐하면 진정으로 보편적인 자연법은 그것을 결정하는 방법이 알려져 있지만 아직 구체화되지 않았기 때문이다."[51]

요컨대 노스롭은 법의 평가적 학문이 가능하다고 주장하며,[52] 과학적으로 의미가 있는 법규범의 평가는 국가가 제정한 실정법이 국민이나 문화의 살아있는 법에 부응하는가 여부를 검사해야 한다고 한다. 국민의 사회적, 법적 욕구에 부응하고 일반적으로 그들에 의해 수락되고 실행하는 실정법만이 실효적인 법체계로 가능할 수 있다고 주장한다.[53]

나아가 노스롭은 현대의 자연법은 아리스토텔레스와 토마스 아퀴나스적인 자연법 개념이나 로크와 제퍼슨의 자연권(natural-rights) 철학에 기반을 둘 수 없다는 견해를 취한다. 자연법은 현대 물리학, 생물학, 심리학을 포함한 기타 자연과학에 의해 제공되는 자연과 자연인(nature and natural man)의 개념에 기반을 두어야 한다. 노스롭은 인류의 생존을 보장해 주는 실효적인 국제법의 형성은 필연적으로 이러한 자연법이론이 우리에게 제공할 수 있는 과학적 기초 위에 세워져야 한다고 했다. 결국 참으로 보편적인 자연법만이 현세계의 살아있는 법 다원주의(living law pluralism)에 의해 야기된 긴장과 적대관계를 해소시키고 완화시킬 수 있으며, 세계평화에 필수적인 인간 상호간의 상호이해를 조금이나마 가져올 수 있다고 말한다.[54] 법적 강제와 권력정치를 강조하는 '죽어가는 법학'(dying legal science)인 법실증주의는 원자시대가 인류에게 떠맡긴 중요한 문제들에 대처해 나가는 데 필요한 도구와 영감을 제공하기에는 부적절하다고 주장한다.[55]

---

51) *Ibid.*, p.654 참조.
52) F.S.C. Northrop, *The Complexity of Legal and Ethical Experience*, Boston, 1959, p.xi. 참조.
53) *Ibid.*, pp.15, 41. 노스롭은 이 점에 관하여 Eugen Erlich의 이론과 일치한다.
54) Northrop, "Contemporary Jurisprudence and International Law," 61 *Yale L. J.* 623, 1952, at 650ff 참조.
55) *Ibid.*, p.654 참조.

이상이 유기천이 1950년대 예일로스쿨에서 수학하는 중 영향을 받았을 '뉴헤이븐 법리학파'의 법학교육과 철학적 방법론의 요지이다. 유기천의 박사학위 논문과 그 이후의 저술에는 예일로스쿨의 교육내용과 방법론의 영향이 두드러지게 나타나는 것을 볼 수 있다. 논문지도교수, 심사교수의 법사상에 대한 제자의 입장은 배우는 과정의 학문의 태도에 따라 달라질 것이다. 긍정적 수용, 비판적 수용 또는 비판적 선별수용, 비판적 배척의 태도 중 한 가지를 택할 수 있을 것이다. 유기천은 지도교수의 철학과 방법론에 대하여 뚜렷이 비판적인 의견을 제시한 것이 없고 여러 군데에서 자주 인용한 것이 눈에 띄는 것을 볼 때, 긍정적 또는 적어도 비판적 수용을 한 것이 아닌가 생각된다. 박사학위과정을 이수하며 지도교수와의 관계를 통해 학문적 세계관 형성 또는 학문적 방법론의 토대를 형성한 것으로 판단해도 무리가 없을 것이다.

유기천의 박사학위 논문인 "한국문화와 형사책임 - 법률학의 과학적 방법의 한 적용"에서 핵심적인 내용이 '자유사회에서의 형사책임'이다. 그리고 자유사회는 인간의 존엄과 개인가치가 보호되고 존중되는 미국과 같이 지극히 선진화된 사회를 모델로 한 가설적 개념이다. 유기천은 한국사회는 전통적 법문화와 샤머니즘의 요소가 공존하는 특수한 사회임을 자인하며 그럼에도 '자유사회'의 모델 속에서 형사책임의 법문화를 건설하려는 야심찬 기획을 하고 있었다. 해방과 건국에 이어 6·25 전쟁을 겪은 한국사회는 식민지문화의 잔재, 전통적 풍습의 온존, 폐허와 빈곤 속에서 개인가치를 온전히 인정하고 보호할 준비가 되어 있지 않았다. 지도교수인 맥두걸의 '자유사회를 위한 법리학'의 영향을 받아 단숨에 선진화된 법문화와 법질서를 건설하고픈 욕구를 박사학위논문에 응축하여 표현한 것으로 보인다.

Ⅳ. 유기천의 법사상의 현대적 의의

앞에서 살펴본 유기천의 법사상의 개요와 그 형성배경에 비추어 다음과 평가가 가능하다고 본다.

1. 자유개인주의

단추와 의복의 관계에 관한 비유에서처럼 개인이 사회(공동체) 속에서 주어진 직능을 다해야 존재의 의의가 있다는 주장은 잘못이라는 유기천의 지적은 자유주의와 공동체주의의 대립에서 분명히 자유주의를 선택하는 입장이고 개인은 공동체나 사회에 정초된(embedded) 존재라기보다 독자적인 존재의의를 가진다는 주장으로 이해된다.

유기천의 법사상은 19세기 존 스튜어트 밀, 20세기 H.L.A. 하트의 계열을 잇는 영미의 자유개인주의의 영향을 받은 것으로 보인다. 밀은 국가와 사회의 간섭으로부터 개인의 자유를 옹호하는 입장을 주장했고, 하트는 개인의 자유를 확대하기 위해 국가형벌의 과도한 개입을 반대하는 입장을 취했다. 오늘날 우리 사회에서도 재연하고 있는 자유주의와 공동체주의 사이의 논의와 관련하여 자유주의적 입장을 취하는 이론으로 분류할 수 있다.

유기천의 자유주의가 자유지상주의나 자유방임주의가 아닌 증좌는 '나쁜 사마리아인'에 대처하는 입법론에서 나타난다. 유기천의 형법각론 교과서에서 '착한 사마리아인 법'(Good Samaritan Law)에 대하여 다음과 같이 논술한다: "현대 각국의 입법 예를 보면 이른바 Good Samaritan Law에 관한 입법을 가지고 있다. 즉 자기는 아무 의무가 없는 경우라도 타인이 생명자체에 대단히 위험한 상태에 처하여 있음을 보고, 또 이를 구조함에 행위자에게 아무 피해가 없음에도 불구하고 이를 악의를 가지고 유기함으로써 피해를 초래하는 경우를 말하는 것이다. 예컨대 불란서 형법 63조, 독일형법 330조 C, 유고슬라비아 형법 147조 등이다. 한국형법이 이것을 입법화하지 않은 것은 극단의 자유주의(*Laissez-faire*)의 사고방법에서 오는 것으로서, 이러한 지나친 이기주의적인 자유주의를 지양함이 자유사회의 기본이념에서 요청된다고 생각된다. 그러나 형벌의 방법은 반드시 외국의 입법예가 타당한 것은 아니다."[56]

자유사회론에서 신분사회의 법(Law of Status Society)에서 벗어나 자유사회의 법을 지향하는 것은 능력사회의 법(Law of Merit Society)을 옹호하는 것이 아닌가? 사회 내에서 처한 신분에 따라 평가받고 대우 받는 사회에서 각자 개인

---

56) 유기천, 형법학각론강의 상, 일조각, 1971(17판), 15면; 최종고, "유기천의 법사상," 유기천 전집 I 자유사회의 법과 정의, 제3부 후학이 본 유기천 교수의 법사상과 형법관, 416쪽.

이 가치창조를 분담하되 자유롭게 창조한 가치에 따라 평가받는 사회로 지향하려는 의미로 이해된다.

2. 경제적 평등주의

유기천은 자유사회는 유사 자유사회(pseudo-free society)와 구별되어야 함을 지적한다. 먼저, 자유사회를 기업의 자유로운 경제활동이 완전히 보장되는 사회로 여겨서는 안 된다. 경제상 조직에 관한 문제는 그 문화가 결정할 문제이며 자유사회의 본질적인 문제는 아니라고 본다. 또한 구체적인 실정이 경제적인 평등을 기도할 필요성이 있다면 사회주의정책을 쓰는 것이 결코 자유사회의 이념과 모순된다고 할 수는 없다고 본다.57)

여기서 우선 다음과 같은 질문이 제기된다. 유기천의 자유사회는 정치적인 자유가 보장되어야 한다는 의미에서 자유사회이고 자유시장경제를 채택하는 자본주의경제질서에서 주장하는 경제적 자유와는 구별되어야 한다고 하는데 오늘날 제1세대 인권인 시민적, 정치적 자유권과 제2세대 인권인 경제적, 사회적 자유권과 불가분리의 관계에 있다는 성찰에 배치되는 것이 아닌가 하는 의문이 있다. 결과적인 측면에서 경제적 평등을 추구하는 사회주의에서는 그 결과적 평등을 실현하기 위해 계획경제적 정책을 채택하는 경우가 있는데 이는 자유주의 사회의 핵심요소인 개인의 창의와 자유를 제한하는 결과를 초래해 상호 배치되지 않는가?

그러나 다른 한편 유기천의 입장은 '평등한 자유'(equal liberty)를 최대한 향유하는 것을 핵심 요소로 하고 경제적 불평등으로 인한 최소수혜자에게 결과적 평등을 최대한 유도하려는 존 롤스의 정의론에 기초한 평등지향적 자유주의 철학사상의 입장과 유사한 것으로 볼 소지가 있다.

---

57) 유기천, "자유사회", 자유사회의 법과 정의, 9쪽 참조.

3. 초헌법적 헌법과 연성자연법론에 친화적인 견해

유기천이 가치의 위계(hierarchy of values)를 설정하고 목적가치(goal values)와 수단가치(instumental values)를 구별하며 수단가치가 목적가치보다 하위로 설정하는 방법은 맥두걸이 제시한 가치의 위계와 유사한 사고를 하는 것으로 보인다. 이러한 사고는 제2차 대전이후 독일법원에서의 판결동향에 반영된 법규범의 위계질서 논의를 긍정적으로 평가하고, 이것이 미국대법원에서는 위헌법률심사제의 강화로 발전하면서 헌법상에 열거되지 아니한 권리를 무시하지 못하는 태도와 연결된다.

유기천은 1972년 한국의 제4공화국헌법에 따르면 한국정부의 독재구조는 그 자체 위헌적이다고 말한다. 이 경우 '항의'(protest)는 독일의 나치 이후 법철학에서 성립된 '초헌법적헌법'(supra-constitutional constitutional law)의 원리에 따라 보장된다는 것이다. 즉 초헌법적 헌법은 시민에게 저항할 권리를 부여한다고 주장한다.[58]

유기천은 민주주의 법에서 법규는 궁극적으로 인간의 존엄성을 실현하는 것인데 그 법에서 만물의 척도는 국가가 아니라 인간이다. 국가, 사회, 공동체는 공리주의적 고안으로서 궁극적 목적에 대한 수단이고, 모든 인간의 평등한 존엄성에 대한 궁극적 목적에 제한된다. 국가로부터의 자유 이데올로기는 민주주의 국가구조의 뿌리이다. 미국에서 제9수정헌법은 인민, 또는 주권자인 개인에게 헌법상 열거되지 않은 잔여적 권리로서 시민적 자유권을 인정하는데 사생활권, 인격권, 존엄권으로 설명된다. 법에 대한 반대의 형태로 항의권을 수락할 수 있다고 한다.[59]

유기천은 Samuel Schuman의 *Legal Positivism, Its Scope and Limitations* (Wayne State University Press, 1963)에 관한 서평을 쓴 바 있다.[60] 법실증주의

---

58) Paul K. Ryu and Helen Silving, "Methodological Inquiry into the Problem of 'Protest'", *Revista Juridica de la Universidad de Puerto Rico*, Vol.43 (1974), pp.9-40, reprinted in The Paul K. Ryu Foundation (ed.), *Law in the Free Society - Legal Theories and Thoughts of Paul K. Ryu*, Paju Bookcity: Bobmunsa, 2013, pp.248-279, at 250-251 참조.

59) *Ibid.*, pp.277-278 참조.

60) 유기천, "서평: *Legal Positivism - Its Scope and Limitations*, 1963 by Samuel I. Schuman," 서울대 법학, 6권 1호, 1964.9, 자유사회의 법과 정의, 373~381쪽에 재수록.

의 동향과 범위 및 그 한계에 관하여 논하고 자연법론의 등장에 관하여 저술한 것인데 유기천은 저서의 내용을 요약 소개하면서 크게 비판적인 의견은 내지 않고 다만 언어분석적인 방법의 동원을 충실히 할 것을 요구하고 있는 정도이다. 서평의 동기는 저자의 견해에 대한 부정적 비평이 아니고 동조적 비평이 아닌가 할 정도인데 이점에서 유기천은 자연법론에 부정적인 태도는 아닌 것으로 보인다.

유기천의 스승인 맥두걸의 가치지향적 법리학(value-oriented jurisprudence)이 자연법론에 친화적인 점, 법질서의 최상위 이념으로 자유사회, 인간의 존엄성이라는 가치개념을 설정하는 것은 켈젠의 입장과는 거리가 있다. 켈젠은 근본규범을 설정하되 그 내용에 대하여는 특정하지 않고 가설로만 그치고 있어 공허한 채로 있으며 그가 비인지주의적(non-cognitivistic) 법실증주의를 취하고 있는 점을 유기천은 받아들이지 않은 것으로 보인다.

Ⅴ. 마치는 말

유기천은 1950년대 후반부터 1970년대 후반까지 현실문제와 관련된 법사상 관련 논문을 다수 발표하였다. 유기천이 자유사회를 논한 것은 우리나라의 1950년대부터 1970년대에 이르는 시대적 상황과 지정학적 환경에 비추어 필요한 목적가치의 정립 필요성이라고 해석할 수 있다. 오늘날 정치조직의 목적가치로서 화해(조화)사회, 평등사회, 정의사회, 평화통일사회 등의 다양한 것이 제기될 수 있다. 유기천은 전통사회의 가부장적 가치와 현대적 자유개인주의의 가치의 충돌 하에서 개인의 해방을 옹호하고, 남북분단의 체제하에서 공산독재체제의 이데올로기와의 대립하고 있는 한국사회의 승리를 위하여 핵심적이고 궁극적 목적가치로서 자유사회론을 제기하고 있다.

출신배경이나 빈부의 차이에 불구하고 개인적 능력과 자질에 따라 대우받고 평가되어야 한다는 개인주의적 가치의 존중과 인간의 존엄성의 보장은 대한민국이 산업화를 거쳐 민주화의 길을 걸었고 오늘날 선진화의 길을 바라보면서 그동안 중시하였고 현재 적용하는 자유민주사회의 가치질서와 맥락을 같이 하는 것으로 평가할 수 있다.

법률형이 아닌 문화형적 법치주의를 변론한 것에 주목할 필요가 있다. 법앞의 평등, 법의 지배에 의한 법치주의의 정착을 위하여 한국사회에서 주의해야할 항목으로 오랜 문화적 배경을 이루는 유교적 도의중시 사상에서 나오는 인치주의 경향, 북한의 공산독재체제의 힘의 지배 체제의 위협으로부터 벗어나기 위해서는 법률규정 만의 고수가 아니라 문화인류학적 배경을 연구하는 것이 필수적이라는 유기천의 지적은 경청할 필요가 있다. 그가 학습하였고 채택하였던 법학방법론도 음미해 볼 필요가 있다. 자연과학적 합리성의 추구, 윤리학적(정책학 및 가치지향적) 가치판단, 문화인류학적 탐구에 기한 법규범의 사실의 이해라는 통합적 법학연구가 살아있는 법의 정립과 운영을 가능하게 한다는 지적은 진지하게 평가해볼 만하다. 앞으로 남한사회는 물론 남북사회를 통합하는 한국적 문화형의 '법의 지배'를 정립하는 모델을 구축하려할 때 이러한 방법론이 유용하게 쓰여질 수 있을까?

유기천은 자유주의(자유사회), 민주주의, 법치주의(법을 통한 정의)의 정립을 위한 법사상을 전파하려고 노력하였다. 자유사회와 문화형의 결합은 추상적, 법률적 이념추구가 아니라 한국적 문화전통과 결합한 문화인류학적 법사상의 추구라 할 수 있다. 그는 미국교육을 통하여 체득한 선진 법사상을 한국의 법률문화 향상에 기여하려고 노력한 선각자이며 선구자적인 법학자였다.

3. 유기천의 형법관

이 영 란

(숙명여대 명예교수)

I. 머리말

　어떤 사람의 특정분야에 대한 사고방식이나 사상을 알아보기 위해서는 그 사람의 말과 글, 행동을 추론함으로써 가능할 것이다. 유기천 교수는 1998년에 향년 83세를 일기로 미국에서 작고하셨다.[1] 올해로 작고하신 지 17년이 흘러서 더 이상의 연구가 없음은 물론이고, 기억하는 사람도 점점 줄어드는 실정에서 그의 정신세계와 관련된 형법관을 살피기는 용이하지 않다. 더욱이 유기천 교수의 생애에 대한 글들을 보고 미루어 생각하면, 40여 년 전인 1970년대 이후로는 형법학연구에 초점을 맞췄다기보다는 세계역사와 문화에 대한 연구라고 볼 수 있어서 기대보다는 유기천 교수의 형법관을 알아볼 수 있는 자료가 많지 않았다. 게다가 1970년대 이후 우리 사회 환경과 개인생활이 급변하면서 범죄현상도 판이해진 상황에서 당시의 사회규준을 고려하지 않고 지금의 관점으로 유기천 교수의 형법관을 선명하게 밝힐 수는 없다. 그리하여 유기천 교수의 박사학위 논문 기타 저서에 대해서 이미 학문적으로 또는 회고적으로 검토한 글들, 또 아주 오래 전, 우리들이 보고 들은 기억과 유기천 교수의 다른 분야의 저술 등을 참고하여 종합적으로 추적해 보는 수밖에 없을 것이다.[2]

---

1) 고인의 호칭에 대해서 학술적 의미가 있을 때는 이름을 그대로 칭해도 결례가 아니라고는 하나, 그렇더라도 이름만 칭하는 것은 부자연스럽고 불경스러운 느낌을 도저히 지울 수 없어서 이하 유기천 교수라고 한다.

2) 구상진, "유기천의 형사책임론에 대한 연구: 한국문화와 형사책임을 중심으로," 유기천과 한국법

유기천 교수의 형법관이 가장 확실하게 나타난 저서는 역시 형법학 총론강의
라고 할 수 있다. 유기천 교수 스스로 밝혔듯이 총론보다는 각론에 더 중점을 두
었고(각론과 총론의 관계를 부자관계로 보았음), 특히 각칙 구성요건에 대한 일
관된 논리 적용은 타의 추종을 불허할 만큼 탁월한 것이 사실이지만 총론 역시
가장 오랫동안 가장 많은 사람에게 깊은 영향을 주었던 책이다.[3] 1960년 초판 발
행이후 1968년에 개정판, 1971년에 改稿版이라 하여 원고지 10매 정도의 연구방
법론을 간략히 추가하였고, 1979년에 全訂版이라 하여 지금과 같은 연구방법론
을 추가하였다. 1980년 3월에 유기천 교수가 다시 잠깐 동안 서울대 법대에서 강
의하면서 개정 20판을 출판한 것이 연구기간의 출판으로는 마지막이었고 그 이
후 1987년 제26판, 1995년에 제27판까지 간행된 것이 확인된다(참고로 각론강의
(상)이 1995년 제31판, 각론강의 (하)가 1995년에 제28판을 끝으로 절판되었고,
2012년에 각론강의 영인본이 출판되었다). 2011년에 총론강의 영인본이 출판되
었는데, 본문 376면에 각주가 무려 834개이니 당대의 다른 교과서에 비해 압도적
으로 다양한 판례와 사례가 많아 교과서를 넘어 연구서 성격을 겸한 책이다.

형법학을 전공한다고 해서 누구나 자신의 가치관을 형법학에 투영할 수 있는
것은 아니다. 해박한 지식으로 오래된 과거의 이론까지 모두 섭렵하여 독창적인
자신의 주장을 세우는 일은 흔한 일이 아니다. 유기천 교수는 일찍이 영미법계
와 대륙법계를 아우르는 논의를 기초로 독자적인 형법관을 피력하며 후학을 가
르친 것은 한국의 형법학자로서 전무후무한 일로써 존경스럽기 그지없고, 그 점
이 우리가 오늘날 유기천 교수의 형법관을 다시 새겨보지 않을 수 없는 이유이
다. 다만 필자의 좁은 안목으로 유기천 교수의 형법관을 제대로 거론하기는 역
부족이고 또한 공범론과 책임론에 대해서는 이미 논의가 있었으므로 제외하고

학, 23-70쪽: 이재상, "월송 유기천 교수의 형법학", 형법학 총론강의 영인본, 529-544쪽: 최종고,
"유기천의 법사상, 자유사회의 법과 정의, 384: 손해목, "유기천의 형법관", 자유사회의 법과 정
의, 423 외 유기천과 한국법학에 게재된 다수 글들. 유기천 저, 음선필역, 세계혁명의 부록에 실린
배재식, 김철수, 최종고, 안경환의 글.
　　오래된 과거의 저술을 현재의 형법이론에 비추어 비판 검토하는 것은 지금까지 수차 한 것으
로 충분하다고 생각한다. 유기천 교수 생존 시에도 박사학위논문에 대한 비판은 한국 논쟁사의
한 장을 차지할 정도로 세간의 이목을 집중시켰었다. 여기에서는 요즈음 관심이 집중되는 문제를
부각시켜 논의해 보기로 한다.
3) 유기천 교수는 각론의 공통인수를 추려내어 논하는 것이 총론이라고 하므로 구체적인 개념의 더
본질적인 것은 총론보다는 오히려 각론에서 논할 문제라고 본다.

몇 가지 특징적인 논점만을 발췌해 살피기로 한다. 그 가운데 유기천 교수의 견해와 달리하는 부분은 감히 필자의 생각도 덧붙이고자 한다.

II. 인간상과 형법학 연구

유기천 교수의 형법관이라면 우선 떠오르는 것이 '형법이론과 인간상'이다. 유기천 교수 이전에 누구도 '인간상'이라는 표현을 사용하지 않았고 후학들도 인간상이라는 용어를 사용하는 사람이 드물다. 여기에서 형법이론은 근대계몽기에 이르러 비로소 나타난 '학문'으로서의 형법학이론을 말하고, 인간상이란 어느 특정 사회의 문화 또는 가치관의 전제가 되는 인간의 형상을 말한다고 할 수 있는데, 특히 형법학에서의 인간상이란 어떤 사람을 전제로 또는 모델로 하여 범죄와 형벌에 관한 법을 만들고 해석하고 적용할 것인가 즉 형법의 입법과 해석의 기준 또는 전제가 되는 사람을 이른다. 범죄행위를 한 범죄자뿐만 아니라 행위를 평가하는 법관, 일반인 모두를 포함한다.

인간상은 시대와 사회변화에 따라 다를 것이고, 실제로 형법학에서도 인간이 인간을 보는 형상이 달라져 왔다. 인간을 대자연의 일부로 보기도 하고 신 앞의 미미한 존재로 보기도 하고, 군주에 절대복종하는 봉사자로 보기도 했다. 그런 의미에서 적어도 18세기 말엽 계몽주의가 모든 문화와 법사상을 지배하게 되었을 즈음, 그 시기의 형법학의 인간상은 계몽사상가 들의 눈에 비친 추상적, 이성적 인격의 주체로서의 인간이었다.

스콜라철학으로부터 탈피한 고전학파의 인간상은 합리적 인격의 주체이다. 군주의 형벌권에 대한 분석과 비판, 그리고 인격을 가진 인간은 모두 평등하다는 만민평등의 사상을 기초로 인간은 선악을 판단할 수 있는 절대적 자유를 가지고 있으므로 형사책임은 자유롭게 판단한 선악판단의 결과에 따라서 결정해야 한다고 한다.[4]

19세기 중엽 이후에는 유럽사회의 변화와 자연과학의 발달에 따라 형법학계에서도 인간은 절대적 자유를 향유하는 것이 아니고 개인에 따라 제각기 자유를 향유하는 정도가 다르다는 사실을 알게 되었다. 그 자유의 성격도 고도의 추상

---

4) 유기천, 형법학-총론강의 52쪽.

적인 자유가 아니고 구체적 수준의 자유라는 것을 파악하고, 책임의 의지적 요소를 기초로 하는 한정책임 개념을 만들어냈다. 또한 인간의 행위는 소질과 환경에 의하여 결정되므로 만민평등의 사상을 부정하고 인간은 인과의 한 연쇄에 불과하다고 하였다.

이러한 20세기의 결정론자들의 인간상에 대하여 유기천 교수는 고전학파의 합리주의적 인간상이 사실적 평등(인간은 평등하다)과 규범적 평등(인간은 평등하여야 한다)을 혼동하여 "인간은 평등하여야 한다."를 "인간은 평등하다"로 보는 오류를 범한 것과 마찬가지로, 결정론자들도 규범적 의미에서의 불평등과 사실적 의미에서의 불평등을 혼동한 것이라고 한다. 자유사회에서의 평등의 의미는 모두를 평등하게 만들 수 있다는 것이 아니고 자유스러운 발전을 보장한다는 의미의 기회균등을 의미한다고 한다. 즉 평등은 사회적 기회균등을 의미한다고 보았다.

여기까지는 – 고전학파와 결정론자들의 인간상에 대한 비판 – 인간상에 대한 유기천 교수의 관점도 여느 형법학자와 크게 다르지 않다고 할 수 있다. 그러나 이후 즉 20세기 후반의 인간상에 대하여 유기천 교수는 독특한 주장을 하였다.

유기천 교수의 주장은 20세기 후반에 사회과학분야에서 무의식의 세계, 불합리의 세계를 발견하였기 때문에 형법의 인간상도 과거와는 전혀 다른 각도에서 봐야 한다는 것이다.

합리적 이성의 주체로써 인간상이나 또는 소질과 환경의 지배를 받아 구체적 자유만을 향유하는 인과의 한 연쇄에 불과한 인간상이 아니라, 현대 심리학이 발견한 무의식세계를 인정하는 현대 과학적 탐구대상으로서의 인간상을 전제로 해야 한다는 것이다. 의식과 무의식은 상호 긴밀한 관계이며, 의식은 무의식의 빙산의 일각에 불과하기 때문에 종래 의식세계만을 대상으로 하던 형법학에서 인간의 책임을 논할 때도 방대한 무의식세계를 인정해야 한다고 한다. 다시 말하면 인간의 의식 없는 행위에 대하여도 책임을 지울 수 있는 근거는 의식세계와 무의식세계가 밀접한 연관 속에 있기 때문이라고 하였다.

이와 같은 주장은 그 후 지속적인 연구가 있었다면 어느 방향으로든지 훨씬 더 발전할 수 있었을 것이다. 그러나 여기서 연구가 더 이상 지속되지 못하여 인간이 우리가 가늠할 수 없는 무의식세계의 지배를 얼마나 받고 있는지 그리하여 무의식이 인간의 행위에 어떻게 어느 정도 영향을 주는지 알 수가 없다. 적어도 형법학에서 형사책임을 논할 때 기준 또는 참고가 될 수 있는 인간상 연구가 없으므로 무의식세계까지 인정되는 인간상 자체가 수용되지 못하고 있다.

다만 현대형법학에서 해석론과 입법론이 전제로 하는 인간상이 종래와 달라야 한다는 유기천 교수의 견해는 타당하고 또한 발전된 과학적 연구를 기초로 현대인 누구라도 공감할 수 있는 인간상을 발견해야 한다는 주장도 타당하다. 예컨대 사람의 변화, 특히 형사책임능력의 관점에서 사람이 어떻게 진화 또는 변화해 가고 있는가? 성장속도가 달라졌고 수명이 연장되었으며, 교육과 환경의 영향이 달라졌는데 그러한 변화는 형사책임능력에 어떤 영향을 주는가? 등등은 현대형법학의 인간상 정립에 필수적인 연구로써 후학들의 과제로 남아 있다. 또 그런 의미에서 형사책임연령도 현대 생물학과 의학 등 기타 과학에 의하여 만 14세가 과연 적절한 지부터 재검토가 필요하게 된다. 의식과 무의식 세계의 긴밀한 연관성을 강조하는 입체(심층)심리학의 연구결과를 도입하려는 시도는 과거의 인간상을 탈피하고 새로운 인간상을 전제로 하고자 한 책임론에서 가장 뚜렷하게 나타난다고 볼 수 있다.[5] 유기천 교수의 책임론의 특징은 고의와 과실의 개념, 고의·과실의 이중적 지위를 인정하면서도 책임고의와 구성요건고의를 구별해야 한다는 것, 고의설보다는 책임설 쪽에 가까운 듯 보이나 책임고의와 책임과실을 구별해야 한다는 것 등을 주장함으로써 책임설도 비판하였다. 책임론에 대한 논의는 이미 별도의 세미나를 개최했었기 때문에 여기서는 생략한다.

Ⅲ. 형법연구방법론

형법연구방법론은 유기천 교수가 정치적으로 험한 역경에 처해 있을 때 저서에 추가한 부분이다. 법리의 주장에 단호하고 엄격한 태도를 견지하고 원칙에 충실한 유기천 교수도 형법연구의 방법론에 대해서는 유연하고 폭넓은 도량을 보이고 있다. 특히 미국과 독일의 형사입법을 살펴보는 관점을 통해서 우리는 유기천 교수의 형법관을 엿볼 수 있다. 몇 가지 특성을 말한다면 관점의 유연함, 연구방법론의 다양성, 상징주의 법해석, 자유사회 가설을 들 수 있다.

형법학연구에 대한 유기천 교수의 견해는 새로운 인간상의 발견과 더불어 과

---

5) 유기천, 총론강의, 536쪽; 이재상, "월송 유기천 교수의 형법학".

거 형법전의 배후에 잠재한 사상체계를 분석해야 한다고 한다. 그 예로써 기수·미수의 구별이나 공범종속성의 정도를 제한종속형식으로 보는 점 등은 객관주의 형법의 영향이고, 한정책임의 인정이라든지 법관의 작량감경제도 등은 주관주의 형법의 영향이라는 것 등을 들 수 있다.[6] 또한 사상체계 검토에서 한 걸음 더 나아가 입법과 해석을 균형 있게 다루었다. 교수, 학자들의 책무가 주로 해석론이라 하더라도 유기천 교수는 입법론을 소홀히 하지 않고 각 형법규정에 대한 입법연혁과 역사를 기술하였다. 적어도 지금까지의 형법학자들 가운데 유기천 교수 만큼 형법각칙에 대한 입법론을 피력한 학자는 없다고 해도 과언이 아니다. 비교법적으로 접근하고 입법의 미비, 오류를 지적하고 장래의 입법에 대한 의견을 제시하였다.

유기천 교수는 형법 해석론은 발전된 '현대과학'과 크게 배치되지 않는 범위 내에서 타당한 결론을 가져와야 한다고 하였다. 모든 지식을 통틀어 근본적으로 검토해보는 유기천 교수의 해석론은 요즘 후학들에게 귀감이 된다. 자신의 독자적 견해 없이 혹 독자적 견해까지는 아니더라도 문제에 대한 근본적인 고찰 없이 여러 가지 학설을 나열하고 그 중에 한 가지 선택하여 자신의 견해라고 하는 경향이 있기 때문이다.

미국의 형사정책 또는 형사입법에 대해서는 자신의 생각과 배치되는 현상과 자기 모순적 결과를 보면서도 비판에 그치지 않고 그 함축적 의미를 알고자 하는 노력을 보였을 뿐만 아니라 형법에 개재되어 있는 문제점과 학자 및 실무가들의 혼돈까지도 이해하는 모습을 보여 주었다. 예컨대 미국의 워렌(Earl Warren) 대법원장 시절 성인위원회(Adult Authority)제도가 사법절차인 판결선고 절차를 따르지 않고, 광범위한 불확정절차를 조정하고 선고형까지도 재조정하는 권한을 가진 것은 사실은 죄형법정주의에 정면으로 배치되는 제도임에도 불구하고 특별예방에 중점을 두는 제도라는 점에서 용인한 것으로 보인다. 그 후 다시 특별예방의 목적이 후퇴하고 미국의 다수학자들이 일반예방의 목적이 형법의 중추적 기능임을 시인한 것도 또한 이해하고 있다.

체계를 중시하는 독일학계에 대해서는 고의가 책임개념에 속하느냐 행위개념에 속하느냐의 논쟁은 무의미한 것으로 일축하고 동일용어라도 의미가 동일

---

6) 유기천, 전게서 56쪽.

하지 않음을 들어 독일형법의 일차원적 사고방법을 비판하였다. 독일의 형법사
조를 개관할 때, 독일은 전체주의 사상 때문에 형법의 사명은 사회방위가 아니
라 국가방위, 형법의 목적은 특별예방이 아니라 일반예방, 따라서 권위주의형법
과 의사형법(Willensstrafrecht)이 지도이념이었다고 비판하였다. 2차 대전 이후
이에 대한 반동으로 형법의 지도이념이 법치주의가 되었고 유추해석금지, 사형
폐지, 치료위탁과 같은 새로운 보안처분 등 특별예방이 형법목적의 전면에 대두
되었던 점은 긍정적으로 보았다. 독일의 형법사조는 미국과 반대로 일반예방에
서 특별예방으로 움직이는 아이러니컬한 현상을 보였다고 한다. 요컨대 미국과
독일은 서로 상반된 형법사조를 가지고 있는데, 유기천 교수는 이것 자체도 형
법학연구의 한계로 인식하고 형법이 가지는 막중한 책무를 다하려는 노력을 보
여 주었다.

1. 형법해석의 기준으로서 자유사회(free society)의 이념

유기천 교수가 사용한 몇 가지 독특한 용어가 있는데 그 중 하나가 '자유사
회'이다.[7] 유기천 교수의 자유사회는 켈젠의 '근본규범'과 같은 의미로써, 자유사
회로부터 우리 헌법 제1조가 나왔고 헌법의 근본원리가 나왔다고 한다.[8]

유기천 교수는 개인의 자유가 목적가치인 자유사회를 최고의 이념으로 설정
하고 그에 따라 형법을 해석해야 한다고 했다. 자유사회에 대한 유기천 교수의
표현을 보면, "아인슈타인이나 뉴턴 같은 인간만이 지성의 우월이 있는 것이 아
니라 어느 인간에게든지 평등하게 가능성이 있고 이런 의미에서 인간은 누구나
권위자로서의 근거를 가지고 있다. 권위를 가진 각자의 인격자들이 서로 모여
서로의 권위를 존중하고 각자의 가치창조를 분담하는 사회를 우리는 자유사회
라고 칭하고…이런 자유사회에서는 다섯 사람의 생명은 세 사람이나 네 사람의
생명보다 더 중하다는 수학적 결론은 여기에 타당치 않다. 각 권위자는 서로 비
교할 수 없기 때문이다. '한 사람의 무고함을 벌하기 보다는 차라리 10명의 죄인
을 석방함이 가하다'는 영미의 법언은 이런 의미에서 자유사회의 원리에 접근

7) 자유사회의 개념과 기능에 대해서는 음선필, "유기천의 법사상: 기독교법사상을 중심으로", 유기
   천과 한국법학, 227쪽.
8) 유기천 교수와 김종원교수의 대담, "유기천 형법학의 관점", 자유사회의 법과 정의, 200쪽.

한다.”

이러한 표현을 통해서 볼 때, 자유사회란 신분사회의 법에 대비되는 개념으로 인간의 존엄성이 보장되는 사회이며, 개인의 자유가 '완전하게' 보장되는 사회를 말한 것으로 보인다. 이러한 자유사회에서의 형법은 근본규범인 죄형법정주의의 원리에 따라 해석해야 하는 것은 지당하고 인간의 자유권은 이데올로기상의 개념이 아니라 우리 사회의 목적적 가치개념이며 구체적 개념이기 때문에 형법이 보호하는 국민의 기본적인 자유권은 입법으로도 침해할 수 없다고 하였다. 또 선량한 일반 국민의 자유권 뿐 아니라 범죄인의 자유권도 보호되어야 한다고 했다. 그리고 유기천 교수가 말하는 자유사회의 필수적 구성요소는 과학의 발전을 중시하고, 표현과 사상의 자유가 대단히 중요함에 비추어 경제활동의 자유라든가 다수결의 원리는 크게 비중을 두지 않는 듯하다.[9] 그는 자유사회의 원리가 형법 해석론의 기초이자 입법론의 방향이라고 보았다. 오늘날 그가 특별하게 사용하고 있는 '자유사회'의 이념가치를 부인할 사람은 많지 않다. 다만 주관적 독창적으로 이념체계를 구축하고 일관성 있게 논증하는 연구태도는 오늘날에도 연구지침이 될 것이다.

2. 자유사회이념과 존속범죄

자유사회의 이념과 관련된 구체적인 예로 유기천 교수는 '존속살해죄의 위헌성'이 바로 자유사회의 이념에 위배되는 것을 그 근거로 한다고 주장하였다. 과거 다수의 우리나라 학자들의 견해와 다르고, 또 전후 일본형법 제200조의 위헌성여부에 대해 일본 최고재판소가 위헌성을 부정해 온 이유[10](① 인간사회에는 사람의 소질, 직업 등에 따라 차별적인 대우를 하게 되는 것은 헌법상의 평등원칙과 무관하다. ② 직계존속에 대하여 도의적으로 좀 더 무거운 의무를 지는 것은 동서고금을 통하여 보편타당한 자연법이다. ③ 형법의 존속범죄규정은 비속의 배륜성을 크게 비난하는 것에 불과하고 존속친이 강도의 보호를 받는 것은 그 반사적 이익에 불과하다)와도 정면으로 배치되는 주장이다. 그 후 1973년 일

---

9) 음선필, 230쪽.
10) 유기천, 각론강의, 32쪽.

본최고재판소는 표결결과 14대1로 종래의 견해를 뒤집고 존속살 규정이 위헌이라고 하였다.

존속범죄는 존속, 비속이라는 신분적 요소에서 법의 강제성이 판단되는 것이며, 직계비속에 대한 책임을 가중하는 존속범죄는 본질적으로 위헌이라는 것이다. 왜냐하면 직계비속이라는 신분은 자유로이 취득한 것이 아니므로 이를 기초로 하는 처벌은 차별취급이기 때문이라는 것이다.[11] 현재 우리나라 많은 학자들이 존속범죄 가중규정의 위헌성을 지적하고 있으며, 현재 거의 완성단계에 있는 법무부 형법개정안에도 존속범죄 가중규정은 모두 삭제되었다.

사견으로는 존속범죄에 대한 가중처벌은 위헌이 아니라고 보며 다음 몇 가지 이유로 존속범죄 폐지에 반대한다.

첫째, 유기천 교수는 자유사회의 이념에 비추어 볼 때 인간은 태어나게 할 수 있는 자유는 있으나 태어나는 자유가 없기 때문에 즉 '출생으로 인하여 결정되는 신분'인 직계비속이라는 신분으로 인한 차별은 부당하다고 한다. 그러나 존속범죄에 대한 우리 헌법재판소의 태도는 존속상해치사죄의 합헌성에 관한 설명에서 볼 수 있는 바와 같이 "비속의 존속에 대한 존경과 사랑은 우리 사회윤리의 본질적 가치질서로서 비속의 지위에 의한 가중처벌의 이유와 정도의 타당성에 비추어 차별적 취급에 합리적 근거가 있다."고 하였다.[12] 즉 합리적 근거 있는 차별적 처벌이라는 것이다.

유기천 교수의 자유사회라는 개념적 전제가 물론 우리가 나아가야 할 방향이기는 하지만 지나치게 이상적이어서 현실의 전통사회윤리와 괴리가 있다. 직계존비속 관계가 '자기자신 지배'에 의한 관계인 것이 사실이라 하더라도 직계존비속의 관계는 여타 대인관계와는 다른 특별한 관계라는 인식이 우리 사회의 보편적 인식이다. 더구나 사회적 대인관계 중에는 자기자신지배 정신에 해당하지 않는 관계가 얼마나 많은가. 다시 말하면 자기자신 지배에 의하지 않는 관계는 직계존비속관계 외에도 상당히 많은데 그 때마다 모두 신분에 의한 차별이라고 볼 수는 없지 않은가? 따라서 윤리의 본질적 질서인 존비속관계에 따른 개인적, 사회적 책임의 경중이 달라지는 것은 차별이라고 보기 어렵고 차별이라고 하더라도 합리적 근거 있는 차별이라고 보는 헌법재판소의 결정이 타당하다. 유기천

---

11) 유기천, 각론강의 상, 35쪽 이하.
12) 헌재 2002.3.28. 2000헌바53.

교수가 말하는 자기자신 지배정신에 반하는 관계는 비단 존비속관계만 있는 것
이 아니기 때문에 자기자신 지배정신에 반하는 관계에 대한 차별은 위헌이라는
논리는 무리이다. 왜냐하면 존비속관계는 자기자신 지배정신에 반하는 관계의
충분조건이지만 그 역의 관계는 성립되지 않으므로 부분집합일 뿐이기 때문이다.

둘째, 유기천 교수는 분명히 형법은 그 나라 문화의 고유성, 현실성과 역사를
고려하지 않고서는 설명할 수 없다고 하였다. 그런데 존속범죄 가중처벌규정을
위헌이라고 하는 것은 아직까지는 우리 전통문화와 사회윤리(사회윤리가 변화
하고 있는 것은 사실이지만)에 정면으로 배치된다고 할 수 있다. 유기천 교수의
박사학위논문에서도 "형사책임을 취급할 때 그 사회의 문화면에까지 소급하게
되는 데 따르는 실익의 첫째는 어떤 법질서정립에서도 문화적 배경에서 흘러나
오는 가치추구의 현상이 항존하는 사실이다. 즉 실정법의 문화적 의의의 발견이
다. 예컨대 제250조 2항 등이 광범위하게 대존속친범죄에 대한 과중벌의 입장을
취한 것은 물론 우리의 Communal Norm에서 오는 것으로 외국에서 그 예를 찾
을 수 없는 한국 고유한 문화적 산물이라 하지 않을 수 없다."고 썼다.[13] 물론 문
화도 바뀔 수 있고 Communal Norm도 바뀔 수 있는 것이 사실이므로 장차 존속
가중규정을 폐지할 수도 있을 것이지만 현재까지는 그대로 두는 것이 더 타당하
다고 본다.

셋째, 존속범죄의 위헌성의 근거로 삼는 존비속관계의 신분은 헌법상의 '사회
적 신분'의 개념과 다르다. 헌법상의 신분과 형법상의 신분의 개념이 차이가 있
을 수 있고, 같은 형법상의 신분의 개념이라도 공범의 신분과 존속범죄의 비속
신분이 다르다. 또 민법상 친자관계나 형법상의 존비속 관계는 헌법 제11조 1항
의 평등의 원칙에서 말하는 '사회적 신분'과는 다를 수 있다.[14] 유기천 교수의 상
징주의 형법론에 의하면 더더욱 각 용어의 의의를 종적, 횡적 구조를 고려하여
결정하여야 하므로 신분개념이 다를 수 있다.

---

13) 유기천, 자유사회의 법과 정의, 100쪽.
14) 상징주의 형법론의 의의를 구조적 의의, 상대적 의의, 도구적 의의로 나누어 볼 수 있고, 구조적
   의의는 다시 발전적 구조와 종적 구조, 횡적구조로 나누어 살필 수 있다고 한다. 그 중 특히 헌법
   과 형법의 입체적 관계인 종적 구조나 민법의 개념과 형법의 개념이 다르다는 횡적 구조도 가지
   고 있어 해석의 상대적 준거점이 된다. 유기천, 총론강의, 영인본 66쪽.

3. 상징주의 형법론(Symbolische Strafrechtslehre)

유기천 교수는 언어의 상징성을 강조하여 개념의 고착성을 부정하였다. 같은 용어라고 하더라도 문장의 구조 속에서 다른 의미를 가질 수 있으며, 더욱이 시대와 사회의 변화에 따라 같은 용어라 하더라도 문화적인 관점에서 다른 뜻을 가질 수 있다. 또한 용어의 개념 내용도 해석의 기준과의 관계에 따라 이해해야 한다고 한다. 언어의 구조, 전후 맥락을 고려하여 해석해야 한다는 주장이다. 예컨대 자유사회에서는 개인의 자유권보호가 근본규범이기 때문에 개인의 자유권을 침해하는 어떠한 입법도 해석도 허용되지 아니한다는 것이다. 책임개념의 해석이라든가 고의가 책임개념에 속하느냐 행위개념에 속하느냐의 다툼, 위법과 불법의 의미, 위법성 조각사유에서의 상당성의 의미, 재물의 개념 등 동일한 개념이라 하더라도 그 개념이 속해있는 내용에 따라 다른 의미를 가질 수도 있다 (물론 각 언어의 특성에 따라 다른 점도 있다. 독일어와 프랑스어의 차이의 예로 독일 소설과 프랑스 소설을 비교해보면 알 수 있다. 독일의 소설에는 같은 의미의 말은 같게 표현하기 때문에 책의 한 페이지에 같은 표현이 여러 번 반복되기도 한다. 그러나 프랑스 소설은 한 페이지 내에서도 같은 말을 반복하지 않고 아름답게 표현하기 위해 다른 말로 표현한다).

직접 명명한 듯 보이는 '상징주의 형법론'은 형법연구방법의 일종으로, 특정 개념이나 특정 주제에 관한 이론을 의미하는 것은 아닌 듯하다. 유기천 교수는 독일법이 뛰어난 이론체계를 가지고 있음을 인정하면서도 종래의 독일식 개념법학을 비판하였다. 즉 독일의 개념법학비판론이 곧 상징주의 형법론이다.

유기천 교수는 독일의 많은 형법이론이나 학설을 비판하고 근본적인 문제를 제기하였다. 예컨대 벨링의 구성요건이론 이후 독일의 많은 학자들이 제2차 세계대전을 겪으면서 법실증주의에 대한 자성과 반발로 자연법적 사상 하에 관념론을 되풀이하고 있다고 하였다. 인간행위에 무의식의 영향이 어느 정도 들어오고 있는가에 대한 분석 없이, 의식이 무의식 기타 모든 행동을 지배하는 인간상을 전제로 현실적인 인간의 행위를 처벌하는 것은 근본적으로 잘못되었다는 것이다.

따라서 '독일학설을 추종'하면서 상징주의 형법론을 취하고 있다고 말하기는 어렵다.15) 상징주의 해석방법의 예로 실행의 착수를 들어보면, 우리는 총론에서 일반론으로 실행의 착수란 무엇인가를 설명하고 있다. 의의와 실행의 착수시기에 관한 객관설, 주관설 등등. 그러나 유기천 교수의 상징주의 해석은 1) 객관설과 주관설을 볼 때 주관설은 학문적으로 법률론이라고 할 수 없다. 어떤 주관이 나타났다든가 어떤 사람이 범죄의사가 있었다, 없었다 판단하는 것은 사실 확정의 문제다. 그리고 객관설은 결국은 '구성요건에 해당하는 것'이다. 2) 총론에서 실행의 착수시기가 언제냐 하는 것을 다루고 있으나 실제로는 각칙의 구성요건에 따라 다르다. 절도의 실행의 착수라 하더라도 형법 제329조의 절도의 실행의 착수와 제330조 절도의 실행의 착수시기가 다르고 기수도 마찬가지다. '기수'라 하더라도 각론상의 context에 따라 다르고 행위자의 전체적 계획에 따라서 범죄가 기수가 됐느냐의 여부가 결정되는 것이다. 언어의 구조, 맥락, 연관에 따라 다를 수 있기 때문이다. 이와 같이 독일의 고착적인 개념정의나 관념적 해석에 대한 비판이 곧 '상징주의 형법론'이다.

Ⅳ. 형법과 문화, 역사

일찍이 문화와 역사가 형법에 지대한 영향을 미친다는 것을 간파한 분이 유기천 교수다. 유기천 교수가 형법과 문화・역사의 관계라고 하는 것은 우리가 흔히 사상적 배경이라고 표현하는 정신적 배경을 말하는 것 같다. 과거의 정신적 배경 즉 과거의 사회 환경과 인간을 살핌으로써 오늘의 환경과 인간, 나아가 미래사회의 인간상을 설정할 수 있기 때문이다.

1958년에 유기천 교수가 미국 예일대에서 취득한 박사학위논문, "한국문화와 형사책임(The Korean Culture and Criminal Responsibility)"에서 제1부 문화형과 그 법적 의미(박사학위논문 15-86)라는 제목으로 한국역사 및 샤머니즘, 유교, 불교, 중국법제의 영향 등을 기술한 것이다. 한국의 고유문화를 샤머니즘 복

---

15) 인과관계론에서 목적설, 원인이 자유로운 행위에서 행위・책임 동시존재의 원칙, 공동정범의 본질에서는 공동행위주체설, 그 외 심층심리학의 도입 등을 취하지 않고 독일의 관련학설(예, 합법칙적 조건설, 예외모델, 행위지배설 – 물론 유기천 교수 생존 시에는 독일에서도 행위지배설이 없었다 –) 등을 따르면서 자신이 상징주의 형법론을 하고 있다고 말하는 것은 상징주의 형법론을 잘못 이해했거나, 따르고 있지 않는 것이라고 볼 수 있다(이재상, 월송 유기천의 형법학, 543쪽).

합체라고 하고 유불선 중 특히 선도(仙道)가 바탕문화라고 하였다. 이에 대하여 당시에 그리고 오늘날까지도 신랄한 비판이 쏟아졌다. 한국문화를 샤머니즘 무속문화라고 폄하하였다는 비판[16]과 한국의 고유문화는 유불선의 이치를 모두 담고 있어 선도를 바탕문화라고 보면서 서구의 샤머니즘 개념으로 파악하는 것은 타당하지 않다는 비판이 있다.[17]

불교에 관해서도 유기천 교수는 "불교의 영향은 유교에 비하면 극히 미미하다. 왕건이 독실한 불교도였던 사실이 고려왕조 불과 몇 세기 동안 불교의 번영에 기여한 것이다"고 하였다. 이러한 불교영향의 평가에 대하여 불교도였던 황산덕교수는 유기천 교수를 정면으로 비판하며 한국논쟁사에 남을 만큼 대단한 국가적 논쟁을 일으켰다. 사실, 불교는 1600년 이상의 기간 동안 한민족의 문화와 역사에 큰 영향을 미쳐왔다는 주장은 타당하다. 그러나 한국전통문화에서 샤머니즘성을 부인할 수 없다는 것도 사실이다.[18]

다만 1950년대에 쓴 논문을 40년 또는 60년 후에 살피면서, 그 간의 통계학 및 과학의 지속적 발전의 결과와 맞비교한다거나, 다시 말하면 1950년대의 타학문의 배경을 고려하지 않는다거나 다소의 정확성을 결여하였다하더라도 무엇을 위해 왜 그런 기술을 했는가를 생각하면 유기천 교수의 기술을 포용할 수 있지 않을까 생각한다. 이에 대해서 예컨대, 소결론을 도출하기 위한 다양한 많은 기술을 보고, 내용이나 분량이 많기 때문에 비중이 높다고 보아 중요한 결론에 비하여 불필요한 사실기술이 너무 많다고 하는 비판, 또 종교 편향적 비판은 조금 가혹하다고 생각된다. 유기천 교수가 '형법과 문화'에 관심을 가진 목적 또는 이유는 어떤 형법체계가 한국문화형에 맞는 이상적인 형법체계인가를 찾아보고자 함이었을 것이다.

유기천 교수는 전통적인 형법학의 두 가지 과오를 지적하였다. 그중 하나는 형법이 문화의 일면임에도 불구하고 한국사회의 문화적 요소에 대한 정확한 판단 없이 행해지고 있다는 것이고, 다른 하나는 가치판단 자체와 가치관계의 설정을 혼동하고 있다는 것이다.[19]

---

16) 황산덕, 이시윤의 글에서 재인용.
17) 구상진, "유기천의 형사책임론에 대한 연구", 64-67쪽.
18) 이시윤, "한국형법학계의 거성, 개혁·개방의 세계인", 15쪽.
19) 유기천, 자유사회의 법과 정의, 98쪽.

어쨌든 형사책임과의 관련 하에 한국문화를 살피는 '관점'이 수십 년 시대를 앞서간 탁월한 것이다. 더구나 그의 박사학위논문은 미국의 학계에서 역사학자나 문화인류학자가 못한 일을 유기천 교수가 해냈다는 사실도 크게 자랑스러운 일이라고 본다. 형법학연구에서 과학과 문화를 중시한 점이 마치 현실개혁적이고 利用厚生적인 실학파와 같다고 하여 유기천의 업적을 가히 "실학파적 기여"라고 한 평가에 동조한다.[20]

V. 형법과 과학

유기천 교수의 형법학 저술에서 가장 빈번하게 사용하고 있는 용어 중 '합리적' '과학적'이라는 표현이 있다. '합리적'은 해석의 기준, '과학적'은 연구의 방법을 의미하는 것과 더불어 다른 과학과의 융합을 의미하는 것 같다. 특히 과거 이론을 비판하기 위해서는 그 이론의 오류를 증명하고 모순을 지적해야 하는데 그러기 위해서는 여러 가지 과학적 고찰이 필수적이다. 유기천 교수는 과거 형법연구의 개념과 체계의 고착성을 배격하기 위하여 언어의 상징성과 과학적 방법을 강조하고 다른 학문과의 융합을 시도하였다.

우리 학계에서 최근에 학문 간의 융합과 통섭이라는 말이 많이 사용되고 있다. 전문, 세분화된 어느 한 분야의 지식만으로는 복잡다기하고 유기적인 현상을 설명하기 어렵기 때문이다. 각 분야의 다양한 관점에서 또 서로 간의 경계를 넘나들면서 하나의 해결책을 모색하는 것이 더 바람직한 방법일 수 있다. 일찍이 유기천 교수는 범죄와 형벌에 관한 연구인 형법연구는 인간에 대한 연구를 기본으로 해야 하기 때문에 인간을 연구하기 위해서는 여러 분야의 학문과의 융합이 필요함을 역설하였다. 요즘 여러 학문 분야에서 융합과 통섭을 강조하는 것을 보면 가히 한 시대를 내다 본 통찰력의 산물로 생각된다.

형사책임(Responsibility)을 논할 때 역사·문화와의 융합을 강조한 것과 같이 범죄행위를 한 인간의 책임(Schuld)을 연구할 때 심층심리학(Depth Psychology)과의 융합은 그런 관점에서 보면 당연한 것일지도 모른다. 무의식적인 인간의 행동 심리를 연구하는 심층심리학은 아마도 인간의 행위와 책임을 명쾌하게 설

---

20) 신현주, 토론문, 유기천과 한국법학, 110쪽.

명하기 어려운 형법학에서는 도움의 손길을 뻗칠 수 있는 영역이었을 것이다. 유기천 교수 이전에 형법에 심리학이론을 받아들인 예는 1950년대 독일 한스 벨쩰의 목적적 행위론의 배경학문인 독일의 사고심리학을 들 수 있고, 1960년대 들어와서 유기천 교수가 미국의 심층심리학을 인과관계 목적설의 배경으로 받아들인 것이다.[21]

당대에 세계적으로 관심을 불러일으켰던 프로이트(Sigmund Freud)가 정신분석의 특징을 설명하고자 심층심리학이라고 명명하여, 인간의 정신현상을 세 부분, 상위자아(super-ego), 자아(ego), 이드(id) 중의 어느 부분에서 심적 과정이 이루어지는가를 파악하고자 했다. 유기천 교수는 인간의 자유와 형사책임을 논하기 위해서는 심리학 상의 에고의 자유는 이드와 상위자아, 그리고 현실과의 상대적 관련 하에서 결정된다고 보고, 에고에 대한 과학적 파악이 필요하다고 강조하였다. 다시 말하면 인간의 자유를 논할 때 에고를 심층심리학적으로 파악해야 한다는 것이다.[22]

그러면 유기천 교수는 왜 심층심리학의 결과인 반무의식 상태에서의 행위에도 형사책임을 인정하려고 했는가? 학문의 생명은 논리이다. 그러나 우리가 알고 있는 것과 볼 수 있는 것만으로는 간혹 논리의 일관성을 유지할 수 없는 경우 또는 논리를 형성할 수 없는 경우가 생긴다. 우리가 볼 수 있는 것보다 볼 수 없는 것이 더 많고 알 수 있는 것보다 알 수 없는 것이 더 많다는 사실을 깨닫게 되면 그리고 이미 밝혀진 사실과 이치만으로 논리의 유지가 안 되면 자연히 새롭게 밝혀진 사실에 더 관심을 가지게 된다. 아마도 유기천 교수가 반무의식과 같은 심층심리개념을 형법해석의 논거로 삼고자 한 이유도 진리의 바다 속을 들여다 본 이후가 아니었을까 생각된다.

---

21) 손해목, "유기천과 사법대학원 그리고 그의 인과관계론의 목적설", Fides 제3호, 94쪽.
22) 두산백과, 프로이트는 세 가지 관점, 즉 국소론적 관점과 역동적 관점, 경제적 관점으로 나누어, ① 국소론적(局所論的): 정신을 상위자아(上位自我)·자아·이드(id)의 세 부분으로 구성된 기관으로 보고 그 중 어느 부분에서 심적 과정이 이루어지는가를 조사한다. ② 역동적(力動的): 정신현상을 협력·반발 및 타협하는 힘의 상호작용의 표현으로 본다. 그리고 이 힘은 본능 또는 충동의 성격을 띠고 있다. ③ 경제적: 정신기관은 이 힘의 정체(停滯)를 방지하고 흥분의 총량(總量)을 가급적 극소화시키려 한다고 생각한다. 그리고 흥분의 증가는 불쾌를 초래하고 흥분의 감소는 유쾌를 초래한다고 보았다. 따라서 정신기관은 원래 쾌감원칙(快感原則)에 따르지만 후에 현실에 의하여 수정되어 현실원칙을 따르게 된다는 것이다. 따라서 유쾌함을 구하고 불쾌함을 피하는 무의식중의 에너지의 대립·상극·타협으로 정신현상을 설명할 수 있다.

VI. 심층심리학과 원인이 자유로운 행위

우리는 형법 제10조 제3항의 행위를 이른바 원인이 자유로운 행위라고 한다. 원인행위는 자유롭게 의사를 결정할 수 있는 상태에서 이루어지지만 실행행위는 책임능력 없는 상태(자유롭게 의사를 결정할 수 없는 상태)에서 이루어진다는 것이다.

이와 관련하여 유기천 교수는 인간에 대한 과학적 연구결과인 프로이트의 무의식세계를 인정하고 형법상의 행위에도 반 무의식상태에서의 행위를 받아들일 수 있다고 본 것 같다. 예컨대 원인이 자유로운 행위를 무의식의 세계와 의식의 세계가 '교차'되는 대표적인 예로 보았다. 그러나 고의의 세계에서 의식세계와 무의식세계가 바로 '연결'되어 있는 것은 아니다. 오늘 밤 꿈을 꾸고 싶다, 또는 어떤 꿈을 꾸고 싶다고 했을 때 실제로 꿈이 꾸어지는 것이 아니다. 즉 의식세계와 무의식세계는 같은 연장선상에 있는 것이 아니므로, 형법 제10조 3항이 의식과 무의식의 교차인 행위를 고의 면에까지 도입해버린 것은 과오라고 한다. 구 형법시대에 과실의 경우에 판례로 인정되어 오던 것을 고의의 경우만을 명문화한 것은 잘못이라는 것이다. 이 외에도 형법 제10조 3항의 '자의로'에 대해서 "위험의 발생을 예견하고 '자의로' 심신장애를 야기한 자…"라고 하고 있으므로 고의범에만 국한하고 있는 것으로 보는 학자들[23]이 있는 반면에 고의범뿐만 아니라 과실범도 포함한다는 견해를 가진 학자들[24]이 있다. 판례의 태도도 고의 과실을 포함한다고 보고 있다.[25] 생각건대, 원인이 자유로운 행위는 과실범으로부터 발전하여 온 것이고 실제 판례도 거의 대부분이 과실범이었다. 따라서 형법 제10조 제3항은 고의범뿐만 아니라 과실범에도 적용되어야 한다.

어쨌든 행위의 가벌성을 입법론으로 해결했으므로 현행법의 해석론으로는

---

23) 배종대, §86-16; 오영근, 고시계 1996.1 215; 조상제, 형사판례연구 제4호 62쪽 이하.
24) 김일수・서보학, 417쪽 임웅, 266쪽.
25) 자의로의 의미: 형법 제10조 3항은 고의에 의한 원인이 자유로운 행위만이 아니라 과실에 의한 원인이 자유로운 행위까지도 포함하는 것으로서 위험의 발생을 예견할 수 있었는데도 자의로 심신장애를 야기한 경우도 그 적용대상이 된다고 할 것이어서 피고인이 음주운전을 할 의사를 가지고 음주만취한 후 운전을 결행하여 교통사고를 일으켰다면 피고인은 음주 시에 교통사고를 일으킬 위험성을 예견하였는데도 자의로 심신장애를 야기한 경우에 해당하므로 위 법 조항에 의하여 심신장애로 인한 감경 등을 할 수는 없다(대판 2007도4484, 대판92도999).

원인이 자유로운 행위도 형법상의 행위이고 행위자의 책임능력을 인정할 수 있다고 본다. 다만 종래의 이론대로라면 가장 기본적인 원리인 '행위와 책임의 동시존재의 원칙'에 어긋나기 때문에 실행의 착수시기를 원인행위 시로 볼 것인지 실행행위 시로 볼 것인지에 대해 논란이 있다.26)

우리는 형법에서 의식적인 행위만을 대상으로 그에 따른 책임을 논하고 무의식 상태에서의 행위는 재래 관념적으로 소박하게 믿고 전혀 고려하지 않았다. 유기천 교수는 심리학에서 발견된 의식과 긴밀한 관계에 있는 무의식 또는 잠재의식 세계를 형법으로 끌어들여 원인행위에 실행의 착수를 인정할 수 있고 일종의 반 무의식상태에서 행한 실행행위의 책임능력을 긍정할 근거가 있다고 한 것이다. 그 이후 유기천 교수의 견해를 지지하는 학자가 없었기 때문에 이 이론은 더 이상 발전하지 못했다. 지지하지 않는 이유가 동의하지 않아서일 수도 있고 이해하기 어려워서일 수도 있다.

원인행위 시 실행의 착수를 인정하기 어렵다고 보는 입장에서는 행위와 책임의 동시존재의 원칙을 최대한 존중하면서 적절하게 처벌할 수 있는 방안을 모색하여야 한다. 우리 형법 제10조 제3항과 같은 규정이 없는 독일에서는 구성요건모델설(간접정범유사설)과 예외모델설(책임모델설)을 주장하고 있다.27)

구성요건모델은 원인행위 자체를 구성요건에 해당하는 행위로 보는 것이고, 예외모델은 '행위·책임 동시존재의 원칙'의 예외를 인정하고 실행행위와 불가분적 연관관계에 있는 원인행위에 유책성이 있으면 실행행위 시 책임능력을 인정할 수 있다는 것이다. 독일의 다수설은 구성요건모델설이다.

구성요건모델설은 원인이 자유로운 행위의 법적 성격을 타인의 무책임한 행위를 이용하는 간접정범과 흡사한 자신의 무책임한 행위를 이용하는 것이라고 한다. 원인행위 시에 책임능력이 있고 그 결과를 예견하거나 예견할 수 있었던 경우에는 비록 결과를 야기 시킨 행위자의 행위가 책임무능력상태에서 행해졌다

---

26) 행위의 가벌성은 입법으로 해결되었다고 보면 가벌성에 관해서는 더 이상 논의의 실익이 없기 때문이다. 우리와 달리 독일형법은 행위자가 '행위 시'에 책임능력 및 한정책임무능력이라고 하여 책임과 행위의 동시존재의 원칙을 명시하고 있다.

27) 독일형법 제323조a 완전명정죄(Vollrausch) : 고의 또는 과실로 알코올음료나 기타 명정제를 복용하여 명정상태에 있는 자가 위법행위를 하고 명정상태로 인한 책임무능력을 이유로 또는 책임무능력의 여지를 배제할 수 없다는 이유로 처벌할 수 없는 경우에는 5년 이하의 자유형 또는 벌금형에 처한다.

할지라도 그 결과를 야기 시킨 데 대하여 책임비난이 가해질 수 있다는 것이다 (von Liszt, Lehrebuch, 9.Aufl. S.224). 그러나 이러한 설명이 가지는 문제점은 위법성이 없는 원인설정 후 자연적 경과로써 결과가 야기되었다면 이에 대해 어떻게 책임비난을 할 수 있겠는가, 또한 음주, 수면과 같은 원인행위를 실행행위라고 보는 것은 통상적 사회 관념에 반하는 법기교적 설명이 아닌가 라는 비판을 받고 있다.

von Liszt는 이를 보완하기 위한 설명으로, 첫째, 실행행위는 음주·수면 등 원인행위가 아니라 살인, 상해 등 책임무능력 상태에서 행한 결과발생의 직접적 행위가 실행행위이며 책임능력은 원인행위 시에 존재하면 족하다. 다시 말하면 형사책임이란 행위자에 대한 비난가능성인데, 이른바 책임능력이라든가, 고의·과실은 비난가능성의 추정근거일 뿐, 책임 그 자체는 아니다. 행위자의 의사능력 여하에 비추어 비난가능성의 유무를 판단할 수도 있으므로 실행행위 이전에 책임능력이 존재해도 무방하다. 둘째, 살인, 강간 및 방화범죄와 같이 격정적 범죄에서 뿐만 아니라 절도의 초범자도 구성요건적 결과를 실현시키는 행위의 순간에는 극도의 흥분과 긴장으로 냉정한 의사능력을 결여하는 것이 통상인데도 불구하고 학자들이 이런 경우에 범죄성립을 의심하지 않는 것은 책임과 행위의 동시존재의 원칙이 엄격히 지켜지는 것이 아니라는 증명이라고 한다.[28]

우리의 문제는 다수의 학자들이 독일형법규정과 우리 형법규정이 다른데도 불구하고 독일학설의 논지를 우리 형법 제10조 3항의 해석론으로 차용하고 있는 점이다. 따라서 현재 우리나라의 다수설은 예외모델설이지만 과거의 우리나라의 통설은 간접정범유사설(구성요건모델)이었다. 이 설은 자신을 도구로 이용한 간접정범이므로 원인행위가 바로 실행행위이고 책임능력 없는 상태에서의 행위는 원인행위의 결과일 뿐이라는 것이다. 이설에 대한 비판은 첫째, 간접정범은 별개의 인격체인 타인을 도구로 이용해야 한다. 둘째, 자수범에 대해서는 원인이 자유로운 행위이론이 적용될 수 없다. 셋째, 한정책임능력자에 대한 간접정범은 있을 수 없다. 넷째, 우리 형법 조문체계상 제10조 제1항과 제2항이 행위 시라는 표지를 명시하지 않고 있으므로 제3항에서 오히려 원인이 자유로운 행위에 관한 명문의 규정을 둔 것이라는 것이다.[29]

---

28) 유기천 총론, 140쪽.
29) 이재상, 월송 유기천 교수의 형법학, 538쪽. 신동운, 형법총론, 350쪽.

생각건대, 간접정범유사설이 더 타당하다고 생각한다.

첫째, 간접정범이 반드시 '타인'을 살아있는 도구로 이용하는 것이 아니고, '어느 행위로 인하여 처벌되지 아니하는 자 또는 과실범으로 처벌되는 자…'라고 했기 때문에 책임무능력상태의 '자신'을 제외할 이유가 없다. 자신의 책임능력상태의 행위와 책임무능력상태의 행위는 처벌 상 현격한 차이가 있기 때문이다. 또한 원인이 자유로운 행위는 책임능력별 처벌의 문제이지 행위주체의 문제는 아니다. 형법 제10조 제3항은 '위험의 발생을 예견하고 자의로 심신장애를 야기한 자…'라고 되어 있어서 자기 스스로 자신의 책임무능력을 이용하는 행위이므로 간접정범의 성립이 가능하다.

둘째, 위증죄와 같은 자수범의 경우는 범죄의 성질상 간접정범의 성립이 불가능하고 원인이 자유로운 행위의 성립도 불가능하다. 실행행위자의 책임능력을 필요로 하기 때문이다. 그런 관점에서 보면 자신의 책임무능력상태를 이용하는 원인이 자유로운 행위를 자수범이라고 볼 수 없기 때문에 간접정범의 성립을 부정할 이유가 없다.

셋째, 원인이 자유로운 행위의 실행행위 시에 결과적으로 한정책임능력이 되는 경우는 있을 수 있다. 그러나 처음부터 원인이 자유로운 행위에서 자신의 한정책임능력 상태를 이용하려는 것은 아니기 때문에 자신의 책임무능력을 이용하려고 하는 경우 간접정범의 성립이 가능하다. 예외모델설은 구성요건모델설이 원인행위를 실행행위와 같이 취급하는 것이 위법행위의 정형성을 포기하는 것이라고 한다. 그러나 예외모델설이 책임무능력 상태의 구성요건적 결과발생을 실행행위로 보는 것은 더 큰 문제다. 형법상 행위는 내부적 의사와 외부적 표현의 결합이기 때문에 어떠한 경우에도 책임무능력 상태의 행위는 형법상 행위라고 볼 수 없다. 따라서 원인행위 시에 실행의 착수가 있고 실행행위 시에 구성요건적 결과발생이 있을 뿐이다. 요컨대 원인행위와 결과발생 간의 '불가분적 연관'이란 무엇이며 어떻게 설명할 것인가가 문제다.

이러한 난점 때문에 유기천 교수가 심층심리학의 무의식상태와의 연관을 주장한 것이 아닌가 생각된다. 즉 유기천 교수는 원인행위 시에 실행의 착수가 있다고 보기 어렵기 때문에 원인행위로 인하여 반 무의식적 표현이 있을 때 범죄의 실행행위가 시작되는 것으로 본 것이다. 행위와 책임의 동시존재의 원칙을 해하지 않으면서 원인이 자유로운 행위를 설명하려는 노력과 과학적 연구결과를 도입하려는 노력은 독창적이고 탁월하다고 생각된다.

VII. 사형제도

끝으로 유기천 교수의 형법관을 살피는 중에는 형벌론의 사형제도 폐지를 빼놓을 수 없을 것 같다. 우선 1958년에 예일대에 제출되었던 박사학위논문에서 사형제도 폐지에 관해 언급하였고 놀라운 점은 그때 설시하였던 몇 가지 폐지이유가 반세기가 지난 2015년 현재도 폐지론자들이 주장하는 이유와 같다는 것이다. 그렇다면 유기천 교수의 사형제 폐지주장이 불변의 진리에 가깝다고 볼 수 있거나 아니면 지금의 주장자들이 더 이상 새로운 연구 없이 과거의 주장을 그대로 답습하고 있다고 볼 수밖에 없다. 결과적으로는 유기천 교수의 주장이 수 십 년 앞선 셈이다.

어쨌거나 유기천 교수의 폐지이유를 보면 첫째, 사형이 우리의 목적가치에 위배된다는 것, 둘째, 사형이 잔인한 형벌이라는 것, 셋째, 꼭 사형이 아니더라도 즉 사형을 종신형으로 대체하더라도 형벌의 목적을 달성할 수 있다는 것, 넷째, 사형의 억제효과는 실증되지 않은 환상일 뿐이라는 것이다. 이에 대하여는 이미 신랄한 비판이 있다.[30] 유기천 교수가 스스로 반박한다면 어떨지 모르겠으나 유기천 교수와 유사한 주장을 하는 현재의 폐지론자들은 비판에 대해 납득할만한 반박을 하지 못하고 있다.

우선 그 비판 중의 한 가지는, 유기천 교수가 미국의 수정헌법 제8조의 일부 내용을 들어 설명한 잔인한 형벌의 금지(the prohibition of cruel punishment)는 우리 형법에는 근거가 없다는 것이다. 미국연방대법원도 1972년에 Furmann v. Georgia 사건(408 U.S. 238)에서 사형이 잔인한 형벌임을 인정한 일이 있으나 그 후 1976년에 Gregg v. Georgia 사건(428 U.S. 153)에서 번복했고, 지금까지 사형제도에 대한 규제를 강화하고 있기는 하나 사형 자체를 잔인한 형벌로 보고 있지 않다는 것이 미국학자들의 주장이다.[31]

그 외에 아직은 사형제도의 폐지가 시기상조이므로 존치해야 한다고 주장하

---

30) 구상진, "유기천의 형사책임론에 대한 연구", 58~59쪽.
31) 구상진, 앞의 글, 59쪽 각주 100) 참조.

는 필자의 생각은 다음과 같다.

1. 생명존중사상

생명을 박탈하는 사형은 인간이 인간에게 가할 수 있는 형벌의 범위를 벗어나는 것이며, 형벌로서 생명을 박탈하는 것이 생명윤리에 어긋난다는 점에 대하여 생각건대, 인간으로서 할 수 있는 일과 할 수 없는 일, 그리고 국가가 할 수 있는 일과 할 수 없는 일의 결정은 가치판단의 문제이다. 인간의 불완전성 즉 개개인의 불완전성을 인정하고 우리는 국가를 구성했고, 국가는 기본가치를 헌법을 통해 설정하고 있다. 따라서 헌법적 가치와 국가의 여러 제도는 우리의 목적가치의 현시(顯示)라고 할 수 있다. 그런 관점에서 보면 사형제도가 우리의 목적가치에 위배된다고 할 수 없다.

또한 생명존중의 정신은 폐지론자나 존치론자나 공히 가지고 있다. 다만 내 생명이 중하면 남의 생명도 중히 여기라는 점을 강조하여 사형존치를 주장하거나 생명은 모두 중하니(살인자의 생명을 포함해서) 어찌됐든 사형은 안 된다는 점을 강조하여 사형폐지를 주장하는 것과 같이 끝없는 논쟁일 뿐이다. 닭이 먼저냐 달걀이 먼저냐인데, 닭과 달걀 중 어느 것이 먼저냐의 논쟁을 종식시킬 수 있는 방법 중의 하나는 이 시점에서 우리가 닭을 가지고 있느냐 달걀을 가지고 있느냐부터 시작하면 된다. 현재 닭을 가지고 있다면 닭이 먼저이고 달걀을 가지고 있다면 달걀이 먼저라는 말이다. 따라서 우리는 현재 사형제도를 가지고 있기 때문에 사형제도가 생명존중사상을 중시하여 만들어진 제도이며 이 제도를 통해서 생명을 더 존중하게 된다고 믿고 있다. 또한 적절한 예인지는 모르겠으나 경제학용어인 '명목가치'에 해당할 뿐인 폐지론자들의 생명존중사상 보다는 '실질가치'를 우선시하는 존치론자들의 불가피한 필요악의 논리를 경청할 필요가 있다고 본다.

2. 범죄억지력과 위하력

형벌의 일종으로서 사형의 본질은 예방기능이다. 사형제도는 인간은 누구나 죽음에 대한 근원적 공포를 가지고 있으므로 만일 타인의 생명을 해치면 자신의 생명도 박탈당할 것이라는 심리강제를 통해서 범죄를 예방할 수 있다. 다시 말하면 잠재적 범죄자에게 범죄의 쾌락과 형벌의 불쾌를 견주어 불쾌를 피하고자 하는 심리강제를 통해 살인범죄를 행하지 않도록 함으로써 예방적 기능을 하게 된다. 형벌의 예방기능이 충분하여 범죄가 아예 발생하지 않으면 최선이지만 어쩔 수 없이 범죄가 발생하였다면 이 경우 형벌의 기능은 응보기능을 포함한 예방기능을 한다고 말할 수 있다. '공격이 최선의 방어'라는 말과 같이 또는 '엄호사격'과 같이 방어를 위한 공격은 과거의 잘못된 행위에 대한 처벌을 통해서 미래에 야기될 수 있는 범죄를 방지하고자 하는 데 의미가 있다. 폐지론자들이 우리 대법원이나 헌법재판소가 인간의 응보욕구를 인정한 것을 맹렬히 비판하고 있다.

위하력에 관하여 폐지론자들은 대개의 살인사건이 우발적이거나 과실치사라는 점을 들어 사형의 위하력이 지극히 한정된 계획범죄에 국한된다고 한다.[32] 즉 우발범이나 과실범의 예를 들어 사형제도가 위하력이 없다는 근거로 삼는다. 그러나 이런 주장은 현실을 도외시한 주장이다. 우발범이나 과실범, 책임 무능력자 등은 사형의 대상이 아니므로 사형의 위하력은 본래 고의범을 기준으로 하며 우리 현실은 살인의 고의범에게조차 지나치게 신중히 선고되고 있다.

이 외에도 사형제도가 일반국민에게 심리적 안정감을 주는 기능은 다른 제도로서는 대체할 수 없다. 내 생명이 국가에 의해서 보호받고 있다는 심리적 안정감은 대단히 중요하다. 마치 소송사건에서 법률전문가인 소송대리인을 선임하거나 형사사건의 변호인을 선임했을 때의 의뢰인이 갖는 심리적 안정감과 유사하다. 실제로 형량이 감경되었다거나 무죄판결을 받지 못했다 하더라도 즉 실효성이 없거나 유형적인 것이 아니더라도 그 영향력은 지대하다. 사형제도는 잠재적 범죄자에게는 심리적 강제를, 잠재적 피해자에게는 심리적 안정을 범죄피해자에게는 심리적 보상을 제공할 수 있다.

---

32) 허일태, 형벌과 인간의 존엄, 29쪽.

3. 확실한 증명(논의의 출발점)

현행의 제도를 폐지하기 위해서는 그 제도가 더 이상 필요 없다는 확실한 증명이 필요하다. 예컨대 과거형법에서 '정조에 관한 죄'라고 하여 여성의 정조를 보호하기 위한 범죄를 규정하고 있었다. 그러나 사회문화와 성도덕이 변화하면서 그런 범죄들의 보호법익이 꼭 여성의 정조인 것은 아니라는 인식과 '성적 자기결정권'이라는 개인의 자유권 강조의식이 보편화되었고 많은 연구와 조사의 결과가 입법과정에 반영되어 결국 법 개정을 통해서 형법에서 정조라는 개념이 사라지고 '강간과 추행의 죄'로 바뀌었다.

형법에서 사형제도가 사라지게 하기 위해서는 사회문화, 경제 기타 사회의 제반 사정이 변화하여 더 이상 사형제도가 필요 없다는 다수국민의 보편적 인식과 실증적 연구결과가 필요하다. 막연히 세계적 추세라느니, 사형제를 폐지해도 살인범죄가 크게 늘지 않았다느니, 사형제의 위하력 혹은 범죄억지력이 많이 사라졌을 것이라는 추측들은 설득력이 없다.

폐지론자들도 이 사실을 알고 논의의 출발점을 백지에서 시작할 필요가 있다고 한다. 기존의 제도를 폐지하자고 하지 말고 사형의 긍정, 부정의 문제로 논의하자고 한다.[33] 그러나 이런 주장은 두 가지 이유로 부당하다. 첫째, '사형의 존치냐 폐지냐'는 '사형의 적극적인 긍정이냐 아니냐'와 기본적으로 내용이 같은 말이고 표현만 다를 뿐이다. 적극적인 긍정에 의해서 존치하거나 긍정할 수 없어서 폐지하는 것이다. '눈 가리고 아웅'하는 식의 말장난에 불과하다고 할 수 있다. 둘째, 사형제도는 역사적 사실이고 현실이다. 이론적인 논의라 하더라도 현실로 존재하는 제도를 어떻게 존재하지 않는다고 치고 논의하는가? 역사를 되돌릴 수도 현실을 부정할 수도 없다. 따라서 이런 주장은 자신의 주장을 관철시키기 위한 얄팍한 셈법이다.

또 이들은 사형제도가 범죄예방억제에 최선의 효과적인 방법이 결코 아니기 때문에 폐지해야 한다고 한다. 물론 사형제도가 범죄예방의 최선의 방책은 아니다. 어떤 제도도 완벽한 제도는 없으며 대부분의 제도는 부작용도 있고 흠결이나 보완해야 할 점도 있다. 사형제도가 최선이라서 존치시키자는 것이 아니다.

---

33) 일본학자, 단도 시게미츠의 앞의 책, p.150. 단도교수는 일본에서 사형폐지운동의 선구자이며 가장 영향력 있는 인물로 평가받고 있다.

폐지함으로써 얻는 이익과 존치함으로써 얻는 이익을 비교해서 존치이익이 크거나 같다면 존치시켜야 한다. 또 최선이 아니고 차차선책이라 하더라도 예방적 기능이 분명히 존재한다면 섣불리 폐지할 것이 아니라 신중할 필요가 있다는 것이다.

사형폐지론자들은 사형폐지의 전략으로 중간단계인 사형의 대체형으로서 가석방 없는 절대적 종신형의 도입을 주장한다. 절대적 종신형이 책임주의 원칙에 비추어 과연 살인자의 형사책임에 상응한 형벌인지, 절대적 종신형은 인간의 존엄성을 침해하지 않는 것인지, 행형법 제1조(이 법은 수형자를 격리하여 교정교화하며…사회에 복귀하게 하며…)의 재사회화에 적합한 것인지, 사형제를 폐지하기 위한 전략으로 그 본질이 자유형이지만 본질이 훼손된 것으로 아직까지 실증적으로 전혀 검증 안 된 절대적 종신형의 전략적 도입이 과연 타당한 지에 대한 더 많은 연구가 필요하다. 일본 사형폐지운동가 단도 시게미츠 역시 절대적 종신형을 승인할 수 없는 것이라고 하면서도 편의적, 전략적 도입을 주장하고 있다.[34]

폐지론자들이 피해자구제와 사형폐지 중 국가가 피해자구제의 책임을 느끼게 하기 위하여 사형을 폐지하자는 것은 순서가 뒤바뀐 주장이다. 세계적 추세나 인권선진국가가 되기 위해 사형제를 폐지해야 한다고 주장하기에 앞서 사형제도가 필요 없을 만한 안전하고 평화로운 사회를 이루는데 앞장서고 피해자구제에 더욱 노력해야 한다. 오늘 날 지구 곳곳에서 종교적 갈등, 전쟁, 지리적 분쟁, 물욕이나 이욕으로 인한 흉악범죄 등이 횡행하고 있다. 사형폐지를 주장하는 노력을 선회하여 생명 중시사상을 앙양하고 전쟁방지, 안전사고예방을 위한 사회안전망 구축 등등 인명살상범죄를 줄이는 노력을 경주해야 한다.

4. 생명권의 법적 평가와 인간존엄성

사형폐지론자들은 생명권에 대해서는 법적 평가를 할 수 없고, 대법원과 헌법재판소가 생명권에 대해 법적 평가가 가능하다고 하는 것 자체가 인간의 존엄성을 해치는 것이라고 한다. 심지어 사형제도폐지 반대자들에 대해 "인간의 존

---

34) 團藤重光, 사형폐지론, p.103.

엄에 대해 철학적 성찰과 헌법정신에 눈을 감는 그래서 얄팍한 법기술자들이 판을 치는…실무상 사형제도의 완전폐지가 힘들 것이다…사형제도의 잔학성과 비인도성 등을 제대로 알게 된다면 존치론자 들의 비율은 감소할 것이다…" 와 같이 표현하고 있다.[35]

생명권에 대한 법적 평가가 가능한가에 대해서는 대법원과 법무부, 헌법재판소에서 이미 각 기관의 입장을 밝힌 바 있다.[36] 세 기관 모두 법적 평가가 가능하다는 긍정적인 입장으로 사형제도에 의한 생명권침해가 위헌이 아니라고 했다.

생각건대 폐지론자들은 법적 평가의 기준시점을 어디에 두느냐에 따라 달리 생각할 수도 있다는 점을 간과하고 있다. 폐지론자들은 살인자의 살인행위 후, 살인자의 생명권을 중심으로 판단한다. 그러나 범죄피해자의 생명권은 살인자의 범죄행위에 의해서 그 이전에 이미 침해당했고 따라서 인간의 존엄성도 이미 말살 당했다. 폐지론자의 주장대로라면 타인의 존엄성을 해친 살인자는 범죄를 저질러서 피해자가 이미 사망했으니 어쩔 수 없고 살아있는 살인자의 생명권은 인간의 존엄성을 침해한다는 이유로 보호받아야 하는가? 범죄피해자와 잠재적 피해자의 생명권에 대한 고려 없이 살인자의 생명권만을 논하는 것은 어불성설이다. 폐지론자들도 정당방위나 긴급피난, 전쟁과 같은 비상사태의 상황에서 개인의 생명 또는 일반인의 생명을 위해 불가피하게 타인의 생명을 박탈할 수밖에 없을 때를 제외하고는 타인의 생명을 제거하는 행위는 허용할 수 없다고 한다.[37] 즉 정당방위, 긴급피난에 의한 살인, 전쟁에 의한 살상 등은 인정한다는 것이다. 그렇다면 자신을 방위할 능력조차 없어서 살해당한 피해자를 대신하여 국가가 사형의 형벌에 처하는 것은 왜 정당화될 수 없는가? 결국 폐지론자들의 논리적 허구 내지 오류는 초근시안적인 데 있다. 이미 사망한 사람의 생명권과 잠재적 피해자인 일반인들의 생명권을 여하히 보호할 수 있는가도 고려해야 한다.

---

35) 허일태, 앞의 책, 46쪽.
36) 헌법재판소가 생명권도 헌법 제37조 제2항에 의한 일반적 법률유보의 대상이 된다는 입장을 가지고 있다.
37) 허일태, 앞의 책, 39쪽.

Ⅷ. 맺는 말

이미 고인이 되신 유기천 교수의 형법관을 살피는 것이 얼마나 어려운 일인가는 앞에서 밝혔다. 우리는 유기천 교수의 몇몇 저술이라는 창문을 통해 유기천 교수의 크고 깊은 내면의 형법관을 들여다 볼 수밖에 없다. 일반적으로 아주 오래된 저술의 내용에 대해 반대심문권이 보장 되지 않은 상태에서 비판하는 것은 도리가 아닐 것이다. 같은 사람이 같은 그림을 그려도 언제 그렸느냐에 따라 다를 것이고, 왜 그렸느냐에 따라 다를 것이다.

유기천 교수로부터 우리가 배워야 할 두 가지를 강조하고 싶다. 첫째, 형법연구의 '균형성과 독자성'이고 둘째, '개인의 자유와 사회적 정의수호'의 정신이다.

우선, 형법학 연구의 흐름에 따라 꾸준히 발전해 온 이론에 비추어 볼 때 유기천 교수의 이론이 상당히 방대하고 균형적이며 창의적이고 앞 선 관점이었음은 놀랍다. 40여 년 전에 형법 총론 각론 강의를 들었던 제자로써 당시에 제대로 이해를 못했음이 크게 부끄럽지 않음도 그런 이유이다. 앞으로도 유기천 교수의 저서 『형법학 강의』(형법총론, 각론)는 형법학연구의 역사와 함께 고전으로 참고해야 한다고 본다.

현재 우리 형법학계의 동향을 보면, 유기천 교수가 연구 활동을 접은 1970년대 이후 1980년대에 본격적으로 독일 유학한 형법교수들이 주 무대를 이루고 있다. 행위론만 보더라도 인과적 행위론, 목적적 행위론에 이어 록신의 인격적 행위론, 마이호퍼의 사회적 행위론 까지 모두 독일 이론을 소개하고 따르고 있으며, 사회적 행위론은 현재 지배적 통설의 위치를 점하고 있다. 간혹 독일이론을 직수입하거나 독일학설을 추종하는 것을 비판하며 한국형법해석의 독자성을 강조하면(독일의 이론을 숭상하다시피 따르는 것을 경계하는 것이지 한국의 독자적인 형법학만을 고집하는 것은 아니다), 한국형법이론이나 독일형법이론이나 형법학의 기본이론은 같다는 것으로 항변한다.

그러나 예컨대 실증적 연구결과에 의하면, 검사의 구형과 판사의 선고형이 항상 유사하게 비례하는 현상이 있는데 그 이유를 판사와 검사의 법률지식과 사건에 대한 법적 인식이 공통되기 때문이라고 한다. 각 자의 역할과 기능이 다르고 법적용의 목적이 다른 것은 어떻게 설명해야 하는가. 유기천 교수가 인과관계론에서 목적설을 주장한 것은 우연을 배제하고 각 규정의 목적에 따라 판단하겠다는 목적에서 목적설이라고 했다. 형법적용의 목적을 도외시하고 법해석을 하는 것은 근본적인 착각이라는 것이다. 민법의 귀속이론을 원용하는 객관적 귀속이론보다 한 발 앞선 유기천 교수의 목적설은 어떤 원인과 결과 간의 인과성을 인정할 것인가의 문제해결과 더불어 귀속성 해결을 위하여 심층심리학의 영향을 받아 주관적 귀속성을 고려한 것으로 보인다. 아무리 형법의 기본이론이 학문적 공통성을 갖는다 해도 사람이 다르고 문화와 역사가 다르고 자연법사상을 근간으로 실정법인 한국형법과 독일형법이 다른데도 독일학설을 추종하는 것은 독일형법 사대주의이다.

일찍이 유기천 교수는 한국형법학계의 선두에서, 일어와 독일어와 영어에 능통함을 바탕으로 독일법이론, 영미법이론, 일본법을 두루 섭렵하여 한국 형법이 나아가야 할 새로운 방향을 제시하였다. 형법연구의 향후 과제는 보편적이고 기본에 충실한 형법학이론에 유기천 교수의 연구와 같이 창의성과 독자성이 겸비된 형법연구가 바람직하다고 생각한다.

둘째, 형법관이라 함은 삶의 철학과 깊은 관련이 있다. 유기천 교수가 자유사회를 예찬하고 한국을 떠날 때까지 온 몸으로 사회의 부정의에 항거하였음은 실체적 진실이며, 따라서 역사적으로 가치 있는 행위로 평가받아야 한다. 자유와 민주주의, 법과 평화, 세계혁명, 대학의 자유, 법학교육 등에 대해서 힘찬 글들을 쓴 것은 현실에 대한 성찰과 용기와 신념 없이는 불가한 일이었을 것이다. 단순히 글을 쓰거나 구상에 그친 것이 아니라 한국형 로스쿨이라 할 수 있는 서울대학교 사법대학원의 발족이라든가 서울대부설 법학연구소의 설립 등은 실천하는 지성의 표상이라고 할 수 있다. 유기천 교수가 한국을 떠난 이후의 우리 사회의 변화와 발전이 생전의 유기천 교수의 노력을 말없이 증명하고 있다.

이제 우리는 형법학 연구에서 항상 형법의 목적과 기능을 고려하고, 우리 현실을 토대로 하는 실사구시(實事求是)의 과학적 형법연구의 과제를 안고 있다.

4. "월송 유기천 교수의 형법관"에 대한 토론문

장 영 민
(이화여대 법학전문대학원 교수)

I.

발제자 이영란 교수는 발제문 "월송 유기천 교수의 형법관"에서 유기천 교수의 형법관에 관하여 다음과 같은 여섯 가지 주제를 적시하고 검토하였다. 첫째 유기천 교수의 인간관, 둘째 형법연구방법론(자유사회의 가설, 상징주의 형법론), 셋째 형법과 문화・역사, 넷째 형법과 과학, 다섯째 심층심리학과 원인이 자유로운 행위, 여섯째 사형제도.

발제문은 유기천 교수의 형법사상 나아가 법철학 사상까지를 아우르면서 그의 사상을 일목요연하게 잘 정리해 주고 있다. 여기에 토론자가 특별히 보태야 할 점은 없는 것 같다. 다만 토론자는 이러한 발제문을 통해서 드러난 유 교수의 사상에 관하여 나름의 해석을 피력하는 것으로 토론에 갈음하고자 한다.

이를 위하여 토론자는 발제자의 논의를 재배열하여 유 교수의 가장 특징적인 주장인 심층심리학과 형법과의 관계(첫째, 다섯째)와, 자유사회론과 관련된 유교수의 입장 및 영향관계와 과학으로서의 형법학(둘째, 넷째)에 관하여 주로 살피고자 한다. 나머지 주제는 발제자께서 잘 설명해 주셨기 때문에 토론자의 특별한 해석은 필요 없을 것으로 보인다.

II.

유 교수는 프로이트의 심층심리학(depth psychology)[1]의 영향을 받아 인간의 심리의 구조를 의식과 무의식의 동태적인 각축장으로 보았다.[2] 따라서 인간의 의사자유의 문제에 있어서도 인간을 '결정하고(자유) 또 결정되는(결정론)' 존재로 본다(총론강의(영인본) 56면). 그리고 그의 이러한 생각은 형법상의 법리를 해석하는 데에도 적용되었다. '인과관계론'과 책임론에서의 '원인이 자유로운 행위'의 해석이 그 대표적인 것이다. 종래 유기천 교수의 이러한 이론, 즉 입체심리학을 형법학에 도입하려는 시도에 대하여, "객관적이어야 할 인과관계의 판단에 행위자의 무의식세계까지 끌어들이는 것은 방법론상 의문이 있고, 행위자의 심리분석을 통하여 우연의 요소를 필연화함은 법치주의 형법이론의 근본을 흔드는 것"[3]이라는 비판이 있었다. 원인이 자유로운 행위에 관하여도, "반무의식적 상태에서의 행위라는 개념을 인정하면 대부분의 경우에 책임능력이 인정되어 법적 안정성을 해하는 결과를 가져온다"[4]는 비판이 있었다. 발제자 이영란 교수는 이에 관하여 "그 후 지속적인 연구가 있었다면 어느 방향으로든지 훨씬 더 발전할 수 있었을 것이다"라고 아쉬움을 표명하고 있다.

그런데 유기천 교수 자신은 이 문제에 관하여 다음과 같은 의미심장한 말을 남기고 있다. "전통적인 법은 심리학적으로 비현실적인 전제 위에 터잡고 있다. 즉 심적 현상은 오로지 의식적(conscious) 또는 전의식적(preconscious)인 것이며, 각 행위는 오로지 '고의'라는 하나의 특별한 단순한 현상과만 관련되는 것이며, 그것은 사실상 인간의 의식의 특정 부문(지, 정, 의)에 귀속되는 것이라고 하는 전제가 그것이다. 그러나 이러한 전제가 유지되는 가운데에도, 법의 어느 측면은, 인간의 행동에 대하여 무의식의 힘이 영향을 미친다는데 대하여 법이 전적으로 눈을 감고 있지 않음을 보여준다…**법에서 무의식의 역할의 인정은 그 자**

---

1) 유 교수는 '입체심리학'이라는 말을 주로 쓰시므로 이하 입체심리학이라고 한다.
2) 프로이트 이론에 있어서 인간 심리의 초자아(super-ego), 자아(ego), 이드(id)의 3분론은 의식/무의식 구분론 보다 후에 주장된 것이나(Freud, *The Ego and Id*, 1923. 무의식을 분석한 『꿈의 해석』은 1900년 출간되었다), 무의식의 대부분은 이드이므로 여기서는 무의식과 이드를 구별하지 않고 사용한다.
3) 남흥우, "형법 제17조와 인과관계", 고시계 1961. 9. 49면; 성시탁, "인과관계", 형사법강좌 I, 194쪽.
4) 이재상 외, 형법총론, 제8판, 2015, 316쪽.

체 무의식적인 것이기 때문에, 그것은 비합리적으로 작용하는 경우가 많다. 이러한 [무의식의] 인정을 향도하는 언어화되고 개념화된 명확한 지침(policy)은 없다. [그래서] 직관적으로 '옳다고 느껴지는' 판단을 무의식적으로 모색하는 것보다는 과학적 지식의 뒷받침을 받아 도달하는 의식적 지침이야말로 자유사회의 형법 운용의 본질인 것이다."5)

유 교수의 이 말을 음미해 보면서 깨닫게 되는 것은, 유기천 교수의 주장 즉 입체심리학을 형법학에 도입해야 한다는 주장이, '무의식'을 고려할 특별한 범주를 형법(학)상 새로이 창설하자는 주장이 아니었다는 사실이다. 오히려 그는 기왕의 법리 내지 제도를 해석함에 있어서 입체심리학의 인식을 고려할 것을 주장하였다. 다시 말하자면 그는 형법(의 모종의 측면)이 이미 무의식을 고려하고 있으며, 자신은 형법의 '무의식적' 무의식의 고려를 입체심리학의 인식을 통해서 해명하려고 하였다는 것이다.

유기천 교수가 교과서(총론강의, 151면)에서 인용하고 있는 프로이트의 『일상생활의 정신병리』(*Psychopathology of Everyday Life*, 1930)6)에는 일상생활에서 나타나는 우리의 망각, 실수 등이 무의식의 작용에 의한 것임이 강조되고 있다. 즉 무의식의 억압에 의하여 말을 할 때 일정한 발음을 하지 못하게 된다든가, 행동을 함에 있어서 일정한 실수를 한다는 것이다. 이러한 프로이트의 이론이 맞다면, 무의식적으로 일어나는 무의식의 작용은 유 교수가 구상하는 '합리적' 내지 '과학적' 형법에 어떻게 고려될 것인가? 유 교수가 주장한 인과관계에서의 목적설('목적론적 인과관계설' teleological theory of causation이라고 하는 편이 정확할 것이다)은 바로 이를 제시한 설이다. 유 교수는 인과관계를 검토하는 '목적'이 무엇인가를 묻는다. 그것은 행위가 있었고 결과도 발생한 경우에(인과관계는 이 경우에만 문제된다), 결과가 발생했음에도 불구하고 - 인과관계가 없다는 것을 이유로 - 행위자에게 미수의 책임을 지우려는 이론이라는 것이다. 왜 결과가 발생했음에도 불구하고 미수의 책임을 지우는가? 그것은 이 과정에서 '무의식이 작용한 부분'이 있을 수 있기 때문이다. 예컨대 행위자가 살인의 고의로 가격했지만 피해자가 경상만을 입은 경우를 생각해 보자(피해자는 후에 병원

---

5) Ryu/Silving, "Towards a Rational System of Criminal Law," 서울대학교 법학 1962, 23-24쪽. 강조 필자.

6) 그 일부가 『실수의 분석』이라는 제목으로 번역 출간되었다. 조대경 역, 정음사 1974.

에 가다가 교통사고로 사망하였다).[7] 이때 경상의 결과가 발생한 것은 피해자가 피했기 때문일 수도 있지만, 가해자(행위자)의 무의식이 치명상을 입히는 것을 저지했기 때문일 수도 있다. 무의식이 작용하는 이러한 미세한 과정을 미분적으로 분석, 파악할 수는 없다. 따라서 형법은 이를 '인과관계'라는 범주 속에서 "인과관계 없음"(따라서 미수)이라는 판단을 통해서 고려한다는 것이다.[8] 이에 비하여 살인의 고의로 치명상을 입힌 경우에는 이를 저지하는 무의식의 작용은 없거나 적다고 할 수 있다. 따라서 이 경우는 "인과관계 있음"이라는 판단을 함으로써 행위자에게 결과의 귀책을 인정한다는 것이다.[9][10]

인과관계의 예가 무의식의 고려를 통해서 행위자의 책임을 덜어 주는 경우라고 한다면, 원인이 자유로운 행위는 무의식의 고려가 행위자에게 책임을 지우는 방향으로 작용하는 예라고 할 수 있다. 원인이 자유로운 행위는 - 프로이트 풍으로 말하자면 - 원인행위를 통해서 행위자 자신이 스스로를 무의식의 지배를 받게 만드는(=이드의 활동에 자아를 맡기는) 상황이다. 이것이 불합리한 무의식(내지 이드)의 작용이므로 합리적 형법에서는 책임무능력자의 행위처럼 처벌의 대상에서 제외하여야 할 것인가? 독일 형법은 한국 형법 제10조 3항과 같은 규

---

7) 이의 예로서는 인과관계론의 예보다는 미수 자체의 예가 더 적절할 것이지만, 유 교수 이론의 특징이 잘 들어나는 인과관계의 목적설을 중심으로 설명하기로 한다. 이 경우 병원에 가다가 사망한 것에 대해서 행위와의 사이에 '인과관계'가 없다고 말할 수도 있지만, 조건설적 의미에서 보면('가설적 제거절차') 인과관계가 있으며, 합법칙적 조건설의 시각에서 보아도 이러한 일련의 조건들이 누적되면 결과(사망)는 발생한다고 판단된다. 합법칙적 조건설은 조건설의 개선공식이기 때문에 특별한 경우를 제외하고는 대체로 조건설과 동일한 결론이 내려진다.
8) 오늘날의 용어를 빌려서 말한다면 "귀속되지 않는다"고 말할 수 있겠다. 객관적 귀속론은 인과관계가 인정되어 결과의 행위에의 귀속이 목전에 있는 사안에 대하여, 이를 규범적(가치고려적) 관점에서 판단하여 귀속이 불합리한 경우를 배제하는 최종적인 '미세조정'의 단계로서, 여러 귀속기준들이 제시되어 있지만 그 자체가 각각 심층적 근거를 가지고 있다. 따라서 귀속이 된다/안된다는 판단은마치 귀속기준의 기계적인 적용인 것처럼 보이지만 사실은 그 심층에 자리잡고 있는 고려사항이 작용한 결과라는 보는 것이 옳을 것이다.
9) 대법원 1994.3.22. 93도3612. '콜라, 김밥 사건'으로 알려져 있는 판례로서, 조직원이 배신하자 여관에 투숙하고 있던 피해자를 조직원으로 잘못알고 상해하여 10일간 의식불명 상태에 빠뜨렸고(1993. 2. 17.) 이 상해로 인하여 피해자는 급성신부전증이 발병하였다. 피해자에게 의사는 콜라김밥을 먹지 말라고 하였지만 피해자는 이를 어김으로써 수분저류가 발생하여 사망하였다(1993. 3. 17.). 대법원은 피고인의 행위와 피해자의 사망 사이에 인과관계가 있다고 판시하였다.
10) 위의 경우에 중상을 입고 병원에 가던 중 교통사고로 사망한 경우는 어떻게 판단되는가? 중상을 입었기 때문에 인과관계가 있다고 보아야 하는가? 이에 관하여는 유 교수의 유명한 Empire State Building 사건을 상기할 필요가 있다. 이 경우에는 "사망할 것이었다"라는 장래의 가정적 판단에 의존할 것이 아니라 실제의 사태의 경과("교통사고로 사망하였다")를 우선시 하여야 한다고 유 교수는 주장한다. 따라서 살인의 고의로 중상을 입힌 자는 여전히 살인미수죄에 해당한다.

정이 없음에도 불구하고 원인이 자유로운 행위를 처벌하고 있으며, 그 이유는 이 제도가 독일에서 오랫동안 형성되어 온 관습형법이라는 것이다.[11] 죄형법정주의의 관습형법 배제의 원칙이 있음에도 불구하고 이러한 구차한 해석을 하는 것은, 유 교수의 시각의 시각에서 본다면 무의식 내지 이드의 작용을 형법이 죄형법정주의 원칙을 깨뜨리면서까지 처벌하는 방향으로 '무의식적으로' 고려하고 있는 예라고 할 수 있겠다.

이렇게 본다면 현행 형법상의 원인이 자유로운 행위 제도(형법 제10조 3항)를 책임원칙과 부합하게 해석할 것인가 아닌가는 사실은 둘째 문제가 된다. 즉 이러한 불합리한 행동방식을 '합리적' 형법이 고려함에 있어서 이를 최대한 합리적 틀 안에서 해석할 것인가(책임원칙과 부합하는 해석을 통해서), 아니면 그 불합리성을 직시하고 이를 예외현상으로(책임원칙의 예외로서) 해석할 것인가는, 일단 무의식(이드)의 작용을 인정하고 이에 대한 대응을 선언한 형법으로서는 지엽적인 문제일 수 있는 것이다. 그렇다면 형법학자들로서는 이러한 전제하에서는 이의 해석을 형법해석학의 내적 정합성에 부합하게 해석하는 방향을 취하리라는 것은 쉽게 추정할 수 있다. 발제자인 이영란 교수도 이를 가능한 한 책임원칙과 조화하는 방향으로 해석하고 있다. 한편 유기천 교수 자신은 입체심리학에 의거하여 책임무능력상태에서의 행위를 반(半)무의식 상태에서의 행위라고 봄으로써 이를 실행행위로 보고, 원인행위는 예비의 성격을 갖는 것으로 본다. 이 '반무의식상태'론은 학계에서 별로 긍정적인 반응을 얻지 못했다. 이 이론에 따르면 모든 책임무능력자(또는 무능력상태)의 행위는 반무의식상태에서 행위한 것이 되어 책임조각되는 경우는 없을 것이기 때문이라는 이유이다. 그러나 일반적인 책임무능력자는 생물학적 사유 등의 이유로 행위자의 심리 궤도 자체가 다른 방향으로 향해 있는 경우이기 때문에 이를 적용할 대상은 아니라고 하는 것이 타당할 것이다. 오히려 유 교수의 반무의식상태론은 책임무능력상태에서의 행위가 '무의식에 의한' 행위가 아니라는 것을 밝히고 있다는 점에서 의미를 갖는다. 즉 실행행위시의 행위에 고의도 과실도 있을 수 있다는 것이다(이 점은 고의의 이중 기능을 인정하는 유 교수의 이론과 잘 부합하며 또한 타당하다). 이 경우 단지 자아는 초자아의 통제를 상실하고 거의 이드에 의해서 휘둘리는

---

11) Jescheck/Weigend, *Lehrbuch des Strafrechts AT*, 5판, p.445.

상태에 있다. 이러한 해석은 원인이 자유로운 행위에 있어서 행위자가 자기 자신을 간접정범적으로 이용하는 것이 아니라, 오히려 직접정범에 가깝다는 것을 시사한다. 간접정범이 되려면 행위자가 피이용자(이 경우는 '자기 자신')에 대한 '의사지배'를 가져야 하는데, 이 경우 자신에 대한 의사지배가 있다고 보기 어렵기 때문이다. 유기천 교수의 입체심리학을 원용한다면 이 경우 행위자가 (예컨대 명정상태에 빠진) 자신을 지배하지(일정한 방향으로 행위하도록 피이용자의 '의사'를 형성하지) 못한다. 오히려 자신을 생명 '없는' 도구처럼 이용하거나(명정시 일정한 습벽이 있는 경우) 또는 자신을 야수처럼 풀어 놓는 것(자신의 이드에 맡기는 경우)이 될 것이다. 이는 간접정범에서 전형적인 피이용자에 대한 '의사지배'는 아니다. 이렇게 본다면 유기천 교수의 설은 오늘날의 예외모델에 가까운 것이 아닌가 생각된다.

그렇다면 유기천 교수가 제시한 심층심리학의 고려는 인간의 행위에 대한 이해를 확대한 것으로 보아야 할 것이며, 그렇다고 하여 이 이론이 법치주의의 근간을 흔든다든가 법적 안정성을 해치는 이론인 것은 아니다.

Ⅲ.

유 교수는 주지하는 바와 같이 예일 대학에 유학하셨다. 당시 예일 대학은 이른바 신현실주의(Neo-realism), 일명 LSP(Law, Science, Policy) 학파가 세를 점하고 있던 시절이었다. 독일의 법사상이 대체로 시대에 대응하면서 철학의 발전에 병행하여 전개되는 경향이 있는 것과는 달리, 미국의 법(리학) 사상은 시대에 대응하면서도 Law School의 교육사상과 방법을 중심으로 전개되는 특징을 갖는다. 당시 미국의 법리학 사상은 예일대학의 르웰린이 주도하던 법현실주의(american legal realism)가 퇴조하고, 이에 대안으로 등장한 같은 예일대학의 맥두갈/라스웰의 신현실주의가 전성기를 구가하던 때이다.

전 시대의 법현실주의는 랭델(Langdell) 류의 형식주의를 공격대상으로 하면서 등장하였던 사조이다. 판례법 국가로서 판례를 가르치는 것이 법을 가르치는 것인 미국에 있어서, 판례를 체계화하고 판례(즉 법)을 이해시키기 위하여 문답법적 강의(케이스 메소드)를 활용하는 것은, 도제식 교육이 아니라 대량의 학생을 가르치게 된 미국의 Law School에서 나름의 과학적인 방법이었다.[12] 그러나 법현실주의자가 보기에 이러한 교육방법은 — 우리나라에서 잘 쓰는 말로 표현하자면 — '개념법학'에 불과하였다. 체계화된 판례(= 법)는 우리나라로 치자면 체계화된 법조문이며(미국에서 한 동안 행하여졌던 Restatement 작업은 바로 이와 같은 체계화 작업이었다), 케이스 메소드는 판례(= 법)를 이해하고 외우게 하는 방법 이상의 것이 아니었다. 20세기 초의 격변하는 미국사회의 사회적 요구에 대응하기에 이러한 교육철학은 무용지물이라고 법현실주의자들은 보았다. 예컨대 Lochner 사건에서 랭델 식으로 교육받아 전통적인 판례(법)을 답습하던 판사들은 새로운 법리의 발견에 소홀하여 계약자유의 원칙을 절대적으로 해석해서 (제빵)노동자의 노동시간을 제한하는 주법을 위헌이라고 판결하였다.

그렇다면 법현실주의자들의 주장은 무엇인가? 법현실주의의 시조인 홈즈 연방대법관에 대하여 드워킨이 전하는 일화는 법현실주의의 단면을 잘 보여준다. 러니드 핸드(Lerned Hand)가 홈즈의 law clerk을 하고 있을 때였다. 하루는 출근하는 길에 홈즈가 핸드에게 마차를 태워 준 일이 있었다. 이때 중간에서 내린 핸드가 인사로 홈즈에게 "Do justice, Justice"(대법관님, 정의를 잘 세우세요)라고 말하자, 이미 출발한 마차를 굳이 돌려서 다시 돌아 와서 홈즈는 대답하였다 "That's *not* my job"(그것은 내 일이 아니네).[13]

법예언설로 유명한 홈즈 자신은 그의 논문 "법의 진로"[14]에서 법률가(변호사)를 점치는 사람으로 묘사하고 있다. 법현실주의가 사회현상에 대한 관심을 가지고 현실을 고려함으로써 시대 변화의 징후를 민감하게 감지한 것은 공헌이라고 할 수 있지만, 법을 당해 심급에서 어떤 판결이 내려질 것인가에 대한 '예언'이라고 보고, 최종심급인 연방대법원의 판결을 일종의 '결단'이라고 본 것은 법률가에게 법을 찾는 길을 제시하지 못할 뿐 아니라, 어느덧 국제사회의 지도국가로 등장한 미국의 위상과 요청에 전혀 부응하지 못하는 것이었다. 법현실주의는 "도덕도 규칙도 법정책 및 법적 의사결정을 향도하거나 영향을 주지 못한

---

12) 랭델은 과학수업에서 실험실(lab.)이 있어야 하는 것과 마찬가지로 법학수업에서는 도서관이 그
    역할을 하여야 한다고 생각했다. 랭델을 비롯한 주위의 학자들과 자연과학과의 관계에 관하여는
    Neil Duxbury, *Patterns of American Jurisprudence*, 1994, p.14. 이하 참조.
13) Dworkin, *Justice in Robes*, 2006, p.1.
14) O.W. Holmes, "The Path of the Law", Steven J. Burton(편), *The Path of the Law and Its
    Influence. The Legacy of O. W. Holmes*, Jr., 2000, pp.333-334.

다는 회의주의적인 사상으로 비쳐지게 되었다."15)

신현실주의(Neo-realism)라고 불리우는 예일대학의 맥두갈과 라스웰은 이러한 법현실주의를 다른 방향으로 발전시켰다. 그들의 주장은 세계를 선도하는 미국 사회의 가치지향을 정립하고, 이를 실현하기 위한 과학적 정책(지침)을 마련하며, 이를 정교한 언어(경우에 따라서는 과학계의 용어 나아가 신조어)로 표현함으로써 그 내포와 외연을 분명히 하자는 것이었다. 그들이 생각한 미국 사회의 가치지향은 인간의 존엄에 기반한 사회로서 자유사회인 바, 이는 파시즘과 공산주의에 대응하는 가치이념이다. 이미 제2차 세계대전을 통하여 파시즘의 만행을 목격하였고, 소비에트 러시아의 전제군주형 공산주의의 지배를 목도하고 있는 미국의 지식인의 자연스러운 반응이라고 할 수 있겠다.

과학적 정책을 만든다는 것은 광범위한 제 사회과학을 동원하여 사회를 과학적으로 인식하고, (이미 가치지향은 존재하므로) 이를 토대로 정책을 입안한다는 것이다. 이는 가치지향 속에 이미 '함의된 판단'(entailed decision)을 이끌어낸다는 것을 의미하였다. 이를 위하여 사회과학의 학습(그래서 '케이스 메소드'가 아니라 '세미나 방식'이 활용되었다)이 권장되었고 이를 통하여 나름의 정확성을 가진 (사회)과학적 전문용어가 법학적 논의에 등장하게 되었다. 이 점은 LSP의 특징이자 단점으로 지적된다(바로 위에서 인용한 '함의된 판단'과 같은 식의 용어).16)

예일대학에서 이러한 LSP의 강령은 초기에는 별다른 반응을 얻지 못하다가 전후 UN이 창립되고 미국의 세계질서에서의 역할이 증대됨에 따라, 엘리트 정책입안가를 필요로 하는 사회의 요청이 급증하였고, 이에 LSP는 큰 호응을 얻게 되었다. 그리고 이러한 구상을 선도했던 라스웰은 정책학의 시조로 인정되기에 이르렀다.17) 그러나 다른 한편으로는 LSP의 (독특한 용어를 사용하여) 이해하기 어렵고 다소 독선적인 경향은 같은 대학 내에서 반발을 샀을 뿐 아니라, 타대학 특히 하버드 대학의 반발을 불러 왔고, 이러한 LSP의 경향은 하버드 대학

15) Duxbury, 앞의 주 12의 책, p.161.
16) James Herget(졸역), 현대독일법철학, 2010, 136면. 허깃은 이 LSP를 독일의 루만의 체계이론과 비교하면서 양자 공히 추종자가 별로 없고 제대로 이해하는 사람도 많지 않(았)다고 한다.
17) 라스웰의 저서는 우리나라에도 다수 번역, 소개되었다. 정치: 누가 무엇을 언제 어떻게 얻는가? 이극찬 역, 1979; 권력과 인간, 백승기 역, 1981; 권력과 사회, 김하룡 역, 1963; 권력과 퍼서낼리티, 우리전자책, 2003.

의 랜델 풍 교육방식에 대한 비판으로 비쳐져서 이 교육방법은 Law School 교육의 정통성을 가졌다고 자처하는 하버드에서 채택되지 못했다. 나아가 세미나방식에 필요한 재원이 많이 소요되어 예일 자체 내에서도 경원시 되었고, 60년대 이후로는 하버드 대학의 이른바 Legal Process 학파에 Law School 교육의 주도권을 넘겨 주게 된다.[18]

유 교수의 자유사회론은 이와 같은 맥락에서 이해해야 할 것 같다.[19] 특히 오랜 역사를 가지고 있지만 신생국이나 다름없던 당시의 우리나라 사회에서 인간의 존엄이나 자유사회라는 이념적 가치의 설정은 - 예일의 맥락을 떠나서도 - 나름의 큰 의미를 갖는 것이다. 당시 한국인들은 인간의 존엄이 보장되는 자유사회를 살아 본 경험이 없는 상태였음에 유념할 필요가 있다.

형법학의 과학성은 무엇인가? 유 교수는 이를 (미국 형법학이 아니라) 독일 형법학에서 찾으려고 하였던 것 같다. 그래서 그는 독일 형법학의 가장 큰 특징인 범죄성립요건의 틀을 정련하는 데 큰 관심을 기울인다. 유기천 교수는 그 당시 독일 학계에서 논쟁의 핵이었던 목적적 행위론에 대하여 그 내용을 잘 알고 있었음에도 불구하고 크게 경도하지 않았다. 오히려 그는 당시 독일의 모든 논쟁의 참여자들이 무의식적 전제로 삼고 있었던 이른바 '체계적 사고방식'(Systemdenken)에 대하여 맹렬한 공격을 가한다.[20] 바로 이것이 그의 "법개념의 상대성" 논문에서 행한 것이었다.[21] 형법학에 국한하여 말한다면 체계적 사

---

18) Legal Process학파에 관하여는 Hart/Sacks, *The Legal Process*(강의교재여서 출간연대는 명시할 수 없지만 대체로 1958년도의 교재가 많이 인용된다). 판례를 중심으로 하지 않고 문제를 중심으로 하여 판례를 검토하는 식의 방법으로서 입법론까지도 고찰하는 데 특색이 있다. Duxbury, 앞의 주 12의 책, p.251 이하 참조.

19) 후술하는 바와 같이 유 교수가 사용하는 언어와 맥락에서 그 영향을 발견할 수 있다.

20) 이는 독일에서도 약 10년 이상이 지난 후에야 비로소 활발하게 논의된 주제이다. 이에 관하여는 Bernd Schünemann, "Einführung in das strafrechtliche Systemdenken," Schünemann(편), *Grundfragen des modernen Strafrechtssystems*, 1984, p.1 이하 참조.

21) Paul K. Ryu/Helen Silving, "Was bedeutet die sogennante 'Relativität der Rechtsbegriffe,'" *Archiv für Rechts- und Sozialphilosophie*, vol 59, 1973, p.57 이하. 이 논문은 유기천 교수와 당시 독일 형법학과의 대결이라고 할 수 있을 정도의 대상의 광범위함과 깊이를 가지고 있다. 하나의 예만 든다면, 목적적 행위론의 주장자 벨첼은 행위의 사물논리구조('목적성'의 중시)는 입법자도 좌지우지 할 수 없는 선험적인 틀이라고 주장하였는 데 비하여, 유 교수는 '법개념의 상대성'이라는 주장은 (벨첼의) 행위개념이 선험적인 것이라는 주장의 평형추(대응논리)로 주장된 것이라고 말함으로써, 한편으로는 벨첼의 이론에 대하여 비판적 자세를 취하면서, 다른 한편으로 엔기쉬(K. Engisch)가 주장한 법개념의 상대성론에 대하여도 전면적으로 받아들이지 않는 태도를 취하고 있다(p.58). 이 글 첫 주에서, "이 글은 필자들(Paul K. Ryu/Helen Silving)이 구상하고 있는

고방식은 범죄의 요소들(예컨대 고의, 과실)을 범죄성립요건의 틀에 합리적, 체계적으로 배열하여 검토한다는 사고방식으로서, 범죄의 제 요소들을 반드시 한 번은 검토하되, 두 번 이상 중복해서 검토하지 않는다는 것이다. 따라서 하나의 요소(예컨대 고의)가 한 검토단계(예컨대 구성요건, 위법성, 책임)에 속하면 다른 검토단계에는 속할 수 없다(따라서 2중으로 평가되지 않는다)는 것이다.

민법학의 체계구성과 사고경제에 터잡아 형성된 이러한 체계적 사고방식에 입각할 때 고의는 구성요건 요소이거나(목적적 행위론에 입각한 범죄체계) 책임요소이거나(인과적 행위론에 입각한 범죄체계) 둘 중 하나이며 제3의 길은 없다. 위법성의 경우에도 법영역별 위법성을 인정할 수는 없고 전 법체계와의 상치모순이라는 의미에서 위법성은 (상대적 개념이 아니라) 절대적 개념이라고 보았다. 유기천 교수는 이러한 체계적 사고방식에 대하여 '상징적 형법학'이라는 기치를 내걸고 공격을 가하였다: 고의, 과실은 구성요건요소로서도, 책임요소로서도 가능하며 심지어는 위법성요소로서도 가능하다; 위법성 역시 상대적일 수 있어서 법영역별 위법성을 인정할 수 있다는 주장을 펼쳤다(총론강의 68면).[22] 유 교수는 각 범죄성립요건의 틀과 성립 요소의 관계를 검토하면서 이것이 행위 개념 기타 획일적 기준에 의하여 배열되고 끝나는 작업이 아님을 역설하였다.

유 교수의 이러한 사상은 후에 독일에서 일어난 이른바 '체계적 사고'(Systemdenken)와 '문제중심적 사고'(Topisches Denken)의 대립을 선취한 것으로서 나름의 의미를 갖는다. 결국 유 교수의 상징주의적 형법론이란 이와 같은 체계의 굴레를 벗어나서 법개념의 상대성을 보다 탄력적으로 인정함으로써 인간의 존엄과 자유사회의 이념에 보다 부합하는 형법해석과 형법정책을 모색하는 사상적 단서로 이해할 수 있을 것이다.

이에 관하여 유기천 교수는 이렇게 말한다: "인간의 존엄이라는 궁극의 이념을 지향하는 민주적 정치체에 있어서 '법학'은, 자유를 최소한으로 희생시키면서 이 이념을 구현하는데 목적론적·인과적으로 가장 적합한 법규와 법개념을 제시하는 기능을 갖는다. 법개념의 상대성을 일반적으로 제거하거나 (법개념의 상대성이 있다고) 주장하는 것은 법학의 사명이 아니다. 오히려 '과학'으로서 법학

상징적 형법학의 제1부에 해당한다"고 말하고 있는 점은 특기할 만하다. 이 글의 상당부분은 후에 교과서 상징주의 형법론의 장에 반영되었다.
22) Paul K. Ryu/H. Silving, 앞의 주 21의 글, p.60 이하 참조.

은 인간의 존엄의 이념 속에 함축되어 있는 정책들을 입안(formulate)하는데 도
움을 줄 수 있다. 이러한 정책들이 그러한 상위의 가치로부터 도출되는 '함의된
결정'(entailed decision)(Reichenbach[23])으로 규정될 수 있는 한 그렇다.[24]

Ⅳ.

　해방 후 한국 법학의 초창기에 활동하신 제1세대 법학자들의 역량은 실로 놀
라운 것이었다고 하지 않을 수 없다. 이들은 건국 시기의 극렬한 이데올로기의
대립, 전쟁이 가져 온 혼란과 극도의 빈곤의 상황에서 제한된 자료를 토대로 한
국 법학의 터전을 일구어 냈다. 이와 같은 열악한 상황이었지만, 해방 후 안전
(眼前)에 신천지가 전개된 상황에서 법학자들에게는 '새로운' 법과 법학을 구상
할 수 있는 시기이기도 하였다. 법이 지향해야 할 가치표상을 설정하는 일, 앞서
서 수행되었던 외국의 유사한 노력을 참고하는 일, 이를 구체적인 제도로 결실
을 맺게 하는 일, 그리고 새로운 제도를 해석하는 일 등은 실로 벅차고도 보람
있는 일이었을 것이다.

　당대 최고의 엘리트였던 유 교수와 같은 분은 이러한 사명을 '시대의 십자가'
로 그리고 '십자가의 장미'로 인식하였으리라 추측된다. 그리고 그 분은 이를 실
천하였다. 해방 70년이 지난 지금, 현재의 학자들은 그 분의 사상 자체에 관심을
기울이기 보다는, 제2, 3세대에 대한 전달자로서의 의미만을 중시하는 경향이
있다.

　유기천 교수의 형법사상 나아가 법사상에 관한 조명 작업은 사실 이제 시작
이라고 해도 과언이 아니다. 왜냐하면 철학적 해석학의 인식에 의하면 이해는
선이해로부터 시작하며, 이를 가지고 저자의 텍스트와의 끊임없는 해석학적 순
환을 통해서 지평의 융합이 이루어짐으로써 비로소 높은 수준의 이해는 가능하
게 되기 때문이다. 유기천 교수의 텍스트뿐 아니라 유 교수가 살았던 시대의 영
향사를 제대로 규명해야만 비로소 그의 사상의 전모를 이해할 수 있게 될 것이

---

23) Hans Reichenbach(1891~1953)는 저명한 과학철학자이다.『과학철학의 형성』, 1951;『시간과 공
　　간의 철학』, 1928 등의 저서가 있다.
24) Paul K. Ryu/Helen Silving, 앞의 주 21의 논문, pp.85-86.

다. 그런데 현 단계에서의 유 교수에 대한 이해는 그의 텍스트를 이해하고 정리하는 단계를 지나가고 있다고 생각된다.

유기천 교수는 그 존재만으로도 후학들에게 크나 큰 도전이 된다. 그가 "법개념의 상대성" 논문을 통해서 당시의 독일 형법학계와 정면 대결한 것은 독일이론을 금과옥조로 삼는 학계의 경향에 대하여 절실한 경종을 울리고 있는 것이다. 아마도 반드시 '우리의 이론'이 아니더라도 세계적 수준의 이론을 구사하는 다수의 학자가 나오기를 고대하시면서 '貧者의 一燈'을 켜시는 유기천 교수님의 모습을 그려보면서 이 토론을 마친다. 훌륭한 발제문을 주신 이영란 교수께 감사드린다.

5. 유기천 박사의 형법학강의(총론) 서평
-유기천, 개고 형법학 [총론강의], 일조각, 1971-

오 영 근
(한양대 법학전문대학원 교수)

I. '형법학의 바이블'과의 만남

  필자는 대학교 3학년이던 1977년 봄학기부터 형법을 배우기 시작하였다. 1977년 새해가 시작되자 개강하기 전 형법을 한번 읽어봐야겠다는 생각을 했다. 어떤 교과서로 형법공부를 할 것인가 궁리하고 있는데, 한 친구가 선배들이 유기천 박사님의 교과서가 '형법학의 바이블'이라고 한다고 말해주었다. 당시 필자는 교회와 서클에서 성경공부를 열심히 하고 있었다. 이 때문에 '바로 이것이다!' 하면서 성경을 대하는 기분으로 처음 유기천 박사님의 형법총론 교과서를 대하였다. 그 때나 지금이나 교과서는 자신이 평가하고 선택하는 것이 아니라 주위 사람들의 의견에 따라 선택하게 되는 경우가 많다.

  유박사님의 교과서를 보니 먼저 외견상 다른 교과서와는 다른 점이 있었다. 당시 다른 교과서들은 대부분 그다지 두껍지 않고 양장본도 아니었지만, 유박사님의 교과서는 두께도 꽤 두꺼워보였고, 양장본으로 되어 있었다. 이 책이야말로 내게 형법을 제대로 가르쳐줄 것이라고 생각하고 공부계획을 세웠다. 2학년 때 민법총칙을 배웠는데, 그 책은 열심히 읽으면 대개 하루에 100쪽 정도를 읽을 수 있었다. 유박사님의 교과서는 400쪽 정도였으므로 4일 정도에 끝까지 읽을 수 있겠다 생각하였다. 그러나 집근처의 독서실에서 하루 종일 꼼짝하지 않고 책을 읽었지만 도무지 내용을 이해할 수가 없었고 진도도 나아가지 않았다. 4일 계획은 일주일로 바뀌었고, 이후 열흘로 수정되었다. 2주일을 꼬박 앉아 어찌어찌 하여 끝까지 읽었지만, 생각나는 것은 '오인(吾人)은', '방불하다', '헬렌 실빙', 'spiritual union에서 점입가경하여 모든 의미에서의 union으로' 등과 같이 형법과는 별 상관없는 용어나 구절들이었고, 형법총론의 내용은 얽힌 실타래와 같이 무엇이 무엇이고, 어디가 어딘지 알 수 없었다.

개강이 되어 형법강의 시간에 그 책의 내용에 대한 설명을 들을 수 있으리라 기대했지만, 유박사님은 독재정권에 항거하며 미국에 체류하고 계셨기 때문에 강의를 담당하지 않으셨다. 다른 교수님이 담당한 형법강의를 수강하였지만, 그 강의에서는 교재가 지정되지 않았고 한 학기동안의 강의진도도 그나마 독학으로도 어느 정도는 이해할 수 있었던 죄형법정주의까지만이었다. 그 후 유박사님의 형법총론 교과서와 몇차례 싸움 아닌 싸움을 시도해보았지만, 결과는 필자의 연전연패였고 형법총론의 내용은 여전히 미궁 속을 헤매고 있었다.

정신을 차리고 다른 친구들이 어떻게 형법공부를 하나 보았더니 유기천박사님의 책으로 공부하는 학생은 별로 없는 것 같았다. 필자도 생각을 바꾸어 다른 교과서나 객관식 및 주관식 문제집, 고시잡지에 수록된 논문들을 읽어보기 시작하였다. 그제서야 형법총론의 내용들이 산발적으로 이해되기 시작하였다. 이런 이해를 바탕으로 다시 여러 차례 유박사님의 총론교과서에 도전해보았지만 역시 쉽게 이해할 수 없었고, 이러한 현상은 지금까지도 계속되고 있다. 이것이 필자와 '형법학의 바이블'과의 만남이다.

Ⅱ. 형법학강의의 출판 당시의 의의

1. 교과서로서의 형법총론

유기천박사님의 형법총론교과서는 그때나 지금이나 교과서로서는 적합한 것 같지 않다. 우선 대학생들이 읽어서 쉽게 이해할 수 없다는 점에서 그렇고, 대학교수들에게조차 그 내용을 이해하는 것은 쉬운 일이 아니기 때문이다.

법률이나 법해석학 문헌들은 일반인들이 읽어서 쉽게 이해할 수 있는 수준이어야 한다는 것이 필자의 생각이다. 일반인들이 문학이나 예술, 과학 등을 모른다 하더라도 사회생활에 심각한 지장이 초래되는 것은 아니다. 그러나 법을 모르는 경우에는 예측하지 못했던 심각한 손해를 입을 수 있기 때문에, 일반인들이라도 될 수 있는대로 법을 많이 알아야 한다. 또한 형법의 일반예방적 효과를 높이기 위해서도 많은 사람들이 형법의 내용을 알아야 한다. 일반인들이 형법을 많이 알기 위해서는 형법의 내용이 쉬워야 한다.

실정 형법은 추상적이고, 수많은 사건에 적용될 내용을 함축적으로 표현해야 하므로 그 내용이 어려울 수 있다. 이 때문에 형법의 해석론이 필요하고, 해석론들은 쉽게 쓰여져야 한다. 글을 쓰고 말을 하는 것은 상대방을 이해시키기 위함이다. 상대방이 이해하지 못하는 글과 말은 저자의 유식함을 과시하는 용도로나 쓰이는 것이다. 이러한 점에서 유박사님의 교과서는 매우 문제가 많다. 유박사님에게 교과서를 통해 자신의 현학성을 과시하려는 의도가 있었는지는 알 수 없지만, 적어도 상대방을 이해시키려고 하는 친절한 배려심은 별로 보이지 않는다.

2. 연구서로서의 형법총론

그러나 유박사님의 형법총론은 연구서로서는 큰 의미를 가졌다고 할 수 있다. 필자가 형법을 공부하기 시작한 지 이제 30년 정도 되었는데, 그 기간 동안 언제나 유박사님의 형법총론은 필자의 형법연구의 방향을 인도해 주었다. 그 이유는 크게 다음의 세가지로 나눌 수 있다.

첫째, 유박사님의 총·각론 교과서들 출판되던 1960년대와 1970년대의 교과서들의 대부분은 일본의 형법교과서들을 번안한 수준이었고, 당시에 발표된 논문들의 상당수도 비슷한 성격의 것들이 많았다. 유박사님의 형법총론도 일본의 문헌과 판례를 골간으로 구성된 것이 사실이다. 그러나 여기에서 나아가 미국이나 독일의 형법이론이나 실무를 받아들이려는 부단한 노력이 엿보인다. 이것은 될 수 있는대로 많은 외국의 형벌법령과 문헌들을 참고하여 우리 형법과 우리 현실에 맞는 해석론을 전개하는 형법학방법론을 확립하기 위한 것이라고 할 수 있다.

이러한 형법학방법론을 자주적 형법학이라고 할 수 있는데, 유박사님의 총론에는 바로 자주적 형법학을 수립하기 위해 끊임없이 노력한 흔적으로 점철되어 있다. 이것은 유박사님의 형법총론에 독일형법, 일본형법, 일본개정형법가안 등을 부록으로 수록되어 있는 것들로서도 알 수 있다. 이러한 자료들이 교과서의 분량을 늘려보이기 위함은 분명 아닐 것이다. 다양한 자료들을 참고하여 우리에 맞는 형법해석론을 찾아내기 위한 유박사님의 형법학방법론을 강조하기 위함일 것이다.

유박사님의 형법총론 제1편 제6장에는 형법학연구방법론이 서술되어 있고, 필자가 처음 형법총론을 공부하면서 이 부분을 감동적으로 읽었던 기억이 있다. 여기에는 미국과 독일의 형벌목적의 변화에 대한 분석이 있다. 미국의 경우 형벌목적의 시계추는 특별예방에서 일반예방으로 옮겨갔지만, 독일의 경우 그 시계추는 특별예방으로 옮겨갔다는 것이다. 오늘날에는 미국의 형벌정책의 변화가 널리 인식되어 있지만, 유박사님의 형법총론이 출판되던 1960년대 및 1970년대에 이러한 사실을 알기 위해서는 외국 형사정책의 동향파악을 위한 부단한 노력이 필요했을 것이다. 이러한 연구태도는 독일형법학에 편향되어 있는 현재 우리의 형법학계에도 매우 중요한 시사점을 제공한다고 할 수 있다.

둘째, 유박사님의 교과서들에는 판례들이 많이 소개되어 있다. '독일의 법학은 이론중심이고, 영미의 법학은 판례중심이다'라는 잘못된 사고가 널리 퍼져있었던 시절임에도 불구하고 일본의 판례를 다양하게 소개한 것은 형법학에서 판례의 중요성을 강조한 것이라고 할 수 있다. 다만, 당시에도 우리의 판례보다는 일본의 판례를 확보하기가 쉬웠고, 우리의 판례들이 주로 일본의 판례를 답습하였던 시절이기 때문에 일본의 판례를 많이 소개할 수밖에 없었을 것이다.

형법해석학은 실정 형법의 의미·내용을 명확하게 하는 것을 그 주된 과업으로 한다. 판례는 실정 형법에 대한 유권적 해석으로서 실정 형법에 버금가는 중요성을 지니고 있다. 실정 형법이 추상적 효력을 가지고 있다면 판례는 좀더 구체적 효력을 가지고 있다고 할 수 있다. 따라서 판례는 실정 형법과 아울러 형법학의 중요한 연구대상이 되어야 한다. 그럼에도 불구하고 당시에는 판례를 소개하고 이를 이해하는 작업이 그 중요성만큼 강조되지 않았다고 할 수 있다. 이런 상황에서 유박사님은 판례에서 문제된 사안들을 소개하고 이를 기초로 하여 우리의 실정형법과 현실에 맞는 형법해석학을 정립하려고 노력하였다.

셋째, 유박사님은 독자적 형법이론을 개발하려고 노력하였다. 예를 들어 총론에는 목적적 행위론에 대한 소개가 있는데, 독일이나 일본의 어느 문헌을 그대로 옮겨오지 않고 자신의 언어로 서술을 한다. 그리고 자신의 독자적 관점에서 목적적 행위론에 대한 평가를 한다. 이 평가에 적절하지 않은 점도 있고, 대안으로 제시하는 심층심리학적 방법론이 동료나 후배 학자들로부터 별 호응을 받지 못한 것도 사실이다. 그러나 우리 형법학계가 이러한 유박사님의 타당한 방법론을 받아들이지 못하고 1980년대에 들어서면서 독일형법학을 맹목적으로 추종하였던 것을 생각하면, 우리나라의 자주적 형법학을 확립하려고 했던 유박사님의 학문적 자세는 남다른 것이라고 할 수 있다.

Ⅲ. 형법학강의의 오늘날 의미

유신이후 유박사님은 독재정권에 의해 학교를 떠났다가 10 · 26 사태 이후 다시 귀국하였지만, 신군부가 정권을 장악한 후 다시 고국을 떠나시게 되었다. 유박사님이 우리나라를 떠난 것은 자신에게는 물론이지만, 우리 형법학계에게도 큰 손실이었다고 할 수 있다. 만약 유기박사님이 국내에서 학문활동을 계속하였다면 1970년대 후반부터 독일형법학의 광풍이 우리나라에 그렇게 쉽게 휘몰아치지는 않았으리라고 생각된다.

1980년대와 1990년대 약 20년동안 우리의 형법학은 자진하여 철저히 독일형법학에 종속되는 길을 택하게 된다. 세상에 독일 한 나라밖에 없는 것이 아닌데 형법은 독일형법 하나 뿐이 없는 것처럼 독일형법학의 이론을 우리 형법의 해석론으로 그대로 받아들이는 작업이 시작된다. 독일학자의 논문을 번역하여 그대로 자기의 논문인 것처럼 소개하면서도 잘못되었다기 보다는 자랑스럽게 생각하는 풍조도 만연되었다. 독일의 문헌을 인용하지 않은 논문이나 단행본들은 무시되는 분위기가 형성되었고, 독일형법 이론을 소개하고 추종하는 경쟁이 벌어졌다. 우리나라와 실정 형법규정과 판례의 입장이 전혀 다른 독일형법의 해석론을 받아들이기 위해서는 면밀한 검토가 필요함에도 불구하고, 이러한 과정없이 독일형법이론이 우리나라의 지배적 견해가 되고 말았다. 독일형법이론을 받아들이는 것은 문제가 아니지만, 그 과정에는 커다란 문제가 있었다. 공무원들이나 기업가들이 이러한 행위를 한다면 준엄한 비판을 하였을 학계에서 자신들의 활동에 대해서는 별 문제의식을 갖지 못했다.

필자의 생각으로는 1980년대 이후 새로이 소개된 것으로서 유박사님의 형법총론에는 수록되어 있지 않은 독일형법 이론 중 우리 형법학에 도움이 된 것들도 더러 있지만, 대부분은 별 필요가 없거나 혼란을 초래한 것들이 더 많다고 생각된다. 독일에서는 1970년대에 들어오면서 커다란 의미를 두지 않았던 행위론에 대한 논쟁이 1970년대 후반부터 우리나라에서 치열하게 전개된 것이나, 우리 판례가 상당인과관계설을 따른다고 선언하는 상황에서 객관적 귀속론이 어떤 의미를 가졌는가에 대한 숙고없이 객관적 귀속론이 너무 쉽게 학계의 지배적 위치를 차지하게 되는 것들을 예로 들 수 있다. 2000년대에 들어서면서 독일문헌의 번안에 그쳐서는 안되고 우리의 문제를 주제로 논문을 작성해야 한다는 의식이 강해졌지만, 아직도 독일형법학에 대한 자발적 종속현상이 완전히 극복되지는 못한 상태에 있다

유박사님의 형법책에도 이러한 점들이 있는 것은 사실이다. 그러나 유박사님의 형법총론에는 외국의 이론들을 균형있게 섭취해야 한다는 문제의식이 분명히 있었다. 유박사님의 출국과 함께 우리 형법학계에서 이러한 문제의식도 사라졌다. 만약 유박사님이 국내에서 학문활동을 계속하면서 후배 학자들의 연구방법론을 지적하고 지도하였더라면, 우리 형법학계에 다각적 검증을 통해 독일 형법이론을 수입하는 방법론이 훨씬 일찍이 확립되었을 것이고, 그에 따라 시행착오의 기간도 줄였을 것이라고 생각된다.

형법은 정치적 영향을 받을 수밖에 없고, 독재정권이 만들어 놓은 악한 형법들은 독재정권이 물러간지 20년 가까이 된 오늘날도 많이 존재하고 있다. 그 원인은 여러 가지가 있겠지만, 그 하나에는 그동안 우리 형법학계가 우리의 형법보다는 독일형법과 그 해석론을 주요 연구대상으로 하였다는 것도 있을 것이다. 이런 의미에서 유박사님의 자주적 형법방법론은 오늘날에도 여전히 중요한 의미를 가지고 있는 것이다.

IV. 마치며

1980년대 초반 고 강구진 교수의 지시 아래 필자를 포함하여 여러 명의 대학원생들이 유박사님의 각론교과서를 보완하는 작업을 한 적이 있다. 작업의 주된 내용은 우리나라의 판례를 교과서에 반영하는 것이었다. 1983년의 각론 전정신

판은 이러한 작업이 반영된 것이다. 그러나 고 강구진교수의 사망 이후 이러한 수정·보완작업은 중단되고 말았다.

당시 대학원생으로 보완작업에 참여하였던 상당수의 대학원생들은 이후 대학교수가 되었다. 필자 역시 교수가 된 후 유박사님의 교과서들이 더 이상 업데이트되지 않는 것을 안타깝게 생각하였다. 이에 몇몇 선후배들과 상의해 유박사님의 교과서들을 수정·보완하는 작업을 다시 해보기로 하였다. 유박사님의 학문적 입장을 왜곡하지 않으면서 표현이나 체제 등을 시대의 감각에 맞게 변형하는 것이었다. 도서출판 동성사가 출판을 해주기로 약속하였고, 유족들의 동의를 받은 단계까지 일이 진척되었다. 그러나 얼마 후 이 작업은 중단되고 말았다. 교수들의 개인적 사정도 있었지만, 가장 중요한 것은 개정된 교과서에 시장성이 없다는 판단 때문이었다. 사법시험 중심의 교과서시장에서 개정된 교과서의 판매 가능성이 높지 않고 이에 따라 동성사가 손해를 입을 가능성이 크다고 생각되었다. 이 경우 한국형사정책학회의 창립 이후 꽤 많은 재정적 손실을 마다하지 않고 매년 학회지를 출판해주었던 동성사에 또 다시 재정적 손실을 입히게 되는데, 이것은 너무나 염치없는 일이 되기 때문이었다. 아쉬운 일이 아닐 수 없었다.

몇 년 전 유기천박사 기념사업회가 설립되었는데, 기념사업회에서 어느 정도의 예산을 확보하여 유능한 신진학자들로 하여금 유박사님의 교과서들을 수정·보완하는 연구프로젝트를 발주하는 것도 좋은 일이라 생각된다.

6. 유기천 교수의 형법학에 수용된 영미법 이론*

김 종 구

(조선대 법과대학 교수)

I. 머리말

우리 법학은 대륙법계를 근간으로 하고 있으며, 형법학도 독일을 중심으로
한 대륙법계의 체계를 받아들인 것이다. 그러나, 대륙법계의 형법학과 영미법계
의 형법학은 서로 장단점이 있으며, 우리의 형법학이 어느 한 법체계에 경도되
는 것은 바람직하지 않은 것으로 판단된다. 영미법계의 법학자들이 개별 사례를
중심으로 해결방법을 찾는 반면, 대륙법계의 법학자들은 모든 사례에 적용될 수
있는 체계적인 이론개발에 중심을 둔다. 엄밀한 체계에 바탕을 둔 대륙법계의
형법이론은 국가형벌권 발동의 적정성을 담보한다는 점에서 큰 의미가 있다. 반
면, 비교적 단순한 법리적 기준을 가지고 개별사례 해결 중심의 접근방식을 취
하는 영미법계의 방법론은 사건에 적용되는 법이론이 어떠한 것인가를 일반인
들도 쉽게 이해할 수 있는 장점이 있다. 양법체계의 법학방법론에는 장단점이
있으며, 이를 결합시키는 것은 다양한 시각에서 법적 문제의 해결방안을 찾을
수 있다는 면에서 큰 의미가 있다.

근래 우리 법체계에 영미법의 영향이 커지고 있으며, 미국식 법학교육체제의
도입뿐 아니라 다양한 영미의 형사법 관련 제도들이 도입되고 있다. 형법이론학
분야에도 영미법의 연구가 많은 관심의 대상이 되고 있다. 이러한 시점에 일찍

---

* 이 논문은 2014년도 유기천교수기념사업출판재단 논문작성지원사업비에 의하여 지원되었다. 『형
사법의 신동향』, 제48호, 2015.9에 게재되었다.

이 영미형법이론을 우리 형법학에 접목시켰던 유기천 교수의 형법학을 영미법 수용의 관점에서 살펴보는 것은 한국형법학의 새로운 발전을 위해 요긴한 작업이라 판단된다. 유기천 교수는 일본에서 공부한 우리 형법학의 제1세대 학자이면서, 독일형법뿐 아니라 영미형법이론까지 자신의 형법학에 받아들여 독자적인 형법이론을 전개한 학자이다.[1) 유기천 교수는 일찍이 대륙법계뿐 아니라 영미법계의 형법이론을 함께 우리 형법학에 조화시켜 독자적인 형법학의 체계를 정립하려 부심했다. 이제 대륙법계뿐 아니라 영미법계의 형법이론까지 아우르는 비교법적 연구를 기반으로 우리 고유의 형법학체계를 만들어가는 것은 우리 후학들의 과제라고 판단된다. 유기천 교수의 형법학에 수용된 영미법이론에 관한 연구는 대륙법계와 영미법계의 형법학을 조화시킨 우리 고유의 형법학을 위한 초석이 되는 작업으로서 의미를 갖는다.

본 논문은 유기천 교수의 형법교과서와 형법논문을 중심으로 영미형법이론이 유기천 교수의 형법학에 미친 영향을 살펴보려는 것이다. 저서 중에는 형법총론과 형법각론 교과서를 중심으로 검토하였으며, 논문은 국내논문뿐 아니라 영문논문도 고찰의 대상으로 하였다. 구체적으로는 유기천 교수의 형법총론 교과서에서 전개되는 이론을 중심으로 서술하였다.

Ⅱ. 유기천 교수의 생애와 영미법

1. 생 애

유기천 교수(1915~1998)는 한국 형법학의 영미법계와의 교류사에서 빼놓을 수 없는 인물이다.[2) 유기천 교수는 한국형법학의 초기에 영미형법을 한국에 소개한 것은 물론 한국형법을 세계에 소개한 인물이며, 한국에서 영미법학 수용의 선구자였다.[3) 유기천 교수가 이룬 한국형법의 세계화의 업적은 현재까지도 독보

---

1) 유기천, 개정 형법학(총론강의), 법문사, 2011, 530~531쪽. 2011년에 법문사에서 출간된 유기천 교수의 영인본 개정 형법학(총론강의)은 유기천교수기념사업출판재단에서 간행하였다. 이하 "유기천, 형법총론"이라 한다.
2) 유기천 교수에 대해서는 이미 자세한 연구가 이루어져 있다. 최종고, 자유와 정의의 지성 유기천, 한들출판사, 2005; 유기천기념사업회, 영원한 스승 유기천, 지학사, 2003; 이시윤 외, 유기천과 한국법학, 법문사, 2014.

적인 것으로 남아있다. 유기천 교수는 1915년 일제강점기 평양의 기독교집안에
서 태어났다. 일본의 동경대 영법과에서 공부한 후 1943년 졸업했다. 1946년 귀
국하여 경성법학전문학교 교수로 있었으며, 이후 서울대학교가 설립되면서 법과
대학 교수가 되었다. 그는 1952년 하버드대 로스쿨에 교환교수로 가서 연구를
했으며, 이후 1954년에 예일대 로스쿨로 유학을 가서 1958년에 법학박사학위
(J.S.D.)를 취득하였다.[4] 유기천 교수는 형법학교과서를 저술하였을 뿐 아니라,
국내외의 다양한 법학전문지에 국문과 영문으로 논문을 기고하였다.[5] 1960년에
는 우리형법을 영어로 번역하고 해설까지 붙여 책으로 출간하였으며[6], 1968년에
는 우리형법을 독일어로 번역하여 출간하였다.[7]

유기천은 1965년 서울대 총장으로 임명되었으나, 당시 정권과 대립하게 되면
서 1971년 강의실에서 현정권이 대만식 총통제와 같은 장기집권을 도모하고 있
다는 발언을 하였고 이로 인하여 2개월여 도피생활을 하다가 미국으로 망명하게
된다. 망명 후 유기천은 푸에르토리코와 샌디에이고에서 교수생활을 하였다.
1980년에 잠시 귀국하여 서울대에서 강의도 하였으나, 신군부의 등장과 함께 다
시 미국으로 돌아갔으며, 샌디에이고에서 1998년 서거하였다. 유기천은 말년에
이르기까지 저술작업을 하였으며[8], 한국의 민주주의와 통일에 대해서도 지대한
관심을 갖고 있었다.

---

3) 최종고, "유기천의 법사상", 서울대 법학 제40권 제1호, 1999, 176쪽.
4) 유기천의 법학박사학위는 한국인이 미국에서 받은 최초의 법학박사학위였다. 학위논문은 제목은
   "Korean Culture and Criminal Responsibility: an application of a scientific approach to law"이
   다. 이 박사학위논문은 국내에 단행본으로 출간되어 있다. Paul K. Ryu, *Korean Culture and
   Criminal Responsibility*, 법문사, 2011.
5) 유기천 교수의 업적에 대해서는 유기천박사 고희기념논총, 법률학의 제 문제, 박영사, 1988.
6) Paul K. Ryu, *The Korean Criminal Code*, Sweet & Maxwell, 1960.
7) Paul K. Ryu, Einleitung zu Das koreanische Strafrecht, *Sammlung außerdeutscher Stra-
   fgesetzbücher in deutscher Übersetzung* Nr.89, Berlin, 1968.
8) Paul K. Ryu, *The World Revolution*, West Independent Publishing, 1997. 이 책의 서평에 대해서
   는 안경환, "유기천 저, 세계혁명", 서울대학교 법학 제38권 제2호, 1997. 이 책은 음선필 교수에
   의하여 번역된 바 있다. Paul K. Ryu 저/음선필 역, 세계혁명-혁명을 통해 본 민주주의의 역사
   -, 지학사, 2014.

2. 영미법과 비교법적 연구에 대한 관심

유기천 교수는 영미법을 비롯하여 비교법에 많은 관심을 두고 있었으며, 그의 비교법적 관심은 일제강점기 동경대에서 영미법을 공부하면서 시작되었다고 할 수 있다. 당시 일본법학계는 독일법을 중심으로 한 대륙법계의 영향이 지배적이었는데 이 시기에 유기천 교수가 영미법에 관심을 갖게 된 것은 미국 선교사로부터 감화를 받은 그의 부친 유기준 장로를 필두로 한 기독교적 가풍도 영향을 미친 것으로 보인다.9)

해방 후 미군정이 실시되면서 우리 법학은 일제강점기에 주류를 이루었던 독일법학에서 벗어나 영미법적 요소를 도입하는 비교법학을 지향하고 있었다. 미군정기에는 대륙법계와 영미법계에 모두 정통한 인물들이 미군정의 법률자문관으로서 신생 대한민국의 법체계 수립과정에 참여하였다.10) 이들을 통하여 한국법은 영미법의 영향을 강하게 받게 되는데 특히 헌법과 형사소송법 분야에서 그 영향이 현저하였다. 유기천 교수가 학자로서 생활을 시작하던 때는 일제 강점기 이후 대륙법체계가 지배하던 우리나라에 영미법적 요소가 접목되기 시작했던 시기였던 것이다.

1950년대에는 미국 변호사협회의 지원으로 한국법학원 산하에 한국비교법학회가 창립되어 국내 학자들의 비교법 연구의 관심은 더욱 활발하였다. 1952년부터는 교수들의 미국유학 프로그램이 시작되면서 유기천 교수도 미국에 유학하여 형사법 연구로 학위를 하게 된다. 이를 계기로 유기천 교수는 영미법에 대한 이해를 넓히고 자신의 저서와 논문에 영미법이론을 반영한 형법학이론을 전개하게 된다. 유기천 교수의 학문활동은 우리형사법학계와 영미법의 교류사에 큰 자취를 남겼으며, 일본법과 대륙법계 일변도였던 국내 형사법학계의 분위기가 다소 바뀌게 된다. 해방 후 미군정기에 미국법의 영향을 받은 당시의 분위기가 유기천 교수로 하여금 영미법에 관심을 갖도록 하였고, 미국의 로스쿨에서 박사학위까지 한 계기가 되었으며, 이를 바탕으로 대륙법과 영미법의 이론체계를 모

---

9) 이러한 내용에 대해서는 최종고, "유기천과 비교법학-동아시아법학을 중심으로-", 월송회보 제8호, 2013. 12., 10쪽 참조. 유기천의 기독교법 사상에 대해서는 음선필, "유기천의 법사상: 기독교법사상을 중심으로", 유기천과 한국법학, 법문사, 2014, 217쪽 이하.

10) 독일 법관출신 유태인으로서 나치의 박해를 피해 미국으로 망명하였던 에른스트 프랭켈(Ernst Fraenkel)이 대표적인 인물이다.

두 반영한 형법학 연구가 이루어졌던 것으로 판단된다.

Ⅲ. 유기천 교수의 저서 및 논문과 영미법이론

1. 형법총론

유기천 교수는 1960년에 형법총론교과서를 출간하였다. 그 후 1968년, 1971년, 1979년과 1980년에 개정된 내용의 형법총론교과서를 출간하였다.[11] 1960년 첫 출간 당시 유기천 교수의 형법교과서는 기존의 국내 형법교과서와는 차별화되는 내용을 담아내었다. 1958년에 유기천 교수가 미국에서 학위를 한 것을 생각하면, 유기천 교수는 독일과 일본의 형법학뿐 아니라 영미의 형법학에도 정통한 상황에서 형법총론을 집필한 것이다. 따라서 유기천 교수의 형법총론은 당시의 교과서들과 달리 독일과 일본의 형법이론과 판례뿐 아니라 영미형법의 이론과 판례도 소개하고 있다. 역시 당시로는 드물게 영미형법교과서도 인용하고 있다.[12] 이는 유기천 교수의 형법총론이 첫 출간된 지 50여년이 흐른 지금에도 찾아보기 쉽지 않은 예이다.

유기천 교수는 형법총론 초판 서문에서 형법교과서를 쓰는 입장을 법학도로 하여금 현행법을 이해하게 하려는 입장, 형법학으로서 학문적 이해를 전개하는 입장, 현행법의 소개를 충실히 하면서 간략히 그 이론과의 관련에 언급하겠다는 입장으로 나눈 뒤, 자신의 형법총론은 세 가지 입장과 모두 유사한 점이 있으면서 또 한편으로 다른 점이 있다고 하였다.[13] 그러나 유기천 교수의 형법교과서는 당시의 다른 형법교과서들과 비교한다면, 학문적 입장을 전개하는 입장이 강했다고 판단된다. 그는 학문으로서 자기의 독자적인 체계를 갖춘 저서를 쓰고 싶어 했다. 형법학방법론에서는 심볼(symbol)로서의 언어가 가지는 의미, 특히 그 상대성이라는 원리를 해석론에 도입하여 단순한 전통적인 해석에 머무르지 않았다. 또한 입체심리학(depth-psychology)과 무의식의 개념을 형법학에 적용

---

11) 오영근, "서평 특집 : 한국의 법학 명저 ; 유기천, 개고 형법학 [총론강의] (일조각, 1971)", 서울대 법학 제48권 제3호, 2007.
12) Jerome Hall, *General Principles of Criminal Law*, 2nd ed. 1960; Glanville Williams, *Criminal Law, The General Part*, 1953; Smith and Hogan, *Criminal Law*, 1965.
13) 유기천, 형법총론, 머리말 ix쪽 참조.

하여 이론체계를 구축하려 했다. 이를 기초로 행위, 고의, 과실, 인과관계, 책임능력의 문제에 이르기까지 일관된 논리를 전개하고 있다.

유기천 교수는 자신의 저서에서 독일형법은 물론 영미형법학의 이론과 판례의 성과도 반영하여 독자적인 형법학 체계를 전개했다. 유기천 교수는 우리 법학계가 일본법학의 영향 하에 있던 1960년에 형법학교과서를 출간했음에도 불구하고, 독일형법학과 영미형법학의 이론을 참고했음은 물론 입체심리학의 지식까지 반영하여 형법이론체계를 구축하려 노력했다. 유기천 교수는 한국형법학의 새로운 좌표를 제시한 인물이었다. 특히 인과관계론에서의 목적설, 원인에 있어서 자유로운 행위에 관한 반무의식상태설은 유기천 교수의 독자적인 이론이다.[14] 이러한 독자적인 이론체계를 구축하게 된 것은 유기천 교수가 대륙법계 형법학뿐 아니라 영미법계 형법학에도 정통했기 때문에 가능했던 것이다.

2. 형법각론

유기천 교수는 형법총론에 이어 1963년 형법각론(상)과 1967년 형법각론(하)를 출간하였다. 형법각론(상)의 서문에서, 형법을 설명함에 있어 항상 해석론(de lege lata)의 문제와 입법론(de lege ferenda)의 문제를 일단 구별하고 가치판단의 정확성을 기하였다는 것과, 형법학을 합리적인 이론체계로서 구성해보려는 노력을 감행했다는 점을 밝히고 있다.

> "저자는 재래의 법학, 특히 형법학이 정말로 참다운 Wissenschaft가 되려면, 막연한 개념의 논리적 분석만으로 만족하고 형법학(Strafrechtswissenschaft)의 학문성을 그 속에서 구하여 안주하려고 하지 말고, 좀더 근본적으로 symbol로서의 개념 자체의 본질을 정확히 이해하고, 학문의 본질론과의 관련하에서 가장 합리적인 이론체계를 구성하여야 한다고 확신하고 있다."[15]

---

14) 이러한 내용에 대해서는 이재상, "월송 유기천 교수의 형법학", 유기천, 형법총론, 530∼531쪽, 543쪽 참조.

15) 유기천, 전정신판 형법학(각론강의 상), 법문사, 2012 (영인본, 유기천교수기념사업출판재단), 서문 ix쪽 참조. 2012년에 법문사에서 출간된 유기천 교수의 영인본 전정신판 형법학(각론강의 상·하)는 유기천교수기념사업출판재단에서 간행하였다. 이하 "유기천, 형법각론 상", "유기천 형법각론 하"라 한다.

유기천 교수는 각론의 의미체계를 분석한 연후에 총론을 전개해야 한다는 점을 거론하고, 법학에 있어서 사실의 중요성을 강조하면서 판례를 정확히 소개하려 노력했다는 점도 밝히고 있다.

> "법학을 이해함에 있어서는 다른 규범과학과 달리, 사실이란 factor를 무시할 수 없다. 이러한 의미에서 American legal realists의 입장이 더욱 공고한 지반 위에 서 있다고 본다. 사실이란 factor를 떠난 가치판단은 법학의 일면만을 보려는 것으로, Januskopf와 같은 쌍두를 가진 법의 전반만을 보는 결과가 된다."16)

유기천 교수가 서문에서 밝힌 바와 같이 그는 형법각론에서 해석론과 입법론을 명확히 구분하여 서술하고 있으며, 대법원 판례뿐 아니라 독일과 일본의 판례까지 분석하여 소개하였다. 따라서 유기천 교수의 형법각론에서 영미법 영향이 크다고 볼 수 있는 것은 법학방법론과 관련하여 사실관계와 판례를 중시했다는 점이다. 실제 유기천 교수는 형법각론을 집필하면서 우리나라와 일본 및 독일의 판례를 자세히 소개하고 있다. 이는 법학공부에 있어서 판례를 주 대상으로 하는 영미의 법학방법론에 영향을 받은 결과라고 판단된다.

형법각론 분야는 영미법의 영향이 크지 않은 분야이며, 유기천 교수의 형법각론도 영미법의 영향을 많이 받았다고 할 수는 없다. 하지만, 기본적인 법학방법론과 관련하여 서술의 기본체계는 영미법학의 영향을 다수 받았으며, 특히 미국의 법학 리얼리즘과 상징적 언어분석 방법에 영향을 받은 것으로 판단된다.

> "아메리칸 리얼리스트(American realists)들이 강조하는 바와 같이 법률은 구체적인 판결 외에 존재하지 않는다. 법률은 다른 규범체계와는 달리 구체적으로 어떤 판결이 내려질 것인가를 예측함이 없이 추상적인 법규범체계로서는 존재의 의의가 없어지는 특이성을 가지는 것이다."17)
> "여기에는 언어의 상징적 분석(symbolic analysis)이 필요하게 된다. 동일한 심볼로서의 언어(예컨대, 355조의 재물과 330조의 재물)가 그 문맥에 따라 서로 의미가 달라진다. 또한 여기에 관련하여 법 이외의 사회적 용어(예컨대,

---

16) 유기천, 형법각론 상, 서문 x쪽 참조.
17) 유기천, 형법각론 상, 4쪽.

형법 330조의 야간)가 법적 용어로 변천됨에 따라 일어나는 '의미의 전
환'(Bedeutungswechsel)을 특히 주의하지 않으면 아니 된다."18)

"법률은 구체적인 판결 외에 존재하지 않는다."는 유기천 교수의 언급은 "법
의 생명은 논리(logic)가 아니라 경험(experience)"이라는 홈즈(Holmes) 판사의
말을 떠올리게 하며,19) 판례가 곧 법인 영미법의 영향을 느끼게 한다. 법학연구
방법론에서 언어의 상징적 분석을 강조하는 것도 당대 영미의 학풍을 반영하는
것이라 판단된다.

3. 한국문화와 형사책임

유기천 교수의 기타 저서라고 할 수 있는 것은 1958년 예일대 로스쿨 박사학
위논문인 '한국문화와 형사책임'(Korean Culture and Criminal Responsibility)20)
과 만년의 저술인 '세계혁명'(The World Revolution)21)이 있다. 세계혁명은 법학
서는 아니며, 법과 정치, 민주주의와 자유주의, 기독교와 역사, 문명 간의 대화
등에 관한 책이라 할 수 있다.22) 그리고 박사학위논문인 '한국문화와 형사책임'
은 형법을 주제로 하였지만, 광범위한 인문과학서적을 참고하여 학제 간 연구를
한 것이다.23) 이 박사학위논문은 법학을 문화인류학 등 인문학과 관련하여 연구
를 하는 예일학파의 학풍에 영향을 받은 것이며, 법과 문화를 밀접히 관련지어
쓴 것이다. 최종고 교수의 평에 따르면, 유기천 교수의 박사학위논문은 "법학을
폐쇄적인 도그마가 아니라 사회과학과 인문과학, 나아가 자연과학까지도 포괄적
으로 대화하는 자세(방법론)를 신생 한국법학의 기초로 삼았다는 사실, 이것은

---

18) 유기천, 형법각론 상, 5쪽.
19) Oliver Wendell Holmes, Jr., *The Common Law*, Little, Brown and Company, 1881. 홈즈는 자신
    의 저서(The Common Law)에서 법의 생명은 논리가 아니라 경험이다("The life of the law has
    not been logic; it has been experience.")라고 설파했다. 이러한 홈즈의 법에 대한 인식은 현실주
    의 법학(legal realism)과 경험주의 법학(legal empiricism)에 연결되는 것이다.
20) Paul K. Ryu, *Korean Culture and Criminal Responsibility*, 법문사, 2011. 유기천 교수의 학위논문
    을 법사상의 관점에서 분석한 것으로는 최종고, "유기천의 법사상", 177쪽 이하.
21) Paul K. Ryu, *The World Revolution*, American West Independent Publishing, 1997.
22) 안경환, 앞의 글, 149쪽 이하.
23) 유기천 교수의 박사학위논문에 나타난 형사책임론에 대해서는 구상진, "유기천의 형사책임론에
    대한 연구-박사학위논문 한국문화와 형사책임을 중심으로-", 유기천과 한국법학, 23쪽 이하.

한국 법학교육사에서 매우 중요한 의미가 있다."[24] 이러한 평가처럼, 유기천 교수의 박사학위논문은 당시 미국 로스쿨의 첨단 학문방법론을 응용하여 쓴 것으로서 영미의 법학연구방법론이 한국형법학의 태동기에 국내에 이미 수용되었다는 점에서 큰 의미를 갖는다.

4. 영문논문과 영미법이론

유기천 교수는 형법학 저서뿐 아니라 다수의 논문을 집필하였다. 논문 중에는 국내에서 출간된 것들도 있지만,[25] 유수의 영문 법학저널에 기고한 논문들이 다수이다. 유기천 교수는 우리나라 형사법학자 중 가장 많은 형사법 관련 영문논문을 저술한 학자이다. 유기천 교수의 영문논문은 양적 및 질적으로 후학들의 존경심을 불러일으킨다. 그의 논문은 인과관계, 법률의 착오, 미수론 및 형법의 법전화의 문제에까지 걸쳐 있으며,[26] 최근 미국에서 출간된 논문에도 인용되고 있다.[27] 유기천 교수는 그의 형법교과서에서 이 논문들의 성과를 반영하여 서술하고 있다. 유기천 교수가 다룬 인과관계론(Causation in Criminal Law), 법률의 착오(Error Juris), 미수론(Criminal Attempts) 등은 범죄론의 핵심 주제이며, 형법상 범죄론의 주요 주제를 이와 같이 정면으로 다룬 한국학자의 영문논문은 유기천 교수 이후 발견하기 어렵다. 유기천 교수의 영문논문들은 2013년 유기천교

---

24) Paul K. Ryu, *Korean Culture and Criminal Responsibility*, pp.330-331(최종고 교수 해설부분 참조).

25) 유기천, "전후의 형사입법과 한국의 신형법", 서울대 논문집 제1호, 1954, 163~178쪽; 유기천, "판례연구: 합동범에 관한 판례연구", 서울대 법학 제3권 제2호, 1962, 385~406쪽 등.

26) 유기천 교수의 영문논문들은 다음과 같다. Paul K. Ryu/Helen Silving, "Error Juris: A Comparative Study", *The University of Chicago Law Review* Vol. 24, No. 3, Spring, 1957, pp. 421-471; Ryu, Paul Kichyun, "Contemporary Problems of Criminal Attempts", 32 *N.Y.U. L. Rev.* 1170 (1957); Paul K. Ryu, "Causation in Criminal Law", *University of Pennsylvania Law Review* Vol. 106, No. 6, Apr., 1958, pp.773-805; Ryu, Paul K./Silving, Helen, "Toward a Rational System of Criminal Law", 32 *Rev. Jur. U.P.R.* 119, 1963; Ryu, Paul K. "Discussion of Structure and Theory", 24 *Am. J. Comp.* L. 602, 1976; Ryu, Paul K./Silving, Helen, "Comment on Error Juris", 24 *Am. J. Comp.* L. 689, 1976; Ryu, Paul K./Silving, Helen, "Misleading Issues in Criminal Law Codification", 9 *Isr. L. Rev.* 311, 1974.

27) 예를 들어, Ryu, Paul Kichyun, "Contemporary Problems of Criminal Attempts", *32 N.Y.U. L. Rev.* 1170, 1957. 유기천 교수의 이 논문은 다음 논문에서도 인용되고 있다. John Hasnas, "Once More Unto the Breach: The Inherent Liberalism Of The Criminal Law And Liability For Attempting The Impossible", 54 *Hastings Law Journal 1*, 2002 각주 28번, 189번 참조.

수기념사업출판재단에 의해 독일어논문과 함께 단행본으로 출간되었으며,[28] 이 또한 한국형사법학자로서는 아직까지 유례가 없는 것이다.

Ⅳ. 범죄론 체계와 법학연구방법론

1. 개 설

유기천 교수의 형법학체계의 기초가 되고 있는 것은 현대 입체심리학 (depth-psychology)이다. 유기천 교수에 따르면, 20세기 후반 이후 사회과학은 무의식(unconsciousness)의 세계를 발견하여 코페르니쿠스적 전환을 이루었고, 무의식의 세계는 합리성이 지배하지 않는 세계이며 의식과 무의식간의 연결은 상상 이상으로 긴밀한 것이다. 종래 형법학은 합리적이고 이성적인 인격의 주체로서 인간상을 전제하고, 인간의 자유를 말하면서 이에 기초한 책임을 논하지만, 현대과학의 입장에서 보면 맞는 것이 아니다.[29] 전통적인 사고에 따르면, 형벌을 가중하면 일반인에 대한 위하의 효과가 발생하여 범죄가 줄어든다고 보지만, 현대심리학의 연구결과에 의하면 오히려 형벌을 받기를 원하여 범죄를 저지르는 경우도 있다. 자유와 필연은 모순된다는 과거의 관점도 달라졌고 자유와 필연은 모순되지 않으며, 과학과 가치를 다루는 형법학은 함께 새로운 가치체계를 수립할 수 있게 되었다.[30]

유기천 교수의 범죄론체계와 법학방법론에 가장 큰 영향을 주고 있는 것은 의식과 무의식, 합리와 불합리의 경계를 허무는 새로운 현대심리학의 연구성과이다. 이를 반영하여 유기천 교수는 범죄체계론, 행위론, 책임능력, 원인에 있어서 자유로운 행위에 관한 독자적인 이론을 전개하고 있다. 이 역시 당대의 영미법계 학풍이 유기천 교수의 형법학에 영향을 준 결과라고 판단된다.

---

28) The Pual K. Ryu Foundation, *Law in the Free Society - Legal Theories and Thoughts of Paul K. Ryu*, 법문사, 2013.
29) 유기천, 형법총론, 55쪽.
30) 유기천, 형법총론, 56쪽.

2. 범죄론체계

(1) 범죄삼단계체계에 대한 비판적 관점

유기천 교수의 형법학에 관한 학문적 체계의 고민은 1968년 출간된 형법총론 교과서의 개정판에서도 드러난다. 그는 자신의 의도가 새로운 형법학의 구상에 있었음을 내비치면서 개정판 서문에 그 새로운 체계의 모색과 관련하여 다음과 같은 언급을 하고 있다.

> "원래 독일의 범죄삼원론이 체계를 갖춘 지도 벌써 60년 이상 경과되었고, 그 동안에 허다한 형법학 발전의 자취를 볼 수 있으나, 저자의 소견에 의하면 지금은 새로운 System이 요망되는 단계에 도달하였다고 느껴진다. 범죄삼원론이 그대로 유지될 수 있는가, 있다면 과연 어떤 의미에 있어서인가, 위법성과 소위 불법은 구별의 실익이 있는가, 고의·과실 좀 더 구체적으로는 책임이란 개념 등은 어떤 의미에서 이해되어야 할 것인가, 사회과학은 형법학의 방법론에 어떤 기여를 할 것인가, 입법론과 해석론의 한계는 과연 어디에서 구할 수 있을 것인가 등등의 허다한 문제점은, 한 system에 의하여 답변되어야 한다고 본다."[31]

이와 같이 유기천 교수가 일찍이 1960년대에 형법학 체계의 구축에 대하여 고민을 하면서, 독일형법학에서 유래한 범죄삼원론에 의문을 제기하고 새로운 형법학의 발전을 반영하여 새로운 체계가 필요하다고 말하는 것은 그의 영미형법에 대한 지식이 바탕이 된 것으로 생각된다. 영미형법학은 독일형법학과 같은 범죄삼단계체계를 취하는 것이 아니라 객관적 요소(actus reus)와 주관적 요소(mens rea)가 갖추어지면 범죄는 성립하는 것으로 보고, 책임조각사유나 위법성 조각사유는 모두 범죄성립의 항변사유(defense)가 되는 것으로 본다. 독일학자들은 체계의 수립에 중점을 두나, 영미의 학자들은 개별 사례 중심의 문제해결 방식을 취한다. 이러한 영미학자들의 법학방법론과 영미형법상 범죄성립요건에 관한 이해가 유기천 교수로 하여금 범죄삼단계론과는 다른 형법체계를 모색하게 한 것이라 판단된다.

---

31) 유기천, 형법총론, 서문 vii-viii쪽 참조.

(2) 목적적 범죄론체계에 대한 비판

유기천 교수는 벨첼(Welzel)의 목적적행위론에 대하여 형법적 입장에서 인간상에 관한 정확한 해명 없이 형법체계를 수립하려고 한 점에 근본적인 난점이 있다고 비판한다. 유기천 교수에 따르면, 종래 책임의 근거로 자유의사를 논할 때 의식의 세계만 문제되었지만, 이제 인간행위에서 의식의 세계는 매우 좁은 부분이며 방대한 무의식의 세계가 있다는 사실이 발견되었다. 그리고 인간의 의식 없는 상태하의 행위에 대해서도 책임이 인정되는 것은 무의식의 세계와 의식의 세계가 긴밀히 연관되어 있기 때문이다.[32]

유기천 교수는 일반적으로 행위는 의사가 외부적으로 표현된 상태를 뜻하므로 주관적인 내부적 의사와 객관적인 외부적 표현의 통일체로 보아야 한다고 하면서, 기본적인 관점에서는 벨첼의 생각에 동의한다. 그러나 유기천 교수가 말하는 의사에는 의식적 의사뿐 아니라 무의식적 의사도 포함된다. 인간행위의 대부분은 무의식에 기초한 것이며, 무의식하의 행위는 의식하의 행위와 밀접한 관련성을 가지고 있기 때문이다. 유기천 교수에 따르면, 내부적인 의사와 외부적인 표현은 서로 결합되어야 하지만, 시간적으로 동시적일 필요는 없으며, 원인에 있어서 자유로운 행위의 경우처럼 의사가 외부적 표현보다 앞서는 경우도 있는 것이다.[33]

목적적범죄론체계는 고의를 구성요건의 주관적 요소로 위치시키는 책임설(Schuldtheorie)을 취한다. 여기에 대해서도 유기천 교수는 고의가 책임 혹은 행위 그 어느 하나에 속한다는 사고방식은 심볼(symbol)로서의 언어의 상대적 의미를 이해하지 못한 일차원적인 방법론(monodimensional methodology)의 산물일 뿐이라고 비판하면서,[34] 고의는 행위의 요소이자 책임의 요소라고 주장한다.

유기천 교수의 목적적 행위론에 대한 비판을 보면, 무의식의 세계를 강조하는 현대심리학의 영향과 언어의 상징적 분석을 강조하는 방법론이 영향을 미치고 있다. 유기천 교수가 당시의 유력한 목적적 범죄론체계를 정치하게 비판할 수 있었던 것은 영미학계의 영향을 받은 입체심리학을 기초로 한 법학체계와 언어의 상징적 분석에 기반한 상징주의 형법론이 영향을 준 것으로 판단된다.

---

32) 유기천, 형법총론, 91쪽.
33) 유기천, 형법총론, 105쪽.
34) 유기천, 형법총론, 92쪽.

3. 법학연구방법론

유기천 교수는 형법총론 교과서에서 형법연구방법론을 별도의 장에 서술하고 있다. 유기천 교수는 학문의 국제적 성격을 논하고, 가장 지도적 역할을 하고 있는 미국과 독일을 근황을 살펴보면서 먼저 미국의 법학계의 동향을 일별한다.[35] 이어서 유기천 교수는 상징주의 형법론을 전개하고 있는데, 우리 형법이 언어로 되어 있음에도 언어의 본질을 따져보지도 않고 그 의미를 이해한 것처럼 간주하는 것 이상 어리석은 일도 없다면서, 무엇보다 우리 형법의 언어적 구조를 살펴보아야 한다고 강조한다.[36] 형법은 심볼(symbol)인 언어에 의하여 표현되며 이 언어의 의미는 구조 속에서 이해되어야 하고, 다원적 방법이 형법에 적용되어야 한다. 이러한 방법론을 적용하는 경우, 고의와 과실이라는 같은 용어가 맥락에 따라 그리고 범죄성립의 단계에 따라 의미가 달라질 수 있으며, 고의는 행위개념은 물론 책임개념에도 속하고 그 내용 또한 서로 동일할 수 없다. 이러한 관점에서, 상징주의 형법이론은 범죄체계에 따라 동일한 언어의 의미를 다르게 이해할 수 있게 하는 유용한 방법론이라 평가된다.[37]

상징주의 형법론에 따르면 상징으로서 언어는 도구이며, 평면기하가 아닌 입체기하의 원리가 적용되고, 상대성의 원리가 지배한다. 유기천 교수가 법학연구방법론을 논하면서 가장 중요시 한 것이 인과관계와 책임능력의 문제이다. 인과관계론의 목적은 기수와 미수를 구별하여 미수의 책임을 감경시키려는 것인데, 이 목적을 구체화함에 있어서는 각론상 개별 범죄규정의 목적을 고려해야 한다.[38] 책임능력이란 형법이 허용하지 않는다는 사물에 대한 반응이 정상인과 구별된다는 상징적 의사연락의 차이점을 뜻한다.[39] 새로운 형법학체계의 수립에는 가치평가 자체도 과학적일 수 있다는 점을 알아야 하고, 의식과 무의식의 양면에 공통된 언어의 뜻을 이해하는 것이 중요하며, 이러한 상징분석을 통해 체계를 합리화해야 한다.[40]

---

35) 유기천, 형법총론, 58쪽 이하.
36) 유기천, 형법총론, 64쪽.
37) 이재상, 앞의 글, 533쪽.
38) 유기천, 형법총론, 73쪽. 인과관계의 일반적인 이론도 각론의 각 규정 여하에 따라 그 내용이 달라진다고 본다(유기천 형법각론 상, 5쪽).
39) 유기천, 형법총론, 75쪽.
40) 유기천, 형법총론, 76쪽.

유기천 교수는 법학의 도구인 언어의 상징적 분석(symbolic analysis)을 강조하고, 동일한 심볼로서의 언어가 그 문맥에 따라 서로 의미가 달라지는 상대성을 중시하는 상징주의 형법론을 전개한다. 상징주의 형법론과 함께 유기천 교수의 법학연구방법론의 핵심은 현대심리학의 연구성과를 형법학에 접목시키는 것이다. 유기천 교수는 합리적이고 이성적인 인격의 주체로서의 인간상이 아니라, 불합리의 세계인 무의식의 세계의 영향 하에 있는 인간상을 형법학의 기초로 삼았다. 이러한 방법론을 기초로 유기천 교수는 특히 범죄체계론, 행위론, 인과관계, 책임능력, 원인에 있어서 자유로운 행위 등에 관하여 일관되고 독자적인 이론을 전개한 것이다. 이 또한 영미의 학풍과 영미형법체계의 영향 하에서 이루어진 것이라 판단된다.

V. 인과관계론

1. 법학연구방법과 인과관계

유기천 교수는 법학은 상징으로서 언어에 의하여 표현되는데, 이러한 언어는 의미의 매개물에 불과하며 어떤 목적에 사용되는 봉사자라는 점을 이해해야 한다고 강조한다. 그러면서, 인과관계는 형법에서 가장 중추적인 개념인데 인과관계를 논하는 목적을 직시하지 못하여 인과관계에 대한 제대로 된 이해가 결여되었다고 한다. 유기천 교수는 인과관계론의 근본 목적은 기수와 미수를 구별하여 미수의 경우 책임을 감경시키려는 데 있다고 하면서, 이 목적을 구체화함에 있어서는 각론상 개별 범죄규정의 목적을 고려해야 한다고 본다.[41] 즉 인과관계는 개별 구성요건의 의의와 목적을 고려하여 판단해야 한다고 주장한 것이다. 이러한 생각을 기초로 유기천 교수는 인과관계에 관한 독자적인 목적설을 주창하고 있다.

유기천 교수는 목적설을 주장하면 미국의 판례들을 예로 들고 있으며, 자신의 인과관계에 관한 영문논문을 기초로 서술하고 있다. 유기천 교수의 목적설은 존재론적 인과관계와 법률적 중요성이라는 규범적 판단의 문제를 구별하여 중

---

41) 유기천, 형법총론, 73쪽.

요성의 판단은 구체적인 구성요건의 의의와 목적에 따라 정해야 한다는 중요설과 맥을 같이 하는 것이다.[42] 이러한 유기천 교수의 목적설에는 중요설도 영향을 주었지만, 인과관계를 사실상 인과관계와 법적 인과관계로 구분하여 논하는 영미법의 인과관계론이 주요 배경이 된 것으로 판단된다.

2. 영미법상 인과관계론

영미 형법상 인과관계는 사실상 인과관계(factual causation)[43]와 법적 인과관계(legal causation)[44]로 나누인다. 피고인의 행위와 발생된 결과 사이에 사실상의 인과관계가 인정되지 않는다면 다음 단계의 법적 인과관계 여부를 판단할 필요가 없다. 사실상의 인과관계의 판단에 미국 법원들은 'but-for 기준' 또는 'sine qua non 기준'을 적용하여 왔다.[45] 이 의미는 '가설적 제거공식'을 적용하는 조건설과 동일한 것이다. 만약 피고인의 행위가 없었더라도 결과가 발생했을 것인가를 묻고, 만약 답이 '아니오(no)'라면 사실상의 인과관계는 긍정된다. 사실상의 인과관계는 과학적 개념의 인과관계를 의미하며, 본래 인과관계라고 하면 사실상 인과관계를 의미하는 것이다. 사실상의 인과관계는 법원이 반영할 수 있는 최선의 과학에 의해 판단되어야 할 사실의 문제이다.[46]

하지만, 사실상의 인과관계가 인정된다는 것이 곧 피고인이 결과에 대하여 형사책임을 진다는 것을 의미하지는 않는다. 피고인이 유책하기 위해서는, 다시 행위와 결과 사이에 법적 인과관계가 인정되어야 한다.[47] 커먼로나 미국모범형법전 하에서[48] 모두 사실상의 인과관계만으로 결과를 행위자에 귀속시킬 수는

---

42) 인과관계에 관한 학설 중 중요설인데, 유기천 교수의 목적설은 이를 더욱 명확히 하고 있는 것이라 한다(유기천, 형법각론 상, 5면).

43) 사실상 인과관계는 과거에 원인(遠因, remote cause)로 이해되었다.

44) 근접 인과관계(proximate causation)이라고도 불린다.

45) 이러한 내용에 대해서는 Andrew Ashworth, *Principles of Criminal Law*(5판), Oxford University Press, 2006, p.124 이하; Markus D. Dubber/Mark G. Kelman, *American Criminal Law*(2판), Foundation Press, 2009, p.430 이하; Michael S. Moore, *Causation and Responsibility*, Oxford University, 2009, p.84; Joshua Dressler, *Understanding Criminal Law*(5판), LexisNexis, 2009, p. 183; Richard R. Singer/John Q. La Fond, *Criminal Law*(4판), Aspen Publishers, 2007, p.144. 이하; Wayne R. LaFave, *Criminal Law*(4판), Thomson West, 2003, p.333.

46) Michael S. Moore, 앞의 책, p.83.

47) Joshua Dressler, 앞의 책, p.183.

없다.[49] 형사책임이 인정되기 위해서는 피고인의 행위가 결과에 대한 사실상의 원인이자, 법적 원인(legal cause) 또는 근접원인(proximate cause)이어야 한다. 즉, 자연과학적 의미의 사실상 인과관계를 전제로 규범적 의미의 법적 인과관계까지 인정되어야 형법상 인과관계가 인정된다.

이러한 영미법상 인과관계론의 구조는 독일형법학에 기초한 우리 형법학상 인과관계론의 구조와 같다. 형법상 인과관계에는 자연적 또는 사실상의 인과관계와 객관적 귀속의 두 측면이 있다. 전자는 사실의 판단에 관한 문제이고 후자는 규범적 판단 또는 법적 평가의 문제라는 것은 이미 잘 알려진 사실이다. 합법칙적 조건설을 기초로 판단되는 사실상의 인과관계뿐 아니라, 규범적 측면에서 객관적 귀속도 인정되어야 전체적으로 인과관계가 긍정되는 것이다. 영미법상 인과관계론에서도 사실상의 인과관계가 존재한다는 것만으로 형사책임이 인정될 수는 없으며, '법적 인과관계'(legal cause) 또는 '근접 인과관계'(proximate cause)에 대한 증명도 있어야 한다. 인과관계의 두 번째 요소인 법적 인과관계 또는 근접 인과관계는 과학적 사실에 관한 문제가 아니라 정책에 관한 문제로서 평가의 문제를 다루는 것이며[50], 객관적 귀속이론(Theorie der objektiven Zurechnung)과 같은 주제를 다루는 것이다.

3. 유기천 교수의 인과관계론 – 목적설

(1) 인과관계론과 영미법

유기천 교수는 자신의 영문논문과 형법총론 교과서에서 인과관계론을 전개하고 있다. 유기천 교수는 1958년 "형법에 있어 인과관계"(Causation in Criminal Law)라는 제목의 논문을 발표하였으며[51], 이를 기초로 형법총론에 인과관계론을 서술하고 있다. 이 시기 국내에는 영미법의 인과관계론이 거의 소개된 바 없

---

48) 모법형법전상 인과관계에 대해서는 David J. Karp, Note, "Causation in the Model Penal Code", *Columbia Law Review*, Vol. 78, 1978, p.1249 이하; Dubber/Kelman, 앞의 책, p.397 이하; Singer/La Fond, 앞의 책, p.152.

49) Singer/La Fond, 앞의 책, p.144.

50) Michael S. Moore, 앞의 책, p.83.

51) Paul K. Ryu, "Causation in Criminal Law", *University of Pennsylvania Law Review* Vol. 106, No. 6, Apr., 1958, pp.773-805.

는 때였고, 독일의 객관적 귀속론은 이후 20여년 뒤인 1982년에 국내에 소개된
다.52) 그러나, 유기천 교수의 글을 보면, 그는 이미 당시 영미법상 인과관계론에
대한 연구를 통하여 인과관계를 사실상 인과관계와 법적 인과관계로 구분하는
영미법상 인과관계론의 체계에 대하여 잘 알고 있었다. 유기천 교수는 인과관계
론에 관한 자신의 논문에서 영미법상 근접인과관계론에 대하여 자세히 설명을
하면서,53) 다양한 영미의 판례54)도 소개하고 있다. 유기천 교수는 이 논문에서
근접원인(proximate cause)의 개념은 유럽에서 진정한 인식은 근접원인의 인식
이라는 아리스토텔레스의 원리에 기초하여 형성된 것이라는 설명을 하고 있
다.55) 이후 베이컨에 의해 법학에 있어서 문제되는 것은 원인(遠因, remote cause)
이 아니라 근접원인이라는 주장이 제기되면서, 인과관계의 개념은 사실상 인과
관계와 법적 인과관계로 분류되었다. 유기천 교수는 이러한 근접원인의 개념이
베이컨의 격언에서 등장하고, 프랑스 학자인 가로(René Garraud)에 의해 받아
들여졌으며, 영국과 미국에서도 채택되었다고 설명한다.56) 법적 인과관계는 바
로 이 근접원인의 개념에서 유래하는 것이다.

　독일에서는 객관적 귀속론이 1930년대에 호니히(Richard Honig)에 의해 처
음 주장되었다고 하는데, 독일에서의 객관적 귀속론은 영미와 달리 원인(遠因,
remote cause)과 근접원인(proximate cause)의 개념을 기초로 전개된 것이라 보
기는 어렵다. 하지만, 독일형법상 객관적 귀속의 개념은 인과관계의 규범적 측면
을 다룬 것으로서 실제 영미법상 법적 인과관계의 개념과 동일한 것이고, 독일
학자 호니히의 객관적 귀속론에 관한 글이 1930년에 출간된 것을 보면, 독일의
객관적 귀속론도 영미의 법적 인과관계와 동일한 맥락에서 주장된 것이라 생각
된다.

　유기천 교수의 형법총론 저서에 객관적 귀속론이나 영미법상 법적 인과관계
에 관한 설명은 없으나, 그의 영문논문을 보면 법적 인과관계의 개념을 포함하
여 영미법상 인과관계론에 대하여 자세히 알고 있었던 것으로 판단된다. 그는
자신의 논문에서 "원인(遠因, remote cause)은 근접원인이 존재하기 위해 필요

52) 이형국, "객관적 귀속론에 관한 소고", 연세대 법률연구 제2집, 1982.
53) Paul K. Ryu, "Causation in Criminal Law", p.789.
54) Paul K. Ryu, "Causation in Criminal Law", p.790.
55) Paul K. Ryu, "Causation in Criminal Law", p.789.
56) Paul K. Ryu, "Causation in Criminal Law", p.789.

한 것이지만, 근접원인(proximate cause)은 그 자체로 완전한 인과적 힘을 가지고 있으며 원인(遠因)으로부터 도출되는 것이 아니다."라고 적고 있다.[57] 이는 유기천 교수가 원인(遠因, remote cause)과 근접원인(proximate cause)을 비롯하여 영미의 인과관계론에 대하여 익히 알고 있었으며, 유기천 교수의 인과관계론에 영미법상의 인과관계론이 많은 영향을 주었음을 보여준다.

(2) 목적설

유기천 교수는 이러한 영미법상 인과관계론에 대한 지식을 기초로 인과관계에 관한 자신의 독특한 학설인 목적설(Teleological Theory of Causation)을 구상한 것으로 판단된다.[58] 유기천 교수에 따르면, 형법에 있어서 인과관계 판단의 근본적인 목적은 기수범으로부터 미수범을 구별하여 그 책임을 감경하려는데 있고, 책임감경의 기준은 인과관계의 진행 중 우연이라는 요소가 개입하여 결과가 발생되지 않았다는 것을 확인하는데 있으므로, 인과관계론은 우연이란 무엇인가를 과학적 입장에서 해명하는 것에서부터 시작되어야 한다고 한다. 예를 들어, 甲이 乙을 저격하였으나 乙이 맞지 않았을 때 보통은 우연히 乙이 맞지 않았다고 하지만, 입체심리학(depth-psychology)의 입장에서는 이것은 우연이 아니라 무의식적 동기의 실현에 불과하므로 인과관계의 진행에 있어서 행위자가 기여한 양에 의하여, 즉 치명상을 초래한 때와 그렇지 아니한 때를 구별하여 전자의 경우에는 행위자가 기여한 심리학적 의미를 형법에 도입하여 우연이 아닌 필연으로 보아야 한다는 것이다.[59]

유기천 교수의 목적설은 기수로부터 미수를 구분하는 것을 인과관계론의 목적으로 전제하고, 입체심리학의 입장에서 행위가 결과에 대하여 필연적인 경우를 기수로 보는 한편 우연적인 경우를 미수로 보려는 입장이라 할 수 있다.[60] 유기천 교수는 자신의 논문에서 독일의 인과관계에 관한 학설과 영미법상 인과관계론을 모두 검토한 후 목적설을 주장하고 있는데, 이 목적설의 구상에는 입체심

---

57) "……while the remote cause is necessary for the existence of the proximate one, the latter itself contains the whole causal power and does not derive it from the remote."
58) 유기천 교수의 목적설에 대해서는 Paul K. Ryu, "Causation in Criminal Law", p.796 이하; 유기천, 형법총론, 150쪽 이하 참조.
59) 유기천, 형법총론, 153-154쪽.
60) 이형국, 형법총론연구Ⅰ, 법문사, 1984, 197쪽.

리학적 관점 뿐 아니라 영미법상 인과관계론이 영향을 미친 것으로 판단된다. 결과에 대하여 원인(遠因, remote cause)인 경우와 근접원인(proximate cause)인 경우로 나누어 고찰하는 영미법의 방법론은, 인과관계를 '우연'인 경우와 '필연' 인 경우로 나누어 검토하는 방법론과 유사한 점이 있기 때문이다.

그런데 무엇보다도 유기천 교수의 목적설은 인과관계를 사실적 측면뿐 아니라 규범적 측면에서도 논했다는 점에서 영미법상 인과관계론과 유사한 점이 있다. 유기천 교수에 따르면, 총론에서 문제되는 인과관계는 주로 살인죄의 인과관계의 문제이고, 과실범과 결과적 가중범에는 일반 고의범의 원리가 타당하지 않으므로 객관적 상당인과관계설이 적용되어야 하며, 각론상의 인과관계는 각 구성요건의 목적에 따라 판단해야 한다고 본다.[61] 이러한 유기천 교수의 목적설은 존재론적 인과관계와 법률적 중요성이라는 규범적 판단의 문제를 구별하여 중요성의 판단은 구체적인 구성요건의 의의와 목적에 따라 정해야 한다는 중요설(Relevanztheorie)[62]과 맥을 같이 하는 것이다.[63] 즉, 목적설은 당시의 다수설과 판례의 입장인 상당인관계설이 인과관계의 사실적 측면과 법적 측면을 구별하지 못하였는데 반해, 인과관계의 규범적 측면을 별도로 논했다는 점에서 의미가 있다. 따라서 유기천 교수의 목적설에는 인과관계를 사실상 인과관계와 법적 인과관계로 구분하여 논하는 영미법상 인과관계론이 영향을 준 것으로 판단된다.

이러한 유기천 교수의 목적설은 인과관계의 규범적 측면을 다루는 객관적 귀속(objektive Zurechnung)의 기초를 마련한 이론이라는 평가를 받기도 한다.[64] 유기천 교수가 목적설을 주장하던 당시 독일형법학의 영향을 받은 객관적 귀속이론은 우리 형법학계에 생소한 이론이었는데, 목적설은 인과관계를 구성요건의 의의와 목적을 고려하여 판단해야 한다고 함으로써 법적·규범적 관점에서 결과귀속을 판단해야 한다는 객관적 귀속의 기초를 마련하였다는 이론이었다고 할 수 있다는 평을 받는 것이다. 이러한 평가는 물론 타당하지만, 유기천 교수의 목적설은 인과관계를 사실상 인과관계와 법적 인과관계로 구분하는 영미법상 인과관계론의 영향 하에 구상된 것이라는 점도 알아야 할 것이다.

---

61) 유기천, 형법총론, 152~153쪽. 인과관계의 문제는 각론상의 각 범죄유형을 전제로 하지 않으면 안 되며, 각론의 규정 여하에 따라 그 내용이 달라지는 것이다(유기천, 형법각론 상, 4~5쪽).
62) 중요설에 대해서는 이형국, 앞의 책, 195쪽.
63) 이재상, 앞의 글, 534쪽.
64) 이재상, 앞의 글, 535쪽.

Ⅵ. 고의론과 과실론

1. 고의론

(1) 고의의 체계적 지위

목적적범죄론체계는 고의를 구성요건의 주관적 요소로 위치시키는 책임설
(Schuldtheorie)을 취한다. 여기에 대하여 유기천 교수는 고의가 책임 혹은 행위
그 어느 하나에 속한다는 사고방식은 심볼로서의 언어의 상대적 의미를 이해하
지 못한 일차원적인 방법론의 산물일 뿐이라고 비판하면서,[65] 고의는 행위의 요
소이자 책임의 요소라고 주장한다. 형법은 심볼(symbol)인 언어에 의하여 표현
되며 이 언어의 의미는 구조 속에서 이해되어야 하며, 다원적 방법이 형법에 적
용되어야 한다. 다원적 방법론을 적용하는 경우, 고의와 과실이라는 같은 용어가
맥락에 따라 그리고 범죄성립의 단계에 따라 의미가 달라질 수 있으며, 고의는
행위개념은 물론 책임개념에도 속하고 그 내용 또한 서로 동일할 수 없다고 한다.

목적적 행위론에 관한 중요한 논점은 고의가 행위개념에 속하는가 책임개념
에 속하는가의 문제였다. 하지만, 유기천 교수는 이러한 논쟁은 일차원적 사고방
식에서 초래된 무의미한 노력의 소모이며, 고의는 행위·위법성·책임에 모두
속하고 다만, 언어(symbol)의 의미가 각 단계마다 다르게 해석되어야 한다고 본
다.[66] 유기천 교수의 견해는 고의가 구성요건적 고의와 책임고의로서 이중기능
을 하며, 구성요건적 고의는 행위방향으로서의 고의이며, 책임고의는 심정무가
치로서의 고의를 의미한다고 보는 현재의 독일과 국내의 다수설과 같은 입장이
라 할 수 있다. 고의의 이중기능(Doppelfunktion des Vorsatzes)에 기초한 합일태
적 범죄론체계가 국내에 자리 잡은 것은 1980년대 중반 이후라는 점에서 유기천
교수의 고의론은 당시로선 획기적인 것이었다.

범죄론 체계와 각 범죄구성요소의 체계적 위치를 중요시하는 대륙법계와 달
리 영미법계에서는 객관적 요소와 주관적 요소가 존재하면 범죄는 성립하며, 기
타 다양한 위법성조각사유나 책임조각사유는 범죄성립의 항변사유(defense)가

---

65) 유기천, 형법총론, 92쪽.
66) 유기천, 형법총론, 61쪽.

되는 것으로 본다. 이와 같이 범죄체계론에 얽매이지 않는 영미의 형법이론이 고의는 행위개념과 책임개념에 모두 속한다고 보는 유기천 교수의 이론에 영향을 준 것으로 보인다.

(2) 미필적 고의와 무모성(Recklessness)

형법상 고의는 주로 확정적 고의와 미필적 고의로 분류되며, 과실은 인식 있는 과실과 인식 없는 과실로 나뉜다. 이 중 고의와 과실의 경계와 관련하여 미필적 고의와 인식 있는 과실의 구별이 논란이 되고 있다. 영미법상으로도 범죄의 주관적 요건은 고의(intent)와 과실(negligence)로 대별된다. 그리고 고의와 과실의 경계 영역에 있는 것으로서 영미법의 특이한 개념이 무모성(無謀性, recklessness)[67]이다. 무모성에 대해서는 고의와 과실의 중간영역에 속하는 제3의 주관적 범죄요건으로서 미필적 고의와 인식 있는 과실을 모두 포함하는 개념이라는 견해[68]와 미필적 고의와 같은 개념이라는 견해 그리고 인식 있는 과실과 같은 개념이라는 견해[69]가 있을 수 있다. 그러나 영미법상 무모성은 미필적 고의와 인식 있는 과실보다 더 넓은 개념으로서 양자를 모두 포괄하는 개념으로 보는 것이 타당하다. 따라서 영미법의 무모성 개념은 우리 형법상 고의와 과실의 어느 한 영역에 포함시키기는 어려운 개념이며, 고의와 과실의 중간영역에 있는 제3의 범죄성립의 주관적 요건이라 할 수 있다.

유기천 교수는 미필적 고의와 관련하여 이 무모성의 개념을 설명하고 있다. 유기천 교수에 따르면, 영미법의 입장에서는 추상적·연역적인 방법에 의하여 미필적 고의를 설명하려고 하지 않고, 솔직히 구체적인 현실을 직시하여 고의와 과실의 중간영역으로 소위 recklessness란 책임형식을 인정하고 있는데, 이 방법이 도리어 현대심리학의 입장에는 부합한다는 것이다. 왜냐하면, 의식과 무의식의 중간영역인 반무의식적 상태(penumbra situation)하에 놓여 있는 때가 바로 이런 경우이기 때문이고, 과학을 무시한 순전한 개념적 사고의 조작은 위험한 장난이기 때문이다.[70] 그리고 유기천 교수는 영미법의 recklessness는 심리학상

---

67) 영미법상 recklessness는 무모(無謀)라고 번역하는 것이 일반적이다.
68) Dan W. Mrokel, "On the Distinction Between Recklessness and Conscious Negligence", 30 *Am. J. Comp.* L. 325, 1982, p.332면 이하.
69) George P. Fletcher, *Rethinking Criminal Law*, Oxford University Press, 2000, p.443.
70) 유기천, 형법총론, 164쪽.

의 반무의식적 상태인 경우에 국한하여야 한다고 설명하면서 프로이드[71]를 인용한다. 고의와 과실의 중간 영역으로서 무모성의 개념을 인정하는 것이 타당하다고 하며, 무모성을 개념을 반무의식적 상태와 연결시키는 유기천 교수의 견해는 역시 영미의 이론과 관련을 갖는 것이다.

2. 과실론

과거 심리적 책임론에 따르면, 과실은 일체의 인식의 흠결을 의미하는 것이 아니고, 단순히 일정한 구성요건의 인식의 부존재에 불과하며, 결국 구성요건 이외의 사실은 인식한 것이므로 과실에 있어서도 심리적 의사가 그 소재가 된다고 설명한다.[72] 여기에 대하여 유기천 교수는 형법의 보호법익을 침해 또는 위태하게 하는 무의식의 행위를 형법의 대상으로 할 수 있는 유일한 이론적 근거는 무의식의 세계가 의식의 세계와 상호 연관되는 소위 이방통행의 관계에 있다고 한다. 즉, 무의식의 행위이지만 의식의 행위에서 유래하는 면을 인정하는 입체심리학의 입장에서만 과실책임은 인정이 가능한 것이고, 이러한 의미에서 고의행위는 현실적 목적행위인 데에 반해서 과실행위는 잠재적 목적행위라고 말한다.[73] 유기천 교수는 과실론에서도 입체심리학의 의식과 무의식에 관한 이론을 적용하여 일관되게 자신의 견해를 전개하고 있다.

Ⅶ. 책임능력과 원인에서 자유로운 행위

1. 개 설

유기천 교수는 현대심리학이 이룬 성과를 형법이론체계에 반영하려 노력하였다. 의식과 반무의식에 관한 입체심리학의 연구결과를 형법학에 도입하려 한 유기천 교수의 노력이 가장 잘 드러나는 분야가 책임론에서 책임능력과 원인에

71) Freud, *Psychopathology of Everyday Life*, Mentor Book, 1906, p.98.
72) 유기천, 형법총론, 166쪽.
73) 유기천, 형법총론, 167쪽.

있어서 자유로운 행위에 관한 문제이다. 유기천 교수에 따르면, 과거 형법학이 전제하는 인간상은 합리적인 의사를 가진 이성적인 인격의 주체였지만, 현대심리학이 불합리의 세계인 무의식의 세계를 발견하였고 인간행위의 많은 부분이 무의식 하에서 일어난다는 점에서 새로운 인간상을 전제로 책임론이 전개되어야 한다. 이러한 기본적인 생각을 바탕으로 책임능력이란 자유로운 의사를 결정할 능력이지만, 이는 선택의 자유나 저항의 자유를 의미하는 것은 아니며, 입체심리학에서 말하는 이드(id)와 슈퍼에고(superego)와의 상대적 관련 속에서 결정되는 자아(ego)의 자유를 말한다고 본다. 유기천 교수는 원인에 있어서 자유로운 행위에서도 독자적인 반무의식 상태설을 주장하는데 이 또한 의식과 무의식에 관한 현대심리학의 연구성과를 반영한 것이다.

2. 책임능력

(1) 의의

유기천 교수는 형법연구방법론에서 상징으로서 언어가 갖는 구조적 의의를 강조하면서 인과관계와 함께 책임능력을 가장 중요하게 다룬다.[74] 유기천 교수는 자유를 전제로 책임능력의 뜻을 이해하려는 독일학자들은 마치 자유란 환상에 매료된 환자같이 보일 정도라 한다.[75] 유기천 교수는 책임능력이란 법개념의 문제는 철학적인 자유나 과학적인 인과율의 문제가 아니라, 형법이 불허한다는 사물에 대한 반응이 정상인과 다르다는 상징적 의사연락(communication)의 차이점의 존재를 의미한다고 본다.[76] 그리고 정상인은 자율을 지향하기 때문에 의사연락의 수단인 언어에 대한 반응이 정상이나, 언어에 대한 반응이 비정상인 자는 준거점이 위법한 방향으로 움직이게 되므로 비정상인에 대한 처벌은 보안처분이란 특수형벌이 타당하다고 한다.[77]

유기천 교수는 책임능력을 자유로운 의사를 결정할 능력을 의미한다고 본다. 그러나, 여기에 자유로운 의사를 결정할 능력이란 도의적 책임론에서 말하는 선

---

74) 유기천, 형법총론, 72쪽 이하.
75) 유기천, 형법총론, 74쪽.
76) 유기천, 형법총론, 75쪽.
77) 유기천, 형법총론, 75쪽.

택의 자유를 의미하는 것이 아니고, 인격적책임론이 주장하는 자유로운 의사도 아니다. 유기천 교수가 말하는 자유로운 의사란 입체심리학(depth-psychology)의 입장에서 이드(id)와 슈퍼에고(superego)와의 상대적 관련 속에서 결정되는 자아(ego)의 자유를 말한다.[78]

(2) 판단기준

우리 형법 제10조 제1항은 심신장애로 인하여 사물을 변별할 능력이 없거나 의사를 결정할 능력이 없는 자의 행위는 벌하지 않는다고 규정한다. 형법 제10조 제2항에 따르면, 심신장애로 인하여 이러한 능력이 미약한 자는 형을 감경한다. 유기천 교수는 형법상 '사물을 변별할 능력이 없는 자'의 의미와 '의사를 결정할 능력이 없는 자'의 의미를 영미의 판례법에서 형성된 기준을 적용하여 해석한다.

유기천 교수에 따르면, '사물을 변별할 능력이 없는 자'는 소위 영미의 McNaghton Rules[79]에서 보는 바와 같은 지적 무능력(cognitive incapacity)에 관한 규정이지만, 영미의 McNaghton Rules보다는 좀 더 넓은 개념이다. 즉, McNaghton Rules에 의하면, 사물의 의미를 판단하지 못하거나 선악의 판단을 할 수 없는 자를 의미하는데, 사물을 변별할 능력이란 이보다는 좀 더 넓은 의미라고 해석된다. 사물을 변별할 능력이란 선악의 판단을 할 수 없는 경우뿐 아니라, 일반적으로 합리적 판단을 내릴 수 없는 경우를 의미하는 것이다.[80]

'의사를 결정할 능력이 없는 자'란 영미법상 Durham Rule[81]에서 문제되는 의지적 무능력(volitional incapacity)의 경우이며, 저항불가능한 충동(irresistible impulse)에 관한 것이다. 그러나, 구체적으로 무엇이 의사를 결정할 능력이라고 볼 것인가의 문제는 반드시 쉬운 것은 아니다. 이 문제를 해결하기 위해서는 현대과학의 입장에서 판단해야 하며, 결국 정신병학 또는 심리학적 지식이 중요하게 된다.[82]

문제는 구체적인 경우에 심신상실이냐의 여부를 어떻게 결정할 것이냐에 있

---

78) 유기천, 형법총론, 215쪽 이하.
79) Joshua Derssler, 앞의 책, p.350; Singer/La Fond, 앞의 책, p.480.
80) 유기천, 형법총론, 219쪽.
81) Joshua Dressler, 앞의 책, p.353; Singer/La Fond, 앞의 책, p.481.
82) 유기천, 형법총론, 219쪽.

다. 유기천 교수에 따르면, 결론적으로 현행법은 neoclassic school의 영향 하에 구태의연한 자유라는 각도에서 책임능력을 따지려는 데에 큰 오해가 있으며 symbol에 대한 이해가 정상치 않은 자에게 정상적인 제재를 가할 수는 없다고 한다. 따라서 한정책임능력자는 결과적으로 대부분 책임무능력자가 될 것이라 한다.[83]

3. 원인에 있어서 자유로운 행위

(1) 체계

유기천 교수는 원인에 있어서 자유로운 행위의 문제를 객관적 구성요건 요소의 부분에서 부작위범 및 간접정범과 함께 행위의 특수형태의 하나로 다룬다.[84] 원인에 있어서 자유로운 행위를 책임 단계에서 책임능력과 함께 설명하는 일반적인 체계와 달리 독자적인 체계를 구성한 것이다. 유기천 교수는 일반적으로 행위란 의사가 외부적으로 표현된 상태를 의미하므로 주관적인 내부적 의사와 객관적인 외부적 표현의 통일체라 한다. 여기의 의사는 의식적 의사뿐 아니라 무의식적 의사도 포함된다. 행위에 있어 내부적 의사와 외부적 표현은 서로 결합되어야 하나, 동시성을 요하지는 않는다. 외부적 표현이 의사보다 앞서는 경우도 있고, 원인에 있어서 자유로운 행위와 같이 의사가 외부적 표현보다 앞서는 경우도 있다는 것이다.[85] 즉 유기천 교수는 의사가 외부적 표현보다 앞서는 행위라는 점을 원인에 있어서 자유로운 행위의 특색으로 보고 이론을 전개한다. 체계상으로 원인에 있어서 자유로운 행위를 책임의 문제라기보다는 범죄성립의 주관적 요건으로서 범죄의사의 존재시기를 중심으로 논하고 있는 것이다.

(2) 영미법의 명정의 항변(intoxication defense)

엄밀한 범죄론체계에 기초한 대륙법계에서는 원인에서 자유로운 행위(actio

---

83) 유기천, 형법총론, 220쪽.
84) 유기천, 형법총론, 137쪽 이하.
85) 유기천, 형법총론, 105쪽. 여기에 대해서 헬렌 실빙의 저서와 헬렌 실빙과 공동으로 저술한 논문을 인용하고 있다: H. Silving, *Mental Incapacitation*, pp.134-139; Paul K. Ryu & Helen Silving, "Misleading Issues in Criminal Law Codification", *Israel Law Review*, Vol. 9, No. 3, 1974.

libera in causa)를 책임단계에서 책임능력의 문제로 보고 있다. 반면, 영미법계에서는 자발적 명정(voluntary intoxication)이 범죄성립의 항변사유(defense)가 될 수 있는가의 문제로 다루어진다. 그리고 영미법계의 명정의 항변(intoxication defense)은 책임능력과 관련한 적극적 항변사유(affirmative defense)로 다루어지기도 하나, 주로 범죄성립의 주관적 요건에 관한 항변사유로 원용되고 있다.

역사적으로 커먼로 하에서는 명정상태의 범죄자를 정상인과 똑같이 처벌했다.86) 즉, 행위시의 명정상태는 범죄성립의 항변사유가 될 수 없었으며, 자발적 명정은 어떤 경우에도 범죄의 면책사유가 될 수 없었다. 그 뒤 19세기 초에 이르러 자발적 명정은 면책사유가 되지 못한다는 커먼로 원칙에 일부 예외가 생겨나기 시작했다. 자발적 명정으로 인하여 범죄성립의 주관적 요건을 갖추지 못한 경우나, 무의식 상태(state of unconsciousness)에서 행위한 경우는 범죄가 성립하지 않으므로 무죄가 될 수 있다고 보았다. 따라서 명정에 의한 항변의 형태는 주로 책임능력과 관련한 면책의 항변(excuse defense)이 아니라 주관적 범죄성립요소가 결여되었다는 항변(mens rea claim)이 되었다.87)

우리 형법상 원인에 있어서 자유로운 행위는 행위자의 책임능력과 관련하여 논의된다. 그러나, 영미법에서는 이 문제가 범죄성립의 주관적 요소의 인정 여부와 관련하여 논의되고 있는 것이다. 범죄성립의 주관적 요소의 인정 여부를 중심으로 전개되고 있는 영미법상 명정의 항변에 관한 이론은, 원인에서 자유로운 행위의 사례에서 구성요건적 고의는 당연히 전제되는 것으로 보아 넘겼던 국내의 논의 구조의 문제점을 볼 수 있게 하며, 원인에서 자유로운 행위에 관한 새로운 이론구성이 필요함을 보여준다. 입체심리학을 기초로 반무의식상태 하의 행위를 강조하는 유기천 교수는 원인에 있어서 자유로운 행위에 관하여 반무의식상태설이라는 독자적인 학설을 주장한다. 유기천 교수의 반무의식 상태설은 원인에 있어서 자유로운 행위의 문제를 범죄의 성립의 주관적 요소와 관련하여 논한 것으로 영미형법의 관련 이론이 영향을 준 것으로 판단된다. 입체심리학을

---

86) 명정의 항변(intoxication defense)의 연혁에 대해서는 Joshua Dressler, 앞의 책, p.326; Mitchell Keiter, "Just Say No Excuse: The Rise and Fall of Intoxication Defense", 87 *J. Crim. L. & Criminology* 482, 1997, p.483; Brett G. Sweitzer, "Implicit Redefinitions, Evidentiary Proscriptions, and Guilty Minds: Intoxicated Wrongdoers after Montana v. Egelhoff", 146 *U. Pa. L. Rev.* 269, 1997, p.275 이하.

87) 이러한 형태의 항변은 소극적 항변(negative defense)이라 불린다.

형법학에 접목시켜 이론을 전개했던 유기천 교수의 시도는 책임론 분야에서 가장 분명히 나타난다. 그 중에서도 원인에 있어서 자유로운 행위에 관한 유기천 교수의 해석론은 유기천 형법학의 가장 큰 특색이다.[88]

(3) 반무의식 상태설

형법총론 분야에서 유기천 교수의 형법학에 영미형법이론이 영향을 준 대표적인 사례가 원인에 있어서 자유로운 행위에 관한 이론이다. 유기천 교수는 원인에 있어서 자유로운 행위에 관하여 반무의식상태설이라는 독자적인 학설을 전개하고 있는데, 이는 입체심리학과 영미형법의 영향을 받은 것으로 판단된다.

유기천 교수는 먼저, 고의 또는 과실과 행위의 동시존재원칙은 가장 기본적인 원칙이지만, 내부적 의사와 외부적 표현이 반드시 시간적으로 일치해야 하는 것은 아니라고 본다. 외부적 표현이 의사보다 앞서는 경우도 있고, 원인에 있어서 자유로운 행위와 같이 의사가 외부적 표현보다 앞서는 경우도 있다는 것이다.[89] 그리고, 현대심리학상 의식과 무의식의 관계는 일도양단의 관계가 아니라 그 중간에 있는 반무의식 상태(penumbra situation)가 밝혀졌고, 원인행위는 예비행위에 해당하지만 이 원인행위에서 반무의식 상태에서 행한 실행행위를 인정할 근거를 찾을 수 있다고 한다.[90]

이러한 생각을 기초로 유기천 교수는 일반적으로 원인 있어서 자유로운 행위자의 경우, 예를 들어 완전 명정자의 경우 실행행위시에 무의식 상태가 아니라 반무의식 상태에 있는 것이라 한다. 예비행위인 원인행위에서 실행행위로 돌입하는 것이 반무의식 상태에서 행하여지기 때문에, 원인행위와 결과 간에 관련성을 인정할 수 있다고 본다.[91] 원인에 있어서 자유로운 행위의 실행의 착수 시점에 대해서는, 원인행위시에는 아직 실행의 착수가 없고 반무의식 상태에서 행위가 시작될 때 실행의 착수가 있다고 본다. 범죄의 실행행위시점에서 행위는 반무의식 상태에서 이루어지고 있으므로 주관적 요소는 갖추어진 것이라 해석한다.[92]

---

88) 이재상, 앞의 글, 536쪽.
89) 유기천, 형법총론, 105쪽.
90) 유기천, 형법총론, 138쪽.
91) 유기천, 형법총론, 140쪽.
92) 유기천, 형법총론, 140쪽.

유기천 교수의 견해는 실행행위에 돌입하기 전 반무의식 상태가 있다는 것을 전제함으로써, 원인행위와 결과 간에 연관성을 밝히고 있다. 이러한 유기천 교수의 이론은 당시 통설이던 간접정범 유사설을 극복하기 위한 것이었고, 예외모델을 도입하기 위한 기초가 되었다.[93] 또한 입체심리학을 기초로 반무의식 상태설을 주장하면서 행위와 고의 또는 과실의 동시존재원칙을 유지하고 있다. 이러한 견해는 원인에서 자유로운 행위를 행위자의 주관적 내지 심리적 요소와 관련하여 논하고 있다는 점에서 문제점을 정확히 지적하고 있는 것으로 판단된다. 유기천 교수는 원인에 있어서 자유로운 행위의 문제를 '행위와 책임능력의 동시존재의 원칙'의 측면뿐 아니라 '행위와 고의 또는 과실의 동시존재의 원칙'(principle of contemporaneity)의 관점에서도 다루고 있는 것이다. 유기천 교수의 이 견해는 원인에 있어서 자유로운 행위를 범죄성립의 주관적 요소와 관련하여 논하는 영미형법 이론의 영향을 잘 보여주는 예라고 판단된다.

Ⅷ. 착오론, 미수론, 공범론

1. 착오론

(1) 사실의 착오와 법률의 착오

영미법상 사실의 착오는 범죄성립에 대한 항변사유(defense)가 될 수 있다. 종래 영미법상 사실의 착오는 그 착오의 합리성 여부에 관계없이 고의가 조각되어 범죄가 성립하지 않는다고 보았다. 하지만 그 뒤 사실의 착오 중 그 착오가 합리적인(reasonable) 경우에만 고의가 조각되어 범죄가 성립하지 않는 것으로 보게 되었다.[94] 19세기 이후 영미법상 합리적인 사람(reasonable person)을 기준으로 불법행위법과 형법상 책임을 판단하는 추세가 나타나면서 사실의 착오 중에서도 착오가 합리적인 경우라야 고의가 조각되는 것으로 보게 된 것이다.[95]

영미법 하에서 사실의 착오와 달리 법률의 착오는 원칙적으로 범죄성립의 항

---

93) 이재상, 앞의 글, 539쪽.
94) Singer/La Fond, 앞의 책, 98쪽.
95) Richard G. Singer, "The Resurgence of Mens Rea Ⅱ: Honest but Unreasonable Mistake of Fact in Self-Defense", 28 *B.C.L. Rev.* 459, 1987.

변사유로 인정되지 않았다. 그 착오가 합리적인 경우나 변호사와 같은 법률전문가의 조언이 있었던 경우에도 역시 법률의 착오는 항변사유가 될 수 없다.96) 영미법 하에서는 "법의 부지는 용서되지 않는다."(ignorantia legis non exusat)는 원칙이 엄격히 적용되는 전통이 있었던 것이다. 하지만, 근래 미연방대법원은 이러한 원칙에서 벗어나는 판결을 내어 놓았으며97), 법률의 착오는 항변사유가 되지 않는다는 원칙이 수정되고 있다.

유기천 교수는 형법총론 교과서에서 자신의 법률의 착오에 관한 영문논문98)을 인용하면서 착오론을 전개하고 있으나, 유기천 교수의 착오론에 영미법의 영향이 크지는 않다. 유기천 교수에 따르면, 무체계를 체계로 하는 영미법체계와 달리 독일법체계는 체계를 학문 그 자체로 볼 정도이다. 제2차 대전 후 목적적행위론의 등장과 함께 치열한 체계 논쟁이 있었으나, 법률의 착오(Verbotsirrtum)에 관한 독일형법 제17조가 체계논쟁의 유일한 성과물이라 할 수 있다고 한다. 영미법에서는 법률의 착오를 예외적인 경우만 인정하는데, 이와 비교할 때 독일형법은 일보 진전한 것이지만 많은 문제점이 있다고 본다.99) 유기천 교수의 이러한 설명은 영미법상 원칙적으로 법률의 착오는 항변사유가 되지 않는다는 점에 대한 정확한 인식을 바탕으로 한 것이다. 유기천 교수는 과거 다수설이 사실의 착오는 고의를 조각하지만, 법률의 착오는 고의를 조각하지 않는다(error juris nocet, error facti non nocet)고 주장한 내용을 잘 정리해서 설명하고 있다.100) 이 내용은 당시 독일형법 하에서 주장된 것이지만, 영미법상 사실의 착오는 항변사유가 되지만, 법률의 착오는 항변사유가 되지 못한다는 원칙과 동일한 내용이다.

유기천 교수는 형벌법규의 착오는 법률의 착오이므로 고의를 조각하지 않고, 비형벌법규의 착오는 사실의 착오이므로 고의를 조각한다는 견해도 소개하고 있다. 이 견해는 독일법원에서도 주장된 것이지만, 역시 영미형법학에서도 주장되고 있는 이론이다. 영미법상 법률의 착오는 항변사유가 되지 못한다는 원칙에 대한 예외의 하나가, 법률의 착오가 형법과 관련된 것이 아니라, 형법에 포함된 민사법의 일부(a part of the civil law that is incorporated in the criminal law)와

---

96) Staley v. State, 89 Neb. 701 (1911).
97) United States v. Cheek, 498 U.S. 112 (1991).
98) Ryu, Paul K./Silving, Helen, "Comment on Error Juris", 24 *Am. J. Comp. L.* 689, 1976.
99) 유기천, 형법총론, 61쪽.
100) 유기천, 형법총론, 236쪽.

관련된 경우이다. 이 경우는 형법에 대한 인식을 제고하기 위하여 법률의 착오를 항변사유로 인정하지 않는다는 근거가 적용되지 않는다. 만약 피고인이 절도죄의 처벌규정은 알았지만, 동산의 시효취득에 관한 민법규정에 관한 착오로 인해 해당 동산이 자신의 소유라 믿고 자신의 행위가 절도죄에 해당하지 않는다고 오인한 경우는 법률의 착오에 해당하지 않으며 항변사유로 인정된다. 유기천 교수가 형법교과서에 설명하고 있는 내용은 바로 영미법상 착오론에 관한 이해를 기초로 한 것이라 판단된다.

(2) 사실의 착오와 전이된 고의이론

주관적 요소로서 고의의 인정 여부와 관련하여 가장 많이 문제되는 것이 행위자에게 사실의 착오가 있는 경우이다. 이 사실의 착오는 다시 객체의 착오와 방법의 착오로 나뉘며, 각각의 착오에는 구체적 사실의 착오와 추상적 사실의 착오의 사례가 있다. 이 중 가장 논란이 되는 것이 방법의 착오 중 구체적 사실의 착오에 관한 것이며, 고의 인정여부와 관련하여 구체적부합설과 법정적부합설이 대립되어 있다. 예를 들어, 甲이 A를 살해하기 위해 총을 쏘았는데 A가 피하면서 뒤에 있던 B가 맞아 사망한 경우 B에 대한 살인의 고의를 인정할 수 있는지 여부가 문제된다. 현재 국내의 다수설은 구체적 부합설을 취하여 A에 대한 살인미수와 B에 대한 과실치사가 성립하는 것으로 본다. 반면, 대법원 판례는 법정적 부합설을 취하여 B에 대한 살인의 고의를 인정하여 살인기수의 죄책을 인정한다.

영미법에서는 이러한 사례에 전이된 고의이론(Transferred Intent Theory)이 적용된다. 영미법상 소위 의도하지 않은 희생자(unintended victim) 사례 또는 잘못된 공격(bad-aim) 사례에서, 전이된 고의이론에 따르면 예를 들어 甲이 A를 공격하려고 의도했으나 빗나가면서 B에게 타격을 가한 경우, 甲은 원래 의도한 목표에 공격이 성공한 것처럼 처벌받는다. 따라서 甲이 A를 살해하려고 조준을 했으나 조준이 잘못되어 B를 타격하여 B가 사망한 경우 이견 없이 甲은 B에 대한 살인죄의 죄책을 진다.[101] 영미법 하의 전이된 고의이론에 따르면 이러한 사례에서 실제 甲은 A를 살해할 의도를 갖고 있었지만 이 고의가 B에 대한 살

101) Wayne R. LeFave, 앞의 책, p.338; Singer/La Fond, 앞의 책, p.57; Dubber/Kelman, 앞의 책, p.398.

해의 고의로 이전된 것으로 보아 살인기수를 인정한다. 이러한 결론은 B에 대한 살인의 고의를 인정하여 살인기수의 죄책을 인정하는 법정적 부합설과 같은 것이다.

유기천 교수도 역시 영미법상 전이된 고의이론을 적용한 것과 같은 결론을 도출하는 법정적 부합설을 취한다. 유기천 교수는 방법의 착오 중 구체적 사실의 착오는 인식한 것과 실제 발생한 사실이 동일한 구성요건에 속하기 때문에 객체의 착오 중 구체적 사실의 착오와 마찬가지이며, 다 같이 구성요건적 사실을 인식하고 구성요건적 사실을 실현하였으니 고의의 성립에 아무런 지장이 없을 것이라 한다.102) 유기천 교수가 법정적 부합설을 취하게 된 것은 당시의 일본 판례도 고려했겠지만, 이러한 사례에서 실제 결과가 발생된 대상에 대한 고의를 인정하는 영미법상 전이된 고의이론도 영향을 준 것으로 판단된다.

2. 미수론

유기천 교수는 미수론에 관한 영문 논문을 출간한 바 있으며,103) 형법총론 교과서의 미수론 부분에서도 본인의 논문을 인용하고 있다. 유기천 교수의 미수론 분야에서 영미법의 이론이 큰 영향을 준 것으로 보이지는 않는다. 다만, 실행의 착수에 관한 주관설을 설명함에 있어서 Rex v. Robinson 사건104)을 예로 드는 등, 영미판례를 검토하면서 이론을 전개하고 있다.105)

영미형법은 우리 형법과 달리 미수범(attempt)을 일반적인 미수와 중지미수 및 불능미수로 구분하지 않는다. 영미법 하에서는 객관적 요건(actus reus)과 주관적 요건(mens rea)이 갖추어지면 일단 미수범은 성립하는 것으로 보며, 불능(impossibility)이나 중지(abandonment)와 같은 사유는 미수범 성립의 항변사유가 되는 것으로 본다. 즉, 미국에서는 중지범과 불능범의 경우 별도의 미수범으로 거론하지 않으며, 자발적인 중지와 불능의 사유는 중지의 항변(abandonment

---

102) 유기천, 형법총론, 240쪽.
103) Ryu, Paul Kichyun, "Contemporary Problems of Criminal Attempts", 32 *N.Y.U. L. Rev.* 1170, 1957.
104) Rex v. Robinson (1975), 2 K.B. 342, 84 L.J.K.B. 1149.
105) 유기천, 형법총론, 256쪽.

defense)과 불능의 항변(impossibility defense)이라 불리는 미수범 성립의 항변
사유로 취급된다.[106]

유기천 교수의 중지범과 불능범이론의 전개에 있어서 영미법이론의 영향이
크지는 않은 것으로 보인다. 다만, 중지범의 처벌에 관한 외국의 입법례를 설명
하면서 프랑스형법이 중지미수를 전혀 인정하지 않고, 반대로 독일형법은 중지
미수를 처벌하지 않고 있으며, 우리 형법은 절충적으로 형을 감경 또는 면제하
도록 규정하고 있는데, 영미에서도 역시 중지범은 인정하지 않는다고 언급하고
있다.[107] 과거 커먼로와 달리 현재 미국의 모범형법전과 대다수 주의 판례에서
자발적인 중지는 미수범 성립의 항변사유로 인정되고 있지만, 유기천 교수의 설
명은 당시의 영미의 중지범에 관한 판례이론을 기초로 한 것이다.

3. 공범론

영미의 커먼로상 공범체계는 범죄에의 참여자를 네 개의 범주로 나눈다. 첫
째, 일급정범, 둘째, 이급정범, 셋째, 사전종범, 넷째, 사후종범이 그것이다.[108] 일
급정범에는 직접정범과 간접정범이 포함된다.[109] 이급정범은 사실상 또는 해석
상(actually or constructively) 범죄현장에서 범죄의 실행을 야기하거나 돕는 자
이다. 사전종범은 범죄현장 밖에서 타인의 범죄의 실행을 야기하거나 돕는 자이
다. 사후종범은 타인이 범죄를 실행했음을 알면서, 그 자에 대한 체포, 기소 또는
유죄판결을 방해하기 위하여 돕는 경우이다. 영미법상 범죄참가의 특수형태인
공모죄(conspiracy)는 우리 법체계에는 없는 특이한 것이다.[110] 우리 형법상 예

---

106) 영미형법상 중지의 항변에 대해서는 Joshua Dressler, 앞의 책, 411면 이하; R. A. Duff, *Criminal
Attempts*, Clarendon Press Oxford, 2004, p.66 이하; Wayne R. LaFave, 앞의 책, p.605 이하;
Singer/La Fond, 앞의 책, p.298 이하; Daniel G. Moriarty, "Extending the Defense of
Renunciation", 62 *Temp. L. Rev.* 1, 1989, p.2 이하; Gideon Yaffe, *Attempts*, Oxford University
Press, 2012, p.287 이하.
107) 유기천, 형법총론, 265쪽.
108) Ronald N. Boyce/Ronald M. Perkins, *Criminal Law and Procedure*(제8판), Foundation Press,
1999, p.487.
109) 커먼로상 정범과 공범의 분류에 관한 자세한 것은 Markus D. Dubber, "Criminalizing Complicity
- A Comparative Analysis", *Journal of International Criminal Justice*, Vol. 5, 2007, p.980 참조.
110) 공모죄에 대해서는 Joshua Dressler, 앞의 책, p.465 이하; Singer/La Fond, 앞의 책, p.321;
Wayne R. LaFave, 앞의 책, p.613 이하; Dubber/Kelman, 앞의 책, p.658 이하 참조.

비·음모죄와 영미법상 공모죄의 가장 큰 차이점은 공모죄가 기본범죄와 독립한 범죄라는 것이다. 따라서 강도를 공모한 자가 실제 강도를 실행한 경우, 강도공모죄는 강도죄에 흡수되지 않으며 별개로 성립한다.[111]

이러한 영미형법상 기본적인 공범의 분류체계가 유기천 교수의 공범론체계에 많은 영향을 주지는 못했다. 기본적으로 공범의 분류체계가 영미법계와 대륙법계에서 차이가 있기 때문이었을 것이다. 다만, 공범론에서는 형법상 범죄단체조직죄가 영미법의 공모죄의 영향을 받은 것이라 해석하는 것이 눈에 띈다.[112] 이러한 해석의 타당성 여부는 별론으로 하고 범죄단체조직죄와 공모죄의 관련성을 언급한 것은 역시 영미법의 영향이라 판단된다. 유기천 교수는 방조범과 관련하여 범죄가 종료한 후의 방조, 즉 범인은닉 또는 증거인멸을 영미법에서는 사후종범(accessory after the fact)이라 부르지만, 우리 형법상으로는 종범이 아니고 독립된 범죄라는 설명을 하고 있다.[113] 이 부분 또한 영미법상 공범론에 대한 이해에 바탕한 서술이라 판단된다.

IX. 맺음말

종래 영미의 형법이론은 대륙법체계를 취하고 있는 우리 형법학체계에 맞지 않는 것으로 보아 이를 우리 형법학에 수용하고자 하는 노력이 많지 않았다. 하지만, 우리 형사법학의 발전을 위해서는 대륙법계뿐 아니라 영미법계의 이론도 반영한 형법이론의 개발이 필요하다. 하나의 주제를 다양한 법체계의 창을 통하여 바라보는 경우 공간과 시간의 제약을 넘어서 보편적이고 타당한 결론의 도출에 더 가까이 다가갈 수 있을 것이다. 이제 다음 세대 우리 형법학자들의 몫은 대륙법체계의 형법이론과 영미법체계의 형법이론의 성과를 기초로 우리 고유의 형법이론을 구축하는 일이라 생각된다. 비록 우리 형법학이 대륙법체계를 따르고 있지만, 우리 고유의 형법학을 전개해 나가기 위해서는 대륙법계의 형법이론뿐 아니라 영미형법학의 성과도 받아들이는 것이 필요하다. 이러한 관점에서 우

---

111) Singer/La Fond, 앞의 책, p.324.
112) 유기천, 형법총론, 282쪽.
113) 유기천, 형법총론, 303쪽.

리 형법학계의 제1세대 학자이면서 영미형법이론을 연구하고 이를 우리 형법학
에 접목시키려 부심했던 유기천 교수의 형법학체계를 영미법 수용의 관점에서
살펴보는 것은 큰 의미를 갖는다.

유기천 교수는 일찍이 대륙법계뿐 아니라 영미법계의 형법이론을 함께 우리
형법학에 조화시켜 독자적인 형법학의 체계를 정립하고자 했다. 유기천 교수는
언어가 가지는 의미, 특히 그 상대성이라는 원리를 해석론에 도입하여 단순히
전통적인 해석에 머무르지 않는 법학연구방법론을 형법학체계의 기반으로 했다.
개별 구성요건과의 관련성을 중시하는 방법론과 동일한 언어가 구성요건마다
의미를 달리한다는 유기천 교수의 견해는 개별 사례중심의 해결방법론을 취하
는 영미법계의 법학방법론의 영향을 받은 것으로 판단된다. 더불어 유기천 교수
는 입체심리학(depth-psychology)과 무의식의 개념을 형법학에 적용하여 이론
체계를 구축했다. 이를 기초로 유기천 교수는 행위, 고의, 과실, 인과관계, 책임
능력의 문제에 이르기까지 일관된 논리를 전개하였다. 다양한 접근방식에 기초
한 유기천 교수의 학문체계는 영미의 학풍과 영미법의 이론으로부터 많은 영향
을 받았다.

구체적으로 보면, 유기천 교수는 삼단계범죄론체계에 의문을 제기하며 새로
운 시스템이 필요하다고 하는데, 이는 범죄성립에는 객관적 요소와 주관적 요소
가 갖추어지면 되고 위법성조각사유나 책임조각사유 등은 모두 범죄성립의 항
변사유로 보는 영미법의 영향을 받은 것이다. 유기천 교수는 목적적범죄론체계
를 비판하면서 고의가 구성요건 뿐 아니라 책임요소로서도 의미를 갖는다고 하
는데 이 역시 범죄론체계에서 자유로운 영미법적 사고가 영향을 준 것으로 판단
된다. 유기천 교수는 사실의 착오 문제에서 법정적 부합설을 취하는데, 이는 전
이된 고의이론에 기초한 영미형법이론이 영향을 준 것으로 보인다.

유기천 교수가 형법학체계에서 가장 중요하게 다루는 인과관계론과 책임론
에서도 역시 영미법의 영향은 현저하다. 유기천 교수는 인과관계론에서 자신의
특유한 학설인 목적설을 주장하는데, 목적설은 인과관계를 사실적 측면과 규범
적 측면으로 구분하는 관점을 기초로 한다. 이는 인과관계를 사실상 인과관계와
법적 인과관계로 나누는 영미법 이론을 수용한 것으로 판단된다. 원인에 있어서
자유로운 행위에 대하여 유기천 교수는 의사가 외부적 표현보다 앞서는 행위라
는 점을 특색으로 보면서 이론을 전개한다. 즉, 체계상으로 원인에 있어서 자유

로운 행위를 책임의 문제라기보다는, 범죄성립의 주관적 요건인 범죄의사의 존
재시기를 중심으로 논하면서 독자적인 반무의식상태설을 주장한다. 이 또한 원
인에 있어서 자유로운 행위가 행위자의 주관적 범죄의사의 부존재에 관한 항변
의 문제로 다루어지는 영미법이론을 수용한 것으로 판단된다.

우리 형법의 해석은 남이 만든 학설이 아니라 우리가 만든 학설과 이론에 기
초한 것이어야 할 것이다. 우리 형법 규정과 외국의 형법 규정이 다른 경우 우리
의 고유한 학설과 이론에 따른 해석이 전개되어야 할 것이다. 유기천 교수가 기
존의 외국의 학설과 다른 독자적인 학설을 만들어낸 것은 영미법과 대륙법계의
형법이론을 융합시킨 유연한 법학방법론 때문에 가능했던 것이다. 이제 우리 형
법학은 우리 고유의 형법학을 발전시켜가야 할 시점에 있으며, 대륙법계와 영미
법계의 형법이론을 조화시킨 유기천 교수의 형법학의 성과는 이를 위한 커다란
밑거름이 되리라 판단된다.

참고 문헌

[단행본]

유기천, 개정 형법학(총론강의), 법문사, 2011 (영인본, 유기천교수기념사업출판
　　재단).

유기천, 전정신판 형법학(각론강의), 법문사, 2012 (영인본, 유기천교수기념사업
　　출판재단).

유기천기념사업회, 영원한 스승 유기천, 지학사, 2003.

이시윤 외, 유기천과 한국법학, 법문사, 2014.

유기천박사 고희기념논총, 법률학의 제 문제, 박영사, 1988.

최종고, 유기천 – 자유와 정의의 지성, 한들출판사, 2006.

Andrew Ashworth, *Principles of Criminal Law*(5판), Oxford University Press,
　　2006.

George P. Fletcher, *Rethinking Criminal Law*, Oxford University Press, 2000.

Gideon Yaffe, *Attempts*, Oxford University Press, 2012.

Joshua Dressler, *Understanding Criminal* Law(5판), LexisNexis, 2009.

Markus D. Dubber/Mark G. Kelman, *American Criminal Law*(2판), Foundation

Press, 2009.

Michael S. Moore, *Causation and Responsibility*, Oxford University, 2009.

Paul K. Ryu 저/음선필 역, 세계혁명 - 혁명을 통해 본 민주주의의 역사 -, 지학사, 2014.

Paul K. Ryu, Einleitung zu Das koreanische Strafrecht, Sammlung *außer-deutscher Strafgesetzbücher in deutscher Übersetzung* Nr.89, Berlin, 1968.

Paul K. Ryu, *Korean Culture and Criminal Responsibility*, 법문사, 20011.

Paul K. Ryu, *The Korean Criminal Code*, Sweet & Maxwell, 1960.

Paul K. Ryu, *The World Revolution*, American West Independent Publishing, 1997.

R. A. Duff, *Criminal Attempts*, Clarendon Press Oxford, 2004.

Richard R. Singer/John Q. La Fond, *Criminal Law*(4판), Aspen Publishers, 2007.

Ronald N. Boyce/Ronald M. Perkins, *Criminal Law and Procedure*(제8판), Foundation Press, 1999.

The Pual K. Ryu Foundation, *Law in the Free Society - Legal Theories and Thoughts of Pual K. Ryu*, 법문사, 2013.

Wayne R. LaFave, *Criminal Law*(4판), Thomson West, 2003.

[논 문]

구상진, "유기천의 형사책임론에 대한 연구-박사학위논문 한국문화와 형사책임을 중심으로-", 유기천과 한국법학, 법문사, 2014.

김종구, "객관적귀속론과 영미법상 법적 인과관계", 형사법연구 제21권 제4호, 2009.

신동운, "미국법이 한국형사법에 미친 영향", 미국학 제16집, 1993.

안경환, "유기천 저, 세계혁명", 서울대 법학 제38권 제2호(1997).

오영근, "서평 특집 : 한국의 법학 명저 ; 유기천, 개고 형법학 [총론강의] (일조각, 1971)", 서울대 법학 제48권 제3호, 2007.

유기천, "전후의 형사입법과 한국의 신형법", 서울대 논문집 제1호, 1954.

유기천, "판례연구: 합동범에 관한 판례연구", 서울대 법학 제3권 제2호, 1962.

음선필, "유기천의 법사상: 기독교법사상을 중심으로", 유기천과 한국법학, 법문사, 2014.

이재상, "월송 유기천 교수의 형법학", 유기천, 개정 형법학(총론강의), 법문사, 2011.

최종고, "유기천의 법사상", 서울대법학 제40권 제1호, 1999.

최종고, "유기천과 비교법학-동아시아법학을 중심으로-", 월송회보 제8호, 2013.

Brett G. Sweitzer, "Implicit Redefinitions, Evidentiary Proscriptions, and Guilty Minds: Intoxicated Wrongdoers after Montana v. Egelhoff", 146 *U. Pa. L. Rev.* 269 (1997).

Dan W. Mrokel, "On the Distinction Between Recklessness and Conscious Negligence", 30 *Am. J. Comp. L.* 325 (1982).

Daniel G. Moriarty, "Extending the Defense of Renunciation", 62 *Temp. L. Rev.* 1 (1989).

Markus D. Dubber, "Criminalizing Complicity-A Comparative Analysis", *Journal of International Criminal Justice*, Vol. 5 (2007).

Mitchell Keiter, "Just Say No Excuse: The Rise and Fall of Intoxication Defense", 87 *J. Crim. L. & Criminology* 482 (1997).

Paul K. Ryu, "Causation in Criminal Law", *University of Pennsylvania Law Review* Vol. 106, No. 6 (Apr., 1958).

Paul K. Ryu/Helen Silving, "Error Juris: A Comparative Study", *The University of Chicago Law Review* Vol. 24, No. 3 (Spring, 1957).

Ryu, Paul K. "Discussion of Structure and Theory", 24 *Am. J. Comp. L.* 602 (1976).

Ryu, Paul K./Silving, Helen, "Comment on Error Juris", 24 *Am. J. Comp. L.* 689 (1976).

Ryu, Paul K./Silving, Helen, "Misleading Issues in Criminal Law Codification", 9 *Isr. L. Rev.* 311 (1974).

Ryu, Paul K./Silving, Helen, "Toward a Rational System of Criminal Law", 32 *Rev. Jur. U.P.R.* 119 (1963).

Ryu, Paul Kichyun, "Contemporary Problems of Criminal Attempts", 32 *N.Y.U. L. Rev.* 1170 (1957).

7. 형법 제15조 사실의 착오와 그 해결이론의 한계*
-유기천형법학 착오이론의 재평가-

이 경 렬
(성균관대 법학전문대학원 교수)

I. 들어가는 말

행위자의 주관적 인식사실과 현실의 실제적 발생사실 사이의 불일치 문제에 대하여 형법은 제15조에서 '사실의 착오'로 규율하고 있다. 그러나 형법 제15조 제1항의 규정내용은 현실에서 발생가능한 착오의 모든 유형을 포함하고 있지도 않으며, 이를 모두 규정한다는 것도 사실상 불가능에 가깝다. 이에 형법학에서는 제13조, 고의인정의 裏面에서 제15조제1항의 적용범위 및 착오사례의 해결을 위한 구체적 부합설·법정적 부합설·추상적 부합설 등의 착오이론이 주장되어 왔다.[1] 형사실무는 법정적 부합설의 입장에서 이 문제를 해결하고 있다. 한편 대학의 강단에서는 학설의 주장내용 및 법효과에 대한 설명의 便宜를 위하여 '구성요건적 착오'사례를 구체적 사실의 착오·추상적 사실의 착오로 분류하고, 다시 객체·방법·인과과정의 착오 등으로 유형화하고 있다.[2]

---

* 이 논문은 2014년도 유기천교수기념사업출판재단 논문작성지원사업비의 연구지원을 받아 작성되었으며, 같은 해 9월에 발간된 『성균관법학』 제26권 제3호, 209쪽 이하에 게재되어 있다. 금번 유기천교수기념사업출판재단의 월송선생 탄신 100주년 기념논문집 발간에 이 연구논문이 게재되는 호사를 누리게 됨을 감사하게 생각하고, 연구수행에 경제적 지원을 제공한 출판재단에 다시 한 번 감사의 마음을 전한다.
1) 각 학설의 구체적인 주장 및 근거내용에 대한 상호 비판과 반론의 내용에 대해 탐구·분석하는 작업은 여기서 목표하는 바가 아니다.
2) 형법이 규정하고 있는 '사실의 착오'와 '법률의 착오'라는 표제에도 불구하고 강학상 착오에 관한 용어사용은 '구성요건적 착오'와 '위법성의 착오'로 변천되어 왔다. 이러한 용어사용법의 타당성과 그 근거에 대한 자세한 설명은 김성돈, 형법총론, 제3판, SKKUP, 2014년 3월, 215쪽 참조.

그런데 이러한 착오유형의 분류기준이 반드시 일의적인 것 같지는 않다. 심지어 학계에는 구성요건적 착오라는 법형상의 개념에 대해서도 견해가 일치되어 있지 않다. 동일한 법형상의 개념정의에 관한 異見은 형법 제13조와 제15조제1항의 관계를 설정함에 있어 차이를 나타낼 뿐 아니라 제15조제1항의 규정의미와 그 적용범위에 대해서도 견해를 달리 하게 한다.[3] 또 착오유형의 분류에 대한 어느 정도의 불명확함은 형법총론 분야에서 착오이론의 귀결이 형법각칙 분야에서의 해결과 일치하지 않게 되는 문제를 발생시키기도 한다. 여기서 문제시하는 착오유형의 구분기준에 대한 불일치 및 착오사례에 대한 형법총론의 결론과 형법각론에서의 그 해결이 일치하지 않는 문제점은 - 형사실무가 택한 '법정적 부합설'에서 '법'이 '정'한 것은 무엇일까라는 의문과 함께 - 이미 '형법학 학문1세대'[4]의 교재에서부터 간헐적으로 나타나기 시작하였으며, 특히 최근에는 "구성요건적 착오의 개념범위"에 대한 재구성에까지 이르고 있다.[5] 형법시행 반세기를 거치면서 형법이론을 공부하는 학문후속·'제4세대'에게 있어서 형법상의 착오이론은 형법을 공부하는 데 좌절감을 갖게 하고 또 착오에 빠지게 하는 혼동의 영역이다.[6] 그러한 혼동은 형법해석학의 유기적·체계적 연구방법이 총론의 이해에만 국한되게 하였으며, 각칙의 이해에 있어서는 문제중심적인 사고를 더욱 중시하게 만들었다.

---

3) 이에 대하여 자세한 것은 특히 문채규, "형법 제15조제1항에 대한 새로운 해석의 시도", 형사법연구 제16호, 2001년 12월, 19쪽 이하 참조.

4) 형법학계의 학문적인 세대구분은 전적으로 필자의 편의적인 구분임을 밝힌다. 논의의 편의를 위하여 여기서는 그 세대를 다음과 같이 이해한다. 즉, 1945년 해방 후부터 1970년대 중반까지 일본 형법학의 영향을 많이 받았던 시기를 우리 형법학의 '제1세대'로(초창기 일본교재를 직접 또는 그 번역을 중심으로 강단에서 사용하던 시기), 이후 이들 제1세대 학자들의 교재를 중심으로 대학에서 수학하고서 국내의 유수대학에서 학문후속세대를 양성하던 1980년 말경을 학문 '제2세대'의 활동시기로, 그리고 이들 제2세대 학자로부터(특히 정성근, 형법총론, 법지사, 1983년 11월; 이형국, 형법총론연구 I; II, 법문사, 1984년 4월; 1986년 5월; 이재상, 형법총론, 박영사, 1986년 8월; 김일수, 형법학원론[총론강의], 박영사, 1988년 8월 등의 교재를 중심으로) 독일형법학의 영향을 받으며 공부하거나 독일유학을 마치고 귀국하여 대학 강단에서 후학을 양성하던 시기를 학문 '제3세대'로 이해한다. 현재는 이들 제3세대 학자들에게 수학한 신진학자들이 형법학계에 자리를 잡기 시작하는 제4세대에 접어들었으며, 최근에는 대학에서 이미 정년을 하신 2세대 학자들의 영면소식을 간간히 접하기도 한다. 이즈음 더 늦기 전에 우리 학계 제1세대의 형법학 이해를 반추해 보고, 이를 제4세대 내지 학문후속세대에게 (바르게) 전승하는 것도 결코 그 의미가 작지 않다고 할 수 있다.

5) 여기서는 특히 김성돈, 앞의 책, 214쪽; 이재상, 형법총론, 제7판, 박영사, 2011년 5월, 172쪽.

6) 이와 관련해서는 특히 김성룡, "착오론에서의 해석론의 착오", 비교형사법연구 제4권제2호, 한국비교형사법학회, 2002년 12월, 135쪽 이하.

이하에서는 착오이론에 밀어닥친 이러한 혼동상황을 종결시키고, 형법총론에서의 이론적인 귀결이 더 이상 각론에서의 결론적인 해결과 불일치하지 않도록 하기 위하여 우리 형법학 학문1세대의 이해를 특히, "유기천형법학" 착오이론에 착안하여 몇몇 문제영역을 재검토한다.[7] 구성요건착오이론의 문제 상황에 직면하여 평소에 몇몇 의문을 품고 있던 필자가 최근 유기천교수기념사업출판재단으로부터 우송받은 유기천 교수의 형법학(총론·각론강의)-영인본의 發刊辭에서 그 해결의 실마리를 찾을 수 있었기 때문이다.

유기천 교수의 형법총론의 서술은 — 스스로도 지적하고 있는 바와 같이 — 형법학의 '학문적 이론을 전개'하는 입장이기보다는 현행법의 충실한 소개와 관련 이론을 간략하게 언급하는 '현행법의 정확한 해석'에 정향되어 있다.[8] 형법학(각론강의)의 저술에도 과거의 형법학이 각론의 이론적 분석을 도외시한 점을 지적하고, '총론과 각론의 입체적 운영을 시도함'으로써 '형법체계의 종합적 이해'를 위한 노력을 강조하고 있다.[9] 이러한 "형법총론은 각론을 떠나서는 그 존재이유를 상실한다."는 형법학연구의 순서 및 각론의 의미체계에 대한 유기천 교수의 분석은 착오이론의 해결에 있어서 우리에게 시사점을 제공하고 있다고 본다.

II. 착오의 의미와 착오이론의 구성방법

유기천형법학에 의하면, 총론분야의 착오이론은 책임이론을 소극적인 측면에서 재검토하는 제2차적인 책임이론으로 이해하여 착오는 고의책임을 조각시키는 문제로 보고 있다.[10] 그렇지만 엄밀하게 보면, 행위자의 주관적 표상과 그의

---

7) "유기천형법학"의 명칭에 대해서는 (재)유기천교수기념사업출판재단에서 2012년 11월 29일, 한국프레스센터 19층 기자회견장에서 개최된 "제8회 월송기념 학술심포지움: 유기천 형법학의 재조명"에서 借字하였다.

8) 유훈, "유기천 교수의 형법학총론을 내면서", 유기천, 개정 형법학(총론강의)-영인본, 법문사, 2011년 4월, i면. 위와 같이 실정법의 충실한 해석에 노력하는 유기천 교수의 형법학연구방법론은 '상징주의 형법론'으로 지칭되고 있다. 상징주의 형법론이란 용어는 의미를 전달하는 매개물로서 상징(symbol)이므로 용어의 의미는 그 용어의 구조(structure) 속에서 이해되어야 한다는 이론이다.

9) 유훈, "유기천 교수의 형법학각론을 내면서", 유기천, 전정신판 형법학(각론강의 상)-영인본, 법문사, 2012년 2월, iii면.

10) 나아가 형법총론의 체계중심적인 사고에 의하더라도 책임의 본질은 비난가능성이며, 책임론에서 고의·과실은 '비난의 대상'에 불과하고 책임론과는 직접적으로 관련이 없는 행위에 속하고, 구성

인식대상인 객관의 세계가 불일치하는 것은 常例이기 때문에, 어느 정도의 주관과 객관의 불일치는 고의책임을 조각하지 않는다고 보고 있다.[11]

1. 사실의 착오의 의미와 개념 정의

(1) 착오한 사실의 의미

　實在로[12] 발생한 사실(객관적 구성요건에 해당하는 사실)과 행위자가 인식한 범죄사실이 일치하지 않는 경우 즉, '인식사실과 발생사실의 불일치'를 의미하는 구성요건적 착오를 바라보는 두 시각이 있다.

　그 하나는 구성요건적 착오에 대한 해결을 고의인정의 연장선상에서 이해하는 입장이다.[13] 이에 의하면, 착오란 행위자의 인식사실과 현실의 발생사실이 '불일치'하는 것이며, 행위자가 실재로 '발생'한 범죄사실을 '불인식'한 경우라면 행위자의 '인식'이 객관적 구성요건에 해당하는 사실에 정향되어 있지 않더라도 사실의(구성요건적) 착오의 범주 안에 포함시켜 이해하고 있다. 다른 하나는 '불인식'의 고의·과실이론과 단절하여 '인식과 실재의 불일치' 즉, 착오이론에 독자성을 인정하고 이를 설명하는 종래의 통상적인 방법이다.[14] 이러한 설명은—구성요건적—착오가 행위자의 주관적 인식사실과 현실의 객관적 발생사실의 불일치라는 점에는 전자의 입장과 동일하지만, 착오이론에서는 인식 및 발생사실 모두 범죄사실에 해당하고 양자가 '불일치'하는 경우로 그 논의를 국한시킨 점에 차이가 있다. 이러한 종래의 이해에 따르면 사실 착오이론은 불인식의 과실문제 및 결과미발생의 미수문제와 구별되는 별도의 독자적 문제영역이지만, 그 해결

요건적 고의와 무관한 위법성의 인식이 독립된 비난의 구성요소(ein Bestandteil der Vorwerfbarkeit)라고 하는 목적적 범죄체계의 책임설을 따르고 있는 점에서 범죄론체계의 구성에서도 필자와 大同小異하다(유기천, 총론강의-영인본, 111쪽: 223쪽 참조).

11) 유기천, 앞의 책, 234~235쪽.

12) '實在로'는 "실지의 경우나 형편"을 의미하는 '實際'의 誤打나 誤記가 아니라 "인간의 의식에서 독립하여 객관적으로 존재함"을 의미하는 철학적 용어를 사용함으로써 착오가 행위자의 인식과 현실의 발생간의 불일치임을 강조하려는 필자의 의도적 표기이다.

13) 김성돈, 앞의 책, 214면; 김영환, "형법상 방법의 착오의 문제점", 형사판례연구 [1], 박영사, 1993년 7월, 16면; 문채규, 앞의 논문, 22~23쪽, 31쪽; 이재상, 앞의 책, 172쪽.

14) 배종대, 형법총론, 제11판, 홍문사, 2013년 2월, 266쪽; 손동권, 형법총론, 제2개정판, 율곡출판사, 2005년 8월, 136쪽; 이형국, 형법총론, 법문사, 1990년 4월, 143쪽; 임웅, 형법총론, 개정판제2보정, 법문사, 2008년 11월, 155쪽; 정성근·박광민, 형법총론, 전정판, SKKUP, 2012년 11월, 190쪽.

과 관련해서는 고의·과실 및 미수론 나아가 성립된 범죄의 죄수·경합문제와도 연계되어 있는 형법학의 종합이론적인 문제영역이다.

(2) 고의·과실이론과의 차이

먼저 전자의 입장에 의하면, 결국 행위자의 인식이 범죄사실에 정향되어 있지 않더라도 "인식사실과 발생사실이 불일치(=불인식)하여 구성요건적 착오의 문제가 발생"한다는 것이다. 즉, 착오에서 행위자의 주관적 인식사실이 반드시 구성요건에 해당하는 객관적 사실일 필요는 없으며, 구성요건적 착오의 법효과에 대해서도 '불일치 = 불인식'이라면 행위자는 실재로 발생한 "죄의 성립요소인 사실을 인식하지 못한" 경우이므로 그 착오에 대해서는 형법 제13조에 따라 원칙적으로 고의가 인정되지 않아야 한다고 설명한다.[15] 다만 이러한 원칙적 법효과가 '공리적으로 만족스럽지 못한 결론'에 이르는 예외적인 경우에는 그 불합리성을 치유하기 위하여 고의조각의 판단은 심리적 사실의 확인이 아니라 일정한 규범적 관점의 평가방법에 따라 수정되고 있다. 이것이 착오이론의 과제라고 한다. 즉, 행위자가 범죄사실을 인식하지 못한 경우에도 그를 '처벌해야 할 형사정책적인 필요성'이 있다면 고의를 조각시키지 않는 일정한 평가절차가 필요하며, 이와 같이 '사실의 착오'에 대해 예외적으로 고의를 인정하는 규범적 평가절차는 위법성을 인식하지 못한 '법률의 착오'자에 대해 '정당한 이유'를 물어 책임 조각여부를 결정하는 형법 제16조의 규범논리와도 형평을 유지하는 것이라고 한다.[16]

고의인정과 관련하여 이 견해에 의하면, 형법 제15조제1항의 규정의미·성격에 대하여 '가중적 구성요건에 해당하는 사실에 불인식 = 착오'가 있는 경우에 적용되는 '특별규정'이라고 한다.[17] 구성요건적 착오의 문제를 고의의 연장선상에서 해결함으로써 인식사실과 발생사실간의 불일치 내지 불인식의 경우에 적

---

15) 김성돈, 앞의 책, 216쪽. 요컨대, 행위자의 '불인식'이라는 심리학적 토대위에 기초하고 있는 구성요건적 '사실'에 대한 행위자의 '착오'는 불일치 = 불인식 = 고의조각으로 이행함으로써 '구성요건적' 착오의 법효과는 행위자의 고의조각에 있다고 설명한다.
16) 김성돈, 앞의 책, 217쪽. 여기서는 '불인식'의 경우에도 고의가 인정되는 규범적 평가절차는 범죄예방의 형법목적을 달성하기 위한 불가피한 선택이며, 그래서 고의인정의 법효과도 형법이 수행하는 범죄인의 자유보장적 과제를 고려하여 극히 예외적으로만 인정되어야 하는 것으로 보고 있다.
17) 김성돈, 앞의 책, 231쪽.

용되는 일반규정은 형법 제13조이며, 제15조제1항은 그러한 불일치사례중에서
인식한 범죄보다 '특별히' 중한 범죄가 발생한 경우에도 제13조의 원칙이 그대로
유지되어야 함을 강조하는 특별규정이라는 것이다.

그러나 특별규정은 원칙규정과 다른 법적 효과를 인정해야 할 부득이한 경우
에 예외적인 내용을 법률에 규정하는 것이다. 형법 제15조제1항에서 법률문언의
액면 그대로의 내용에는 그러한 특별한 의미가 드러나 있지 않다.[18] 오히려 그
러한 특별한 내용은 제14조에서 명시하고 있다. 행위자가 '불인식'하여 犯意(즉,
고의)가 인정되지 않더라도 그 불인식에 과실(즉, 정상의 주의를 태만함)이 있
고 또 "법률에 특별한 규정이 있는 경우에 한하여 처벌한다"는 것이 입법자의
구상이다. 또한 형법의 형식규정태도를 따르더라도 "죄의 성립요소인 사실을 인
식하지 못한", 즉 '불인식'에 해당하는 고의·과실의 문제영역(제13조, 제14조)과
범죄사실을 인식했지만 발생사실과 '불일치'하는 착오의 문제영역(제15조)은 엄
연히 구분되어야 한다.[19]

결국, 범죄사실에 대한 인식과 발생의 불일치문제인 착오이론은 죄의 성립요
소인 사실의 불인식에 함몰되어 고의이론의 연장선상에서 그 한계사례로 이해
되거나 예외사례로서 해결되어야 할 문제가 아님을 알 수 있다.

위와 같이 고의·과실의 문제와 착오의 문제영역을 엄정하게 구분하는 종래
의 체계분석방법이 형법 제15조제1항을 - 온전하지는 않지만 - 구성요건적 착오
에 관한 '일반규정'으로 이해하는 것은 당연한 일이다.[20] 인식과 발생의 불일치
를 전제하는 '사실의 착오'에 관한 형법 제15조에 "결과로 인하여 형이 중할 죄",
즉 결과적 가중범의 규정을 比定하고 있는 것도 마찬가지다(동조 제2항). 결과

---

18) 법률규정의 의미·성격에 대한 민법총칙상의 일반적인 이해에 따르면, 형법 제13조의 원칙적 내
　　용에 따르는 제15조제1항과 같은 그런 규정에 대해서는 당연규정 또는 주의규정이라고 말하지,
　　이를 특별규정이라고 부르지는 않는다. 특별규정의 법적 효과가 일반규정의 그것과 달리 할 필요
　　가 있는 경우에 특별규정의 타당근거가 있는 것이지 일반규정의 법문내용과 차이가 있을 뿐만 아
　　니라 그 기초되는 사상까지 불일치하는 경우는 이미 법적 효과의 차별성 한계를 벗어난 것이다.
　　나아가 일반규정과 특별규정이 법률내용과 그 사상기초가 일치한다면, 일반과 특별의 고유영역이
　　처음부터 없음을 반증하는 것이다(문채규, 앞의 논문, 29~30쪽 참조).
19) 그리고 형법의 규정순서에 의하더라도 '불인식'의 원칙적 효과로써 고의조각(형법 제13조: 인식
　　의 소극적 측면의 부정으로 고의인정), 불인식 = '불일치'의 원칙적 법효과로써 고의조각(제15조
　　제1항: 불일치에 대한 규범적 평가를 통한 예외적인 고의인정) 그리고 형법 제14조에 의한 "죄의
　　성립요소인 사실"의 불인식(=불일치)에 "정상의 주의를 태만함"이 인정되는 특별한 경우의 법
　　효과로써 과실인정으로 이행되는 것은 아닐 것이다.
20) 배종대, 앞의 책, 281쪽; 정성근·박광민, 앞의 책, 195쪽.

적 가중범의 경우는 단지 중한 결과만을 불인식한 것이 아니라 행위자가 인식한 기본범죄에 해당하는 사실과, 실제로 발생한 결과로 인하여 형이 중할 죄의 사실이 불일치하는 경우로 볼 수 있기 때문이다.

(3) 유기천형법학에서의 이해

유기천형법학은 먼저 착오란 행위자의 주관적 관념과 외부에 표현된 객관적 사실이 불일치하는 경우로서 '구성요건적' 사실과 '구성요건적' 고의간의 불일치를 의미하며, 여기에 착오이론의 本領이 있다고 한다.[21] 요컨대, 착오개념과 관련하여 - 형사실무의 태도와 같이 - 인식사실과 발생사실이 모두 구성요건과 관련된 범죄사실에 해당하는 경우를 전제로 한다. 다음으로 "사실의 착오"를 표제로 정하고 있는 형법 제15조는 - 그 용어의 표현에도 불구하고 - 여기서의 사실이 구성요건적 사실만을 의미하기 때문에 '구성요건적 착오'라고 이해한다. 또 제16조 "법률의 착오"는 형벌법규의 착오와 비형벌법규의 착오[22]로 구별되지만,[23] 여기서는 착오를 일으킨 법률의 종류여하가 아니라 진정한 관념을 갖지 못한 것 때문에 결국 위법의 인식을 못하게 된 사정의 존부가 중요한 것이라고 설명함으로써 법률의 착오(제16조)가 정확히 금지의 착오(즉, 위법성의 착오) 문제임을 지적하고 있다.[24]

이러한 유기천형법학의 착오이해는 요컨대, 우리 형법 현행의 규정태도를 있는 그대로 받아들여 "죄의 성립요소인 사실을 인식하지 못한" 불인식의 경우 = 고의 조각(형법 제13조), 그 불인식에 "정상의 주의를 태만함"이 있는 경우 = 과실 인정(제14조) 그리고 범죄사실에 대한 인식은 있지만 "특별히 중한 죄가

---

21) 유기천, 앞의 책, 235쪽: 특히 238쪽은 구성요건적 사실에 관한 인식이 착오로써 완전히 결여된 경우 즉, '불인식의 경우'에는 '고의가 조각'되고 다만 과실의 문제만이 남는 것으로 서술하여 불인식의 경우와 불일치의 사례영역을 분명하게 구별하고 있다.

22) 비형벌법규의 착오는 오늘날의 의미로는 구성요건의 규범적 요소에 관한 착오와 유사한 면이 있다. 예컨대, 재물의 타인성을 오인하여 타인의 재물을 자기의 것이라고 믿고 처분하는 행위는 '민법의 착오'로 사실의 착오에 불과하여 고의가 성립하지 않지만(대법원 1970. 9. 22. 선고, 70도1206판결), 재물의 타인성을 인식하면서도 이를 처분하는 것은 형법이 벌하지 않는다는 오인에 기하여 이를 처분하는 행위는 '법률의 착오'로서 그 오인에 정당한 사유가 있어야 벌하지 않는다(대법원 1971. 10. 12. 선고, 71도1356 판결)고 한다(유기천, 앞의 책, 236쪽 참조).

23) 법률의 착오(error juris)는 형사법의 착오(error juris criminalis)만이고, 비형벌법규의 착오는 사실의 착오이므로 고의를 조각한다고 보고 있다(유기천, 형법학(총론강의), 개고9판, 일조각, 1978년 2월, 226쪽).

24) 유기천, 총론강의-영인본, 237쪽.

되는 사실을 인식하지 못한" 불일치의 경우 = 구성요건적 착오(제15조제1항)로 파악하고 있는 것이다.[25)]

2. 착오이론의 구성방법

(1) 사실의 오인과 부합의 범위에 관한 견해 차이

종래와 같이 형법 제15조제1항에 대해 구성요건적 착오에 관한 일반규정으로서의 성격을 부여하더라도 이 단행의 규정만으로 인식사실과 발생사실의 불일치사례를 모두 해결할 수는 없다. 학계에서는 이 규정의 취지를 해명함으로써 형법이 수행해야 하는 행위자의 자유보장적인 과제와 사회의 법질서보호를 조정하고자 하였다.

1) 먼저 '구체적 부합설'은 인식사실과 발생사실이 '구체적으로' 동일한 경우에만 발생사실에 대한 고의를 인정하며, 발생사실의 객체(대상)가 인식사실의 그것과 '같은 종류'여서 '구성요건 또는 죄질이 같은 경우'에도 구체적으로 부합하지 않는다고 판단하여 행위자에게 고의를 조각시킨다. 이점에서 '구체적'이란 인식주체인 행위자의 심리에 기초한 사실적인 그 어떤 것 예컨대, 행위자의 실제의 인식'대상'을 의미함을 알 수 있다. 이 견해에 의하면, 행위자가 인식한 그대로의 사실에 대해서만 고의를 인정하고, 그 불인식(=불일치)에는 고의를 부정한다. 이것이 형법 제13조가 정하고 있는 고의인정의 원칙적인 법효과와 동일하다고 한다.

예컨대, 행위자가 '사람으로' 인식하고 '실재는 자기 또는 배우자의 직계존속'을 향하여 방아쇠를 당겼고 그 인식한 대로 대상에 맞아 사망한 경우(즉, 객체의 착오유형)에도 행위자가 "특별히 중한 죄가 되는 사실을 인식하지 못한" 경우라면, 제15조제1항에 따라 중한 죄(즉, 존속살해죄)로 벌하지 않아야 할 것이다. 그렇지만 행위자가 인식한-사람이라는-심리적 사실에 근거하여-적어도 구체적으로 부합하는-'인식한 사실'에 대한 보통살인죄는 성립한다는 결론을 내려야 할 것이다.[26)] 그럼에도 일각에서는 이에 대해 "살인미수와 과실치사죄(존속살해

---

25) 그 구성요건적 착오의 특별한 경우로서 '결과'로 인하는 형이 중한 죄에 있어서 그 결과의 발생을 예견(=인식)할 수 없었을 때 = 결과적 가중범의 성립 불가(제15조제2항).

26) 김성돈, 앞의 책, 232쪽: "기본범죄의 구성요건적 사실에 대한 고의를 인정하여 기본범죄의 죄책

죄의 과실치사규정은 없음)의 상상적 경합을 인정"하고 있다.[27]

위와 같은 각론적인 결과의 차이는 형법 제250조제1항과 동조 제2항이 구체적 사실의 착오유형에 해당하는 불일치인지, 추상적 사실의 착오유형에 해당하는 불일치인지가 유동적이기 때문에 발생하는 문제이다. 구성요건의 '동일성'을 기준으로 하면 양자는 추상적 사실의 착오유형에 해당하는 것으로, 구성요건의 '동질성'을 기준으로 하면 구체적 사실의 착오유형에 해당하는 것으로 분류될 것이기 때문이다.[28]

2) 이와 달리 '법정적 부합설'은 인식과 실재가 불일치하더라도 그 인식사실과 발생사실이 평가·포섭되는 '법규정'이 서로 부합하는 경우, 발생사실에 대한 고의기수의 책임을 인정한다. 발생사실의 객체(대상)가 인식사실의 그것과 다르지만 '같은 종류'에 해당하여 구성요건(또는 죄질)의 적용을 같은 하는 경우에는 '법정적으로' 서로 부합하므로 행위자에게 적용되는 처벌법규의 규범적 판단은 발생사실에 대한 고의를 인정하는 것이다. 여기서 법정적 부합설이야말로 행위자의 심리학적인 인식의 토대 위에서 결정되는 고의인정의 불합리한 결과를 수정하기 위한 규범적 '판단'임을 알 수 있다.

그러나 이에 의하더라도 인식과 발생의 부합범주에 대해 구성요건의 동일성을 기준으로 하는 구성요건부합설[29]과 구성요건의 동질성, 즉 구성요건의 형식이 아닌 내용으로서 범죄의 성질이 동일한가를 기준으로 삼는 죄질부합설이 있다.[30] 양자의 차이는 발생한 결과사실에 대해 인정되는 행위자가 인식한 고의의 轉用 범위가 다르다는 점이다. 예컨대, 인식과 발생의 불일치가 상이한 구성요건에 걸쳐있는 착오유형에 대하여 죄질부합설은 죄질이 부합하는 한 발생사실에 대한 고의기수의 책임을 인정[31]하는데 반하여 구성요건부합설은 양자의 구성요

을 묻게 해야 한다."
27) 여기서는 특히 김성돈, 형법각론, 제3판, SKKUP, 2013년 9월, 51쪽 참조.
28) 오영근, 형법총론, 제2판(보정판), 박영사, 2012년 3월, 234쪽 참조.
29) 신동운, 형법총론, 제6판, 법문사, 2011년 9월, 216~217쪽.
30) 인식과 발생의 불일치에도 불구하고 죄질부합을 인정하기 위해서는 "피해법익이 같고 행위태양이 같거나 유사"해야 한다(정성근·박광민, 앞의 책, 198쪽). 형법전상의 장별 위치도 판단의 기준으로 제시되고 있다(신동운, 앞의 책, 216쪽 참조).
31) 죄질부합설의 입장에서는 "점유이탈물의 고의로 절도죄를 범한 때에는" 형법 제15조제1항의 제한에 따라 점유이탈물횡령죄(제360조)가 성립할 수 있다고 한다(이재상, 앞의 책, 173쪽). 구성요건부합설에 의하면, 점유일탈물횡령의 미수와 과실절도의 상상적 경합이 인정되나 그 처벌규정이 없으므로 결국 무죄가 된다(임웅, 앞의 책, 161쪽 참조).

건이 일치하지 않으므로 인식사실의 고의미수와 발생사실의 과실이 문제된다고 한다.[32]

3) 이에 대해 '추상적 부합설'은 행위자의 인식과 실재의 발생이 일치하지 않더라도 '추상적으로 부합하는' 한, 행위자에게 고의기수의 죄책을 부담시킨다. 행위자의 반사회적 성격, 즉 범죄적 의사가 어떤 범죄로든지 표현되는 경우에는 처벌할 필요가 인정된다는 주관주의형법이론에 기초한 착오이론이다. 여기서 '추상적'이란 행위자가 범죄사실을 인식하고 범죄를 실현한 이상, 그 인식사실과 발생사실이 동일한 구성요건에 해당하지 않더라도 형법 제15조제1항의 제한에 따라 적어도 경한 죄의 고의기수는 인정된다는 의미다.

한 때, 이 견해는 법정적 부합설의 실제 적용상의 불합리한 결과를 구제하고 결론적으로는 一應의 합리성을 나타내고 있다는 긍정의 평가를 받기도 하였다.[33] 예컨대 법정적 부합설에 의하면, 甲에게 폭행의 의사로 투석하였으나 현실로는 乙의 재물을 손괴한 경우에는 폭행미수와 과실손괴의 상상적 경합관계가 인정될 것이지만 현행형법에는 폭행미수 및 과실손괴에 대한 처벌규정이 없으므로 결국 무죄가 될 수밖에 없다. 이러한 착오의 경우 행위자의 주관에는 폭행죄 정도의 반사회성(제260조 제1항; 2년 이하의 징역, 500만원이하의 벌금 구류 또는 과료)이 표명되어 있으며, 현실의 객관측면에서는 폭행보다 중한 재물손괴라는 법익의 침해(제366조; 3년 이하의 징역 또는 700만원이하의 벌금)가 있는데도 불구하고 무죄가 되어 부당하다는 생각이다.[34]

요컨대, 형법 제15조제1항이 구성요건적 착오문제를 해결하는 일반규정이라면 추상적 사실의 착오에서도 예컨대 고의로 인식한 사실이 현실로 발생한 사실보다 경한 죄에 해당하는 경우에 중한 죄의 고의기수로 논할 수는 없지만, 인식사실이든 발생사실이든 경한 죄의 고의기수의 죄책은 행위자에게 인정할 수 있으며 양자는 상상적 경합관계에 있다고 한다.[35]

---

32) 구성요건부합설을 취하는 입장에서도 형법 제15조제1항의 적용과 관련하여 착오의 범위가 기본 구성요건과 가감적 구성요건의 관계에 있는 때에는 발생사실에 대한 고의·기수를 인정하여 예컨대, 인식한 존속살해죄의 (불능)미수와 발생한 보통살인죄의 고의·기수의 상상적 경합이 된다고 하는 견해도 있다(김종원, 형법각론, 상권, 3정판, 법문사, 1973년 2월, 41쪽).

33) 정영석, 형법총론, 三中堂, 1961년 4월, 222쪽; 동, 제4전정판, 법문사, 1978년 3월, 182쪽.

34) 정영석, 앞의 책, 220면; 동, 제4전정판, 181쪽.

35) 정영석, 앞의 책, 182면. 이와 같은 −형법학 학문 제1세대− 정영석 교수의 이해를 추상적 부합설의 입장을 따른 것으로 분류하고 있는 견해로는 황산덕, 형법총론, 제6정판, 방문사, 1980년 1월,

(2) 학설의 검토

각 학설의 구체적인 차이는 행위자의 인식과 현실의 발생이 불일치하는 경우에도 발생사실에 대한 고의·기수를 인정함으로써, 형법의 이성에 합치하는 결과를 도출하는 정도 및 범위가 다르다는 점에 있다. 실제의 '불일치'를 도외시하고 규범적 판단에 따라 '부합'하는 것으로 인정하는 정도에 차이가 있다는 말이다. 착오이론의 '구체적'에서 '추상적'으로 그 '부합'판단의 정도·범위가 확대될수록 형법 제15조제1항의 직접적용에 의해 해결되는 영역도 확장될 것이다. 반면에 그 부합의 판단정도가 엄격할수록 이 조항의 직접적용영역도 축소할 것이며, 이는 그만큼 학설에 의한 착오사례의 해결영역이 확대됨을 의미한다. 학설에 의한 해결영역과 제15조 제1항의 직접적용영역이 상호 반비례로 연동되어 있는 이러한 결과는 사실의 착오에 관한 '일반규정'으로서 제15조제1항의 규정내용이 충분하지 않기 때문에 발생한다.

행위자의 인식내용과 달리, 발생사실에 대해 규범적으로 고의를 인정하는 착오이론의 귀결은 자칫 형법에서 금지된 유추로도 비춰질 수 있고, 학계는 이러한 우려를 불식시키려고 고의의 轉用·流用을 제한하는 방향으로 발전되어 왔다.[36] 그 정점에 바로 착오이론을 고의인정에 종속시킴으로써 고의인정의 최소 필요요건에 관한 형법 제13조가 구성요건적 착오에 관한 '일반규정'이고, 제15조 제1항은 고의조각의 예외를 규정하고 있는 '특별규정'으로 파악하는 견해가 있다.[37] 이러한 분석은 행위자의 인식과 발생이 불일치(=불인식)하는 경우에도 발생사실의 고의를 인정하는 착오이론의 해결방법은 형법의 규정태도와 다르고

120면. 형법학 제1세대 학자 중에는 구체적 사실의 착오에 관해서는 법정적 부합설의 입장을, 그리고 추상적 사실의 착오에 관해서는 추상적 부합설의 입장을 따르는 견해도 있었다(이건호, 형법학개론, 고대출판부, 1964년, 84쪽). 이와 같은 견해도 自說의 표명 그 자체에도 불구하고 구체적 사실의 착오유형에 있어서는 법정적 부합설과 추상적 부합설 사이에 결론에 있어서는 차이가 없으므로 결과적으로는 추상적 부합설의 입장을 취한 것으로 분류할 수 있다. 이건호, 형법강의(총론), 일조각, 1956년 5월, 182쪽에 의하면, "추상적 부합설의 타당함을 확신"하고 있다.

36) 최근의 제3세대 및 신진 제4세대 학자들에 의하면, 구체적 부합설의 입장이 유력하게 주장되고 있는 경향을 알 수 있다. 추상적 부합설은 "좋게 말하면 죄형법정주의에 반하고, 나쁘게 말하면 범죄자의 처벌에 혈안이 된 학설"로 一考의 가치도 없다고 신랄하게 비판받아 왔다(배종대, 앞의 책, 274쪽). 또 이를 주장하는 학자가 없기 때문에 학설사적 의미밖에 없고 언급할 필요가 없다고도 한다(오영근, 앞의 책, 242, 243쪽). 그러나 적어도 형법학 제1세대에서는 법정적 부합설도 '일종의 추상적 부합설'이라고 할 수 있으므로, 주관주의적 견지에 접근하고 있다고 평가받았다(정영석, 앞의 책, 183쪽 각주21) 참조).

37) 김성돈, 앞의 책, 214~217쪽; 김영환, 앞의 논문, 16쪽 및 각주8); 문채규, 앞의 논문, 31쪽.

죄형법정주의에도 위반된다는 비판의 굴레를 벗어 자유롭게 되는 이점이 있다. 사실의 착오에 대해 제15조제1항이 특별 적용되는 경우만이 아니라 제13조에 의한 일반 적용되는 경우도 법률규정에 직접 근거한 해결이며, 학계의 이론에 의하여 입법적 결함을 充塡하는 해결이 아니기 때문이다.

그렇지만, 고의의 認否라는 구성요건적 착오의 법효과만을 부각시켜 행위자의 인식과 다른 고의의 과도한 인정은 죄형법정주의 정신에 위반된다는 그 주장의 근원적인 출발점에는 同調할 수 있으나 형법 제13조와 제15조제1항의 그와 같은 관계설정은 우리형법의 규정태도에 입각한 체계형식적인 관점에서의 설명과 부합하기에는 곤란함이 있다고 생각한다. 또한 사실의 착오에 관한 형법 제15조제1항의 규정의미를 축소시키고, 착오이론을 고의논의로 희석시킴으로써 그 독립·독자성을 훼손하는 점에서도 共鳴하기 힘들다.[38] 비록 미흡하기는 하나 13조의 反面規定으로서 제15조제1항이 사실의 착오에 관한 유일한 근거이기 때문이다.[39]

3. 사실의 착오를 해결하는 형사실무의 방법

1) 행위자의 인식사실과 발생사실이 일치하지 않는 사실의 착오문제를 해결하는 형사실무의 태도는 기본적으로 법정적 부합설의 입장과 그 결론을 같이하고 있다. 먼저, 사실의 착오의 의미와 관련하여 형사실무는 "범의의 확장을 가져오는 사실의 착오는 인식된 범행을 실행하기 위한 행위가 있고, 이 행위에 의하여 인식하지 못한 범행이 실현된 경우에만 문제가 된다 할 것"이라고 판시하여 착오가 행위자의 인식사실과 발생사실의 불일치이며, 양자 모두 범죄사실에 해당하는 경우를 전제하고 있다.[40]

---

38) 정성근, "방법의 착오에 관한 최근의 논의", 성균관법학 제13권제1호, 성균관대학교 비교법연구소, 2001년 4월, 7쪽 이하, 20쪽.
39) 배종대, 앞의 책, 281쪽: .
40) 서울고등법원 1972. 10. 17. 선고 72노874 판결. 피고인이 다른 제3자를 살해하려고 칼을 겨누고 있을 때, 피해자가 뒤에서 이 칼을 빼앗으려고 하다가 사망하게 된 경우는 피고인이 제3자를 살해하기 위한 행위에 의하여 피해자가 사망하게 된 것이 아니라 우연히 같은 시간과 장소에서 발생한 것에 불과하므로 '객체의 착오'라고 인정하여 '사실의 착오'의 문제는 생길 여지가 없다고 판시하였다.

　나아가 대법원은 "'甲'을 살해할 목적으로 총을 발사한 이상 그것이 목적하지 아니한 '乙'에게 명중되어 '乙'이 사망한 경우에 '乙'에 대한 살인의 고의가 있는 것"이라고 판시함으로써 즉, '구체적 사실의 착오'에 해당하는 '방법의 착오'유형에 대해 '발생사실에 대한 고의기수의 죄책'을 부담시키고 있다.41) 또 피고인이 먼저 피해자 甲(여)을 향하여 살의를 갖고 소나무몽둥이(길이 85센티미터 직경 9센티미터)를 양손에 집어 들고 힘껏 후려친 가격으로 피를 흘리며 마당에 고꾸라진 甲과 그녀의 등에 업힌 피해자 乙(남1세)의 머리 부분을 몽둥이로 내리쳐 乙을 현장에서 두개골절 및 뇌좌상으로 사망하게 한 사건에 대해 대법원은 "소위 타격의 착오가 있는 경우라 할지라도 행위자의 살인의 범의 성립에 방해가 되지 아니"한다고 판시하여 乙에 대한 살인죄를 인정하고 있다.42)

　2) 한편으로는 피고인 "甲이 乙 등 3명과 싸우다가 힘이 달리자 식칼을 가지고 이들 3명을 상대로 휘두르다가 이를 말리면서 식칼을 뺏으려던 피해자 丙에게 상해를 입"힌 사건에 대해 "甲에게 상해의 범의가 인정되며 상해를 입은 사람이 목적한 사람이 아닌 다른 사람이라 하여 과실상해죄에 해당한다고 할 수 없다"고 판시하여 丙의 대한 상해죄의 성립을 인정하고 있다.43) 이러한 결론은 앞의 유사사안에서 형사실무가 사실의 착오의 문제로 보지 않는 것과 비교하면, 피고인이 피해자와 다른 제3자에 대하여 어떤 행위를 했는가의 여부에 차이가 있다. 즉, 앞의 서울고등법원 72노874 판결에서는 피고인에게 구성요건적 결과 발생에 정향된 어떤 행위가 존재하지 않는 경우인데 반해, 대법원 87도1745 판결의 경우에는 乙 등 3인에게 상해의 결과를 발생시킬 수 있는 식칼을 휘두르는 행위가 피고인에게 있었다는 점이다.

　다른 한편으로 형사실무에는 사실의 착오문제를, 위 사안과 같이 미필적 고의의 인정과 밀접한 관련이 있는 주관적 귀속의 문제로 해결하는 것이 아니라

---

41) 대법원 1975. 4. 22. 선고 75도727 판결.
42) 대법원 1984. 1. 24. 선고 83도2813 판결. 이 사건에 대해 대법원이 乙에 대한 미필적 고의를 인정한 것으로 판단할 수도 있지만(김성돈, 앞의 책, 221면 참조) 그와 같은 乙에 대한 미필적 고의가 부정되더라도 구체적 사실의 착오에 해당하는 객체의 착오(타격의 착오)가 있는 경우에 해당하여 발생사실에 대한 고의·기수책임을 인정할 수 있다고 피고인의 "과실치사가 성립할지언정 살인죄가 성립될 수 없다"는 주장에 대해 방법의 착오문제로 판단한 것으로 볼 수 있다.
43) 대법원 1987. 10. 26. 선고 87도1745 판결. 이 사건에 대해서도 피해자 丙에 대한 상해의 미필적 고의를 인정하는 것으로 평석할 수 있지만, 대법원은 "목적한 사람이 아닌 다른 사람에게 상해를 입한 경우"의 구체적 사실의 착오에 해당하는 방법의 착오유형으로 판단하고 있다.

인과관계의 문제로 이해하여 객관적 귀속의 판단과 관련을 맺고 있는 판시도 보인다.44)

3) 위와 같이 형사실무는 행위자의 주관적 인식사실과 현실의 객관적 발생사실이 일치하지 않는 경우에도 구성요건과 관련하여 '법적으로 동일하게 평가되는 대상'에게 행위자가 인식한 결과가 발생한 경우라면 그 발생사실에 대한 고의의 기수책임을 인정하는 법정적 부합설의 입장을 취하고 있다. 다만 형사실무가 법적으로 동일하다고 평가하는 기준이 형식적 구성요건의 '동일성'을 강조하는 것(구성요건부합설)인지 아니면 실질적인 구성요건의 '동질성'을 중시하는 것(죄질부합설의 입장)인지는 명확하지 않다고 하는 지적도 있다.45)

Ⅲ. 구성요건적 착오와 유기천형법학 착오이론의 재검토

1. 구성요건적 착오의 분류기준 − 이분법적 분류를 위한 변론

1) 구성요건적 착오를 분류함에 있어 '인식과 발생의 불일치가 일어나는 범주가 동일한 구성요건간인가, 상이한 구성요건간인가'에 따라 '구체적 사실의 착오유형'과 '추상적 사실의 착오유형'으로 이분하는 태도가 학계의 일반적인 설명이다.46) 종래 유기천형법학의 착오이론은 인식사실과 발생사실의 불일치 범주가 "동일한 구성요건에 속한 때"를 구체적 사실의 착오라 하고, 양자가 각각 "異質의 구성요건에 속한 때"를 추상적 사실의 착오로 분류하는 입장이었다.47) 사실의 착오를 해결하는 형사실무의 법정적 부합설 중 구성요건부합설과 죄질부합설의 차이에 필적하는 이러한 착오유형의 구분에 관한−어쩌면 사소한−설명의

---

44) 대법원 1968. 8. 23. 선고 68도884 판결: "피고인이 공소외인과 동인의 처를 살해할 의사로서 농약 1포를 숭늉그릇에 투입하여 공소외인 家의 식당에 놓아둠으로써 그 정을 알지 못한 공소외인의 장녀가 이를 마시게 되어 동인을 사망케 하였다면 피고인이 공소외인의 장녀를 살해할 의사는 없었다 하더라도 '피고인은 사람을 살해할 의사로서 이와 같은 행위를 하였고 그 행위에 의하여 살해라는 결과가 발생한 이상' 피고인의 행위와 살해하는 결과와의 사이에는 인과관계가 있다 할 것이므로 공소외인의 장녀에 대하여 살인죄가 성립한다."
45) 김성돈 앞의 책, 221쪽.
46) 이재상, 앞의 책, 173쪽; 임웅, 앞의 책, 157쪽; 정성근·박광민, 앞의 책, 193쪽. 이러한 구분을 이른바 '이분법'이라고 부르는 견해로는 김성돈, 앞의 책, 222쪽.
47) 유기천, 앞의 책, 240쪽.

차이가 형법학의 착오이론에 불어 닥친 - 커다란 - 소용돌이의 시발점이었는지
도 모른다.

　구체적 사실의 착오와 추상적 사실의 착오유형을 구분하는 기준은 같은 구성
요건인가 '다른' 구성요건인가 아니면, 동일구성요건인가 '이질의' 구성요건인가?
그 대답은 추상적 사실의 착오유형을 설명하는 '이질의' 구성요건은 죄질부합설
의 구분기준이고 '다른' 구성요건은 구성요건부합설의 구별기준일 것이다. 이와
같은 착오의 구분기준에 관한 불일치 때문에 일각에서는 구성요건적 착오의 이
른바 '이분법'적인 분류를 따르지 않고, "방법의 착오, 객체의 착오, 인과과정의
착오, 행위자의 생각과 결과발생시점이 다른 경우, 그리고 가감적 구성요건적 사
실에 관한 착오"의 다섯 가지 사례로 분류하고도 있다.[48]

　그럼에도 - 거기서 주장·설명되는 것처럼 - 구성요건적 착오의 경우에 고의
인정여부가 행위자의 심리학적 토대 위에서 결정되지 않고 '처벌의 필요'를 형사
정책적으로 고려하여 '규범적으로 평가'하며 그와 같은 해결방법의 이론적 근거
를 '주관적 귀속론'에서 가져온다면, 구성요건착오의 대표적인 사례는 - 기존의
논의와 같이 - 객체의 착오, 방법의 착오, 형법 제15조제1항의 직접적용과 관련
된 가감적 구성요건적 사실에 관한 착오의 세 유형만 남게 된다.[49]

　2) 다른 한편으로 구체적 사실의 착오가 주체의 착오와 객체의 착오로 대별
되고, 다시 객체의 착오를 객체의 성질에 관한 착오, 목적의 착오, 타격의 착오
또는 방법의 착오로 세분하였던 견해도 있었다.[50]

　그렇지만 이러한 구분에도 먼저, 진정신분범에 있어서 '주체의 착오'는 형법
제27조(불능범)의 미수문제임을 분명히 하였다.[51] 다음으로 부진정신분범에서
주체의 착오는 예컨대, 행위자 甲이 乙의 직계비속이라는 사실을 착오한 경우이
고 이는 행위자(甲)가 대상(乙)이 자기의 직계존속이라는 사실을 모르는 경우처

---

48) 김성돈, 앞의 책, 218쪽.
49) 이러한 구분에 의하더라도 '인과과정의 착오'는 이미 형법상의 인과관계(또는 '객관적 귀속')판단
　으로 해결하고 있으며(김성돈, 앞의 책, 226쪽), '행위자의 생각과 결과발생시점이 다른 경우'는
　결과발생이 앞당겨진 경우이든, 미루어진 경우이든 불문하고 모두 행위자의 인식에 기초한 행위
　의 개수에 따라 실체적 경합범 관계로 처리함으로써 죄수론의 문제로 취급하고 있기 때문이다
　(김성돈, 앞의 책, 230, 231쪽).
50) 유기천, 총론강의-영인본, 238~239쪽.
51) 불능미수 부정설의 입장에서 이재상, 앞의 책, 400~401쪽; 임웅, 앞의 책, 369쪽; 불능미수 긍정
　설의 입장에서 박상기, 형법총론, 제9판, 박영사, 2013년 3월, 384쪽; S/S-Eser § 22 RN 75 참조.

럼 행위자의 신분요소가 대상관련사실로 전환되기 때문에 주체의 착오에서 굳이 관념할 필요가 없다고 하겠다.[52] 이는 행위의 대상에 대한 인식으로부터 수반적으로 도출되는 행위주체에 대한 오인으로써 객체의 착오에서 연유하는 것으로 볼 수 있다. 그렇다면 부진정신분범에서 주체의 착오는 객체의 착오를 바라보는 관점의 방향에 따른 구분에 불과하다.

또한 객체의 착오도 "객체의 성질에 관한 착오" 및 "목적의 착오"(error in objecto)로 細分함에도 불구하고, 이는 오늘날의 객체의 착오유형과 크게 다르지 않다. 이런 유형의 착오는 구성요건에 해당하는 사실의 인식이 있는 한, 고의의 성립에 아무런 영향을 주지 못하는 것으로 이해하고 있다.[53] 나아가 타격 또는 방법의 착오(aberratio ictus)에 있어서도 구체적 부합설의 해결이 있지만 법정적 부합설의 결론이 타당함을 주장하고 있다.[54]

구체적 사실의 착오를 위와 같이 세분함/했음에도 불구하고 그 실상은 객체의 (성질)착오와 방법의 착오로 유형화하는 오늘날의 구분과 크게 다르지 않다.

3) 이러한 구분을 견지하는 유기천형법학의 착오이론은 특히, 추상적 사실의 착오유형에서 추상적 부합설의 해결방법에 주목하고 있다. 앞서 검토한 바와 같이, 추상적 부합설은 행위자의 고의가 있고 또 그 행위가 있으며, 범죄사실이 성립하는 이상 행위자의 책임범위를 침해된 사실의 범위 안에 국한하여 처벌하는 것이 당연하다고 여기는 입장이었다.[55] 이러한 결론이 합리적이었던 이유는 구

---

52) 김성돈, 앞의 책, 431쪽 참조. 이에 반대하는 견해로는 김성룡, 앞의 논문, 156면. 그러나 그 주장의 근본적인 오류(일보 양보하면, 차이)는 앞의 논문, 153면에서 논의되는 보통살인죄와 존속살해죄간의 착오사례에서 '사람'이라는 유개념(Gattung)하에 형법 제250조제1항의 '타인'과 동조 제2항의 '존속'이라는 종개념(Art)으로 '택일적으로' 구분하였다는 점이다. 형벌이 가중되는 '존속'이라는 특별한 구성요건적 신분표지는 (존속살해를 보통살인의 불법가중유형으로 보든지, 책임가중유형으로 이해하든지의 문제와 무관하게) 항상 존속살해의 고의의 인식대상이 되는 것이고, 살해대상이 존속이라는 인식 안에는 사람이라는 수반적 인식이 당연히 '포함되어' 있다고 해야 한다. '존속'살해의 고의를 가진 행위자는 항상 수반적으로 보통살'인'의 고의를 가지고 있다는 명제는-거기서 서술되어 있는 것과 달리-항상 참이다. 이를 부정하는 서술은, '존속은 사람이 아니다'고 하는 이상한 주장이 될 것이기 때문이다. 살해행위와 관련된 제250조의 적용에 있어서 사람의 분류는 행위주체로서의 사람(직계비속), 대상으로서 타인과 존속으로 삼분되어야 한다.
53) 유기천, 앞의 책, 238쪽.
54) 법정적 부합설에 의하면, 형법 제250조는 행위객체로 사람을 구성요건상 요구하고 있으므로 객체가 원수거나 친구거나 혹은 노인이건 소년이건 그 구성요건에 해당함에는 영향이 없다. 따라서 이른바 '사람 또는 물건의 착오'(error in persona vel in objecto)는 형법상 중요한 착오가 아니라고 말함은 이것을 의미하는 것이다.
55) 유기천, 앞의 책, 241쪽 참조.

형법상 과실범을 지나치게 가볍게 처벌한 것과, 상해죄와 손괴죄를 결과적 책임으로 보는 입장에서 그 미수를 처벌하지 않았던 구형법상의 결함에 있었다.[56) 하지만 과실을 지나치게 가볍게 처벌하는 것은 근대계몽기의 자유주의·개인주의의 남용이요, 20세기 현대형법에 과거원시의 결과책임의 관념을 잔존시키는 것으로 이는 상식과의 불합리한 타협이라고 비판받고 있다.[57) 또 현행형법은 과실치사에 대해 벌금과 금고를 선택형으로 정하고 있을 뿐만 아니라 상해죄와 손괴죄의 미수도 각 처벌하도록 규정하고 있는데, 이러한 형법의 태도를 고려하면 요컨대 추상적 부합설은 그 주장의 근거를 상실하게 되었다고 정확하게 분석하고 있다.[58)

그럼에도 추상적 부합설의 주장에서는 - 앞에서 예시된 사례와 관련하여 - 행위자가 인식한 甲에 대한 폭행의사의 투석행위와 실제로 발생한 乙의 재물에 대한 손괴결과에 대하여 법정적 부합설의 결론이 폭행미수와 과실손괴의 상상적 경합관계이기 때문에 처벌법규가 없어 무죄라고 한다.[59) 하지만, 이러한 설명은 추상적 부합설의 타당함을 誤導하기 위한 법정적 부합설의 해결에 대한 적절하지 않은 분석이다. 또한 이 입장에서도 폭행죄에서 폭행은 사람의 신체에 대한 직접·간접의 유형력의 행사를 의미하고 예컨대, 사람의 신체를 향하여 던진 돌이 명중하지 않더라도 폭행으로 될 수 있다고 자인하고 있다.[60) 그렇다면, 위의 예시사례에서 행위자의 인식사실을 폭행미수로 판단하는 것은 '총론과 각론의 입체적·종합적 이해'가 아니라는 반론이 가능하다.[61)

2. 형법 제15조제1항의 적용범위와 한계 - "특별히"의 의미

1) 유기천형법학은 법정적 부합설의 입장에서 형법 제15조제1항의 직접적용

---

56) 유기천, 앞의 책, 242쪽; 임웅, 앞의 책, 163쪽.
57) 유기천, 앞의 책, 242쪽.
58) 유기천, 앞의 책, 242쪽.
59) 정영석, 앞의 책, 181쪽.
60) 정영석, 형법각론, 제4전정판, 법문사, 1978년 3월, 225쪽 참조
61) 참고로 유기천형법학에서는 사람을 향하여 돌을 던진 행위는 그 돌이 피해자에게 맞지 않는 경우에도 폭행죄에 해당한다고 판시하는 동경고등법원판결(東高判 昭和 25. 6. 10)을 인용하면서 폭행미수가 아니라 폭행죄의 기수성립이 타당하다고 설시하고 있다(유기천, 각론강의(상)-영인본, 55쪽, 56쪽 각주 1009) 참조).

에 관한 범위를 다음과 같이 제한하고 있다. 제15조제1항은 동종의 범죄간에 형이 가중된 경우만이 아니라 죄질을 같이 하는 범죄간에도 널리 적용된다. 그러나 인식과 사실이 다른 종류의 범죄에 속하는 추상적 사실의 착오유형의 일반에까지 널리 적용될 것은 아니다.[62]

예컨대, 형법 제250조제1항의 의사로 제252조제1항을 실현한 때에는 행위자가 피해자의 촉탁·승낙을 '錯覺한 경우'로서 '특별히' 경한 죄가 되는 사실을 인식하지 못한 행위이므로 경한 촉탁·승낙살인죄로 처벌해서는 안 될 것이다. 비록 객체의 (동일성에 대한) 착오이더라도 추상적 사실의 착오유형에 있어서는 발생사실에 대한 고의기수의 책임을 인정하지 않는 결론이 법정적 부합설의 해결이기 때문이다.[63] 그러나 제15조제1항이 동종의 범죄에 형이 가중된 경우만이 아니라 죄질을 같이 하는 범죄에도 직접 적용된다고 보면, 구체적 사실의 착오유형으로 인식사실(보통살인죄)이 아니라 발생사실의 고의기수의 책임 즉, 촉탁·승낙살인죄로 처벌하는 것도 가능하다.[64]

이에 반해 구체적 부합설의 입장에서 형법 제15조제1항은 기본구성요건과 가감적 구성요건의 관계에 있는 범죄에만 직접 적용된다고 하는 견해가 있다. 그렇지만 형의 감경사실에 대한 착오(오인)가 있는 경우에는 이를 그대로 관철하기 곤란할 것이다.[65] 예컨대, 피해자의 촉탁·승낙이 있는 것으로 '잘못 알아' 촉탁·승낙살인의 의사로 보통살인의 결과를 발생시킨 경우는 제15조제1항의 제한에 따르더라도 감경구성요건인 촉탁·승낙살인죄(제252조제1항)의 고의기수가 인정될 수 있다고 한다.[66] 감경사실에 대한 오인의 경우도 - 중한 죄에 해당하는 사실을 불인식한 경우로 - 제15조제1항의 규율사례와 동일한 경우라고 할 수 있기 때문이다. 이 경우 감경구성요건의 고의기수를 인정하는 결론은 '小는 大에 포함된다.'는 논증이론의 당연한 귀결이라고 한다.[67] 그 결과 제250조제1항의 의사로 제252조제1항을 실현한 경우에 대해서는 인식사실의 미수(보통살인죄의

---

62) 유기천, 총론강의-영인본, 242쪽.
63) 이는 위의 예시사안에 대해 추상적 사실의 착오유형으로 파악하거나 혹은 형법 제15조제1항의 문리적 반대해석의 논리적 해결로 볼 수 있다.
64) 유기천, 앞의 책, 242~243쪽: 동, 각론강의(상)-영인본, 40쪽.
65) 김성돈, 앞의 책, 234쪽: 이 경우 '직접' 적용대상은 아니라고 한다.
66) 김성돈, 형법각론, 56쪽: '통설'이라고 한다. 이에 대해 보통살인죄의 고의기수가 성립한다는 견해로는 문채규, 앞의 논문, 35~36면.
67) 김성돈, 형법총론, 232쪽: 문채규, 앞의 논문, 33쪽.

미수)와, 큰 고의에는 작은 고의가 포함되어 있으므로 촉탁·승낙살인죄의 기수
가 인정되고 양자는 상상적 경합관계에 있다고 한다.[68]

　　2) 그런데 추상적 사실의 착오에 대해 위의 논증을 근거로 경한 죄의 고의기
수를 인정하는 결론은 구체적 부합설의 해결방법이 아니다. 그러한 해결은 위의
예시가 구체적 사실의 착오에 해당하는 것으로 분류되어야 가능한 결론이다.[69]
물론 이렇게 분류하더라도 객체의 착오와 방법의 착오는 다시 구별되어야 한다.
구체적 부합설에 의하면, 방법의 착오에서는 인식사실의 미수와 발생사실의 과
실의 상상적 경합관계를 인정하기 때문이다. 결국, 발생한 보통살인(제250조 제1
항)을 오인한 촉탁·승낙살인보다 '중한 죄'로 인정하든, 아니면 '구성요건의 동
질성'을 기준으로 구체적 사실의 착오로 분류하든 - 구체적 부합설의 입장에서
는 - 고의의 인식대상인 불법감경사유가 존재하지 않는 대상(피해자)에 대해 이
를 존재하는 것으로 (규범적으로) 인정하여 행위자를 경한 죄의 고의기수로 처
벌하는 근거가 제시되어야 한다.[70] 이처럼 형법 제15조제1항의 "특별히"의 의미
에 기본구성요건과 '특별관계'에 있는 가감적 구성요건의 사실을 말하는 것으로
이해하여 사실의 착오에 관한 제15조제1항의 적용대상을 기본구성요건과 파생
구성요건간의 사실로 국한시키는 것은 부당한 축소해석이다.[71] 오히려 구성요건
착오에 관한 일반규정으로서 제15조제1항은 인식과 발생사실의 불일치가 기본
구성요건과 파생구성요건의 관계에 있는 경우뿐만 아니라 구성요건을 달리하는
(특히, 경한 죄의 사실을 인식하고 중한 죄의 사실이 발생한) 경우에도 죄질을
공통으로 하는 때에는 적용된다고 보아야 할 것이다.[72]

---

68) 김성돈, 형법각론, 56쪽. 학계에서는 이러한 해결이외에도 촉탁·승낙살인죄설과 보통살인죄설의
　　해결입장이 주장되고 있다.
69) Roxin, *Strafrecht AT I, 4. Aufl.*, C. H. Beck, 2006, S. 505 (§ 12 B/139)은, 경한 죄의 구성요건
　　을 실현하는 것으로 착오한 행위자에 대해서는 경한 죄의 고의범으로만 처벌된다는 명문규정을
　　두고 있는 독일형법 제16조제2항을 굳이 인용하지 않더라도 촉탁승낙살인과 보통살인을 '상이한
　　구성요건'으로 간주하지 않고 '하나의 사례에 책임이 감경된 것'으로 볼 경우에는 동일한 결론에
　　도달할 수 있다고 한다.
70) 비록 행위자의 잘못된 인식이지만, 그가 인식한 범위 안에서만 고의책임을 인정하는 책임원칙을
　　그 근거로 제시할 수도 있을 것이다(배종대, 앞의 책, 280쪽; Roxin, 앞의 책, p.505 참조).
71) 여기서는 특히 정성근·박광민, 앞의 책, 195쪽.
72) 그러나 동조의 직접적 적용범위에 대해서는 법정적 부합설과 추상적 부합설의 차이가 있을 수 있
　　다.기본구성요건과 가감적 구성요건의 관계에 대해서는 형식적으로는 추상적 사실의 착오에 해당
　　하지만, 실질적으로는 구체적 사실의 착오라는 성격도 함께 지니고 있다고 한다(배종대, 앞의 책,
　　270쪽).

또한 위와 같은(특히, 명문규정을 두고 있는 독일형법 제16조제2항의) 경우에도, 단지 행위자의 주관적인 오인에 대해 객관적인 감경구성요건이 충족된 것으로 '조직'하는(konstruktiv) 해결은 '조작'(fingiert)이라고 白眼視하는 분석[73]에도 유의해야 한다. 따라서 기본범죄의 객관적·주관적 요건이 존재함에도 불구하고 감경사실에 대해 착오한 행위자에 대해서는 감경사유의 차단효력이 그에게 도움이 되도록 적용해야 할 것이지, 마치 행위자가 정확하게 감경사유를 인식한 것인 양 우대하지는 말아야 한다. 예건대, 피해자의 살해요구를 진중하거나 지속적인 촉탁·승낙으로 착오한(irrtümlich) 행위자에 대해서는 보통살인죄가 아니라 촉탁·승낙살인죄를 적용해야 하지만, 피해자의 진지한 살해요구가 없음을 알면서 형의 감경사실에 대해 오인한(verkennt) 행위자에 대해서는 감경구성요건을 적용하지 말고 기본구성요건을 적용할 가능성이 남아있다고 해야 할 것이다.[74]

3. 형법 제15조제1항 적용범위의 한계

(1) 고의의 특정성과 관련하여

유기천형법학과 같이 법정적 부합설의 입장을 견지할지라도 형법 제15조 제1항은 인식과 발생이 다른 종류의 범죄에 속할 때에는 적용할 것이 아니라 죄질을 같이 하는 범죄에 대해서만 적용되어야 한다.[75] 즉, 제15조 제1항의 적용범위의 외연은 - 구체적 부합설의 설명처럼 - 동종의 범죄간에 형의 가감이 있는 기본구성요건과 파생적 구성요건관계에만 확장되는 것이 아니라 인식사실과 발생사실이 서로 다른 구성요건이더라도 범죄의 성질(죄질)을 같이 하는 경우에는 적용된다는 것이다. 예컨대, 절도죄(제38장 제329조)와 점유이탈물횡령죄(제40장 제360조)간에도 구성요건의 동질성이 인정되어 행위자에게는 점유이탈물횡령죄의 고의기수의 죄책을 물을 수 있다는 것이다.[76]

73) HK-GS/Duttge § 16 RN 3; S/S-Cramer/Sternberg-Lieben § 16 RN 26/27. 독일형법 제16조제2항의 명시에도 불구하고 1998년 제6차 형법개정에 의해 제217조 및 제235조의f가 삭제된 이래로 제16조제2항이 직접 적용되는 사례가 아직 없었다고 한다.
74) Kühl, Strafrecht - Allgemeiner Teil, 3. Aufl., Vahlen, 2000, S. 460 f. (§ 13/16).
75) 유기천, 총론강의-영인본, 242쪽.
76) 유기천, 앞의 책, 243쪽; 이재상, 앞의 책, 173쪽; 임웅, 앞의 책, 160~161쪽.

그럼에도 인식사실과 발생사실의 불일치의 범주를 고려하지 않고 인식한 범죄보다 발생한 범죄가 중한 '모든' 경우에까지 제15조제1항이 적용되는 것처럼 파악하는 것은 법정적 부합설의 내용에 대한 오해다. 구성요건적 착오유형에 대해 구성요건의 동일성으로 구체적 사실과 추상적 사실의 착오로 구분하는 구성요건부합설과, 이들 착오태양을 구성요건의 동질성을 기준으로 분류하는 죄질부합설의 본질적 차이점을 도외시한 언명이다. 법정적 부합설의 주장은 언뜻 보아 추상적 사실의 착오로 분류되는 모든 경우에 대해 제15조제1항을 적용하여 착오자에게 인식사실이든, 발생사실이든 경한 죄의 고의를 인정하는 것이 아니다. 이런 결론은 추상적 부합설의 핵심주장내용이지, 법정적 부합설의 그것은 아니다.

위의 법정적 부합설에 대해 구체적 부합설은 고의의 특정성을 근거로 비판하고 있다.[77] 단지 죄질이 동일하다는 이유만으로 행위자가 실제로 '인식하지 못한' 발생사실에까지 고의를 전용하는 이론구성은 고의의 사실적 기초를 무시하는 태도라는 것이다. 그러나 죄질부합설의 입장에서도 고의의 특정성은 '범죄의 정형·유형에 대한 인식·인용'을 의미하는 것으로 이해하면서 반론을 제기한다.[78] 개괄적 고의와 택일적 고의를 고의의 종류로 인정하는 한, 구체적 부합설도 이와 같은 타당한 반론을 수용해야 할 것이다. 요컨대, 여기서 말하는 고의의 특정성이 법정의 범위 안에서의 특정으로 이해된다면, 그 범위 안에서 발생하는 불일치(=착오)를 무시하는 법정적 부합설의 이론구성은 부당하다고 할 수 없다.

(2) 구성요건의 정형성과 성질의 차이

그럼에도 여전히 문제는 상이한 구성요건간의 불일치를 무시하는 범위가 어디까지인가라는 형법 제15조제1항의 적용범위의 한계선이다. 법정적 부합설의 내부에서도 죄질은 범죄의 성질 내지 특질을 의미하므로 여기서의 법정은 그와 같은 불분명한 기준인 '죄질'이 아니라 '입법자가 정해놓은 행위정형'의 의미로 기준으로 삼는 구성요건부합설의 변형이 있기 때문이다. 후자에 의하면, 절도와 점유이탈물횡령의 사실에까지 고의의 전용을 인정하는 태도는 우리 형법의 해석론이 아니라고 한다.[79] 그와 같은 주장의 근거에는 형법이 절도죄는 "절도와

---

77) 김성돈, 형법총론, 222쪽.
78) 임웅, 앞의 책, 161쪽.

강도의 죄"(제38장)에, 점유이탈물횡령죄는 "횡령과 배임의 죄"(제40장)에 각각 위치시키고 있는데, 이들 범죄가 타인의 소유권을 보호법익으로 같이 하지만 범죄의 특질을 반영하여 입법자가 배치한 조문의 위치를 고려하게 되면 그 죄질이 부합한다고 할 수 없다는 것이다.[80] 이 견해에 의하면, 죄질부합설은 추상적 부합설과의 유사성이 있으며 추상적 부합설에 대한 비판이 그대로 타당하다고 한다.[81]

그런데 죄질부합설에 입각하여 '죄질'이 부합한다는 설명은 적어도 구성요건의 정형성을 완전히 배제하는 것이 아니다. "보호법익과 법전상의 위치"를 기준으로 삼아 추상적 부합설의 '죄'가 부합한다고 하는 것과 법정적 부합설의 '죄질'이 부합한다고 하는 것에 별다른 차이를 엿보지 않는 태도는 양자의 차이를 보지 못한(無視) 것이다. 구성요건의 형식적 측면을 강조하는 구성요건부합설의 입장에서 보면, 이를 능가하여 상이한 구성요건간에도 죄질의 부합을 이유로 추상적 사실의 착오가 아니라 구체적 사실의 착오유형으로 분류하여 발생사실에 대한 고의기수의 책임을 인정하는 죄질부합설의 입장은 분명 추상적 부합설의 결론과 별다른 차이가 엿보이지 않을 것이다. 하지만 법정적 부합설은 – 여기서는 특히 죄질부합설은 – 고의의 특정을 위하여 범죄의 정형·유형에 대한 인식·인용을 전혀 배제하지는 않는다. 이 사실을 도외시한 구성요건부합설의 분석[82]에는 이견이 있을 수밖에 없다.

위와 같이 법정적 부합설 중 구성요건부합설과 죄질부합설의 차이는 구성요건적 착오유형의 이분법적 분류의 기준을 구성요건의 형식면에 둘 것인지, 구성요건의 내용(실질)면에 두고 있는지에 관한 쟁점이다. 유기천형법학 착오이론은 이 점을 분명히 하고 있다. 구성요건적 착오의 이분법적 분류기준은 죄질에 있으며, 착오의 범주가 '異質의 구성요건에 속하는 경우'에는 추상적 사실의 착오라고 분류한다.

---

79) 신동운, 앞의 책, 217쪽.
80) 우리 형법의 규정태도와 달리, 독일형법은 제19장에서 제242조 절도(Diebstahl)와 제246조 횡령 (Unterschlagung)의 죄를 규정하고 있다. 양죄는 타인의 동산을 객체로 하며, 그 소유권의 보호를 공통의 보호법익을 하고 있다.
81) 신동운, 앞의 책, 217쪽.
82) 신동운, 앞의 책, 217쪽.

(3) 상이한 구성요건간의 부합 정도

1) 그러나 유의해야 할 사실은 상이한 구성요건간의 불일치에 대해 범죄의 성질을 기준으로 구체적 사실의 착오유형으로 분류하는 죄질부합설에도 내재적 한계가 있다는 것이다. 구성요건의 실질을 중시하더라도 그 형식적 측면을 완전히 무시할 수는 없다는 말이다. 예컨대, 형법은 허위사실의 유포나 위계 또는 위력으로써 사람의 업무를 방해하는 경우 업무방해죄(제314조)로 처벌하고 있다.[83] 유기천형법학은 형법이 공무방해에 관한 죄, 제136조 · 제137조 등에서 공무를 보호하고 있기 때문에 본죄의 업무에는 공무가 포함되지 않는다는 점을 분명히 하고 있다.[84]

업무방해죄의 업무에 공무가 포함되는가의 문제는 종래부터 형법이 본죄의 행위태양을 공무집행방해죄의 그것(폭행 · 협박과 위계)보다 넓게 '허위사실의 유포나 위계 또는 기타 위력'까지 인정하고 있기 때문에 논의되어 왔다.[85] 형사실무는 본죄의 업무에는 공무도 포함된다는 입장[86]을 취해오다가 최근 전원합의체 판결을 통하여 형법이 업무방해죄와 별도로 공무집행방해죄를 규정하고 있는 취지를 감안하여 그 태도를 변경하여 처벌부정설의 입장을 취하고 있다.[87]

형사실무의 태도변화는 유기천형법학 등 학계의 다수입장을 수용한 것으로 평가된다. 그럼에도 이제는 행위자가 형법 제314조의 고의로 제136조를 실현한

---

83) 본죄의 업무는 사회적 지위에 있어서 계속적으로 종사하는 사무인 한 主務든 副業이든 불문하고, 반드시 법령상 정당한 권한에 의해 행해진 것이 아니라 하더라도 그 업무의 집행 · 경영의 자유를 위법한 행위 방법으로 침해하는 것을 방어해야 할 법률상 필요가 인정되는 때에는 그 업무도 본죄의 대상이 된다고 설명한다(유기천, 각론강의 상-영인본, 176~177쪽).

84) 유기천, 앞의 책, 176쪽. 오늘날의 입장에서 보면, 공무제외설의 입장으로 학계의 다수입장이다. 이에 반해 본죄의 업무에 공무도 포함된다는 견해로는 정영석, 형법각론, 281쪽.

85) 따라서 학계에서는 ①업무방해죄의 업무에서 공무를 제외하면 허위사실의 유포나 기타 위력에 의한 공무방해는 형법상 공무집행방해죄 또는 업무방해죄에도 해당하지 않을 우려가 생기므로 공무도 본죄의 업무에 포함된다는 공무포함설(임웅, 형법각론, 개정판보정, 법문사, 2008년 3월, 220쪽; 정영일, 형법각론, 개정판, 박영사, 2008년 1월, 203쪽), ②사회적 활동으로서의 업무의 성질과 보호필요성에 따라 비권력적 공무(사기업성 공무, 국립대학 입학업무, 국철사업 등)와 폭행 · 협박과 위계 이외의 수단으로 방해한 공무에 한하여 본죄의 업무에 포함되어야 한다는 절충설(정성근 · 박광민, 형법각론, 제4판, 삼영사, 2011년 8월, 224쪽), ③개인의 재산적 질서 내지 경제적 활동의 자유를 보호하는 업무방해죄에는 공무가 대상에서 제외되어야 한다는 공무제외설(김성돈, 형법각론, 228쪽; 박상기, 형법각론, 제7판, 박영사, 2008년 2월, 207쪽; 배종대, 형법각론, 제8전정판, 홍문사, 2013년 2월, 299쪽; 오영근, 형법각론, 제2판, 박영사, 2009년 3월, 240쪽; 이재상, 형법각론, 제9판, 박영사, 2013년 7월, 211쪽)등이 대립하고 있다.

86) 대법원 1996. 1. 26. 선고 95도1959 판결.

87) 대법원 2009.11.19. 선고 2009도4166 전원합의체 판결.

경우에 대해 사실의 착오이론으로 해결할 것인지가 문제될 수 있고, 유기천형법학 각론강의는 '총론강의와의 입체적 운영을 위하여' 수정의 여지가 있는 것 같다. 1995년 12월 29일 형법개정(법률 제5057호)에 의하여 공무집행방해죄의 법정형에 선택형으로 벌금형이 추가됨으로써 개정이전의 형법규정과 비교할 때 업무방해죄와 공무집행방해죄간 형의 경중에 역전현상이 발생했기 때문이다. 따라서 개정이전과 같이 '공무'와 사적인 '업무'의 이분법적인 단순분류에 따라 택일적인 방법으로 각 범죄의 성립여부를 문제 삼을 것이 아니라 이제는 각 행위의 주체와 행위태양 나아가 보호법익인 공무와 업무의 구별 등을 종합적으로 고려하여 판단해야 한다.[88]

2) 이제는 여기서 행위자의 착오가 공무원이 집행하는 '직무의 적법성'에 대한 착오인지, 아니면 업무자체의 성질에 관한 착오인지를 선결해야 한다. 먼저 업무의 성질에 대한 착오라면, 행위자의 업무방해(제314조 법정형: 5년이하의 징역, 1천5백만원이하의 벌금)의 고의 속에 당연히 경한 공무집행방해(제136조 법정형: 5년이하의 징역, 1천만원이하의 벌금)의 고의가 포함되어 있는 것으로 판단될 수 있다. 이는 발생한 범죄사실인 공무집행방해죄에 대한 고의의 기수책임을 인정하는 방향으로 귀결되어야 할 것이다.

이러한 결과는 착오의 범주를 구체적 사실의 착오유형으로 분류하지 않는 한, 추상적 부합설의 입장과 유사하지만 이러한 해결에서 추상적 부합설의 화려한 부활을 지지해야 할 것은 아니다. 유기천형법학 착오이론에서는 상이한 구성요건간에도 죄질을 근거로 구체적 사실의 착오유형으로 분류할 여지가 있기 때문이다. 그럼에도 여기서 유의해야 할 점은 현행형법은 업무방해의 미수를 인정하지 않으며, 공무집행방해의 미수범처벌규정도 두고 있지 않다는 사실이다. 최근 대법원 2009도4166 전원합의체 판결에서도 이러한 형법의 규정태도에 주목하여 공무는 업무에 포함되지 않는다고 판시하고 있다.

다음으로 집행되는 공무의 적법성에 대한 착오, 즉 행위자가 공무원의 직무집행이 위법하다고 착각하고 방해한 경우에 이는 결국 자기행위의 합법성에 대한 오인으로 위법성의 인식에 착오가 있는, 따라서 형법 제16조(법률의 착오)의

---

88) 유기천형법학에서는 공무집행방해죄의 보호법익은 국가기능으로서의 공무의 보호에 있고, 행위객체는 공무원이 아니라 공무집행중인 공무원(Vollstreckungsbeamte)이라고 한다(유기천, 전정신판 형법학(각론강의 하)-영인본, 법문사, 2012년 2월, 307쪽).

문제로 귀착하게 된다.[89] 이러한 유기천형법학의 결론은 - 결과적으로는 엄격책임설의 입장에서 - 타당한 해결방법이 되었지만, 그 해결과정에 있어서는 논의의 보충이 필요하다. 직무를 집행하는 공무원은 어디까지나 행위의 객체로서 제136조의 구성요건해당성의 문제이기 때문이다.[90] 그렇다면, 적법성에 대한 착오의 효과에 대하여 객관적 처벌조건설, 위법성조각사유설, 구성요건요소설의 대립이 있으나 직무를 집행하는 공무원이 구성요건해당성의 문제이므로 공무집행의 적법성에 대한 착오도 구성요건의 규범적 요소에 대한 착오라고 해야 할 것이다.[91]

유기천형법학 착오이론을 그대로 수용하더라도, 행위자가 그와 같은 사실에 착오하여 자기행위의 위법성에 대해 오인한 때에는 오늘날에는 이 문제를 위법성조각사유의 객관적 전제사실에 대한 착오로 취급되어야 할 것이다.

Ⅳ. 위법성조각사유의 객관적 전제사실에 대한 착오의 문제

1. 착오이론에서 착오의 용어사용례

1) '위법성'조각사유의 전제'사실'에 관한 착오의 현상은 그 법형상의 명칭부여에서부터 이미 양면성을 지니고 있다. 위법성조각사유에 해당하는 허용상황에 대한 착오 즉, 행위당시의 사실적 측면을 잘못 인식한 점에서는 '사실의 착오'와 유사하고, 행위자가 자신의 행위가 위법하지 않다고 믿은 점에서는 위법성을 인식하지 못한 '법률의 착오'와 유사하다. 다만, 행위당시에 착오한 사실이 객관적 구성요건요소인 사실이 아니라 위법성조각사유의 해당요건인 사실이라는 점에서 '구성요건적 착오'와 구별되고, 또 자기행위의 위법성을 인식하지 못한 이유가 (금지)규범의 평가차원에서 발생한 것이 아니라 행위당시의 사실적 측면에서 발생했다는 점에는 '금지착오'와 구별되는 것이다.

---

89) 유기천, 앞의 책, 313쪽.
90) 유기천, 앞의 책, 310쪽.
91) 다만, 행위자의 오인이 적법성의 요건을 너무 좁게 해석하여 포섭의 착오를 일으킨 경우에는 위법성의 착오가 될 수 있다고도 한다(김성돈, 앞의 책, 773쪽 참조).

2) 형법이 제15조와 제16조에서 각각 '사실의 착오', '법률의 착오'라는 표제를 달고 있는 것은 독일구형법 · 제국법원의 수평적 구분에 영향을 받은 것이라 한다.[92] 사실의 인식과 법률(위법성)의 인식을 모두 책임요소로서 고의의 내용으로 보는 '고의설'의 입장에서 보면, 행위자의 착오는 - 그 법효과의 측면에서 - 책임단계에서 고의책임을 부정하는 착오와 그렇지 않은 착오로만 의미가 있을 것이다.[93] 그렇다면, 사실의 착오와 법률의 착오의 구분은 (책임형식 · 책임요소로서의) 고의를 부정하는 결론의 원인차이에 불과한 것으로 볼 수 있다. 독일구형법상의 사실착오 · 법률착오의 구분은 위법성단계에도 그대로 적용되며 위법성조각사유의 객관적 전제사실에 대한 착오는 그 착오의 원인이 사실에서 연유한 이상, 사실의 착오와 동일한 것으로 평가되었다.[94]

그러나 이러한 제국법원의 판례에 대해서는 근본적으로 책임원칙과 부합되지 않으며, 법률의 착오에 있어서 형법과 부수형법의 착오효과를 달리 하는 논리구성에도 무리가 있다는 의문이 제기되었다. 비형법적 법률의 착오와 달리, 고의를 인정함에 있어 형법적 법률의 착오를 모두 무시할 것이 아니라 자기행위의 형법적 의미를 특별히 인식한 행위자에 대해서는 불법을 인정할 수 있다는 지적이 그것이다.[95]

이에 독일 신형법은 구성요건적 고의를 인정하는 태도(위법성인식의 체계적 위치와 관련해서는 책임설의 입장)에 입각하여, 착오를 구성요건적 불법의 배제를 판단하는 '구성요건적 착오'(Tatbestandsirrtum)와 책임의 인정여부를 검토하는 '금지착오'로 구분하고 있다. 법문의 정확한 표현에 의하면, 독일형법 제16조의 구성요건적 착오(Irrtum über Tatumstände)는 제1항 제1문에서 "행위당시에 법정구성요건에 해당하는 사정을 인식하지 못한 자는 고의로 범행하지 않았다"는 것이며, 제2문에서는 "과실로 인한 가벌성이 제1문과 관계없이 남아 있다"는

---

92) 성낙현, "고의인정여부에 따른 착오의 구분", 비교형사법연구 제4권제2호, 한국비교형사법학회, 2002년 12월, 109쪽 이하.
93) 실제적인 사건경과에 대한 인식의 결여 내지 오인으로써 성립되는 순수한 사실의 착오는 항상 고의를 배제하지만, 법률의 착오는 형법적 (법률)착오와 비형법적 (법률)착오로 구분되어 전자만이 책임고의의 귀속이나 고의책임의 인정에 영향을 주는 것이라 한다(RGSt 57, 236). 비형법적 법률의 착오는 사실의 착오의 경우처럼 고의를 배제하는 것으로 인정되었다(RGSt 50, 183; 61, 429 ff.(431); 성낙현, 앞의 논문, 109~110쪽 재인용).
94) 성낙현, 앞의 논문, 110쪽 참조.
95) Schroth, *Vorsatz und Irrtum*, C. H. Beck, 1998, S. 17; 성낙현, 앞의 논문, 111쪽 재인용.

의미이다.96) 오히려 '행위당시에 경한 법률의 구성요건을 실현하는 것으로 사정을 오인한(irrig Umstände annimmt) 자는 고의행위로 인해서는 단지 경한 법률에 따라 처벌될 수 있다'는 독일형법 제16조제2항이 우리 형법 제15조제1항의 사실의 착오에 대응하는 규정이다.

3) 그럼에도 학계의 다수가 착오의 용어사용례에서 '구성요건적 착오'와 '사실의 착오'를 구별함이 없이 같은 의미로 통용하고 있는 것은 정확한 것이 아니며, 형법 제13조 본문에 규정된 상황인 사실의 '불인식'도 사실의 '착오'에 포함되는 것으로 이해하는 이견이 있다.97) 즉, 구성요건적 착오의 대상인 구성요건요소에는 위법행위의 定型을 나타내는 표지(Merkmal)로서 객관적으로 존재하는 사실적 표지와 일정한 가치판단을 함유하는 규범적 표지도 있다는 것이다. 따라서 구성요건적 착오에는 구성요건단계에서 발생하는 착오의 전체를 가리키지만, 사실의 착오는 구성요건적 착오 중 일부분만을 지칭하는 것이라 한다.98)

그러나 먼저, 구성요건의 착오에 "죄의 성립요소인 사실"의 '불인식'상황을 포함시킨 것은 우리형법의 규정태도와 일치하지 않는다는 위의 "사실의 착오의 의미와 개념 정의"에 대한 검토가 그대로 타당할 것이다. 요컨대, 구성요건적 착오와 사실의 착오에 대한 용어의미상에 차이를 두는 것은 범죄사정의 착오(Irrtum über Tatumstände)와 금지착오로 구별하는 독일형법학의 수직적 구분에 대응하는 구별이라고 한다.99) 그럼에도 여기서 유의해야 할 점은, 독일형법 제16조와 제17조의 구분에도 불구하고 학계의 다수는 구성요건적 착오와 위법성의 착오(금지착오)로 이해하고 있으며, 형사실무는 사실의 착오(Tatsachen-irrtum)와 금지착오의 구별로 파악하고 있다는 점이다.100) 이는 형법상의 착오가 한편에서는 사실의 착오 및 비형법적 법률의 착오로, 다른 한편에서는 형법적 법률의 착오로 구별되어 오던 제국법원의 판례입장이 신형법에서 범죄사정의

---

96) 이는 우리 형법 제13조 및 제14조에 대응하는 의미의 규정이다(신동운, 앞의 책, 198~199쪽).
97) 여기서는 신동운, 앞의 책, 206~207쪽.
98) 나아가 이 견해에서는 금지착오와 위법성의 착오의 관계에 대해서도 전자는 자기의 행위가 구성요건에 해당하고 위법하다고 인식하는 행위자의 내적 표상(불법인식)에 대한 착오 즉, 불법이라는 실체를 전제로 하는 개념인데 반하여 위법성의 착오는 객관적으로 위법성이 인정되지만 주관적으로 위법하지 않다고 생각하는 성질자체에 대한 착오라는 점에서 금지착오의 한정된 부분만이라고 한다(신동운, 앞의 책, 199~200쪽 참조). 이러한 이해에서는 형법상의 착오는 법률규정의 표제어에도 불구하고, '구성요건적 착오'와 '금지착오'라는 용어를 사용하고 있다.
99) 이에 대해서는 성낙현, 앞의 논문, 112~113쪽 참조.
100) BGHSt 3, 105; 3, 194; 3, 272; BGHSt 31, 264; BGHSt 45, 378 등.

착오(제16조)와 금지착오(제17조)로 입법화된 것으로 이해할 수 있다.[101] 이러한 통상적 구분에 따르더라도 위법성조각사유의 객관적 전제사실에 대한 착오를 해결하는-학설의 대립에도 불구하고-독일연방대법원은 제한적 책임설의 입장에서 이를 사실의 착오에 해당하는 문제로 판단하고 있다.[102]

위와 같이 간략한 입법사적 비교사실에 기초하면, 오히려 형법 제15조의 '사실의 착오'는 독일형법 제16조의 범죄사정/범죄사실의 착오와 크게 다르지 않으며 이를 '구성요건적 착오'와 굳이 구별해야 할 필요가 있는 것은 아니다. 유기천 형법학 착오이론에서도 "형법 제15조와 제16조가 각각 사실의 착오와 법률의 착오를 규정한 뜻도 이런 견지에서 이해하"고 있다. "왜냐하면, 여기서의 사실이란, 구성요건상의 사실만을 의미하기 때문이다."[103]

2. 양면적 착오의 해결방법

1) "사실의 착오"와 "법률의 착오"라는 형법의 표제에도 불구하고, 착오사례를 해결하는 학계의 용어사용은 '구성요건적 착오'와 '위법성의 착오'로 정착되어 왔다. 이에 위법성조각사유의 객관적 전제사실에 관한 착오유형은 구성요건적 사실의 착오로서 제15조의 적용대상인지, 아니면 위법성의 인식에 관한 착오로서 제16조에 의하여 해결되어야 하는지가 문제되고 있다.[104] 이런 유형의 착오에 대한 그간 우리 형법학의 해결은 실로 다양한 이론적 성과를 가져 왔다. 그 해결방안으로 제시되는 견해만으로도 고의설과, 소극적 구성요건표지이론, 유추적용설, 법효과전환책임설의 제한책임설 그리고 엄격책임설 등이 주장되어 있다. 학계의 다수는 대체로 고의의 이중적 지위를 인정하고서 제한책임설 중 이른바 법효과전환책임설의 입장을 취하고 있지만, 목적적 범죄체계의 구성요건적 고의를 인정하는 입장에서 엄격책임설의 태도를 견지하는 견해도 만만치 않

---

101) Fischer, *Strafgesetzbuch* § 16 RN. 20 참조.
102) Fischer, *StGB*, § 16 RN. 22 참조. 이와 다른 해결방법으로는 독일형법 제17조의 금지착오로 보는 엄격책임설의 입장과, 변형된 이른바 법효과전환책임설의 해결방법이 있다.
103) 유기천, 총론강의-영인본, 237쪽.
104) 형법학의 제1세대 학자들의 교재에는 이런 유형의 착오에 대하여 제2세대 학자들의 교재에서 설명하는 정도의 상세한 해결을 찾을 수 없다. 여기서는 특히, 유기천, 앞의 책, 243~245쪽; 정영석, 앞의 책, 184~190쪽; 황산덕, 앞의 책, 206~212쪽 등 참조.

다.105) 이에 대해 형사실무는 명예훼손죄에서 적시된 사실의 진실성에 관한 오인사건에서 허위사실을 진실한 사실로 오인하였더라도 "그와 같이 믿은 데에 객관적인 상당한 이유가 있는 경우에는 명예훼손죄의 위법성이 없다"106)고 판시하여 독자적인 태도를 보이고 있다.

2) 그런데 위법성을 조각시키는 대법원의 태도는 고의조각 또는 책임비난의 감면이라는 형법 제15조 및 제16조의 해석과 관련된 착오이론의 귀결과는 일치할 수 없는 입법론(de lege ferenda)이라고 한다.107) 그렇지만 여기서는 특히, 명예훼손죄에서 적시된 사실의 진실성에 대한 착오는 통상의 위법성조각사유의 객관적 전제사실에 대한 착오와는 다른 특성을 지니고 있다고 본다. 적시된 사실의 진실성은 명예훼손죄의 위법성을 조각하는 객관적인 한 요건일 뿐만 아니라 이미 구성요건단계에서 ―구성요건의 선별기능과 관련하여― 형법 제307조제1항과 동조 제2항의 해당여부를 판가름해야 하는 사유이기도 하기 때문이다.108) 외부적 명예를 보호법익을 하는 명예훼손죄에서 형법 제307조제1항과 동조 제2항은 기본구성요건과 가중적 구성요건의 관계에 있고, 제310조에서는 적시된 사실이 진실이며 오로지 공공의 이익에 관한 때는 위법성을 조각시키고 있다. 따라서 명예를 훼손하려고 적시한 사실이 '사실'(Tatsache)인가 또는 '허위'의 사실인가는 구성요건해당성단계의 심사이고, 오로지 공익을 위하여 적시한 사실이 '진실'(Wahrheit)인 때에 위법성이 조각된다. 이처럼 '허위가 아닌' 사실이 '진실한' 사실인 경우에 위법성이 조각되는 것이다.109)

형법이 진실증명은 위법성을 조각하는 것으로 규정하고 있으므로, 그에 대한 착오는 위법성의 인식에 영향을 미치고 이는 위법성의 착오로써 형법 제16조의 적용을 받아야 할 것이다.110) 적시된 사실의 진실증명이 위법성단계의 심사라면,

---

105) 전자의 법효과전환책임설을 지지하는 대표적인 견해로는 신동운, 앞의 책, 431~432쪽; 임웅, 형법총론, 315쪽; 엄격책임설을 견지하는 대표적인 학자로는 김성돈, 앞의 책, 396쪽; 정성근·박광민, 앞의 책, 359쪽 등이 있다. 그리고 제시된 각 학설의 내용과 주장 및 지지자에 대한 자세한 설명은 김성돈, 앞의 책, 393~397쪽 참조.
106) 대법원 1996. 8. 23. 선고 94도3191 판결.
107) 손동권, 형법각론, 개정판, 율곡출판사, 2005년 3월, 195~196쪽.
108) 형법 제307조제1항의 '허위가 아닌' "사실"이 제310조의 "진실한 사실"과 '중첩'하는 경우에 그렇다.
109) 이는 적시된 사실의 진실성이 처벌조각사유로 규정되어 있는 독일형법 제186조(Üble Nachrede)의 경우와 다른 점이다. 독일형법은 적시된 사실이 진실이 아닌 것으로 증명되는 경우에 1년 이하의 자유형 또는 벌금형으로 처벌하고 있다.

제310조에서 말하는 그 사실의 진실유무는 행위자가 인식한 주관적 진실과는 상관없이 실제로 존재하는 객관적 진실이라야 한다. 비록 객관적 위법성론에서의 객관이 평가대상이 아니라 '평가방법'의 객관성을 의미하는 것이라 하더라도 이는 자명한 사실이다.111) 위법판단의 객관성을 담보하기 위해서는 행위자의 인식 사실에 대해 일반인의 가치판단이 있어야 하며, 일반인의 객관적 판단이라면 행위자가 인식한 진실과 달리 일반인이 진실한 사실로 인식해야 한다. 이처럼 객관적 판단에 따른 제310조의 진실성은 행위자의 인식과 관계없이 존재하는 객관적 진실이다.

3) 이러한 전제하에서 행위자가 착오로 인해 허위의 사실을 진실한 사실로 믿고 오로지 공공의 이익을 위하여 사실을 적시하여 타인의 명예를 훼손한 경우가 문제인 것이다. 이 경우에도 행위자의 고의(인식사실)와 실제로 발생한 결과(발생사실)가 불일치하기 때문에 착오이론의 일반원칙에 따라 해결되어야 한다.112) 예컨대, 실제로 허위의 사실을 행위자가 진실한 사실로 오인한 경우(주관적 진실이나 객관적 허위인 경우)는 형법 제307조제1항의 고의로 동조 제2항의 결과를 발생시킨 경우로써 구성요건적 착오에 관한 어느 견해에 의하더라도 제307조 제1항이 적용된다고 한다.113) 반대로 진실한 사실을 허위의 사실로 착오하고 타인의 명예를 훼손한 경우는 즉, 제307조제2항의 고의로 동조 제1항의 결과를 발생시킨 때에는 제307조 제1항이 적용된다.114) 앞의 어느 경우의 착오이든 모두 제307조 제1항이 적용되지만, 그러나 그 어느 경우에도 제310조에 해당하

---

110) 유기천, 각론강의 상-영인본, 141쪽.

111) 형식적 위법론과 실질적 위법론에 대한 상술은 유기천, 총론강의-영인본, 174~175쪽 참조.

112) 유기천, 각론강의 상-영인본, 145쪽; 이재상, 앞의 책, 192면.

113) 구체적 부합설의 입장에서 형법 제307조제1항과 동조 제2항의 관계에 대하여 서로 구성요건을 달리하는 추상적 사실의 착오유형으로 이해하는 경우에는 명예훼손죄에서는 미수범과 과실범의 처벌규정이 없기 때문에 무죄라고 해야 할 것이다. 그런데도 제307조제2항에 해당하지만 제15조 제1항이 적용되어 제307조제1항이 성립한다고 한다(이재상, 앞의 책, 193쪽; 김성돈, 형법각론, 206쪽 참조).

114) 추상적 부합설의 입장에서 경한 범죄(제307조제1항)의 기수와 중한 범죄(제307조제2항)의 미수의 상상적 경합이 인정된다고 하더라도 "명예에 관한 죄"에서는 미수범처벌규정이 없으므로 제307조제1항만이 성립한다. 그러나 법정적 부합설의 입장에서 제307조제1항과 제2항의 관계에 대해 서로 구성요건을 달리하는 '추상적 사실'의 착오유형으로 이해하는 경우에는 명예훼손죄에서는 미수범과 과실범의 처벌규정이 없기 때문에 무죄라고 해야 할 것이지만, 그 중 '죄질부합설'에 입각하여 제307조제1항과 동조 제2항의 관계에 대해 – 구성요건의 동질성을 근거로 – '구체적 사실'의 착오유형으로 분류하는 때는 제307조제1항의 고의·기수책임을 인정할 수 있다(임웅, 형법각론, 206쪽).

여 위법성이 조각되지는 않을 것이다. 전자의 경우에는 위법성조각사유의 객관적 성립요건이 존재하지 않고, 후자의 착오에는 행위자에게 주관적 정당화요소가 인정되지 않을 것이기 때문이다.[115]

그럼에도 여전히 '적시된 사실의 진실성'을 위법성조각사유의 '객관적 요건'에 해당하는 전제사실로 이해하고 그에 대한 착오가 있다고 하는 것은 문제다. 즉, 형법 제307조제1항을 제2항과 대비하여 논리적으로 해석하고 제307조제1항의 적시된 "사실"이 '진실한 사실'임을 강조하며 사실의 진실성에 대한 착오를 위법성조각사유의 '전제사실'에 관한 착오라고 이해한다.[116] 이 문제를 해결함에 있어 드러나는 예컨대, 허위의 사실을 진실한 사실로 오인한 행위자에게 '輕信'이 있는 경우, 제한적 책임설에 의하면 처벌할 수 없는 처벌의 부당한 공백을 메우기 위하여 이제는 제310조의 성립에 필요한 '특별한 주관적 정당화요소'로서 '성실한 검토의무'를 추가적으로 요구하고 이를 '허용된 위험의 법리'에 의해 판단해야 한다는 입장이 그것이다.[117]

이에 대해서는 먼저, 구성요건해당성의 판단에서 이미 '논리해석'에 의해 제307조제1항의 적용대상이 진실한 사실이라고 한다면 그에 대한 착오를 구성요건적 착오로 유형화하지 않고 위법성조각사유의 전제사실에 대한 착오의 문제로 해결하는지가 의문이다.[118] 다음으로 허위의 사실을 진실한 사실로 오인함에 輕信이 있는 착오자를 처벌하기 위하여 위법성조각사유의 객관적 요건의 부존재

---

115) 김성돈, 형법총론, 396쪽. 결국, 위법성조각을 인정하는 형사실무의 태도는 어떤 논거에 의하든 범죄체계론적 관점에서 볼 때 형법의 해석론과는 일치하기 곤란하다고 하겠다. 이와 달리 대법원판례의 입장을 지지하는 견해로는 김재봉, "형법 제310조와 의무합치적 심사", 형사판례연구[8], 박영사, 2000년 6월, 202쪽 이하, 특히 226면: 허용된 위험사상에 근거한 의무합치적 심사: 임웅, 앞의 책, 204쪽: 제310조의 특별한 주관적 정당화요소로서 사실의 진실여부에 관한 성실한 검토의무·확인의무.

116) 여기서는 특히 임웅, 형법각론, 196쪽; 동, 형법총론, 308쪽.

117) 임웅, 형법총론, 194~195쪽; 동, 형법각론, 202~203쪽. 이러한 태도는 피고인에게 불리한 유추해석으로 허용되지 않지만 입법론으로는 바람직한 개정방향이라고 하는 견해로는 이희경, "사이버명예훼손죄의 위법성조각사유에 대한 검토", 성균관법학 제22권제3호, 성균관대학교 법학연구소, 2010년 12월, 314쪽.

118) 半步讓步하여 형법 제307조제1항의 "사실"이 동조 제2항과의 對比에서 '허위가 아닌' 사실이고, 이 후자의 사실에 제310조에서 의미하는 "진실한 사실"이 포함되는 것으로 보더라도 적시된 사실의 진실성에 대한 착오는 단지 위법성조각사유의 전제사실에 대한 착오만이 아니라 구성요건적 착오와 重合하는, - 이를 구성요건적 착오로 취급할 것인지 아니면 위법성조각사유의 전제사실에 대한 착오로 보아 이론적으로 해결할 것인지는 별론으로 하더라도 - 이른바 '중첩적 착오'라고 해야 할 것이다.

를 추가적으로 요구된 '특수한 주관적 정당화요소'의 부존재라는 주관적 성립요건의 결여로 치환함으로써 행위자에게 위법성을 긍정하는 우회적인 이론구성에는 문제가 있다고 하겠다. 오히려 사실의 진실성을 오인한 행위자에 대해서는 객관적 성립요건의 결여로 인하여 제310조에 의한 위법성의 조각을 부정하는 것이 간명한 이론구성이다.[119]

요컨대, 형법 제310조가 말하는 "진실"과 제307조제1항에서 의미하는 "사실"의 차이는 무엇인지 그 의미하는 바를 분명히 해야 한다. 그 요체는 제307조제1항과 동조 제2항의 구성요건을 선별함에 '진실한 사실'과 '허위의 사실'로 구분할 것인지 아니면, 여기서처럼 제307조제1항의 '사실', 제307조제2항의 '허위의 사실'로 구분하고 제307조제1항의 "사실"은 '허위가 아닌 사실'을 의미하는 것으로 이해하는가의 차이다. 형법은 제307조제1항의 적시된 "사실"이 '진실'이고, 공익성이 있는 경우에 위법성이 조각된다고 제310조에 규정하고 있다.[120]

V. 결 론

행위자의 인식사실과 현실의 발생사실이 불일치하는 경우, 행위자에게 어떤 죄책을 부과할 것인가라는 사실의 착오문제를 해결하는 형법학계의 논의는 구성요건착오라는 법형상의 개념설명과 착오유형을 분류하는 기준설정에서부터 일치되어 있지 않다. 여기서는 구성요건적 착오의 문제적 상황에 직면하여 착오이론의 닥친 혼란을 종결시키고, 형법총론의 이론적인 귀결이 더 이상 각론에서의 해결과 불일치하지 않도록 유기천형법학 착오이론을 중심으로 몇몇 문제영역을 재검토하였다. 형법총론의 서술은 형법학의 '학문적 이론을 전개'보다는 현행법의 충실한 소개와 관련 이론을 간략하게 언급하는 '현행법의 정확한 해석'에 정향되어야 함을 유기천형법학은 강조한다. 형법학 각론강의에서는 특히 '총론

---

119) 이러한 이론적 구상은 적시된 사실의 진실성에 대한 착오사례를 위법성이 조각되는 것으로 판단하고 있는 형사실무의 태도에 대해 이론적 기초토대를 제공할 수 있을 것으로 기대한다. 이에 대한 집중인 이론적 분석은 이른바 '중첩적 착오'문제와 해명과 함께 다음 기회의 연구로서 제시하겠다.

120) 이희경, 앞의 논문, 313쪽. 그러나 형사실무에서는 적시된 사실에 다소 과장이 있거나 그 세부에 있어서 진실과 불합치하더라도 중요한 부분이 진실과 합치되는 경우에는 무방하다고 한다(대법원 2001. 10. 9. 선고 2001도3594 판결).

과 각론의 입체적 운영을 시도함'으로써 '형법체계의 종합적 이해'를 위한 노력을 강조하고 있다. 이러한 형법학연구의 순서 및 각론의 의미체계에 대한 월송 선생의 분석은 착오이론의 난맥상 해결에도 시사점이 있다고 판단했기 때문이다. 여기서는 먼저 사실의 착오유형의 구분에 관한 사소한 구분기준의 설명차이가 형법학의 착오이론에 불어온 커다란 소용돌이의 발원지였다고 진단하였고, 그 해결의 실마리는 구성요건적 착오를 구체적 사실의 착오와 추상적 사실의 착오유형으로 이분하는 기준을 '죄질'이라는 구성요건의 동질성에서 가져오는 유기천형법학 착오이론의 설명에서 찾았다.

이상의 검토를 간략하게 요약하면 다음과 같이 정리된다. 먼저 형법의 규정형식을 따르면, "죄의 성립요소인 사실을 인식하지 못한", '불인식'에 해당하는 고의·과실의 문제영역(제13조, 제14조)과, 범죄사실을 인식하였으나 발생사실과 '불일치'하는 착오의 문제영역(제15조)은 엄연히 구분되어야 한다. 이처럼 고의·과실의 영역과 착오의 문제영역을 구분하는 기존의 체계분석방법에서는 형법 제15조제1항을 구성요건적 착오에 관한 '일반규정'으로 이해한다. 형법 제15조의 '사실의 착오'는 이를 '구성요건적 착오'와 굳이 구별해야 할 필요가 있는 것은 아니다. 왜냐하면, 여기서의 사실이란, 구성요건상의 사실만을 의미하기 때문이다.

형법 제15조제1항을 구성요건적 착오에 관한 '일반규정'으로 이해하더라도 행위자의 인식과 발생이 불일치하는 '모든' 경우에 적용되는 것은 아니다. 인식사실과 발생사실의 불일치의 범주를 고려하지 않고 그와 같이 파악하는 것은 죄질부합설과 구성요건부합설의 차이를 도외시한데서 연유하는 법정적 부합설의 내용에 대한 오해다. 유기천형법학 착오이론에서는 제15조제1항은 인식과 발생이 다른 종류의 범죄에 속할 때에는 적용할 것이 아니라 죄질을 같이 하는 범죄에 대해서만 적용한다고 명시하고 있다. 즉, 제15조제1항적용의 외연은 - 구체적 부합설의 설명처럼 - 동종의 범죄간에 형의 가감이 있는 기본구성요건과 파생적 구성요건관계에만 확장되는 것이 아니라 인식사실과 발생사실이 서로 다른 구성요건이더라도 범죄의 성질을 같이 하는 경우에는 적용된다는 것이다. 예컨대, 절도죄와 점유이탈물횡령죄간에도 구성요건의 동질성을 인정하여 행위자에게는 점유이탈물횡령죄의 고의기수의 죄책을 물을 수 있었다.

그렇지만 상이한 구성요건간의 불일치를 무시하고 범죄의 성질을 기준으로 구체적 사실의 착오유형으로 분류하는 죄질부합설에도 내재적 한계가 있다고 하였다. 이는 구성요건의 실질을 중시하더라도 그 형식적 측면을 완전히 무시할 수는 없다는 말이다. 예컨대, 형법 제314조의 고의로 제136조를 실현한 경우에도 1995년 12월 형법 개정이전과 같이 '공무'와 사적인 '업무'의 이분법적인 단순분류에 따라 택일적 방법으로 각 범죄의 성립여부를 문제 삼을 것이 아니라 오히려 각 행위의 주체와 행위태양 나아가 보호법익인 공무와 업무의 구별 등을 종합적으로 고려하여 판단해야 할 것이다. 이 경우 행위자의 착오가 공무원이 집행하는 '직무의 적법성'에 대한 착오인지 아니면 업무자체의 성질에 관한 착오인지를 선결해야 하며 업무의 성질에 대한 착오라면, 유기천형법학 착오이론에 따라 구체적 사실의 착오유형으로 분류할 여지가 있다. 하지만 유의해야 할 현행 형법의 규정형식은 개인적 법익범죄에서 업무방해의 미수를 인정하지 않으며, 국가적 법익범죄에서 공무집행방해의 미수범처벌규정도 두고 있지 않다는 사실이다.

다음으로 집행되는 공무의 적법성에 대한 착오 즉, 행위자가 공무원의 직무집행을 위법이라고 착각하고 방해를 한 경우는 결국 자기행위의 합법성에 대한 오인으로 위법성의 인식에 착오가 있는 형법 제16조(법률의 착오)의 문제로 귀착하게 된다. 이러한 결론은 - 결과적으로는 엄격책임설의 입장에서 - 타당한 해결방법이 되었지만, 그 해결과정에 있어서는 논의의 보충이 필요하였다. 제136조의 '집행되는 공무의 적법성에 대한 착오'는 제307조의 '적시된 사실의 진실성에 대한 착오'와 유사한 착오이론의 논리구조를 가지고 있어 여기서는 위법성조각사유의 객관적 전제사실에 대한 착오문제로 취급하였다. 이에 대해서는 제15조의 적용대상인지, 아니면 제16조에 의해 해결하는지가 문제되고 있지만, 제307조의 구성요건해당성의 판단에서 '논리해석'에 의하여 제1항의 적용대상이 '진실한 사실'로 정했다면 적시된 사실의 진실성에 대한 착오를 구성요건적 착오로 취급하지 않고 위법성조각사유의 전제사실에 대한 착오문제로 해결하는 것은 문제가 있다고 본다. 반보양보하여 제307조제1항의 "사실"이 제2항과의 對比에서 '허위가 아닌' 사실이고, 이 후자의 사실에 제310조에서 의미하는 "진실한 사실"이 포함되는 것으로 보더라도 적시된 사실의 진실성에 대한 착오는 단지 위법성조각사유의 전제사실에 대한 착오만이 아니라 구성요건적 착오와 重合하는, -이를 구성요건적 착오로 취급할 것인지 아니면 위법성조각사유의 전제사실에 대한 착오로 보아 이론적으로 해결할 것인지는 별론으로 하더라도-이른바 '중첩적 착오'라고 해야 할 것이다.

참고 문헌

김성돈, 형법각론, 제3판, SKKUP, 2013년 9월.

김성돈, 형법총론, 제3판, SKKUP, 2014년 3월.

김성룡, "착오론에서의 해석론의 착오", 비교형사법연구 제4권제2호, 한국비교형사법학회, 2002년 12월, 135면 이하.

김영환, "형법상 방법의 착오의 문제점", 형사판례연구 [1], 박영사, 1993년 7월, 13면 이하.

김일수, 형법학원론[총론강의], 박영사, 1988년 8월.

김재봉, "형법 제310조와 의무합치적 심사", 형사판례연구 [8], 박영사, 2000년 6월, 202면 이하.

김종원, 형법각론, 상권, 3정판, 법문사, 1973년 2월

문채규, "형법 제15조제1항에 대한 새로운 해석의 시도", 형사법연구 제16호, 2001년 12월, 19면 이하.

박상기, 형법각론, 제7판, 박영사, 2008년 2월.

박상기, 형법총론, 제9판, 박영사, 2012년 3월.

배종대, 형법각론, 제8전정판, 홍문사, 2013년 2월.

배종대, 형법총론, 제11판, 홍문사, 2013년 2월.

성낙현, "고의인정여부에 따른 착오의 구분", 비교형사법연구 제4권제2호, 한국비교형사법학회, 2002년 12월, 107면 이하.

손동권, 형법각론, 개정판, 율곡출판사, 2005년 3월.

손동권, 형법총론, 제2개정판, 율곡출판사, 2005년 8월.

신동운, 형법총론, 제6판, 법문사, 2011년 9월.

오영근, 형법각론, 제2판, 박영사, 2009년 3월.

오영근, 형법총론, 제2판(보정판), 박영사, 2012년 3월.

유기천, 개정 형법학(총론강의)-영인본, 법문사, 2011년 4월.

유기천, 전정신판 형법학(각론강의 상)-영인본, 법문사, 2012년 2월.

유기천, 전정신판 형법학(각론강의 하)-영인본, 법문사, 2012년 2월.

유기천, 형법학(총론강의), 개고9판, 일조각, 1978년 2월.

유훈, "유기천 교수의 형법학각론을 내면서", 유기천, 전정신판 형법학(각론강의

상)-영인본, 법문사, 2012년 2월, i면 이하.

유훈, "유기천 교수의 형법학총론을 내면서", 유기천, 개정 형법학(총론강의)-영인본, 법문사, 2011년 4월, i면 이하.

이건호, 형법학개론, 고대출판부, 1964년.

이건호, 형법강의(총론), 일조각, 1956년 5월.

이재상, 형법각론, 제9판, 박영사, 2013년 7월.

이재상, 형법총론, 박영사, 1986년 8월.

이재상, 형법총론, 제7판, 박영사, 2011년 5월.

이형국, 형법총론연구 I; II, 법문사, 1984년 4월; 1986년 5월.

이형국, 형법총론, 법문사, 1990년 4월.

이희경, "사이버명예훼손죄의 위법성조각사유에 대한 검토", 성균관법학 제22권 제3호, 성균관대학교 법학연구소, 2010년 12월, 295면 이하.

임웅, 형법각론, 개정판보정, 법문사, 2008년 3월.

임웅, 형법총론, 개정판제2보정, 법문사, 2008년 11월.

정성근, "방법의 착오에 관한 최근의 논의", 성균관법학 제13권제1호, 성균관대학교 비교법연구소, 2001년 4월, 7면 이하.

정성근, 형법총론, 법지사, 1983년 11월.

정성근·박광민, 형법각론, 제4판, 삼영사, 2011년 8월.

정성근·박광민, 형법총론, 전정판, SKKUP, 2012년 11월.

정영석, 형법각론, 제4전정판, 법문사, 1978년 3월.

정영석, 형법총론, 三中堂, 1961년 4월.

정영석, 형법총론, 제4전정판, 법문사, 1978년 3월.

정영일, 형법각론, 개정판, 박영사, 2008년 1월.

황산덕, 형법총론, 제6정판, 방문사, 1980년 1월.

Fischer, Thomas: *Strafgesetzbuch und Nebengesetz*, 56. Aufl., C. H. Beck, 2009.

Dölling/Duttge/Rössner[Hrsg.]: *Handkommentar-Gesamtes Strafrecht* (HK-GS/-Bearbeiter), 3. Aufl., Nomos, 2013.

Kühl, Kristian: *Strafrecht - Allgemeiner Teil*, 3. Aufl., Vahlen, 2000.

Roxin, Claus: Strafrecht AT I, 4. Aufl., C. H. Beck, 2006.

Schönke/Schröder-Bearbeiter, *Strafgesetzbuch-Kommentar*, 27. Aufl., C. H. Beck, 2006.

Schroth, Ulich: *Vorsatz und Irrtum*, C. H. Beck, 1998.

8. 유기천과 한국법학교육

박 영 식

(변호사)

I. 형법학 교과서의 저술

1. 형법학[총론강의]

서울대학교 법과대학에서의 10여년에 걸친 강의안을 토대로 1960년 12월 박영사에서 발행된 『형법학(총론강의)』는 劉基天 교수님의 형법이론에 대한 기본사상이 뚜렷이 나타난 대표적인 저서로서, 그때까지의 일본 형법학의 수준을 뛰어넘어 한국 형법학의 새로운 길을 제시한 가장 특색 있는 저서였다.

현행 한국형법은 물론 일본형법, 昭和 6년(1931년)의 일본개정형법가안, 昭和 35년(1960년)의 일본개정형법준비초안, 1871년 5월 15일 제정되어 1958년 10월 1일까지 수정된 독일형법, 1958년도 독일형법초안을 비롯하여 심지어 1927년 스위스군형법의 조문까지 파헤치는 가운데, 우리 판례의 입수가 쉽지 않았던 당시의 상황에서 비록 소수이지만 우리 대법원판례와 풍부한 일본·독일·영미판례의 소개·인용, 나아가 獨書·英美書·佛書·韓書·日書 등 자세한 참고문헌의 인용은, 일본 형법학 책을 한글로 번안한 수준 이상이 아니었던 한국 형법학의 교과서만으로 공부하여온 형법학도들에게 바이블이 되어 그 필독서가 되었다.[1]

여러 번 읽어도 완전히 이해되지 않는 난해한 부분이 많은 것이 형법학도들에게 고민이었음도 사실이나, 劉 교수님은 일본 형법학의 영향에서 나아가 독일

---

[1] 이시윤, "한국형법학계의 거성, 개혁·개방의 세계인", 이시윤 외 5인, 유기천과 한국법학, 법문사, 2014, 14쪽.

형법학은 물론 영미의 형법이론을 접목하였을 뿐 아니라 현대 입체심리학의 지식까지 도입하여 '유기천 형법학'의 독자적인 이론을 전개함으로써 한국 형법학의 새로운 좌표를 제시하였나는 점에서, 劉 교수님의 형법학[총론강의]는 현재까지 우리 형법학의 최고의 위치를 차지하는 고전으로서의 가치를 가지고 있다고 평가된다.[2]

劉 교수님은 「총론강의」 머리말에서 인간의 존엄성(human dignity)을 강조하면서, 인격적 책임론을 비판하고 목적적 행위론의 공과를 논한 후에 형법이 지향하여야 할 새로운 방향을 제시하고자 노력하였다고 밝혔다.[3]

인과적 행위론과 이를 기초로 한 고전적 범죄체계, 목적적 행위론과 함께 주창된 목적적 범죄체계의 대립에 관하여, 劉 교수님은 목적적 행위론의 장점을 인정하면서도 무비판하게 목적적 행위론을 도입하려고 하지는 않았고, 고의와 과실은 책임조건이라기보다는 행위의 요소로서 주관적 구성요건요소가 된다는 결론을 내렸지만, 동시에 고의 또는 과실이 책임 또는 행위의 어느 하나에만 속해야 한다는 사고방식은 symbol로서의 언어의 상대적 의의를 이해 못하는 monodimensional methodology의 산물일 뿐이라고 비판하면서, 이는 동시에 책임요소가 될 수 있다고 결론 내렸다.[4]

劉 교수님의 이러한 이론은, 고의와 과실은 구성요건요소이면서도 책임요소가 된다는 「신고전적·목적적 범죄체계」라고 설명되고 있다.[5] 다만 구상진 교수는, 이와 같이 고의, 과실을 구성요건적 고의 과실과 책임형식으로서의 고의 과실로 나누어서 이중적으로 설명하고, 사실의 착오를 책임의 章에서 다루는 점에서, 劉 교수님의 범죄체계는 고전적 범죄체계의 입장에서 목적적 범죄체계를 절충한 '신고전적 범죄체계'로 볼 수 있다고 하고,[6] 이용식 교수는, 劉 교수님은 책임단계에서 고의와 과실을 구성요건단계의 그것과 준별하는 선구적인 시도로 당시 학계를 풍미하던 고전적 범죄체계론을 유월하려는 '신고전적 범죄체계'를 취하고 있다고 평가하고 있다.[7]

---

2) 이재상, "월송 유기천 교수의 형법학", 劉基天, 「개정 형법학[총론강의]」─영인본, 법문사, 2011, 530~531쪽.
3) 劉基天, 형법학(총론강의), 박영사, 1960 초판, 3쪽.
4) 劉基天, 총론강의─영인본, 92쪽.
5) 이재상, 앞의 글, 530쪽.
6) 구상진, "유기천의 형사책임론에 대한 연구", 유기천과 한국법학, 31쪽 주 27.
7) 李用植, "「형법 케이스의 연구」 해제", 劉基天·姜求眞, 형법 케이스의 연구[수정증보판]─영인

형법학(총론강의)는 그 후 출판사를 일조각으로 옮겨 개정판(1968), 개고판 (1971), 전정판(1979)을 거쳐 개정20판(1980)까지 발간되었으나 27판(1995)을 끝으로 劉 교수님의 사정과 별세로 절판되었다.

劉 교수님은 형법학에서 「자유사회」(free society)라는 가설을 최고이념으로 제시하고, 그 가설에 따라 형법을 해석해야 한다고 주장함으로써, 자유사회는 劉 교수님에 있어서 형법학 해석의 이념이 되고 있다.[8] 劉 교수님에 의하면, 자유사 회란 인간의 존엄성이 인정되는 사회, 따라서 최고의 목적적 가치(the ultimate goal values)를 개인의 가치에 두는 사회를 말한다.[9]

그리고 劉 교수님은 전정판(1979) 제1편 서론 제6장 "형법연구방법론"에서 (58~76면) 형법연구의 새로운 방법론으로서 상징주의 형법론(Symbolische Strafrechtslehre)을 제시하였다. 즉 형법은 symbol인 용어를 통하여 표현되는데, 용어의 의미는 그 용어의 structure 속에서 이해하여야 하고, 또 용어의 symbolic 한 의미를 분석하는 프로세스에서도 문화적인 검토가 있어야 하며, 그 개념내용 도 자유사회라는 근본규범과의 관계에서 이해해야 한다고 한다.[10]

상징주의 형법이론은 범죄체계에 따라 같은 용어의 의미를 달리 해석할 수 있게 하는 유용한 형법학 방법론으로서 현재 널리 인정되고 있는 이론이라고 지 적되고 있다.[11] 이에 대하여는, 좀더 구체적으로 형법총론과 각론 전반에 걸쳐 또한 실정법 해석과 관련하여 체계적인 이론이 전개되었으면 하는 아쉬움이 남 는다는 비판[12]과, 상징주의 형법이론이 현재 통설로는 받아들여지지 않고 있고, 또한 내용상으로도 불명확한 부분이 많다는 반론이 있다.[13]

아무튼 劉 교수님의 (총론강의)는 그 연구방법의 정확성에 있어, 고증문헌의 방대함에 있어, 이론과 실제(판례)의 겸비에 있어, 특히 독창적인 소위 입체심리 학(depth-psychology)의 형법이론에의 적용에 있어, 우리나라 형법에 대한 10여 종 교과서의 群書 위에 있다는 평가였다.[14]

본, 법문사, 2015, 460~461쪽.

8) 이재상, 앞의 글, 531쪽.

9) 음선필, "유기천의 법사상: 기독교법사상을 중심으로", 「유기천과 한국법학」, 227쪽.

10) 이재상, 앞의 글, 532쪽.

11) 이재상, 앞의 글, 533면, 543쪽.

12) 孫海睦, "유기천의 형법관", 유기천교수기념사업회, 「자유사회의 법과 정의」, 지학사, 2003, 442쪽.

13) 구상진, 앞의 글, 56~57쪽.

14) 남흥우, "유기천 저, 형법학(총론강의)", 「자유사회의 법과 정의」, 463쪽.

2. 형법학[각론강의 상·하]

형법학 각론은 상·하권으로 나뉘어서 형법학[각론강의](상)은 1963년 4월
에 박영사에서, 형법학[각론강의 하]는 1967년 10월에 일조각에서 각 출판되었
다. 劉 교수님의 형법학[각론강의 상·하]는 우리나라의 형법각론 저서 중에서
는 가장 내용이 자세하게 저술되어 있는 것으로서, 역시 현행 한국형법은 물론
일본형법, 1961년의 일본개정형법준비초안, 1940년의 일본개정형법가안, 독일형
법을 비롯하여 우리 대법원판례와 풍부한 일본·독일·영미판례의 소개·인용,
獨書·英佛書·韓書·日書 등 광범위한 참고문헌을 인용하여 학술적 의미가 깊
은 저서이다.

劉 교수님은 [각론강의](상) 머릿말에서, 지금까지의 형법학은 각론의 이론
적 분석을 도외시하고 있다는 점을 지적하고, 총론은 각론을 떠나서는 그 *raison
d'être*을 상실하므로, 연구의 순서도 거꾸로 각론의 의미체계를 분석한 연후에야
비로소 총론의 이론을 전개하였어야 한다는 점을 논증하면서, 총론과 각론의 입
체적 운영을 시도함으로써 형법체계의 종합적 이해를 가져오려고 노력하였다는
점을 강조하고,[15] [각론강의 하] 전정신판(1982) 서문에서도, 원래 각론은 총론
보다도 더 중요성을 가진 형법의 구성분자이지만, 불행히도 과거에 등한시되어
왔던 것도 사실이라고 밝혔다.[16]

이러한 서술은 일반적으로 형법연구는 총론에서부터 시작하여 각론으로 이
어지는 것으로 생각하는 우리들의 상식과는 정면으로 충돌하는 이론이다.

또한 [각론강의](상) 머릿말에서, 법학을 이해함에 있어서는 다른 규범과학
과는 달리 '사실'이란 factor를 무시할 수 없다는 점을 강조하면서, 사실이란
factor를 떠난 가치판단은 법학의 일면만을 보려는 것이므로, 사실을 강조하는
의미에서 가능한 한 판례를 정확히 소개하려고 하였다는 점을 부각시키고 있
다.[17]

그리하여 출판사를 일조각으로 바꾸어 간행된 [각론강의 상] 개정판(1967)
에서는 BGH 서독연방재판소의 최근사건까지 참고하였고,[18] [각론강의 하] 전

---

15) 劉基天, 형법학[각론강의](상), 박영사, 1963 초판, 6~7쪽.
16) 劉基天, 전정신판 형법학[각론강의 하]—영인본, 법문사, 2012, v쪽.
17) 劉基天, [각론강의](상), 박영사, 1963 초판, 7쪽.

정신판(1982)에서는 세계적인 부패현상, 특히 공무원 및 중요 Leaders들의 부패현상에 대한 대책을 중요시하고, 따라서 중점적으로 공무원 범죄(공무원의 직무에 관한 죄)를 중심으로 하여 주로 입법론적인 고찰을 함이 본 개정의 요지라고 밝혔다.19)

이들 [각론강의 상·하] 모두 1982년 전정신판이 간행된 후에 1995년을 끝으로 劉 교수님의 여러 가지 사정으로 절판되었다.

대개의 경우 형법각칙의 해설서는 실정법을 해석하는데 중점을 두는데, 劉 교수님은 각 조문(구성요건)마다 입법론을 전개한다.

당시 우리나라 형법은 일본형법가안의 영향을 많이 받은 것으로 일본형법가안은 독일 Nazis시대의 전체주의적 형법관의 영향을 받은 것임을 지적하고,20) 우리가 지향하려 하는 기본적인 최고가치로서의 자유사회라는 가설 밑에서 어떠한 입법이 우리에게 좀 더 좋은 가치를 가지는 입법이냐 하는 것에 관하여는 그 개별적인 罪章에 따라서 검토하지 않으면 안될 것이라 생각한21) 劉 교수님의 [각론강의]의 특색은 각 조문마다 de lege ferenda(입법론)을 다룬데 있다.22)

그리고 劉 교수님은 형법각론의 법익별 체계를 선진국 학자들의 예를 따라 전개하고 있다. 즉 위에서 본 형법학 해석 이념에 따라 [형법학 각론]의 서술순서를 개인적 법익을 보호하는 형벌법규부터 시작하였다. 왜냐하면, 현행형법의 태도는 독일형법의 예에 따라 국가적 법익을 보호하는 형벌법규에서부터 출발하여 사회적 법익을 보호하는 형벌법규, 그리고 개인적 법익을 보호하는 형벌법규의 순서로 규정하였으나, 劉 교수님이 최고기본가치로 措定(조정)하는 '자유사회'의 입장에서 보면, 우리는 인간의 존엄성(Human dignity)이 가장 최고의 가치임을 인정하지 않을 수 없다는 의미에서, 인간의 존엄성을 직접적으로 침해하는 개인적 법익을 보호하는 형벌법규에서 출발하는 것이 당연한 순서라고 생각되기 때문이라는 것이다.23)

劉 교수님 이후로 우리나라에서 간행된 대부분의 형법각론 참고서는 이러한

---

18) 劉基天, 전정신판 형법학[각론강의 상]—영인본, 법문사, 2012, vii쪽.
19) 劉基天, 형법학 [각론강의 하]—영인본, 법문사, 2012, v쪽.
20) 劉基天, 형법학 [각론강의](상), 박영사, 1963 초판, 47쪽.
21) 劉基天, 형법학 [각론강의](상), 박영사, 1963 초판, 49-50쪽.
22) 손해목, "유기천 저 형법학(각론강의)에 붙이는 글", 형법학 [각론강의 하]—영인본, 법문사, 2012, 510쪽.
23) 劉基天, 형법학 [각론강의](상), 박영사, 1963 초판, 51쪽.

방법론을 취하고 있다. 그러나, '자유사회의 실현'이라는 형법이론의 기본이념 때문에 형법각론의 설명방법의 순서까지 바꿀 필요는 없고, 실정형법의 규정순서대로 설명하면 되며, 이것은 어디까지나 형법각칙의 이론적 설명방법의 순서 문제에 지나지 않는다는 비판이 있다.[24]

아무튼 우리 신형법 각칙에 관하여 이미 10여종의 교과서가 나왔건만 우리나라의 형법학이 아직도 일본 형법학의 영향에서 벗어나지 못하고 그 속에 빠져 헤매고 있던 당시에, 劉 교수님이 그 풍부한 학식을 종횡무진하게 구사하여 우리 형법학을 세계수준에의 길로 영도하는 업적을 이룩한 점은 그 의의가 크다는 평가였다.[25]

3. 형법강의 그리고 이리스(IRIS)會

劉 교수님의 형법총론 강의는 타교생, 청강생까지 모여들어 대강의실이 항상 만원을 이루었다. 110분 강의시간의 시작과 끝을 정확히 지키면서 정력적으로 열심히 강의하였고, 학교에서 정해진 강의시간표대로 학기초부터 끝날 때까지, 교과서의 처음부터 끝까지 예외없이 강의를 마치었다. 강의시간을 다 채우는 것 이외에도 강의 후 학생들의 질문이 있으면 복도에서 또는 연구실에 가서라도 시간가는 줄 모르고 답변에 열중하였다.[26]

1960년 필자가 서울법대 2학년에 들어서면서 듣게 된 劉 교수님의 형법 강의시간. Mezger의 인격적 책임론을 신랄히 비판하면서 Welzel에 의한 목적적 행위론의 공과를 준엄하게 논하는 劉 교수님의 열강은, 강의실을 가득 메운 학생들을 숨소리마저 죽인 채 흥분과 긴장으로 몰아넣는 박동의 연속이었다. 그 유명한 회중시계를 들여다보아 가면서 특유의 카랑카랑한 목소리로 논파하는, 형법이 나아가야 할 방향, 학문으로서의 형법학……. 이 순간 劉 교수님의 안경 너머 눈빛은 몸이 떨리도록 차가운 무서움 그 자체였다. 강의 내용을 받아써 가는 우리들의 만년필 소리만 교실의 거친 열기를 다독거리고 있을 뿐이었다.

---

24) 손해목, 앞의 글, 518~519쪽.
25) 김종원, "유기천 저, 형법학(각론강의 상)", 자유사회의 법과 정의, 469-470쪽.
26) 金贊鎭, "중첩된 인연", 유기천교수기념사업회, 영원한 스승 유기천, 지학사, 2003, 203~204쪽, 231쪽, 233쪽.

1949년 劉 교수님이 1, 2학년 학생들을 중심으로 조직한 형사법 연구모임인 '이리스(IRIS)會'(오늘날 서울법대 형사법학회의 전신)는 모든 학회의 선구로서, 그 후 형사법 관계 토론회와 형사 모의재판을 매년 열어 왔다.[27]

필자도 劉 교수님이 지도교수인 IRIS會에 가입하여 매주 금요일에 갖는 정기 세미나와 년 1회 개최하는 형사 모의재판에 참여하고, 3학년이던 1961년 5월에는 劉 교수님의 출제와 심사로 진행된 제3회 학내 형사법 토론대회에 참여하였다.

3학년 2학기인 1961년 11월 6일부터 11일까지 학생회에서는 개교 15주년을 기념하여 13개 학회의 활동을 집약한 '제1회 法大學術祭'를 서울대학교 대강당에서 개최하게 되었고, 민사법학회 회장일과 아울러 학회평의회 의장일을 맡아보던 필자에게 그 운영과 집행의 많은 몫이 떨어졌는데, 학술제 지도위원으로서 학장이던 劉 교수님의 격려가 학술제 개최에 원동력이 되었음은 물론이다. 낙산제(駱山祭)라는 이름의 이 행사는 그 뒤 법대의 아름다운 전통이 되었다.[28]

한편, 지학사를 통해 1973년 8월에 초판이 간행되고 1977년 9월에 이르러 수정증보판으로 판을 바꾼 유기천·강구진 교수의 공편저인 「형법 케이스의 연구」는 법학도들이 암기에 중점을 둔 주입식 교육이라는 법학교육의 맹점에서 벗어나 어떤 사건에서 개재되어 있는 문제점(논점)을 도출하는 능력을 배양하는 데 디딤돌이 되었고, 대학에서 사례학습을 위한 형법연습과목에 교재로 사용되며 한편으로 사법시험을 준비하는 수험서로 널리 읽혔다.

본 「케이스의 연구」는 천편일률적인 수험서가 난무하는 상황에서 기존의 사례연습 방법과는 차별화된 접근법과 풍부한 이론적 내용을 바탕으로 새로운 법학 방법론을 제시하면서 사례 형법학 분야를 쇄신하고자 한 의미 있는 역할을 수행했다고 평가되고 있다.[29]

---

27) 盧隆熙, "첫 수제자의 회고", 영원한 스승 유기천, 68쪽.
28) 金贊鎭, 앞의 글, 206쪽.
29) 李用植, 앞의 글, 466쪽.

Ⅱ. 사법대학원의 창설

1. 법조양성기관

劉 교수님은 자유민주사회에서 법률가로서 독일식의 체계적인 법률지식과 함께 영미식의 판례교육을 통하여 학문적 기초를 이루고 심리학, 인류학, 법철학 등 폭넓은 전인교육을 통하여 단지 지식기능공이 아닌 민주발전에 기여하는 법률가를 양성하려는 기본적인 입장에서,[30] 법학교육 개혁구상의 일환으로서 '서울대학교 사법대학원' 설치안을 내어 놓았고, 우리나라 법학교육에 미국식 로스쿨 제도의 장점을 도입할 필요성을 절감한 劉 교수님의 신념과 강력하고도 다이나믹한 추진력·설득력으로, 국가재건최고회의 이석제 법사위원장의 지원과 당시 조진만 대법원장과 법무장관의 양해 하에 관계법령이 최고회의에서 통과되어, 1962년 서울대학교에 사법대학원이 창설되었다.[31]

즉 1961년 11월 최고회의 법제사법위원회가 기존의 사법관시보·변호사실무수습 등 수습제도에 대체하여 서울대학교에 사법대학원을 설치하기 위한 법률안을 성안하고, 같은 해 12월 18일 최고회의가 사법대학원의 설치방침을 결정하여 그 준비를 관계 행정기관에 지시하였고,[32] 이에 따라 1962년 2월17일 각령 제455호로 「국립학교 설치령 중 개정의 건」이 공포되어 법조양성기관으로서 서울대학교에 '사법대학원'이 설치됨과 동시에(제3조 제3항) 그 원장은 서울대학교 법과대학장(당시 劉 교수님)이 겸직하도록 하였고(제7조 제1항), 같은 해 4월 2일에 제14회 고등고시 사법과 합격자 50명 가운데 41명이 제1기생으로 입학하여 사법대학원 개원식을 거행하였으며, 사법대학원의 설치에 따라 같은 해 4월 3일 법률 제1043호로 개정된 법원조직법(제35조 제1호)은 지방법원 판사의 임용자격에 관하여 종전에 '사법관 시보로 1년 이상 소정 과목을 수습하고 成規의 고시에 합격한 자'라고 규정하였던 것을 '고등고시 사법과에 합격하여 사법대학원의 소정 과정을 필한 자'로 변경하고 (검사, 군법무관의 임용자격 또는 변호사의 자격기준에 관하여 같은 해 8월 20일자 법률 제 1130호 검찰청법 제15조 제1호, 같

---

30) 최공웅, "유기천과 한국법학교육─사법대학원을 중심으로─", 유기천과 한국법학, 157쪽.
31) 이시윤, 앞의 글, 5쪽.
32) 서울지방변호사회, 서울지방변호사회100년사, 2009, 282.

은 해 4월 3일자 법률 제1046호 군법무관 임용법 제3조 제1호, 같은 해 4월 3일
자 법률 제1047호 변호사법 제3조 제1호도 같은 규정), 사법관 시보제·군법무
관 시보제 및 수습변호사제도를 폐지하였다.

국립학교 설치령

제3조 제3항: 서울대학교에는…… 교육법 제 108조에 규정된 대학교육의
목적을 일층 정심(精深)하게 추구하는 동시, 장차…… 판사, 검사, 군법무관 또
는 변호사의 직무……에 종사할 인재를 양성·훈련하기 위하여…… 사법대학
원……을 둔다.

부칙 제1조: 본령은 1962년 3월 1일부터 시행한다.

종전의 판사·검사 지망의 사법관 시보, 변호사 지망의 변호사 시보라는 이
원적인 제도 아래에서 1년간 실무수습에 그쳤던 일종의 자습과 같은 엉성한 도
제교육인 「시보제도」를 청산하고, 판·검사 변호사 수습을 통일하여 「법조일원
화」를 기하면서 실무수습뿐만 아니라 일반교양과 법이론에 대한 강의를 중시하
여, 처음으로 체계적이고 조직적인 법조교육으로 전환했다는 점에서 그 역사적
인 의미가 크다.[33]

劉 교수님은 요컨대 미국식 Law School 교육을 긍정적으로 보고, 법관 또는
법조인이 되기 위해서는 적어도 법과대학원은 졸업해야 한다는 생각으로, 미국
식인 Law School을 도입하여 법조인을 양성하기로 하고, 법과대학 졸업생을 대
상으로 하는 사법대학원을 설립하게 되었으므로,[34] 사법대학원의 모델은 미국의
Law School이었고, 이것이 오늘날 법학전문대학원의 선례가 되었다 함은 학자
들의 일치된 견해이다.[35]

1963-1964년 영문판 司法大學院 要覽(Bulletin) 6~7면에서도 그 설립 목적을,

---

33) 金疇洙, "「사법대학원의 실태와 생활」 좌담회를 마치고", 유기천교수기념사업출판재단, 서울대학
   교 사법대학원, 관악, 2013, 82~83쪽. 崔公雄, "사법대학원, 한국법조교육 50년의 출발점", 서울대
   학교 사법대학원, 85쪽. 宋相現, "The Education and Training of the Legal Profession in Korea:
   Problems and Prospects for Reform", 心堂 법학논집 II, 박영사, 2007, 623쪽.
34) 金哲洙, "집담회: 사법대학원을 다시 생각한다", 서울대학교 사법대학원, 112~113쪽: "서울대학
   교 사법대학원의 실험", 같은 책, 57쪽.
35) 이시윤, "집담회: 사법대학원을 다시 생각한다", 서울대학교 사법대학원, 96면. 유 훈, "집담회:
   사법대학원을 다시 생각한다", 같은 책, 110쪽.

첫째 미국에 있어서의 law schools와 같이 법과대학을 일반교육(general education)의 학부가 아니라 법과대학원으로 업그레이드하여 진정한 법조인양성을 하려는 것, 둘째 법조인과 법률학교수 상호간에 존재하는 깊은 간극 내지 부조화를 줄이어 실무와 학계의 협력을 이루는 것, 셋째 외국법에 대한 좀 더 효율적인 연구를 위하여는 사법대학원을 서울대학교 안에 설치하는 것이 적절하다고 하여, 미국식 Law School 도입을 明記하였다.[36]

2. 교과과정 그리고 '법과 문화' 강좌

劉 교수님의 사법대학원 구상으로서의 특징은, 법원, 검찰에서의 실무교육 외에 기본적인 법조교육으로서 전통적인 민·형사 등 법률과목과 법의학 등 그리고 교양과목으로서 심리학 등 인문학, 사회학을 동원한 학제적인 융합을 시도한 劉 교수님의 선구자적 역할을 지적하지 않을 수 없다.[37]

평소에 劉 교수님은, 법학을 전공하려는 사람은 법 자체에 대한 연구에 들어가기 전에 사회 생리면에 대한 깊은 연구, 즉 사회학, 행정학, 정치학, 경제학, 철학, 윤리학 등등 기본교양공부를 깊이 하여야 한다고 강조하였다.[38]

劉 교수님은 뒤에 보는 LAWASIA 대회 기조연설에서, 서울대학교 사법대학원 창설은 법학교육과 법조교육 융합의 필요에 대한 우리의 신념에 기초한 것이라고 밝힌 바도 있다.[39]

그리하여 사법대학원의 교과목은 대부분이 연습과목으로, 민사연습, 형사연습, 공법연습 및 외국판례 연구(외국 문헌에서 뽑은 자료를 다루는데, 학생은 英·獨·佛·日語의 4개 중 2과목 선택)와 다른 분야 과목으로는 법과 문화, 증거법, 사실인정법, 한국경제, 법의학, 국제관계, 세법, 현대논리학, 현대심리학, 회계학 등이 있었다. 사법대학원생들은 또한 1년의 실무수습과정으로서, 지방법원에서 3개월 간의 형사실무와 5개월 간의 민사실무를, 검찰청에서 2개월 간의 검찰실무를, 변호사 사무실에서 1개월 간의 변호사실무를 수습하였다.[40]

---

36) 「서울대학교 사법대학원」, 부록 274~275쪽.
37) 최공웅, "유기천과 한국법학교육―사법대학원을 중심으로―", 유기천과 한국법학, 162~163쪽.
38) 유기천, "새로운 법학도들에게", 서울대학교 사법대학원, 14쪽.
39) Paul K. Ryu, "Legal Education in Asian Countries", 「서울대학교 사법대학원」, 30~31쪽.

강의방법으로는 시간마다 두 사람의 교수, 강사가 함께 참석하여 상호 보충 토론하며 강의를 진행하는 특이한 복식교육 방식이었는데, 劉 교수님이 직접 강의한 「법과 문화」 강좌는 예일대학에서 종교학과 인류학을 전공한 정대위 박사와 함께 이루어졌다.

사법대학원 1년차 시절인 1963년, 사법대학원장으로서의 바쁜 일과를 쪼개 가르쳐주신 「법과 문화」 시간. 문화연구에 있어서의 '場의 理論(Field Theory)'과 그 한국 문화에의 적용을 갈파하며 한국 민주화의 장래는 그 문화의 이해에 달려 있다고 결론짓던 劉 교수님과의 대좌는, 광대하고 심오한 철학에의 심연을 섭렵하는 꿈의 세계였다.

3. 기숙사 생활 그리고 석사학위

劉 교수님은 무엇보다도 전인격적인 교육으로서 법조인의 인성교육을 중시하고, 법조학원이라 번역할 수 있는 영국의 Inns of Court제도를 염두에 두어, 학생 전원 기숙사 생활을 통한 신사교육, 교양교육을 강조하였다.

1962년 5월 25일 각령 제774호로 국립학교 설치령이 다시 개정되었고, 이 설치령은 사법대학원 학생을 모두 재학 중 기숙사에 입사하도록 하였으며(제3조 제5항), 이에 따라 같은 해 9월 서울대학교 의과대학 캠퍼스 안의 간호원 기숙사를 개조하여 20개실을 마련하고 2학기부터 제1기생 41명 전원이 입사하였다.[41]

기숙사 생활을 하면서 선후배기수에 관계 없이 2인 1실로 생활하여 공부도 함께 하고 여러 가지 여가시간도 보내며 친목을 다지고 낭만을 누릴 수 있었다는 것은 사법대학원이 가지고 있던 큰 제도적인 장점이었다.

한편 劉 교수님이 1965년 8월 서울대학교 총장으로 자리를 옮긴 후 같은 해 11월 24일 대통령령 제2310호로 위의 설치령이 다시 개정되어 종전에 법과대학장이 사법대학원장을 겸직하던 것이 전담으로 바뀌었다(제7조 제1항).

사법대학원의 과정은 학칙으로 정해졌는데(위의 각령 제774호 국립학교 설치령 제3조 제4항), 2년제로 하여 과정을 수료한 사람에게 수료증을 교부하고

---

40) 대법원, 한국법관사, 1975, 117쪽. 법원행정처, 법원사, 1995, 541쪽.
41) 최공웅, 앞의 글, 161~162쪽.

그 중 학사학위를 가진 사람으로서 소정의 절차에 따라 논문이 통과된 사람에게
는 석사학위를 수여하도록 하였다(서울대학교 사법대학원 학칙 제4조).[42]

劉 교수님이 대학원 수준의 교육을 시켜야 하겠다 해서 특별히 법학석사라는
academic title을 주는 제도를 만든 것인데, 당시 사법대학원을 수료한 다음에 석
사논문을 제출해서 심사통과를 받아 서울대학교로부터 법학석사학위를 받은 사
람이 많았다.

이와 같은 석사학위취득의 기회는 사법대학원이 가지고 있는 대학원제도 자
체의 기본적인 특색으로서,[43] 현재 사법연수원이 알지 못하는 좋은 제도였다.

4. 사법대학원—사법연수원

1962년 사법대학원이 설립된 이후 1963년 8월경 서울第一변호사회는 사법대
학원을 폐지하고 대법원 주관 하에 법조실무 수습을 시켜 판사, 검사, 변호사를
양성해야 한다고 건의하였고, 1965년 2월에는 사법대학원생 50여명이 모임을 갖
고 사법대학원을 대법원에 이관시키는 데 찬성한다는 의견을 표시하였고, 1966
년 3월 3일 사법대학원장, 서울민사지방법원장, 대검찰청 차장검사, 사법대학원
생 등이 참석하여 총무처에서 열린 간담회에서도 사법대학원생들은 사법대학원
의 운영이 문교부에서 법원으로 이관되어야 하고, 1년간의 수습이 이론에 치우
쳐 형식에 지나지 않는다는 의견을 표시하였으며, 1969년 6월경 서울변호사회와
서울第一변호사회는 사법대학원 대신 대법원 산하에 사법연수원(가칭)을 두자
는 법관양성제도 개선안을 사법제도 개선심의위원회에 건의하였고, 같은 해 12
월경에는 대법원에 설치된 위의 사법제도 개선심의위원회가 사법연수원을 대법
원에 둔다는 방안을 건의하였다.

이러한 방안에 대하여 최문환 서울대학교 총장과 이한기 사법대학원장이
1970년 7월 14일 반대의견서를 발표하였으나,[44] 같은 해 8월 7일 법률 제2222호
로 법원조직법이 개정되어(제8조의 3) 판사의 연수와 사법연수생의 수습을 관

---

42) 서울대학교 사법대학원, 부록 225면.
43) 李石善, "한국의 법조실무교육제도", 서울대학교 법학연구소, 법학교육과 사법제도개혁, 서울대학
교출판부, 1988, 153쪽.
44) 법원행정처, 「법원사」, 524쪽. 대한변호사협회, 한국변호사사, 1979, 114쪽.

장하기 위하여 대법원에 「사법연수원」을 둔다고 규정되었고, 법관의 임용자격에 관하여는(제35조) '지방법원판사와 가정법원판사는 사법시험에 합격하여 사법연수원의 소정 과정을 필한 자나 검사 또는 변호사의 자격이 있는 자 중에서 임용한다'고 규정되었으며(검사, 군법무관과 변호사가 될 수 있는 자격에 관하여 1971년 12월 28일자 법률 제 2328호 검찰청법 제15조, 1975년 12월 31일자 법률 제2830호 군법무관 임용법 제3조 제1호, 제2호, 1971년 12월 28일자 법률 제 2329호 변호사법 제3조도 같은 규정), 이와 같은 법원조직법의 시행에 관하여는 따로 대법원규칙으로 정한다고 규정되었고, 1970년 11월 30일 대법원규칙 제434호로 「법원조직법 중 개정법률(법률 제2222호) 제8조의 3……의 시행일에 관한 규칙」이 공포되어 〈제2조(시행일)〉, 사법연수원에 관한 법원조직법의 규정을 1971년 1월 1일부터 시행하게 되고, 같은 해 1월 7일 사법연수원의 개원식이 있었다.

한편 1970년 11월 16일 대통령령 제5381호로 국립학교 설치령을 다시 개정하여 (제3조 제3항) 사법대학원을 폐지하였으며, 이 대학원에서 법조인을 양성하던 업무는 대법원의 사법연수원으로 이관하게 되었고, 사법대학원에서는 제13기생까지가 수료하였는데, 그 수료식이 같은 해 12월 23일에 있었다.[45]

사법대학원과 같은 법률전문 교육기관을 통해 한국의 민주화를 이루려는 노력, 자유민주주의를 위한 참된 법조인을 키우려는 노력과 劉 교수님의 법학교육에 대한 신념은 그 후 사법연수원에서 형식적인 기본틀이 그대로 이어지고 다시 로스쿨에서 재현되고 있다.[46] 사법대학원 교육은 사법연수원 교육의 한 모델이 되어,[47] 劉 교수님이 처음으로 짜놓은 사법대학원의 교과과정이 사법연수원에 거의 그대로 계승·발전된 것이다.[48] 요컨대 사법연수원은 실제교육에 있어서 사법대학원의 교과내용과 거의 동일한 내용이다.[49]

법원실무수습과 변호사실무수습이 부실하였고, 학생들에게 장학금을 많이 주지 못하였고, 전임교수가 없었다는 등의 過를 들어 사법대학원이 실패했다는 주장도 있었다.[50]

---

45) 법원행정처, 법원사, 543쪽.
46) 최공웅, 앞의 글, 164쪽.
47) 金哲洙, "서울대학교 사법대학원의 실험", 서울대학교 사법대학원, 59쪽.
48) 주광일, "사법대학원과 법학전문대학원", 유기천과 한국법학, 171쪽.
49) 李石善, 앞의 글, 168쪽.
50) 金哲洙, 앞의 글, 60쪽 주 4.

설립의 추진자이었던 초대 원장 劉 교수님의 신념에 찬 열성과 조진만 대법원장의 당부로 '법률지식'의 함양은 대학원에서, '실무기능'의 수습은 법원 등 실무기관에서 맡아 새로운 방식으로 법조인의 훈련을 시작하여, 창설 초기에는 상당한 성과가 있었으나, 사법대학원장(劉 교수님)이 바뀌고 1960년대 후반에 조진만 대법원장도 정년퇴직하게 되자, 대학원측에는 새로운 법조인을 교육시킬 능력이 없었으며, 실무기관측에는 새로운 법조인을 훈련시킬 여력과 열의가 없었던 데다가 '학생'들의 나태로 인하여, 요컨대 실무교육능력이 없는 대학이 주관하여 실시한 사법대학원 제도는 결국 법률지식의 면에 교육을 치중한 나머지 실무기능의 면을 등한히 하는 폐단이 있었고, 또한 실무수습도 제대로 이루어지지 않는 등 문제점이 지적되어, 9년만에 폐지되었다는 견해와,[51] 심지어, 사법대학원에서의 교육에 대하여는 법학이론교육도 충실히 되지 않고 실무교육도 제대로 되지 않는다는 지적이 계속되었다는 주장도 있었다.[52]

전임교수를 두지 않고 겸임교수와 강사만으로 운영된 것, 재판기록을 가지고 하는 실무교육이 아니라 강의식으로 하는 것이어서 집중이 되지 않고 소홀했던 점, 시설문제로 전원 기숙사 입소가 이루어지지 못해 전원 기숙사 생활을 통한 전인교육 실시가 어려웠고, 기숙사에 생활하면서 어떤 사람은 공부보다 포커등 잡무(?)를 더 열심히 하였다든가, 통행금지 시간을 넘겨 술을 먹고 들어오다 경찰이 심문하면 따귀를 때리는 등 일부 사법대학원생들의 오만과 속물근성, 실제로 사법대학원 졸업생 가운데 논문을 작성하여 석사학위를 취득한 사람은 20%에도 미치지 못했던 점[53] 등의 문제가 있었던 것도 사실이나, 위에서 본 바와 같이, 법학교육을 총체적인 학문으로서 학제적인 융합의 시도, 기숙사 생활을 통한 전인교육의 실시, 석사논문을 제출·통과하면 법학석사의 학위를 수여하여, 법학계와 법조실무계를 단절시키지 않는 우리 고유의 예비법조인 교육기관이었던 것, 사법대학원 제도는 대법원과 같은 사법당국에서의 양성으로 법조후진으로 하여금 자칫 보수적, 관료적인 것으로 되게 할 염려를 배제할 수 있는 점,[54] 풀브라이트 장학금과 아시아재단의 협조를 얻어 학생들이 미국대학에 유학가게

51) 賈在桓, 사법운영의 이론과 실제, 박영사, 1995, 316~317쪽; "21세기를 향한 법조양성과 법학교육", 한국법학원, 법조양성과 법학교육, 1998, 3쪽 주 3. 사법연수원, 한국법조론, 2009, 498쪽 주 3.
52) 대법원, 법조인 양성, 그 새로운 접근, 2003, 96쪽.
53) 사법발전재단, 역사 속의 사법부, 2009, 191쪽.
54) 李石善, 앞의 글, 153쪽.

된 것과 판례교재가 발간된 일,[55] 그 후 국제적인 법조인·교육가들이 양성된 것 등 수많은 성과와 공헌을 따져본다면, 사법대학원 교육은 성공한 것이었고, 실무가들의 주장처럼 결코 실패한 것이 아니었다.

비록 지금은 역사 속으로 사라진 사법대학원이지만, 10여년간 운영되었던 당시의 사법대학원 교육은 결코 실패한 것이 아니라 성공한 것이었으며,[56] 劉 교수님은 한국의 법학교육 내지 법조교육의 초석을 놓은 것이라고 평가하고 싶다.

Ⅲ. 결 어

1. 위에서 본 바와 같이, 劉 교수님의 형법학 교과서는 여느 교과서보다 사례와 판례를 많이 소개해주고, 당시로서는 접근이 쉽지 않았던 외국 판례와 문헌을 소개하고 평을 붙여서 그 내용이 충실하고, 대륙법계와 영미법계를 아우르면서도 어느 한 편에 치우침을 보이지 않고, 적재적소에서 비교법적 시각에 따른 해석론 및 입법론을 구사하고 있음과 아울러, 역사적인 입법례, 우리 형법의 입법연혁에 대해서도 필요한 경우 기술을 아끼지 않고 있다.[57]

劉 교수님은 법학이 다분히 인류학이나 사회학, 문화과학과 밀접한 관련을 갖는 종합과학으로서의 성격을 지니고 있음을 서울법대와 사법대학원 교육에 그대로 적용하였고, 규범과학으로서의 법학을 사회과학과 호흡하면서 대한민국의 법학교육에 접목하려고 함으로써, 한국법학의 선구자적 건설자로 추앙받게 되었다.[58]

곽윤직 교수님은 "劉 교수님의 수많은 공헌 가운데서 가장 중요한 것은 서울법대의 교수로서 한국 법학교육을 향상시키고 법학연구를 증진시킨 업적"이라고 하였다.[59]

이제 우리는, 「형법 케이스의 연구」 편저자 서문에서 밝힌 바와 같이, 사회의

---

55) 이시윤, "한국형법학계의 거성, 개혁·개방의 세계인", 유기천과 한국법학, 7~8쪽. 金哲洙, 앞의 글, 59쪽.
56) 金哲洙, 앞의 글, 59~60쪽.
57) 이용식, "유기천의 형사책임론에 관한 연구에 대한 토론문", 유기천과 한국법학, 116~117쪽.
58) 최종고, "유기천과 비교법학: 동아시아법학을 중심으로", 유기천과 한국법학, 196~197쪽.
59) Yoon Chick Kwack, "FOREWORD", 유기천박사 고희기념논문집 편찬위원회, 법률학의 제문제, 박영사, 1988, i쪽.

질환을 정확히 진단한 후에 정당한 치료를 하는 정의의 실천자로서 「민주주의」를 이끌고 나아갈 만한 '법조인의 능력'을 배양함에 정진하여야 하고, [각론강의 상] 전정신판(1982) 서문에서 보는 바와 같이, 정의를 대변하고 빈자를 보호하는 방패가 되어야 할 '法'이 그 본연의 구실을 못하고 도리어, 더러운 money와 썩어빠진 power의 앞잡이가 되어 있다면, 형법의 이런 부조리한 요소를 제거하도록 노력함이 한국 형법학도들이 받고 있는 지상명령임을 자각하여야 할 것이다.[60]

2. 劉 교수님의 법학교육론은, 법의 지배를 통한 민주주의의 건설에 법학교육이 가장 중요한 역할과 책임을 갖고 있다고 확신하고, 사법시험에 합격한 예비법률가들에게 수준 높은 법학교육을 시켜 양질의 법률가를 양성한다는 것으로서,[61] 이것을 위하여 오늘날의 law school의 원조인 사법대학원의 설치를 주장·관철시킨 劉 교수님이 한국 법학교육의 선각자로서 보인 공적은 두고 두고 높이 평가하여야 할 것이다.[62]

사법대학원 폐지를 논의한 법조계의 견해를 한마디로 요약하면, 사법대학원은 기본적으로 '학교'교육기관인 바, 전임교수가 없이 대부분 서울대학교 법과대학 교수들이 겸직하여 대학교육의 반복에 불과하고, 법조의 전통이나 법조인으로서의 자세 등을 충분히 배울 수 있는 기회가 없다는 것과, 특히 실무수습은 교양이나 이론에 너무 치중하지 말고 '실무'자로서의 법관, 검사, 변호사가 되는 교량적 역할을 하는 기간임을 재인식하여 실무수습이 완료되면 거의 완성된 '법조인'이 될 수 있도록 사법의 최고 전당인 대법원 주관 하에 시행하는 것이 가장 능률적이고 효과적이라는 것이었다.[63]

그러나, 법학교육과 법조교육의 융합을 시도하였던 劉 교수님의 미래를 내다보는 혜안[64]에 의하여, 서울대학교 산하의 대학원으로서 어렵사리 마련된 2년제 교육(지금의 사법연수원의 교육기간도 2년간이다)의 틀로,[65] 법조실무가 양성은 물론 법학연구의 질적 향상을 동시에 도모하면서 법학계와 법조실무계를 단절

60) 劉基天·姜求眞, 「형법 케이스의 연구[수정증보판]」—영인본, 법문사, 2015, iv~v면; 劉基天, [각론강의 상]—영인본, 법문사, 2012, v~vi쪽.
61) 최종고, 「자유와 정의의 지성 유기천」, 한들출판사, 2006, 455쪽, 457쪽.
62) 이시윤, 앞의 글, 17~18쪽.
63) 법원행정처, 「법원사」, 541쪽, 524쪽. 宋相現, 앞의 글, 624쪽.
64) 최공웅, "사법대학원, 한국법조교육 50년의 출발점", 서울대학교 사법대학원, 85쪽.
65) 李時潤, "사법대학원을 세운 선각자", 영원한 스승 유기천, 172쪽.

시키지 않은 우리 고유의 법조인 양성기관이었던[66] 사법대학원을 '폐지'하느니, 제도를 보완하여 그 개선을 모색함이 충분히 가능하지 않았을까 하는 아쉬움뿐이다.

劉 교수님은 1968년 7월 1~3일 말레이시아 쿠알라룸푸르에서 개최된 제1차 LAWASIA 대회에서 'Legal Education in Asian Countries'라는 제목으로 행한 기조연설에서, 사회의 병리적 현상을 해결해야 하는 법조인은 법 자체에 대한 연구 외에 문화인류학, 경제학, 사회학, 일반의학, 심리학, 정신의학 등 인접 학문의 융합 연구를 하여야 하며, 이는 오직 대학에서만 가능하다고 역설하면서, 아시아 국가 안에 '국제사법대학원(International Graduate School of Law' 창설을 제창하였다.[67]

또 1969년 6월 「법정」에 실린 글에서는, 사법대학원은 그 연한이 현재 2년이지만 앞으로는 적어도 박사과정이 되어야 하며, 법조인 일반이 박사학위를 소지하여야 한다고 강조하기도 하였다.[68]

법학교육의 세계화, 법조교육의 선진화·국제화에 대한 劉 교수님의 깊은 철학을 깨닫게 된다.

---

66) 주광일, 앞의 글, 170~171쪽.
67) Paul K. Ryu, "Legal Education in Asian Countries", 서울대학교 사법대학원, 30~31쪽, 47~49쪽.
68) 유기천, "민족중흥과 법조교육의 근본문제", 유기천과 한국법학, 154쪽.

제 **2** 부

유기천을 기리며

제**1**장

내가 본 유기천

1. 총장이기 전에 본시 학자 교수*

서 명 원

(전 충남대 총장)

1.

공관에 학장들이 모인 것은 오후 6시 반이었다(1966년 초 신학기-편집자 주). 그 시각 교무과장은 그야말로 안달이었다. 기자들이 총장을 그대로 두지 않겠다고 벼르고 있다는 소식이었다.

교무과장은 "제발 살려주시오. 총장께 말씀드려 최고 득점자를 발표하도록 허락을 맡아 주시오."라며 나를 졸라대기 시작했다. 별 수 없이 새벽 4시경 총장 침실에 가 곤히 잠든 총장을 흔들어 깨우고 사정을 말했다. 총장은 일언지하에 "안 된다"고 거절했다. "총장실을 무단 침입한 놈들과의 약속을 지킬 필요가 없다."는 노기 섞인 대답이었다.

이 소식은 교무과장을 통해서 빠른 속도로 밤을 지새운 기자들에게 전달됐다. 이를 계기로 사정 장소가 호텔이 아닌 총장공관이라는 사실도 알려졌다. 기자들이 분통을 터뜨리며 전원 공관으로 '습격'해 왔다. 총장은 공관정문을 절대 열어주지 못하도록 했고 오히려 세퍼트를 풀어 쫓아내라고 지시했다. 기자들은 공관의 대문지주에 올라간 뒤 안으로 침입할 기세였으나 세퍼트가 흰 이빨을 드러내며 짖어대자 후퇴하고 말았다. 대학본부로 돌아가다 마로니에 나무 근처에서 마침 일찍 출근하는 송 비서실장의 멱살을 잡아 흔들며 화풀이를 했다고 한다. 언론은 다음날 이를 '멍멍발표'라고 대서특필했다.

---

*월송회보, 제1호, 2006년에 실린 글이다. 이 글은 원래 서명원 회고록『알면 알수록 더 모르겠네』(2005)에 수록되었다.

비서실장은 총장공관으로 찾아와 나에게 자신이 봉변당한 사실을 보고한 뒤 "교무처장께서 그들 앞에 나와 저간의 사정을 자세히 설명한 뒤 양해를 구해 주십시오. 총장님은 공관에서 그대로 계시는 것이 좋겠습니다."라고 당부했다. 총장 대신 기자들의 분풀이를 받아달라는 것이었다. 그럴 듯한 묘안이어서 흔쾌히 승낙했다.

그러나 막 기자들을 만나러 출발하려는 순간 총장이 우리가 논의한 내용을 들었는지 가로 막고 나섰다. "그럴 거 없어! 내가 직접 그들의 버르장머리를 고쳐놓겠어." 잠시 후 총장실에서는 진풍경이 벌어졌다. 총장이 고래고래 소리를 질러대기 시작한 것이다. "어떤 놈들이야! 어느 신문사 놈이냐! 너의 사장 이름이 무엇이냐? 당장 목을 자르라 하겠다. 대라! 대라! 빨리 대라! 이놈들아!" 총장을 혼줄 내주려던 기자들은 오히려 혼비백산해 달아나 버렸다.

2.

이 때문에 서열문제가 제기됐다. 총장의 일방적인 결정으로 결재과정도 문제였고 사무분장 문제도 생겼다. 하지만 김 실장 역시 매우 진취적인 성격의 소유자여서 주변의 눈치를 살피는 스타일이 아니었다. 총장과 자연 의기투합이 되었다. 비단 20주년 행사뿐 아니라 앞으로 서울대의 방향을 결정짓는 중책을 담당할 실세였다. 그동안 평온하던 대학본부 공기가 태풍을 맞는 느낌이었다.

나는 국제학술대회보다는 서울대 역사에 관심을 가졌다. 20년사는 고사하고 10년사도 없다는 사실을 알았기 때문이다. '서울대 20년사'를 만들자고 했더니 실망스럽게도 총장은 "그런 걸 뭘 하려 만드느냐?"는 반응이었다. 재차 건의한 끝에 겨우 허락을 받아 내어 역사학 전공인 문리대 유홍렬 교수를 위원장으로 위촉하고, 개교기념일에 늦지 않도록 총력을 기울여 달라고 당부했다. 사범대 한기언 교수가 집필에 많은 시간과 노력을 쏟았다. 불과 20년 전의 일이었지만 자료가 매우 희귀했다. 이를테면 해방 직후 대학 예과에서 누가 무슨 강의를 맡았는지조차 알기 힘들었다. 초대 예과 부장인 이숭녕 교수를 찾아 갔으나 시간표한 장을 구할 수 있을 뿐이었다. 기록을 남겨 화를 초래하는 일도 적지 않아 되도록이면 기록으로는 남겨두지 않으려는 분위기도 있었다. 20년사를 집필함으로써 훗날 30년사와 50년사 편찬은 어렵지 않았다는 얘기를 들었다.

3.

유 총장은 별로 신경을 쓰지 않는 눈치였다. '작은 거인'의 배포와 능력을 모르는 바 아니었지만 성품이 불같아 못내 걱정스러운 나머지 당일 아침 한마디 건넸다. "총장님, 잘 아시겠지만 오늘은 우리가 수감 대상이니 답변하실 때 각별히 주의하시기 바랍니다. 아무쪼록 원만하게 끝나야 하니까요." 총장은 총장실에서 기다리다 감사위원장이 들르자 차 한 잔을 같이 한 뒤 감사장(회의실)으로 향했다. 감기 기운 때문에 망토를 착용한 채 감사장으로 들어갔다.

최영두 위원장이 국정감사의 취지를 간단히 설명하고 성실한 답변을 당부한 뒤 총장에게 인사말을 하도록 했다. "바쁘신데 저희 대학 국정감사 차 방문하시는데 대해 감사드립니다. 특히 저는 법학을 전공한 학자로서 법을 제정하는 여러 국회의원님들과 이야기 할 기회를 갖게 된 것을 더욱 뜻 깊게 생각하고…" 총장의 인사말은 장황했다. 10분이 지나도 끝나지 않았다. 국회비서관이 우리에게 '빨리 끝내라'는 내용의 쪽지를 보내 다시 총장에게 보냈지만, 총장은 보지도 않고 30분을 넘겼다. 내용이나 말투도 인사말이 아니라 강의 같았다.

급기야 감사관 내부에서 빈정대는 소리가 나왔다. "아이고 무서워서 가야겠구면…" 일부는 서류보따리를 챙겼다. 야당 국회의원으로 발언권이 컸던 유청 의원이 노골적으로 불만을 털어놨고 공과대학 교수출신인 유진 의원이 맞장구를 친 것으로 기억된다. 여당이었던 육인수 의원이 사태수습을 위해 총장을 옹호하고 나섰으나 그가 되레 욕설세례를 받아야 했다. 육 의원이 반격에 나서면서 감사장은 여야의원들의 싸움으로 아수라장으로 변했다. 그들은 전원 퇴장했다. 뒷감당이 걱정이었으나 정작 총장은 배포가 큰 것인지 아니면 뭘 잘 모르는 것인지 태연하기만 했다.

나와 송경국 비서실장이 분담해 국정감사의원 각자에게 전화를 사과한 뒤 "내일 다시 오셔서 감사를 해 달라"고 당부했다. 또 총장에게 상황을 보고한 뒤, "내일은 사과를 해서 감사가 무사히 끝나도록 해야 한다"고 진언했으나 묵묵부답이었다.

감사가 시작되자 예측대로 국회의원들이 "우리가 총장의 법률강의를 들으러 온 줄 아십니까? 그리고 어제 천황폐하 운운했는데 그 대목을 취소하시오."라고 공격하면서 공방이 시작됐다. "나는 천황폐하라고 한 일이 없으니 취소할 수 없습니다." "여보시오! 어제 분명히 이 자리 여러 사람들 앞에서 말한 것을 지금 부인하는 말이 됩니까?" 결국 속기록을 통해 확인해 보기로 하고 의뢰를 했더니 "천황제도 하에 법치주의로"라고 되어 있었다. 의원들은 "그런 문구라 하더라도 문제는 문젭니다. 민주주의의 본산인 영국이나 불란서, 미국 등지에서 법치주의로 민주발전이 이룩됐는데 하필이면 일본의 천황제도 운운할 필요가 어디 있습니까?"라고 다그쳤다.

총장은 "서울대 총장을 그만두는 한이 있더라도 학자적 양심에서 어제의 나의 발언을 취소할 하등의 이유를 느끼지 않는다."라고 답변했다. 그런 태도에 대해 국회의원들은 더 이상 질문을 하지 않았다. 국정감사팀이 KO패를 당하는 순간이었다.

서울대 학장들과 직원들이 이 광경을 처음부터 끝까지 목격했다. 대학의 자치와 학문의 자유는 이런 용기 있는 소신파 총장이 있기 때문에 비로소 쟁취되는 것을 보직자 모두 체험하는 순간이었다.

4.

유 총장은 향년 83세로 1998년 6월 27일 미국 샌디에고에서 별세했다. 작고하고 나서야 고국으로 돌아올 수 있었던 것을 보면서 '강하면 부러진다'는 격언이 떠올랐다.

그분 옆에서 일하면서 학문의 자유와 대학의 자치가 무엇인지 배울 수 있었다. 하지만 강경일변도의 업무 및 생활태도를 보고 이는 그의 한계라고 생각하기도 했다.

그는 서울대를 사랑했다. 자녀가 없어 적적하지 않느냐고 물으면 "서울대 학생 전부가 내 자식 아니냐?"며 웃었다.

2. 한 장의 사진에 담긴 은사님의 제자 사랑*

이 건 호

(변호사)

이 사진은 1964년 5월 2일 토요일 오후 3시쯤에 촬영된 것이다. 맨 오른 쪽이 유기천 교수님이시고, 맨 왼쪽이 사모님이신 헬렌 실빙 여사. 유기천 교수님께서 그날 제자 이건호(신랑)와 김홍인(신부)의 결혼 예식을 주례하신 후 찍은 기념 사진이다. 장소는 서울명동에 있던 YWCA 강당.

나는 이 사진을 볼 때마다 은사님께서 나의 결혼예식을 주례하여 주셨다는 명예와 감사를 넘어서서, 선생님의 제자 사랑과 그 분에 대한 아름답고도 신선한 추억을 되새기며 감회에 젖는다.

이 사진에 나타난 선생님 내외분의 모습이 얼마나 곧바르고 다정하신가.

---

* 월송회보, 제2호, 2007에 실린 글이다.

이 사진은 나의 결혼기념 사진이라기보다는 나로 하여금 그리운 선생님을 만나 뵙고 그 분의 제자 사랑과 나의 학창시절 추억을 떠올리며 반추하게 하는 소중한 보물이다.

내가 선생님을 처음 뵌 때는 1958년. 서울 이화동의 서울법대 붉은 벽돌 교사에서 형법강의를 하실 때였다. 선생님께서 그해 봄에 미국에서 귀국하셔서 학생들에게 형법강의를 시작하셨다. 당시 나는 법학과 2학년 학생이었다. 그 무렵에는 형법뿐만 아니라 제대로 된 기본적 법률학 교과서조차 없을 때였다.

나는 이 사진을 볼 때마다, 강단의 선생님 모습이 떠오른다. 그 시절, 머리를 빗어 넘긴 자그마한 키에 흰색 와이셔츠에 넥타이를 매시고 조끼 양복을 단정하게 입은 무테안경의 멋쟁이 선생님의 모습. 강단 위에서 왔다 갔다 하면서 간혹 발뒤꿈치를 들어 키를 돋우어 올려서 발끝으로 걷기도 하고 팔짱을 끼거나 손을 가슴 앞에 모로 펴서 올리기도 하며 그분 특유의 카랑 카랑한 음성으로 열강하셔서 학생들을 압도하던 정열적 모습. 간혹 이를 다문 채 즐거워 못 참겠다는 듯한 작은 웃음소리를 내시며 웃으시던 선생님의 자상하고 소탈한 모습. 이러한 선생님의 모습과 신선한 강의 내용을 떠올리면서 그때의 그리움과 감회에 젖는다. 그때 다른 모든 학생들도 마찬가지였으리라. 선생님의 강의시간에는 학생들이 몰려들어 자리다툼을 벌일 지경이었으니까.

서울법대에는 그 당시에도 선생님을 따르는 제자, 학생들로 구성된 'IRIS회'라는 형사법연구회가 있었다. 선생님께서는 학문으로서의 법학뿐만 아니라 실천적, 임상적 법학교육에도 관심을 갖고 이미 그 시대에 학생들로 하여금 모의재판을 하게 하시면서 이를 위한 과제를 내 주기도 하셨다. 나도 'IRIS회'의 학생으로서 모의재판에 참여하기도 하면서도 그 때는 미처 몰랐지만 이 경험이 그 후 내가 법조인이 되어 사법실무에 종사하면서 얼마나 큰 영향과 교양을 주었던가를 새삼 깨닫고 있다.

나는 제자로서 선생님의 각별한 사랑도 받았다. 4·19혁명이 있었던 해인 1960년 가을에 제12회 고등고시가 있었다. 그 시험 사법과에 4학년이었던 나도 응시했었다. 합격자 발표는 이듬해인 1961년 1월. 당시 선생님이 부르셔서 서울 청파동 자택으로 찾아 몇 차례 찾아 뵌 일이 있다. 일본식 2층 가옥이었는데, 현관에 들어서면 바로 책이 빼곡하게 꽂힌 서재가 보이면서 책 냄새가 물씬 풍겼다. 그때 선생님께서는 그 집에 혼자 살고 계셨다. 갈 때마다 선생님은 반갑게 나를 맞으시면서 서재로 들어오게 하시고 차를 내오셨다. 어느 날인가 선생님께서 나를 보시자마자 함박 웃으시면서 "이군, 사법과 필기시험에 합격했어, 우수한 성적이더군, 그런데 1등이 아니고 2등이야." 라고 하셨다. 선생님은 당시 고등고시 사법과 시험위원이셨다. 나의 고등고시 사법과 합격을 선생님에게서 처음으로 듣고 알았다. 그러면서도 선생님께서는 축하한다는 말씀은 하시지 않았다. 지금 생각하면 선생님의 그 말씀이 '법조인이 되더라도 바른 자세로 소임을 다해서 국가사회에 봉사하라' 는 교훈으로 새기고 있다. 그리고 그 말씀하신 뜻에 따르려고 힘쓰고 있다.

그 뒤 필기시험 합격자의 구두시험이 있었다. 한 사람씩 형법구두시험장에 들어갔다. 선생님이 시험위원 4분 중 한분이셨다. 고려대학교 형법교수이셨던 이건호 교수님이 먼저 수험생인 나에게 "나와 이름이 같군, 그러니 내가 먼저 묻겠네, '몰수'가 무엇인가?"라고 질문하셨다. 그에 대한 나의 대답을 옆에서 웃는 얼굴로 들으시던 선생님께서 가슴을 내미시면서 "이군은 나의 제자예요. 그러니 나도 묻지요"하시면서 "여관 손님이 세면장에 갔다가 그곳에 다른 손님이 놓고 간 지갑이 있는 것을 발견하고 주어서 가졌다면, 무슨 죄를 구성하겠는가?" 라고 물으셨다. 이 질문은 선생님이 평소에도 툭하면 서울법대 학생들에게 내놓으시던 18번 질문이었다. 나는 "절도죄를 구성한다고 생각합니다." 라고 대답했다. 그때 선생님이 얼마나 흡족하고 기쁜 표정을 지으시던지, 지금도 그 모습을 잊을 수 없다. 이 간단한 질문에는 범죄의 문화적, 인격적, 심리적 요소를 늘 강조하신 선생님의 철학의 일면이 담겨 있다고 생각하고 있다.

내가 고시 사법과에 합격한 직후 1961년 3월 대학을 졸업하고 그해 4월 해군 법무관으로 군에 가서 1964년 8월 전역하기 전에 결혼을 하게 되어 선생님을 학교로 찾아뵙고 주례하여 주실 것을 부탁드렸다. 선생님께서는 당시 서울법대 학장이시자 사법대학원 원장으로서 무척 바쁘실 때였지만 선뜻 나의 청을 수락하셨다.

그 무렵 한국에 와 계시던 사모님 헬렌 실빙 여사도 결혼식에 함께 오셔서 축하하여 주셨다.

당시 선생님의 주례사는 SP판에 육성이 녹음된 것을 지금도 내가 소중히 보관하고 있다. 그러나 지금은 그 SP판을 재생해서 다시 들을 Turn Table과 바늘이 흔치 않아서, 이를 녹음TAPE에 옮겨 두어야겠다고 생각하면서도 아직 실천하지 못하고 있다. 그때 선생님께서는 "AGAPE적 사랑을 부부간에도 실천하라"는 요지로 말씀하셨던 것을 지금도 마음에 새기고 있다.

그러나 이 사진을 볼 때마다 떠올리는 위에 말한 이런 저런 추억과 감회에 이어서 그보다 몇 백배 몇 천배 나의 마음을 아프게 하고 후회하게 하는 일이 있다. 그것은 선생님의 가르침과 사랑을 받고서도 그 은혜를 기워 갚지 못하고 학문적으로나 제자의 한 사람으로서 선생님께 대한 도리를 다하지 못한 '죄스러움'이다. 선생님은 군사독재 시절을 거치는 기간에도 그분의 「자유인, 정의인, 지성인」으로서의 철학과 포부를 대학에서 실현하기 위하여 서울대학교 총장직에까지 취임하셔서 애쓰셨지만 끝내 뜻을 이루지 못하고 급기야 1972년 10월 유신 직전에 미국으로 가시고 말았다. 비록 그 무렵이 내가 법원 판사로 근무하며 이곳저곳을 돌아다니다가 10월 유신을 계기로 법관직을 그만두고 지방에서 변호사 개업을 하게 되었던 혼란기였기는 했지만, 어떤 이유나 핑계로도 선생님께 대한 위와 같은 나의 '죄스러움'은 가시지 않는다.

그 후 선생님께서 고희의 연세가 되셨던 1988년에 잠깐 귀국하셔서 제자들의 기념논문집을 증정 받으셨을 때에 회식자리에서 뵈었던 것이 내가 선생님 생전에 만나 뵈었던 마지막 대면이었다. 이 사진을 볼 때마다 그때 선생님의 수척해지신 모습에 마음이 아팠던 일, 그로부터 10년 뒤인 1998년 6월 선생님께서 이역만리 미국에서 외롭게 타계하신 뒤 3년 주기가 되는 2001년 6월 경기도 고양에 있는 선생님의 묘지에서 생전에 키우시고 사랑하셨던 애제자들이 3주기추모식을 가졌을 때, 그곳 산허리 골자기에 덩그렇게 놓여 있는 선생님의 유골이 안치된 석제 납골묘를 돌아보며 남몰래 오열하였던 일들이 뒤이어 떠오르면서, 나도 모르게 마음이 저리고 숙연해져서 사진첩을 닫고 만다.

선생님의 육신은 비록 가셨더라도, '자유·정의·지성'으로 집약되는 선생님의 학문과 가르침은 더욱 그 빛을 발하고 우리나라 영원히 계승될 것임을 믿는다. 애제자들을 비롯한 뜻있는 학자들이 유기천교수기념사업재단을 설립하고 정기적으로 기념강좌를 개최하면서 추모문집과 회보를 발간하는 등 선생님의 고결하신 뜻과 학문을 기리고 후세에 이어 가게 하기 위한 활동을 계속하고 계신 것이 참으로 다행하고 감사한 일이다.

"선생님과 사모님의 천국영생을 하느님께 간절히 기도합니다."

3. 법대 작은아버님과
헬렌 작은어머님을 회상하며*

유 정 호

(유기천재단 이사, 시카고 신경과 전문의)

법대 작은아버님과 헬렌 작은어머님과의 소중한 기억들 중에서 간추려서 몇 가지만 적고자 한다.

나는 1974년 11월에 미국 로스엔젤레스에 와서 그 이듬해 7월에 시작하는 병원 인턴에 응시하고, 인터뷰를 하러 다니며 바쁘게 지내다가 1975년 7월에 일리노이주로 병원 인턴쉽을 구해 오게 되었다.

그 해 가을 법대 작은아버님께서는 건강이 좋지 않으셔서 일리노이주의 덴빌 (Danville)에 계시는 내과의사이신 막내 작은아버님 댁에 와 계셨는데 나는 전화로 인사를 드리고 법대 작은아버님을 뵈러 그곳에 가게 되었다. 금요일 오후에 오랜 시간 버스로 가야 했다. 그 곳에서 법대 작은아버님을 뵈니 얼마나 반가웠던지. 법대 작은아버님과 막내 작은아버님과 나, 이렇게 셋이서 이틀 밤을 함께 그 동안에 밀렸던 여러 가지 대화로 즐거운 날들을 보냈다. 일요일 오후 시카고로 다시 오게 되어 있었다.

그런데 막내 작은아버님께서는 내가 미국 온 지 얼마 되지 않았으니 경제적인 문제를 고려해서 새 차를 사지 말고 당신이 타시던 차를 나에게 줄 터이니 내가 있는 곳 시카고까지 3시간 반 걸리는 거리를 법대 작은아버님, 막내 작은아버님, 나 이렇게 셋이서 올라가자고 하셨다. 그래서 일요일 오후 막내 작은아버님이 자신의 또 다른 차를 운전하시고, 그 뒤로 조금 간격을 두고 떨어져서 법대

* 월송회보, 제2호, 2007에 실린 글이다.

작은아버님과 내가 같은 차로 시카고까지 가도록 이미 두 작은아버님들은 계획을 미리 다 짜 놓으시고 계셨다. 그러나 나는 시내운전만 한 시간 연습하고 운전면허 시험을 쳐서 면허를 받은 처지였으므로 갑작스런 고속도로 운전은 무리라 피하고 싶었다. 그리고 다음 기회에 운전연습을 더 해서 고속도로 운전을 하도록 하고 오늘은 법대 작은아버님께서 운전을 하시고 내가 옆에 타고 시카고까지 가자고 제의하였다. 그러나 법대 작은아버님께서는 나에게 운전하라고 명하시며 "너는 안전벨트를 착용하고, 이 작은아버지는 안전벨트를 착용하지 않을 것이다. 사고가 나서 죽더라도 안전벨트를 착용하지 않은 내가 먼저 죽을 것이니 너는 아무 염려 말고 운전하라."고 말씀하시며 "하나님께서는 우리 정호를 지금 하늘나라로 데리고 갈 리가 없다. 해야 할 일들을 할 때에는 언제든지 미루지도 주저하지도 말고 자신감을 갖고 임해야 한다."고 말씀하셨다. 그리하여 나는 마음에 새기며 살아가고 있다.

1980년대 나는 시카고에서 의사개업을 하고 있었는데 법대 작은아버님과 헬렌 작은어머님를 만나 뵙고 싶어서 그분들이 계시던 샌디에고로 의학세미나를 간 적이 있다. 일주일간 작은아버님 댁에 머무르며 작은아버님이 나를 세미나 장소까지 아침, 저녁으로 빨간 차(Pinto)를 운전하셔서 태워주곤 하셨는데 매우 즐거운 일주일이었다. 그 곳에 도착했던 날 저녁 식사를 마치고 작은아버님, 작은어머님, 내가 셋이서 한 사람은 심판을 보며 탁구시합을 하였다. 그 결과 헬렌 작은어머님이 우승하셨고, 법대 작은아버님이 준우승하셨다. 그리고 티타임이었는데, 헬렌 작은어머님은 나와 작은아버님을 번갈아 쳐다보시며 "내가 생각해 보았는데 지금의 한국 이름 정호로는 미국사람들이 부르기가 쉽지 않으므로 미국 이름이 있어야 하겠어요. 그 이름을 앞으로 받게 될 시민권'에 기재했으면 좋겠어요. 몇 달에 걸쳐서 생각했는데 Isaac(이삭)이란 이름을 택했어요."

작은아버님께서는 작은어머님에게 왜 정호 이름을 이삭이라 하기를 원하느냐고 물으셨다. 작은어머님은 "이삭은 160세를 살아서 장수했는데 정호가 벌써부터 혈압이 높다고 하니 나는 정호가 건강히 장수하기를 간절히 원해서 이삭으로 하기를 원해요."라고 하셨다. 이에 대해 법대 작은아버님은 "우리 정호는 이삭과 같이 패기가 없는 사람이 아니기 때문에 반대한다. 정호의 미국이름은 다른 이름으로 앞으로 시간을 두고 더 생각해 보자."고 하셨다. 작은아버님은 오랜 미국 생활을 하셨는데도 작은어머님이 여러 달에 걸쳐서 심사숙고하여 생각해

내신 것을 이렇게 단숨에 묵살하시니 작은어머님에게 매우 미안한 생각이 들었다. 또 한편으로는 나의 건강을 염려하시고 장수를 원하시는 헬렌 작은어머님의 마음에 매우 고마웠다. 요새도 법대 작은아버님과 작은어머님를 회상할 때마다 생각나는 장면이다.

1991년 봄 나의 아들 재원이는 여러 대학에서 합격통지서를 받았고, 그 중 두 대학교에만 입학할 생각이 있어서 최종결정을 앞두고 고민 중이었다. 두 대학은 예일대 학교와 노스웨스턴 대학교 7년제 의학 특수프로그램(학부를 3년에 졸업하고 바로 4년제 의과대학원 입학을 보장하는 프로그램)이었다. 이 두 학교를 놓고 4월 15일까지 한 곳을 선택하여야 했다. 4월 초 헬렌 작은어머님으로부터 전화가 왔는데 작은어머님은 나에게 예일이나 하바드의 학부를 졸업하고도 노스웨스턴만큼 좋은 의과대 학원에 못 들어가는 학생들도 많은데 재원이를 꼭 의사를 시켜야 되겠으니 노스웨스턴 7년제 의학특수 프로그램에 가기를 원한다고 하셨고, 나에게 재원이를 그렇게 설득하도록 말씀하셨다. 그런데 그 전화 한 시간쯤 후에는 법대 작은아버님이 전화하셔서 "재원이의 학교결정은 너의 헬렌 작은어머님 말 듣지 말고 내가 말하는 대로 하여라. 재원이에게 법대 할아버지가 예일 가기를 원한다고 전해라. 그리고 너도 그렇게 재원이를 설득해라"라고 하셨다. 며칠 후에는 아침에 출근하려는데 헬렌 작은어머님이 또 전화를 하시고, 낮에는 법대 작은아버님이 또 같은 말씀을 하시러 내 오피스로 전화하셨다. 법대 작은아버님은 "노스웨스턴 의과대학원도 좋은 학교지만, 더 좋은 의과대학원을 가려고 노력도 해보지 않고 그렇게 선택하는 것은 좋지 못하다. 재원이는 예일로 가서 열심히 공부하면 더 좋은 의과대학원도 합격할 수 있는 능력을 충분히 갖고 있다."고 말씀하셨다. 나는 작은아버님과 작은어머님이 분부하신 대로 아들 재원에게 이 이야기를 들려주고 그 분들이 무엇을 원하시는지를 이야기해 주었다. 재원이는 빙그레 웃으며 알겠다고 하였다. 작은아버님, 어머님이 재원이에게 이렇게 큰 관심을 보여 주신 것이 나는 매우 감사했다.

법대 작은아버님과 헬렌 작은어머님이 나와 나의 가족을 품어주신 그 사랑을 늘 생각하며 그분들의 기대에 어긋나지 않는 삶을 살아가려고 노력하고 있다. 법대 작은아버님과 헬렌 작은어머님를 회상하며―.

(2007년 가을 미국 시카고에서)

4. 나의 반독재운동과 유기천*

이 신 범
(전 국회의원)

유기천 교수와 나는 시국 사건으로 두 차례 연루되었다.

유 교수와 필자가 '공범'으로 검찰에 송치된 이른바 '서울대생 내란음모사건'은 1971년 10월 15일 서울 일원에 선포된 위수령 후에 중앙정보부가 조작했는데, 이 사건으로 법대 출신인 필자는 징역 2년, 조영래는 징역 1년 6월, 장기표는 징역 1년 6월 집행유예 3년을 선고받았다.

"서울시내 대학생 3~5만 명을 동원하여 폭도화하여 중앙청을 점거하고 박정희를 강제 하야시킨 후, 20여세에 불과했던 법대생들이 혁명위원으로 취임하여 3권을 장악하려 했다"는 터무니없는 공소사실을 허위 자백시키기 위해 중앙정보부는 전기고문, 잠 안 재우기, 구타, 영장 없는 장기 불법구금 등 가혹행위를 저질렀다. 당시 중앙정보부는 사건을 조작하면 항상 배후를 추궁하고 날조하곤 했는데, 이 사건에서도 예외가 아니었다. 유기천 교수를 사건 배후의 내란선동 피의자로 만들기 위해 내게 '자백'을 강요하고 진술서를 쓰게 했던 것이다. 이렇게 하여 유 교수는 수배되어 피신을 하게 되었다.

검찰에 송치되어 서울구치소에 수감된 후에도, 검찰 수사 내내 중앙정보부 요원들이 우리가 수감된 감방을 지키며 검사 앞에서 자백을 번복하면 도로 끌어다가 고문하겠다고 협박을 하였다. 그렇게 해서 세계 역사상 가장 나이 어린 학생들이 정권을 장악하려 했다는 내란음모사건은 기소되는데, 어느 날 나를 불러

---

* 월송회보, 제2호, 2007에 실린 글이다. 이 글을 쓴 이신범은 1967년 서울대 법대에 입학하였다.

낸 서울지검 공안부의 담당 검사는 유 교수 부분에 대해 말을 꺼냈다. 유 교수를 외국으로 가게 해야 하겠는데 내란을 선동했다는 부분이 사실과 다르다고 진술서를 써 달라는 것이었다. 감옥에 갇힌 처지에 내막은 알 수 없었으나, 구속할 경우에 닥칠 정치적 부담과 부인 헬렌 실빙 박사가 미국에서 가만히 있지 않을 테니 국제적인 물의도 일어날 수 있어 유 교수를 사건에서 빼려는 것이라고 짐작 했을 뿐이었다.

어떻든 나는 중앙정보부에서의 진술과는 전혀 다르게 "유 교수는 사건과 관계없고, 만난 적도 없다"는 진술서를 써서 박 검사에게 주었다.

당초 중앙정보부는 유기천 교수가 1971년 4월 법대 형법강의시간에 했던 강의내용을 문제 삼아 사건을 만들었다. 대학가는 그 해 4·27 대통령 선거를 앞두고 군사교련철폐와 언론자유 등을 쟁점으로 시위가 확산되고 있었다. 그런데 반독재투쟁에서 법대생들이 주도적인 역할을 하였기 때문에, 감시와 탄압도 법대에 집중되었다.

그러던 중 4월 7일 법대 교문 앞에서 연좌중이던 최회원 총학생회장을 경찰이 곤봉으로 뒷머리를 내리쳐 실신하자 연행하고 법대 학생회 부회장 장성규도 경찰에 연행된 사건이 일어났다. 학생회장은 응급처치를 받고는 치안본부 분실에 감금되었는데, 중앙정보부는 이 무렵 학생간부들을 마구 끌어다 고문했기 때문에 그의 운명에 대한 우려가 증폭되는 가운데 4월 12일 법대생 200여명은 "비밀경찰 폭력배의 소굴 정보부를 해체하라"는 현수막을 들고 도서관 앞마당을 돌면서 시위에 나섰다. 중앙정보부는 요원을 보내 낮은 담장 위로 시위대를 촬영하 고 학생간부들을 마구 잡아갔다.

형법학자인 유기천 교수는 "이런 상황에서 법은 가르쳐 무엇 하느냐'면서, 경찰이 백주에 학생의 뒷머리를 내리친 행위는 미필적 고의에 의한 살인미수라고 규탄하는 강의를 했다. 그는 이어 "박 정권은 총통제 영구집권을 꾀하고 있고 장제스(蔣介石)의 계엄통치를 연구하도록 장성들을 타이완에 보냈다"고 폭로성 발언도 했다. 유 교수의 마지막 강의였다. 그 뒤 학생들은 해외에 나간 유 교수가 강제출국 당했다면서 귀국을 허용하라고 촉구하기도 했다.

이런 까닭에 중앙정보부는 11월 12일에 검찰에 송치된 '서울대생 내란음모사건'을 조작하는 김에 유 교수를 내란선동으로 입건하고 수배했지만, 파장을 우려한 정권은 검찰로 하여금 사건을 축소하게 하고 유 교수를 출국하게 하여 망명의 길로 내몰았던 것이다.

두 번째 사건은 1975년 6월에 일어났다. 미국으로 출국하여 망명생활을 하게 된 유기천 교수의 소식을 3년이 넘어 기고문을 통해 다시 접하고, 필자가 대통령 긴급 조치 9호 위반 사건으로 구속된 일이었다. 유 교수가 미국의 교포 반정부 신문『코리아저널』에 기고한 글이 실린 2월호를 내가 입수하여 유신독재철폐투쟁을 하던 청년들에게 전한 사실이 중앙정보부의 수사과정에서 드러나 사건이 되었던 것이다. 당시 미주 교포 사회에서는 타자기로 친 글을 축소 편집하여 인쇄한 반정부신문이 몇 가지 발간되었는데, 유 교수는 이 무렵 일간지 판형 크기의『코리아저널』에 "독재는 적화의 황금교"란 글을 기고했다.

사건의 전후사정은 2004년 4월의 주간지『뉴스메이커』의 기획물 "전대련 사건 3"에 실려 있는데, 그 중 일부를 인용해 보자. (일부는 생략, [ ]는 필자가 덧붙인 것임)

이신범의 계산착오

1975년 6월 그는 백범사상연구소에 드나들며 '반 백수'로 지내고 있었다. 이미 학생운동은 은퇴했지만 관심을 가질 수밖에 없는 신세였다. 이런 가운데 [1975년 4월 서울대 농대생 김상진이 유신철폐 시위 도중 할복 자결하고, 5월 22일 서울대에서 추도식을 열어 56명이 구속된 반정부시위사건]서울대 오둘둘 데모가 터지고 경찰이 자신을 찾는다는 소식을 접하자 그는 촉각을 곤두세웠다.

[자신과 함께 배후에서 활동한] 오둘둘 데모의 주모자인 [문리대 복학생] 유영표는 피신에 성공했고 [당시 문리대 졸업생 / 전 국회의원] 서상섭은 무사하다는 걸 확인한 그는 안심하고 형사들을 만났다. 그러나 그것은 계산착오였다. 그는 남산으로 끌려가 혹독한 추궁을 받았다. 미 성조지[스타즈 앤드 스트라이프스] 5월 18일자 '걸프, 한국에 4백만 불을 공여하다'라는 기사를 복사해 서상섭에 게 준 것을 정보기관이 이미 알고 있었던 것이다. 이신범은 그의 비망록『광야의 끝에서』(실천문학사)에서 다음과 같이 적고 있다.

"… 미국 상원 청문회에서 미국의 석유회사 걸프가 1971년에 박정희에게 4백만 달러의 뇌물을 대통령선거 자금으로 헌납한 사실이 밥 돌시 걸프사 회장

의 증언으로 밝혀졌다. AP통신은 이를 큰 뉴스로 보도했고 성조지 태평양판
에는 이 기사가 크게 실렸다 … 1971년 대통령선거 후에 우리나라의 석유 값이
두 번이나 크게 올랐는데 이것이 해답이었다. 박 정권은 이 기사를 국내 신문
에 싣지 못하게 했다. 내가 준 이 기사를 서상섭은 천주교학생연맹 관계자(7인
위원회를 지칭)에게 주었고 그들은 이것을 번역해 수만 장을 찍어 서울시내
뿌리려는 계획을 세웠다."

7인위원회를 비롯한 가칭 전대련 사건의 가장 중요한 증거물은 유인물이었
다. 당시 수사기관이 압수한 증거물은 140여 종이나 됐는데 대부분이 유인물이
었다. [중앙정보부와] 재판부는 이들 유인물 가운데 3가지를 중요하게 취급했
다. 그 하나가 바로 이신범이 제공한 것으로 돼 있는 '걸프, 한국에 4백만 불을
공여하다'였다.

다른 하나는 1975년 2월 재미동포신문 『코리아저널』에 게재된 유기천 전
서울대 총장의 '독재는 적화의 황금교'라는 칼럼이었다. 그 내용은 "유신헌법
은 그 내용에 있어서나 형식에 있어서 국헌에 위배되며 위헌적인 규정이다. 유
신체제야말로 김일성의 정책적 사생아임이 분명하다. 1972년 헌법은 정확한
한자로는 유린(蹂躪)하여 신음(呻吟)케 하는 의미의 머리를 딴 유신(蹂呻)헌
법이니 당장 고쳐야 한다."는 것이었다.

나머지 하나는 1974년 4월 28일자 미국 시사주간지 『타임』에 실린 '워싱턴
으로부터의 견해, 추악한 사태가 벌어질 것인가'라는 기사였다. "박 정권의 탄
압적인 조치는 대대적인 민중봉기나 심지어 쿠데타를 유발할지도 모른다."라
는 주장을 담고 있었다.

이신범은 이 가운데 박 정권에 가장 뼈아픈 걸프사 스캔들을 폭로하는 데
초점을 맞췄다. 정보기관의 조사에 이골이 난 그는 탄로 날 사태에도 단단히
대비하고 있었다. 그러나 결과는 미리 입을 맞춰놓은 것과는 다르게 더 크게
번지고 말았다. 이신범의 기억을 더듬어보면…

"걸리게 되면 '이기정 신부에게 받았다'고 불기로 했다. 이 신부는 기억이
안 난다.'고 발뺌하고… 그런데 이 신부 선에서 엇나갔다. [당시 동아일보 해직
기자 / 전 국회의원] 이부영한테서 받은 것으로 돼버린 것이다. 그 바람에 이
부영까지 연루되고 청우회 사건으로까지 비화됐다."

박 정권의 상처에 소금을 뿌리다

어쨌든 이신범에 이어 이부영까지 구속해 명동성당 7인위원회와 엮어 사건을 크게 키우려던 정보기관의 의도는 수사 과정에 크게 변질한다. 이신범 등은 중앙정보부 조사 때는 그들의 요구대로 모든 것을 시인하고 검찰 조사 때 모두 부인하는 전략을 택했다. 관련자들에 따르면 남산에서 조사받을 때 이 사건의 조직도는 민청학련을 능가할 정도로 방대했다고 한다. 심지어 서울대 오둘둘 사건 관련자까지 포함돼 있었다는 것이다.

하지만 결과는 명동성당에서 활동한 7인위원회 중심의 조직 사건으로 축소됐다. 서상섭－[문리대 복학생 / 언론인] 장성효는 외신기사 복사판이나 유인물을 '부주의하게 취급'한 것으로 1년 가까이 옥살이를 했지만, 연관성이 더 농후한 이부영－이신범은 이 사건에 포함시키지도 않았다.

대신 이신범에게는 다른 올가미를 씌워 긴급조치 9호 위반으로 기소했다. 형사들이 집을 뒤져 압수한 '미국연합장로교회의 한국에 관한 결의문'을 꼬투리 잡아 '사실 왜곡 표현물'을 배포-보관하고 전국적인 시위와 봉기를 선동한 혐의였다. '걸프, 한국에 4백만 불을 공여하다'는 재판 과정에서 거론하면 할수록 박 정권의 아픈 부분을 건드리는 꼴이어선지 공소 항목에서 빠져버렸다.

1975년 5월 19일자 미국연합장로교회 제187차 총회의 한국에 대한 결의사항 중에서… 두 항목은 '사실을 왜곡'한 것이고 마지막 항목은 긴급조치 9호를 비방하는 것이므로 긴급조치9호 위반이라는 게 검찰의 논고였다. 이신범은 영문으로 된 이 결의문을 소지했다는 이유로 징역 8월의 실형을 선고받았다.

'축소조작'된 전대련 사건

전대련 사건이 커지지 않았던 또 하나의 연계고리는 천주교단이었다. 판결문에 나타난 것만 보더라도 이기정 신부는 기소될 만한 혐의(?)가 충분했다.

하지만 이기정 신부를 비롯한 사제단과 이 신부의 비서인 테레사 등 7인위원회와 활동을 같이 한 명동성당 관계자는 한 명도 기소되지 않았다. 이 신부는 이 사건 직후 로마로 유학을 떠났다. 수사당국은 이신범-이부영에 이어 천주교까지 도마뱀 꼬리 자르듯 이 사건에서 분리해버린 것이다. 제2의 민청학련 사건이 될 뻔했던 이 사건은 의문의 '축소조작'으로 마무리됐다(신동호 편집장).

독재는 언론에 재갈을 물려야 할 뿐만 아니라 외부로부터의 정보를 차단해야 유지된다. 그렇기 때문에 유신 독재 하에서 유기천 교수의 기고문이 미국으로부터 유입되어 반정부 청년운동의 핵심부에 전해진 것을 알게 되자, 중앙정보부 수사관들은 격분하였고 잡혀온 청년들에게 마구 폭행하고 욕설을 퍼부었다. 남산의 수사국에서 있었던 그 장면이 지금도 기억난다. 박 정권은 긴급조치 사건은 보도되지 않게 했기 때문에 당연히 유 교수의 기고문이 사건이 된 사실조차도 당시에는 전혀 알려지지 않았다. 1980년 짧은 '서울의 봄'에도 1970년대 암울한 시절 망명지에서 유신독재를 질타하는 글을 쓴 유 교수의 활동은 알려지지 않았다.

그 분이 갈망하던 대로 독재는 무너지고 민주화가 성취된 오늘이 있기까지 1970년대 유기천이라는 노학자의 잘 알려지지 않은 기여가 있었음을 잊지 말아야 하겠다.

5. 다채로운 일생을 살았던 유기천*

배 미 순
(시인, 시카고 중앙일보 문화센터 원장)

　　최종고 박사가 쓴『자유와 정의의 지성 유기천』(한들출판사 재판, 2006)을 읽으며, 한 사람의 생애가 사후에도 이리 빛남을 감탄, 감탄했다. 초판 발행 후 곧바로 개정판을 내면서 자료와 증언에 철저를 기하려 했으며, 스승의 발자취를 따르며 '추체험'을 하는 심정으로 심도와 객관성을 더한 전기여서 더욱 깊은 인상을 남긴다. 순교자 반열에 올랐던 선친에 이어 기라성같은 형제 자매들로 하여 한국의 신 명가'를 이룬 그의 생애가 세계의 아카데미즘 속에서도 눈부신 족적을 남기고 있다.

　　나는 오랫동안 시카고에 살면서, 그분의 바로 아래 아우인 유기진 장로님(류재단 설립자)의 고매한 인품과 삶의 향훈에서 수차례 형에 대한 진한 그리움과 존경심을 느낄 수 있었다. 얼마 전 9순 생신기념 감사예배를 치른 바 있는 유 장로님은 사후 전 재산 사회환원 약속은 물론 온자혜화(溫慈惠和)와 일소일소(一笑一少)의 삶을 몸소 실천하시면서 '종합 교육센터의 꿈'에 도전하시며 형이 못다 이룬 소망에 한 걸음 더 달려가는 모습에 가슴마저 저려온다.

　　더구나 최근에는, "숙부가 자식이 없었기에 생전에 더 많은 사랑을 받았다"는 조카 유정호 박사(신경내과 전문의)로부터 "숙부는 세계적으로 유명한 형법학자로서 목숨도 불사하고 반독재에 앞장 선 분이었다. 나도 이제까지 33년간 미국생활을 해 왔지만 요즘은 개업의로서보다 '월송회' 이사나 '유기천기념사업

---

* 월송회보, 제2호, 2007에 실린 글이다. 이 글은 미국에 사는 한 시인이 유기천 교수의 전기를 읽고 느낀 소회를 적은 것이다.

회 미국지부'의 일에 더 열심을 내고 있다"는 얘기도 듣고 있다. "한국은 교육으로만 희망이 있다"며 이곳 시카고에서도 '유기천 바람'을 일으키고 있는 것이다.

유신 음모 비판과 망명 사이에서도 모윤숙 시인의 '마지막 시몬'으로서의 에피소드가 아직도 이 세상 어딘가에 '물 냄새 달 냄새 풀 냄새'로 남아있을 듯 낭만이 넘치는 애잔한 **스토리들도** 내게는 새로웠다. 훗날 **그토록** 순진하게 자식처럼 믿었던 서울대생들에게 기대어 영원한 스승에서 '한국판 모세'가 된 심정으로 대통령 출마까지 결심했다는 뒷이야기는 어찌 보면 이성의 촉수를 곧추세웠던 한 시대 최고의 지성인의 순진무구한 일면을 보는 것 같아 애처롭기조차 했다.

시편 90편 10절의 말씀처럼 우리는 모두 날아가고 있다. 전기를 읽으면서, 월송이 마지막 유언처럼 남긴 말 "Bring me back to the original place"라고 했던 그곳은 과연 어디 일까 하는 생각에 잠겨 본다.

6. 미국에서 듣게 된 월송 유기천*

명 계 웅
(문학평론가, NEIU한국어담당교수)

　연초(年初)에 이곳 시카고에서는 유기천교수기념사업출판재단 미주지부 주최로 유기천 선생의 생애와 사상에 대한 강연회가 있었다. 초청 강사는 유 총장의 제자였던 서울 법대 최종고 교수였다.

　나는 1970년에 도미(渡美)했기 때문에 그 이후에 한국에서 벌어졌던 유신 독재정권 하에 지식인들의 치열한 민주화 투쟁에 대해서 관심이 있었고, 더구나 한때 장안의 화젯거리가 됐던 서울대 '쌍권총 총장'이란 기억은 지금도 내 뇌리 속에 어렴풋이 남아있어서, 내 딴엔 유 총장에 대한 적잖은 호기심과 흥미를 갖고서 강연회에 참석하게 됐던 것이다.

　유 총장이 소위 '쌍권총 총장'이라는 누명을 듣게 된 것은, 그가 박 대통령과 사이가 벌어진 것을 눈치 챈 한 내무부 고위 관리가 상부에 아부하려고 언론에 흘린 과장 조작된 인신공격이었다는 혐의가 짙고, 결국 유 선생은 1971년 박 정권의 유신 음모를 대학 강단에서 공개적으로 비판하고, 군사정권에 대항한 데모 주동 학생들의 퇴학 처벌을 적극 항의하다 결국 정부 수사기관의 살해위협과 추적을 받다가 미국으로 도피, 망명하게 된다. 그리고 또한 금년이 그가 서거한지 10주기가 된다는 사실도 알게 되었다.

　무엇보다 나로서 흥미 있는 사실은, 유기천(1915~1998) 교수가 생전에 연상의 여인들로부터 사랑을 받았다는 점이었다. 44세까지 독신생활을 하던 노총각

월송회보, 제3호, 2008에 실린 글이다.

이었던 그가 미국 유학시절 하버드에서 우연히 2년 연상인 미모의 유태계 미국인 형법학자 Helen Silving을 만나 전격 국제결혼을 하게 된 것은, 당시 국내 일대 토픽 사건으로 호기심의 대상이 될 수밖에 없었다. 또한 저명한 여류 시인 모윤숙의 마지막 '시몬'이 바로 유 교수였다는 것은 널리 알려진 사실이다. '월송(月松)'이란 그의 호(號)도 모윤숙이 지어준 것이었다. 모윤숙은 6년 연상이었다. 그러고 보면 아마도 그에게는 비록 체구가 작기는 했지만 기가 센 연상의 키 큰 여인들도 단번에 휘어 잡을만한 지성적인 매력과 마력적인 생기(生氣)가 넘쳐 흘렸던 것 같다.

또한 그가 국제적인 법학자로서 일찍이 한국 전통 문화에 대한 탁월한 식견(識見)을 가지고 있었던 것도 놀라운 사실이다. 유기천의 사상을 이해하려면 무엇보다도 그가 한국문화에 대한 지대한 학문적 관심을 가졌다는 사실에서부터 출발해야한다고 최종고 교수가 지적했듯이, 그는 이미 1958년 예일대학 학위논문에서 한국사회의 문화적 의미를 분석하고, 무엇보다 한국사회를 이해하는 데에는 샤머니즘(Shamanism) 연구가 중요하다고 강조하면서, 한국 샤머니즘의 3대 특징으로 유불선 삼도(儒佛仙三道)의 종교적 신념체계, 문화적 복합체, 그리고 여성의 강한 지위 즉 리더쉽(Leadership)을 들며, 인류학, 민속학, 언어학, 심리학들을 광범하게 원용하고 있다. 다문화 지구촌 사회에서 '문화'라는 단어가 새삼 화두로 떠오르고 있는 요즈음, 그의 한국문화론은 우리가 한번 다시 천착해볼 필요가 있다.

7. 내 인생의 소중한 인연*

김 정 섭
(변호사, 인천일보 회장)

내가 유기천 교수님으로부터 받은 초창기 이미지는 대학 입학식에서 총장님으로서 무슨 말씀을 하시는데 좋은 말씀이겠거니 하는 정도였고, 몇 달 후 '쌍권총사건'으로 총장직에서 물러나신다는 얘기를 듣고는 전공분야인 형법학과 맞물려 '굉장히 무서운 분인 모양이구나' 하는 인상이 전부였다.

그러다 2학년이 되어 들은 형법강의에서 첫 시간부터 단 1, 2분도 허비하지 않는 강의시간 준수와 일체의 군더더기 없는 수준 높은 강의내용을 접하면서 매우 엄정한 분이시라는 느낌을 받았다. 동시에 학생들의 질문에는 지나칠 정도로 친절한 답변과 만나는 학생 한 명 한 명에게 따뜻하고 자상하게 대하시는 모습을 보면서 교수의 표상이자 '한국의 페스탈로치'라는 평판이 과언(過言)이 아니라는 사실을 실감할 수 있었다.

지금 생각해보면 그러한 교수님으로부터 직접 가르침을 받을 수 있었던 행운에 감사하지 않을 수 없다. 더구나 사모님이시자 역시 세계적인 석학이었던 Helen Silving 여사님으로부터 장학금까지 받은 나로서는 더욱 감사하여야 함에도 당시에는 이를 미처 깨닫지 못하였다. 2학년 어느 날인가 지금은 명예를 회복하신 고 최종길 교수님께서 유기천 교수님의 사모님께서 장학금을 기탁하셨는데 내가 수혜자로 결정되었으니 감사의 편지를 작성하여 오라고 하셨다. 영문편지라 몇 번의 수정요구를 거쳐 사인하여 학생과에 제출한 것으로 기억되는데 의

---

* 월송회보, 제4호, 2009에 실린 글이다.

례적인 인사에 불과하였다. 교수의 봉급으로 장학금을 기탁하는 것이 얼마나 큰 결단인지 당시에는 전혀 상상도 못했던 것이다.

대학 졸업 후 대부분의 졸업생들이 그러하듯이 나 역시 학창시절은 지나간 추억일 뿐 하루하루 사건에 시달리는 법조인의 삶을 거쳐 뒤늦게 지방언론사의 대표로 활동하는 등 바쁜 척하다보니 교수님에 대한 기억은 까마득한 옛일이 되었다. 그러던 중 모교 교수로 재직하면서 연구실적은 말할 것도 없고 왕성한 저술활동으로 동기생뿐 아니라 주위의 부러움을 사고 있는 최종고군으로부터 『자유와 정의의 지성 유기천』 전기를 받아 보게 되었다.

스승의 전기를 대하면서 느낀 것은 한마디로 충격 그 자체였다. 교수님 내외분의 생사조차도 관심이 없었다니…. 끊임없이 밀려오는 회한에 젖으면서 단숨에 책을 읽었다. 책을 읽다보니 이제는 큰 부끄러움이 앞서는 것이다. 해방 후의 혼란기를 거쳐 군사정부 시절 총칼 앞에서 학문의 자유를 지키기 위하여 온몸을 던지실 때, 귀국도 못하시고 이역만리 외국에서 방황하고 계실 때, 현실에 안주하려고 하였던 나 자신의 지난날이 한없이 후회되는 것이었다. 스승을 향한 지난날의 그리움이 겹쳐지면서 어느새 눈물을 흘리고 있는 나 자신을 발견했다.

교수님의 형법강의는 2학년을 대상으로 하였으나 나는 3학년이 되어서도 휴강 등으로 시간이 날 때마다 강단 뒤쪽에 앉아 청강하기도 하였다. 당시 강의에 대해 진부하다는 생각은커녕 오히려 4학년이 되어도 가끔 강의를 들어야겠다고 다짐하였는데, 안식년인가 하여 이루지 못한 것으로 기억된다. 당시에도 교수님의 강의를 이해하려면 자주 인용하시던 Freud 심리학 등 주변학문에 대한 공부가 필수적이라고 느끼곤 했는데, 교수님의 전기를 대하다보니 그 연구분야가 상당히 광범위하다는 사실을 발견, 다시 한 번 교수님의 학자로서의 면모를 보게 되었다. 특히 우리 민족전래의 사상까지 연구하셨다는 사실에 대하여는 놀라움을 금할 수 없다. 나도 어찌어찌한 인연으로 우리 민족 고유의 심신수련법인 국선도를 수련한 지 10여년이 되었지만 교수님께서 선사상에 대하여도 일가견이 있으셨던 것을 알고는 경외감을 느꼈다.

그렇게 훌륭하신 교수님을 모셨다는 것 자체가 나의 인생에서 소중한 인연이다. 지난날을 돌이킬 수는 없는 것이고 이제라도 내가 할 수 있는 조그마한 일이라도 찾아보는 것이 교수님의 은덕에 보답하는 길일 것 같다.

8. 아직도 유 교수님의 지도로 연구와 강의를*

이 재 상

(이화여대 법학전문대학원 석좌교수)

1.

"저는 선생님의 총론강의 머리말에서 선생님이 사모님이신 Helen Silving 교수와 spiritual union에서부터 점입가경하여 모든 의미에서의 union을 서약하는 과정을 읽으면서 형법학을 공부하기 시작했고, 선생님의 형법강의에서 배운 내용을 지금 학생들에게 강의하고 있습니다." 1988년 6월 25일 유기천 교수의 고희기념 논문집헌정식에서 내가 한 축사의 첫머리 말이었다. 유기천 교수와 나의 관계를 처음부터 끝까지 간결하게 표현한 말이었다고 생각한다.

2.

내가 유기천 교수님을 처음 뵌 것은 법과대학 2학년 때인 1962년 형법총론 강의에서였다. 선생님의 열강에 매료되어 나는 강의시간마다 강의실 맨 앞줄 가운데 자리를 잡아 강의내용을 받아 적다가, 그것으로 부족하여 Iris학회(서울법대 형사법학회)에 가입하여 토론과 발표에 적극 참여하였고, 형사법학회의 형사모의재판에서 3학년 때는 변호사, 4학년 때 재판장으로 활동하면서 유기천 교수님의 지도를 더 받을 기회를 가졌다.

나는 사법대학원(현재 사법연수원의 전신)을 수료하기 직전 유기천 교수의

지도로 석사학위 논문을 준비하였다. 유기천 교수가 내게 주신 제목은 '승계적 공동정범'이었다. 당시의 교과서에는 한두 줄 설명이 있을 뿐인 주제였다. 독일 제국법원과 연방법원의 판례 몇 개를 찾았으나, 더 이상의 자료를 구하기 어려 웠다. 대부분의 동기생들은 석사학위에는 관심이 없었던 때였다. 그래서 논문 발 표일이 가까워 내가 유기천 교수님께 논문을 쓰지 못하겠다고 말씀드렸더니, 유 교수께서는 '나는 발표를 듣겠다.'고 하셨다. 할 수 없이 유기천 교수께서 해 주 신 말씀을 기초로 발표문을 정리하고, 한 달 만에 석사학위 논문을 제출하였다. 제대로 된 논문일 리가 없었다. 그러자 유 교수께서는 석사학위 논문은 만족할 정도에 이르지 않으니, 박사과정에 입학해서 형법학연구를 계속하라고 하셨다. 나는 유 교수님의 지시대로 사법대학원을 수료하자 바로 서울대학교 박사과정 에 진학하기로 했다.

내가 사법대학원을 수료하기 전 유기천 교수께서는 형법학 각론강의 하권을 집필하시면서, 김찬진 변호사와 나에게 원고정리를 부탁하셨다. 책을 쓰실 때 유 기천 교수는 구술하신 것을 녹음한 녹음테이프를 넘겨주시고, 우리가 문장을 정 리하여 원고지에 옮겨 적고 교정을 보는 방법을 택하셨다. 원고정리 이외에 유 교수님의 댁으로 가서 녹음테이프를 가져오고 원고지를 전해 드리는 일은 내가 맡았다. 선생님을 만나서 테이프를 받고 말씀을 듣는 것은 그때 나의 큰 기쁨이 었다. 그러나 나는 군 입대 때문에 각론 하권의 출간까지 선생님을 도와 드릴 수 없었다. 사회적 법익에 대한 죄까지 마친 후에 대학 동기생인 주광일 변호사에 게 일을 맡기고 나는 입대하지 않을 수 없었다.

3.

법무관 훈련을 마치고 근무지가 서울로 정해져, 나는 유기천 교수의 지도로 박사과정을 계속했다. 서울대학교 박사과정 법학과에 입학한 것은 내가 처음이 라고 기억한다. 박사과정에 혼자 있었기 때문에 강의는 교수와 학생 1 : 1의 강의 가 되지 않을 수 없었다. 유기천 교수의 강의는 교수님의 댁에서 했기 때문에, 나는 시간의 정함 없이 교수님의 댁 서재에서 선생님의 말씀을 듣고 질문하고 레포트를 제출하는 방법으로 박사과정을 마칠 수 있었다. 아마 선생님의 제자가운데 나는 선생님과 둘이 가장 많은 시간을 보낼 수 있었던 행운을 가졌다고 생각한다. 박사과정이 진행되는 동안 유기천 교수께서는 나에게 "판·검사 하지 말고, 3년 안에 박사학위를 받은 후 다시 독일에 가서 박사학위를 받아와서 대학에 있어라."고 말씀하셨다.

그러나 내가 군법무관을 마치고 제대하게 되었을 때 선생님은 우리나라를 떠나시게 되어, 나는 유 교수님의 말씀을 따르지 못하고 1971년 검사 발령을 받아 법조인의 길을 걷게 되었다. 그럼에도 불구하고 내가 1982년 검사와 변호사의 생활을 그만 두고 이화여자대학교 법과대학에서 교수로 강의를 시작한 것은 결국 유기천 교수님의 뜻에 따른 결과였다고 생각한다. 유기천 교수의 지시에 따라 대학원 박사과정에 들어가 박사학위를 받아 두어 나는 형법 교수가 될 수 있었기 때문이다. 아니 좀 더 멀리는 유 교수님의 강요(?)로 말도 아닌 석사학위를 받았기 때문에 나는 형법학자가 되었다고 할 수 있다.

4.

형법학자로서 나는 유기천 교수를 가장 존경한다. 나는 독일에 유학해서 Jescheck 교수의 지도를 받고, 대학 교수나 형사정책연구원 원장으로 많은 외국 학자들을 알게 되었지만 내가 가장 존경하는 형법학자는 유기천 교수님이시다. 유기천 교수는 그 시대에 사시면서도 현재의 우리 형법학에 큰 영향을 미친 한국 형법학, 유기천 교수의 독특한 유기천 형법학을 전개하신 분이기 때문이다. 입체심리학을 형법학에 도입하신 것은 물론, 인과관계에 관한 목적설이나 원인에 있어서 자유로운 행위와 책임이론, 공동정범에 있어서 공동행위주체설 등은 외국에서는 찾아 볼 수 없는 선생님의 독특한 이론이며, 유기천 교수는 현재의 형법학자들도 못해 본 시도를 하셨다고 생각한다.

대학에서 형법강의를 시작할 때, 나는 유기천 교수의 『형법학강의』를 물려받아 '유기천·이재상, 형법학'을 이어갔으면 좋겠다는 꿈을 가지고 있었다. 그러나 형법강의를 하면서 내 강의를 듣는 학생들을 위해서 나는 교과서를 쓰지 않을 수 없었다. 내 교과서에서 나는 유기천 교수의 제자이면서도 유 교수의 독특한 이론을 이어 발전시켜 나가지 못하였다. 그러나 나는 유기천 교수의 형법학 교과서를 외워가면서 형법학을 공부했기 때문에 내 형법이론에는 유 교수님의 이론이 바탕을 이루고 있다. 내 형법 교과서의 체계는 유기천 교수님의 그것과 안전히 일치한다. 부작위범과 과실을 구성요건이론에 배치시킨 것도 유 교수의 영향이었다.

5.

유기천 교수는 형법학 방법론으로 상징주의 형법이론을 주창하셨다. 용어는 의미를 전달하는 매개물로서 symbol이므로 용어의 의미는 그 용어의 structure 속에서 이해해야 한다는 이론이다. 상징주의 형법이론이 적용되는 첫 분야는 책임의 전제인 자유의사와 결정론의 관계이다. 유기천 교수는 자유와 결정은 모순되는 개념이 아니라 dimension을 달리하는 개념이므로 이를 동일평면에서 평가함은 context의 혼동이라고 지적하신다. 자유의사는 증명할 수 없지만 규범학인 형법에 있어서는 이를 전제할 수 있다는 내 설명도 선생님의 견해와 일치한다.

둘째, 유기천 교수는 목적적 행위론이 고의를 행위개념에 속한다고 주장하는 것도 동일한 과오를 범한 것으로 고의는 행위개념이면서 동시에 책임개념이며, 그 내용이 동일할 수 없음은 symbolism에서 오는 당연한 결론이라고 주장하셨다. 고의와 과실이 구성요건요소이면서 책임요소가 되며 그 내용이 동일하지 않다는 것은 현재의 신고전적·목적적 범죄체계의 결론이며, 나도 이 입장을 유지하고 있다.

셋째, 유기천 교수는 위법과 불법을 구별하고, 위법성조각사유인 정당방위와 긴급피난 및 자구행위에 있어서 상당한 이유의 의미가 달라지는 것도 상징주의 형법이론에 의하면 당연한 결과라고 한다. 내 생각도 같다. 각론에 있어서 폭행·협박의 개념, 상해죄의 상해와 강도상해죄나 강간치상죄의 상해의 개념도 같다. 유기천 교수의 목적설이나 원인에 있어서 자유로운 행위이론 및 공동행위주체설을 나는 따르지 못하였다. 그러나 내가 취하고 있는 객관적 귀속이론은 결국 목적설을 발전시킨 이론이고, 원인에 있어서 자유로운 행위에 관한 예외모델도 간접정범이론의 모순점을 극복하기 위한 이론이라는 점에서 공통점을 가지며, 유기천 교수의 공동행위주체설도 넓은 의미에서는 행위지배설과 일치한다고 볼 수 있다.

유기천 교수는 내 형법이론에 가장 큰 영향을 미친 분이다. 아직도 나는 유기천 교수의 지도를 받으면서 형법학을 연구하고 형법이론을 강의하고 있다.

9. I Miss Law School Grandpa*

유 재 원

(유기천재단 이사, 미국 의사 · 변호사)

저는 어릴 적부터 작은 할아버님을 "Law School Grandpa"라고 불렀습니다. 할아버지께서도 제 아버님에 대한 특별한 사랑 때문인지 저와 누나 이름 앞에 항상 "우리"를 붙여 "우리 재원이", "우리 선영이" 하시면서 귀여워해 주셨습니다.

고등학교 졸업반으로 대학에 지망할 때 일입니다. Helen Grandma께서는 San Diego에서 저의 집으로 몇 번씩 전화하셔서 의사의 길이 확실히 보장되는 7년제 Northwestern에 진학하여 의사의 길을 가기 원하셨습니다. 왜냐하면 Under-graduate를 3년에 마치고 다시 Medical School에 Apply하지 않고, 바로 Medical School로 들어가는 것이 보장되는 Program이기 때문이었습니다.

반면, Law School Grandpa께서는 여러 번 전화 하셔서 Yale에 가야 한다고 Push하셨습니다. 이유인즉, "George Bush 집안은 Yale, Harvard, Princeton에 합격하면 Yale에 보내고, John F. Kennedy 집안은 Yale, Harvard, Princeton에 합격하면 Harvard로 보낸다. 우리 집안은 Yale을 보내는 집안이 되어야 한다."고 말씀하셨습니다.

저는 고민 끝에, 결국 Yale 입학을 결정하였습니다. Yale에 입학한 후, 제일 먼저 한 일은 도서관에 가서 Law School Grandpa의 박사학위 논문을 찾아서 읽은 일이었습니다. 수십 년 세월을 거슬러 할아버지 논문을 꺼내 읽은 동안 제 가

---

* 월송회보, 제6호, 2011에 실린 글이다.

슴이 벅찼던 기억이 생생합니다.

　　대학 졸업 후, Medical School에 다닐 때 다시 Law School에 진학하려고 계획
하고 있을 때 작은 할아버지께서 매우 좋아하셨던 기억이 납니다. 우리 집안의
가족과 친척들은 주로 의대로 갔는데, One generation을 건너서 할아버님이 가셨
던 Law School에 입학할 계획이라는 것을 아시고 매우 기뻐하셨습니다.
　　흔히들, 과학(Science)을 전공하고 인문학(Law)을 또 공부하기가 어렵다고
들 하는데, 저의 법학 공부의 유전적 요인(Gene)은 법대 할아버지로부터 이어받
은 게 아닌가 싶습니다.
　　두 달 후면 법에 대해 공부하기 시작할 예정이었는데, 할아버지께서 돌아가
셨다는 소식을 듣고 놀랐습니다. 법대 할아버지와 법에 대하여 discuss하고 싶은
게 많이 있을 것으로 기대하고 있었는데, 토론을 해 보지도 못한 게 끝내 아쉬움
으로 남습니다.

　　저는 아버님으로부터 작은 할아버님의 반독재 투쟁에 관한 이야기를 많이 들
으면서 자랐습니다. 지성을 갖추면서도 용감하게 실천에 옮기신 할아버지 삶에
대하여 매우 존경합니다. 아울러 저도 작은 할아버님의 뒤를 이어 실천하는 지
성인으로서의 삶을 살고 싶습니다.

10. 한국 법학계의 큰 어른*

(서울대 법학전문대학원 교수)

월송 유기천 선생은 생전에 남긴 공적만큼이나 사후에도 여전히 많은 여적과 여백을 남겨두는 한국 법학계의 큰 어른이시다. 월송 선생은 일제시대에 동경대학 법학부를 졸업하셨지만 이후 서울대학교 법과대학 교수로 취임함에 따라 선생의 일생은 서울대학교 법과대학과 함께하셨다고 해도 과언이 아니다.

아직도 학문 세계가 척박하던 시절에 선생은 일찍이 미국에서 학위를 취득한 후에 서울대학교 법과대학 학장과 서울대학교 총장이라는 학자로서 최고의 행정직을 수행하신 바 있다. 그러나 학문세계에 천착해 있던 순수학자로서의 선생은 행정직이 그렇게 잘 어울리지 않았던 것 같기도 하다. 결국 서울대학교 총장직을 중도하차하신 후에는 다시금 학자로서의 열정을 동숭동 서울대 법대 교정에서 불태우고 계셨다.

필자가 서울대 법대에 입학했을 시점에는 이미 전설적인 총장님이 아니라 자상한 학자로서의 유기천 선생을 접할 수 있었다. 선생은 언제나 단아한 모습으로 캠퍼스를 거닐면서 특유의 깐깐한 강의로 유명했다. 필자가 법대 재학 중에 그 유명한 유기천 선생의 형법총론과 형법각론이 출간되었는데 당시의 법서로서는 비교가 안 될 정도의 상세한 각주와 많은 분량에 압도되기도 했다. 동료 학생들 사이에 유기천 형법은 좋기는 한데 이해하기가 너무 어려워 교과서로 애독하기에는 벅차다는 이야기가 파다했다.

---

* 월송회보 제6호, 2011에 실린 글이다.

당시만 해도 대학가는 박정희 정부가 한참 대학과 시민사회를 조여 오던 때인지라 하루도 조용할 날이 없었다. 더구나 정치적으로는 한일협정반대 시위가 일단락되고 난 후에 박정희 대통령은 1967년에 실시된 대통령 선거에서 재선에 성공하였다. 그런데 1962년에 제정된 제3공화국 헌법에서 "대통령의 계속 재임은 2기에 한(限)한다"라고 못을 박아 놓아서 박정희 대통령이 더 이상 대선에 나설 수 없기 때문에 3선 개헌이 정치권의 새로운 쟁점으로 부각되었다. 마침내 1971년 대통령선거를 2년 앞둔 1969년부터 본격적인 헌법개정 곧 대통령의 계속 재임을 3기까지로 연장하는 소위 3선 개헌논의가 진행되었다. 이런 상황에 저항하는 야당과 대학생들이 들고 일어난 것은 당연한 이치였다. 학생들의 3선 개헌 반대 시위에 직면한 정부는 1969년 5월부터 전국의 모든 대학에 대해 휴교를 명하고 3선 개헌안을 여당만의 날치기로 통과시켰다. 국민투표를 거쳐서 3선 개헌이 확정된 후인 10월 중순에 이르러 대학은 새로 문을 열었다. 개학하자 말자 1학기 기말고사를 치르고 곧이어 2학기가 시작되어 두 달 만에 2학기를 끝내는 대학의 파행상태가 계속되고 있던 시점이었다.

아마도 유기천 선생은 대학의 파행상태가 계속되는 가운데 자행된 3선 개헌을 군사독재의 새로운 시작으로 이해하고 계셨던 것 같다. 대학이 혼란에 빠졌음에도 불구하고 유기천 선생의 형법 강의는 차질 없이 진행되었다. 선생께서는 9시 첫 시간 강의를 언제나 9시 15분쯤 시작하시면서 외국에서도 첫 강의는 조금 늦게 시작하는 관례가 있다는 점을 강조하면서 다만 늦게 시작한 15분만큼 늦게 강의를 끝내셨다. 이 때문에 다음 시간 수업에 늦게 들어가는 진풍경이 연출되면서 다음 수업 교수님으로부터 본의 아니게 야단을 맞는 경우도 발생하곤 했다.

당시 선생의 형법강의는 합반 형태로 진행되었기 때문에 동숭동 법대 강의실 중에서 제일 큰 강의실에서 진행되었다. 아마도 이 강의실은 동숭동 법대에 있던 유일한 계단강의실로 기억된다. 그런데 어느 봄날 심각한 표정으로 입장하신 선생께서 강의를 시작하시기 전에 모든 학생들의 학생증 검사를 지시했다. 그러자 개중에 일부는 슬며시 강의실을 빠져 나가는 이도 있었다. 지금은 그렇지 않지만, 당시만 해도 학원프락치가 있다는 게 공공연한 비밀이었다. 중앙정보부(이는 국가안전기획부를 거쳐서 현재는 국가정보원으로 개칭되어 오늘에 이르고 있다) 직원이 학생으로 가장해서 학교에 상주한다는 이야기도 있었고, 심지어 학생 중에도 중앙정보부 프락치가 있다는 설도 난무했다. 유언비어인지는 몰라도 아무튼 그 시절에는 국가기관의 정보원이 주요 대학에 상주하고 있었던 것으로 보인다.

학생증 검사를 마치고 나니까 선생은 강의실 문을 닫으라고 말씀하시고는 곧바로 형법 강의가 아니라 군사독재정부에 대한 비판을 시작하셨다. 아마도 기억컨대 중화민국(현재의 대만)식 총통제를 도입하려 한다는 비판이 주목을 끌었다. 당시만 해도 냉전시대가 계속되고 있던 시절이었다. 우리나라는 중화인민공화국(중공)과는 미수교 상태였고 중화민국과 수교하고 있었다. 그 때 대만에서는 대륙에서 모택동이 이끄는 중국공산당에 패퇴한 국민당의 장개석이 이곳으로 옮겨와서 중화민국을 건설하고 장개석 자신이 총통으로 재임하고 있었다. 유기천 선생은 박정희 정권이 대만식 총통제를 통해서 박정희의 영구집권을 획책하고 있다는 취지의 말씀을 하신 것으로 기억된다. 하지만 이 강의로 인해서 유기천 선생은 모국을 떠나서 유랑의 길 즉 현대판 망명의 길을 걸어가게 되었다. 학기 중간에 선생의 공백을 다른 교수님들이 메워가긴 했어도 뒤숭숭한 가운데 정상적인 수업이 진행될 수 없었다. 연세대 법대에 재직 중이시던 정영석 교수님이 새로 강의를 진행하였는데, 공연히 학생들이 수업거부 운동을 벌이기도 해서 지금 생각하면 정 교수님께 엄청난 결례를 범한 것이기도 하다.

실제로 1972년에 단행된 10월 유신은 제4공화국의 유신헌법으로 이어지면서 대통령직선제도 폐지하고 대통령의 간선과 임기는 6년이되 연임에 대한 제한을 철폐함으로써 유기천 선생이 말씀하신 사실상의 총통제를 도입하고 말았다. 제4공화국이 겨울공화국, 긴급조치 공화국으로 지탱되면서 선생의 귀국도 멀어져갈 수밖에 없었다.

우리는 유기천 선생의 마지막 수업을 직접 들은 세대라는 점에서 한편으로는 추억과 가슴 아픈 편린들을 간직하고 있지만 그 이후로 선생을 접할 기회를 전혀 갖질 못했다. 선생께서는 미국에서 역시 같은 법학자이신 헬렌 실빙 여사와 함께하시면서 이국에서 생을 마감하신 것으로 안다.

첨언하면, 선생의 형법 교과서에 헬렌 실빙 여사에 대한 언급이 있는데, 당시로서는 해외에 간다는 사실 그 자체가 어쩌면 특권이자 로망의 대상이던 시절에 사모님이 미국인이라는 사실과 또 그 사랑을 자신의 교과서 서문에 언급함으로써 선생은 어쩌면 우리와는 다른 존재 아닌가 하는 생각을 갖기도 했다.

유기천 선생의 학문과 삶에 관해서는 그 사이 필자도 대학에 몸담게 되면서 은사이신 김철수 선생님이나 선배이신 최종고·안경환 교수님으로부터 간간이 소식을 전해 듣기도 했다. 이제 민주화와 산업화가 어우러진 대한민국이 되었건만 세계적인 석학이 그 혼돈과 간난의 세월 속에서 학문적 역량을 후배·제자들에게 마음껏 전수할 수 없었던 동시대의 아픔은 한편의 추억의 장으로 남게 되었다.

선생이 남기신 학문적 성과를 기리는 월송 유기천 재단은 그 사이 여러분들의 노력으로 결실을 보고 있다. 마침 부족한 필자에게 유기천재단의 유훈 이사장님과 최종고 이사님께서 감사로 추천해 주셔서 송구스러운 마음 금할 길 없다. 대학에 몸담고 있는 한 사람으로서 선생의 유지를 조금이라도 받들 수 있기를 기원 드리고 다짐을 해 본다.

11. 자유 · 투쟁 · 프로정신, 유기천*

임 웅

(성균관대 법학전문대학원 교수)

1. 회상(回想)

평소 존경해오던 형법학자 유기천(劉基天, Paul K. Ryu, 1915~1998) 교수님을 기념하는 법률문화상의 제1회 수상자로서 여러모로 부족함이 많은 저를 선정해주심에 대하여 유기천교수기념사업출판재단의 유 훈 이사장님과 재단관계자 여러분들께 깊은 감사의 말씀을 올립니다. 다망한 연말에 즈음하여 날씨가 차가움에도 불구하고 이 시상식에 참석하여 주신 여러분들께, 그리고 귀한 축사를 해주신 한국형사법학회 회장 박광민 교수님과 서울대학교 법학전문대학원 정상조 원장님께도 진정 감사드립니다.

금년에는 유기천 교수님 추모사업에 진력해오시던 두 분, 황적인 교수님과 이재상 교수님이 타계하시는 마음 아픈 일이 있었습니다. 여기에 두 분의 명복을 비오며, 이 자리에 함께 하지 못하심을 애석하게 생각합니다. 두 분은 저희보다 먼저 하늘나라에서 유기천 교수님을 뵈었을 것입니다. 아마 유기천 교수님, 황적인 교수님, 이재상 교수님 세 분이 하늘나라에서 이 시상식을 지켜보고 계실지도 모를 일입니다.

유기천 법률문화상의 수상은 제게 지극한 영광입니다. 무엇보다도 35년간의 교직생활을 마감하고, 내년 2월말에 교수직에서 정년퇴임하게 되는 저에게 각별한 감회를 안겨 주었습니다.

---

* 이 글은 필자가 2013.12.20. 제1회 유기천법률문화상을 수상한 소감을 밝힌 것이다. 월송회보, 제8호, 2013에 수록되었다.

먼저 유기천 교수님과의 개인적 인연을 회상해 보고자 합니다. 저는 1968년 3월에 서울대학교 법과대학에 입학하였습니다. 당시 법대는 법학과와 행정학과로 나뉘어져, 법대교수님들의 전공과목 강의는 학생들의 입학년도에 따라 두 학과에 번갈아 배정되었습니다. 1968년도 유 교수님의 형법강의는 행정학과 입학생에 배정되어 졸업 때까지 전공과목강의가 이어진 관계로 말미암아, 법학과에 입학한 저는 유 교수님의 형법강의에 4년 내내 정식 수강생이 될 수 없었습니다. 그러나 숱한 일화를 간직하신 유 교수님의 강의를 놓칠 수는 없는지라, 저는 여러 차례 유 교수님의 강의를 청강하였고, 그 분이 예의 꼿꼿한 자세로 열강하시는 풍모를 접한 바 있습니다.

유 교수님께서 1971년 독일을 거쳐 미국으로 망명하신 이후로는 교수님을 뵙기 어려웠는데, 한참 후 귀국하셔서 비교적 오래 한국에 머무신 두 차례의 시기에 교수님을 뵈올 수 있는 절호의 기회가 있기는 있었습니다. 하지만 이 두 시기에 저는 우연찮게 연구차 외국에서 장기 체류하고 있었던 까닭에 유 교수님을 뵙지 못하게 되었고, 아직도 아쉬움이 진하게 남아 있습니다. 그 첫 기회는 유 교수님께서 서울법대에서 다시 강의하신 1980년경이고, 이즈음에 저는 Austria Wien 법과대학에서 2년여의 연구생활을 하고 있었으며, 두 번째 기회는 유 교수님께서 고희기념논문집을 봉정 받고자 귀국하신 1988년경인데, 이 시기의 전후 2년여 동안 저는 독일 Max-Planck 외국형법연구소에서 연구생활을 하고 있었습니다. 한 가지 다행인 것은 유기천교수님 고희기념논문집에 제가 "비범죄화론의 의의와 근본사상"이라는 제목의 논문을 봉정할 수 있었던 점입니다. 이 논문은 제가 독일체류동안 '비범죄화론'이라는 일관된 연구를 수행함에 있어서 이론적 토대가 되는 논문으로서 제게는 매우 의미심장한 주제였고, 1987년 8월 Max-Planck 외국형법연구소에 도착하는 즉시 그 연구에 전념하여, 유 교수님의 고희기념논문집에 기고하게 되었던 것입니다.

2004년 2학기 본인이 맡은 대학원강의에서 "이 땅의 앞선 법률가를 찾아서"라는 강의제목으로 월송(月松) 유기천 선생님을 필두로 하여, 전 대법원장 가인 김병로 선생님, 사도법관 바오로 김홍섭 선생님, 인권변호사 조영래 선생님, 전 국회의원 효당 엄상섭 선생님, 효봉스님(이찬형 판사) 등 이미 작고하신 법률가 중 후학에게 귀감이 될 6분을 선정하여, 이 분들의 고귀한 일생을 조명한 적이 있었습니다. 이 학기 동안 월송 선생님의 학문에 있어서의 철저함, 삶에 있어서의 대쪽같은 꼿꼿함은 저와 수강생들에게 깊은 감동을 남겼고, '어떻게 그럴 수 있나'하고 자문할 정도로 흠모의 념(念)을 아로새기게 되었습니다.

정년을 목전에 둔 저는 '별 탈 없이' 교직생활을 마감하게 된 것만으로도 괜찮다는 필부의 위로를 스스로에게 던지고 있었는데, 이 수상을 계기로 월송 선생님의 일생을 더듬어보면서 제 삶이 심히 초라하고도 부끄럽다고 느꼈습니다. 저의 삶은 무사안일임에 반하여, 그 분의 삶은 일로매진이요, 주도면밀이며, 질풍노도요, 고군분투며, 파란만장이었습니다. 범인(凡人)의 삶이 아니라, 위인(偉人)의 삶이었습니다. 대부분의 위인이 그러했듯이 유 교수님의 삶은 시련과 고난, 고독으로 점철되었으며, 속세의 잣대로 보면 '비극적인 삶'을 사셨습니다. 그 분이 고국에서 서울대학교 총장으로서 또 뛰어난 형법학자로서 위명(威名)을 날리던 영광의 시절은 그리 길지 않았습니다. 그 분의 유일한 세속적 행복은 '존경하고 사랑하는 부인, Helen Silving 박사'와의 결혼생활뿐이었을 것입니다. 그 분의 미국에서의 오랜 망명생활은 일종의 유배형(流配刑)이었으며, 모든 것을 잃고 아무도 알아주지 않는 이국(異國) 땅에서 오로지 예수 그리스도와 Silving 여사님만을 의지하며 사신 것을 회상하면, 예수님을 영접하지 못한 제 눈에는 눈물이 앞을 가리는 비극적인 삶으로만 비쳐집니다. 그러나 그 비극적인 삶이 형법학도에게 순교적(殉敎的) 모습을 비추어주는 것이라면, 기꺼이 그 분에게 경배(敬拜)드릴 수 있습니다.

유 교수님은 숱한 일화와 전설을 지니신 분이십니다. 그 분의 학문정신과 인생관, 세계관 그리고 실천하는 용기는 남기신 일화와 전설에서 읽을 수도 있지만, 진솔하고도 생생하게 그것도 당신 스스로가 문자로 증거하신 결정체는 그 분의 형법교과서 '형법학 총론강의와 각론강의' 중 '서문'(序文)에 있습니다. 저도 제 형법교과서 '서문'에 저의 학문관과 저서 집필의 배경이나 우여곡절인 사정 등을 토로(吐露)하고 있음을 익히 알고 있기에, 앞으로 말씀드릴 '유기천 정신'(情神)은 거개(擧皆)가 유 교수님의 형법교과서와 그 서문을 중시하여, 이를 다시금 정독하고 심려(深慮)함으로써 여러분들께 천명하는 것으로 알아주시기 바랍니다.

이제 저는 유기천 정신을 자유정신, 투쟁정신, 프로(Pro)정신으로 집약하고자 합니다.

2. 유기천 정신

(1) 자유정신

유 교수님의 저서 형법학 총론강의를 보면, "본서에 있어서의 가치판단의 근본표준을 '자유사회'(free society)란 가설에 두고 있는 점"(영인본, 45면)이라는 표현과 "인권사상을 …오늘날에 있어서는 '자유사회'란 가설 밑에서 그 정신을 찾아낼 수 있다고 본다."(동 49면)라고 한 표현이 나옵니다. '자유사회'란 개념은 그 분의 글 여기저기에서 빈번하게 등장하는 이념적 지표입니다. 그 분은 학문에서뿐만 아니라 굴곡진 삶에서도 실제로 '자유'를 북극성으로 삼아 궤도를 돌고 도는 쓰러지지 않는 팽이셨습니다. 저 역시 형법총론 교과서에서 형법의 임무를 "공존할 수 있는 자유의 최대한의 보장"(제5정판, 10면)이라고 하여, 감히 법을 통한 자유사회의 이념을 지향하고 있습니다. 창의적인 학문은 자유로운 풍토에서만이 가능하고, 타율 아닌 자율의 인간 개개인은 자유사회를 전제로 해서만이 자아를 실현하고 행복을 추구할 수 있음을 아셨기에, '자유'는 그 분의 학문정신과 인생철학에서 최상의 가치로 자리매김하였습니다.

자유정신의 구현자로서 그 분은 '거침없는' 정신, 그 무엇에도 '구속받지 않는' 정신, '모든 것을 버릴 수 있는' 정신, '어떠한 편견에도 사로잡히지 않는' 정신을 갖추고 계셨고, 자유의 실현을 위한 용기와 능력도 갖추셨습니다. 제가 과대포장하는 것이 아니라, 그 분의 자유로운 정신은 형법학의 좁은 울타리에 구속받지 않으시어 입체심리학, 철학, 윤리학, 인류학에 이르기까지 거침없는 학제적 연구정신을, 그리고 영어, 독일어, 일본어에 통달하시어 여러 국가의 형법학을 넘나드는 Global한 연구능력과 시야를, 군사정권에 영합하여 얼마든지 누릴 수 있었던 일신의 영달을 가차 없이 버리신 탈속(脫俗)의 정신을, 애국심이 부족해서가 아니라 자유로운 국가건설을 위해 암울한 한국을 떠나신 비장한 용기를 지닌 분이라는 사실을 여러분께서도 잘 아실 것입니다. 그 분은 학문 간의 장벽, 국가 간의 장벽, 시대의 장벽, 마음의 장벽을 허물고 사셨던 대인(大人)이십니다. 입으로는 정의를 구현하는 법학도가 되겠다고 소리치면서 실상은 일신의 영달에 급급한 소인배가 가득한 이 땅에서 정말 그리운 분이십니다.

(2) 투쟁정신

유 교수님은 저서 형법학 각론강의 서문에서 부친을 회상하는 글로 "가친(家親)은 평범한 일개 상인에 불과하였다. 그러나, 나는 당신에게서 깊은 성실성과 강인한 용기의 고귀함을 배웠다. 그는 학자도 아니었고 황차 정치가도 아니었으며, 일개의 시정인(市井人)에 불과하였지만, 이 나라의 독립과 한국민의 복리를 위한 투쟁의 정신은 영원히 나의 영혼에 깃들고 있을 줄 믿는다."(영인본, 머리말, xii면)라고 적고 계십니다. 이는 그 분의 영혼에 깃든 '투쟁정신'을 밝히신 것입니다.

투쟁은 구호로만 그쳐서는 아니 되고, 용기와 실천이 따라야 합니다. 교수님은 앞의 저서에서 "오늘날 이 나라에서 가장 요구되고, 또한 저자가 가장 강력히 사모하는 성실성·용기·근면의 세 가치의 Urbild도 양친에게서 발견되었음을 솔직히 말하여 두고 싶다"(동 xi면)라고 하시고, 또한 "나는 과연 성실하고 용맹스러운 생애를 가질 수 있을는지 의심스럽고 더욱 전율을 느낀다."(동 xii면)라고 적으신 것을 보면, '용기'란 덕목을 전율을 느낄 정도로 자각하고 계셨다고 생각됩니다. 선생님이 모든 것을 내려놓고 불의(不義)에 항거하시어 군사독재정권에 감연히 맞섰던 것은 주지의 사실이며, 이 사실은 그 분의 투쟁정신을 용기와 실천으로 증거하신 것입니다. 월송(月松) 선생님은 바르지 않은 것은 보려하지 않고 가까이 하지도 않고 취하지도 않고 단호하게 내치시어, 달처럼 교교(皎皎)하고 솔처럼 청청(靑靑)하게 사신 분입니다.

그 분의 불굴의 투쟁정신과 용기를 저는 그 분의 '신앙심'에서 찾아보고 있습니다. 그 분의 영문 성함은 Paul K. Ryu입니다. 여기에서 Paul은 '사도 바울'을 뜻합니다. 유기천교수님 고희기념논문집 봉정식에 제가 참석하지 못하였지만, 독일서 귀국한 저에게 전달해주라고 유 교수님이 넘겨주신 기념논문집에 친필로 성함을 적으셨던 바, '유기천 근정'이 아니라 'Paul 근정'으로 서명하신 것에 저는 깊은 의미가 있다고 추측했습니다. 유 교수님은 인간 유기천이 아니라, 사도 바울로서 성령의 부르심에 따르는 길을 걷고자 하신 것이 아닌가 합니다. 바울(Paul)은 애초에 예수님의 12제자도 아니고 기독교신자를 색출하여 처단하는 임무를 가진 감찰관이었으나, 부활하신 예수님을 길에서 영접하고 사도가 되어 사역훈련을 받은 후 고난의 전도여행을 하면서 신약성경 중 옥중서신, 목회서신 등으로 불리는 많은 부분을 저술하고 최후에는 순교하신 분입니다. 비범한 능력,

대담한 용기, 강인한 실천력, 전도와 성경집필의 기적 같은 업적 등, 이 모든 면에서 바울에 비견할 만한 사도는 없을 것이며, 바울은 성령의 기름 부으심을 가장 많이 받은 예수 그리스도의 으뜸 제자라고 할 것입니다. 유기천 교수님은 바로 사도 바울의 길을 따르심으로써 종교적 경지의 '투쟁정신'을 보이신 분입니다. 이 점에 있어서 기독교신자인 법학도들에게는 시사하는 바가 있으리라고 생각합니다.

(3) 프로(Pro)정신

프로의 영역 중에서 가장 프로다운, 즉 가장 전문가(專門家)인 영역이 교수직일 것입니다. 그래서 숱한 professional 중에 교수가 Professor라는 명칭을 얻었습니다. 교수가 갖추어야 할 프로정신, 장인(匠人)정신을 부연(敷衍)하자면, 부단한 탐구심과 집중력을 갖고, 철저함, 치밀함, 정확함, 완벽함, 심오함, 끈질김을 추구하며, 임무 내지 책임에 충직(忠直)함으로써 지식을 넘어서 궁극에는 원리(原理)와 철리(哲理)에 이르는 지혜를 감응(感應)하는 정신이라고 할 것입니다.

유기천 교수님은 뼛속 깊은 프로정신의 소유자셨습니다. 무엇보다도 프로는 Dogma를 추종할 것이 아니라 근본적인 의심을 가질 것을 역설하신 것이 저를 크게 자극하였습니다. "법학을 지향하는 젊은이에게는 조금 어려워도 역시 근본적인 문제를 캐보는 습성을 함양함이 필요"(영인본, 총론강의, 서문, iii면)하다고 하시고, "기성법조인이 된 경우라도 연구적 태도를 버리지 말고 항상 좀 더 근본적인 의문을 일으키는 것이 필요"(동 iv면)하다고 하십니다.

이러한 프로정신은 형법학 나아가 법학 일반에 있어서의 근본적인 질문, 막다른 질문을 던지게 합니다. '형법학 내지 법학은 학문(science)의 하나로 당당히 자처할 수 있는가, 아니면 하나의 기술(skill)에 불과한 것인가?' 이 질문은 법을 업으로 삼는 법학자나 법률가 모두를 곤혹스럽게 합니다. 유 교수님이 1971년 나라의 암울한 세태에 절망한 심정을 "살아야 할 것이냐, 죽어야 할 것이냐? 이것이 바로 문제이다. (To be, or not to be; that is the question.)"라는 Hamlet의 부르짖음으로 대변하심(동 v면)을 보고, 저는 형법학의 '학문성'에 대한 근본적 회의와 절망을 "학문인가, 아닌가? 이것이 바로 형법의 문제로다. (To be a science, or not to be a science; that is the question of criminal law.)"라는 표현으로 손질해 보았습니다.

저는 제가 가르친 제자들에게 '형법은 학문이 아니다'라는 말을 가끔 합니다만, 유 교수님이 총론 교과서 서문에서 "형법이 만약 학문이라면"(동 ix면)이라는 표현을 쓰신 것을 보고, 저의 '단언적 어법'보다는 유 교수님의 '가정적 어법'이 훨씬 의미심장함을 깨달았습니다. 형법이 학문일 수도 있고 학문이 아닐 수도 있다는 가정 하에, 유 교수님은 개인적으로 형법이 학문일 수 있다는 긍정적 신념을 가지고 평생 형법을 학문으로 올려놓기 위해 노력하셨음을 천학비재한 제가 이제야 이해하였기 때문입니다. 그 분은 "저자는 재래의 법학, 특히 형법학이 참다운 Wissenschaft가 되려면, 막연한 개념의 논리적 분석만으로 만족하고 형법학의 학문성을 그 속에서 구하여 안주하려고 망상치 말고, 좀 더 근본적으로 symbol로서의 개념 자체의 본질을 정확히 이해하고, 학문의 본질론과의 관련 하에서 가장 합리적인 이론체계를 구성하여야 한다고 확신하고 있다"(영인본, 각론강의, 머리말, ix면)라고 하십니다. 그 분이 이러한 확신 하에 이른바 상징주의 형법론(象徵主義 刑法論)을 궁구(窮究)하신 것은 형법학의 학문성에 대한 회의로 안개 속을 헤매는 저에게 희망의 등대처럼 길을 비춰 주었습니다. '언어의 숙명적인 불명확함과 다의성(多義性), 무질서와 혼란'이 '형법학이 학문이고자 함을 방해하고 있음'을 깨달았기 때문입니다. 이 근본적인 질의와 응답 가운데 유 교수님은 제게 학문의 구원의 '스승'이 되셨습니다.

유 교수님은 서울대학교 총장으로 계실 때에도 강의를 놓지 않으셨습니다. 총장이면서 교수이고, 교수의 본분은 강의와 연구이기 때문에, 교수의 강의라는 본분을 총장직보다도 우위에 놓으신 철저한 프로정신의 소유자셨습니다. Akademisches Viertel이라는 독일식 강의전통에 따라 당시 100분 강의의 시작과 끝 15분씩 도합 30분 강의를 생략하는 관례를 저만치 물리치고, 중간 휴식 없이 정시 시작 정시 종료의 강의를 한 치의 흐트림 없이 꼿꼿한 자세로 시종일관하신 강의에서는 '잡것이 범접하지 못할 기상'이 넘쳐 났습니다. 언젠가 살인죄 부분의 강의시에 입장하신 유 교수님이 "지금 강의실 밖에서 시위대를 무자비하게 진압하는 경찰이 유혈을 부르는 살인적 상황에 처하여, 오늘 살인죄만큼은 강의할 기분이 전혀 들지 않는다."고 하신 후 강의를 포기하신 것이 그 분이 강의하지 않으신 유일한 경우가 아닌가 합니다.

유 교수님은 프로정신 중 무엇보다도 법률가의 '사명감'을 역설하셨습니다. 그 분은 "참된 사명을 다하지 못하는 법률가는 그리스도가 말씀하신 바와 같이

'이 세상에 태어나지 않았음이 좋았을 것'일지도 모른다."(총론강의, 서문, iv면)라고까지 극언하시면서, "법률가로서는 먼저 그 참된 사명이 무엇인지를 깨닫는 데에서부터 그의 직업은 시작된다."(동면)고 하십니다. 법률가, 법학도에게 윤리헌장이 있어야 하지 않을까요?

예나 지금이나 병든 사회, 정쟁으로 위태로운 국가를 향하여 그 분은 사회와 국가의 치유와 구제가 정치에 의해서가 아니라 '학문'에 의해서 가능함을 확언하고 계십니다. 그리하여 다음과 같이 말씀하십니다. "저자는 이 나라의 모든 혼란은 오로지 가장 고결한 지력(知力)에 의해서만 제거시킬 수 있고, 이 나라의 새로운 건설 또한 가장 깊은 학문의 기반 위에서만 건립될 수 있음을 믿어 의심치 않는다."(동 vii면). 이 말씀에서 저는 다가올 희망과 살아갈 활력을 얻습니다. 그리고 학문하는 분의 강력한 긍지를 읽습니다.

3. 맺음말

이제 제 말을 맺을 때가 되었습니다. 제가 이 상을 수상하기 전에는 유 교수님이 제게는 비교적 멀리 계신 분이었습니다. 이미 세상을 떠난 분이시기도 하고 저와는 연배가 한참 차이가 나기도 하기 때문입니다. 허지만 수상을 계기로 그 분의 족적을 더듬어보면서 그 분은 제게 아주 '가까운 분'이 되셨습니다. 그 분이 걸으신 '회색(灰色)의 길'을 따라가면서 눈시울을 적셨던 적도 여러 번이었습니다.

형법학계에는 우리가 위인(偉人)이라고 일컬을 만한 분이 계셔야 하고, 우리가 본받을 만한 참된 스승이 필요합니다. 유기천 교수님은 형법학계의 '스승'이자 '위인'이요, 우리가 거울처럼 바라볼 '큰 바위 얼굴'이십니다. 신도(信徒)란 어휘가 신앙(信仰)의 학도가 아니라 신념(信念)의 학도라는 의미라면, 저는 기꺼이 '유기천 신도'가 되겠습니다. 그리하여 유기천 신도로서 자유정신, 투쟁정신, 프로정신으로 집약되는 '유기천 정신'을 전파하고 구현하는 데 앞장설 것을 다짐합니다.

장시간 경청해주셔서 감사합니다.

(2013년 12월 20일, 서울대학교 법학도서관 유기천세미나룸에서)

12. 은사님께 마음의 빚을 갚으며*

신 영 무
(대한변호사협회 회장)

안녕하십니까?

오늘 유기천 교수님의 형법학을 재조명하는 학술심포지엄에 와 주신 내외귀빈, 원로 선배 및 후배 교수님들께 깊은 감사를 드립니다.

축사를 하면서, 먼저 제가 유기천 교수님께 졌던 마음의 빚을 조금이나마 갚을 수 있기를 바랍니다. 저는 1964년부터 시작된 한일회담 반대 학생데모에 적극 참여하였던 사람 중의 하나입니다. 이듬해 한일국교정상화 관련 조약이 국회에서 비준되고 나서, 학원정상화 과정에서 단식투쟁과 "유기천 학장 물러가라!"는 학장퇴진 운동까지 벌어졌습니다. 그 당시 유 교수님은 학교 자율징계를 강하게 하여, 군부가 서울대에 진입하는 것을 막으려 하셨던 것을 훨씬 뒤에야 알게 되었습니다.

서울대 총장을 지내셨지만 그 후 국내에 계시지 않고 오랜 기간 미국에서 망명 아닌 망명생활을 하셨던 것을 생각하면 저희 제자들에게도 책임이 있었던 것은 아니었나 생각되기도 합니다. 만일 그게 사실이라면 뒤늦게 이 자리에서 그때의 일에 용서를 구하고 싶습니다.

유 교수님은 참으로 소신 있는 학자이고 '학장'이셨습니다. 곽윤직 교수님은

* 이 글은 제8회 월송기념학술심포지엄(2012.10.29.)의 축사로서 월송회보, 제7호, 2012에 실려 있다.

"유기천의 수많은 공헌 가운데서 가장 중요한 것은 서울대 교수로서 한국법학교육을 향상시키고 법학연구를 증진시킨 업적"이라고 하셨습니다.

유기천 교수님은 해방 후 한국 형법학은 물론 법학 교육 전반의 혁신에 가장 견인차적 역할을 해온 대표적 법학자였습니다. 한국 근대사의 격랑 속에 정치적 색깔이 덧입혀졌다 해서 학문적 성과가 소홀이 취급되어져서는 안 될 것입니다.

그런 의미에서 후학들이 '유기천교수기념사업출판재단'을 만들어 그의 학문적 성취를 잇고자 노력하는 모습은 그에게 배움의 은혜를 입은 제자의 한 사람으로서 깊은 감사를 드리지 않을 수 없습니다.

당시 강의는 보통 이삼십 분씩 늦게 시작해 일찍 끝내는 것이 관행이었음에도 엄격하게 강의시간을 지키시고 강의가 끝난 후에도 자리를 지키며 질문에 친절히 응대해주시던 선생님의 모습이 떠오릅니다.

이 자리를 빌려 유 훈 이사장님과 기념재단 관계자 여러분, 오늘 심포지엄에서 발표를 맡으신 이재상 교수님과 토론을 맡으신 교수님, 변호사님 여러분께 다시 한 번 감사드립니다.

13. 정의감이 강한 훌륭한 학자이셨기에*

정 정 길

(울산대 재단이사장, 전 대통령실장)

유기천 선생님을 추모하는 학술 심포지엄에 참석하여, 선생님에 대한 이야기를 할 수 있게 된 것을 영광으로 생각합니다. 최근의 척박한 학문 풍토에서 이러한 심포지엄을 10회째나 개최하고 계시는 유훈 선생님의 뜻 깊은 노고에 존경과 감사의 말씀을 드립니다.

유기천 선생님을 생각할 때에는 언제나 열정적으로 강의하시던 모습이 제일 먼저 떠오릅니다. 나의 경우는 1961년도에 법과대학에 입학하여 1962년도에 선생님의 형법강의를 들었습니다. 그 당시에는 아직 교재가 출간되기 전이라, 강의 시간에 선생님 말씀을 받아 적어서 공부를 했습니다. 나중에 출간되어서 알게 된 일이지만, 선생님의 교재는 당시에 보기 드문 역작이었습니다. 내용이 풍부할 뿐만 아니라 깊이가 있고, 무엇보다 그때까지 생소하던 판례소개가 이론적 논쟁을 현실감 있게 전달하던 책이었습니다. 이런 내용을 교재 없이 강의하셨으니, 선생님도 무척 힘들었으리라고 짐작되지만, 강의를 듣는 우리들도 이만 저만한 고생이 아니었습니다. 풍부한 내용을 가능한 많이 가르치시기 위해서, 120분 강의를 꼬박 채우면서도 빨리 말씀을 하셨습니다. 선생님께서 어찌나 빠르게 말씀을 하시는지 제대로 필기를 해내는 학생들이 드물었습니다. 글씨가 비교적 느린 나는 요지만 받아 적으려고 노력을 했으나, 그 내용도 이해하기가 만만치 않은

* 이 글은 제10회 월송기념학술심포지엄의 축사이다. 월송회보, 제9호, 2014에 실린 글이다.

깊이 있는 것이라서 핵심파악도 어려운 일이었습니다. 그러니 학점이 좋을 리가 없어서 골치를 앓던 기억이 아직도 생생합니다. 그런데도 글씨를 아주 빨리 쓰는 친구들이 몇몇 있었는데, 얄밉기도 하지만, 모두가 부러워하기도 하였습니다. 물론 시험 때가 되면 그들의 노트는 엄청난 인기의 대상이 되곤 하였습니다.

선생님의 학문적 열의나 업적은 형법학계에서 더 잘 알 것입니다. 전공이 다른 나는 학생시절 이후에 선생님의 학문적 업적을 접할 기회가 거의 없었습니다. 그러나 쓰신 글과 강의, 그리고 평소의 말씀이나 활동하시는 것을 보면서, 당시에 가장 훌륭한 학자라는 인상을 강하게 받았습니다.

선생님은 학문적인 업적이 훌륭하실 뿐만 아니라, 정의감이 강한 학자라고 나는 믿고 있습니다. 서울대학교 총장직을 수행하시면서 학생문제로 억울하게 오해를 받으신 경우가 있었지만, 법과대학학장 시절에 나에게 보여준 모습은, 옳다고 믿으면 누구도 두려워하지 않고 행동하시던 모습이었습니다.

1964년 봄부터 한일회담반대 데모가 격렬하게 대학가를 휩쓸었는데, 나는 법과대학 학생회장과 서울대학교 총학생회장을 겸하고 있었기 때문에 학생데모의 중심부로 들어갈 수밖에 없었습니다. 정부에서는 학생 설득과 데모진압을 위한 물리적 압박을 동시에 추진하였습니다. 박정희 대통령과의 면담을 위해서 청와대로 가려고 서울시내 대학 학생간부들이 타고 있는 대형버스를 중앙청 뒤뜰에 세워놓고 윤천주 당시 문교부장관이 설득을 시작하였는데, 일부 학생들이 이탈을 하게 되었습니다. 물론 막후에서 공작이 있었기 때문인데 그 사실을 몇몇은 알고 있었습니다. 이것까지는 참기로 했는데, 이 사람들이 다른 학생 간부들 보고 이탈하라고 설득하려고 했습니다. 모두들 행동을 같이 하기로 했기 때문에 도저히 묵과할 수 없는 일이었는데, 서로 눈치만 보고 있어서 하는 수 없이 내가 나서서 제지하게 되었습니다.

이때 정부에서는 설득을 위하여 대학 총·학장들을 중앙청에 대기시켜놓고 있었고, 거기서 문교부 장관이 서울대학교 대표가 '빨갱이'이니까, 유기천 학장이 설득을 해야 한다고 윽박지른 것 같았습니다. 화가 나서 중앙청 뒤뜰에 오신 유기천 학장님께 사정 설명을 드렸더니, 학장님은 "소신껏 하라."하시면서 대기장으로 돌아가셨는데, 윤천주 장관께 "내 학생은 절대 빨갱이가 아닌데, 모함을 하지 말라."고 크게 화를 내셨다고 후일에 듣게 되었습니다. 선생님은 소신에 어긋나면 참지 못하시고, 학생문제에서는 성미 급하신 말씀을 간혹 하시어, 논란이

있었지만, 정의감과 소신에 입각한 행동을 하시는 면에서도 나에게는 존경의 대
상이었습니다.

여러 가지를 종합해보면, 형법학이라는 학문이 선생님의 성품에 적합한 분야
라고 나는 생각합니다. 그리고 형법을 어떻게 시대적 상황에 맞게 개정할 것이
냐를 논의하는 오늘의 심포지엄이 선생님을 기리는 가장 좋은 기회라고 생각합
니다.

오늘의 심포지엄을 준비하신 유훈 선생님과 관계자분들의 노고에 다시 한 번
진심으로 감사드립니다.

월송 서거 10주기에 부쳐

1. 결초보은(結草報恩)*

노 융 희
(서울대 명예교수)

중국 춘추시대에 위과(魏顆)가 전쟁터에서 위기를 맞았을 때 이전에 목숨을 구해준 여자의 아버지 망령이 나타나 풀끝을 맺어 적장을 넘어지게 하여 구출되었다는 고사를 두고 사후에까지도 보은하는 것을 결초보은이라고 한다.

80평생을 살아오며 오늘에 이르기까지 결초보은해야할 은혜를 입은 분은 하나둘이 아니다. 그러나 나라에 대한 충이나 가문에 대한 효를 논외로 한다면 서슴없이 3분의 스승을 들고 싶다.

문중에서 경영하는 6학급 사립소학교의 졸업반 담임이셨던 노항근(盧恒根) 선생님이 첫째분이고, 일정하(日政下) 구제중학에서 수신(修身)과목을 통해 인격형성의 밑거름을 마련해주셨고 동란 중 부산으로 피난간 모교에서 봉직할 기회를 마련해 주신 이재훈(李載熏) 교장선생님이 두 번째 분이시다. 그리고 인도해주신 대로 평생 동안 상아탑에서 살아왔음에도 동일 전공분야에 사제동행(師弟同行) 못한 것을 한스러워 하며 은덕을 그리는 유기천(劉基天) 선생님이 세 번째 분이다.

유 선생님을 스승으로 모시게 된 영광은 지금으로부터 60년 전 국립서울대학교의 법과대학 입학시험에 합격한 행운에서 비롯된다. 미군정의 마지막 문교시책으로 마련한 국립서울대학교 설치안은 미제국주의 식민지 교육 반대라는 기치 아래 좌익단체가 몰고 온 이른바 국대안반대(國大案反對) 운동이라는 전국적

---

* 이하의 글들은 2008년 월송 서거 10주기를 맞이해서 유기천재단의 이사들이 쓴 추모기로서 월송회보, 제3호, 2008에 실렸다.

동맹휴학(同盟休學) 세례를 받았고, 법문학부 교사를 신설된 문리과 대학에 빼앗기고 청량리에 있는 경성법전(京城法專) 교사를 써야 한다는 불평으로 학생들이 책상을 짊어지고 동숭동으로 이사해 온 시절의 법대 강의는 대강당을 중심으로 진행되었기에, 선생님을 처음 뵌 곳은 문리대(구 경성제대 법문학부) 대강당이었다.

그리 크지 않은 중키에 카랑카랑한 목소리로 주어진 시간을 맞추기 위해 회중시계를 꺼내보시며 높은 강당연단을 오가면서 열과 성을 다해 강의하는 모습은 모든 학생을 사로잡는데 충분하였다. 우리 역사나 우리 국어는 물론 한자까지도 우리식 발음을 제대로 못하던 시절이었다. 우리식 한자 지식의 부족을 메우지 못하고 강의하는 교수는 담당과목의 본체 내용에 대한 체계적 지식을 갖추고 있느냐의 여부와는 무관하게 공부 안하는 교수로 낙인이 찍히던 시절, 그리고 국대안 반대로 등록 거부한 학생들이 하나 둘씩 복학의사를 지니게 될 만큼 신설된 서울대학의 명망이 커가던 무렵, 선생님의 교무과장 담당직무와 고학생 제자의 장학금 신청 탄원서가 계기가 되어 선생님과의 관계는 사생활면까지 확대되었다.

이때로부터 10년 동안 대학원 졸업과 대학 강단 진출, 도미중(渡美中) 연구실 전용 이용, 출판을 위한 형법교재정리, 모교시간 배정 등으로 선생님의 해외체류 중의 국내 공백을 메우는 수제자(首弟子) 구실은 매우 바빴다.

그러나 사제동행의 꿈은 법철학 담당 교수님의 형법전공 전환으로 좌절되고 법학공부를 위한 유럽유학이 막힌 채 행정대학원 교수요원 훈련계획에 따라 전공을 바꾼 도미유학의 결과로 선생님의 법대학장, 본부 교무처장, 총장시절엔 몸 가까이 모실 기회를 못 가진 한(恨)을 안고 있다.

앞서 말한 세 분 스승에 대한 보은은 마음 같지 않아 미미하기 짝이 없다. 노(盧) 선생님을 위해서는 존도재회(存道齋會)를 만들어 월남동창인들이 분기별로 회합을 하며 선생님의 은덕을 추모하고, 이(李) 교장선생님을 위해서는 유관장학회(攸觀奬學會)를 만들어 매년 선생님의 뜻을 기리며 모교 학생에게 장학금을 주는 일을 맡고 있다.

그러나 월송 선생님을 위한 보은은 짧은 기간 동안의 기념사업회 위원장직과 현재의 기념사업출판재단의 이사 봉직이 고작이어서 죄송스럽기 짝이 없다. 생전의 선생님을 알고 선생님의 뜻을 따르는 제자들이 모인 기념사업출판재단을 도와 앞으로 영속적으로 발전하여 역사 속의 인물이 되신 선생님의 생애를 모르는 후배들에게 생전의 선생님의 모습을 알리며 결초보은할까 생각해 본다.

2. 劉基天교수님과 行政大學院

유 훈
(서울대 명예교수)

劉基天 교수님은 법대교수, 법대학장, 교무처장, 서울대 총장 등만 역임하셨기 때문에 필자가 봉직했던 서울대학교 행정대학원과는 직접적인 관련이 없어 보이나 교무처장이나 총장 재임 중에 법과대학 출신인 옛날 제자나 그들이 교수로 봉직하는 행정대학원에 많은 도움을 주셨다.

서울대학교 교무처장 재임 중인 1959년에는 申泰煥 법대학장 겸 행정대학원장, 鄭仁興 교수 등과 함께 행정대학원 인사위원회 위원으로서 필자와 박동서 교수의 조교수 임명에 관여하셨다. 신태환 원장은 필자와 박동서 교수를 전임강사로 추천해야 한다고 주장했으나, 유기천 교수님은 정인흥 교수 등과 함께 석사학위만 취득하고 따로 대학교원 경력이 없는 사람들과 박사과정을 수료한 사람들을 달리 취급하여야 하므로 조교수로 추천하는 것이 바람직하다고 주장하셔서 이를 관철시키셨다. 선생님 덕택에 필자와 朴東緒 교수는 전임강사가 아닌 조교수로 서울대학교 교수생활을 시작할 수 있었다.

다음으로 교수님이 서울대학교 총장 재임시절인 1965년 말, 金曾漢 교수의 행정대학원장 임기가 만료됨에 따라 후임 원장 문제가 대두하였다. 그 당시 행정대학원 내부에서 원장이 나오기는 이르다고 많은 사람들이 생각하고 있었으므로 외부에서 다시 영입할 수밖에 없었는데, 행정대학원의 교무학생과장이었던 필자는 예산국장 · 재무부 차관 · 대사 등을 역임한 李漢彬 박사를 행정대학원장으로 영입하기 위한 작업을 위하여 그 당시 총장을 맡고 계시던 유기천 교수님의 집무실을 찾아갔다. 이한빈 박사는 행정대학원 초창기에 강의도 맡았고 행정대학원 창설에 많은 공로가 있었으므로 행정대학원장 자격이 충분하다고 많은 사람들이 생각했다.

그러나 여러 여건이 잘 맞지 않아 이한빈 박사는 연세대학교에 적을 두고 하와이에 있는 동서문화연구원(East-West Center)의 선임연구원으로 떠나게 되었으며 적어도 수개월 후에나 귀국하게 되었다. 따라서 그 동안의 공백을 메우는 문제가 제기되었다. 필자는 임기가 만료된 김증한 교수에게 원장직무대리를 맡기면 어떨까 해서 유기천 총장님에게 말씀드렸더니, 김증한 교수를 좋아하지 않던 유기천총장님은 일언지하에 거절하시고 그런 심부름을 하지 말라고 필자를 호되게 질책했다.

대안을 모색하기 위하여 유기천 총장님이 행정대학원의 金雲泰 교수, 盧隆熙 교수, 박동서 교수, 필자 등을 개별적으로 면담하여 의견을 청취하였다. 노융희 교수는 연장자인 김운태 교수에게 이한빈 박사가 귀국할 때까지 원장직무대리를 맡기면 좋겠다고 건의했으나, 박동서 교수는 그러한 경우 김운태 교수가 원장으로 눌러앉을 우려가 있다 하여 이를 반대했으며 이한빈 박사의 원장영입을 용이하게 하기 위하여 교무과장인 필자를 원장직무대리로 임명하는 것이 바람직하다고 건의했다. 이것이 이한빈 박사를 행정대학원 원장으로 임명하기를 원했던 유기천 총장님의 뜻과 일치하여 필자는 1966년 1월 1일 자로 행정대학원 원장직무대리 발령을 받았다.

선생님 덕택에 필자는 1976년 정식으로 행정대학원장으로 임명되기 10년 전인 1966년에 10개월간 행정대학원장 직무대리로 직무를 수행할 기회를 가졌다.

그러다가 1966년 여름 이한빈 박사가 하와이서 귀국하고 연세대학교 교수의 사임이 허용되자, 필자가 원장 직무대리로 있던 행정대학원에서는 이한빈 박사를 행정대학원 교수로 특별채용하는 절차를 밟았으며, 그것이 끝나자 유기천 교수님이 총장으로 재직하시던 서울대학교 본부는 1966년 11월 1일자로 행정대학원장 보직발령을 내게 되었다.

3. 법, 그 이상의 규범에 대한 가르침

이 재 웅

(전 암스텔담 자유대학교 초빙교수, 명지대 객원교수)

유기천 교수님의 10주기가 된 오늘날에도 여전히 내 마음에 생생한 기억으로 남아있는 교수님의 명강의가 떠오른다. 57년 전 서울대 법대 1학년 때의 강의가 바로 그것이다. 전쟁 중이라는 어수선한 상황 가운데서도 강의가 진행되었던 1951년 가을학기 부산 구덕산 천막교실에서다. 교수님은 다음과 같은 강의를 해 주셨다.

"무릇 규범(Norm)에는 두 가지가 있습니다. 하나는 강제규범, 또 하나는 비강제규범입니다. 강제규범은 법이고, 문화, 윤리, 도덕, 종교 등은 강제규범이 아닙니다. 법은 강제규범이기 때문에 타당성과 유효성이 있어야 합니다. 만일 미국의 금주법(禁酒法)과 같이 강제할 유효성이 없다면 법으로서의 존재가치는 희박할 것입니다.

규범에는 '위계질서'가 있습니다. 법규범은 인간의 문명사회에서 질서유지를 위하여 지켜야 할 최소한의 규범이라, 제일 밑 부분에 있습니다. 다음에는 문화, 윤리, 도덕이 위치하고, 제일 윗 층에는 종교가 위치해 있습니다. 예를 들어서 마태복음 5장 44절에 예수님은 '원수를 사랑하라!'고 말씀하셨습니다마는, 범인(凡人)은 친구도 사랑하기에 벅찬 형편에 어떻게 원수를 사랑할 수 있겠습니까? 그래서 법은 지켜야할 최소한의 규범인, 예컨대 '살인하지 말라'는 규범을 어겼을 때에는 '사형, 무기, 또는 7년 이상의 징역에 처한다'고 규정하고 있는 것입니다.

그러나 사람을 죽였다고 모두 그렇게 사형, 무기, 또는 7년 이상에 징역에 처하는 것은 아닙니다.

원칙에는 예외가 있는 법입니다. 그것이 곧 '위법성의 조각'(阻却)이라는 것입니다. 실례를 들면, '2·26사건'이라는 일본 소화(昭和)시대의 청년장교들의 쿠데타가 있었습니다. 그 때 병사가 소바까스 대위의 명령을 받고 발포하여 사람을 죽였습니다. 재판에서 지엄한 상관의 명령에 복종하여 발포한 병사는 '생명없는 도구'(Lifeless Tool)로 간주하여 무죄가 된 판례가 있습니다.

다시 규범의 '위계질서'로 돌아가서 우리 사회는 법질서만 가지고는 원만하게 영위될 수 없으며, 법보다 직상위(直上位) 규범인 윤리, 도덕, 문화의 도움을 받아야 할 것입니다. 그리고 더 나아가서는 종교의 힘을 빌려야 할 것입니다. 종교는 최상위 규범으로서 '지상지고(至上至高)의 사랑' 즉 '아가페'(agape)적 사랑을 일컫습니다. 이러한 '사랑'이란 보통사람이 이룩할 수 없으므로 '한 걸음 한 걸음' 가까이 가도록 정진하고 노력하는 수 밖에 없습니다."

교수님의 강의는 단지 법에 대한 설명 이상이었다. 사실 교수님은 법 이상의 규범을 중시하셨고, 이에 관심을 계속 키워가셨다. 특히 문화에 대한 관심을 많이 가지고 계셨다. 문화에 대한 교수님의 관심은 마지막 명저로 남기신 "세계혁명"(*World Revolution*, 1997)에 잘 나타나 있다. 여기에서 교수님은 한국문화와 이스라엘문화의 유사성을 상세히 소개하고 있다.

시간이 지나고 세월이 흘러 많은 것이 달라졌어도 교수님의 가르침은 여전한 생명력과 지적(知的) 매력으로 내게 남아있다.

4. Paul Ryu, 유기천 교수님

손 해 목

(동국대 명예교수)

선생님이 타계하신 지가 벌써 10년이란 세월이 지났다니 정말 세월은 소리 없이 화살처럼 흘러가는 것 같다. 선생님의 살아계실 때 모습이 지금도 생생하게 떠오른다. 선생님은 살아계실 때 특별히 운동을 하시는 것은 없었지만 아령운동은 꾸준히 하신 것 같다. 돌아가신 서재에도 보면 아령이 놓여 있는 것을 볼 수 있다.

선생님은 독실한 기독교신자니까 하나님이 계시는 천국에 계시리라고 믿는다. 선생님은 자신을 '폴 유'(Paul Ryu)라고 부르기를 좋아하신다. 이것을 어떤 이는 성경에 나오는 '사도 바울'(Paul)을 의미하는 것으로 평소에 선생님은 사도 바울을 좋아하셨다고 한다. 성경에 사도 바울은 예수님의 제자가 되기 전까지는 이름이 사울(Saul)이었다.

사울의 뜻은 크다는 의미다. 그 당시 권력이 있고 재물이 있으며 출세하고자 하는 사람들은 사울이란 이름으로 즐겨 불렸다고 한다. 사도 바울 역시 사울이라고 불리던 시절은 로마시민권도 있었고 재물도 있고 권세 있는 집안의 사람이었다. 그러나 사도 바울은 예수님의 제자가 된 이후에는 '바울'로 개명하였다. 바울은 작다는 뜻이다. 기독교신자는 겸손하고 오만하지 않고 온유하고 욕심이 없어야 한다. 항상 자기의 자세를 낮추어야 한다.

　이제 선생님의 10주기를 맞이하는 우리로서는 과연 선생님의 평소의 인격, 아니 그의 지혜와 능력의 100분의 1도 따라가지 못하는 부끄러운 제자라는 것을 다시 한 번 생각해 본다.

5. 月松 先生님에게

김 철 수
(서울대 명예교수)

月松 劉基天 總長님이 幽明을 달리하신지 어언 10年이 지났습니다. 先生님이 生前에 걱정하시고 궁금해 하셨던 일을 直接 말씀 올리지 못하고 書面으로 傳해야 하는 슬픔을 억제할 길이 없습니다.

先生님이 學長으로 계시고 사랑하셨던 서울大學校 法科大學은 先生님의 뜻을 받들어 法學敎育에 先驅的인 役割을 하고 있습니다. 10余名에 불과했던 專任敎授가 60名을 넘어서 敎育과 硏究에 先導的인 役割을 하고 있습니다. 法學圖書館과 模擬法廷, 硏究室, 講義室이 新築되어 梨花洞時代와는 달리 괄목할 만한 發展이 있었습니다.

그 동안 先生님이 가르치신 사랑하는 弟子들이 學界와 政界, 財界를 先導하여 韓國을 再建해서 이제 韓國은 世界 13位의 經濟大國이 되었습니다.

先生님이 先導的 役割을 하셨던 美國式 Law School 敎育이 이제 곧 開花될 것입니다. 先生님이 만드셨던 서울大學校 司法大學院이 法曹界의 沒理解로 廢校되었으나, 先生님이 重視하셨던 外國法敎育과 判例法敎育은 司法硏修院에서도 繼承되어 그동안 많은 法曹人들이 外國硏修를 하였고 外國法 專門辯護士들이 誕生하였습니다. 또 美國式 Law School制度가 呼應을 얻어 서울大學校 法學專門大學院이 설립되게 되어 今年부터 入學試驗이 施行되고 있습니다. 머지않아 우리나라에서도 先生님이 바라셨던 法曹의 世界化, 法文化의 世界化가 이루어질 것으로 보입니다.

先生님이 創設하셨던 서울大學校 比較法研究所가 法學研究所로서 이어져 이제 豊富한 豫算과 人員으로서 法學研究에 큰 寄與를 하고 있습니다. 서울大學校 法學研究所가 模範이 되어 거의 모든 大學에 法學研究所가 設置되어 있습니다. 先生님이 創刊하시고 아끼시던 「서울大學校 法學」誌가 長足의 發展을 하여 이제 季刊誌로서 成長하였습니다.

總長時節 企劃하셨던 서울大學校 綜合化가 이루어져서 이제 世界 有數의 大學校로 成長하였습니다. 總長님이 在職하셨을 때는 財政이 貧困하고 施設이 落後되어 있었으나 그 동안 長足의 發展이 있었습니다.

先生님이 그렇게도 念願하셨던 大學의 自由도 滿開하고 있습니다. 先生님이 어려운 時節 大學의 自由를 위하여 孤軍奮鬪하셨는데 그 努力이 結實을 맺은 것 같습니다.

美國과의 友好關係와 日本과의 善隣外交를 위하여 東奔西走하셨던 先生님의 뜻이 完成되어 갈 것입니다. 그 동안 10年間 左派政權이 들어서 美國과 日本과의 關係를 惡化시켰는데 이제 右派政權이 탄생하여 美國과 日本과의 同盟關係가 確固해지고 있습니다. 先生님이 간절히 바라셨던 左派政權의 淸算도 이제 시작단계에 있습니다.

先生님이 念願하셨던 南化統一 은 아직도 요원한 것 같습니다. 先生님이 꿈에도 그리시던 故鄕은 아직도 解放되지 못하고 人權의 死角地帶로 남아 있습니다. 先生님은 '하느님의 사람'이어야만 革命과 統一을 이룰 것이라고 豫言하셨는데 언제 統一을 달성할 사람이 나타날지 궁금합니다.

先生님의 學問的 業績의 繼承도 弟子들에 의하여 進行中에 있습니다. 弟子들이 先生님이 원하시던 學術財團을 만들어 RS빌딩을 管理하고 先生님의 遺著의 復刊作業을 하고 있습니다. 先生님이 愛用하셨던 書籍들도 韓國에 가져와 서울大學校에서 後學들의 硏究에 活用하게 되었습니다. 서울大學校 法學專門圖書館에는 先生님의 雅號를 딴 硏究圖書室이 開室하게 될 것입니다.

　先生님이 궁금해 하실 것을 몇 字 적었습니다. 先生님의 遺業이 영원히 繼承
되도록 弟子들이 努力하고 있으니 부디 걱정하지 마시고 하늘나라에서 편히 쉬
시기 바랍니다.

2008년 先生님 10週忌에

金 哲 洙 올림

6. 유기천 교수님 서거 10주기의 단상(斷想)

(변호사)

2008년 6월 27일, 월송 유기천 교수님이 멀리 샌디에고에서 향년 83세로 서거
하신지 10주기.

선생님을 추모하기 위하여 열린 유기천교수기념사업출판재단 이사회는 이사
이신 오성식(吳聖植) 장로님의 기도로 선생님을 그리면서 머리 숙여 오랜 침묵
에 잠겼다. 벌써 서거 10주기, 정말 덧없이 빠르기만 한 세월.

카랑카랑한 목소리로 대학의 자유와 정의를 강론하시던 교수님, 두터운 안경
너머의 매서운 눈매 속에서도 제자들을 사랑하는 자상한 부드러움을 감추지 못
하시던 교수님, 이제 '학생'이라 불리기엔 왠지 어색한 나이가 되어버린 68세의
필자에게는, 아직도, 또 앞으로도 영원히, 엄한 스승으로 자리 잡고 계실 교수님.

Paul K. Ryu.

동서양 형법학의 지평(地平)을 넘어, 자유사회의 이념에 바탕 둔 법과 정의를
외치시던 거목(巨木).

선생님이 남기신 지성과 학문의 자취는, 그저 하늘나라에서 꽃피워지고만 있
기에는 너무 아쉬운 발걸음이 아닐까?

선생님이 살아계셨더라면, 그토록 소망하시던 '세계혁명'의 가치와 더불어,
아마도 '세계형법'(世界刑法)의 원대한 꿈을 들고 나오지는 않으셨을까 하는 상

념에 사로잡힌다. 민법이나 상법에서는 그런대로 세계법전화(世界法典化)의 제창이 영글어져 왔음에도, 유독 형법의 분야에서만은 세계법전의 이상(理想)을 말하는 이가 없다. 역사와 문화의 차이가 워낙 큰 각국의 소용돌이 가운데, 그것은 한낱 공허한 부르짖음일 뿐이라고 미리 체념해버릴 수도 있겠다.

그러나 교수님만은, 그 숱한 혼돈의 벽을 뛰어넘어 인류보편의 장(場)에서 통용되어야할 세계형법의 큰 틀을 이 세상에 내어 놓으셨음직도 하다는 아련한 생각으로, 10년 전 망명지 미국에서 불타오르는 학문에의 정열을 마감하신 교수님에 대한 추억의 한 단면을 메워본다.

7. 법대 작은아버님을 그리며

유 정 호

(유기천재단 이사, 시카고 신경외과 전문의)

법대 작은아버님께서는 44세에 결혼을 하셨기 때문에, 그것도 Helen 작은어머님께서 2살 연상이어서 자식이 없으셨다. 이러한 점 때문에 늘 할머님(윤덕준)께서는 마음에 두고두고 넷째 아들(유기천)을 가엾게 여기셨다. 할머님께서는 "자식이 없는 넷째가 내 자녀 8명 중에 제일 불쌍하다."며 항상 작은아버님을 측은하게 생각하셨다. 그럴 때마다 작은아버님께서는, "아니에요, 어머님, 저에게는 조카들이 많이 있고, 서울대학교 재학생, 졸업생 모두가 제 자식이에요. 저는 결코 외롭지 않습니다."고 대답하시곤 했다.

그러나 할머님께서는 생각이 다르셨다. 나를 만날 때마다 나의 두 눈을 바라보시면서, "정호야, 너는 한 평생 법대 작은아버지를 친아버지와 같이 생각하고, 친아들처럼 행동해야 한다."며 세뇌교육을 시키셨다. 그럴 때마다 "네, 그렇게 하겠습니다. 할머님, 염려마세요."라고 대답하면, 할머님께서는 나의 다짐에 매우 흡족해하시며 안방 3층장에서 용돈을 두둑이 꺼내 주시곤 했다. 용돈 액수는 당시 의과대학생이던 나에게는 학생신분에 과할 정도의 거금이었다. 이유인즉, "내가 비행기를 타고 부산을 가보니 처음엔 멀미를 느끼다가도 돌아올 때에는 괜찮더라. 앞으로는 비행기를 자주 타야하는 시대가 오니, 이 돈으로 비행기 타는 적응을 지금부터 하도록 해라."고 하셨다. 그 거금 덕분에 나는 난생처음 서울, 부산간 비행기를 타보게 되었고, 그 이후로도 여러 번 비행기를 타는 행운을 누렸다.

지금 나는 1년에 한 번씩 작은아버님 기념사업재단 일로 한국을 방문하는데, 이는 어찌 보면 할머님 예언처럼 비행기를 많이 타야만 하는 나의 숙명인지도 모르겠다.

내가 초등학교 다닐 때의 일이다. 1950년대 숙부님께서는 미국 유학 중 잠시 귀국하신 적이 있으셨다. 당시 효자동 집에 머무셨는데, 그 때는 집집마다 목욕탕 시설이 없던 시절이었는데, 그 집에는 커다란 가마솥이 있어서 그 가마솥에 물을 데워 몸을 담그고 목욕을 하곤 했다. 작은아버님은 목욕물이 뜨거울까봐 손으로 체크해보시더니, 뜨거운 물에 오래 들어가 참고 있는 (솔직히 목욕물이 매우 뜨거웠다) 나를 보시며, 건넛방에서 신문을 보시던 아버님을 부르시며, "형님, 여기 와 보세요, 우리 정호가 뜨거운 것도 잘 참아내는 걸보면 앞으로 보통 인물이 아닐 거에요." 하시며 나를 한껏 칭찬하셨던 기억이 난다.

돌이켜보면, 작은 일을 가지고도, 어린 나를 칭찬하시며 용기를 북돋아주신 이유가 "어려워도, 힘들어도, 참아야한다"는 고도의 교육방침이었던 것 같다. 아무튼 그때 나는 작은아버님께서 나를 매우 사랑하신다는 것을 마음깊이 느끼게 되었다.

숙부님의 나에 대한 이러한 사랑은 내 자녀 선영이와 재원이에게까지 이어져, Helen 숙모님과 함께 선영이와 재원이가 어릴 때부터 매우 예뻐하시고 대견해 하셨다. 재원이도 그걸 느꼈는지, Yale대학교에 입학해서, 입학식이 끝나자마

〈좌측부터 필자부부, 월송의 형님 유기진 박사, 최종고 교수〉

자 제일 먼저 한 일이 Yale도서관에 가서 작은할아버지의 박사논문을 찾아 읽었다고 했다. 그 말을 듣는 순간, 나도 모르게 작은아버님의 대를 이어가는 사랑에 눈시울이 뜨거워졌다.

작은아버님께서 학장, 총장을 하실 때에는 외로울 겨를도 없이 바쁘셨지만, 총장에서 물러나신 후에는 내가 보기에도 좀 외로우셨던 것 같았다. 인사드리려고 동숭동 작은아버님 서재에 들릴 때면, 창밖을 내다보시면서 한국가곡과 독일가곡을 부르시던 모습이, 바로 어제 일처럼 생생하다. 회갑이 넘은 나도 작은아버님을 닮았는지, 한국가곡과 독일가곡을 매우 좋아해서, 집에는 물론 내 차 안에는 가곡 CD들이 항상 있으며, 기분이 날 때면 한 번씩 따라 부르기도 한다.

이제 며칠 후면 나는 작은아버님 기념학술세미나 참석차 한국에 갈 것이다. 비행기에 오르면서, 내 마음 속의 영원한 세 분, 법대 작은아버님, 할머님, 그리고 Helen 작은어머님 생각을 또 하게 될 것이다.

(2008년 9월 10일)

8. 프라이부르그에서 맞은 월송 10주기

(서울대 명예교수)

　　대단히 송구스런 얘기지만, 10년 전 월송의 서거 때 하와이에 있던 나는 이번 10주기를 또 독일 프라이부르그(Freiburg)에서 맞아야 했다. 그래서 심지어 10주기 기념 심포지움을 준비하는 일에도 도움이 되질 못하고, 이메일로 준비과정만 그려볼 뿐이었다. 다행히 돌아오자마자 프레스센터에서 열린 심포지움에 참석할 수 있었다.

　　프라이부르그대학은 내가 1975년부터 79년까지 유학한 곳인데, 30여년 만에 처음으로 그곳에서 강의를 하게 되어 특별한 감회를 갖고 한 학기를 지냈다. 내가 가르친 과목은 "국제적 관점에서 본 법철학"(Rechtsphilosophie im Internationalen Vergleich)라는 제목인데, 그것은 그 대학에서 붙여준 이름이고, 내용은 내가 10년 가까이 미국 로스쿨들에서 강의 해온 '비교법철학'(Comparative Jurisprudence)와 거의 같은 것이었다. 영어에서 독일어로 바꾸어 강의를 하려니 처음에는 힘들었다. 그러나 역시 나는 원래 독일에서 학문을 시작한 학자이구나 하는 사실을 확인하는 좋은 체험이었다. 그동안의 개인적 경험들 자체가 이제는 한독교류의 역사가 되어 증언자의 역할을 해야 하는 처지에서, 역사와 인생의 의미를 새삼 생각하기도 했다. 그런 것들이 대부분 월송과의 인연과 기억으로 해석되어지는 것을 강하게 느끼기도 했다.

　　작년으로 개교 550주년을 맞은 프라이부르그대학 한인 유학사를 보면, 1920년대부터 의학도들이 공부하러 간 것이 효시이고, 법학에서는 1960년대에 들어

- 412 -

서였다. 그런데 한국 법률가로 최초로 프라이부르그에 발을 디딘 분이 월송 내외분인 것 같다. 그것은 말할 필요도 없이 그곳에 있는 세계적 연구기관인 '막스 플랑크 비교형법 및 국제형법 연구소(Max-Planck Institut für Ausländisches und Internationales Strafrecht)' 때문이다. 나는 이 두 분의 족적을 찾으러 수년 전에도 전 소장 예셰크(H-H. Jescheck) 교수를 면담하였고, 이번에는 이 연구소에서 50년간 근무한 후버(Barbara Huber) 박사를 방문하여 증언을 들었다. 후버 박사는 저명한 헌법사학자 에른스트 루돌프 후버(Ernst Rudolf Huber) 교수의 장남 콘라드 후버(Konrad Huber) 변호사의 부인으로 자신이 형법학자로 『전형법잡지』(*ZGStrW*)의 편집을 담당해온 증인인데, 예셰크처럼 실빙(Helen Silving) 박사에 대해 더 생생히 기억하고 있었다. 유기천의 한국형법전 독일어 번역판은 지금도 국제비교형법학의 연구에 큰 공헌이라 평가하였다. 내가 『실빙 회고록』(*Helen Silving Memoirs*)을 알려주었더니, 꼭 읽어보겠다고 한다.

나는 이번에도 토트나우베르크(Todtnauberg)에 있는 하이데거 산장(Heidegger Hütte)에 가보았다. 월송과 실빙이 학자들을 위하여, 특히 한국인과 유대인의 관계 연구를 위해 '연구와 대화의 집'으로 유-실빙재단(Ryu-Silving Foundation)을 생전에 설립하신 그 아이디어를 얻은 곳이기에 매우 의미 있는 곳이다. 나는 이번에는 시간적, 정신적 여유를 갖고 한나절 혼자 조용히 앉아서 그림도 그리고, 시도 쓰고, 사진도 찍었다. 이런 얘기를 다음번 하이데거학회에서 하려고 한다.

6월 27일 10주기 당일에는 멀리서나마 월송을 그리면서 시 한 편을 써두었다. 내 인생과 학문생활에 점점 가까이 오시는 스승을 마음 속 깊이 추모하였다.

프라이부르그 시장을 20년간 지낸 롤프 뵈메(Rolf Boehme) 박사의 저서 『기억의 장소, 화해의 길』(Orten der Erinnerungen, Wege der Versöhnungen)의 출판기념강연회에도 참석하여, 한국인 월송의 유대인 실빙의 아름다운 삶을 소개하였다. 뵈메부인(Margret Boehme)께서 월송-실빙 전기를 알고 싶다 해서, 졸저 『한국의 법과 정의』(*Law and Justice in Korea*)에 실린 논문 '한국 법학자의 삶과 사상: 유기천'(Life and Thoughts of a Korean Legal Scholar: Paul K. Ryu)를 가져다주었다.

나는 6개월의 체류를 마치고, 작별인사회를 겸해서 그동안 프라이부르그에서 그린 미술전시회(Ausstellung)를 대학박물관(Uniseum)에서 가졌다. 총장, 동창회장 명의의 초청장 때문인지, 「바덴신문」(*Badische Zeitung*)의 보도 때문인지 350여명의 관람객으로 성황을 이루었다. 나는 그림뿐만 아니라 다른 문서들도 전시하면 좋을 것이란 박물관 측의 요청에 따라 내 저서와 시작품들도 함께 전시했는데, 물론『자유와 정의의 지성 유기천』도 전시되었다. 뒷면 표지에 월송-실빙 내외분의 인상적인 사진과 영문 타이틀 *Paul Kichyun Ryu: The Intellectual of Freedom and Justice* 때문에 많은 사람들이 이 두 분이 누구이냐고 물었다. 나는 일일이 설명해주면서도 언젠가는 독일어나 영어로 전기를 내어야 하겠구나 생각했다.

전시회를 마치고 10월 7~10일 파사우(Passau)에서 열린 독일 법사학회 (Deutscher Rechtshistorikertag)에서 동아시아법사에 대한 주제강연을 하였다. 거기에는 프랑크푸르트의 막스 플랑크 유럽법사연구소(Max-Planck Institut für Europäische Rechtsgeschichte)의 슈톨라이스(Michael Stolleis) 소장을 비롯한 400여명의 법사학자들이 참석하였다. 나는 슈톨라이스교수를 보는 순간 그가 편집해낸『법률가 전기사전』(*Juristen: Ein Biographisches Lexikon*, 1995)이 생각났다. 그 사전에는 서양의 법학자 외에 일본, 중국의 유수한 법학자들이 수록되어 있는데, 한국인은 한 사람도 없다. 월송이 이런 사전에 오르려면 더구나 영어나 독일어로 전기가 나와야한다. 큰 스승이 한 일을 제자가 정리조차 못한다면 학문은 어찌 발전할 수 있겠는가, 이렇게 생각하면 여전히 부끄럽고, 그런 사이에 서거 10년의 세월이 흐르고 있다.

〈유기천 – 실빙 두 분이 재단설립의 아이디어를 얻은 하이데거 산장 : 최종고 그림〉

9. 또 다른 유기천 교수님을 기다리며

음 선 필

(홍익대 법대 교수)

유기천 교수님의 서거 이후 10년은 한국의 현대사에서 특별한 의미를 가진 기간이었다. 세 명의 대통령이 등장한 지난 10년의 시간은 한국사회에 거대한 변동과 충격을 가져왔다. 1998년의 여·야간 정권교체는 민주화의 진전이라고 평가되는 한편, 이른바 진보의 세력이 한국사회에 전면에 주류세력으로 나서는 계기가 되었다. 그 뒤를 이은 노무현정권은 더욱 좌로 경도(傾倒)된 정치적 위상을 나타내었다.

이 기간 동안 한국은 정치뿐 아니라 사회·경제·문화·외교 등 모든 분야에서 이전과 다른 모습을 경험하였다. 1948년 건국 이래 한국에 내재되었던 제반 갈등의 요소가 분출되었던 것이다. 사회갈등을 조정·통합하여야 할 정치과정이 오작동(誤作動)하게 되자, 사회질서의 규정자(規整者)로서 법은 과부하의 작동을 요구받았다. 특히 2004년, 헌법재판소가 탄핵심판결정과 수도이전을 위한 특별법의 위헌심판결정을 내린 시기는 한국 역사에서 실로 '기이한 해'(annus mirabilis)였다. 그 후유증으로 법은 권위와 기능의 면에서 심각한 도전을 받게 되었고, 특히 헌법은 최고권력자의 입에서 폄하(貶下)의 대상이 되기도 하였다. 지난 10년간의 사회흐름에 대한 반작용으로 시작된 이명박 정권의 2008년은 촛불집회로 드러난 민주주의와 법치주의의 상충관계(相衝關係)에 관한 끝없는 논쟁을 불러일으켰다.

일찍이 '자유사회의 법과 정의'를 갈구(渴求)하며 사상으로, 법학이론으로,

교육으로, 때로는 권력에 대한 저항으로 자신의 신념을 드러내었던 유기천 교수
님이 그리운 것은 바로 이러한 가치가 지난 10년 동안 도전과 의문의 대상이 되
었기 때문이다. 유기천 교수님은 법의 교육과 적용을 통하여 정의의 구현, 평화
의 정착, 문화의 향상 나아가 국가의 발전을 기대하였다. 그래서 그는 의학에 비
견한 종합학문으로서 법학의 중요성과 법학자의 책임성을 역설하였고, 온전한
지혜로 국가에 봉사하는 법조인의 역할을 강조하였다. 이를 제도적으로 실현하
기 위하여 오늘날 법학전문대학원의 효시라 할 수 있는 사법대학원을 설립하기
도 하였다. 그는 적어도 자신의 제자들이 자신의 뜻을 따라 국가발전에 기여해
줄 것으로 기대하였다. 그러나 현실은 그렇지 않았다. 그가 창설한 대학을 나온
수재들 가운데 적지 않은 자들이 그가 그렇게 혐오해 마지않았던 ‘좀치기 지식
을 가진 법률가’가 되어 국가보다는 자신과 당파적 이익을 우선하였다. 그는 이
른바 ‘정치지도자들’의 기본실력을 의심하여 우려의 눈길로 지켜보았다. 그들에
의해 피상적으로 진행되었던 민주화의 부작용은 ‘민주주의의 과잉’으로 이어져
자유의 진정한 의미를 훼손시키고 말았다.

한국의 법학자로서 정치권력의 그릇된 행태에 대하여 분명히 ‘No’라고 말할
수 있는 자가 그리 많지 않고, 세계적인 지성의 향기를 드러내면서 그 기저(基
底)에 해당하는 성서에 대한 신앙을 선명히 고백할 수 있는 자가 정말 드물고,
열정과 책임감으로 지나치다 할 정도로 학생들에게 지적(知的) 자극을 가하려
하는 법학교수들이 갈수록 보기 어렵다는 것을 생각할 때, 유기천 교수님의 존
재는 오히려 기이하기까지 하다.

40여 년 전에 시도하였던 사법대학원의 꿈이 법학전문대학원에 의하여 비로
소 실현되려는 이 시점에 이전의 유기천 교수님을 그리워할 수만은 없다. 이것
은 지금 살아 있는 자의 책임 있는 자세가 아니기 때문이다. 오히려 제2의, 제3
의 유기천 교수님, 아니 ‘또 다른’ 유기천 교수님을 기다려야 할 것이다. 이것은
내 자신에 대한 다짐인 동시에 다음 세대에 대한 책임이기도 하다.

제3장

유기천 탄신 100주년을 맞이하여

1. 주례사의 철학과 자유사회

손 해 목
(동국대 명예교수)

1.

유기천 교수의 형법학이라고 하면 그 특색이 입법론이다. 형법이론은 총·각론 할 것 없이 많은 변천이 있었기 때문에 재론할 여지가 없고 더군다나 각칙은 형법개정이 한번 있었으므로 더욱더 그러한다. 그러나 그대로 묻어두기는 아까운 부분이 형사입법론이다. 유기천 교수의 형법각론을 보면 "de lege ferenda(입법론)"라고 하여 비교적 자세한 입법론을 전개하고 있다.

우리나라 형법학의 참고서는 말할 것도 없고 일본이나 독일의 형법참고서를 봐도 유기천 교수의 형법참고서만큼 자세한 입법론을 전개한 참고서는 보기 드물다. 이유는 법학의 기본연구방법론은 해석법학이 주류를 이루고 있기 때문이다. 소위 대륙법계는 영미법계와는 달리 실정법 위주로 되어있다. 현행 실정법을 어떻게 합리적으로 해석하느냐 하는 것이 법학이론의 본질이다. 그리하여 법의 해석론을 보면 문리해석이니 논리해석이니, 논리해석 중에도 확장해석이니 제한해석이니 하며, 특히 최근에는 명확성의 원칙으로 국가보안법의 해석을 두고 정치적으로 이용하는 경향도 있다. 뿐만 아니라 법학에 관한 모든 참고서가 해석법학 위주로 되어 있고 법학자나 법조인도 어떻게 하면 현행법을 합리적으로 해석하느냐 하는데 몰두한다.

유기천 교수의 입법론은 주로 형법각론에 집중되어 있다. 만약에 이대로 가면 이 아까운 자료가 사장되어 버린다. 우리나라의 형사법에 관한 입법자료를 보면 역사적으로는 이병도 박사의 『한국사대관』이나 진단학회가 발행한 「한국사(고대편)』, 『한국사대계 1권(상고)사』, 그 외 윤백남 저『조선형정사』, 변태섭 저『한국사통론』 등에 기록된 자료 등이다. 삼국시대에 이미 중국의 당나라의 형벌제도를 모방하였다는 기록이 나온다.

다시 유기천 교수의 형사입법론을 살펴보기로 한다. 그는 형사입법론을 전개함에 있어 광범위한 자료를 전개하고 있다. 서론에서 특별히 '입법론(de lege ferenda)'이라고 하여 다른 형법각론에서 볼 수 없는 대목을 설정하고 있다. 그리고 입법론에 관한 종합적인 견해를 다음과 같이 요약하고 있다.

첫째로, 현행법은 여러 가지 점으로 보아 우리나라의 고유한 도덕관념이 표시되고 있다고 설명하시면서 그 예로서 위증죄(형법 152조), 명예훼손죄(제307조), 공무원범죄 등을 들고 있다. 위증죄가 모해할 목적으로 위증한 것과 단순위증과 구별하여 입법한 것은 우리나라 고유의 도덕관념을 반영한 것이며, 명예훼손죄에 있어 공연히 사실을 적시한 경우와 허위의 사실을 적시한 경우를 구별하여 입법한 것이 그 예라고 하신다. 또한 공무원 범죄에 있어 공무원이 직권을 이용하여 공무원의 직무에 관한 이외의 범죄를 범할 때에는 가중처벌한 것이나 공무방해죄 등을 벌하는 것은 공무원을 우월시하는 전통적인 문화에서 오는 것이라고 지적하신다.

둘째로, 지적하시는 것은 봉건적 사고방식이 형법에 산재하여 있다는 것이다. 그 예로서 존속친에 대한 가중처벌을 지적하신다. 그리고 현행 형법에는 Nazis 시대의 전체주의적 형법관의 영향을 받은 일본형법假案이 반영되어 있다고 지적하신다.

셋째로, 독일 형법에는 Nazis정권의 몰락과 함께 소멸되어 버렸는데도 현행 형법에는 아직도 그대로 산재하여 있다는 것이다. 그 예로서 형법 제103조의 "전시군수계약불이행죄", 동 117조의 "전시공수계약불이행죄" 등을 지적하신다. 다시 말하면 전체주의적 형법관이 산재하여 있다고 거론하신다.

결론적으로 형사입법에는 두 가지 문제점을 고려하여야 한다는 말씀을 하신다. 첫째로, 우리 국민이 무엇을 원하고 있는가 하는 그 사실의 발견과, 둘째로 무엇이 가장 우리가 지향하는 자유사회의 이념에 타당한 문재인가 하는 것이라고 지적하신다. 전자의 문제는 간단히 설명할 수 없는 문제로 사회학적 자료가 없이는 논할 수 없으므로 설명을 보류하고, 후자의 문제 즉 우리가 지향하고자 하는 기본적인 최고가치로서의 자유사회라는 가설 밑에서 어떠한 입장이 우리에게 좀 더 좋은 가치를 가지는 입법이냐 하는 문제라고 하시면서 이것은 구체적으로 각 장에서 자세히 설명할 것이라고 하신다.

그리고 그는 기독교신자답게 성경의 역사적인 자료를 긍정적으로 인용하고 있다. 여기 그 예를 들어 보기로 한다. 낙태죄에 관한 입법론(de lege ferenda)을 보기로 한다. 낙태죄에 관한 입법론은 그의 형법각론 72면부터 76면까지 비교적 자세한 설명을 하고 있다. 우선 입법론의 내용을 5페이지에 걸쳐 전개한다는 것은 얼마나 다방면의 광범위한 자료를 인용하고 있다는 것을 알 수 있다. 종교학자 이상으로 많은 자료를 검토하신 것 같다.

낙태죄에 있어서는 역시 기독교인답게 기독교사상을 인용하신다. 즉 낙태죄가 형법상 문제가 되기 시작한 것은 기독교사상에 기인한다. 즉 모세 제2권에 의하면 태아는 수태된 이후 약 10주일 이내에 인간의 영혼이 태아 속으로 들어가며 그 이후 약 10주일 이내 동안에 인간의 영혼이 태아 속으로 들어가며 그 이후부터 태아를 살해하는 것은 영혼을 가진 인간을 살해하는 것과 마찬가지라고 해석하였다.

유기천 교수 형법각론(정전신판 영인본) 72쪽을 보면 낙태죄의 입법론을 다음과 같이 설명하고 있다. "고대사회 특히 로마시대에 있어 낙태죄는 태아가 모체의 일부이라고 하는 스토아학파의 해석으로 인하여 벌하지 않는 것을 원칙으로 하였다"라고 설명하고 있다. 즉 고대사회의 문명은 태아는 모체의 신체의 일부이니까 낙태를 하여도 처벌의 대상으로는 생각하지 않았다는 것이다. 그리고 이러한 이론은 스토아학파의 해석이라고 지적하신다.

그러나 이러한 사상과는 달리 기독교사상은 낙태죄의 가벌성을 인정하였다고 하시면서 기독교신자답게 낙태죄의 가벌성에 대해서 긍정적인 입장을 취하신다. 즉, 모세 제2권에 의하면 태아는 수태된 이후 약 10주일 이내 동안에 인간의 영혼이 태아 속으로 들어가며 그 이후부터 태아를 살해하는 것은 영혼을 가진 인간을 살해하는 것과 마찬가지라고 해석하였으며 이것이 영미법과 독일법에 영향을 주었다고 설명하신다. 낙태죄의 가벌성에 대해서 성경까지 인용하시면서 입법론을 전개하는 것은 유기천 교수님이 아니면 용기를 낼 수 없는 부분이라고 할 수 있다.

유기천 교수의 형사입법론은 자유사회의 이념을 최고가치로 한다. 유기천교수는 형사입법뿐만 아니라 형법의 운영에 있어서도 자유사회의 가설을 전제로 한다. 또한 그는 학문뿐만 아니라 인생의 목표도 자유사회의 실현을 최고목표로 하고 있다.

그 외 근대에 와서 형사입법의 유일한 자료는 유기천교수의 형법각론에 기록된 형사입법론이다. 물론 역사적으로는 우리나라가 근대화과정에서 일본의 침략하에 있었기 때문에 입법문화 역시 일본의 정치적 영향을 받지 않을 수 없었다. 그렇다고 이러한 자료를 사장(死藏)할 수는 없다.

유기천교수는 형법각론의 본질론에서 형법각칙이 가지는 문화성을 강조하신다. 특별이 독일형법학계의 석학인 벨쩰교수의 이론을 인용하여 형법각칙에 규정하는 형법의 기본적 구성요건은 일정한 문화의 표현에 불과하다고 하시면서 범죄의 종류는 그 시대의 문화의 영상이요 그의 암흑면에 불과함으로 형법각칙의 규정은 역사성을 고려하지 않을 수 없다고 하신다. 이와 같이 형법각론의 서론에서 형법각칙의 입법은 그 역사성을 고려하지 않을 수 없다고 강조하신다. 몇 가지 예를 들어보기로 한다.

살인죄에 있어 보통살인죄보다 존속살인죄를 가중처벌하는 입법이유를 다음과 같이 설명하고 있다. 존속친에 대한 범죄를 가중처벌함이 봉건재도의 유제(遺制)인 가족제도에서 유래함으로 헌법정신에 위배된다고는 할 수 없다 라고 하시면서, 우선 존속살인죄의 가중처벌이 헌법의 신분상 평등정신에 위배된다는 주장을 반박하신다. 또한 인간존엄의 개념에 대해서 성경을 인용하시면서 칸트의 철학이론까지 인용하신다. 즉 칸트에 의해서 설명되어 있는 바와 같이 인간은 존엄성을 가진 주체이기 때문에 그 내적 자유에 기초를 갖는 인간덕성 역시 감정이나 소질의 지배를 받지 않는 '자기자신 지배'가 그 본연의 상태임이 명백하고 실천이성의 우월도 여기에 기인함을 알아야 한다 라고 설명하신다. 이러한 설명은 존속살인죄의 가중처벌에 대해서 기독교신자의 입장에서 칸트의 철학이론에 이르기 까지 광범위하게 검토하시면서 설명하신다.

나는 한국형법사를 집필하고 있다. 건강관계로 완성할지 모르지만, 同書의 한 장(章)을 차지하여 유기천 교수님의 형사입법론을 게재할까 한다. 동 입법론은 우리나라 형법학계에 영원한 자료가 될 수 있기 때문이다.

2.

1960년대 초 정체불명의 전화가 걸려왔다. 자기소개로는 대구 경북여고와 서울대 사범대학을 나와 시내 유명 여고에서 교감까지 지낸 여성 교육계 원로라고 하였다. 전화내용은 갑자기 광화문 모 다방으로 나가라는 부탁이었다. 처음에 거절하다가 반신반의하면서 호기심으로 다방으로 찾아갔다. 당시 광화문은 한옥으로 가득하였다. 다방에는 약속한대로 노부부가 자리를 하고 있었다. 먼저 나를 소개를 하고 사람을 찾는다고 하였더니, 찾는 사람이 바로 자기들이라고 하면서 반갑게 맞이해 주었다. 노부부는 자기들 집에 가서 이야기를 나누자고 하시면서 자리를 뒤로 하신다. 따라 간 곳은 현재 경제기획원이 있는 부근이었다. 한옥인데 대문이 이중으로 되어 있고 넓은 정원이 있었다. 정부에 수용되어 누상동으로 이사 가게 되어 있는데 이사 가기 전에 이 정원에서 약혼식을 했으면 좋겠다고 하신다. 후일 당사자와 함께 누상동으로 초대 받은 적이 있다. 이 분들이 왜 이렇게 서두느냐 하면 유기천 교수 때문이었다.

그 댁의 둘째 사위가 일제시대에 동경제국대학 경제학부를 나와 모대학 교수로 있었다. 나의 신원조회를 당시 서울대학 총장으로 있던 유기천 총장에게 문의하였다. 유기천총장의 답변이 주례까지 약속을 하겠다고 하시면서 과찬을 하

신 것 같다. 이 말을 듣고 그 교수는 장인에게 성격이 까다롭기로 유명한 유기천 총장의 말이니 두 말할 것도 없다고 결론지어 버렸다. 규수는 독일 유학을 갔다 온 모 대학 음악과 강사이었다. 운명의 여신은 고개를 돌리고 말았다. 그러나 주례의 약속은 효력이 지속되어 후일 결혼식을 주관해 주시었다.

당시 서울 법대 교수들 가운데 결혼식 주례를 서신 분들이 별로 안 계신다. 그 중에 서돈각 교수가 가장 자주 하시는 것 같았다. 그래서 주례사도 유창하게 하신다. 김기선 교수의 주례사는 주례사가 아니라 민법강의를 하시는 것 같다. "갑남과 을녀가 결혼을 하니…" 등이다.

〈유기천 교수 주례로 올린 결혼식〉

유기천 교수의 주례사는 칸트 철학에서부터 그의 철학의 기본인 '자유사회'의 이념을 밝히는 데 정신이 없다.

이제 지난날을 회상하면서 결혼사진과 함께 이 글을 올린다. 나 자신도 자주 병원에 입원을 하는 것을 보니 선생님의 모습이 몹시 보고 싶어진다.

2. 결코 잊을 수 없는 분

정 만 조
(변호사)

  내가 '유기천' 교수님을 처음 뵙게 된 것은 서울대학교 법과대학 2학년 때 교수님의 형법강의를 들으면서인 것으로 - 나는 같은 법과대학 13회(1954~1959) 임 - 기억하고 있습니다.

  교수님의 열정적인 강의에 매료되어, 법과대학 2학년 말이던가 3학년 초에 교수님이 깊게 관여하시고 주도하여 오신 '형법학회'(일명 'IRIS'회. 'IRIS'는 유럽의 알프스산맥 내에서 나고 자라는 식물 이름인 것으로 알고 있음)에 참여하였습니다. IRIS회의 초대회장은 '노융희' 교수님이시었고, 나의 입회 당시의 회장은 법과대학 12회 '신영국' 님(철도청장을 역임하심)이셨습니다.

  나는 대학 3학년생이던 때에 위 신영국 님의 후임으로 IRIS회장이 되었는데, 열심히 그리고 충실히 회장직을 수행함과 아울러 IRIS회의 이름을 드높이고 회세를 크게 늘려오면서 유기천 교수님과 자주 접촉하여 왔습니다. 그 과정에서 교수님의 서울 용산구 청파동 소재 집(2층)에 초청받아 가기도 하였습니다. 지금도 교수님이 그 집 2층에서 책상 서랍 2개를 길이를 다르게 열어 놓고서 그 위에 다리를 얹어 놓으시고 만두를 저녁식사로 하여 잡수시면서 저에게 그 만두를 먹어 보라고 하시던 일이 눈에 선합니다.

  대학 4학년 때에 IRIS회의 전통인 모의재판을 하게 되었습니다. 교수님이 'Entrapment'(함정수사)와 'Euthanasia'(안락사)가 포함된 문제를 내어 주신 것으로 기억합니다. 위 두 개 문제점은 일정 요건 하에서 증거 능력이 인정되고,

죽게 함이 허용되는 것으로 판결되었던 것으로 기억합니다. 당시 나는 변호사 역할을 하였기에 그 판결 내용을 잘 기억하지 못하고 있습니다. 한편, 그 당시 고등고시 1회 수석합격자이자 판사이시던 '신창동'님이 판결정리 등을 도와주시고, 그 밖의 문제점 등은 노용희 교수님이 도와주셨으며, 노교수님과 동기생이시던 '오성식' 님이 그 밖의 제활동을 도와 주셨던 것으로 기억하고 있습니다. 대학 2학년생이던 고 '장기욱'군이 정리(廷吏)복을 빌려 입고서 정리역을 하던 기억들이 생생합니다. 위와 같이 하여 모의재판을 성황리에 마쳤는데, 유 교수님으로부터 "잘했다"는 칭찬을 받게 되었습니다.

주위를 살펴보니 대학 동기생이던 '김용준'(대법관 및 헌법재판소장 역임)과 '신오철' 등은 이미 고등고시 사법과 등에 합격하였습니다. 동기생이던 신오철은 IRIS회원이면서 사법과 및 행정(재정)과 양과 고등고시에 합격하여 있었습니다.

이에 나는 서울대학교 대학원에 입학하게 되었습니다. 제자들의 편의를 잘 도와주시던 상법학자이신 '서돈각' 교수님의 상법 강좌를 들으면서 고등고시를 준비하였습니다. 이때, 유기천 교수님이 나를 불러서 가보니 "왜 형법강좌를 신청하지 않고 상법강좌를 신청하였느냐?"고 하시길래, 나는 "고등학교에서도 불어를 전공하였기에 독일어를 잘 못하는데, 상법강좌가 고등고시 준비에 편리할 것 같아 상법강좌를 신청한 것입니다" 라고 말씀 드렸습니다. 그랬더니, "독일어는 내가 개인 교수를 하여 줄 것이니 형법강좌로 돌리라."고 하시어 "이제부터 독일어 공부를 시작하는 것도 고등고시 준비에 장애가 될 것으로 생각됩니다." 라고 말씀 드리면서, "법과대학 도서관은 고등고시 준비생들로 꽉 차 있어 자리 얻기가 어려우니 같은 도서관 건물 내에 있던 교수님 연구실을 사용하게 하여 주십시오." 라고 여쭈니, 한때는 "형법연구를 하여 형법학자가 되라, 미국 유학도 도와주겠다."고 하시던 교수님이 "고등고시에 합격하는 것도 형법연구자가 됨에 도움이 될 것이라."고 하시는 등 심경의 변화가 생기셨던 것인지 "그렇게 하라"고 하시며 연구실 열쇠를 주셨습니다. 그래서 1년 여간 그 연구실에서 고등고시준비를 하였습니다. 그 때 장기욱 군이 "형님, 저도 그 연구실을 쓰게 하여 주십시오" 하면서 간청하여서 장기욱 군도 그 연구실을 함께 쓰게 되었습니다.

나는 글씨가 악필인 탓으로 쉽게 고등고시에 합격 못하는 것으로 생각되어 글씨체를 '책 인쇄체처럼 그리는 체'로 연습하여 '글씨체'를 바꾼 것과 아울러, 한때 고향(경기 김포)에 내려가 있으면서 5·16 사태 후의 '긴급조치법' 해석서 등을 전혀 보지 아니한 탓 등으로 1차 객관식 헌법과목의 과락을 받는 등의 연유로 고등고시에 합격하지 못하였습니다.

어찌하였던 간에, 위와 같이 글씨체를 바꿈과 아울러 긴급조치법 해석서 등을 구입한 등의 연유로 제13회 고등고시 행정과(1부)에 합격(행정과 전과 수석 합격)을 하고, 곧이어 제14회 고등고시 사법과에 합격하였습니다.

그런데, 고등고시 사법과 제14회부터는 실무수습제도가 바뀌어 서울대학교 사법대학원생으로 실무수습 등을 하게 되었습니다. 그 사법대학원장이 유기천 교수님이셔서 나는 또 한 번 유기천 교수님의 제자가 되었습니다. 그런데 사법대학원생이던 때에 사법대학원 1기생들 대부분과 사법대학원 당국자 간에 '6개월 조기 졸업'과 관련하여 대립이 생겼고 유 교수님에 대한 배척운동이 있었습니다. 그때 나는 1기생 자치회 회장에게 나와 유 교수님 간의 관계를 알리고서, 어떠한 이유나 사정에 의하던 간에 유 교수님 배척운동에는 반대하는 입장임을 고지하였던 사실이 기억납니다. 사법대학원 졸업 무렵에 유 교수님이 불러서 가 뵈었더니 교수님이 나를 보고서 "정군은 졸업 논문을 형법으로 하되 '간접정범' 관계를 쓰라."고 하셨습니다. 그러나 나는 사법대학원 졸업과 동시에 육군 법무관으로 소집되어 전방근무를 하게 되었습니다. 그 직후 무렵 결혼을 하게 된 등의 이유로 사법대학원 졸업논문 제출시까지 그 논문을 제출하지 못하여 유 교수님의 지시를 이행하지 못하였습니다.

한편, 나는 1964년 11월 24일에 결혼식을 거행하게 되면서 그 결혼식 주례를 하여주실 분을 생각하여 보니 유기천 교수님(그 당시 서울대학교 총장으로 재직하고 계셨음) 밖에 떠오르는 사람이 없었습니다. 그래서 서울대학교 총장실로 찾아 가 교수님을 뵙고서 "결혼을 하게 되었습니다." 라고 여쭙고서 "주례를 맡아 주십시오."라고 여쭈니 반가워하시면서 "그럼! 정군 결혼식 주례는 내가 하여야 하지!"하시면서 흔쾌히 주례를 맡아주셨습니다. 그 결혼식의 사회는 위에서 말한 사법대학원 1기생 자치회 회장이던 법과대학 2년 선배이시던 김문호 선배가 맡아 주었습니다.

나는 신혼여행을 갔다 오자마자 처와 함께 서울대학교 총장 관사(서울대학교 문리과대학 밖 옆에 있던 것임)로 유 교수님을 찾아가 뵙고서 인사를 드리고 나온 것이 유 교수님을 뵙는 마지막이 되었습니다. 유기천 교수님은 서울대학교 총장직을 하시면서 당시의 군사 정권에 반대하는 말 등을 하신 것으로 인하여 서울대학교 총장직에서 물러나시고 박해를 받는 등 하시다가 미국으로 피신하셨습니다. 미국에 거주하시면서도 계속 형법강의를 하시던 것, 군사정권 종료 후에 가끔 한국에 오셨다는 것과 한국에서 민사소송을 하셨다가 대법원의 무심리 기각판결문을 받아 보시고서 "무슨 대법원 판결이 단 한줄 뿐이냐?"고 하시면서 힐난하셨다는 등의 말을 들었습니다. 그러나 저는 유기천 교수님이 한국에·오셨을 때 지방소재 법원에 근무한 까닭에 찾아뵙지 못하였습니다.

요컨대, 회고하건대, 나의 서울대학교 법과대학, 서울대학교 일반 대학원, 서울대학교 사법대학원 시절과 그 후에의 일생을 통하여 가장 존경하는 분이자, 나를 사랑하며 돌봐주시던 분이신 유기천 교수님은 결코 잊을 수 없는 분이십니다.

3. 다시 듣고 싶습니다, 그 명 강의

박 영 식

(변호사)

劉基天 교수님, 가신지 벌써 17년. 그 모습을 많이 잊어가면서도 선생님에 대한 추억을 조금씩 되새겨 담아, 뜻 깊은 가르침을 따르고자 하는 마음가짐입니다.

대학시절. 천하제일의 명강 형법 강의를 들으면서 형법이론이 이토록 어렵다는 생각에만 머무르기 일쑤였고, 저 불후의 명저『형법학』[총론강의]와 [각론강의 상·하]를 받아 들고서도 머릿속에 가득 찬 고등고시(사법시험) 합격에의 일념에 사로잡혀, 선생님의 정교한 학설 전개와 동·서양의 광범위한 학문 세계를 엿보지 못한 채, 목표량을 정해 놓은 책 읽기에 바빠 마냥 허둥대는 나날이었습니다.

학문이란 이토록 깊고 오묘한 것임을 맛볼 여유를 누리지 못하는 안타까운 대학생활이었습니다.

사회에 나와 실무에 뛰어든 다음에도, 여전히 바쁜 하루하루의 일과 속에서 사건 처리에 몰두해야 하는 몇 십 년을 보내고 말았습니다.

이제 조금은 철이 들었다 할까, 무언가는 여유를 찾아 볼 수 있는 주위를 둘러보면서 생각에 잠기는 느긋함이 느껴지는 요즈음, 마침 선생님의 탄생 100주년을 맞이하여 우리 재단에서는 "유기천의 생애와 사상"이라는 주제로 학술심포지엄을 기획하게 되었고, '유기천과 한국법학교육'이라는 내용의 발표문을 내

- 429 -

라는 명령이 떨어져, 선생님이 남기신 자취들을 하나씩 챙겨 보는 계기가 되었습니다.

아, 그랬더니, 자료를 들춰보면 볼수록, 선생님이 이룩하신 학문적 업적이 능히 세계적인 내용이었고, 그 족적이 국제화의 선두에 우뚝 서 있음을 깨달아 놀라고 또 놀라게 되었습니다.

학자의 길이라는 것이 바로 이런 것이며, 학문하는 자세의 전형이 바로 여기에 있다는 것을 새삼스레 터득하며, 경탄에 경탄을 금치 못할 따름입니다. 한때 선생님의 제자였음이 가슴 뭉클하게 자랑스럽습니다.

선생님께서 창설하신 '사법대학원'. 제대로 된 법조인을 양성해 내겠다는 웅대한 꿈으로 만드신 선생님의 사법대학원, 법조 초년병의 귀중한 시기를 그곳에서 보낼 수 있었다는 기쁨으로 만족스럽습니다.

이 나라 법조교육의 수준을 한 단계 높인, 멋진 제도를 창안해 내신 선생님의 웅지를 '선각자'로 표현하는 후학 학자들의 뜻이 제 몸에 제대로 와 닿습니다.

선생님! 서울법대에 이어 사법대학원에서 들려주신 그 명강의. 가까이에서 다시 한 번 듣고 싶습니다.

(2015년 8월 1일)

4. 법률가로 출발함에 일깨움을 주신 분

정 성 진
(전 법무부 장관, 전 국민대 총장)

1. 들어가며

필자는 서울법대에 재학하면서 2학년 때 유기천 교수님의 형법각론 강의를 몇 번 들은 외에는 개인적 인연이 특별히 없다. 선생님이 열정을 기울이셨던 사법대학원은 제5기생으로 수료하였지만, 1965년 12월 수료 무렵에는 김기두 교수님이 원장을 맡고 선생님께서는 이미 서울대 총장으로 재임하고 계셨다.

학부 재학 때는 말할 것도 없고 사법대학원에 적을 두고 있을 때도 필자는 선생님의 연구실은 물론 다른 어떤 교수님의 연구실에도 가본 일이 없고 따로 부름을 받은 일도 없다. 비교적 내성적인 내 성격 탓도 있었지만 당시로서는 교수님들을 찾아뵙고 개인적 지도를 받을 만큼 학구적 열정이나 의지가 성숙해 있지 못했기 때문이라고 생각할 수가 있을 것이다.

그런데도 그 시절의 기록들을 찾아 돌이켜보니, 대학 재학 중의 전반적으로 불성실한 학업자세나 성적 중에서도 형법각론은 A학점을 받은 것으로 되어있고, 나중에 우연히 수험생들이 보는 고시잡지에서 알게 된 일이지만 필자가 합격했던 제2회 사법시험에서 유기천 교수님은 형법 과목의 시험위원 중 한 분이었는데 필자가 쓴 답안이 형법의 최고득점이었다는 행운의 사실도 발견하였던 것이다.

세상살이를 하다보면 의도하지 않았는데도 망외의 좋은 결과가 찾아오는 경우가 있다. 따져보자면 여러 가지 요인이 있을 수 있겠지만, 필자는 이런 경우 무언가 눈에 보이지 않는 인연이 있었거나 절대자의 차원 높은 가르침을 주기 위한 고도의 배려라고 생각하면서 담백한 마음가짐을 지키려고 노력하는 편에 가깝다. 결국 학생시절이나 법률가로서의 수련기간 중에도 선생님과 면담 한 번 한 일이 없는 필자가 25년에 걸친 검사생활을 마감하고 미국 스탠퍼드 (Stanford)대와 일본 케이오(慶應)대에서의 퇴수(退修) 생활을 거쳐 대학에서 형사법 교수로 봉직하고 전통 깊은 한국형사법학회의 회장까지 역임할 수 있었던 것도, 돌이켜 보면 그 시절 대학 내외에서 존경과 선망을 받던 유기천 교수님으로부터 받은 무언의 자극과 석학의 교수님에 대한 설명하기 어려운 부러움이 그 바탕이 된 것이 아니었을까 라고 혼자 생각을 하게 된다. 아득하게 보이던 대학자의 큰 위광(威光)이 범속한 한 법률가에게 눈에 보이지 않는 영향을 미친 사례의 하나라고 나름대로 해석해 볼 수도 있을 것이다.

올해가 존경하는 선생님의 탄생 100주년이라고 하니 선생님의 눈에 보이지 않는 큰 학덕과 잊힌 듯하면서도 결코 잊히지 않는 인연의 끈을 보잘 것 없는 글로나마 다시 이어보게 된다.

2. 유기천 교수님과의 작은 인연

법과대학에서의 형법강의는 2학년 1학기에 총론, 2학기에 각론을 수강한 것으로 기억되는데, 유기천 교수님은 우리가 수강한 1959년에는 이미 예일대에서의 법학박사(J.S.D)학위도 받으시고 귀국하셨지만 총론 강의는 다른 교수님들이 맡고 있었다. 황산덕 교수님도 당시 형법강의를 맡으셨지만 필자의 경우에는 나중에 환경정책과 국토계획 분야의 권위자가 되신 젊은 시절의 노융희 교수로부터 들었다.

필자는 대학 3학년 때인 1960년에 4·19 학생의거를, 그 다음해인 1961년에 5·16 군사혁명을 겪었는데 반드시 그 때문만은 아니겠지만, 재학 중 젊은이로서 흔히 겪는 지적 방황과 법학과목에 대한 상대적으로 소홀한 관심으로 인하여 졸업 후의 진로에 대한 결정이 비교적 늦었던 편에 속한다.

사법시험은 1년을 휴학 후 졸업을 한 1963년 하반기에 치르게 되었는데, 그때 형법 과목은 제1문이 '형법에 규정된 폭행, 협박과 폭력의 개념을 설명하라'는 내용이었고, 제2문은 케이스문제였던 것으로 기억된다. 알다시피 1960년 11월에 발간된 유기천 교수님의 『형법학 총론강의』나, 1963년 3월에 발간된 『각론강의 (상)』는 일본형법의 영향을 벗어나 독일과 영미형법학의 이론을 많이 참고하였을 뿐만 아니라 특히 각주의 형식으로 일본과 독일 및 우리 대법원의 판례 등을 많이 소개하고 있었으므로 종전의 다른 교과서에 비하여 가위(可謂) 획기적이라 할 만하였지만, 아직 사법시험의 기본서로는 크게 활용되지 않고 있던 시절이기도 하였다.

어떻든 필자는 선생님의 각론 교과서에서 본 지식을 활용하여 위 제1문에 대하여 공들여 답안을 썼다. 지금도 그 머리 부분에서 "형법상 폭행, 협박, 폭력의 개념은 다른 모든 형법상의 개념이 그러하듯이 법률적인, 특히 형법적인 가치관에 입각하여 해석되어야 한다. 그리고 이러한 해석에 있어서는 심벌로서의 언어의 상대적 의미를 고려하여 문맥(context) 전체와의 관련 하에 합리적, 합목적적으로 해석하지 않으면 안 된다"는 취지를 썼던 기억이 뚜렷하다. 그러다 보니 제2문의 케이스에 대하여는 시간이 부족하여 논점은 빠뜨리지 않았으나 대단한 속필로 후닥닥 답안을 마무리했던 생각도 난다. 물론 당시 형법과목의 출제나 채점위원이 누구인지도 몰랐고 또 그런 것을 알아 볼만큼 열의나 준비성이 있었던 것도 아니다.

유기천교수기념사업출판재단에서 펴낸 선생님의 형법학 교과서의 영인본을 보니 총론강의는 학계로 진출하신 김종원 교수(성균관대)와 박재윤 교수(국민대)께서 교정 및 편집을 맡아보았고, 각론강의는 당시 사법연수원 학생이었으나 후에 실력이 뛰어난 법조인으로 더 명성이 알려진 김찬진, 가재환 두 변호사님이 전담했던 것으로 나타나 있다. 우연이겠지만 김종원 교수님과 고 박재윤 교수님은 필자가 검사에서 대학의 형사법 교수로 신분이 바뀌고 형사법학회 회장과 국민대 총장을 거치는 과정에서도 참으로 따뜻하게 필자를 지도하여 주신 바가 있으므로 이 또한 남다른 학연(學緣)이라고 생각하고 있다.

유기천 교수님은 사법대학원 원장으로서 발족 초기에 정대위 교수님과 함께 「법과 문화」 과목의 공동강의를 맡아 이끌기도 했지만, 필자 등이 재적하던 5기생 시절에는 별도의 강의를 맡지는 않으셨다. 다만 수료기간을 둘러싸고 종전까지 1년 6개월로 운영해오던 것을 5기생부터라도 최소한 2년을 채워야 한다는 방침을 확고히 밝히셔서 당시 학생 자치회장단을 중심으로 상당히 강하게 반발했던 상황은 기억에 남아있다. 필자는 사법대학원 제도에 대하여 긍정적인 생각을 가지고 있었고 수료기간 2년에 대하여도 나름대로 의미가 있다는 소견이었지만, 여하튼 당시 교무과장의 직을 맡아 있던 이시윤 교수님 등의 다각적인 노력과 협의 끝에 5기생은 일단 수료기간을 1년 9개월로 하고 6기생 이후부터는 2년을 지킨다는 쪽으로 조정이 되었다고 기억한다. 따라서 필자 개인은 1965년 12월에 군법무관으로 입영하였고 석사학위는 3년 후 전역 무렵에 논문을 완성하여 받게 되었다. 그리고 박사과정은 검사로 지방근무를 하면서 40대에 들어 이수를 하였는데, 우연히도 이것이 모두 필자가 대학의 교수로 임용될 때나 총장으로 선임되어 대학행정을 수행하는 과정에서 의외의 도움이 된 사실을 알았다.

사법대학원 5기생 중에는 고 강구진 교수나 김&장의 김영무 변호사, 변재승, 서성, 이임수 전 대법관들과 같은 뛰어난 인재가 많았고 유기천 교수님은 그 중 몇 제자에 대하여는 법률가로서의 진로에 대하여도 유익한 조언을 해주신 것으로 알고 있다. 필자의 경우에는 1952년 중학 입시 당시 국가고사에서 최고득점을 한 번 한 덕으로 학창시절 내내 주위 분들로부터 공부에 관한 과도한 기대를 받았고 그것이 부담이 되어 대학 진학 이후는 오히려 다른 사람의 관심으로부터 멀어지는 쪽으로 자신의 생활을 이끌어 온 편인데, 사법대학원에서의 경험 이후 비로소 보다 긍정적이고 적극적인 공인의 자세를 가지게 되었다는 생각을 하고 있다. 따지고 보면 이 또한 선생님의 간접적인 가르침 덕분으로 알고 언제나 감사하는 마음으로 스스로를 다스리고 있다.

3. 유기천 교수님의 업적과 관련된 편상(片想)

선생님의 학문적 업적이나 능력에 관하여는 이미 많은 국내외 학계의 선배, 동료들이 말씀을 하신 바 있으므로 필자는 법조실무와 대학을 거치면서 느낀 매우 소박한 두어 가지 사항만을 피력해볼까 한다.

무엇보다 월송 유기천 교수님은 형사법학자로서의 학문적 의욕이나 열정 자체가 우리가 생각하는 이상으로 깊고 투철했다고 생각된다. 알다시피 선생님이 서울 법대에서 강의를 하다가 도미한 것이 37세 때이고, 예일대에서 J.S.D 학위를 받은 것이 43세 때인 1958년이다. 기념사업출판재단에서 발간한 선생의 논문

'Korean Culture and Criminal Responsibility'을 대충 훑어보면 알 수 있지만 형사 책임론에 있어서 특정주제에 논지를 집중하기보다 많은 주제에 관하여 견해를 밝히고 있는 점이나 한국문화의 샤머니즘적 요소 및 불교관에서 다소 다른 견해 가 있을 여지는 있으나, 형사책임을 문화적 연관성에서 찾고 비교법적, 연혁적 접근 나아가 입체심리학적 접근을 시도하고 있는 점은 확실히 한 차원 높은 학 문적 자세라고 생각할 수가 있다. 선생님이 동경대 시절 영미법을 전공했다고는 하나 위 논문에 인용되는 광범한 영어와 독일어로 쓰인 문헌과 한국형법전의 영, 독 번역문을 포함한 그 밖의 20여 편의 저서, 논문과 발표문 등 목록을 보면 서, 학생시절 일본 이외에는 유학경력도 없으신 선생님의 영어와 독일어 등 독 해나 구사능력이 매우 출중했다는 사실을 알게 되고 이것은 오늘날 한국의 젊은 법학도들에게도 좋은 가르침이 되고 있다고 믿게 된다.

그리고 사법대학원의 설립을 통한 한국 법조인 양성 시스템의 선진화 노력에 대하여는 비록 법조계와 서울대학교 본부 측의 상대적 소극성으로 인하여 1기부 터 13기까지만 운영되고 14기(사법연수원 1기) 이후 대법원이 관장하는 사법연 수원으로 이관되고 말았지만, 설립 당시 선생님의 불같은 추진력이나 법조인에 게 대학원 수준의 인문적 교양과 신사다움을 갖추게 하겠다는 순수한 열정은 한 국 법조인 모두가 두고두고 기억해야 할 큰 업적이자 헌신으로 생각하는 것이 옳지 않겠느냐는 점이다. 유기천 교수님이 이런 점을 염두에 두고 몇몇 제자들 에게 미국 유학을 주선하거나 어학연수를 하게 하는 등 지도와 배려를 한 점도 잘 알려져 있다. 또 그 무렵 선생님이 서울대 안에 법학연구소를 설치하고 아시 아 재단의 협조를 받아 주석 한국판례집의 편찬을 시작한 것도 비록 예산상의 이유 등으로 완결은 못했지만 한국의 법률문화 향상을 위하여 대단히 의미가 큰 사업이었다고 믿는다. 세간에 알려진 황산덕 교수와의 불화설 등도 월송 선생의 이상주의적 원칙론과 독실한 기독교인으로서의 결벽성이 한 원인이 되었을 것 이라고 추측하면서 학자들 간의 가벼운 일화(逸話) 정도로만 받아들이는 것이 좋다고 생각한다.

4. 나오며

월송 유기천 선생께서는 필자가 대학에 입학하던 해에 서울법대 교수의 신분

으로 국내 최초의 미국 법학박사(J.S.D)학위를 받으셨고 사법대학원에 재학할
때는 원장이셨으며, 수료 당시에는 서울대의 총장으로 재임하셨다. 지금 한국의
형사법 교수 상당수는 독일에서 학위 취득을 하셨고, 미국에서 형사법이나 법철
학을 전공한 학자는 매우 드문 것이 현실이다. 뿐만 아니라 이제는 대학원생들
중에도 형사법을 전공하는 학생을 찾기가 그리 쉽지 않다. 바로 이러한 이유로
약 60년 전 선생님의 혜안과 학문적 업적이 더 뛰어나 보이고, 선생님을 위한 기
념사업재단의 노력이 더 돋보이는지도 모르겠다.

선생님을 추모하면서, 선생님의 탄생 100주년이 되는 올해가 한국 형사법 연
구의 질적 발전과 도약을 위한 의미 있는 한 해가 되기를 비는 마음이 새삼 간절
하다.

5. 유기천 선생님을 회상한다

박 동 섭
(변호사)

필자가 유기천 교수님을 처음 뵙게 된 것은 대학 2학년생이던 1961년경으로 기억한다. 당시 유 교수님은 형법총론을 강의하고 계시었다. 형법교과서가 많지 않던 시절에 교수님은 형법총론[원제목: 형법학(총론강의), 박영사, 527p. 1960]이라는 방대한 저서를 출간하시었다. 이 책은 그 서문이 특이하여 사람들의 입에 오르내리기도 하였다. 저자와 Helen Silving 박사와의 관계, 특히 사랑이 전개된 과정을 처음에 어디서 만났고 나중에는 점입가경하여 정신적 결합(Spiritual Union)이 이루어지고 결혼에 이르게 되었다고 솔직하게 표현하시었다. "소저를 사랑하는 Helen Silving 박사에게 근정한다."고 책의 첫 표지에 기록하셨음은 물론이다. 이 책에서 교수님께서 주장하신 이론 중 특이한 것은 독일의 형법학자 한스 벨첼(Hans Welzel)의 목적적 행위론 비판이었다. 필자가 공부하던 때가 50여 년 전의 일이라 그 행위론이 무엇인지 왜 유 교수님이 비판하시었는지 지금은 정확하게 기억나지 않지만, 벨첼의 이론을 따르던 많은 학자들의 비판과 논란의 대상이 되기도 하였다. 새로운 학설이라 참신하지만 학생들은 잘 이해할 수 없었다. 기억나는 용어는 penumbra situation(그림자 상황)이다. 그림자 상황(의식과 무의식의 중간지점)에서 저지른 행위는 무의식적 행동이지만, 행위자의 심리적 구조를 잘 분석하여야 그 행위의 동기를 알 수 있다고 주장하신 것으로 기억하고 있다.

유 교수님은 1958년 예일 대학에서 Ryu, Paul Kichyun, "Korean Culture and

Criminal Responsibility: an application of a scientific approach to law"라는 논문으로 법학박사학위를 받으셨다. 1957년에도 Helen Silving 박사와 공동으로 시카고 대학 Law Review(Vol.24, No.3)에 법률의 착오(Error Juris-A Comparative Study)라는 논문 등을 발표하신 적도 있다. 유 교수님은 국내에서보다는 외국에서, 특히 미국학계에서 Dr. Paul K. Ryu라는 이름으로 더 유명하게 알려져 있다.

교수님은 강의시간을 철저하게 지키시었을 뿐만 아니라, 열심히 강의하시었다. 당시의 풍조로는 교수가 유명할수록 30분 늦게 강의실에 나타나시어, 30분 일찍 강의를 끝내신다는 말이 유행하고 있었다. 그러나 유 교수님은 학생들보다 먼저 10~15분 일찍 강의실에 오시어 제일 앞자리에 앉아 학생들을 기다리고 계시었다. 더구나 손목시계 외에 또 하나의 회중시계를 호주머니에 넣고 다니시면, 교실에 들어오시면 시계 2개를 꺼내놓고, 서로 비교하면서 시간을 보고 계시었다. 선생님은 왜 시계를 2개나 보고 계십니까? 하고 학생이 물으면 "혹시라도 착오(錯誤)가 생기면 안 되니까."라고 하시면서 웃으셨다. 선생님의 평소행동과 습관의 일 단면을 볼 수 있는 대목이다. 형법에서 전문용어로 객체의 착오, 법률의 착오 등을 연상하시면서 웃으신 것이다. 그리고 강의시간이 120분이면 중간에 10분 정도만 강의실 안에서 쉬시고 120분을 빼꼭히 채우시며 빠르고 똑똑한 어조로 열심히 강의하시었다. 자신이 맡은 업무만은 철저하게, 조금의 빈틈도 없이 처리하시었다.

한번은 교내의 운동장에서 교수님들 간의 배구시합이 벌어졌다. 필자의 기억으로 유 교수님은 후위를 맡아서 공을 받게 되었는데(당시 배구는 1팀이 9인조로 구성), 상대방 선수들이 일부러 유 교수님 쪽으로 서브를 넣었고, 교수님은 번번이 받지 못하시었다. 공을 받으면 그 공이 옆으로 또는 뒤로 가버리니 도대체 팀에 도움이 되지 않았고 공을 손에 대보지도 못하는 경우도 있었다. 학생들은 재미있어서 응원하면서 웃어댔다. 교수님은 조금 하시다가 곧 다른 사람에게 그 자리를 넘기고, 구경만 하시면서, "이 시합은 시간이 얼마나 걸리느냐? 언제 끝나느냐?"고 물으시어, 듣는 이를 당황하게 하시었다. 아마도 교수님은 축구처럼 배구도 득점과 상관없이 일정한 시간이 지나면 종료되는 운동으로 알고 계신 듯하다. 나중에 서울대학교 총장이 되신 후, 체력장 제도에 대하여, 체육이라는 것은 학문연구와 전혀 관련이 없는 것인데, 그것을 점수로 평가, 인정하여 대학입시의 당락을 결정하는 것은 옳지 않다는 의견을 발표하신 일도 있었다. 체력과 학문연구가 과연 관련이 없는 것인지에 대하여는 논란의 여지가 있었다.

어느 해 여름 사법시험이 끝나고 2학기 강의시간에 이번 사법시험 응시생들의 형법문제답안에 대한 강평을 하신 것이 기억난다. '실행의 착수'라는 문제를 출제하였더니 수험생 중 어떤 학생은 "예컨대, 간통죄의 경우 남성의 성기가 여성의 성기에 삽입되는 순간 실행의 착수가 있다고 보아야 한다."고 쓴 답안을 보았다고 하시면서, "삽입되는 순간이라면 실행의 착수 단계를 넘어 기수단계에 돌입한 것으로 보아야 할 것인데 이런 답안을 썼다."며 후후후… 하고 웃으시던 모습이 눈에 선하다.

학교의 시험(졸업시험)기간에 학생들 중 자기 대신 대리시험을 보아달라고 시킨 학생과 대리로 시험을 보아준 학생 등 2명이 시험감독관 K교수님에게 적발된 일이 있었다. 유 교수님은 이들 2명에 대하여 학칙을 어겼다고 가차 없이 제적처분을 내리고 말았다. 이들 두 학생의 구명운동을 하려고 동료학생들 20여 명이 학장실로 찾아가서 사정을 설명하고 용서를 구하였다. 그러나 유 교수님의 태도는 추상같았고 절대로 용서할 수 없다고 말씀하시어 구명운동은 결국 무산되고 말았다.

또 법대 학생회장 선거와 관련하여, 학생회장 후보자는 학교수업성적(학점)이 평균 B학점 이상을 받은 학생이라야 한다는 규칙을 만드시었다. 그런데 B학점에 미달하는 어떤 후보자 학생과 그 동료가 교수님 집(용산구 청파동)에 찾아가서 만나기를 원하면 "아직 선생님이 안 들어오셨다."는 대답만 듣게 되었다. 어느 날은 교수님이 집으로 들어가시는 것을 보고, 바로 따라가서 문에서 초인종을 누르니, 역시 같은 대답이 나왔다. 학생들은 "그러면 저희들이 선생님 오실 때까지 잠깐 들어가서 기다리면 안 되겠습니까?" 그렇게 사정하니 하는 수 없이 학생들을 들어오게 하였다. 당시 선생님은 퇴근하여 2층 서재에 계시다가 무슨 일로 아래층으로 내려오시었고, 학생들과 맞닥뜨리셨다. 학생들은 학칙의 개정을 건의하고 한 번 봐달라고 사정하였다. 그러나 한 번 정한 규칙은 지켜야 한다고 하시면서, 단호하게 거절하시었다.

서울법대 학생 입학 사정(査定)과 관련하여 서울법대 교수 자녀의 입학에 특혜나 가산점을 주어 입학시키려고 하는 사례가 발생하였다. 그 당시 해당교수가 유 교수님에게 입학을 허가하여 달라고 통사정을 하였으나, 끝내 반대하시었다. 당시 학교 내에서는 유 교수님의 처사에 대하여 불만을 가지고 수업시간에 학생들에게 넌지시 유 교수님을 비난하는 듯한 이야기를 하시는 교수님도 계시었다. 즉, 어린 학생들의 잘못에 대하여 야단치는 것은 좋으나, 한 번 잘못은 용서하여 주면 그 학생은 반성하여 새로운 사람이 될 수 있고, 앞으로 선량한 사회인으로 성장하여 성공하는 경우도 있다는 것이다. 유 교수님은 너무 교주고슬(膠柱鼓瑟)이라는 것이었다. 그러나 "법과대학 학생이라면, 이 나라의 지도자가 될 사람들인데, 처음부터 법과 원칙을 지켜야 한다. 준법이 선진국으로 가는 지름길이다." 하는 것이 교수님의 신조였고 이를 몸소 실천하시면서 보여준 것이라고 생각된다.

또 교수님은 사법대학원을 창설하시고, 몸소 동 대학원에서 형사법 연습(?) 강의시간에 학생들에게 어떤 사안을 제시하고 이 행위가 절도죄에 해당되는 것인지, 권리행사방해죄에 해당되는 것인지 판단하라는 문제를 내시었다. 그런데 그 중에 한 학생(이 논제를 발표할 B반 학생)이 화장실에 갔다가, 유 교수님의 이 사례문제에 대하여 바로 전 시간에 강의를 들은 학생(A반 학생)을 만나서, 답을 물어보았다. 권리행사방해죄가 답이라는 것을 알고 들어와서, 그 사례연구를 발표하면서 권리행사방해죄에 해당된다고 하고, '교수님이 나중에 하실 강평'까지 하여버렸다. 그랬더니 유 교수님은 대노하시어, "자네 컨닝 했지? 자네는 절대로 대학원 졸업할 생각을 하지 말게!"하시며 펄펄 뛰면서 야단치시었다. 그후 그 학생은 말씀대로 제때에 졸업하지 못하고 6개월 늦게 사법대학원을 수료하게 되었다고 한다.

1965. 8. 서울대학교 총장이 되신 후 대학의 자유는 학문의 자유를 포함하고 있고 이는 대학 스스로 지키고 스스로 찾아야 한다고 강조하시었다. 그런데 학생들의 데모가 격화되자, 정부에서는 학생들을 체포하려고 하고, 총장님은 경찰의 대학진입을 강력히 반대하시었다. 당시 유총장님은 신변의 보호를 위하여서였던지(?) 집에 권총 2자루를 보관하고 계시었다. 그 사실이 일간신문에 크게 보도되었고, '쌍권총 대학총장'이라는 패러디(parody)를 내보내고 있었다. 한일국교 반대학생데모, 대학의 자유와 질서유지 등 문제에서 교수님은 확신에 찬 행동으로 일관하고 계시니, 임명권자인 박정희 대통령과의 충돌을 피할 수 없었다. 결국 유 교수님은 1970년대 초 당신이 그토록 사랑하던 조국을 떠나 미국 망명길에 오르시게 되었다.

그리고 33년간 동고동락하던 아내 헬렌 실빙 여사가 1993년 망명지에서 세상을 떠난 후에도 유 교수님은 '아내와 함께 저술하려던 「세계혁명」을 혼자서 저술하시어 1998년 돌아가시면서 유고로 남기시었다. 아내에 대한 사랑과 학문에 대한 정열은 여전히 불타고 있었다.

끝으로 교수님이 쓰신 어떤 글 중에 내이탄 해일(Nathan Hale; 1755~1776)의 예를 든 것을 읽었고 필자는 큰 감명을 받았다. 해일은 미국독립전쟁 당시 미 대륙군대(Continental Army)의 군인이었다. 그는 뉴욕시 소속 정보수집임무를 자원하였으나, 얼마 안 가서 영국군에 체포되었고 곧이어 처형되었다. 21살의 나이에 교수형을 당하기 직전에 그는 최후의 한마디를 남겼다. "내 나라를 위하여 내가 바칠 생명이 오직 하나뿐인 것이 유감일 따름입니다(I only regret that I have but one life for my country). 해일은 오래 동안 미국의 영웅으로 추앙되어 왔고, 그의 사후 200여년이 지난 1985년 공식적으로 코네티컷 주 영웅으로 현창되었다.

이런 글을 읽어볼 때 조국 대한민국에 대한 유 교수님의 나라사랑이 어느 정도인지 짐작할 수 있었다. 젊은 학생들에게 애국정신을 고취시키고자 하신 것이 그의 염원이었다. 선생님 탄신 100주년을 맞이하여 유 교수님처럼 청렴 강직하고, 학문에 정열을 쏟으며 오직 선진조국의 민주주의와 자유를 수호하려고 애쓰시는 분이 또다시 이 땅에 오시기를 마음속으로 간절히 기원한다.

6. 평생 공부하는 즐거움

주 광 일

(한국 · 워싱턴 D.C 변호사, 법학박사)

인간은 나이가 들어갈수록 유명(幽明)을 달리하신 어버이를 더욱 더 그리워하게 된다고 한다. 나의 경우에도, 이 말은 틀린 말이 아닌 것 같다. 어머님의 뱃속으로부터 태어나 지구라는 행성(行星)에서 숨 쉬며 살아온 세월도 72년이 훌쩍 넘고 보니, 요즈음은 예전보다도 더 돌아가신 아버지, 어머님의 모습이 그리워진다. 부모님께서 생존해 계실 때 더 잘 모셨어야 하는 것인데… 하는 회한도 쌓인다. 그 까닭은 무얼까? 나 자신도, 앞으로 살날이 얼마 남지 않아서인가? 잘 모르겠다.

다만 확실한 것은, 세월이 쌓여 흰머리가 늘고 주름살이 많아진 만큼 나의 지식이 많아진 것도 지혜가 생긴 것도 결코 아니라는 사실이다. 나 자신이 아무것도 아니라는 명백한 사실을 깨닫는 데 그 오랜 세월이 필요했던 것이 아닌가 하는 생각마저 드는 요즈음이다.

그런데 나이 들어 더욱 그리워지는 부모님처럼, 더욱 추모의 념(念)이 깊어지는 스승이 나에게는 한 분 계시다. 바로 월송(月松) 유기천 교수님이시다.

유 교수님을 처음 뵌 것은 1961년 봄 당시 서울 종로구 동숭동에 있던 서울대학교 법과대학 강의실에서였다. 그해 3월에 나는 경기고등학교를 졸업하고, 서울법대 법학과에 입학하였던 것이다. 그리하여 법대 1학년 시절에는 유 교수님으로부터 "법학개론"을, 2학년 시절에는 "형법학"의 강의를 들었다. 유 교수님의 강의실은 입추의 여지도 없었다. 유 교수님은 언제나 법대에서도 제일 큰 대강의실에서 강의를 하셨는데, 수많은 학생들이 유 교수님의 열강(熱講)을 경청하였다. 유 교수님은 강의시간에 늦으시는 일이 없었다. 그리고 2시간 강의면 120분간 휴식도 없이 끝까지 강의를 하셨다. 그 당시 유 교수님의 열정어린 강의를 들었던 법대생들은 아직도 폭포수처럼 쏟아지던 유 교수님의 강의를 기억할 것이다.

돌이켜보니, 법대 1, 2학년 시절 유 교수님의 강의를 들을 수 있었다는 것은 나의 인생에 있어서 크나큰 축복이었다. 아직 20세도 안된 이른바 '미성년자(未成年者)' 시절에, 유 교수님으로부터 법학이라는 학문세계의 경이로움을 배우고 깨우칠 수 있었기 때문이다. 그 당시 우리나라의 법학 수준은 일본 및 독일 등 대륙법계의 개념법학의 세계에 머물러 있었는데, 유 교수님은 영미법 특히 미국 법학의 새로운 법률이론들을 정열적으로 가르치셨다. 그리하여 나는 1학년 시절에 이미 유 교수님이 인간 존엄을 최고 가치로 여기는 "자유사회(free society)에 있어서의 법과 정의"를 얼마나 갈구(渴求)하시는지, 그리고 대학의 자유가 자유사회를 완성하는데 있어서 얼마나 중요한 것인지를 알게 되었다. 또 미국 헌법에 있어서 위헌법률심사권이 연방대법원에 있음을 천명한 Marbury v. Madison 사건(1803)에 대한 미국 대법원의 판결의 역사적 의미도 알게 되었다. 뿐만 아니라 위 판결의 재판장인 Marshall 대법원장이 "헌법이 미국에 있어서 최고의 법률(the supreme law of the land)"이라고 판시하였음을 배웠다. 유 교수님께서 Marshall 대법원장의 위대성을 재삼재사 강조하셨기 때문에, 당시 법대 1학년생인 나에게는 Marshall 대법원장이 마치 이토 히로부미(伊藤博文)를 처단한 안중근 의사(安重根義士)와 같은 영웅으로 느껴질 정도였다.

1962년 4월에 법대 2학년이 되자, 나는 민법, 형법, 상법, 행정법 등 각종 법률과목을 본격적으로 수강하게 되었고, 형법학은 유 교수님의 강의를 1년 내내 들었다. 유 교수님의 형법학 강의를 들으면서 나는 나도 모르게 형법학의 매력에 빠져들었고, 그분의 강의를 들으면 들을수록 유 교수님에 대한 존경심이 더욱 깊어만 갔다. 그러나 2학년이 끝나기 전까지 나에게는 유 교수님과의 개별적 접촉이나 지도를 받을 기회는 전혀 없었다. 나는 그저 유 교수님의 수많은 제자들 중의 한 명일 뿐이었던 것이다.

1963년 봄에 나는 법대 3학년이 되었다. 그리고 곧 형사법학회(Iris회) 회장으로 선출되었다. Iris회의 지도교수는 유 교수님이셨고, 유 교수님은 당시 법대 학장직에 계시면서도 매주 형법 case seminar를 거르지 않고 실시하셨다. 그리하여 나는 매주 학장실에 가서 유 학장님으로부터 세미나 문제를 받아 그분의 지도하에 세미나 준비를 하였던 것이다. 3학년이 된 후 사법시험 준비를 하는 법대생으로서 적지 않은 시간을 빼앗겼지만 1주일에 한 번씩 학장실에 가서 유 교수님을 뵙고 그분의 지도 말씀을 들을 수 있었던 것은 형사법학회장이었던 나만이 누릴 수 있었던 특권이었다.

1963년 가을에는 유 교수님의 지도로 형사모의재판을 개최하였다. 한 달이 넘도록 모의재판 준비를 하느라고 노심초사 하였지만, 성공적인 모의재판이었다는 평판을 들었기 때문에 보람도 느낄 수가 있었다. 유 교수님은 모의재판지도에 있어서도 사건개요를 직접 써주시고, 재판진행에 관하여도 세심하고 자상하게 지도하여 주셨다.

특히 여자 증인 3명이 모의재판에 등장하도록 하였기 때문에 우리나라 최초의 여성 법조인이며 당시 이화여대 법대 학장이던 고(故)이태영 여사의 협조로 이화여대생 3명이 출연(?)했던 것도 기억이 새롭다. 그때 꽃답던 여대생들이 지금은 70대의 할머니들이 되었으리라. 하기야 그 모의재판에 판사로, 검사로 또는 피고인으로 수고했던 강구진(전 서울법대 교수), 이재상(전 이화여대 교수), 김영빈(전 수출입은행장) 등은 이미 앞서거니 뒤서거니 이 세상을 떠나버렸다.

1965년 9월 15일 나는 제5회 사법시험에 합격하였다. 합격자가 총 16명에 불

〈제9회 형사모의재판을 마치고(1963.10.11)〉

과했는데 내가 합격자명단에 끼이는 행운을 얻었던 것이다. 그 당시는 사법시험 합격자는 바로 서울대학교 사법대학원에 입학하여야 하고 거기서 2년간 공부한 후 수료하여야 법조인 자격을 취득할 수가 있었다. 그리하여 나는 합격 즉시 바로 사법대학원 제8기생으로서 입학하였다. 동기생들은 나를 포함하여 모두 15명이었다.

사법대학원은 당시 2년 연수과정으로서 전반기 1년간은 학교에서 이론 강의를 듣고, 후반기 1년간은 법원, 검찰청, 변호사 사무실 등지에서 실무 수습을 받도록 되어있었다. 그리고 서울대학교 부속병원 구내에 있는 사법대학원 기숙사에서 생활을 하였다. 사법시험준비에 매달려 있을 적보다는 시간적으로나 심정적으로 비교적 여유가 있는 시절이었다. 그러나 나의 경우에는 당시 서울대학교 총장으로 재직 중이시던 유 교수님의 지시로 서울대 부설 어학연구소(FLI)에서 영어공부를 하고, 또 무급조교로 명받아 유 총장님이 지시하시는 크고 작은 일에 심부름을 하는 등 1인 3역을 하게 되어 비교적 바쁜 나날을 보내야 했었다. 몇 안 되는 동기생들도 모르게 어학연구소에서 영어공부를 하고 또 유 총장님의 조교 노릇을 하자니, 그때 나는 마치 정보기관의 비밀요원이 된 것 같은 생각조차 들 정도였다.

유 총장님의 나에 대한 배려는 각별하였다. 무급조교로서 경력도 쌓고 영어공부를 열심히 하여 사법대학원 2년 수료 후 예일대학교 법과대학원(Yale Law School)에 유학, 법학박사학위를 취득하고 돌아와 교수로서 학자적 인생을 보내달라는 것이었다. 그때 유 교수님은 마치 나이 어린 친자식을 돌보듯 나의 진로(進路)를 정하시고, 그에 필요한 조치를 직접 취하여 주시었다. 대학원 수료 후의 병역문제는 유 총장님께서 국방부에 요청하여 연기시키고, 유학 중 장학금을 받도록 조치하시겠다고 말씀하셨다. 천학비재(淺學菲才)한 나를 유 총장님께서 너무나 과대평가 해주시지 않는가 하는 의문이 자꾸 들었으나, 나는 마치 친어버이처럼 자상하게 적극적, 주도적으로 나의 앞길을 개척해주시고자는 그분의 배려에 머리가 숙여질 따름이었다.

그러나 "일은 사람이 꾸미나(謀事在人) 일이 되게 하게 하는 것은 하늘이다(成事在天)."라는 말과 같이, 나를 평생 학문을 하는 형법학 교수로 만들려고 했던 유 교수님의 뜻은 1966년 11월 10일 유 교수님께서 서울대학교 총장직에서 물러남으로써 물거품이 되고 말았다.

그러나 나에게 있어서는 오히려 유 교수님의 진면목(眞面目)을 뵈올 수 있었던 기회가 왔던 것이었다. 유 교수님께서 학장, 총장으로 계실 때는 학장실·총장실에 불려가서 공인(公人)으로서의 유 교수님의 모습을 뵈었던 것이었으나, 총장직을 물러나신 후에는 나를 종로구 동숭동 소재 자택으로 부르셨던 것이었다. 그때 나는 서울지방검찰청 검사직무대리로서 검찰실무수습을 할 때였는데, 대학자이신 유 교수님의 서재에 처음으로 들어섰을 때의 감격을 나는 아직도 잊지 못한다. 수많은 원서(原書)들로 둘러싸여 있었던 서재에 영어성경과 아령이 덩그러니 놓여있었다. 아령으로 매일 운동하시는 한편, 늘 영어성경을 읽으신다는 것이었다. 총장직을 사임한 직후이었는데도 지극히 평화스럽고 차분하신 모습이셨다. 참으로 존경하지 않을 수가 없었다. 시끄러운 세상을 떠나 깊은 산 속 암자(庵子)에서 홀로 정좌(靜坐)하고 있는 큰 스님 같은 느낌이 들었다.

유 교수님께서 나를 자택으로 부르신 이유는 "이제 공직의 짐을 벗고 홀가분하여 「형법각론(하)」를 집필하고자 하니 원고작성·정리들을 하도록 하라."는 것이었다. 물론 나는 "네. 열심히 하겠습니다."하고 대답하였다. 이렇게 하여 「형법각론(하)」가 출간될 때까지 나는 유 교수님의 자택을 수시로 드나들면서 집필을 도와드렸던 것이다.

1967년 8월 30일, 나는 사법대학원을 수료하였고, 법무관 후보생으로서 육군에 입대하였다. 석사학위 논문을 작성·제출하면 석사학위를 받고 졸업할 수가 있었으나, 유 교수님의 집필을 돕다보니 논문을 쓸 시간이 없었다. 결국 나는 1970년 2월 26일 육군대위 시절에 석사학위를 받았다. 1969년 여름 어느 날 학위논문을 쓰고자 한다고 육군 장교복을 입고 유 교수님의 자택을 찾아뵈었더니, 즉각 논문 제목은 "불법원인급여와 횡령죄"로 하고 논문의 골격을 이렇게 이렇게 하라고 자세히 지도해 주셨다. 특히 논문제목과 관련된 독일 판례들을 직접 찾아 주시면서 이를 우리말로 번역하여 전문(全文)을 수록하시도록 지시하였다. 그때 유 교수님께서 나에게 하셨던 말씀이 아직도 생생하게 기억이 난다. "이들 독일 판례들을 우리 학계에 소개만 하여도 석사학위는 받을만하네."라고 하시던 말씀을….

이와 같이 유 교수님은 나의 석사학위 논문지도를 자상하게 하여 주셨으나, 막상 학위논문심사에 즈음하여서는 미국으로 떠나 서울에 계시지 않으셨기 때문에 김기두 교수님께서 명의상의 지도교수가 되어 주시었다.

1970년 8월 나는 3년간의 육군법무관 복무를 마치고 제대하였고, 1971년 3월 10일 서울지방검찰청 의정부지청 검사로 발령을 받았다. 우리나라의 검사가 모두 264명뿐이던 시절이었는데, 나는 임관과 동시에 전국 최연소 검사가 되었다. 현재는 우리나라 검사 수가 2,000명이 넘는다. 어떻든, 임관 이후 나는 27년간의 검사 생활 끝에 1998년 3월 19일 서울고등검찰청 검사장을 끝으로 검찰을 떠났고, 다시 2001년 3월 18일까지 3년간 국민고충처리위원회 위원장으로서 정부에 봉직하였다.

유 교수님께서 설계해 주셨던 대로 나의 인생이 전개되었더라면, 형법학교수로서 보냈을 청·장년기 시절의 대부분을 나는 전국을 떠돌며 검사로서 근무한 결과가 된 셈이었다. 그러나 나는 학자가 아닌 검사 생활을 하면서도 유 교수님이 나에게 남기신 정신적 유산(遺産)을 잠시도 잊은 적이 없다. 그것은 유 교수님께서 나를 볼 때마다 거의 입버릇처럼 반복해서 하시던 말씀이었다.

"여보게, 주 군. 평생 공부하게나. 우리들 인생에 공부만한 낙(樂)이 없다네."

나는 이 말씀이 불출(不出)인 나에게 남기신 크나큰 유산이라고 생각하며 살아왔다. 그리하여 1968년 육군법무관으로서 전쟁터인 베트남에서 복무하면서도 짬을 내어 영어성경 및 *Time, Newsweek*을 보며 공부를 하였고, 검사 생활 중에서도 1974년에는 조지타운(Georgetown) 대학교 및 조지 워싱턴(George Washington) 대학교 법과대학원에서 1년간 연수하였고, 1979년에는 모교인 서울대학교 대학원에서 법학박사 학위를 받았다. 현직 검사로서는 최초로 서울대학교에서 법학박사학위를 받은 것이었다. 또 부장검사로 승진하였던 1981년에는 일본 게이오(慶應義塾) 대학 법학부의 방문연구원으로서 6개월간 일본 형사법 연구를 하기도 하였다. 뿐만 아니라, 변호사 생활을 하던 2005년 3월 나는 큰 용단을 내어 환갑을 넘은 나이에 노스웨스턴(Northwestern) 대학교 법과대학원의 석사과정에 입학하였고, 2006년 6월 16일 석사학위(LL.M)를 받고 졸업하였다.

한편 재야 변호사로서 활동하면서도 경희대학교 겸임교수, 한림국제대학원대학교 초빙교수, MD KIRK School of Law 교수, 세종대학교 석좌교수 등으로서 후학들을 가르쳤다. 검사생활 중 사법연수원 교수로 발령을 받아 3년 가까이 사법연수생들을 가르친 것을 포함하면, 나는 교수 노릇도 꽤 한 셈이 되는 것 같다.

하지만 학생들에게 강의를 하면서도 내가 과연 나의 젊은 시절 유 교수님의 강의를 듣고 느꼈던 희열의 절반만큼이나마 후학들에게 줄 수 있겠는가 자문해

보면, 나는 늘 부끄러울 뿐이었다.

어쨌든 MD Kirk School of Law 및 한림국제대학원대학교에서의 대학원생들을 상대로 한 미국형법 강의는 영어로 하는 강의였다. 사실 나는 서울고등검찰청 검사장(1997년) 및 국민고충처리 위원장(1998년) 시절, 두 번에 걸쳐서 법무부 법무연수원에서 우리나라로 연수 받으러 온 동남아 및 중남미 국가 공무원 수십 명을 상대로 우리나라 형사사법제도의 개요를 영어로 3시간씩 특강을 한 경험이 있었다.

또 공직생활 동안 여러 번 국제회의 때 정부 대표로서 참가하여 기조연설을 하는 등 나름대로의 대외활동을 하기도 하였다. 그러나 2010년 가을 한 학기 내내 미국형법을 처음부터 끝까지 영어로 강의한다는 것은 역시 색다른 체험이었고, 나 자신에게도 많은 공부가 되었다. 이리하여 나는 내친김에 2011년 2월 27일, 28일 양일간에 시행된 워싱턴 D.C. 변호사 시험에 응시한 결과 요행히 합격을 하여 미국변호사자격을 취득하였다. 우리나라 신문들은 서울고검장 및 장관급 고위직을 지낸 변호사가 68세의 최고령으로 미국변호사자격을 취득 하였다고 대서특필하였었다. 2011년 8월 8일 오전 10시 워싱턴 항소법원(D.C. Court of Appeals)에서 미국변호사로서 선서하고 법원 건물을 나서는 순간 나의 뇌리에 유 교수님께서 나에게 늘 하시던 "여보게, 주 군. 평생 공부하게. 우리들 인생에 공부만한 낙(樂)이 없다네."는 말씀이 맴돌았다.

내가 유 교수님을 마지막으로 뵌 것은 1988년 6월 24일 신라호텔에서 열렸던 유 교수님의 고희(古稀) 기념논문집 증정행사에서였다. 유 교수님은 1972년 1월 31일 유신체제를 사전에 고발함으로써 미국으로 망명하셨다가 1980년 봄 일시 귀국하셨을 때, 나를 자택으로 불러서 나의 근황을 문의하신 적이 있었다. 그리고 다시 도미하신 후 계속 미국에서 생활하시다가 위 행사 때문에 잠시 귀국하셨던 것이다. 나는 물론 그때 유 교수님과의 만남이 이승에서의 마지막 상면(相面)이 될 줄은 전혀 짐작도 못했다. 유 교수님은 1998년 6월 27일 미국 산디에고에서 별세하시고, 유해로서 귀국하여 조국의 땅에 묻히셨던 것이다.

올해 2015년 6월 27일 유 교수님의 기일(忌日)을 맞아 나는 두 번째로 유 교수님의 묘소를 참배하였다. 유 훈 유기천교수기념사업출판재단 이사장님, 유 교수님의 조카이신 유정호 박사 및 최종고, 음선필 교수 등 몇몇 제자들과 함께였다. 묘소 앞에서 나는 유 교수님을 추모하며 마음속으로 나의 자작시(自作詩) "밀서(密書)"를 읊었다.

> 한평생 수많은 책들을 읽었어도
> 끝내 현명해지지 못했네.
> 무정한 세월을 넘고 넘어
> 아까운 청춘을 탕진했어도
> 나 자신을 극복하지도 못했네.
> 나 어릴 적
> "부끄럽지 않게 살자"고 마음먹고
> 몸부림도 쳤지만,
> 남은 건 허물 뿐이네.
> 시든 몸에 부끄러움뿐이네.

아무도 모르게 혼자서 졸시(拙詩)를 읊조리고 나니, 마치 성당에서 고해성사(告解聖事)를 마친 듯한 기분이 들었다. 그래서일까? 묘소를 떠나며, 나는 어느덧 인생의 황혼 길에 들어선 나 자신을 스스로 위로해 보았다. 유 교수님이 나에게 베풀어주신 크나큰 배려와 기대에는 크게 못 미치는 삶을 살아왔으나, 그러나 유 교수님의 분부대로 평생 공부하는 자세를 잃지 않으려고 노력해온 것은 틀림없지 않는가 하고……

7. 월송의 발자취를 따라서: 몇 가지 장면

최 종 고

(서울대 명예교수, 한국인물전기학회장)

　월송 유기천 선생님의 탄생 100주년을 맞았다. 돌이켜 보니 선생님과의 인연이랄까 관계도 50년에 이르게 되었다. 사는 게 이런 것인가 하는 감회와 함께 어떻게 하여 이런 인연이 이루어지게 되었나 새삼스런 회상도 하게 된다. 무엇보다 1960년대에 직접 강의를 들은 제자라는 인연 외에 2006년에 그분의 전기 『자유와 정의의 지성 유기천』(한들)을 낸 전기가라는 인연이 겹쳐져 오늘까지 선생님에 관한 이런저런 일들에 참여하기도 하고 주관하기도 하여왔다. 생각할수록 이것이 무슨 특별한 인연인가 싶기도 하고, 선생님에 비해 너무나 자질이 떨어지는 사람이 제대로 '대변'하는 것일까 하는 두려운 마음도 적지 않다. 그렇지만 바쁜 세상에 누군가 집중적인 관심을 갖고 말해주는 사람이 없으면 이내 망각되는 것이 인간사라는 사실을 알기 때문에 능력이 자라는 만큼 챙기고 싶은 생각을 실천해왔다.

　탄생 100주년을 맞으니 지금까지의 인연을 다시 한 번 되짚어보고 싶은 생각이 들기도 한다. 그렇지만 오는 10월 6일 100주년 기념 심포지움 때 월송의 생애를 리뷰하는 강연을 맡아있기 때문에 종합적인 것은 그때로 미루려고 한다. 여기서는 지난 50년간 월송과의 개인적 관계를 몇 단면으로 회고해보고자 하다. 그러면서 그것이 앞으로 어떤 방향으로 발전적으로 전개되는 것이 바람직할까 나름대로 성찰해보고자 한다.

1. 1960년대의 의미

선생님과의 첫 만남은 1966년 봄 서울대 입학식에서였고, 이듬해 2학년 때 〈형법총론〉 강의를 들으면서부터였다. 법학이란 이런 학문이구나 하는 감동을 주는 명강의였고, 『형법학』 교과서는 법학도의 바이블이자 대화의 화두였다. 총장으로서 강의를 계속하신 것도 박정희 대통령과의 담판으로 확보한 것이었고, 추위에 민감하셔서 탁자 옆에 석유곤로를 놓고 가끔 손을 비벼가며 열강하시던 모습이 눈에 선하다. 이 때 선생님에 대한 존경과 신뢰에서 당시 내가 열병을 앓고 있던 신학으로의 전향을 상의하러 총장공관으로 상담하러 갔다가 야단을 맞은 일은 역설적으로 선생님과의 특별한 인연을 불러온 것이라 생각된다. 그래서 후일 내가 쓴 월송 전기의 서문에서 그 얘기를 맨 먼저 고백해 놓았던 것이다.

아무튼 1960년대가 선생님에게는 서울대 총장까지 지내면서 학자가 정치화되는 치명적 연대인데, 지나고 보아도 이 시기가 한국뿐만 아니라 이른바 스튜던트 파워(student power)라 하여 학생운동이 세계의 대학가를 휩쓸던 시기였다. 학생운동은 항상 징계의 문제가 뒤따르는 법이고, 이에 대해 교수들 사이에도 의견이 분분하던 때였다. 아무튼 유기천 학장은 학생처벌은 교육이라 하여 원칙대로 엄벌을 주장하였고, 이것이 그를 총장으로 임명받게 되는 근거가 되었고, 그래서 처음부터 어용총장이라는 멍에를 안아야했다. 아무튼 이 시기를 이해하는 것은 쉽지 않은 일이고, 만년의 월송도 1998년 샌디에고의 병원에서 작고하실 무렵에도 1960년대에 관한 책을 밑줄과 의문표를 쳐가며 정독하신 것을 볼 수 있다. 유 총장은 '대학의 자유'를 모토처럼 강력히 주장하였고, 그때까지만 해도 군인이 대학구내에 진입한다는 것은 상상도 못하였다. 교문 철책을 두고 학생이 코앞에서 야유(?)를 해도 경찰은 속수무책이었다. 사실 시간만 허락된다면 『박정희와 유기천』이란 책을 하나 써보고 싶은 생각을 하기도 하는데, 그 때는 그야말로 대학과 권력, 붓과 총의 대결이 극명하게 이 두 인물을 통해 볼 수 있었다. 물론 기싸움을 하는 두 사람 사이에는 유사한 점도 많았다. 총장을 그만둔 후에도 박정희 대통령은 수차 하례의 서신을 보냈다. 월송이란 인물을 보고서였는지 서울대 총장의 위상이 높아서였는지 궁금하다.

2. 경성제대와 동경제대

월송에 대해 궁금한 사항의 또 하나는 그의 학력과 신앙에 관한 것이다. 그는 알다시피 평양에서 나서 평양고보가 아닌 미선계 숭실중학교를 1933년에 졸업하고 경성제대 예과시험에 응시하였다. 필기시험을 끝내고 구술시험에서 교수가 성경이 무엇이냐고 농담조로 묻는 데에 분개하여 성경도 모르는 교수의 대학에서 공부할 수 없다고 그 길로 돌아서 나왔다. 일본으로 가서 히메지(姬路)고등학교에 입학하여 3년간 더 배우고 동경제대에 합격하였다. 이래서 결국 경성제대파가 아닌 동경제대파가 된 것이다. 이런 다소 미묘하고 애매한 계기가 후일 서울법대사에서 이른바 동대파 대 성대파라는 인맥관계를 만들었고, 월송은 동대파에 속하여 숱한 인간사와 화제를 만들게 된 것이다.

나는 물론 이런 것과는 무관하게 훨씬 후에 제자가 된 것이지만 전기를 쓰는 과정에서 이런 사실을 재음미하게 되었고, 동대파로서의 월송의 아이덴티티라 할까 특징을 생각하게 되었다. 그의 스승인 단도 시게미츠(團藤重光) 교수와 단도의 장인이자 도호쿠(東北)대학 민법교수 가츠모토 마사아키라(勝本正晃, 1895~1993)와의 관계를 주목하게 되었다. 그래서 도호쿠대학에 가서 이 주변을 한번 정리한다고 벼르었는데, 비로소 시간이 허락된 것은 2012년에 와서였다. 나는 그 체험을 『월송회보』에 간단히 적었지만, 후일 가츠모토의 수상집 『궤변산어(机邊散語)』(1975)를 읽고 얼마나 해박하고 예술적 조예가 깊은 학자인 줄 알게 되었다. 가츠모토의 맏딸, 그러니까 단도교수의 처형과의 애틋한 연민도 있었겠지만, 월송은 후일에도 일본에 갈 때마다 가츠모토, 단도 교수 가족을 만났고, 월송의 풍부한 인문학적 교양과 사상이 여기에 힘입은 바 크다고 생각된다. 서울법대 도서관에 소장된 가츠모토의 『궤변산어』는 월송에게 저자가 직접 서명해준 책인데, 유려한 만년필체로 To Dr. Paul K. Ryu, my old & Junior friend with recollections of hard old days, your M. Katsumoto라고 적혀있다. 이 책은 서울에서 샌디에고에 갔다가 다시 서울로 돌아와 서울법대 도서관에 기증 보관되어있다.

단도 교수는 월송 고희기념논집에도 기고하였고, 추모문집에 월송에 관한 회상기를 쓰기도 했다. 단도의 회고록 『내 마음의 여로』(1986)에는 유기천에 대한 언급이 나오고, 이 책을 손수 싸인 하여 월송에게 선사하였다. To My Dear

Friends Prof. Dr. Paul K. Ryu and Prof. Dr. Helen Silving, with High Esteem and Affection, S. Dando Tokyo, December 20, 1986으로 적혀있다. 이 책은 월송이 자신의 언급 부분에 손수 밑줄을 치고 간직하다 작고 후 서울대 중앙도서관에 기증되었다. 법학서로 분류되어 현재 법학도서관에 소장되어있는데, 〈이 도서는 유기천교수님 생전에 보신 흔적이 남은 도서를 기증한 것임〉이란 스티커가 붙어있다. 이 과정에는 황적인 교수(전 유기천재단 이사장)의 노고가 숨어있다.

3. 프라이부르크와의 인연

사실 월송과 인연이 정식으로 깊어지게 된 것은 1975년 프라이부르크대학으로의 유학에서부터였다. 거기에는 선생님과 실빙 내외분이 머문 '막스 플랑크 국제형법연구소'가 있고, 법대 제자인 정종욱 박사가 연구원으로 계셔서 만나면 자연 월송에 대한 얘기를 많이 하게 되었다. 월송이 한국형법전을 독일어로 번역 출간한 것도 이 연구소를 통해서였고, 1971년 국내에서 한창 어려운 시기에 얼마간 도피(?)해 있던 곳도 이곳이었다. 나는 이곳에 도착하자마자 미국 샌디에고로 편지를 띄웠다. 선생님은 봉함엽서에 깨알 같은 글씨로 고맙다고 하시면서도 내가 누구인지 얼굴을 모르겠다면서 사진을 보내달라고 하셨다. 그래서 사진을 동봉한 답신을 드렸더니, 그 후부터 매우 자세한 여러 얘기를 적은 편지들을 주셨다. 그 때의 내용 중 내가 "한국에서의 국가와 종교"에 대한 박사논문을 쓰려고 한다고 하니 종교를 갖는 것은 좋으나 너무 빠지지 말고 오히려 현실과 정치에 예민한 관심을 가져야한다고 충고를 해주셨다. 아무튼 선생님에게 프라이부르크는 뜻있는 곳으로, 특히 하이데거 산장을 보고 류-실빙재단을 처음 구상한 곳이기도 하다. 후일 2007년 프라이부르크대학 개교 550주년 기념문집(Festschrift) 『한국과 프라이부르크』를 편집하면서 나는 일부러 월송의 글 "1971년의 나와 프라이부르크"를 실었다. 또 그 후 월송에 대한 자료를 찾으러 형법연구소에 들러 예쉐크(H.-H. Jescheck) 전 소장을 만나 물으니 워낙 노쇠하셔서 파울 류(Paul Ryu)보다도 부인 실빙이 더 많이 얘기한 기억이 난다고 하셨다. 예쉐크 교수도 지금은 고인이 되셨다.

4. 재미(在美)생활과 '서울의 봄'

1972년 1월에 부인 실빙이 있는 푸에르토 리코로 가서 샌디에고로 옮겨 1998
년 작고하실 때까지 26년간의 재미시절은 월송의 생애에서 가장 긴 기간이다.
그 때는 박정희 유신정권과 정면대결하여 반정부활동을 통해 민주화운동을 하
던 시기이다. 월송이 제일 먼저 한 작업은 악법인 유신헌법을 영어로 번역하여
조국이 얼마나 잘못된 방향으로 가고 있는지를 세계에 알리는 것이었다. 이 무
렵 김대중도 미국에 와 있었는데, 두 번 만난 일이 있다고 월송은 말씀하셨다.
나는 이것을 확인하기 위해 최근(2015.8.10) 김대중도서관에 가서 서신들을 조사
했다. 양인끼리의 직접 쓴 편지는 안 보이고, 전 주한 미국대사관 문정관으로 정
치학자가 된 그레고리 핸더슨(Gregory Henderson)이 김대중에게 보낸 편지
(1972.4.2일자)에 이런 언급이 나오는 것을 발견하였다. "Dr. Paul Ki-chon Ryu
of Seoul National wrote me from Puerto Rico in distress because you had not
written in touch with him. I thought you would. Please do so. His address is c/o
Dr. Helen Silving, Condominium Darlington Apt. 601, Rio Pedras, Puerto Rico
00925. Telephone would be in her name". 하버드 옌칭연구소에 있는 '핸더슨 문
서'에 언급된 월송에 관하여는 『월송회보』에 적은 바 있어 생략한다. 미국에서는
제롬 코헨(Jerome Cohen) 하버드 법대 교수와의 관계도 추적해봄 직한데, 나는
졸저 *Law and Justice in Korea*(2006)를 출간하고 한 권을 코엔 교수에게 보냈
더니 감사메시지를 보내와서 Paul K. Ryu에 관해 좀 듣고 싶다고 답했더니 그에
대해서는 답을 주지 아니 하였다. 사실 미국에서의 월송의 민주화활동에 관하여
연구하려면 본격적으로 수개월을 잡고 체류하면서 뛰지 않으면 불가능하다고
생각된다.

그러다 1979년 10 · 26사건이 나고 이듬해 이른바 '서울의 봄'과 함께 잠시 귀
국하셨다. 당신도 야나히하라 다다오(矢內原忠雄) 동경대 총장처럼 서울대 총장
직으로 컴백하는 것인가 하는 생각으로 귀국하였고, 언론과 학생들도 큰 기대를
걸었다. 이한기 학장의 요청으로 맡은 강의 첫 시간은 학생보다 기자들이 더 많
은 것 같이 보였다. 독일서 돌아와 시간강사로 있던 나도 가서 무엇을 말씀하시
나 긴장하며 들었는데, 첫 마디가 "여러분, 역사상 누가 가장 용감한 사람이었을
까요?"라고 물었다. 모두들 어리둥절해 하고 있자 마르틴 루터(Martin Luther)

라고 하시면서, 우리도 용기 있는 인간이 되어야한다고 하셨다. 물론 당시 언론에 대서특필되었다. 강의를 마치고 나에게 "최박사도 빨리 법대 전임이 되어야할 텐데" 하셔서 나는 무척 힘을 얻고 고마웠다. 그러나 이런 시간도 잠깐, 5·17로 전두환 장군의 권력장악을 보시고 급히 도미하셨다.

5. 샌디에고의 추억

그 후 나는 1981년에 전임강사 발령을 받았고, 1984~87년 5공 말기에 학생담당 학장보를 하면서 다시 대학생활을 실감하였다. 그것을 3년간 하고나니 일종의 보너스로 1년간 해외연구를 다녀오라 했다. 다시 프라이부르크로 가고 싶은 생각도 있었으나, 당시 배재식 학장께서, "최교수는 독일 날개만 갖고는 안 돼, 미국 날개를 하나 더 달아야해"라고 강력히 미국을 추천하셨다. 그래서 1987년 가을에 버클리대학에 가게 되었는데, 그곳에서 월송께 연락을 드렸더니 샌디에고에 꼭 한번 다녀가라고 하셨다. 비행장에 내리니 빨간 자동차를 손수 운전해 오셔서 예약해두신 홀리데이 인(Holiday Inn)호텔에 데려다주셨다. 그 다음 날 댁에도 가보고 레스토랑에서 식사도 나누며 많은 얘기를 나누었다. 정말 나는 제자로서 선생님과의 사제애를 실감하면서 너무나 감사했다. 정원에 심은 무궁화 33그루도 보았고, 한국인과 유대인의 유사점에 대해 들었다. 그 때 실빙의 회고록 『*Helen Silving Memoirs*』(1988)의 교정을 보고 계셨는데, "한국에서는 내 책도 제자들이 교정을 보아주었는데 여기서는 마누라 책도 내가 교정을 본다." 고 하셨다. 그러시면서도, "세계에 이런 책이 없다. 헬렌은 대륙법과 미국법을 다 공부했기 때문에 양쪽을 다 알아서 오리지낼리티가 큰 책이다"고 하셨다. 그 후 나온 책을 읽어보니 정말 대단한 책이다. 나는 자서전이나 회고록의 위대한 점을 얘기할 때마다 실빙 회고록을 예로 들면서, 미국에서 감히 비판할 수 없는 하버드 로 스쿨에 대하여도 체험한 대로 진솔하게 가차 없이 비판하는 내용을 지적하곤 한다. 이 책은 언젠가 한국어로 번역되어야 할 것이다.

6. 전기저술의 주변

이런 인연이 쌓여 나는 결국 월송 전기를 쓰게 되었다. 사실 1994년 선생님은 가끔 서울에 나오시면 당신의 일생을 회고록이나 자서전 같이 남기고 싶어 하셔서 제자 중 김문환 국민대 총장과 안경환 서울법대 교수와 나에게 몇 번씩의 인터뷰를 하기로 하셨다. 그러나 실제로 해보니 말씀이 무궁무진 삼천포로 빠져서 도저히 정리를 할 수가 없었다. 그래서 내가 작심하고 전기 형태로 쓴 것인데, 워낙 활동무대가 넓었기 때문에 시간적으로 수년에 걸쳐 무척 애를 먹으면서 썼다. 시간은 가는데 도저히 끝을 낼 수가 없어 방학 때 집중적으로 작업할 곳을 물색하여 강화도에 있는 어느 수도원에 들어갔다. 밥만 먹고는 앉은뱅이책상에서 쪼그리고 앉아 노트북으로 원고를 쳤더니 보름이 지나니 허리가 나갔다. 그래도 스승의 전기를 쓰다가 허리를 다쳤다는 것이 오히려 자랑스러워 조금도 걱정되지 않았다. 다행히 마무리를 짓고, 한들출판사에서 아담하게 잘 내었고 한국프레스센터에서 출판기념회도 성대히 하였다. 몇 년 지나면서 새로 몇 군데 가필하고 싶은 곳이 있는데, 한국에서는 남의 전기를 읽는 여유가 크지 않아서 별로 판매가 되지 않는다. 언젠가는 그럴 날이 올 것이라 믿는다.

7. 이스라엘에서

2000년대에 들어서 점점 세계화를 실감하게 되고 법대도 외국과의 학술교류를 활발히 하게 되었다. 2008년에 이스라엘의 텔아비브대학 법대 학장단이 서울법대를 방문하였는데, 만찬을 하는 자리에서 유-실빙 스토리를 얘기했더니, 서울법대가 그런 배경을 갖고 있는지 몰랐다고 하면서 당장 와서 강의를 해달라고 하였다. 나는 동아시아법철학(East Asian Jurisprudence)을 강의하겠다고 약속하고 준비를 하고 있는데, 가자지구에서 전쟁이 터졌다. 모두들 그런 위험한 곳에 왜 가느냐고 말리지만 약속은 지켜야 하기 때문에 갔다. 그런데 이스라엘 안에서는 전혀 전쟁분위기를 느낄 수 없었고, 학생과 교수들과 즐겁고 뜻있는 시간을 보냈다. 하루는 이스라엘 최대의 법률가요 법학자인 하임 코온(Chaim Cohn)의 유고집 『법과 종교』의 출판기념회가 열렸다. 나는 그의 책 『예수의 재판과 죽음』(*Trial and Death of Jesus*)이 타임잡지에도 소개된 것을 보고 미국에서 읽은 바 있기 때문에 매우 좋은 기회라고 생각했다. 미망인 마할 코온(Michal Cohn) 여사는 란다우(Landau) 전 대법원장의 딸로서 피아니스트로 이스라엘 예술원장을 역임한 여걸이었다. 나는 인사를 하면서 실빙을 아느냐고 하니, "알다마다요, 한국인과 결혼했잖아요."라고 하면서 며칠 후 자기 집으로 초대하였다. 나는 두 시간 가량 독일어로 그의 남편과 실빙과 월송에 대해 즐거운 대화를 나누었다(자세히는 졸고, 나의 이스라엘 체류기: 월송-실빙 회상, 『월송회보』 4호, 2009, 13-18쪽). 나는 이스라엘의 원로 법률가들이 실빙에 대해 이렇게 많이 알고 존경하는 데에 놀라고 자랑스러웠다. 실빙의 여동생이 주스만(Sussmann) 대법원장의 부인이라서 더 잘 알려져 있는 것 같았다. 실빙의 회고록에 보면, 월송과 함께 이스라엘에 갔을 때 이 여동생이 언니가 원하기만 하면 예루살렘에 묘지를 예약해 두겠다고 했는데, 그 때 자기는 코리안 크리스천과 결혼했기 때문에 한국에 묻히고 싶다고 했다고 적혀있다. 그래서 월송-실빙 내외는 현재 고양에 묻혀있다.

8. 춘원-영운-월송

나는 월송 전기에서 처음으로 월송과 영운(嶺雲) 모윤숙(1910~1990) 여사와의 관계에 대해 서술하였다. 월송(月松)이란 호를 모윤숙이 지어주었고, 영운이란 호는 춘원(春園) 이광수(1892~1950)가 지어주었다는 사실은 알려져 있다. 그리고 영운의 〈렌의 애가〉에서 나오는 시몬은 춘원을 가리킨다는 것도 알려진 사실인데, 만년에 영운의 마지막 시몬은 월송이었다는 사실은 알려지지 않은 사실이다. 그러나 그것은 사실이고 숨길 필요도 없는 아름다운 스토리라고 생각한다. 영운의 따님인 안경선 여사도 이 사실을 알고 있으며, 월송이 영운에게 보낸 편지를 복사해 자료로 보내주기도 하셨다. 그 내용을 보면, 두 분은 같은 북한 출신으로 고통 받는 북한동포를 위하여 힘써야 한다는 사명감을 느끼며 마음으로 가까워졌음을 볼 수 있다. 미국 대법관 홈즈(Olive W. Holmes)는 아일랜드 귀부인과 낭만의 로맨스를 가졌다고 전기가들이 쓴 것도 있는데, 학문만 알고 외국 여성과 결혼한 월송이 한국여성으로부터 사랑을 받을 수 있었다는 사실은 아름다운 이야기이다.

아무튼, 춘원-영운-월송 이 셋은 전혀 번지수가 다른 인물 같은데, 한국 근현대사의 지성인이자 예술가로 연결되는 점이 있었던 사실을 보여준다. 얼핏 보면, 법만 아는 꼬장꼬장한 성격의 월송이라고 생각하지만 실은 그것과는 달리 매우 예술적이고 인문적이었던 것을 알 수 있다. 월송은 청평호수에서 영운과 뱃놀이도 하고, 시도 지어 〈푸른 다뉴브강〉 곡에 맞추어 노래도 불렀다. 월송은 결코 법학이라는 특수학문에만 갇히지 않고, 한국문화사와 연결되는 학자요 지성인이었다. 1959년 하와이에서 열린 동서철학자대회(East-West Philosophers Conference)에서 한국을 대표하여 주제 강연을 하고 수준 높은 토론을 한 것은 이런 문화적 기초에서 가능했다고 생각한다. 이것을 바르게 설명하고 이어가는 것이 후배들의 몫이라고 생각한다.

이왕에 이런 얘기가 났으니, 하나 더 붙인다. 나는 최근 '괴테를 사랑하는 모임'에서 '괴테의 『파우스트』와 파스테르나크의 『닥터 지바고』의 비교'를 발표하면서 다시 한 번 월송을 생각하였다. 월송이 괴테를 여러 곳에 언급하고 있다는 사실은 일찍이 『월송회보』에 쓴 바도 있다. 그런데 서울대 중앙도서관에 소장된 유기천기증도서 속에서 Olga Iviskaya 저 *A Captive of Time*(1978)이라는 책을 발견하여 읽고 많은 생각을 하게 되었다. 월송이 어떻게 이런 두꺼운 엉뚱한(?) 책을 사서 보셨던가? 처음에는 궁금하다가 이해가 되었다. 올가는 파스테르나크의 애인으로 만년에 함께 산 여류문인이고 『의사 지바고』에 나오는 여주인공 라라의 실제모델이다. 러시아의 문호로 노벨문학상까지 탄 파스테르나크는 괴테의 『파우스트』를 러시아어로 번역하여 1953년에 출간한 번역가이기도 하고, 『닥터 지바고』도 같은 정신적 맥락에서 쓰인 작품이다. 나는 그렇게만 추측하고 발표를 준비하는 도중에 도서관에서 위의 책을 발견해 읽어보니 사실적으로 그것을 증언해주는 너무나 귀중한 책이다. 나는 내 정년 이후에도 인문학의 연구를 할 수 있는 것도 다행이지만, 이렇게 끝까지 월송은 영원한 스승으로 이끌어주시는구나 싶어 가슴이 절절하게 감사하다.

9. 탄생 100주년을 맞아

금년은 사법부의 김홍섭 판사와 법철학자 이항녕 교수와 함께 월송의 탄생 100주년이다. 지난 6월 27일 묘소를 다녀왔다. 나는 갈 때마다 실빙과 함께 합장되어 있는 묘비와 그 옆에 서있는 소나무 고목 한 그루를 보면서 미묘한 감정을 느낀다. 월송은 외롭지 않은 인생이었다고 느껴진다. 나는 이런 추모시를 하나 써 가져가 낭송하였다(이 시는 10월 6일 프레스센터에서 개최한 월송 100주년 기념심포지움에서 발표한 '유기천의 일생' 결론 부분에 부록 형식으로 붙였기 때문에 여기서는 생략한다)

나는 참배절차를 마치고 빨리 월송 내외분과 부모님의 묘소, 그리고 월송을 연상하는 소나무를 모두 넣어 원경으로 스케치를 하였다. 집에 와서 채색을 하였다. 전부터 꼭 그려두고 싶은 뜻을 이루었다.

〈월송 내외분과 부모님의 묘소(경기도 고양시): 최종고 그림〉

10월 6일 프레스센터에서 열린 유기천 100주년 심포지움은 나에게 월송의 생애를 리뷰할 수 있는 기회를 주었다. 나는 일종의 성찰적 전기의 방법으로 월송의 생애를 14개의 단면으로 나누어 조명하고 마지막으로 월송과 괴테와 영운과

의 지성사적 연결을 발표하였다. 처음으로 월송이 작사한 '청평호의 노래'(일명
북한해방의 노래)를 불렀다. 청중들이 놀라며 경청하는 것을 느꼈다. 마치고 누
군가 월송이 살아계셨으면 꼭 나 같이 노래를 부르셨을 것이라 해서 웃었다. 내
발제에 대한 논평을 맡은 주광일 박사(변호사)는 월송의 기본가치의 정신, 종교
관에 대해 포괄적인 질문을 하셨다. 나는 생애에 대해서만 발표하기로 되어있어
이런 사상적 측면은 앞으로 기념재단을 통해 계속 연구해 나가야할 것이라고만
답하고 말았다. 사실 유기천의 학문과 사상, 정신과 신앙은 100년이 지난 오늘날
에도 무서운 메시지로 들려오는 것이 사실이다.

10. 남은 연구과제

나는 전기를 쓴 저자라 하여 월송에 대하여 분에 넘치게 여러 차례 발표를
하여왔다. 전기를 쓸 때 열심히 자료를 모으고 서술하려했던 것은 사실이나. 워
낙 풍부한 삶을 사신 어른이시라 아직도 연구해야할 여지가 남아있다고 생각한
다. 특히 월송-실빙 두 분이 마지막 과제로 삼았던 한국인과 유대인의 관계까지
포함하면 연구과제는 엄청나게 크다.

사실 월송-실빙의 아카데미즘은 한국법학 내지 인문사회과학을 세계학계 속
에 알리고 심는 개척적 단계라는 데에 의의가 있다. 무엇보다 법학을 한국문화
에 기초하여 인류학 같은 사회과학과 연결시켜 세계학계에 처음 알린 것이다.
한국형법전을 영어와 독일어로 직접 번역하고, 수많은 논문을 영어와 독일어, 그
리고 스페인어로 발표하였다. 이것은 한국 학술사에서 전무후무한 일이라 하겠
다. 이것이 가능한 것은 예외적으로 유태계 서양여성과 결혼을 하여 협력하여
연구발표를 하였기 때문이다.

월송은 동경제대 영미법과에서 출발하여 미국 하버드와 예일, 특히 민주주의
와 정책결정을 위한 '뉴헤이븐 법철학파'에서 심화되어, 1960년대 초에 서울법대
와 사법대학원의 교육을 통하여 실천하였다. 또한 그것은 독어, 영어, 스페인어,
히브리어를 자유 구사하는 부인 실빙 박사와의 공저자 활동을 통하여 가능하였
고, 이러한 학자생활이 한국법과 법학을 세계적 레벨에 올리는 데에 성공하였다.

1995년부터 시작되어 10년을 논란하다 국회의장의 직권상정으로 날치기 통

과되어 오늘까지 울며겨자먹기 식으로 실시하고 있는 현재의 로스쿨은 결코 유기천의 법학사상과는 맞지 않는 것이며, 더구나 그의 비교법학적인 관점에서 보면 역주행이라 아니할 수 없다. 여기에 유기천-실빙의 비교법학적인 학문적 업적은 오늘도 유효하며 오히려 우리가 조속히 연구하여 실천해야할 과제로 남아 있다고 생각한다.

　이런 전체적 연구과제와는 별도로 월송-실빙에 대한 연구만이라도 계속 이뤄졌으면 한다.

(2015년 10월 20일)

8. 월송 선생님을 그리워하며

이 창 석

(유기천재단 이사)

사람들은 스스로의 삶에서 소중한 사람을 만나기도 하고 그렇지 못하기도 하는 것 같습니다. 아마 수많은 사람들 가운데는 자기 인생에서 뚜렷하게 소중한 사람을 만났다고 하며 선뜻 누구 한 분을 내세우지 못하는 분들이 더 많을 것입니다. 그러나 드물기는 하겠지만 스스로의 인생에서 매우 소중한 사람을 만나 자신의 능력보다 더 높은 최상의 삶을 살아가는 축복받은 사람들도 있겠지요. 저는 후자의 축복받은 사람에 속합니다. 유기천 선생님이 계셨기 때문입니다.

저는 몇 년 전 수도권에 있는 어느 사립대학에서 교수로 근무하다 정년퇴직 후 현재는 연금생활자로서 평화롭게 생활하고 있습니다. 지나온 생활은 물론 현재의 생활에 대해 하느님께 감사드리며 살고 있지요. 그런데 이러한 생활이 가능했었던 건 내 자신의 노력보다 선생님과의 만남 때문이었음을 숨길 수 없습니다.

제가 선생님과 맺은 인연은 1970년으로 거슬러 올라갑니다. 제 나이 불과 24살 때부터였으니 제가 경제적으로 부모님으로부터 독립한 후 줄곧 선생님과 한 가족이 되어 살아왔습니다.

저는 경북 영일군 지행면 창지리의 한 작은 시골에서 태어났습니다. 넉넉하지 못한 가정에서 태어났기 때문에 고등학교를 마치고 자립하기 위해 상경해야 했지요. 서울에서 첫 생활의 터전이 된 곳은 서울 종로구 동숭동 1-1번지 선생님

댁이었습니다. 당시 한국에 주로 계시다가 미국을 오가시며 생활하시던 선생님은 작지 않은 집에 홀로 사셨기에 함께 있을 젊은 식구가 필요하셨을 것입니다. 저는 당시 시골에서 올라와 직장생활을 할 때여서 머무를 집이 안정되는 것만으로도 스스로의 생활에 큰 도움이 될 수 있었기에 친척의 주선으로 선생님과 첫 면담 후 함께 하기로 합의가 이루어졌습니다. 이 만남이 제 인생을 결정짓게 되었지요. 제게는 숙명이었습니다. 영광이며 감사 가득하기만 한 일이었지요. 또한 무엇보다도 평양 산정현교회 장로로 계시다 순교하신 유계준 장로님의 아들이신 선생님은 저에게 기독교 신앙으로 온전한 생활을 할 수 있도록 신앙생활을 심어주셨습니다.

처음 선생님 댁에 입주할 때만해도 그렇게 오랫동안 함께 생활하리라고는 상상조차 못했습니다. 잘해야 몇 년 정도로 예상했었지요. 그러나 그 후 한 해, 두 해, 여러 해 세월이 흘렀고 나중에는 상호 신뢰하는 마음속에 함께 생활하는 게 서로에게 자연스러운 습관이 되어 있었던 것 같습니다. 저는 늦장가를 갔습니다. 결혼 후 본인은 한사코 분가하겠다고 간곡하게 말씀드렸습니다. 특히 제 스스로 모은 돈도 꽤 되어 머무를 집도 금세 마련 할 수 있으니 분가를 희망했었지요. 그러나 선생님께서는 자신께서 미국에 체제하는 일이 많기 때문에 누군가가 동숭동에 있어야 하고 한국 체재 시 선생님은 이 교수와 함께 있으면 생활의 편리함을 말씀하시기도 하였습니다. 아이들을 매우 좋아하니 함께 있어줄 것을 오히려 더욱 강하신 의지로 부탁하셨습니다. 워낙 완고하신 부탁이신지라 결혼 후에도 함께 생활하게 되었습니다. 그 후 아이들 어렸을 적에는 선생님은 우리 아이들에게 자상하고 인정이 넘치는 분이였습니다. 또한 아이들을 좋아하셔서 아이들에게 유도를 가르쳐주시기도 하셨고 아이들과 뒹굴면서 함께 씨름도 하시는 등 아이들을 매우 사랑해 주셨습니다. 결혼 이후까지 생활하게 되어 결국 선생님께서 소천하실 때까지 30여 년의 세월을 함께 하게 된 셈입니다.

지난날을 회고해 볼수록 선생님과 함께 할 수 있었기에 지금의 내가 있음을 절감합니다. 마침 선생님 탄생 100주년을 맞아 선생님을 회상하는 장이 마련되었습니다. 곁에서 선생님을 매일 지켜본 저로부터 선생님의 평소 생활 습관들을 소개하는 것도 선생님을 그리시는 분들께 작은 도움이 된다 싶어 영광스럽게도 선생님을 회상하는 글을 올려봅니다.

선생님은 한국에 계실 때는 공무 이외 대부분의 시간을 서재에서 지내셨습니다. 서재에 계실 때에는 시간관념이 철저하셨지요. 한번은 부산에서 교수로 계시는 친형님께서 약속시간보다 몇 십분 빨리 올라오셨습니다. 그러자 형님을 약속시간 때까지 응접실에서 계시게 하시고는 서재에서 정해진 시간까지 연구를 하신 후 약속시간이 되어서야 서재에서 나와 얘길 나누시는 모습은 전혀 낯설지 않았습니다. 상대방께서도 선생님의 이러한 생활태도를 충분히 이해하시고 기다리셨다가 환담을 나누곤 하셨지요. 그만큼 스스로 학문을 향해 계획해 두신 시간은 외부와의 관계 때문에 빼앗기지 않으시려는 생활이 습관화 되어 있으셨다고 생각됩니다. 남과의 약속시간은 분 단위로 정시에 지켜지는 생활이 몸에 철저하게 배어 있으셨지요.

아침 기상시간과 저녁 취침 시간은 특별한 경우 외에는 거의 규칙적으로 반복하셨습니다. 기상시간은 5시였지요. 일어나시면 하나님께 기도하심으로 하루를 여셨습니다. 몇 줄 성경봉독도 하신 후 준비된 가벼운 아침 차 한 잔을 마셨습니다. 이러한 일은 제가 기독교 신앙생활을 하는데 보혜사 성령처럼 저에게 큰 도움이 되었습니다. 주로 집에서 가볍게 체조 등으로 온 몸의 근육을 가볍게 이완시키는 운동을 하셨지요. 그리고는 신문 등을 보셨습니다. 다만 강의가 있는 날에는 절대 아침 신문을 안 보셨지요. 아마 잡념이 끼어들까봐 그러하신 것 같습니다. 그만큼 강의를 신성시 하신 것 아닌가 합니다. 아침 식사는 8시. 아침은 가볍게 과일, 견과류, 차 종류로 마치셨지요. 점심은 주로 외식하셨는데 음식 종류를 가리지 않으시고 성찬을 드신 편이셨습니다. 종종 오후에는 아령 등으로 근력운동도 하셨습니다. 저녁식사 시간은 반드시 정해진 것은 아닌데 주로 과일류로 간단히 드셨습니다. 온 종일 집에 계실 때가 많으셨는데, 그러하실 때에는 오전 10시와 오후 3시에 가벼운 다과와 함께 꼭 차 한 잔을 드셨지요. 무엇보다 저의 집사람이 수십 년 동안 선생님의 모든 일을 도맡아 하였지요. 이런 점에서는 제가 집사람에게 매우 죄송스럽게 생각하기도 합니다.

평소 선생님 스스로한테의 생활은 매우 검소하셨습니다. 구두 한 켤레, 계절에 따른 양복 한 두 벌로 거의 10년 가까이 버티셨습니다. 물건들을 소중하게 대하고 극진히 아끼셨지요. 일례로 연필이 다 닳으면 버려진 붓 뚜껑에 몽당연필을 끼워 심지가 다 닳을 때까지 사용하셨습니다. 글씨도 깨알같이 쓰셨기에 연필심이나 볼펜잉크가 그만큼 절약되었을 것입니다.

자신에게는 매우 근검하셨지만 이웃에게는 항상 후대하시는 편이셨습니다. 남모르게 불우이웃 돕기도 많이 하셨습니다. 어쩌다가 온 가족이 외식할 때면 신라호텔이나 하이야트호텔 식당에서 맛있는 음식을 사주시기도 하셨습니다.

비오는 날을 매우 좋아하셨습니다. 댁에 계실 때 비가 주룩주룩 내리는 날이면 유쾌한 가락의 노래를 부르시곤 하셨습니다. 물론 평소 날에는 고전 음악을 즐겨 들으시곤 하셨지요.

오랫동안 선생님을 모시게 되면서 저도 모르게 학자의 길을 걷고 싶어졌습니다. 주경야독으로 뒤늦게 전공으로 선택한 학문분야는 신생학문이어서 석사를 마친 후 대학교수로 임용되는 게 흔히 있는 일이었을 때였지요. 대학원 석사과정을 마치고 1982년 수도권 대학에 전임발령이 났을 때 선생님과 실빙 박사님은 크게 기뻐하셨습니다. 너무 기뻐하시면서 대학교수 초임 때에는 제가 담당한 과목에 대하여 일주일에 세 시간씩 지도를 해주시기도 하셨습니다.

하루빨리 외국에서 박사학위를 해오라는 말씀을 하셨습니다. 그리고 해외에 나가 학위를 할 때에는 최대한 빠른 시간 안에 학위를 따와야 한다고 당부하시기도 하셨습니다. 본인은 부동산학과 인연이 깊은 일본의 한 학자가 쓴 책을 선생님께 보여드렸습니다. 그리고는 그 책의 저자인 하야까와(早川和男) 일본 고베대학교수의 지도를 받고 싶다고 말씀 드렸었지요. 그랬더니 선생님께서는 본인께서 미국에 가시는 길에 일본에 들러 그 교수와 상담해주시겠다고 하셨습니다. 만약 상담이 잘 안되면 미국에 가서 공부하라고 차선의 선택도 말씀해 주셨지요. 그런데 다행히도 1984년 봄 선생님께서 미국 가시는 길에 일본 고베시에 친히 들리시어 희망한 지도교수님과의 면담이 잘 이루어졌습니다. 이러한 인연으로 저는 1985년도 말에 제가 근무하던 대학에서 휴직을 하고, 1986년도에 박사학위과정에 입학, 1989년 2월 학위취득 후 다시 복직하게 되었던 것입니다. 이처럼 매우 부족하나마 대학교수로서의 제 위치는 선생님을 통하여 자극을 받았고 선생님께서 다리를 놓으시어 이루어진 결실이기도 합니다. 제가 일본 유학 중에는 저희 집사람이 선생님의 일을 도와주었습니다. 여러 가지 일 중에서 특이한 일은 1987년 대선을 앞두고 선생님께서 2통의 편지를 동숭동 집으로 보내신 것입니다. 그 당시 저희 집사람이 김영삼 후보님과 김대중 후보님 집으로 찾아가서 직접 전달하기도 하였습니다. 그 당시 한국의 정치상황이 복잡하여 야당 단일화가 이슈로 제기되어 선생님께서 두 분께 단일화 촉구의 서신을 보내게 된 일이죠.

그 후 제가 걸은 신생학문 분야에서 나름대로 최선을 다하여 무사히 정년을 마친 후에도 명예교수로서 후학 양성에 작은 힘을 보태고 있는 요즈음입니다.

선생님께선 본의와는 달리 이른 시기에 소천하셨습니다. 억장이 무너지는 듯 했었지요. 그렇지만 선생님의 말씀과 저를 사랑하신 그 마음은 늘 제게 살아계시어 용기가 되고 힘이 되시지요. 지금도 늘 미소를 머금으시며 카랑카랑하신 음성으로 저를 부르시는 것 같습니다. 제가 살아있는 동안 선생님께서는 제게 큰 스승이며 어버이로 항상 같이 활동하십니다.

선생님의 크고 높으신 사랑 고맙습니다. 감사합니다.

9. 1971년 늦은 봄, 마지막 수업

이 영 란

(숙명여대 명예교수)

사람들은 흔히 말한다. 부모상을 당했을 때 자식이 여럿이면 더 슬피 우는 자식도 있고 조금 덜 슬퍼하는 자식도 있다고 한다. 자식으로서 부모에 대한 애틋한 감정이 다 같다는 전제라면 더 많이 우는 사람일수록 자기 설움이 덧붙여져 우는 것이라고들 한다. 우리가 유 교수님을 추모하고 회상하는 느낌도, 훌륭한 분에 대한 존경심이 같다는 전제 하에, 아마 각자가 자신의 젊은 시절을 어떻게 회상하는가에 따라 조금씩 다를 것이라고 생각된다.

어떤 사람은 아름답게, 어떤 사람은 고통스럽게, 어떤 사람은 아쉽고 안타깝게… 그런 점을 감안한다 해도 유 교수님에 대한 회고문들을 보면 거의 모두가 공통적으로 존경과 사랑으로 가득 찬 기억들이다. 각자의 살아온 길이 다를지라도 그리고 혹독한 정치변혁기를 거쳐 온 세대들일지라도 그 분에 대한 기억만큼은 상당히 긍정적으로 우리들 스스로의 풋풋했던 젊은 날을 떠올릴 수 있다. 우리는 그러한 회고를 통해서 유 교수님이 정말로 남달리 훌륭한 생애를 사셨다는 것을 알 수 있다. 다만 한 가지, 회고문을 쓴 사람들이 대부분 사법 분야에서 모두 성공했거나 남보다 훨씬 잘 나갔던 걸출한 사람들이라는 것이 사실인 만큼 만일 전혀 다른 분야에서 전혀 다른 각도로 유 교수님을 바라본다면 어떤 회고를 할지 조금 궁금하기는 하다.

요즘은 나도 나이를 많이 먹고 보니 나만 알고 있는 내 이야기를 군이 남에게 하고 싶지 않다. 생각해보면 딱히 해야 할 얘기도 없을 뿐더러 남의 얘기에

절로 귀 기울여지기 때문이다. 그렇지만 올해가 유기천 교수님 탄생 100주년 기념의 해로 뜻 깊은 해이고, 이미 고인이 되신 유 교수님에 대한 기억이 이제는 더 생성되지는 않고 점점 소멸되기 때문에, 그나마 사람들의 기억이 사라지기 전에 아는 사람들끼리 공유하는 것도 괜찮고 유 교수님의 훌륭한 모습들에 대한 기억을 후세에 귀감으로 남기는 것도 좋겠다는 생각이 든다. 유 교수님을 존경하고 그리워하던 제자들과 후학들도 한 사람 한 사람 세상을 떠나시게 되어 아쉽고 쓸쓸하다.

어린 시절 국어시간에 알퐁스 도데(Alphonse Daudet)의 '마지막 수업'을 배우면서 우리말과 글의 소중함을 느끼고 감동받았던 생각이 난다. 요즘 와서 최남선, 피천득 등의 번역가들의 역사인식에 따라 그 내용이 어떠어떠하다느니 프랑스 측과 독일 측의 입장이 어떻다느니 중국어 번역판과 일본어 번역판의 내용은 또 다르다느니 등등 약간의 논란이 있는 모양이지만 어쨌든 어린 시절 그 글은 제목이 주는 뉘앙스 때문에 오래도록 잊히지 않았다.

내가 들었던 유기천 교수님의 마지막 수업은 1971년 늦은 봄이었다. 그 때는 마지막인 줄 몰랐다. 나중에 그것이 마지막 수업이었다는 것을 알고 나의 무지와 무관심과 철없었음을 후회했었다. 학부에서의 마지막 강의는 공식적으로 1971년 4월 12일 형법총론강의시간에 유기천교수님이 시국에 관한 견해를 밝히시고 더 이상 강의를 안 하시겠다고 했다는데, 대학원 강의로써 마지막 강의는 날짜는 모르겠으나 그보다 한참 후였던 것으로 기억한다. 학기 말까지 몇 차례 더 댁에 찾아갔으니 아마도 1학기 중반 이후일 것이다. 내가 만일 잘난 제자였더라면, 그렇게 휴강한다는 사실이 반가워서 자세히 알고 싶어하지도 않고 무심하게 지나쳤을까 싶은데 그 때는 어렸고, 또 여학생이라는 신분을 빌미로 시국으로부터 뒷걸음질치고 물정에 어두웠던 것이 사는 내내 부끄러웠다.

되돌아보며 억지 핑계를 대자면, 학부시절 나는 교수님의 지식이나 사상, 철학을 충분히 지득하지 못했을 뿐 아니라 남달리 가깝게 모실 수 있는 기회도 갖지 못했었다. 1971년 대학 졸업하던 해 곧 대학원에 진학했다. 어쩐지 어렵고 거리감 느껴지고 시쳇말로 카리스마 작렬이던 유 교수님께서 일부러 나를 불러 대학원 진학하려면 형법을 전공하는 것이 어떠냐고 하셔서 별 생각 없이 형법전공으로 대학원에 입학하였던 것이다. 지금 기억으로 입학시험문제는 '공모공동정범'이었다. 잘 이해하지도 못하고 물론 비판력도 없었던 나는 유 교수님의 교과서 내용을 기계적으로 자세히 외워 썼다. 당시에 수험생은 6명이었고, 졸업한 지 수 년 되는 선배들이었고 다른 직업을 가진 꽤 유명인사들이었는데 어떻게 된 일인지 합격생은 나 혼자였다. 아마도 대학원에 전념할 사람이 나뿐일 것으로 생각하신 것 같다.

그 시절은 우수한 학생들이 거의 다 사법시험공부를 하고 실무를 선호했기 때문에 대학원 진학생은 극소수였는데, 그 중에는 실무를 겸하면서 대학원에 다니는 사람도 있었다. 어쨌든 유 교수님 강의의 수강생은 나 혼자였는데 교수님이 교수님 댁에서 강의하시겠다고 하셨다. 교수님댁은 동숭동에 있는 구 서울대 총장관사였다. 나 한사람을 앞에 두고도 백 여 명의 학생이 수강하던 강의실에서와 똑같은 어조로 열심히 강의하셔서 놀라웠다. 강의시간에는 늙으신 모친이 늘 옆에 앉아계셨고, 강의시작 전에는 교수님께서 항상 카페인 없는 상카 커피를 손수 한잔 타주시곤 했다. 그 후 오랫동안 상카 커피를 보면 교수님 생각이 났다.

강의내용은 그야말로 다채로웠고, 수준 높았고, 진지했다. 역사와 문화 및 종교가 형법에 끼치는 영향, 형법학연구에 철학적 사고가 필요하다는 것, 비교법적 연구의 중요성, 형법해석의 규준 등등 심오하고 어려운 내용이었고 힘에 버거운 과제물까지 정신없었다. 독일어, 영어 자료를 다 읽으라고 주셨고, 참고자료 목록도 주시면서 다 찾아보라고 하셨다. 직접 지도 받은 기간은 짧았지만 나의 일생동안 형법학자로서 공부하는 내내 그 가르침이 뇌리에 남아 있다. 우리나라 범죄정책과 형벌제도에 관한 명쾌한 비판도 지금까지 잊어지지 않는다.

1991년에 풀브라이트 교환교수로 하버드 로스쿨에 갔을 때 Paul. K. Ryu의 제자임을 당당하게 밝힐 수 있었고 하버드의 CCJ(Center for Criminal Justice) 소장이 유 교수님이 Harvard man은 아니고 Yale man인데 아마 한국인으로써 미국법률저널에 가장 많은 Article을 쓴 분일 거라고 했다.

여학생 한 사람을 대상으로 몇 시간 씩 하는 일종의 '튜터 강의'가 당시의 문화에 비추어 보면 독특해서 내가 수강하러 교수님 댁에 가 있는 동안 몇몇 친구들이 동숭동(대학로) 길 건너 노아다방에서 몇 시간씩 기다리고 있기도 했다.

강의는 정해진 시간보다 훨씬 오래, 한번 시작하면 대략 4, 5시간 정도 강의하셔서 정말 힘들었다. 처음 댁에 안 계셨을 때는 내심 학수고대하던 휴강이어서 연유를 묻지도 않고 되돌아왔고 그 후로도 여러 번 찾아갔는데 계속 휴강이었다. 학기 말까지 휴강인가보다 여기고 있었는데 여름방학이 다 끝나갈 무렵 교무과에 문의했더니 미국 가셨다고 했고, 한참 후에 교수님이 망명 가셨다는 엄청난 소식을 들었다. 그 후 오랫동안 간간이 주변 사람을 통해 미국 어디에 머물고 계신다든지 사모님, Helen Silving이 돌아가셨다든지, 서울에 오셨다든지 소식 등을 들었지만 뵙지는 못했다.

그리고 세월이 흘러 1994년, 20여년이 훌쩍 지난 어느 날, 유 교수님께서 갑자기 전화하시고 동숭동 아트센터 근처에서 점심을 같이 하자고 하셨다. 그 사이 나는 결혼하고, 박사학위를 받고, 아이 셋을 키우고, 경찰대학의 형법교수를 거쳐 숙명여대 교수가 됐다. 유 교수님은 이런저런 많은 얘기를 하셨다. 살아오신 얘기뿐만 아니라 지식, 경험, 교양, 예술 등에 관한 저절로 쉽게 술술 나오는 말씀이셨지만 한 마디 한 마디가 감탄스러운 말씀들이었다. 그러나 나는 그 즈음 학교일과 집안일로 한창 많은 일 때문에 스트레스 많이 받던 시절이라 그런 말씀보다는 형법교과서나 연구논문 등에 관해서 여쭙고 싶은 것이 많았다. 나는 강의와 연구에 한창 열의를 가지고 몰두하고 싶은데 여건이 좋지 않았을 뿐만 아니라 스스로 부족함을 많이 느끼고 있던 참이었기 때문이었다.

모처럼 용기를 내서 교수님의 형법 교과서는 어떻게 하실 것인가, 개정 법률에 맞추어 개정판을 내실 것인지, 과거의 책으로 그냥 두실 것인지를 여쭤봤다. 그런데 의외로 교수님께서는 "형법 책에는 더 이상 아무 관심이 없고 학자적 양심에서 더 좋은 책을 만들고 싶은 생각도 없다."고 하시면서 "이제는 도대체 생각이란 것을 하고 싶지 않다."고 말씀하셨다. 당시에 하늘처럼 우러러보던 대학자이신 스승님께서 그런 말씀을 하신 것이 나에게는 적잖은 충격이었으며, 오랫동안 의문으로 남아있었다.

퇴직을 하고 난 요즘에 비로소 노화에 따른 심신의 변화를 직접 체험하면서 그 말씀이 오히려 참으로 정직하고 겸손하신 말씀이라는 생각이 든다. 늙는다는 객관적 사실을 흔쾌히 받아들이신 것이다. 늙어서까지 후학들에게 피해를 주면서 자신의 욕심만을 채우는 완고한 노인들에 비해 얼마나 상쾌하고 훌륭한 일인가.

교수님은 세월 탓인지 형법학에는 아예 관심이 없으신 것 같고 재산관리라든가 인생살이 문제에 관심이 많은 듯 보이셨다. 그 뒤 몇 차례 더 점심을 사주셨던 기억이 있다. 최종고 교수께서 유 교수님의 비망록에 내 이름과 약속시간과 장소가 수차 나온다며 은근히 협박의 무기로 사용하시지만 나는 정확한 기억이 없고 그 때 점심을 왜 사주시는지 온전히 이해하지도 못했었다. 나중에 남편이 한국토지개발공사 사장임을 확인하시는 말씀에서 얼핏 짐작이 가는 것은 있었지만 확실치도 않고 말귀를 못 알아들은 나를 좀 답답해하시지 않았을까 하는 죄송함을 느끼고 있다.

내가 대학에서 30년 넘게 강의를 해오면서 그 때의 유 교수님의 강의를 회고하곤 했다. 교수님은 대학 강의에서도 그러셨지만 듣는 사람은 별로 우습지 않은 간혹 당신 혼자 재밌어 하시는 것들이 있었다. 말하자면, 우리들에게는 큰 공감을 주지 못하는 것들이지만 생각해 보면 이상한 것들, 사소한 아이러니들, 심지어 우리는 이해 못하는 어려운 법리의 문제점들에 대해서도 혼자서 껄껄껄 웃으시던 모습이 지금도 선하다.

어느 철학자가 지식인들이 가장 유치한 데도 두꺼운 갑옷을 껴입고 가장 고상한 척 한다고 했다. 그 말이 일리가 있다면 유 교수님이 천진난만하게 껄껄 웃으시던 모습은 갑옷 입지 않은 순수한 모습 그 자체일 것이다.

유 교수님은 어떻게 그리 많은 지식을 기억하고 그것을 논리적으로 정리하고 바른 판단을 하실 수 있었는지 불가사의하다. 유 교수님과 같은 '형법교수'라는 직업을 가지고 한참 세월이 지난 뒤에야 그 사실을 절감했고, 요즘처럼 교수들도 천차만별인 세상에 올곧고 순수하신 유 교수님 같은 분이 진정한 교수다운 교수님이셨다는 것을 깨달았다.

사람들은 걸핏하면 묻는다. 다시 태어나면 어떤 인생을 살겠는가, 다시 태어나면 무엇을 하고 싶은가, 다시 태어나도 지금의 배우자와 결혼할 것인가 등등. 다시 태어날 리도 없는데 불가능을 전제로 현재의 심리상태를 가늠하고자 하는 질문이다. 나는 지금까지 그저 그렇게 그럭저럭 살았고, 오랜 시간에 걸쳐 조금씩 서서히 늙어 온 나로서는 왜 그런 어리석은 질문을 하나 싶었고 다시 돌아가고 싶은 생각이 조금도 없었다.

그런데 오늘 문득, 지난 날로 돌아가고 싶다. 철없이 유 교수님의 수업을 받던 그 시절이 참으로 그립다.

10. 한국법학의 선지자 월송 유기천 총장

성 낙 인
(서울대학교 총장, 유기천재단 이사)

위대한 선각자이자 선지자의 길을 추모하고 추적하는 일은 소중한 작업이면서도 또한 예상치 않은 난관을 동반하기도 한다. 선생님의 삶은 서울대학교 법과대학 교수와 학장을 거쳐서 서울대학교 총장을 거쳐 다시 교수로 복귀하여 강의를 하던 중 홀연히 대학과 고국을 등지고 미국으로 망명 아닌 망명을 떠난 그야말로 파란만장한 삶 그 자체라 아니할 수 없다. 무엇보다 그렇게도 사랑하고 그리워하던 고국을 떠나 이역만리에서 쓸쓸하게 생을 마감하였다는 점이 가슴 시리게 한다. 하지만 선생님의 그 고귀한 한국법학과 제자 사랑은 후학·제자들이 중심이 되어 선생님께서 남기신 소중한 자산을 토대로 유기천교수기념사업출판재단을 통해서 다시 부활하고 있음을 기뻐하지 않을 수 없다. 더구나 필자는 서울대학교 법과대학에서 선생님으로부터 마지막 형법총론 강의를 수강한 제자로서 외람되게도 재단의 감사를 거쳐서 이사로 재임 중에 선생님의 뒤를 이어 서울대학교 제26대 총장에 취임함으로써 선생님의 학풍을 이어가는 한 연결고리가 될 수 있는 영광을 누리게 되어 새삼 감회가 새롭다.

선생님께서는 필자가 고등학교 재학 중이던 시절에 이미 서울대학교 총장으로 부임하셨다. 그 때 고등학생의 최대 관심은 당연히 서울대학교에 입학하는 것이었다. 그러다보니 자연히 서울대학교 관련 일들에 귀를 쫑긋하기 마련이다. 그런데 언론보도에 의하면 서울대학교 총장께서 공관에 개를 풀어 놓고 기자들 출입을 차단하고 권총을 소지하고 있다는 비판기사가 한 때 봇물을 이룬 적이 있다. 어린 마음에 참 희한한 분이 서울대학교 총장이시구나 하는 불편한 마음을 가진 적이 있는데 바로 그 분이 월송 선생님이셨다. 나중에 알고 보니 워낙 타협을 거부하는 성품이신지라 공연한 오해를 불러일으키신 것이었다. 총장 재임 중에 있었던 이러한 에피소드는 바로 선생님의 그 어떤 경우에도 적당히 타협하지 않으시는 강직한 성품의 한 단면을 보여주는 것으로 보인다.

1960년대의 끝자락에 서울대학교 법과대학에 입학하니 교정에는 여러 가지 풍설이 난무하고 있었다. 더구나 박정희 대통령의 3선개헌으로 인하여 대학은 문을 닫고 황폐화된 시절이라 더욱 그러하였으리라고 본다. 그 중 하나는 서울법대 교수진 사이에는 경성제대 법학부 출신과 동경제대 법학부 출신이 둘로 나뉘어서 파벌 싸움이 극심하다는 것이었다. 실제로 적어도 당시 서울법대 교수진은 경성제대 법학부와 동경제대 법학부 출신이 주축을 이루고 있었다. 그 대표 주자가 같은 형법을 전공하는 황산덕 교수와 유기천 교수라는 것이다. 필자가 법대 입학하였을 때에는 이미 황산덕 교수는 서울법대 교수 재임 중 필화사건으로 인하여 서울법대 교수직을 떠나 성균관대 법대 교수로 재직 중이었기 때문에 그 소문의 진위를 살펴 볼 수도 없는 상황이었다. 기묘하게도 황산덕 교수가 서울법대 교수에서 파직 당하던 1960년대에 유기천 교수는 법대 학장, 서울대 총장으로서 승승장구하고 있었다. 그런데 역설적으로 제3공화국에서 파직 당하였던 황산덕 교수는 1970년대에 이르러 유신헌법의 제4공화국 시절에 법무부장관과 교육부장관에 중용되었다는 점이다. 같은 박정희 대통령 정부에서 두 분의 경력은 극단적으로 대비된다는 점도 특기할 만하다. 두 분 사이에 어떠한 학문적 교유와 인간적 대화가 오갔는지는 세대를 달리하는 필자로서는 알 길이 없어 그야말로 '풍문으로 들을 수 있을' 뿐이다.

아무튼 유신을 앞둔 시점에 유기천 교수는 그 유명한 총통제 발언으로 서울 법대를 떠나 머나먼 유랑의 길을 걷게 되었다. 유기천 교수의 연보에 의하면 그 발언이 1971년도에 있었던 것으로 기록되어 있으나 필자의 기억으로는 1970년 형법총론 강의 시간이었던 것으로 기억하고 있어 그 정확성은 한 번쯤 따져 볼 필요가 있을 법 하다. 어느 날 강의시간에 선생님께서 갑자기 학생들의 신분증 검사를 하라고 지시하시고는 소위 박정희 대통령의 총통제 음모를 말씀하시는 것이었다. 그 때 기억으로는 서울법대에서 유일한 계단식 강의실이었던 곳에서 강의가 진행되던 중 신분증 검사를 지시하니까 몇 사람이 사라지는 광경을 목격할 수 있었다. 그 때는 1969년에 단행된 박정희 대통령의 중임제한을 철폐하는

3선개헌 이후에 대학의 분위기가 사뭇 반정부적이라 대학의 분위기가 매우 살벌하던 상황이었기에 누가 프락치인가에도 우리들은 귀가 쫑긋하곤 하였다. 선생님은 그 이후 강의를 진행하지 않게 됨에 따라 학교에서는 대강하실 분을 모셨다. 처음에 연세대학교 법과대학의 정영석 교수님을 모셨는데 학생들이 유기천 교수님께서 강의를 하지 않으시니 대강을 수강할 수 없다는 식의 시위도 벌이고 하였다. 지금 생각해 보니 학교에서 어렵게 정영석 교수님을 모셨는데 학생들이 반대하고 했으니 결국 정영석 교수님께 누만 끼친 것 같아 지금 돌이켜 생각해 보면 정 교수님께 송구스럽기 그지없다. 그 때 학생과장(현재의 학생부학장)이던 박병호 교수님께서는 우리들을 설득시키느라 애쓰시던 모습이 지금도 눈에 선하다. 박병호 선생님께서 자상하게 말씀해 주신 약간의 서울법대 교수진 구성 특히 유기천 선생님의 형법교수관에 관한 내용은 기억이 정확하지도 않을 뿐 아니라 기록에 남기는 것 자체도 바람직하지 않아서 더 이상의 논의는 생략하고자 한다. 아무튼 그 이후 오래 전이라 기억이 정확하지 않은 데 형법총론은 결국 서울법대에서 주로 형사소송법을 강의하시던 김기두 교수님과 경희대학교에 재직 중이던 김종원 교수님이 강의를 마무리한 것으로 기억을 더듬을 수 있다.

유기천 선생님의 삶은 매우 특징적이다. 첫째, 교과서가 요즈음 기준으로는 별로 방대한 것이 아니지만 그 시절 기준으로는 상상을 초월할 정도로 두툼하고 어렵기 짝이 없었다. 솔직히 말해서 무슨 말씀인지 제대로 이해할 수 없었다고 할 수 있다. 오죽했으면 서울법대 학생들 사이에 유기천 형법학을 일회독 독파하였다고 하면 마치 서당에서 4서 3경을 독파한 듯한 부러움의 대상이 되기도 하였다. 그 어렵고 난해한 서문부터가 그러하다. 여러 가지 말씀을 하셨는데 반세기가 지난 지금 서문을 새삼 읽어 볼 필요도 있겠지만(유기천 저작은 유기천 재단에서 근년에 영인본으로 출간하였다), 굳이 읽지 않고 그 때의 기억을 반추해 보고자 한다. 무엇보다 Helen Silving 여사와 아마도 결혼을 한 사실을 말씀하시는데, 그 내용이 마치 학문적 영혼 결혼이라도 한 것 같은 표현이라 참으로 신기하고도 재미있어 하였다. 책의 서문에서 당신의 결혼과 같은 사적인 내용을 적시하는 것도 특이하거니와—아마도 그것은 같이 법학을 연구하는 학자 사이의 문제라 그리하였다고 생각할 수 있겠지만—그것도 외국인 교수와의 결혼이라는 점에서 놀랄 수밖에 없었다. 사실 그 당시만 해도 일반인들은 외국인을 만날 기회조차 없을 뿐만 아니라 더구나 외국유학은 특별한 계층의 전유물로 생각하던 시절에 외국유학과 외국인 여성학자와 결혼이라는 점에서 시대를 앞서간 학자적 특성을 엿볼 수 있는 측면이 아닌가 싶다. 또한 그 내용에 있어서도 기억 컨대 Helen Silving 교수로부터 정신과학 등과 같은 학문적 영감을 얻었다는 점을 강조하고 있었다. 하지만 아직도 법학의 문턱에 있던 우리들로서는 그게 무슨 말씀인지 전혀 가늠하지 못하였기 때문에 어느 이방인의 독백같이 받아들이곤 하였다.

둘째, 이 글을 쓰면서 새삼 선생님의 연보를 살펴 볼 기회를 가지게 되었다. 1915년 출생이시니까 금년이 탄신 백주년이 되는 해이다. 평양 출신이신데 부친께서 상당한 부를 축적한 장로였다는 점은 예의 이북출신들의 공통점의 하나로 기록될 수 있다. 일찍이 일본에 유학하여 1943년에 동경대학을 졸업하여 서울법대 교수가 된 이후 미국으로 유학하여 Helen Silving 교수와 1957년에 결혼하여 1958년에 예일대 로스쿨에서 법학박사(J.S.D.) 학위를 받으셨다. 그런데 특기할 것은 그 이후 선생님은 1958년 서울대 교무처장, 1961년 서울대 법대 학장, 1965년 서울대 총장을 역임하시는 보직자 생활을 계속하셨다. 그러니까 43세에 시작하여 46세에 학장연임 끝에 50세에 총장이 오른 것이다. 지금 생각하면 아주 젊은 나이에 보직을 맡으신 것이다. 생각건대 당시는 아직 우리나라 대학교수들의 연령이 비교적 젊은 영향도 있지 않았나 하는 생각이 든다. 오래된 비슷한 일화를 하나 소개하자면 서울법대 학장을 역임하시고 작고하신 서원우 선생님께서 어느 날 사적인 자리에서 당신께서 30대에 서울대 행정대학원 교수 재직 중에 결혼을 하였는데 주례선생님으로 당시 행정대학원장이던 김증한 선생님을 모셨는데 당시에는 원장님을 원로 교수님으로 생각했는데 나중에 나이를 따져보니 원장님도 같은 30대였다는 것이다.

셋째, 선생님의 중요한 업적 중의 하나가 서울대학교 부설 사법대학원장을 역임하신 부분이다. 선생님께서는 서울법대 학장 재임 중이시던 1962년에 사법대학원을 신설하여 사법시험에 합격한 이들을 사법대학원에서 공부하게 하셨다. 이는 선생님께서 미국 로스쿨에서 학위를 취득한 경험을 살려서 서울대 부설 사법대학원을 통하여 교육의 장을 펼치신 것이다. 그런데 안타깝게도 사법대학원은 그리 오래가지 못하고 그만 대법원 부설 사법연수원으로 이동하게 되었다. 그나마 사법연수원도 이제 법학전문대학원 시대를 맞이하여 그 존폐가 새삼 논의되는 시점에 이르렀다. 서울대 부설 사법연수원이 그대로 존속하였더라면 지금과 같은 사법시험이나 법학전문대학원 같은 새로운 제도 도입에 따른 혼란이 해소될 수 있었지 않았을까 하는 생각도 해 본다. 미국에서 법학을 연구하시면서도 동시에 독일 법조계와 법학이론에도 정통하셨던 선생님의 고귀한 뜻이 우리나라 법학교육과 법조실무교육에 제대로 반영되지 못하였던 점은 오늘 이렇게 법조계와 법학계에서 법학교육과 법조실무 교육 그리고 그 진입을 둘러싸고 전개되고 있는 혼돈과 무관하지 않은 것 같아 긴 아쉬움으로 남는다.

끝으로 선생님께서 망명 아닌 망명을 떠나신 이후 작고하시기까지 그야말로 긴긴 26년의 세월 동안에 비록 선생님께서는 미국에서 강의와 연구를 계속하셨지만, 국내에서 짧았던 서울의 봄을 제외하면 연구와 교육을 하실 수 수 없었다는 점에서 내내 안타깝기 그지없다. 선생님께서 국내에 계셨더라면 우리나라 법학 특히 형사법학이 더욱 높은 경지를 이루게 되었을 것이라고 보기 때문이다. 이는 후학·제자들만이 아니라 선생님께서도 내내 아쉬워하셨던 것으로 알고 있다. 선생님께서 미국에 체류하고 계실 때 서울법대의 김철수 선생님을 비롯해서 안경환·최종고 교수께서 예방도 하셔서 서울법대 교수진과의 소통은 계속된 것으로 알려져 있다. 하지만 한국형사법학의 발전을 위한 선생님의 발자취를 찾아보기 어려웠다는 사실을 부인할 수 없다.

척박한 동시대에 우리나라를 대표하는 법학자일 뿐만 아니라 서울대 교무처장, 법대학장, 총장으로서 대학행정 발전에도 큰 족적을 남기신 선생님의 탄신 백주년을 맞이하여 이역 땅에서 작고하신 선생님의 영혼이 고국산천에서 편히 쉬시길 거듭 기원 드린다.

월송(月松) 유기천의 연보(年譜)*

1915.7.5   평남 평양에서 유계준(劉啓俊, 1879~1950)과 윤덕준(尹德俊,
          1885~1975)의 6남 2녀 중 4남으로 출생하다(유계준은 평양의
          대무역상으로서 조만식(曹晩植)·오윤선(吳胤善)과 함께 유서
          깊은 평양 산정현교회(주임목사: 주기철)의 3장로였으며, 일제
          시대에 선교·교육·물산장려운동을 하였다. 6·25때 퇴각하는
          공산군에 의하여 1950년 10월에 처형당하였다).
1939.3   일본 히메지(姬路) 고등학교 문과를 졸업하다.
1943.9   일본 동경제국대학교 법학부 법률학과를 졸업하다.
1943.12   일본 동북제국대학교 법학부 가츠모도 마사아끼라(勝木正晃)
~ 46.2   교수의 조수를 역임하다.
1946.4   일본에서 귀국하여 경성법학전문학교 교수가 되다.
1946.10   서울대학교 법과대학의 창설멤버로서 강의를 시작하다.
1952~53   예일 로 스쿨(Yale Law School)에서 스미드-문트 프로그램
          (Smith-Mundt Program)으로 연구에 종사하다.
1954~56   하버드 로 스쿨(Harvard Law School)에서 객원교수로 연구에
          종사하다.
1957   저명한 형법학자 헬렌 실빙(Helen Silving)과 미국에서 결혼하다.
1958   예일 로 스쿨에서 법학박사학위(J.S.D.)를 취득하다.
1958~60   서울대학교 교무처장을 역임하다.
1961~65   서울대학교 법과대학 학장을 역임하다.
1962~65   서울대학교 사법대학원 원장을 역임하다.

---

* 유기천의 생애에 관하여 자세한 것은 유기천의 전기인 최종고,『자유와 정의의 지성 유기천』, 한
들, 2006; 유기천, "나의 초학시절",『시민과변호사』, 1994년 4월호; 최종고, "월송 유기천",『인권
과정의』, 1999년 6월호; Chan Jin Kim, "Dr. Paul K. Ryu as We Know Him,"『법률학의 제문제』
(유기천박사고희기념논문집), 박영사, 1988 참조.

1965~66	서울대학교 총장을 역임하다. 이 때 한·일 국교정상화와 관련한 학생시위문제를 둘러싸고 박정희대통령과 담판을 벌여 대학의 자치 내지 학문의 자유를 강조하면서 이 문제를 대학자체의 노력으로 해결하다.
1968.7	학술원 회원이 되다.
1972	1971년 교련반대시위를 주동한 학생의 퇴학처분을 반대하고 "정부가 총통제를 획책한다"고 발언하는 등으로 정부의 미움을 사 관계기관의 추적을 받는 등 괴로움을 당하다가 헬렌 실빙의 노력과 당시 하버드대 라이샤워 교수의 편지 등의 도움으로 말미암아 미국으로 떠나게 되다.
1972~83	헬렌 실빙이 있던 푸에르토 리코 국민대학에서 객원교수로 강의하게 되다.
1980	이른바 '서울의 봄' 때 귀국하여 3월부터 서울대학교 법과대학에서 강의를 하게 되었으나 5·17이후 다시 도미하게 되다.
1983~84	캘리포니아주 샌디에고 대학에서 객원교수로 강의하다.
1993	헬렌 실빙과 사별하다.
1998.6.27	샌디에고에서 심장수술 후유증으로 별세하다(향년 83세).

유기천 교수 저작목록

[國 文]

I. 저 서

改訂 刑法學 (總論講義), 26판, 一潮閣, 1987 [영인본, 법문사, 2011]

改訂 刑法學 (各論講義 上), 24판, 一潮閣, 1986 [영인본, 법문사, 2012]

改訂 刑法學 (各論講義 下), 23판, 一潮閣, 1986 [영인본, 법문사, 2012]

刑法케이스의 研究 (姜求眞 共著), 10판, 志學社, 1985 [영인본, 법문사, 2015]

法律學의 諸問題(劉基天 博士 古稀紀念), 博英社, 1988

세계혁명, 음선필 역, 벽호, 1999 [개정판, 지학사, 2014]

자유사회의 법과 정의, 지학사, 2003 [영인본, 법문사, 2015]

II. 논 문

1. 자유와 민주주의

1) 자유사회, 사상계, 1958년 8월

2) 자유사회와 권위-T군에게 보내는 편지-, 대학신문, 1959.2.9.

3) 대학의 자유(I, II), Fides Vol. X No. 1, 2, 1963

4) 언론규제 입법화: 나는 이렇게 본다, 조선일보, 1964.8.1.

5) 대학의 자유-일본·독일·미국의 예와 우리나라-, 대학신문, 1965.11.1/ 8/15/22.

6) 나는 신문을 성토한다-신문에 가장 곤욕을 당한 한 사람으로서-,한국일보, 1966.4.7.

7) 언론에 항의한다-제10회 신문의 날에 붙임-, 경향신문, 1966.4.9.

8) 알권리를 위한 제언-내가 기자라면…; 조선일보, 1967.4.6.

9) 지성과 권력(대표집필 민석홍), 중앙일보, 1967.5.11.

10) 사회복지의 증진, 중앙일보, 1967.9.22.

11) 군사기밀 그 한계는, 조선일보, 1968.8.4.

12) 나와 박정희와 학문의 자유, 신동아, 1988년 8월

13) 한국분단 심층분석, 미주 중앙일보, 1990.9.22.

14) 「민주주의」의 기초: 그 기원과 본질적 요소, 저스티스, 28권 2호, 1995

2. 법과 평화

1) 법의 지배하의 정의-제1차 「법을 통한 세계평화대회」에 다녀와서-, 사상계, 11권 10호, 1963년 9월

2) 법과 평화-「법의 날」에 즈음하여-, 법제월보, 1965년 5월

3) 준법정신, 정경연구, 1권 8호, 1965년 9월

3. 법과 문화

1) 한국문화와 형사책임-법률학의 과학적 방법의 한 적용-, 사상계, 1958년 9월

2) 한국과 문화의 문제: '지성의 방향'을 박함, 신태양, 1958년 11월

3) 문화 연구에 「장」의 개념이 필요: 동·서양의 문화 교류, 대학신문, 1959.10.26.

4. 교 육

1) 미국 학계의 최근동향, 대학신문, 1953.11.16/23.

2) 최근 미국법학계의 동향: 특히 예일대학을 중심으로, 대학신문, 1958.5.5.

3) 미국 학생들의 독서열, 대학신문, 1958.9.8.

4) 인간 대 인간의 심리적 접촉, 대학신문, 1958.12.8

5) 대학 4년간을 어떻게 보낼 것인가: 신입생 여러분께 드리는 말, 대학신문, 1959.4.14.

6) 서울대가 나아갈 방향, 대학신문, 1959.10.12.

7) 사회과학연구위원회 발족에 즈음하여, 대학신문, 1960.2.8.

8) 교양과정의 필요성, 대학신문, 1960.4.4.

9) 대학의 자유를 행정부가 유린, 대학신문, 1962.2.26.

10) 나의 은사, 동아일보, 1963.12.21.

11) 서울대학교 제군에게 고함－총장 취임에 즈음하여－, 대학신문, 1965.9.13.

12) 학생에의 규범규제는 좋은 일, 경향신문, 1965.9.20.

13) 서울대 동창에게 보내는 글, 대학신문, 1965.12.6.

14) 새로운 법학도들에게, 법정, 21권 3호, 1966년 3월

15) 조국을 위하는 길－4·19에 즈음하여－, 대학신문, 1966.4.19.

16) 유총장 귀국보고강연 요지, 대학신문, 1966.9.12.

17) 휴업령을 해제되었으나 … 학원자유의 앞날은?, 조선일보, 1966.9.19.

18) 구미각대학 역방을 마치고, 대학신문, 1966.9.19./26, 10.3/10.

19) 한국의 법학교수론, 법정, 209권, 1967년 11월

20) 대학 교수 자화상, 대학신문, 1968.3.25.

21) 한국사회에서의 대학의 위치와 역할, 이화학보, 1968.5.6.

22) 기독교 법조인의 길, 크리스챤신문, 1968.11.9.

23) 민족중흥과 법조교육의 근본문제, 법정, 24권 6호, 1969년 6월

24) 사법시험제도의 문제점, 사법행정, 10권 8호, 1969년 8월

25) 우려되는 분산화, 조선일보, 1970.10.15.

26) 학자는 탈랜트가 아니다, 조선일보, 1971.1.12.

27) 기구 확대는 개혁과 다르다, 조선일보, 1971.10.5.

28) 혜안을 가지고 교육을 시키는 리더십, 미래의 세계, 22호, 1993.6

5. 형법학

1) 미국형법학계의 동향, 대학신문, 1958.6.16

2) 현대형법학의 근본문제－회고와 전망－, 대학신문, 1958.10.15.

3) 실행의 착수와 간접정범, 법정, 16권 3호, 1961년 3월

4) 소위 실행의 착수의 문제, 고시계, 6권 3호, 1961년 3월

5) 합동범에 관한 판례연구, 법학, Vol 3 No 2, 1962년 5월

6) 일본형법학회 대회보고, 법률신문, 1964.5.25.

7) 서평: Shuman, *Legal Positivism*, 법학, 6권 1호, 1964년 9월

8) 유기천 형법학을 말한다(유기천·김종원 대담) 법정, 211, 212권, 1968년

1-3월

9) 인권과 형법, 인권연보, 1969년

10) 「위헌성」일고-존속살규정을 헌법위반이라고 판시한 작금 일본최고재판
소의 판결을 중심으로-, 학술원논문집 13, 1974

6. 기타 일반

1) 진인사이대천명의 심경, 대학신문, 1958.9.1.

2) 세계적 학자로 진출, 대학신문, 1958.10.27.

3) 취임을 앞두고-우선 불을 꺼야 할 터, 대학신문, 1965.8.30.

4) 잠깐… 한 마디만, 신아일보, 1965.9.24.

5) 퇴임의 변-평교수로 포부실현, 대학신문, 1966.11.14.

6) 내가 겪은 66년-뉴스의 주인공을 찾아서-, 중앙일보, 1966.12.12.

7) 8년 만에 돌아오는 노교수, 한국일보, 1980.3.7.

8) 나는 긍정적으로 산다, 한국일보, 1980.3.19.

9) 진실은 밝혀지고 정의는 구현되기 마련, 중앙일보, 1980.3.19.

10) 마지막 강의를 못하고(김상철과의 대담), 고시계, 1985년 6월호

11) 나의 초학 시절, 시민과 변호사, 1994년 4월호

[英·獨文]

I. Books in English

The Korean Criminal Code, In the American Series of Foreign Penal Codes,
Volume 2(Fred B. Rothman & Co., N.J.) 1960

Supplement to Silving, *Criminal Justice* (William S. Hein & Co., Inc. 1977):
co-author Helen Silving

Preface to, and "Academic Freedom" in Chapter VI of *Helen Silving Memoirs*
(Vantage Press, N.Y. 1988)

The World Revolution, American West Independent Publishing, 1997

Law in the Free Society: Legal Theories and Thoughts of Paul K. Ryu,
Bobmunsa, 2013

II. Book in German

Das koreanische Strafgesetzbuch, Sammlung ausserdeutscher Strafgesetzbücher (Walter de Gruyter, Berlin 1968).

III. Articles and Contributions to Collective Works in English and German

1. The New Korean Criminal Code of October 3, 1953, An Analysis of Ideologies Embedded in It, 48 *Journal of Criminal Law, Criminology and Police Science* 275 (1957)

2. Causation in Criminal Law, 106 *U. of Penna L.* Rev. 773 (1958)

3. Contemporary Problems of Criminal Attempts, 32 *New York U. L. Rev.* 1170 (1957)

4. Error Juris: A Comparative Study, 24 *Univ. of Chicago L. Rev.* 421 (1957); co-author Helen Silving

5. Toward a Rational System of Criminal law, *Seoul National U. L. Rev.* 1962; and 32 Rev. Jur. U.P.R. 119 (1963); co-author Helen Silving

6. "Field Theory" in the Study of Cultures: Its Application to Korean Culture; in *Symposium on the Occasion of the Third East-West Philosophers' Conference*, U. of Hawaii Press, pp. 648-669 (1962)

7. Toward Unification of Private Law, in *World Peace Through Law Proceedings*(Athens World Conference 1963); West Publishing Co., 1964, pp. 752 et seq

8. Nullum crimen sine actu, *Seoul National Univ. L. Rev.*(1964); co-author Helen Silving

9. Nullum crimen sine actu, in German, *Zeitschrift für die gesamte Strafrechtswissenschaft*, 77. Band, Heft 3/4 (De Gruyter, Berlin 1965); co-author Helen Silving

10. Casual Relationship, The Korea Times(1966.2.25.-27.,3.1.)

11. Legal Education in the Far East, in *World Peace Through Law Proceedings*(Washington World Conference 1965); ibid., 1967, pp. 752 et seq

12. Research, Legal Education and Training, in *World Peace Through Law Proceedings*(Geneva World Conference 1967), published as World Peace Through Law, the Geneva Conference (1969), pp. 443-455

13. What is Meant by "Legal Education in the Developing Countries?" in *Bangkok World Conference on World Peace Through Law*(1969), pp. 850-58

14. Legal Education in Asian Countries, *Lawasia Proceedings*(Kuala Lumpur Conference 1968)

15. "International Criminal Law"—a Search for Meaning, in *International Criminal Law*, Vol. I, pp. 24-49, ed. Bassiouni & Nanda (Charles C. Thomas Publisher, Springfield, Ⅲ. 1973); co-author Helen Silving

16. Laws of the Republic of Korea, in *Encyclopedia of Comparative Law*, Vol. I (National Reports) of 17 Volumes, ed. Max-Planck- Institute for Comparative Private Law, Hamburg, Germany

17. Was bedeutet die sogenannte "Relativität der Rechtsbegriffe"? im *Archiv für Rechts-und Sozialphilosophie*, Vol. LIX, pp. 57-96 (1973), Franz Steiner Verlag GmbH, Wiesbaden/Germany; co- author Helen Silving

18. Misleading Issues in Criminal Law Codification, 9 Israel L. Rev., No. 3 (July 1974); co-author Helen Silving

19. Methodological Inquiry into the Problem of "Protest," in *Revista Juridica de la Universidad de Puerto Rico*, Vol. 43, 9-40 (1974); co- author Helen Silving

20. Discussion of Structure and Theory, in Symposium The New German Penal Code, 24 *American Journal of Comparative Law* 602-614 (1976); based on a Paper read in the Meeting of the Association of American Law Schools of 1975 in Washington, D.C.

21. "Is the Crime of Patricide Unconstitutional?" in ESSAYS IN HONOR OF HELEN SILVING, in 46 *UPR L. Rev.* Nos. 3-4(1977), pp. 555-572

22. The Concept of "Insanity," in *CONTEMPORARY PROBLEMS IN CRIMINAL JUSTICE*, Festschrift for Mr. Justice Dando of the Supreme Court of Japan, Vol. V, Foreign Contributors' Section, pp. 191-212 (1983), Yuhikaku, Tokyo, Japan; co-author Helen Silving

23. The Foundations of "Democracy": Its Origins and Essential Ingredients, *Seoul National Univ. L. Rev.* Vol.33 No.1 (1992); co-author Helen Silving

24. Comments

  1) Comment on Error Juris, 24 *American Journal of Comparative Law* 689-693 (1976)

  2) Comments on Legal Education in Korea, Pup Hak 155-162, a speech at the Royal Asiatic Society meeting in Seoul, Korea on the 10th of June, 1964

3) Legal Education in the Far East, ibid., pp. 117-28; this paper was originally written for distribution at the World Peace Through Law Conference in Washington, D.C. held September 12-18, 1965

유기천교수기념사업출판재단 연혁 및 활동

유기천교수기념사업출판재단은 서울대 법대 학장이자 서울대 총장이셨던 故 유기천 교수님을 기념하며 한국 법학의 발전에 기여하는 것을 목적으로 하는 재단법인이다. 유기천재단은 유기천 교수님의 학문적 업적과 사상을 전하기 위하여 여러 출판물을 발간하며 매년 학술대회를 개최하고, 학문후속세대를 양성하기 위하여 다양한 지원사업을 전개하고 있다.

2000.10.12   '유기천교수추모문집발간위원회' 조직(서울대 호암교수회관)

2003.2.15   『영원한 스승 유기천』(지학사), 『자유사회의 법과 정의』(지학사) 발간

2003.3.12   유기천교수추모문집발간위원회, '유기천교수기념사업회'로 확대·발전

2003.4.11   제1회 월송기념심포지엄: 유기천교수 추모강연(서울대 근대법학교육백주년기념관)

2004.8.13   '재단법인 유기천교수기념사업출판재단' 설립허가 받음(초대 황적인 이사장 취임)

2005.11.25   제2회 월송기념심포지엄: 형법이론의 발전사(광복60주년기념 형법학술대회, 서울대 근대법학교육백주년기념관)

2006.2.23   최종고, "유기천교수의 생애"발표(하와이대학교 Center for Biographical Research)

2006.6.19   『자유와 정의의 지성 유기천』(최종고, 한들출판사) 출판기념회(한국프레스센터)

2007.6.18   제3회 월송기념심포지엄(서울대 법대 17동)

2007.8   제2대 황적인 이사장 취임

2008.1.27   미국 Chicago 한인연합장로교회에서 유기천 총장 추모강연회

개최

2008.4.4	유기천 교수 장서 약 2,500권을 서울대 중앙도서관에 기증
2008.9.18	제4회 월송기념심포지엄: 한국 법학전문대학원의 과제와 전망 (한국프레스센터)
2009	서울대학교재단에 1억 원 기증하고 서울대 법대도서관에 유기천교수세미나실 설치
2009.9.22	제5회 월송기념심포지엄: 한국문화와 이스라엘문화-한국인과 유대인의 만남-(한국프레스센터)
2010.7.22	제6회 월송기념심포지엄: 한국-미국의 법학과 법학교육(한국프레스센터)
2010.8	제3대 유 훈 이사장 취임
2011.8	법학자의 해외연구보조금 지원사업 실시
2011.9.22	제7회 월송기념심포지엄: 한국법과 한국문화(한국프레스센터)
2011~2012	유기천 교수의 『형법학총론』, 『형법학각론』과 박사학위논문 발간(법문사)
2012.8	유기천 형법학 및 법사상 관련 논문작성 지원사업 실시
2012.10.29	제8회 월송기념심포지엄: 유기천 형법학의 재조명(한국프레스센터)
2013.8	제4대 유 훈 이사장 취임
2013.10.30	제9회 월송기념심포지엄: 한국법학과 유기천(한국프레스센터)
2013.12.20	제1회 유기천법률문화상 시상
2014.9.18	제2회 유기천법률문화상 시상 및 제10회 월송기념심포지엄: 형법 개정의 주요 쟁점(한국프레스센터)
2015.10.6	제3회 유기천법률문화상 시상 및 제11회 월송기념심포지엄: 유기천의 생애와 사상(한국프레스센터)

편집후기

음 선 필
(홍익대 법대 교수)

일정한 시간의 매듭은 특별한 의미를 부여한다. 2015년은 유기천 교수께서 태어나신 지 100년이 되는 해이다. 유기천 교수의 탄생 이후 100년의 세월은 한국의 역사에 실로 드라마틱한 사건의 연속이었다. 한국 법학 내지 대학의 역사 나아가 지성사의 측면에서 국한하여 보더라도 참으로 많은 변화가 있었다. 이러한 역사의 흐름을 한 개인의 일생을 통하여 비추어보는 것은 비록 제한적일지 모르나 그 나름대로의 의미가 있다. 많은 사건과 인간관계가 주저리주저리 엮인 인생 이야기는 생생함을 통하여 강한 각인(刻印)을 남기고 후진(後進)들에게 자신의 삶에서 체득할 수 없는 실제적인 지혜를 전해주기 때문이다.

유기천 교수님의 생애와 사상을 정리하는 일은 여러 차례 이뤄졌다. 지난 2003년 유 교수님의 국문논문집 『자유사회의 법과 정의』와 후학 및 제자들의 추모집 『영원한 스승 유기천』이 간행된 이후 최종고 교수(서울대 명예교수)에 의하여 유 교수님의 전기 『자유와 정의의 지성 유기천』(2006년)이 발간되었다. 2013년에는 유 교수님의 외국어논문을 모은 *Law in the Free Society*가 간행되었으며, 2014년에는 이시윤 변호사(전 감사원장)를 비롯한 여러 제자들에 의하여 『유기천과 한국법학』이 출판되었다.

이번에 만들어진 『다시 유기천을 생각한다』는 기존의 출판물에 포함되지 않았던 유 교수님의 글과 유 교수님에 대한 글을 모은 것이다. 이로 말미암아 유 교수님이 쓰신 글 중에서 지금까지 발굴되지 않았던 글은 거의 수집, 소개된 것이라 할 수 있다. 유 교수님의 오래된 스크랩북이나 서울대학교 대학신문에서 1950-1960년대의 글을 발견하고는 매우 반가웠다. 이를 다시 입력하는 작업에서 그 양의 방대함에 놀랐고 또한 그때 지적하거나 언급한 내용이 오늘날에도 여전히 타당함에 다시 놀랐다. 유 교수님의 선각자(先覺者)로서의 면모를 새삼 확인하는 과정이었다.

유 교수님을 개인적으로 뵙게 된 것이 1997년 어느 가을날이었으니까 벌써 18년의 기간이 지났다. 유 교수님의 서거 이후 기념사업에 참여하면서 학교 연구실에는 점차 유 교수님에 관한 자료들이 축적되기 시작하였고, 급기야는 유 교수님의 소장 도서 중에 서울대 도서관과 국회 도서관에서 보관하지 않게 된 일부 장서, 특히 유 교수님의 만년의 체취를 느낄 수 있는 장서가 보관되기에 이르렀다. 이들을 통하여 간접적이나마 유 교수님과의 spiritual union를 갖고 있다고 자부해보곤 한다.

이 책자를 편집하면서 받게 된 유훈 이사장님을 비롯한 여러 선생님들의 성원과 격려에 깊은 감사를 드린다. 이미 원로교수로서, 사회의 지도급 인사로서 많은 본을 보여주시는 여러 선생님들과 함께하는 것은 그 자체가 축복임을 알게 된다. 아울러 많은 원고와 자료의 입력작업에 수고해준 홍익대학교의 박찬경, 유선화, 김아름 조교에게 감사의 말씀을 드린다. 또한 뒤에서, 옆에서 함께해준 정은과 소현 그리고 영후에게도 감사한다.

이 책자가 유 교수님을 다시 생각하게 하는 좋은 계기가 되길 바라며 또한 유 교수님께서 만년의 저서 『세계혁명』 마지막 줄에 밝히신 바와 같이 "내 삶 가운데 역사하시는 하나님의 능력에 대한 증거"가 되기를 바라는 마음 그지없다.

(2015년 11월)

유기천 교수 탄신 100주년 기념문집 발간위원회

유 훈 유기옥 노융희 오성식 손해목
김철수 이시윤 이건호 유정호 박영식
최종고 이창석 유재원 이영란 성낙인
구상진 이용식 음선필

유기천 교수 탄신 100주년 기념문집
다시 유기천을 생각한다

2015년 12월 10일 초판 인쇄
2015년 12월 17일 초판 1쇄 발행

편 자   유 기 천 교 수 기 념
        사 업 출 판 재 단
발 행 인 배   효   선
발행처   도서   法 文 社
        출판
주 소 10881 경기도 파주시 회동길 37-29
등 록 1957년 12월 12일 제2-76호(윤)
전 화 031-955-6500~6, 팩스 031-955-6525
e-mail (영업) : bms@bobmunsa.co.kr
        (편집) : edit66@bobmunsa.co.kr
홈페이지 http : //www.bobmunsa.co.kr
조 판 광 암 문 화 사

정가 46,000원   ISBN 978-89-18-09020-7